U0908311

ZHEJIANG TONGZHI

浙江通志

第 三十五 卷

质量技术监督管理志

《浙江通志》编纂委员会 编

浙江人民出版社

图书在版编目（CIP）数据

浙江通志. 质量技术监督管理志 / 《浙江通志》编纂委员会编. —杭州 ：浙江人民出版社，2019.3
ISBN 978-7-213-09166-7

Ⅰ. ①浙… Ⅱ. ①浙… Ⅲ. ①浙江-地方志②质量技术监督-概况-浙江 Ⅳ. ①K295.5②F279.23

中国版本图书馆CIP数据核字(2018)第302761号

浙江通志·质量技术监督管理志

《浙江通志》编纂委员会 编

出版发行 浙江人民出版社（杭州市体育场路347号 邮编 310006）
市场部电话:(0571)85061682 85176516

责任编辑 孙 婧
责任校对 姚建国 杨 帆
责任印务 程 琳
封面设计 厉 琳
电脑制版 杭州天一图文制作有限公司
印 刷 浙江新华数码印务有限公司
开 本 889毫米×1194毫米 1/16
印 张 35.75
字 数 783千字
插 页 15
版 次 2019年3月第1版
印 次 2019年3月第1次印刷
书 号 ISBN 978-7-213-09166-7
定 价 165.00元

图版 35-001-1　1990 年 8 月 18 日，国家技术监督局局长朱育理（中）在浙江省计量测试技术研究所检查指导工作（浙江省质量技术监督局档案室提供）

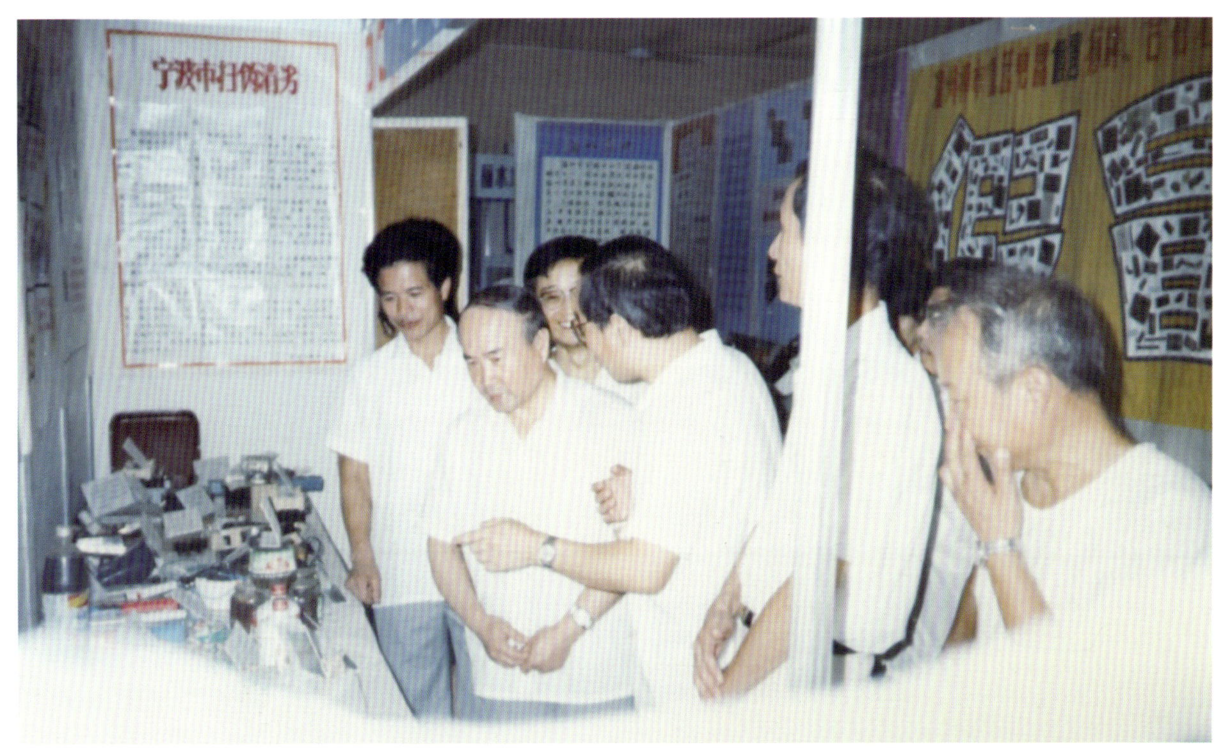

图版 35-001-2　1990 年 8 月 18 日，中共浙江省委书记李泽民（左二）在浙江省标准计量管理局参观“浙江省标准计量部门查处假冒伪劣商品成果展”（浙江省质量技术监督局档案室提供）

图版 35-002-1 2000 年 5 月 12 日，国家质量技术监督局局长李传卿(右四)在浙江省质量技术监督检测研究院检查指导工作(浙江省质量技术监督局档案室提供)

图版 35-002-2 2006 年 11 月 3 日,国家质量监督检验检疫总局局长李长江(左三)在国家纺织服装产品质量监督检验中心(浙江)检查指导工作(浙江省质量技术监督局档案室提供)

图版 35-002-3 2010 年 7 月 3 日,国家质量监督检验检疫总局局长支树平(左一)在国家鞋类质量监督检验中心（温州）检查指导工作(浙江省质量技术监督局档案室提供)

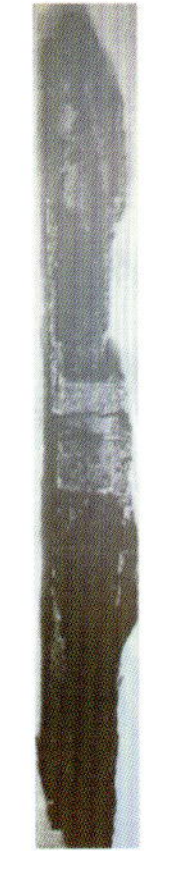

图版 35-003-1　浙江绍兴出土的东汉铜尺（牟永抗摄）

图版 35-003-2　浙江瑞安出土的北宋熙宁十年（1077 年）铜权（俞天舒摄）

图版 35-003-3　元大德九年（1305 年）"庆元路总管府"铜权（鄞州区文物管理委员会办公室提供）

图版 35-003-4　元至大元年（1308 年）"杭州路"铜权（胡龙召摄）

图版 35-003-5　元延祐六年（1319 年）"温州路总管府"铜权（温州博物馆提供）

图版 35-003-6　元至正五年（1345 年）"湖州路"铜权（湖州市博物馆提供）

图版 35-004-1　民国时期，浙江省度量衡检定所技术人员在检定铜铁砝码(斌咸摄)

图版 35-004-2　民国时期，浙江省度量衡检定所技术人员在检定玻璃量器(斌咸摄)

图版 35-004-3　民国时期，浙江省度量衡检定所技术人员在检定量器(斌咸摄)

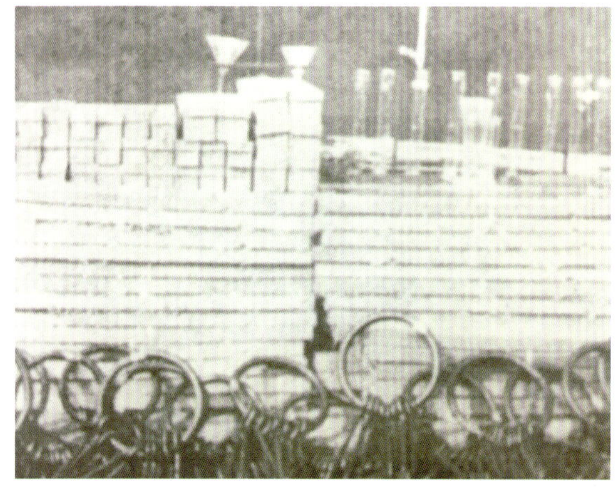

图版 35-004-4　民国时期，浙江省度量衡检定所发送各地检定分所的检定用器(斌咸摄)

图版 35-004-5　民国时期，浙江省度量衡检定所没收的度量衡旧器(斌咸摄)

图版 35-005-1　海宁县前童镇保存的官升(1 升折 0.75 千克)(宁波市质量技术监督局提供)

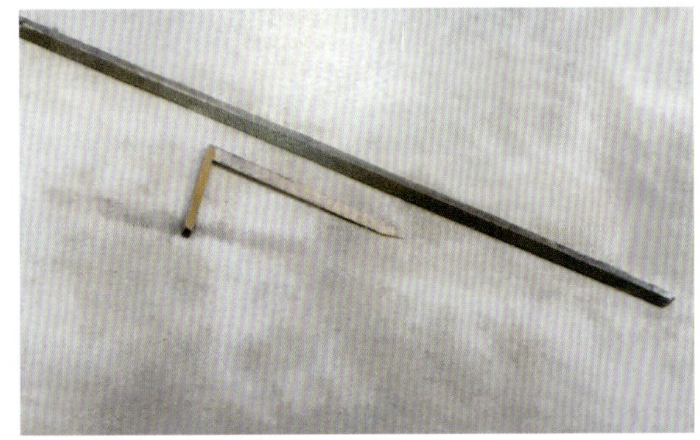

图版 35-005-2　衢州市柯城区石梁村保存的鲁班尺（一杆尺头上写有鲁班先师)(衢州市质量技术监督局提供)

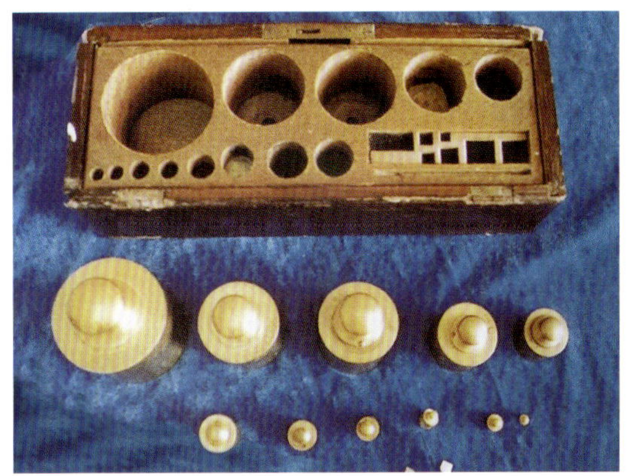

图版 35-005-3　民国时期的砝码(宁海县质量技术监督局提供)

图版 35-005-4　民国时期的标准尺(嘉兴市计量检定测试所提供)

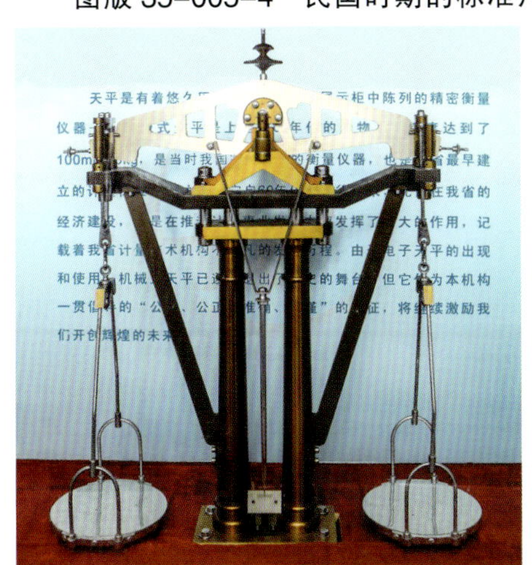

图版 35-005-5　20 世纪 60 年代生产的机械式天平(浙江省计量科学研究院提供)

图版 35-005-6　20 世纪 60 年代生产的 6 级天平(浙江省纺织测试研究院提供)

图版 35-006-1　1974 年 9 月，全省计量工作群众运动现场经验交流会在宁波月湖饭店召开，图为全体代表合影(宁波市质量技术监督局档案室提供)

图版 35-006-2　1984 年 11 月，浙江省标准计量管理局在嘉兴市海宁县召开省、地、市标准计量工作座谈会，图为与会人员合影(浙江省质量技术监督局档案室提供)

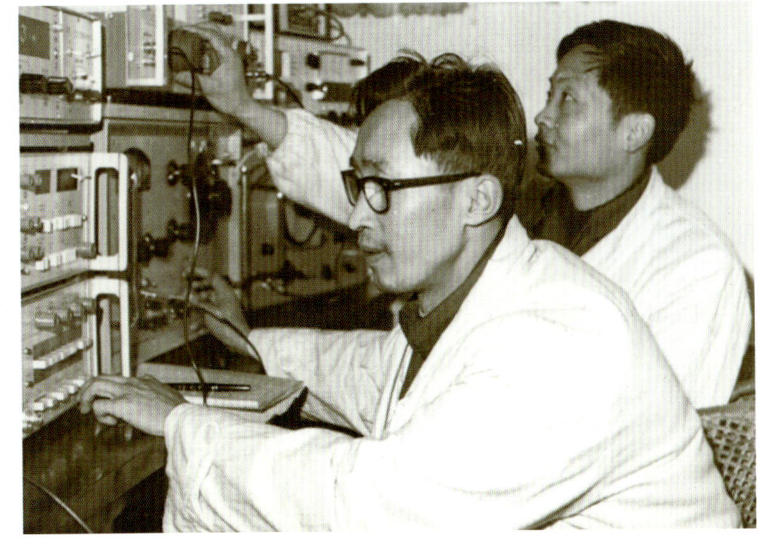

图版 35-007-1　20 世纪 80 年代，浙江省计量检定所技术人员在进行无线电测试(沈正木摄)

图版 35-007-2　20 世纪 80 年代，浙江省计量检定所技术人员在进行长度测试(沈正木摄)

图版 35-007-3　20 世纪 80 年代，浙江省计量检定所技术人员在进行电学测试(沈正木摄)

图版 35-008-1　1990 年 3 月 31 日，浙江省标准计量管理局召开《标准化法》施行一周年座谈会(浙江省质量技术监督局档案室提供)

图版 35-008-2　1990 年 10 月 14 日，浙江省标准计量管理局召开浙江省标准化、商品质量监督先进表彰大会(浙江省质量技术监督局档案室提供)

图版 35-008-3　1991 年 7 月 2 日，浙江省标准计量管理局、浙江电视台联合举办“质量消费知识竞赛”活动(浙江省质量技术监督局档案室提供)

图版 35-009-1　1992 年 3 月 30 日，浙江省标准计量管理局在临海双港区店前乡销毁无证生产的一次性输液器（浙江省质量技术监督局档案室提供）

图版 35-009-2　1992 年 9 月 1 日，浙江省标准计量管理局在杭州召开《计量法》实施五周年表彰大会（浙江省质量技术监督局档案室提供）

图版 35-009-3　1993 年 8 月 31 日，浙江省标准计量管理局等部门在杭州武林广场开展质量投诉咨询活动（浙江省质量技术监督局档案室提供）

图版 35-010-1　1995 年 6 月，浙江省技术监督局在杭州武林广场开展浙江省"弘扬国产名牌"巡回宣传活动(浙江省质量技术监督局档案室提供)

图版 35-010-2　1996 年 8 月，浙江省技术监督局在杭州之江饭店召开弘扬国产品牌——夏季饮料质量新闻发布会(浙江省质量技术监督局档案室提供)

图版 35-010-3　2000 年 9 月，浙江省质量技术监督局、杭州市质量技术监督局在杭州武林广场开展浙江省暨杭州市 2000 年"质量月"活动(浙江省质量技术监督局档案室提供)

图版 35-011-1　2001 年 4 月 21 日，江浙沪标准化工作研讨会在杭州市召开（浙江省质量技术监督局档案室提供）

图版 35-011-2　2001 年 11 月 9 日，国家质量监督检验检疫总局、浙江省人民政府在杭州召开龙井茶原产地域保护新闻发布会（浙江省质量技术监督局档案室提供）

图版 35-011-3　2006 年 6 月 29 日，浙江省质量技术监督局召开全省食品生产加工业普查整治总结表彰暨小企业小作坊全面治理动员大会（浙江省质量技术监督局档案室提供）

图版 35-012-1　2006 年 7 月 26 日,创建国家高新技术产业标准化示范区动员大会在杭州高新技术产业开发区(滨江)召开(浙江省质量技术监督局档案室提供)

图版 35-012-2　2006 年 7 月 31 日,全省实施名牌培育质量提升工程工作会议在杭州市召开(浙江省质量技术监督局档案室提供)

图版 35-012-3　2006 年 9 月 7 日,浙江省质量技术监督局召开'2006 浙江中国名牌产品表彰暨质量月活动大会(浙江省质量技术监督局档案室提供)

图版 35-013-1 2006 年 9 月 29 日，浙江省质量技术监督局、浙江省工商业联合会在金华市举办浙江省民营企业品牌论坛（浙江省质量技术监督局档案室提供）

图版 35-013-2 2006 年 10 月 14 日，苏、浙、沪质监部门在杭州市举办长三角世界标准日论坛（浙江省质量技术监督局档案室提供）

图版 35-013-3 2007 年 1 月 29 日，浙江省质量技术监督局举行浙江省电能计量技术机构授权仪式（浙江省质量技术监督局档案室提供）

图版 35-014-1　2007 年 5 月 18 日，浙江省计量科学研究院与浙江大学合作设立全省质监系统首个博士后科研站（浙江省质量技术监督局档案室提供）

图版 35-014-2　2007 年 6 月 28 日，浙江省质量技术监督局、浙江省经济贸易委员会召开首批能耗限额地方标准新闻发布会（浙江省质量技术监督局档案室提供）

图版 35-014-3　2007 年 8 月 25 日，浙江省产品质量和食品安全专项整治行动誓师大会在浙江省人民大会堂广场举行（浙江省质量技术监督局档案室提供）

图版 35-015-1　2007 年 9 月 20 日，浙江省人民政府在杭州市召开全省质量工作电视电话会议（浙江省质量技术监督局档案室提供）

图版 35-015-2　2007 年 11 月 24 日，浙江省质量技术监督局召开《组织机构代码管理办法》立法审查修改座谈会（浙江省质量技术监督局档案室提供）

图版 35-015-3　2008 年 9 月 27 日，中共浙江省委宣传部、浙江省质量技术监督局等部门联合举办 2008 年浙江省“三花杯”质量知识竞赛活动（浙江省质量技术监督局档案室提供）

图版 35-016-1　2008 年 12 月 28 日，浙江省质量技术监督局在杭州下沙经济开发区举行浙江省质量技术监督检测实验室项目奠基仪式（浙江省质量技术监督局档案室提供）

图版 35-016-2　2009 年 3 月 13 日，浙江省人民政府在杭州市召开全省全面推进“十小”行业质量安全整治和规范工作电视电话会议（浙江省质量技术监督局档案室提供）

图版 35-016-3　2009 年 5 月 3 日，中共浙江省委政策研究室、浙江省质量技术监督局举行合作共建“浙江产业发展政策研究服务平台”签字仪式（浙江省质量技术监督局档案室提供）

图版 35-017-1　2009 年 5 月 20 日，浙江省质量技术监督局在杭州市召开浙江省认证工作会议（浙江省质量技术监督局档案室提供）

图版 35-017-2　2009 年 6 月 6 日，质量技术监督部门开展“计量惠民送服务”活动，免费为群众进行血压计、眼镜等的计量校准工作（浙江省质量技术监督局档案室提供）

图版 35-017-3　2009 年 6 月，浙江省特种设备检验研究院完成三门核电世界起吊能力最大的履带式起重机（额定起重量为 2600 吨）检验工作（浙江省质量技术监督局档案室提供）

图版 35-018-1 2010 年 5 月，浙江省质量技术监督局、杭州市质量技术监督局与杭州市滨江区人民政府开展特种设备安全宣传演练活动（浙江省质量技术监督局档案室提供）

图版 35-018-2 2010 年 9 月 26 日，浙江省人大代表、政协委员等参观浙江省质量技术监督局举办的“实验室开放月”集中展示活动（浙江省质量技术监督局档案室提供）

图版 35-018-3 2010 年 11 月 18 日，国家质量监督检验检疫总局局长支树平（左）向获得首届浙江省政府质量奖的企业颁发证书（浙江省质量技术监督局档案室提供）

浙江省地方志编纂委员会

主　　任:吕祖善(2004.3—2011.9)
夏宝龙(2011.9—2013.1)
李　强(2013.1—2016.6)
车　俊(2016.7—2018.5)
袁家军(2018.5—　　　)

副 主 任:茅临生(2010.2—2012.8)
张　曦(2011.4—2012.9)
葛慧君(2012.8—　　　)
郑继伟(2010.2—2017.3)
成岳冲(2017.3—　　　)

(以下委员名单略)

《浙江通志》编纂委员会

主　　任:李　强(2016.2—2016.7)　车　俊(2016.7—2018.5)
袁家军(2018.5—　　　)

副 主 任:葛慧君　郑继伟(2016.2—2017.3)
成岳冲(2017.3—　　　)

委　　员:陈　新　王　纲　宋建勋　鞠建林　蔡晓春　王喜法
孙耀铜　张学伟　来颖杰　胡庆国　刘　芸　孟　刚
徐宇宁　王　杰　张伟斌　潘捷军　盛世豪　徐立毅
裘东耀　姚高员　钱三雄　毛宏芳　盛阅春　尹学群
汤飞帆　何中伟　张晓强　吴晓东　俞文华　王良仟
童芍素　郑志耿　郑明治　王卫东　李志廷

总　　编:俞文华

副 总 编:张伟斌(2012.9—　　　)　潘捷军(常务)　王良仟
童芍素　郑志耿　郑明治　王卫东　李志廷(兼总纂)
林吕建(2011.9—2012.3)

浙江省地方志编纂委员会办公室

主　　任： 潘捷军
副 主 任： 陈　野(2007.6—2011.3)　章其祥(2011.5—　　)
主任助理： 韩　锴(2011.9—2016.4)
成　　员： 汤敏华　董郁奎　颜越虎　周祝伟　张　勤　袁新国
吕克军　赵海良　段　愿　汤　敏　李迎春　林琼华
邴　波　王兆保　周修宇　赵鹏团　徐　鹏　杨云婷
王　林　汪　珏　阎乐民　葛立朝　葛旭鹏　翁友伦
徐由由　应秀敏　章　丽　葛　伟
吴玉权(2012.11—2017.12)　白效咏(2009.9—2015.9)

《浙江通志》总纂、副总纂

总　　纂： 李志廷(兼)
副 总 纂： 廖曰文　章其祥　董郁奎　颜越虎　周祝伟　王　林
吴铁卿(2018.4—　　)　倪集华(2018.5—　　)

《浙江通志》总编室(《浙江通志》编辑部)

主　　任： 董郁奎(2011.9—2012.7)　颜越虎(2018.1—　　)
副 主 任： 颜越虎(2011.9—2018.1)　袁新国(2018.1—　　)
王　林
责任编辑： 颜越虎　袁新国　王　林　汤　敏　李迎春　林琼华
邴　波　王兆保　周修宇　吕克军　赵海良　段　愿
赵鹏团　徐　鹏　汪　珏　阎乐民　葛立朝　葛旭鹏
翁友伦　白效咏(2011.9—2015.9)
刘志勇(2011.9—2012.7)　李恒悦(2011.9—2012.1)
曹爱光(2011.9—2014.9)　戴智勇(2012.7—2014.9)

《浙江通志·质量技术监督管理志》编纂委员会

2012 年

主　　任: 瞿素芬

副 主 任: 杨　烨　纪圣麟　唐全东　赵孟进　陈　刚　陈振华
吴一新　阚江洲

委　　员: 邢泽亮　杜久航　王维荣　王申东　李初排　顾文海
王　青　白　雪　兰晨光　丁德祥　沈华清　周晓林
冯维君　董达根　徐志军　陈锦寿　姚岳南　方　华
李丰庆　邵新华　郑德兵　王新亮　沈建法　潘亚平
冯灿校　颜天明　朱兴潮　严国强　蒋扬名　张献群
宋宏玺　徐生坚　傅丹萍　陈自力　徐高清　王祥岗
赵欣刚　施建华　王国强　范红伟　林　磊　魏林华

2013 年

主　　任: 高鹰忠

副 主 任: 杨　烨　纪圣麟　赵孟进　陈振华　陈一行　吴一新
徐志军　阚江洲　王申东

委　　员: 邢泽亮　杜久航　王维荣　李初排　顾文海　王　青
白　雪　兰晨光　丁德祥　沈华清　周晓林　冯维君
董达根　陈锦寿　姚岳南　方　华　李丰庆　宋宏玺
邵新华　郑德兵　王新亮　沈建法　潘亚平　冯灿校
颜天明　李水良　严国强　蒋扬名　张金禄　徐生坚
傅丹萍　陈自力　徐高清　钟海见　赵欣刚　施建华
王国强　范红伟　林　磊　魏林华

2015 年

主　　任：高鹰忠

副 主 任：杨　烨　纪圣麟　赵孟进　陈振华　陈一行　赵海滨　吴一新　王申东

委　　员：邢泽亮　杜久航　王新亮　王　青　白　雪　顾文海　丁德祥　沈华清　李丰庆　董达根　李初排　陈锦寿　齐燎原　孙春芳　方　华　徐　勤　翁宏力　邵新华　郑德兵　朱云华　杨中校　沈建法　冯灿校　张少华　张福平　李水良　陈　麟　卢彩柳　王志鹏　朱建富　蒋扬名　徐生坚　陈自力　赵志强　钟海见　赵欣刚　施建华　王国强　范红伟　林　磊　周慧忠

《浙江通志·质量技术监督管理志》编纂委员会办公室

2012 年

主　　编：阚江洲

副 主 编：宋宏玺　翁宏力

办公室主任：宋宏玺

办公室副主任：刘海杰

2013 年

主　　编：阚江洲

副 主 编：宋宏玺　翁宏力

办公室主任：宋宏玺

办公室副主任：刘海杰

2015 年

主　　编: 阚江洲
副 主 编: 翁宏力
办公室主任: 翁宏力
办公室副主任: 刘海杰

《浙江通志·质量技术监督管理志》编纂顾问

姚守豪　叶昌文　陈月生　朱唯伦　朱如英　黎源根　陈亚璋
毛祖茂

《浙江通志·质量技术监督管理志》编纂人员

黄　玮　占里忠　孙益华　柳　佳　龚　飚　施彦彦　旷菊良
郑建伟　郑慕林　胡　敏　贺　丹　徐　虹　马进良　郭晓炜
张　琦　俞　聪　陈　钢　吕菡之　马慧芬　王　倩　陈前雪
罗　鹏　梁米加　孟晓霞　田卫东　徐建文　王　瑾　夏鸿洁
郑琼霞　叶彦新　余利军　孔佳羚　金　洁　陈双斌　裘丽萍
王新亮　徐京辉　王　群　陈骏彦　沈正木　蔡春芳　邓　纯

序

浙江是一片风光优美、令人神往的大地，是一个历史悠久、文化璀璨的家园，是一块创业创新、活力迸发的热土……在浙江人民波澜壮阔、跌宕起伏的奋斗历程中，浙江大地上涌现出无数勇立潮头的先进人物、可歌可泣的历史事件。这一切都真实准确、全面系统地记录在皇皇巨构《浙江通志》之中。《浙江通志》编纂工作自2011年9月启动以来，历届省委、省政府十分重视，各有关单位尽职尽责。《浙江通志》的出版，是全体编纂人员呕心沥血、辛勤耕耘的珍贵结晶，也是浙江文化强省建设的丰硕成果。

编纂地方志是我国源远流长的文化传统。地方志不仅能记述、反映历史的发展与社会的变化，而且还具有独到的“存史、资政、育人”等功能，在传承文明、开创未来的宏伟大业中具有不可替代的作用。浙江有着悠久的修志传统。早在东汉初年，被称为“方志之祖”的《越绝书》诞生在浙江；宋代，“临安三志”作为中国古代方志的定型之作，登上历史舞台；清代，浙江学者章学诚则以创立方志学闻名于世。千百年来，浙江佳志迭现，名家辈出。这些名志大家既是浙江作为“方志之乡”的最好见证，也是浙江成为“文化之邦”的重要支撑。

从上山文化、跨湖桥文化、河姆渡文化、良渚文化等史前文明，到越王勾践卧薪尝胆、雪耻复国的春秋霸业，从唐宋钱塘的富庶繁华，到明清两浙的文化昌盛，浙江先人展示的画卷光辉灿烂，令人赞叹不已。“一部民国史，半部在浙江。”民国时期，政治、经济、文化、教育、科技等领域的代表性人物成就卓著、各领风骚，推动了时代的发展和社会的进步。中华人民共和国成立后，浙江发生了翻天覆地的变化。特别是改革开放以来，经济社会全面发展，城乡各业蒸蒸日上，之江大地日新月异，人民群众安居乐业。浙江人民勇做时代弄潮儿，积极实施“八八战略”，努力践行“绿水青山就是金山银山”的发展理念，探索出了一条符合浙江实际、富有浙江特色的发展路子，形成了与时俱进的浙江精神，为今后可持续发展提供了强大的精神力量与广阔的提升空间。“盛世修志，志载盛世。”《浙江通志》把浙江人民所创造的辉煌业绩和奋斗精神记载下来，既可以激发当代浙江人励精图治、团结奋斗，更能够广泛宣传浙江，让全国乃至世界更加充分地了解浙江、认识浙江，作用巨大，意义深远。

“修志问道，以启未来。”今天，浙江人民在习近平新时代中国特色社会主义思想的指引下，按照统筹推进“五位一体”总体布局、协调推进“四个全面”战略布局的要求和习近平总书记对浙江提出的“干在实处永无止境，走在前列要谋新篇，勇立潮头方显担当”的新期望，积极投身高水平全面建设小康社会和高水平推进社会主义现代化建设伟大实践。《浙江通志》的编纂出版，既为我们提供了丰富宝贵的现实经验，也为我们提供了可资借鉴的历史启示。我们要充分重视用志工作，加强宣传力度，拓宽用志途径，采用各种形式，不断扩大地方志的服务功能，既要让方志成为决策者的案头书，又要让志书成为广大群众喜闻乐见的精神产品，使地方志在“两个高水平”建设的新征程中发挥更大的作用。

是为序。

浙江省人民政府省长 袁家军

2018年10月8日

凡 例

一、宗旨

以马克思列宁主义、毛泽东思想、邓小平理论、“三个代表”重要思想、科学发展观、习近平新时代中国特色社会主义思想为指导，遵循辩证唯物主义和历史唯物主义原理，全面、客观、系统地记述浙江省自然、政治、经济、文化和社会的历史与现状。服务当代，垂鉴后世。

二、起讫时间

上溯事物发端，下限为2010年12月31日，必要时以注释等形式作适当下延。

三、地域范围

以下限时浙江省行政区域为界，原则上越境不书。

四、体裁

采用述、记、志、传、图、表、录等体裁，以志体为主。

五、结构

以卷章结构为主。

卷的设置以科学分类与现实社会分工(现行管理体制)相结合。凡具有特别重要地位、文化积淀深厚且体量较大者，设为专志，各置为卷。

卷下设章、节，节下根据需要设目、子目与细目等。凡时代特征、地方特色显著，又难以在正文中展开记述者，设为专记。

六、文体

使用规范的现代语体文。直接引用资料使用原文文体。

七、文字

以经中华人民共和国国务院批准、1986年10月10日国家语言文字工作委员会重新发表的《简化字总表》，1955年12月22日中华人民共和国文化部、中国文字改革委员会发布的《第一批异体字整理表》及2013年6月5日中华人民共和国国务院公布的《通用规范汉字表》为准，异形词以2001年12月19日中华人民共和国教育部、国家语言文字工作委员会发布的《第一批异形词整理表》为准。

人名、地名、书名、文章篇名及引录的原著文句，凡可能引起歧义、误解者，仍用原繁体字或异体字。

八、标点符号

以2011年12月30日中华人民共和国国家质量监督检验检疫总局、中国国家标准化管理委员会发布的《标点符号用法》为准。

九、称谓

中华人民共和国成立前的国家、民族、地名、组织、机构、职官等名称，除明显带有歧视、污蔑含义者加以适当处理外，原则上仍用文献记载的原名称。

志书下限时的地名使用各级政府审定的标准地名，必要时括注俗称地名。地名古今不同者，各章首次出现时在其后括注志书下限时的标准地名；隶属地域变化者，注明志书下限时所属地域。

外国的国名、地名、人名、民族名，以及政府机构、党派团体、报刊等名称，主要依照《辞海》（第六版）译名及新华通讯社译名室常用译名。各章首次出现时，根据需要括注外文原名。

生物名称使用学名，记述自然资源涉及有关生物名称的，各章首次出现时采用二名法，必要时加注当地俗名。

十、简称

各种较复杂的名称重复出现时，各章首次出现时使用全称并括注简称，其后出现直接使用简称；有关机构、单位2010年的简称均以《有关机构、单位全称与规范化简称对照表》为准；有关机构、单位2010年前的简称及其他简称采用社会上通行、不产生歧义者，且全卷保持一致。

十一、纪年

干支纪年、年号纪年及其他非公历纪年等，以汉字书写，括注公历纪年；非公历纪年后有月日的，同时括注经换算后公历纪年的月日。

民国纪年以阿拉伯数字书写，括注公历纪年。

同一自然段中同一纪年多次出现时，只在首次括注公历纪年，其后不再括注。

括注公历纪年于年份后加“年”字；括注某一时间段，则只在后一个公历纪年后加“年”字。

括注公元前年份，年份前冠“前”字；括注公元元年后年份直接书写年份，不冠“公元”。

自1949年10月1日起，采用公历纪年。

公历纪年及公历的世纪、年代、月、日和时分，均以阿拉伯数字书写。

十二、数字

按2011年7月29日中华人民共和国国家质量监督检验检疫总局、中国国家标准化管理委员会发布的《出版物上数字用法》表述。凡一个数字与“以上”“以下”“以内”等连用的，均含该数字。

十三 、数据

中华人民共和国成立前的数据按文献记载入志。

中华人民共和国成立后的统计数据以统计部门公布数据为准。统计部门缺失者则采用相关部门经过核实的数据，并以注释形式说明资料来源。同一内容数据有不同者，也以注释形式加以说明。重要地理信息数据采用测绘部门公布的法定数据。

十四、计量单位

按1984年2月27日中华人民共和国国务院发布的《中华人民共和国法定计量单位》规定表述。行文中使用单位名称或单位符号视具体情况而定。

中华人民共和国成立前的计量单位根据需要沿用旧制。

十五、货币

中华人民共和国成立前的货币币值均按文献记载入志。

中华人民共和国成立后货币币值均指人民币币值。1955年3月1日前后人民币各按当时币值记载，不作换算。

外国货币按文献记载入志，币值不作换算。

十六、地图

按2015年11月26日中华人民共和国国务院公布的《地图管理条例》和浙江省人民政府2014年11月11日公布、2015年12月28日修正的《浙江省地图管理办法》的规定，采用经浙江省测绘行政主管部门审核的地图。

十七、注释

直接引用(引文)、地图、图片、表格及有关重要内容，均注明资料来源。其他需要说明者，亦酌情加以注释。

引用清代及清代以前编纂的志书，注明朝代、纪年、志书名称及卷次(或卷次与篇名)；引用民国时期编纂的志书，注明“民国”两字和志书名称、卷次(或卷次与篇名)；引用1949年10月1日(含)以后编纂、出版的志书，注明志书名称、出版单位、出版时间及页码。志书名称与篇名均用书名号。引用私修志书，除上述各项内容外，于志书名称前注明作者姓名。

十八、资料

取之于档案、书籍、报刊、网络及社会调查等，均经考订、核实。凡记载不一者，正文采其一说，其余说法以注释形式记述。

十九、大事记述

以编年体为主，兼用纪事本末体，专设《大事记》记载全省大事；其余各有关卷设置《大事年表》记载相关大事。

二十、人物

以“生不立传”为原则，专设《人物传》予以记载；其余各有关卷所涉人物按“以事系人”“人随事出”方法处理。

目 录

概　述

质量技术监督是中国行政管理体系的重要组成部分，是经济社会发展的综合性基础工作。它涵盖计量管理、标准化管理、宏观质量管理、认证认可监管、产品质量监管、纤维质量监管、食品生产质量监管、特种设备安全监察、组织机构代码管理和商品条码管理等多项行政管理职能。这些职能既相互联系又自成体系，具有专业门类多、技术性强、与经济社会发展和人民群众利益关系密切等突出特点。

浙江作为中国古代文明发祥地之一，其计量、标准化历史可以追溯到远古时期。在距今六七千年前，生活在浙江余姚河姆渡的先民们就已学会简单的测量技术，开展原始的标准化活动。秦始皇二十六年（前221年），秦兼并六国，建立统一的度量衡标准，奠定了中国度量衡管理制度的基础。南宋绍兴二年（1132年），户部"依临安府秤斗务造成省样升、斗、秤、尺、戥子，依条出卖"①。南宋末，"京城见用官斗，号'杭州百合'，浙郡一体行用"②。清光绪三十四年（1908年），浙江省农工商矿局（以下简称省农工商矿局）开始对全省度量衡情况进行调查。清宣统元年（1909年），浙江在劝业道设浙江省度量权衡局（以下简称省度量权衡局），负责全省度量衡划一事宜。民国时期，浙江省实业司（以下简称省实业司）、浙江省实业厅（以下简称省实业厅）、浙江省建设厅（以下简称省建设厅）先后执掌度量衡及标准化事宜，并设权度检定传习所、浙江省度量衡检定所（以下简称省度量衡检定所）及各县分所，开展度量衡培训、检查与检定工作，初步实现全省度量衡的划一。民国26年（1937年），"七七"事变爆发后，浙江经济社会遭受严重破坏，全省度量衡及标准化工作千疮百孔、乏善可陈。

中华人民共和国成立后，随着经济社会发展，浙江逐步建立起省、市、县三级质量技术监督行政管理体系，构建了由5部地方性法规和9部地方政府规章组成的具有浙江特色的质量技术监督专业法规规章体系，并形成了较为完善的计量体系、标准化体系、宏观质量管理体系、产品质量监督管理体系、纤维质量管理体系、认证认可监管体系、特种设备安全监察体系、食品生产质量监管体系、检验检测体系等质量技术监督管理与服务体系，促进了浙江生产力水平的不断提高，推动了全省经济社会的快速发展。随着科学技术日新月异和浙江人民生产生活水平不断提高，质量技术监督已成为推动科技创新、加快经济发展、维护贸易公平、保障百姓权益、促进社会进步的重要技术支撑和浙江经济社会持续稳定健康发展的重要基石。

---

① 〔清〕徐松：《宋会要辑稿》食货六九，世界书局1977年版，第6334页。

② 〔宋〕杨辉：《续古摘奇算法》，《中国科学技术典籍通汇·数学卷》（第一分册），河南教育出版社1993年版，第1103页。

一

测量的历史几乎和人类本身一样悠久。从制造最简单的工具开始，在人们日常生活中就有“量”的概念。运用量的知识，人类制作大小不同的砍砸器去猎取飞禽走兽，制造形态各异的刮削器去剥兽皮，制造钝锐有别的尖状器去抵御外来的侵扰。随着生产的发展，人们对测量数值的准确性和统一性日渐提出要求，从而出现专用于测量长度、容量、质量(重量)的器具，即标准器。在中国古代，计量被称为“度量衡”。其原义是关于长度、容量和质量的测量。度量衡的称谓，最早源于《尚书·舜典》中的“协时月正日，同律度量衡”，后来便相沿使用。据史料记载，早在西周时期，度量衡管理机构便已形成。此后，历代封建统治者都视“同律度量衡为经国宜民之要务”①，并设立专司度量衡的机构。同时，人类有意识的标准化活动也逐步展开。“五谷不时，果实不熟，不鬻于市”②，反映的就是周代对食品质量的统一要求。《考工记》则记述了战国时期官营手工业各工种的制造工艺和规范，它开创了中国古代有文字可考的标准化史先河。秦始皇统一六国后，下令“一法度衡石丈尺，车同轨、书同文字”③，统一度量衡、文字、货币、田亩、兵器等，奠定了中国度量衡管理制度和标准化工作的基础。

从秦代到清代，尽管群雄纷争、战事频仍、政权更迭，但度量衡、标准化的基础性地位从未有所动摇。清宣统元年(1909年)，浙江在劝业道设立省度量权衡局。从此，浙江有了专司度量衡的地方管理机构。宣统二年，省度量权衡局汇银3000两向农工商部订购度量衡标准器。民国2年(1913年)，省实业司工商科掌理度量衡。民国14年，省实业厅为推行甲、乙制，设权度检定传习所，招考学员百余名进行训练，后因北洋政府垮台而未果。民国16年9月，省建设厅及各市、县建设科(局)主管度量衡及标准化工作，并成立度政筹备委员会，筹划度量衡划一方案。在推行“标准制”“市用制”④，划一度量衡过程中，也对开展标准化工作的意义进行宣传。此后，民国浙江省政府(以下简称民国省政府)先后颁布《浙江省棉花检验规则》《浙江省度量衡检定所规程》《浙江省市县长推行度量衡新制奖惩暂行规程》等规章，并设省立棉花检验所、省度量衡检定所，开展棉花质量检验和度量衡划一工作。至民国22年，全省共设有度量衡检定分所73处，主要开展营业登记、度量衡器具检查、新器检定及检定设备扩充等工作。其间，省度量衡检定所对度量衡新制进行广泛宣传。一方面，编印浅显文字，挨户送阅度量衡新制说明及应用图表等；另一方面，汇编度量衡法规，分送各县市政府、图书馆、商会、学校，并派员赴广播电台、学校、公共场所等处演讲，乡村地方则转饬由各自治机关协助办理，以广宣传，而利推行。同时，开展旧器调查工作，并根据调查结果，编制《商用度量衡新旧器对照表》《新旧器比较及物价折合表》等，印发商民，作为新旧器过渡时期物价涨缩的依据。另编制

① 〔清〕张廷玉等：《皇朝文献通考》卷一百六十《乐考六·度量衡》。

② 〔西汉〕戴圣：《礼记·王制第五》。

③ 〔西汉〕司马迁：《宋本史记注释》(第一册)，三秦出版社2011年版，第200页。

④ 标准制：即万国公制；市用制：与标准制有最简单的比率，而与民间习惯相近者，称为市用制。

《省会公用度量衡器对照表》,印送各机关参考应用。至民国25年底,全省度量衡划一工作大体完成,成为全国最早完成度量衡划一的省份之一。民国26年,民国省政府决定省度量衡检定所兼管“有关工作标准之调查及推行事项”①。“七七”事变后,省度量衡检定所遭裁撤,全省度量衡检定工作处于停顿状态。

民国31年(1942年),浙江汪伪政府开展度量衡工作。至民国33年,列入汪伪浙江治区的34个县,有杭县、平湖、海盐、海宁、嘉善、嘉兴、崇德、德清、吴兴、长兴、绍兴、萧山、奉化、金华14个县设立度量衡检定分所。

民国33年(1944年)4月,省建设厅第二科标准股掌理“国家标准之推行及建议”“各种品质及尺度标准之研究实施”②等工作。民国35年8月,民国省政府颁布《浙江省统一度政组织办法》,明确省度量衡检定所暂缓设置,其所属事务由省建设厅第二科度政股兼办;省会度量衡检定事宜交还杭州市政府自办;各县度量衡检定事宜由各县政府建设科兼办,暂不另设度量衡检定分所。解放战争全面爆发后,国民政府度量衡、标准化管理机制开始分崩离析。

二

中华人民共和国成立后,杭州、宁波等地度量衡管理机构逐步得到恢复。1951年5月7日,浙江省人民政府(以下简称省政府)主席办公会议研究确定,暂先在浙江省商业厅(以下简称省商业厅)行政室下设一个3人小组,专司度量衡管理工作。至1952年6月,杭州、宁波、温州、绍兴、金华5个市建有度量衡检定机构,度量衡的宣传、检查、修理、检定工作渐次展开,对恢复浙江生产建设、稳定市场秩序起到积极作用。同时,标准化工作也开始有所恢复。1953年,经浙江省财政经济委员会(以下简称省财经委)同意,由浙江省供销合作社联合社(以下简称省供销社)等5个部门组成茶叶鉴评委员会,负责审查核定毛茶收购实物标准样。1955年,浙江省黄麻实物标准仿制委员会成立,开展黄麻实物标准仿制工作。同年,杭州制氧机厂、宁波动力机厂等企业也相继建立标准化组织,在产品系列化、部件通用化和零件标准化方面做了大量工作。至1957年,浙江省轻工业厅(以下简称省轻工业厅)、浙江省重工业厅、浙江省森林工业局、浙江省粮食厅(以下简称省粮食厅)等行业主管部门也均在本系统内开展标准化相关工作。

1958年,国家计量局将3名计量技术人员分配到浙江,最初安排在浙江省计划委员会(以下简称省计委),开展全省计量工作状况调研。1959年6月,国务院颁布《关于统一我国计量制度的命令》后,浙江省科学工作委员会(以下简称省科委)组建计量组。7月,全省计量工作划归省科委领导,市制改革也逐步展开。1960年2月25日,浙江省人民委员会(以下简称省人委)批准建立浙江省标准计量管理处(以下简称省标准计量管理处),由省科委领导,统

① 《浙江省科学技术志》,中华书局1996年版,第139页。

② 《重修浙江通志稿》第67册《行政略》,方志出版社2010年版,第3页。

一负责全省标准计量工作。1962年，省标准计量管理处编制《浙江省当前计量标准传递系统(草案)》，并本着"建立一项传递一项，传递一项巩固一项"的原则，开展量值传递和检定测试工作。同时，加快计量标准建设步伐。至1963年，省标准计量管理处建立了线值、平度、光洁度、角度、高温、中温、压力、质量、测力、硬度、密度、电动势、电阻4类13项计量标准。1964年6月，省人委批复同意省标准计量管理处改为浙江省计量标准管理局(以下简称省计量标准管理局)，仍由省科委领导。省计量标准管理局成立后，标准化管理工作开始得到加强，并对企业标准登记编号工作实行了统一管理。

"文化大革命"开始后，国民经济遭受严重破坏，全省标准计量工作也受到较大冲击。1970年4月，省计量标准管理局被撤销，在浙江省革命委员会(以下简称省革委会)生产指挥组科学技术局下设计量所，名称为浙江省革命委员会生产指挥组科学技术局计量所(以下简称省科技局计量所)。1972年10月，省革委会生产指挥组批转浙江省科学技术局(以下简称省科技局)《关于加强计量工作的报告》，要求各地、市建立健全计量管理机构，迅速开展计量管理和计量检定、修理、测试工作。此后，各地计量管理机构和计量管理工作有所恢复。至1973年底，全省已建立长度、热工、力学、电学、时间频率、无线电、化学等7类30余项计量标准和测试项目，并组织开展对企业部分计量器具的质量检查工作。1974年，省科技局计量所改称省科技局标准计量所后，标准化管理工作开始恢复，相继开展种子、黄麻、棉花、绵羊毛、中西药标准的制(修)订和宣传贯彻工作。1975—1977年，全省标准计量部门开展标准计量为农业服务活动，进行土壤植株养分测试、碳化氨水测定、磁化水研究，指导农民合理施肥、科学种田，促进了农业生产成本的降低和农作物产量的提高。同时，组织开展《机械制图》《表面形状和位置公差》等国家标准的宣传贯彻工作，推动全省标准化工作深入开展。

1977年10月，中共浙江省委员会(以下简称省委)决定将省科技局标准计量所改称浙江省标准计量管理局(以下简称省标准计量管理局)，作为省革委会的职能机构，由省科委、省计委领导。1978年9月8日，全省工交战线"质量月"①广播电视大会召开，拉开全省第一个"质量月"活动的序幕。此后，全省每年开展"质量月"活动，宣传"质量第一"思想。同时，全面质量管理宣传教育活动和全面质量管理小组(以下简称QC小组)活动也相继在全省各地蓬勃兴起。各地、各部门建立健全质量管理机构和质量考核制度，组织参加国家(省)优质产品奖、质量管理奖、优秀质量管理小组评选活动，推动全社会质量意识的普遍提高，浙江标准计量事业进入了新的发展阶段。

三

1979年，全国开始把工作重点转移到社会主义现代化建设上来。全省标准计量部门认

① "质量月"活动始于1978年，是在国家质量工作行政主管部门倡导和部署下，联合国家相关部门并发动广大企业和全社会参与，于每年9月以多种形式组织开展的为期一个月的全国性质量专题活动，旨在提高全民质量意识。

真贯彻中共十一届三中全会精神，坚持标准计量工作必须为“四化”①服务、为人民生活服务的基本原则，一方面，推动企业标准制（修）订工作，强化企业标准登记管理，开展技术标准的大清查大整顿，实施以整顿计量标准器为重点的“五查”②整顿工作，加强商贸计量管理，推动《浙江省计量管理试行办法》颁布实施，使全省计量工作逐步纳入规范化管理的轨道。另一方面，加大基础设施建设，启动省计量、测试中心基建工程和杭州计量学校筹建工程（详见专记），为标准计量事业进一步发展奠定基础。同年，浙江省计量检定所（以下简称省计量检定所）成立，省标准计量管理局结束了计量行政管理与技术保障两项职能合为一体的状态。

20 世纪 80 年代，随着国民经济的恢复和发展，产品质量监督管理工作开始成为标准计量部门主要职能之一。1980 年，全省质量监督检验网开始筹建，省标准计量管理局先后对轻工、电子、冶金、纺织、丝绸、医药等 10 个行业的检验机构人员、设备、技术水平情况进行调查，并向省科委、浙江省经济委员会（以下简称省经委）提交《关于建立省产品质量监督检验网的专题报告》。1982 年 6 月，浙江省电子产品质量监督检验站（以下简称省电子产品质检站）等 11 个产品质量监督检验站筹建完成，并于年底开展产品质量监督抽查工作。同年，根据中共中央、国务院《关于国营工业企业进行全面整顿的决定》精神，全省标准计量部门开始着手进行企业计量、标准化整顿验收工作，同时开展企业能源计量器具配备的试点，制定了分行业的《企业能源计量器具配备、管理标准》，推动企业节能降耗工作的开展。至 1983 年底，全省共有 129 家年耗标煤万吨以上企业完成《能源计量器具配备管理规划》制定工作，占同类企业总数的 96%。

1984 年开始，全省标准计量部门坚持“以质量为中心，以标准化、计量为基础”，按照“管、帮、促”要求，积极投身经济建设的主战场，使标准计量部门由过去以提供标准计量技术服务为主的专业性机构，逐步向综合运用法律、行政、经济、技术等手段开展标准计量管理与服务的综合性部门转变。一方面，全省标准计量部门本着“标准要坚持、手续要简化、方法要改进、要求要合理”的原则，全面开展企业标准化验收和计量定（升）级工作，促进企业提高产品质量，降低能耗，增加经济效益。至“七五”时期（1986—1990 年）末，全省通过标准化验收合格的企业有 6475 家，通过计量定（升）级验收合格的企业有 7917 家。另一方面，积极鼓励企业采用国际标准或国外先进标准，帮助企业建立完善标准化体系、质量保证体系，有计划有步骤地推进工业产品生产许可证制度，推动企业产品质量的稳步提高和外向型经济的发展。至 1990 年底，全省有 23 个行业 1640 家企业的 177 种产品取得 1900 张生产许可证，1506 种产品采用国际标准或国外先进标准，其中 1084 种产品取得采用国际标准合格证书。

与此同时，全省标准计量部门积极开展法制宣传，加强地方规章体系建设。一方面，结合《中华人民共和国计量法》（以下简称《计量法》）、《中华人民共和国标准化法》（以下简称《标准化法》）等国家法律及国务院《关于在我国统一实行法定计量单位的命令》的颁布实施，通过印

---

① “四化”：即四个现代化（工业现代化、农业现代化、国防现代化、科学技术现代化）。

② “五查”：即查计量基准器、标准器是否符合技术要求，精度是否准确可靠，配套设备是否符合要求，技术档案是否齐全；查量值传递是否按周期进行，是否认真执行检定规程；查检定人员的技术水平；查各项制度的建立和执行情况以及监督管理工作状况；查完成检定修理任务的情况。

发宣传册、张贴宣传画、设立宣传站、出动宣传车、放映宣传片、召开宣传贯彻会、开展广播电视讲话等多种形式，广泛开展标准计量专业法宣传教育活动，提高全民标准计量法制意识。另一方面，推动地方规章制定，构建具有浙江特色的标准计量地方规章体系。1985 年、1987 年，省政府相继颁布《浙江省衡器管理办法》《浙江省工业产品质量监督实施办法（试行）》，推动计量、标准化、质量监督工作深入开展。在计量管理方面，"七五"期间，全省标准计量部门依法对 1260 项社会公用计量标准和 5700 项企事业单位最高标准器具进行考核；依法对主要用于贸易结算和医疗卫生方面的计量器具实行强制检定，强制检定工作计量器具近 100 万台，全省强制检定项目种类覆盖率达 60%左右；依法推行法定计量单位①，市制度量衡、测力机、压力机、血压计的改制累计达 800 余万台（件），其中市制度量衡改制率达 90%，全省大体完成向法定计量单位的过渡工作；有 800 余家制造（修理）计量器具的企业取得制造（修理）计量器具许可证，通过样机试验、型式批准的计量器具新产品有 158 个。商贸计量管理工作由浅入深，"计量信得过单位"②评选活动从少数地区和单位扩展到全省多数城乡和企业。在标准化管理方面，依法对地方标准进行清理整顿，印发了《浙江省农业标准化管理办法（试行）》《浙江省产品标准管理暂行办法》《浙江省林产品标准化管理细则》等规范性文件；开展"组合售茧、缫丝计价"③和"净毛计价"④工作，推动农业标准化工作；开展《食品标签通用标准》等国家标准实施情况的监督检查，推动强制性国家标准的贯彻实施。在产品质量监管方面，产品质量监督抽查工作不断得到加强，产品质量申（投）诉及举报机制、产品质量仲裁检验与质量鉴定机制等不断完善。"七五"期间，全省标准计量部门共出动 8 万余人次，检查生产、经销企业 52599 家次，查获标值 300 余万元的无证、伪劣产（商）品；省级产品质量监督抽查的企业数累计达 13254 家次，监督抽查 245 种（类）18664 批次产品，主要工业产品受检覆盖面达 38%，一批不合格产品生产企业受到通报批评或行政处罚。

"七五"期间，全省标准计量技术保障和服务体系逐步得到完善。先后建立浙江省产品质量监督检验所（以下简称省产品质量监督检验所）、浙江省标准计量情报研究所（以下简称省标准计量情报研究所）、浙江省纤维检验所（以下简称省纤维检验所）等省级技术机构。至 1990 年底，全省共有产品质量监督检验机构 86 家，职工 1349 人，其中具有高、中级技术职称的人员占 35%，各类检测仪器设备原值 4763 万元。有 43 个省级产品质量监督检验所（站）、8 个市级产品质量监督检验所、4 个县级产品质量监督检验所和 3 个行业质量检验站通过计量认证，具有开展 300 余种产品质量检验的能力。法定计量机构达 90 个，涵盖几何量、温度、力学、电磁、无线电、时间频率、光学、电离辐射、声学和化学等 10 大类计量领域。

---

① 法定计量单位：即国家以法令的形式，明确规定并且允许在全国范围内统一实行的计量单位。

② "计量信得过单位"：是标准计量部门针对商业、服务业、饮食业、修理业、旅店业企业和个体工商户的计量管理以及运行情况进行综合评价后颁发的荣誉奖项。

③ "组合售茧"：是组织农民自愿结成联合售茧体，在售茧时，或取样茧密码编号，以目测按质评分；或由茧站代为评分，合作一票出售，收购单位按同地区茧价水平先付给蚕农 90%或 95%的预付款，最后根据试缫成绩，按分结价。"缫丝计价"：是由茧质检定机构在收茧时向联合售茧体抽取样茧，按标准工艺烘干、缫丝，然后进行检定，结算茧价。

④ "净毛计价"：是指交易双方按照羊毛净毛率进行计价的方式。

1990 年底，中共十三届七中全会召开，全国经济工作开始转移到全面提高经济效益的轨道上来。1991 年，省委、省政府印发《关于动员全社会加强产品质量工作的通知》，强调“产品质量是浙江经济赖以生存和发展的命脉，只有抓住产品质量上的优势，才能在国内外的激烈竞争中站稳脚跟，求得浙江的繁荣和发展”。为贯彻落实省委、省政府的这一重大战略思想，全省标准计量（技术监督）部门在“八五”期间（1991—1995 年），认真贯彻实施《中华人民共和国产品质量法》（以下简称《产品质量法》），组织起草《浙江省标准化实施管理办法》《浙江省产品质量监督管理条例》等地方性法规，集中整治乐清生产和销售无证、伪劣低压电器问题，规范市场行为（详见专记）；有序推进棉花产地监督检验，维护农工商各方利益。同时，注重发挥计量、标准化工作在促进经济社会发展中的基础性保障作用。在计量管理方面，以强制检定工作为重点的量值传递和溯源体系（以下简称量传溯源体系）建设得到加强，全省共建立社会公用计量标准 1500 余项，对约 80 万台（件）工作计量器具落实强制检定；对 1660 个计量器具新产品进行定型和样机试验，1400 余家企业取得制造计量器具许可证，300 余家企事业单位取得修理计量器具许可证；加强计量器具产品监督检查，开展检验机构计量认证工作，143 家产品质量监督检验机构以及测试实验室通过计量认证；加强计量科学研究和计量队伍建设，制定 22 项国家计量检定规程和 42 项地方计量检定规程，考核计量检定人员 9000 余名。在标准化管理方面，继续开展标准化技术委员会建设，推动标准的制（修）订和清理整顿工作；宣传贯彻《标准化导则》《质量管理和质量保证体系》等国家标准，依法开展对《食品标签通用标准》《公共信息图形符号》等强制性国家标准实施情况的监督检查，维护人民群众权益；农业标准化也有新起步，林木种苗等标准体系初步形成，并取得显著经济效益；商品条码逐步推广，组织机构代码的赋码、发证、建库工作基本完成，并在银行、税务、安全、统计等领域广泛应用。在质量建设方面，全省贯彻实施 ISO9000《质量管理和质量保证》，开展名牌培育和评定工作，引导企业树立品牌意识和质量意识。温州还在全国率先开展“质量立市”活动，影响和带动全省各地质量振兴活动的开展，成为全国质量建设工作的一面旗帜。

四

1995 年，省标准计量管理局更名为浙江省技术监督局（以下简称省技监局）后，在省委、省政府的领导下，全省技监部门按照“寓监督于服务”的工作原则，转变观念，深化改革，不断增强技术监督服从、服务于经济建设的意识，全面履行综合管理和行政执法两大职能，开创了技术监督事业新局面。

“九五”期间（1996—2000 年），全省技监部门宣传贯彻国务院《质量振兴纲要》和省政府《浙江省质量振兴实施计划（1998—2010 年）》，扶优扶强，大力实施名牌战略，与浙江省计划经济委员会（以下简称省计经委）等有关部门共同认定“浙江名牌”产品 384 种，并通过召开新闻发布会、组织“家电质量行”①等活动，向社会宣传名牌产品，扩大浙江名优产品的影响力。同时，坚持“疏导、帮扶、整治、打击”相结合的方针，加大区域性质量问题的整治力度，对温岭水泵、乐清低压电器、永康电动工具、缙云螺纹钢、慈溪电热取暖器、桐乡濮院羊毛衫等涉及人民生命财产安全和广大消费者切身利益的产品进行区域性质量问题专项整治，促进块状经济质量水平的提高。通过整治，不少区域性质量问题得以解决，并转化为区域性产业优势，并带动产业集群的快速形成和发展。在打假治劣方面，省政府每年与市(地)政府签订打假治劣目标责任书，推动各地打假治劣工作深入开展。各级技监部门设立技术监督稽查机构，建立打假保名优协作网，并与公安部门联合设立公安联络室，采取上下联动、内外配合的方式，开展“四打四保”②等“蓝箭”③执法行动，严厉打击制售假冒伪劣产品违法行为，维护公平、公正的市场秩序。

在实施名牌战略和打假治劣的同时，全省技监部门一方面组织开展商贸计量监督管理，推动《浙江省贸易结算计量监督管理办法》颁布实施，加大对定量包装商品、电话计费器、液化石油气、散装水泥和商品房面积等的计量监督力度；加强制造(修理)计量器具许可证管理和年度审核，对电能表等6种重点管理计量器具制造许可证实施省级考核；加强计量强制检定管理和对计量器具产品的质量监督检查，继续开展跨市计量强制检定项目建设。至“九五”时期末，全省计量器具产品质量监督抽查合格率达87%以上，强制检定工作计量器具覆盖率达95%以上。另一方面，按照省政府办公厅《关于大力推行农业标准化的意见》，加强农业标准化工作的组织领导，建立由各有关部门参加的联席会议制度；围绕效益农业，开展农业标准规范制(修)订工作和农业标准化示范项目建设，培育衢县一品红椪柑、江山白鹅、开化龙顶茶、黄岩东魁杨梅、新昌大佛龙井茶、余杭径山茶等一批高产优质农副畜名特产品，并有32个产品被认定为省级农业名牌；开展企业标准化水平确认和标准化良好行为企业创建工作，帮助企业提高标准化管理水平；持续开展治理无标生产活动和采标④验证确认工作，全省产品标准覆盖率在“九五”时期末达98.1%。同时，进一步完善产品质量监督抽查制度，不断提高产品质量监督抽查覆盖率和计划完成率；加大对不合格企业的处理力度，通过公布不合格企业名单、举办不合格企业厂长(经理)学习班、追究企业负责人行政责任和依法对不合格企业实施行政处罚等多种手段，扭转了产品质量抽查合格率长期低位徘徊的局面；推动实施山羊绒公证检验制度、棉花公证检验制度和棉花收购加工资格认定制度，为国家对纤维资源的宏观调控提供决策依据；推动《浙江省组织机构代码管理办法》的颁布实施，实行组织机构代码证IC卡制度，不断扩大组织机构代码的应用领域。在质量认证方面，全省技监部门以省政府确定的100家现代企业制度试点企业和“五个一批”⑤重点骨干企业为突破口，帮助企业开展

① “家电质量行”：是配合中国质量万里行活动而开展的推进家电产品质量的活动。

② “四打四保”：即“打假保节日”“打假保农业”“打假保健康”“打假保安全”。

③ “蓝箭”：代指质监部门。

④ 采标：即采用国际标准或国外先进标准。

⑤ “五个一批”：1995年3月，省政府转发省计经委《关于提高我省工业经济增长质量的工作意见》，提出：培育一批大型企业或综合商社，一批“小型巨人”企业，一批名牌产品企业，一批出口创汇大户企业，一批高新技术企业。

ISO9000 质量体系认证，提高企业质量管理水平。至“九五”时期末，全省共有 1808 家企业通过质量体系认证，省政府确定的 318 家“五个一批”重点骨干企业中有 225 家通过或部分通过质量体系认证，获证企业数居全国第二。

1999 年 9 月 24 日，省政府决定省级以下质监部门实行垂直管理体制，省技监局更名为浙江省质量技术监督局(以下简称省质监局)，成为省政府的工作部门。随着特种设备安全监察职能、宏观质量管理职能、食品生产加工环节质量监管职能相继划入质监部门，全省质量技术监督事业迎来了新的发展时期。

“十五”期间(2001—2005 年)，全省质监部门一方面充分发挥打假治劣主力军的作用，持续开展“打假保农业”“打假保健康”“打假保建设”“打假保安全”“打假保旅游”“打假保节日”等系列打假治劣活动，依法查处了一批群众反映强烈、后果严重、影响恶劣的大案要案；开展棉花打假专项行动，严厉打击掺杂使假、虚高等级等纤维质量违法行为；加强对温州苍南、宁波慈溪等地再加工纤维的监督管理，保持对“黑心棉”①的严打态势，公开、成规模制售“黑心棉”等质量违法活动得到遏制；深入开展区域性、行业性产品质量问题整治，严防区域性质量问题回潮，并通过持续有效地开展产品质量监督检查工作，基本摆脱浙江省国家监督抽查合格率长期处于全国倒数的局面，全省工业产品质量指数达 95%以上。另一方面，加强特种设备安全监察和生产加工环节食品质量安全监管工作，坚守安全底线。2001 年 9 月起，在省政府的统一部署下，质监部门会同有关部门开展锅炉、压力容器、电梯、厂内机动车辆普查整治工作，基本摸清全省锅容管特设备的底数。同时，按照“理顺体制、明确职能、落实责任、确保安全”的要求，探索建立特种设备安全工作新体系和新机制，推动《浙江省特种设备安全管理条例》颁布实施，并将特种设备安全监察网络延伸到乡镇村和街道；完善在用特种设备登记备案制度，建立重点企业及重点设备的重点监察制度，形成特种设备安全监察动态长效管理机制。在食品质量安全监管方面，全省质监部门贯彻执行《国务院关于进一步加强食品质量安全工作的决定》和《浙江省人民政府关于切实加强食品安全工作的实施意见》，全面开展食品生产加工单位普查工作，建立健全“目录管理、细则配套、技术审查、证后抽查”的食品质量安全市场准入体系，严把食品生产许可关。至 2005 年底，全省共有 1456 家小麦粉、肉制品等 15 类食品生产加工企业取得 1609 张食品生产许可证。同时制定《关于实施食品质量安全长效监管的意见(试行)》《浙江省食品生产加工环节质量安全监督管理办法(试行)》等规范性文件，建立起“日常巡查、监督抽查、风险监测、飞行检查”等日常监管机制，明确分工，落实责任，强化问责，确保全省食品质量安全。

在打假治劣、坚守质量安全底线的同时，全省质监部门一方面围绕“信用浙江”②建设，构建以“质量第一、标准为据、计量保证、守法立信”为基本理念的企业质量诚信体系；围绕全省产品结构调整，编制重点产品质量上台阶计划和“浙江名牌”产品培育计划，实施质量措施项目，培育名牌产品。至 2005 年底，全省共有“中国名牌”产品 139 个，287 家企业生产的 325 种

① “黑心棉”：劣质生活用絮用纤维制品的俗称。

② “信用浙江”：2002 年，省政府印发《关于建设“信用浙江”的若干意见》，提出建设“信用浙江”。

产品成为国家免检产品,"中国名牌"产品和国家免检产品数均位居全国前列。"浙江名牌"产品发展到1039个(其中,工业产品819个,农业产品215个,传统特色文化产品5个)。另一方面,围绕蔬菜、水产品、水果、林产品、畜禽等主导农产品,制定1150项农业标准和规范,初步形成全省主要农产品标准体系;开展农业标准化示范园区建设和原产地域产品保护工作。至"十五"时期末,全省共有国家级标准化示范项目66项、省级标准化示范项目192项,龙井茶、杭白菊、庆元香菇、金华火腿等15个产品由国家质量监督检验检疫总局(以下简称国家质检总局)批准实行原产地域产品保护,受原产地域保护的产品数位居全国第一。

面对中国加入WTO的新形势,质监部门设立WTO/TBT①通报咨询中心,制定《浙江省应对技术性贸易壁垒行动方案(试行)》,建立国外技术性贸易壁垒信息通报制度,开展应对国外技术性贸易壁垒的研究和评议,为浙江企业成功应对来自日本、美国、加拿大等国及欧盟技术性贸易壁垒提供技术支撑。在合格评定方面,全省质监部门对认证咨询机构开展能力确认和重新登记,对全省通过计量认证/审查认可的检验机构进行年度监督检查,对强制性认证产品和管理体系认证有效性加强监督管理。至2005年底,全省有6881家企业取得36089张"3C"认证②证书,获证数居全国第二。同时,省政府颁布全国第一部专门规范检验机构的地方政府规章《浙江省检验机构管理办法》,加强对检验机构的统一管理。

在检验检测能力建设方面,全省质监部门按照"打基础、上水平、增实力"的工作目标,加大对质监系统技术机构的改革力度,推动技术机构市场化发展。浙江方圆检测股份有限公司组建完成,开创了全国质检系统技术机构股份制改革的先河。同时,加快质监基础建设,改变质监部门基础设施薄弱、检测装备落后的状况,构建布局合理、层次分明、具有一定市场竞争能力的检验检测体系。至"十五"时期末,全省质监系统基本建设累计完成投资额5.6亿元,办公实验用房面积达31.3万平方米,其中实验室面积近12万平方米,初步建立起与浙江经济发展相适应的,门类较为齐全、功能配置基本合理的检验检测体系。

五

2006年3月,省委书记习近平在全省自主创新大会上提出,"要坚持把自主创新和自主品牌战略结合起来,推动品牌大省建设",同时强调"要切实抓好商标、质量、标准、管理等品牌基础工作"③。9月,习近平对标准化工作作出重要批示:"加强标准化工作、实施标准化战略,是一项重要和紧迫的任务,对经济社会发展具有长远的意义。"④2007年11月,省委印发《关于认真贯彻党的十七大精神 扎实推进创业富民创新强省的决定》,明确将标准化战略与技术跨越战略、知识产权战略、品牌战略并列为全省联动推进的四大战略。同年,省政府召开全省

---

① TBT:Technical Barriers to Trade,即技术性贸易壁垒。

② "3C"认证:即"中国强制性产品认证",英文名称为"China Compulsory Certification",简称"3C",是中国政府为保护消费者人身安全和国家安全,加强产品质量管理,依照法律法规实施的一种产品合格评定制度。

③④ 郭占恒:《习近平标准化思想与浙江实践》,《浙江日报》2015年9月25日,第14版。

质量工作电视电话万人大会，明确提出坚定不移地走“质量强省”之路，并在全国率先设立“省政府质量奖”。

面对质监工作新形势、新情况和新要求，全省质监部门坚持“以服务大局为根本，以全面履行职能为己任，以转变发展方式为重点”的指导思想和“优服务、严监管、强素质、上水平、争一流”的质监工作方针，进一步厘清改革与发展、监督与服务、履行职能与事业发展的关系，加快发展理念转变和发展方式转型。“十一五”期间（2006—2010 年），全省质监部门认真贯彻省委、省政府标准化战略思想和“质量强省”建设总体要求，立足质监职能优势，强化战略、机制和政策研究，形成了“政府统一领导、部门协调配合、社会共同推进”的工作新格局。从名牌培育质量提升工程到建设“质量强省”，从构建“五大体系”①到大质量、大监管、大平台建设，始终紧扣省委、省政府中心工作，融入全省发展大局，把全面实施标准化战略作为落实“八八战略”的重要举措。面对国际金融危机带来的冲击，实施“六十百千万”工程②，全力帮扶企业渡过难关，为全省经济企稳回升发挥积极作用。面对产业转型升级需求，优化名牌培育方向，开展创建标准创新型企业活动，实施联盟标准，创建区域名牌，加快服务业标准体系建设。面对全省节能减排严峻形势，开展节能降耗地方标准制（修）订，强化能源计量、特种设备节能和认证认可工作，促进人与自然和谐发展。面对国际贸易保护主义，全省质监部门增设应对技术性贸易壁垒机构，建立浙江省应对技术性贸易壁垒信息服务平台，开展农残限量、EuP 指令等技术性贸易壁垒的评议、研究、通报工作。至 2010 年底，全省质监部门累计帮助 2.7 万家企业实施先进的质量管理模式，规模以上企业采标率达 81.8%；在全省 73 个块状产业推广实施 119 个联盟标准；建立农业标准化示范区 1300 余个，农业标准化推广实施率达 48.8%，安吉县被国家标准化管理委员会（以下简称国家标准委）授予“中国美丽乡村国家标准化示范县”称号；“国家高新技术产业标准化示范区”落户杭州滨江，成为全国第二个国家级高新技术产业标准化示范区；制定节能降耗地方标准 50 项，推动 1482 家企业开展节能、节水、能效、环保等体系认证，累计节约标煤 658 万吨，4850 家年耗标煤 1000 吨以上重点用能企业的能源计量器具配备管理达到强制性国家标准要求；全省有 “中国名牌”产品 289 个、国家免检产品 701 种、“浙江名牌”产品 2080 个，其中“中国名牌”产品、国家免检产品数均居全国第二。

在质量安全监管方面，全省质监部门围绕“平安浙江”建设，建立食品质量市场准入、风险预警机制，实施重点产品关注制度，推进政府、部门、企业各方责任的落实；加快基层质监站（所）建设，探索“网格化”监管模式③，在全国率先建立食品安全分片定责区域监管体系，小企

---

① “五大体系”：即品牌建设体系、标准化推进体系、检验检测体系、质量安全监管体系、廉政惩防体系。

② “六十百千万”工程：即开展加工食品安全大检查和集中整治、食品加工小作坊整顿规范、特种设备隐患排查治理、重点产品专项整治、生产许可证和强制认证企业监督检查、计量专项执法 6 大行动；提供名牌培育、质量管理、标准提升、检验检测等方面的 10 项服务；推进 100 个块状产业的质量提升工程；开展检测机构帮扶千家企业活动；组建质监系统服务企业培训讲师库，面向企业开展质量万人培训。

③ “网格化”监管模式：即将乡镇（街道）划分为若干单元网格，在每个网络区域配置相应监管服务队，实时采集网格内基本情况，宣传法律法规和上级有关政策，并结合现代数字技术搭建信息平台，实现全方位、全过程、全覆盖的动态管理模式。

业小作坊治理“五种模式”①在全国质检系统得到推广。同时，牵头开展产品质量和食品安全专项整治、“两豆”②整治和“十小”行业③整治等专项整治行动，解决了一批群众反映强烈的质量安全问题。面对北京奥运会、上海世博会等国际盛事，全省质监部门全力做好质量安全保障工作；面对2008年中国奶制品污染事件等严重质量安全事件的冲击，全省质监部门科学应对，措施有力，确保社会和谐稳定。至“十一五”时期末，全省产品质量省级监督抽查批次合格率达91.7%，食品质量省级定期监督抽查批次合格率达94.1%；万台特种设备事故率和死亡率分别为0.2和0.17，大大低于全国平均水平。

在技术机构建设方面，全省质监部门按照“支撑、保障和服务”要求，加快推进质监系统技术机构发展方式的转变。技术机构分层发展、错位发展成效明显，低水平重复建设和市场无序竞争的状况得到遏止，行政监管的技术支撑作用日益显现。至“十一五”时期末，省、市二级质监部门共建有社会公用计量标准2748项；省、市、县三级质监部门在计量、标准化、质检、特检等4个领域的技术机构有126家，并建有国家级质检中心24家、省级质检中心70家、省级重点实验室1个、国家级博士后科研工作站2个、院士工作站1个，基本形成以国家产品质量监督检验中心和省级综合技术研究机构为龙头，省级产品质量检验中心和中心城市综合技术机构为骨干，县级技术机构为基础的检验检测体系，检验检测能力覆盖食品、农产品、纺织品、建材产品、机电产品、轻工产品、化工产品等2万余种产品及参数。全省质监系统检验检测实验室面积近40万平方米，仪器设备4.7万台(套)，仪器设备原值12.5亿元，并拥有教授级高级工程师17人，其他各类高级技术职称人员505人，具有博士学位的有46人，具有硕士学位的有622人。“十一五”期间，全省质监系统技术机构发起组建或参与的省级重大科技创新公共服务平台30个，其中，牵头承担6个，核心共建14个，参与10个。全省质监部门承担各类科研项目近600项，其中，国家级、省部级项目近100项，获“浙江省科技进步奖”4项，国家质检总局“科技兴检奖”16项，国家知识产权局“中国专利优秀奖”1项，以第一起草单位承担国家标准和计量技术规范制(修)订43项，科技基础保障能力处于全国质检系统前列。

六

浙江质监事业的发展历程，是伴随经济社会不断发展和人民生活水平日益提高而不断创新发展的历程。从晚清到中华人民共和国，百年春秋轮转，浙江在计量、标准化、质量管理等方面进行着不断的探索和实践。进入21世纪，省委、省政府高度重视质监工作，时任省委书记习近平多次就标准化战略和品牌建设发表重要讲话或作出重要批示，为质监工作指明前进

① “五种模式”：浙江质监部门按照“既要便民、又要管好”的原则，积极引导小企业、小作坊联小做大、整合做强、规范发展，提出了专业合作、龙头带动、协会推动、股份联合和区域集中等五种整合模式。

② “两豆”：豆制品、豆芽。

③ “十小”行业：食品加工小作坊、小食杂店、小餐饮店、小药店、小农资店、小菜场、小音像店、小美容美发店、小客运、小液化气供应点。

的方向。省委、省政府印发《关于加强标准化工作的若干意见》《关于推进“品牌大省”建设的若干意见》等规范性文件，推动标准化建设、品牌建设和“质量强省”建设。浙江质监部门作为地方政府的工作部门，既是质监法规规章及政策措施的制定者，也是法律法规规章和政策的贯彻者、执行者，更是市场经济秩序的维护者、人民群众利益的守护者，在打假治劣、质量整治、特种设备安全监察、食品生产质量监管等领域发挥着重要作用。特别是改革开放后，浙江质监部门自觉服从、服务于浙江经济社会发展大局，紧紧围绕省委、省政府中心工作和国家对计量、标准化、质量监督工作的决策部署，结合浙江自然资源匮乏、外向型经济发达、区域经济特征明显、中小企业众多、假冒伪劣猖獗、区域性质量问题频发等实际，因地制宜，创造性地开展工作，在促进经济发展，维护市场公平，保障民生民安，推动社会进步等方面取得了丰硕的成果，并在打假治劣、品牌培育、农业标准化、认证认可监管、特种设备安全监察、食品质量监管、质监法制建设、技术机构改革等方面形成了一套行之有效，具有浙江特色的工作理念、工作机制、工作方法、工作经验，成为具有全国示范效应的治理和制度创新实例。

综观浙江质量技术监督的实践和历程，其成果和经验弥足珍贵。但有些不足与教训也应该汲取。尤其是制约浙江质监事业发展的长期性矛盾和问题仍然存在，传统的行政理念和管理模式仍然禁锢着质监事业的进一步发展，全局性、战略性、前瞻性的研究也有待加强。展望未来，在国家大力实施《质量发展纲要》《中国制造 2025》和国家标准化战略的大背景下，伴随着新经济、新产业、新业态和新产品的不断涌现并日趋活跃，计量、标准化、质量管理、认证认可等必将在更新、更高、更广领域得到普遍应用。浙江质监部门必将顺应时代发展的要求和人民群众的关切，坚定不移地按照“八八战略”指引的方向，围绕高质量发展，大力实施标准化战略，夯实国家质量技术基础，加强质量综合管理，创新监管理念和方式，严守质量安全底线，不断增强人民群众“质量获得感”，推动全省率先迈入质量时代、标准时代、品牌时代，为实现中华民族伟大复兴的中国梦而继续前行。

第一章　计　量

计量是关于测量的科学，它是实现计量单位统一、量值准确可靠的活动。计量的概念在人类形成的过程中便开始产生。人类从利用工具到制造工具，包含着对事物大小、多少、长短、轻重、软硬等的思维过程，逐渐产生了形与量的概念。在同自然界漫长的斗争中，人们首先学会了利用感觉器官，如通过耳听、眼观、手量来进行测量。“布手知尺”“舒肘知寻”“举足为跬”“倍跬为步”“掬手为升”“迈步定亩”“滴水计时”等，一定程度上反映了中国古代人民测量的水平。

浙江的计量历史源远流长。在距今六七千年前，生活在浙江余姚河姆渡的先民们就学会了简单的测量技术。秦始皇统一中国后，颁布统一度量衡的诏令，初步建立了一套完整的度量衡制度。后经汉代改进、完善，成文于典籍而被历代遵循。唐代，越州（今绍兴）设有仓曹参军，掌管度量衡。五代十国时期，“吴越国穆文王即武肃之第七子也，讳元，字文宝，杭州安国县人也……铜斗铁尺，俾列肆以均平”①。南宋定都杭州后，当时广泛通用于浙地的常用尺（称为浙尺）一度上升为南宋官尺。南宋末年，“京城见用官斗，号‘杭州百合’，浙郡一体行用”。元代，杭州、宁波、温州等地都有铜权铸造。清宣统元年（1909年），浙江在劝业道内设立省度量权衡局，负责全省度量衡划一事宜。民国时期，省实业司、省实业厅、省建设厅等先后执掌全省度量衡工作，并设立权度检定传习所、省度量衡检定所，逐步建立起度量衡检定检查制度，推动全省度量衡划一。至民国25年（1936年），全省度量衡划一大体完成。“七七”事变后，全省度量衡管理工作基本处于停滞状态。

中华人民共和国成立后，杭州、宁波等地度量衡管理工作开始逐步恢复。20世纪60—70年代，市制改革全面展开，全省标准计量部门开始建立计量标准，进行量值传递和检定测试工作。“文化大革命”期间，计量管理工作受到一定冲击。改革开放后，全省标准计量部门在全省推行法定计量单位，并按照《强制检定计量器具目录》，对直接用于贸易结算、安全防护、医疗卫生、环境监测方面的工作计量器具实行定点定期强制检定；开展计量器具制造（修理）许可证管理和计量器具质量监督，推动计量器具产品质量的提高；加强对法定计量检定机构的管理，规范计量检定行为。同时，开展工业企业计量定（升）级验收工作，帮助企业建立科学的计量管理和计量检测体系；开展能源计量活动，帮助企业制定《能源计量器具配备管理规划》，推进企业节能降耗增效；实施医疗、商贸等领域计量监督，维护消费者的合法利益；开展计量惠民和计量诚信活动，促进社会和谐发展。至2010年底，全省基本形成省、市、县三级计量行

---

① 〔清〕董诰等：《全唐文》（第九册），中华书局1983年版，第9006页。

政管理体系和量传溯源体系，构建了由3部地方政府规章和163项省地方计量技术规范组成的具有浙江特色的计量法规规章体系，完成2748项社会公用计量标准和4067项企事业最高计量标准的建设，计量的范围涵盖几何量、温度、力学、电磁、无线电、时间频率、光学、电离辐射、声学和化学(含标准物质)十大计量领域，并在生物、医学、环保、信息、气象等专业计量测试研究方面取得长足的发展。同时，计量在工业、农业、医疗、能源、商贸等领域也得到广泛应用，成为推动浙江经济社会发展的重要基石。

第一节 计量单位统一

计量单位是指为定量表示同种量的大小而约定的定义和采用的特定量。计量单位在最初是不统一的，并随着生产、交换的发展不断增多。由于这些计量单位都是独立产生和定义的，相互间缺乏科学联系，大小、名称不一，进位五花八门，给社会生产和商品交换带来很多困难。于是，人们迫切需要建立统一而合理的计量单位，并以法律形式固定下来。秦始皇兼并六国后，颁布统一度量衡的诏令，计量单位得到一定的统一。但由于政权更迭，战乱频仍，度量衡在历史上从未实现完全的统一。清末，清政府开展划一度量权衡工作，但不久清朝灭亡，划一工作无疾而终。民国16年(1927年)，民国浙江省政府决定划一度量衡，并设立省度量衡检定所，负责划一工作。至民国25年，全省度量衡划一大体完成。1959年6月，国务院颁布《关于统一我国计量制度的命令》，全省随即开展市制改革。20世纪80年代，全省推行法定计量单位，至1996年基本完成。此后，法定计量单位在全省得到普遍使用。

一、度量衡划一

在中国，从西周灭亡到秦统一的春秋战国时期，各诸侯国纷纷在自己管辖的区域内建立起度量衡制度，系统的单位制开始形成。军事上的对立造成各诸侯国之间度量衡的混乱，从文献资料和出土文物上可以看出，当时在度量衡方面，无论是计量单位名称、器具形制，还是计量单位的量值、管理制度等都存在差异。如齐国容量单位是豆、区、釜、钟，燕国用觳和[illegible]，秦国用升、斗、斛;重量单位魏国用镒、釿，秦国用铢、两、斤、石。又如秦国1升约合今200毫升，赵国1升约合今175毫升，楚国1升约合今226毫升等。战国后期，随着商品生产和交换日益兴盛，超越诸侯国界的贸易不断扩大，客观上要求有统一的度量衡。秦始皇二十六年(前221年)，秦兼并六国，颁布统一度量衡的40字诏书，建立统一的度量衡标准，制造并向各地颁发度量衡器具。汉代，继承和推广秦统一的度量衡制度(史称汉承秦制)，并在秦制基础上制定出完备的度量衡单位体系。收录于《汉书·律历志》的《审度》《嘉量》《权衡》是中国最早的度量衡专著，将度量衡三者标准的确立、单位制的制定、标准器的规范以及度量衡行政管理等完备地著于书，成为中国古代度量衡史上最完整、最系统、最权威的著作，影响了其后的1000多年。但由于中国地域辽阔，习俗各异，加之朝代更迭等原因，度量衡从未实现完全的统一。到清代，经过康熙、乾隆两朝，形成以营造尺、漕斛、库平砝码为法定单位量值标准的度量衡制度，即以“纵累百黍之长”为营造尺，又以营造尺之寸定斗升(即漕斛)的容积及砝码(即库平砝码)的重量，习惯上称其为营造尺库平制。因营造尺库平制用累黍法定值，故历朝部颁营造尺、漕斛斗升和库平砝码并不一致。鸦片战争(1840 年)后，由于西方列强入侵，各国度量衡纷纭而入。清咸丰八年(1858 年)，《天津条约》签订，西方各国以中国度量衡“庞杂纷乱、漫无一定”为借口，在其所附的通商章程中均另设专款规定度量衡相互折合的办法，由此出现了所谓的海关度量衡，而实际折合办法大致可分英制和法制两种：以英制为定值标准，折合米制，中国 1 丈(10 尺)＝141 英寸＝3.58 米，1 担(100 斤)＝133.33 磅＝60.53 千克；以法制(米制)为定值标准，中国 1 丈＝3.55 米，1 担＝60.453 千克，较之以英制所得量值为小。为区别于营造尺库平制，海关度量衡制单位名称通常在尺、丈、斤、担等名称前冠以“海关”“关”或“关平”。清末，除营造尺库平制和海关度量衡外，浙江民间常用的度量衡器具五花八门，单位量值参差错杂。度器除营造尺外，有三元尺、英尺、海尺、码尺、鲁班尺、量圆尺、布行尺、家常尺等，其单位长度均因地、因业而异，如长的码尺为 91.43 厘米，短的鲁班尺为 27.99 厘米。量器除清斛外，有府斛、粗斛、杭斛、公校斗、衢斗等，以及各式各样的油酒提勺，且同为斛斗，容积大小也各异。衡器除库平秤外，有漕秤、杭秤、宁波秤、绍兴秤、绿红茶秤、麻秤、腌鲞肉秤等几十种，不但斤两进位关系不一，而且单位量值相差甚远，有以 16 两为 1 斤者，也有以 20 两、18 两、15 两、14 两为 1 斤者，重者 1 斤约 780 克，轻者 1 斤仅 300 克。度量衡单位的混乱，不仅阻碍经济发展，影响日常生活，贪官污吏、不法商贩等更借此取巧渔利。

在度量衡繁杂紊乱无所适从的境况下，清光绪二十九年（1903 年），清廷再度重订划一度量衡办法。光绪三十四年三月，由农工商部、度支部拟定《推行划一度量权衡制度暂行章程》《度量权衡划一制度总表》《划一度量权衡图说》，对度量衡单位作了重新规定，仍称“营造尺库平制”，度仍以营造尺为标准，折合米制，1 尺等于 32 厘米；量仍以漕斛为标准，1 升等于 31.6 立方寸；衡仍以库平砝码为标准，折合米制，1 两等于 37.301 克。同年，省农工商矿局开始对浙江度量衡情况进行调查。清宣统元年(1909 年)，浙江在劝业道设省度量权衡局，负责全省度量衡划一事宜。宣统二年，省度量权衡局汇银 3000 两向农工商部订购新制器具。但不久清朝灭亡，度量衡划一之举随之终止。

民国 3 年(1914 年)和民国 4 年，北洋政府先后颁行《权度条例》《权度法》，规定以万国权度公会所制定铱铂公尺、公斤(《权度条例》称新尺、新斤)原器为标准，单位制分甲、乙两种，甲制即清末营造尺库平制，乙制为万国权度通制(即米制)。《权度法》颁布后，浙江省对甲、乙制进行了宣传，但未采取切实措施推行，度量衡混乱状况没有改变。

图 35-1-1-1 民国时期,萧山衙前农民运动中使用的会升和会斗(浙江省博物馆提供)

民国 14 年(1925 年),省实业厅为推行甲、乙制,设立权度检定传习所,招考学员百余名进行训练,后因北洋政府垮台而未果。民国 16 年,民国浙江省政府(以下简称民国省政府)在《浙江省最近政纲》中提出划一度量衡,省建设厅随即筹划统一方案,并成立度政筹备委员会。同年 6 月至翌年 1 月,民国省政府 5 次讨论统一度量衡案,决定呈请国民政府制定全国统一办法,同时通令全省酌量先行推行万国权度通制。民国 17 年 7 月 18 日,国民政府颁布《中华民国权度标准方案》,"定万国公制(即米突制)为中华民国权度之标准制,以与标准制有最简单之比例,而与民间习惯相近者,为市用制"①。民国 18 年 2 月 16 日,国民政府颁布《度量衡法》,规定"除私人买卖交易得暂行市用制外,均应用标准制"②。市用制与标准制的折合关系为:1 市尺=1/3 公尺(长度);1 市升=1 公升(容量);1 市斤=1/2 公斤(重量)。民国 19 年 1 月 9 日,国民政府工商部颁发《全国度量衡划一程序》,确定浙江等 16 个省及各特别市为第一批要求完成度量衡划一的省市。此后,浙江先后制定《浙江省度量衡划一程序》《浙江省度量衡器具检查执行规则》《浙江省市县长推行度量衡新制暂行奖惩办法》《浙江省度量衡检定所视察各县划一度量衡办法》《浙江省转发各市县机关团体厂所度量衡器运输办法》等规章制度,并设立省度量衡检定所及各县检定分所,培训检定人员,实行制造、修理、销售度量衡器具营业许可制度,采取禁止制造、修理、销售旧器的办法,对度量衡器具进行检定、检查等措施,推行标准制、市用制。至民国 26 年,市用制已在全省城乡市镇广泛使用,标准制也在行政、司法等公务机关和学术界得到普遍采用。

---

① 《中央及各省市度量衡法规汇刊》,实业部全国度量衡局 1933 年版,第 1 页。

② 《中央及各省市度量衡法规汇刊》,实业部全国度量衡局 1933 年版,第 8 页。

表 35-1-1-1　　民国时期浙江省各市县完成新制度量衡划一时间一览表

市县名	划一日期			
	商用度量衡			民用度量衡
	度器	量器	衡器	
杭州市	民国 20 年 10 月	民国 22 年 3 月	民国 20 年 11 月	民国 24 年 6 月
杭县	民国 20 年 10 月	民国 22 年 3 月	民国 20 年 11 月	民国 24 年 5 月
余杭	民国 21 年 4 月	民国 22 年 3 月	民国 21 年 5 月	民国 24 年 6 月
富阳	民国 20 年 10 月	民国 22 年 3 月	民国 20 年 10 月	民国 24 年 6 月
新登	民国 21 年 7 月	民国 22 年 3 月	民国 21 年 11 月	民国 24 年 7 月
海宁	民国 20 年 10 月	民国 22 年 3 月	民国 20 年 11 月	民国 24 年 5 月
於潜	民国 21 年 1 月	民国 21 年 7 月	民国 21 年 3 月	民国 24 年 6 月
临安	民国 20 年 12 月	民国 20 年 12 月	民国 20 年 12 月	民国 24 年 6 月
昌化	民国 21 年 8 月	民国 23 年 2 月	民国 21 年 8 月	民国 24 年 6 月
嘉兴	民国 20 年 12 月	民国 22 年 3 月	民国 20 年 12 月	民国 24 年 9 月
海盐	民国 20 年 12 月	民国 22 年 3 月	民国 21 年 1 月	民国 24 年 6 月
崇德	民国 21 年 1 月	民国 22 年 3 月	民国 21 年 3 月	民国 24 年 7 月
嘉善	民国 21 年 7 月	民国 22 年 3 月	民国 20 年 8 月	民国 24 年 7 月
平湖	民国 20 年 12 月	民国 22 年 3 月	民国 21 年 2 月	民国 24 年 6 月
桐乡	民国 20 年 10 月	民国 22 年 3 月	民国 20 年 12 月	民国 24 年 6 月
吴兴	民国 20 年 10 月	民国 22 年 3 月	民国 21 年 6 月	民国 24 年 8 月
德清	民国 20 年 11 月	民国 22 年 3 月	民国 21 年 9 月	民国 24 年 6 月
安吉	民国 21 年 6 月	民国 22 年 3 月	民国 21 年 6 月	民国 24 年 6 月
长兴	民国 20 年 12 月	民国 22 年 3 月	民国 22 年 3 月	民国 24 年 6 月
武康	民国 20 年 12 月	民国 21 年 11 月	民国 20 年 12 月	民国 24 年 7 月
孝丰	民国 21 年 3 月	民国 21 年 10 月	民国 21 年 10 月	民国 23 年 8 月
鄞县	民国 21 年 2 月	民国 22 年 3 月	民国 21 年 6 月	民国 23 年 8 月
慈溪	民国 21 年 5 月	民国 21 年 5 月	民国 21 年 5 月	—
镇海	民国 21 年 5 月	民国 21 年 11 月	民国 22 年 10 月	民国 24 年 9 月
定海	民国 21 年 3 月	民国 21 年 12 月	民国 21 年 7 月	民国 23 年 9 月

续表1

市县名	划一日期			
	商用度量衡			民用度量衡
	度器	量器	衡器	
奉化	民国21年2月	民国22年3月	民国21年2月	—
象山	民国21年6月	民国21年9月	民国21年7月	—
南田	民国21年6月	民国21年9月	民国21年7月	—
绍兴	民国21年4月	民国22年3月	民国21年4月	民国24年10月
萧山	民国21年3月	民国21年3月	民国21年3月	民国24年7月
诸暨	民国20年10月	民国22年3月	民国21年1月	民国24年6月
余姚	民国21年6月	民国21年6月	民国21年6月	民国24年7月
上虞	民国21年6月	民国22年9月	民国21年6月	民国24年9月
嵊县	民国21年7月	民国22年5月	民国21年7月	民国24年8月
新昌	民国21年6月	民国21年11月	民国21年6月	民国24年8月
临海	民国21年9月	民国22年3月	民国21年11月	—
黄岩	民国21年8月	民国21年12月	民国22年4月	—
天台	民国21年5月	民国21年6月	民国21年6月	民国24年6月
仙居	民国21年11月	民国22年3月	民国21年11月	—
宁海	民国21年8月	民国21年9月	民国21年7月	—
温岭	民国21年7月	民国21年8月	民国21年9月	民国24年9月
金华	民国21年4月	民国22年3月	民国22年2月	民国24年7月
兰溪	民国21年4月	民国21年3月	民国21年6月	民国24年9月
东阳	民国21年1月	民国22年3月	民国21年7月	民国24年8月
义乌	民国21年3月	民国22年3月	民国22年4月	民国24年11月
永康	民国21年6月	民国22年3月	民国21年6月	民国24年6月
缙云	民国21年8月	民国22年3月	民国21年8月	—
武义	民国21年8月	民国21年3月	民国21年8月	—
浦江	民国20年10月	民国22年3月	民国20年12月	民国24年11月
汤溪	民国20年11月	民国22年3月	民国21年6月	民国24年11月
衢县	民国21年1月	民国23年1月	民国21年6月	民国24年6月

续表 2

市县名	划一日期			
	商用度量衡			民用度量衡
	度器	量器	衡器	
龙游	民国 21 年 2 月	民国 23 年 3 月	民国 21 年 6 月	民国 24 年 7 月
常山	民国 21 年 5 月	民国 22 年 3 月	民国 22 年 3 月	民国 24 年 6 月
江山	民国 21 年 3 月	民国 22 年 3 月	民国 21 年 6 月	民国 24 年 6 月
开化	民国 25 年 12 月	民国 25 年 12 月	民国 25 年 12 月	—
建德	民国 21 年 10 月	民国 23 年 1 月	民国 22 年 1 月	民国 24 年 3 月
淳安	民国 21 年 7 月	民国 23 年 2 月	民国 21 年 12 月	民国 24 年 10 月
桐庐	民国 21 年 4 月	民国 21 年 8 月	民国 21 年 8 月	民国 24 年 8 月
遂安	民国 21 年 9 月	民国 23 年 5 月	民国 21 年 12 月	民国 24 年 8 月
寿昌	民国 20 年 12 月	民国 20 年 12 月	民国 20 年 12 月	民国 24 年 10 月
分水	民国 20 年 7 月	民国 22 年 3 月	民国 21 年 4 月	民国 24 年 10 月
永嘉	民国 21 年 7 月	民国 21 年 7 月	民国 24 年 7 月	—
玉环	民国 21 年 6 月	民国 21 年 8 月	民国 21 年 8 月	—
瑞安	民国 21 年 2 月	民国 21 年 7 月	民国 21 年 7 月	民国 23 年 12 月
乐清	民国 21 年 3 月	民国 21 年 7 月	民国 21 年 7 月	民国 24 年 10 月
平阳	民国 21 年 3 月	民国 25 年 2 月	民国 21 年 10 月	民国 24 年 9 月
泰顺	—	—	—	—
丽水	民国 21 年 6 月	民国 23 年 4 月	民国 21 年 10 月	民国 24 年 6 月
青田	—	民国 22 年 3 月	—	—
松阳	民国 21 年 7 月	民国 21 年 12 月	民国 21 年 10 月	—
遂昌	民国 21 年 7 月	民国 22 年 3 月	民国 21 年 12 月	—
龙泉	民国 21 年 7 月	民国 21 年 7 月	民国 21 年 7 月	民国 24 年 10 月
云和	民国 21 年 8 月	民国 22 年 12 月	民国 22 年 5 月	民国 24 年 6 月
宣平	民国 22 年 3 月	—	民国 22 年 3 月	—
景宁	民国 22 年 5 月	民国 22 年 3 月	民国 22 年 5 月	民国 23 年 8 月
庆元	—	—	—	—

资料来源:《浙江建设月刊》第 10 卷第 11 期。

说明:时间截至民国 25 年(1936 年)。

二、市制改革

1950年，根据中央人民政府财政经济委员会指示精神，省财经委决定对外用万国公制，对内沿用市制及公制，并限制使用英制，废止一切杂制。1959年6月25日，国务院颁布《关于统一我国计量制度的命令》(以下简称《命令》)，将国际公制(即米突制，简称公制)确定为中国的基本计量制度，并在全国范围内推广使用。《命令》规定，原来以国际公制为基础所制定的市制可以保留，市制原定16两为1斤应当一律改为10两为1斤(中医处方用药可继续使用原有的计量单位)；在中国使用的英制，除因特殊需要可以继续使用外，应当一律改用公制；凡是采用公制的，都应按照《统一公制计量单位中文名称方案》逐步采用统一的公制计量单位中文名称。《命令》颁布后，浙江进行市制改革。改制工作由省科委统一领导，主要采取先城镇、后乡村，先副食品、后其他，先木杆秤、后台磅秤的做法。在改制中注重节约原材料，采取以旧改新、以大改小、充分利用原材料的办法。同时，做到随收、随修、随检、随送，颇受群众欢迎。8月25日，省科委向省人委呈递《关于实行市秤十六两制改十两制的报告》，建议在专区、市、县人委统一领导下，组织有关部门，如科委、计量检定所(站)、商业局、市场管理委员会等，成立改革工作组，制订改制计划(包括参加人员、步骤、完成时间、采取的措施等)，经当地人委批准后组织实施。同时，建议将粮票、肉票、油票、糖票等票额，相应调整为十两进位制。至年底，宁波、温州、金华、绍兴、杭州等地市制改革工作基本完成。

1961年1月31日，省科委向省人委提出建议，要求全省各地(除少数民族地区及中医药处方用秤外)一律于4月1日起全面实施新秤10两为1斤，废除旧制16两为1斤。3月2日，省标准计量管理处要求各部门所有的正式文件，凡涉及计量制度的地方，都要一律采用国务院所公布的计量单位名称；文教部门、新闻出版机关出版和发行的书籍报刊，在发稿和审稿时，都应注意统一计量单位名称。1962年，集贸市场逐步放开，市制改革受到一定影响，衡器改革影响尤甚。9月11日，省科委、省粮食厅、浙江省工商行政管理局(以下简称省工商局)、浙江省手工业管理局(以下简称省手工业管理局)印发《关于加强一般衡器管理的意见》，要求国营商店、供销社、公私合营和合作商店等一律使用十两制新秤，禁止使用不合格的旧杂秤支；未经检定或检定不合格的衡器不准用于市场交易；粮食仓库和粮食供销站应结合旧秤修理报废、新秤添置，逐步进行更换。

1965年12月29日，浙江省卫生厅药政管理局、省计量标准管理局、中国药材(医药)公司浙江省公司印发《关于执行中药材批发环节用秤一律改为十两制的联合通知》，决定自1966年1月1日起，在中药材批发环节中“一律改用十两一斤的新制”，“对于零售环节的用秤改革问题，由于涉及中医师处方的多年习惯，需要有较长时间的准备工作，一俟条件成熟，再行通知”。1978年3月，全省药秤(戥秤)改革会议召开。11月10日，浙江省商业局(以下简称省商业局)、省标准计量管理局、浙江省卫生局(以下简称省卫生局)要求生产中成药药品计量标准应与中医处方用药一致，实行米制。同时规定：生产投料应按处方用量实际换算，即每钱应为3.125克；成品重量(包括内控质量标准)及小包装重量，凡原4两、半斤、1斤装的应分别改为125克、250克、500克；不足4两的可按每两等于30克、每钱等于3克、每分等于0.3克、每厘等于0.03克换算；药酒应按毫升计量；各生产厂各种旧包装标签使用到1980年底止，商业库存旧包装(标签)的中成药销完为止。12月，经省革委会批准，全省中医处方用药计量单位改革试点工作经验交流会在杭州召开。会议要求全省中医处方用药计量单位从1979年1月1日起采用新的计量制度。1979年以后，全省普遍采用公制。

三、推行法定计量单位

1984年2月27日，国务院颁布《关于在我国统一实行法定计量单位的命令》，规定全国一律采用《中华人民共和国法定计量单位》，1990年底以前完成向国家法定计量单位的过渡。5月28日，省标准计量管理局向省政府呈递《关于推行〈中华人民共和国法定计量单位〉的报告》，对在全省推行法定计量单位工作提出意见和建议。6月2日，省标准计量管理局要求全省标准计量部门与当地报刊、广播等宣传部门联系，采用多种形式，开展实行法定计量单位的宣传活动，做好推行法定计量单位工作。7月13日，省政府批转省标准计量管理局《关于贯彻执行〈国务院关于在我国统一实行法定计量单位的命令〉的报告》，明确全省国民经济各主要部门，特别是工业交通、文化教育、宣传出版、科学技术和政府部门，要在4年内大体完成向法定计量单位的过渡；1990年底以前，全省各行各业要全面完成向法定计量单位的过渡。8月24—26日，省计经委、省标准计量管理局①在杭州召开推行法定计量单位工作会议，要求各市、县和省级各厅(局)在12月前制订本地、本部门的具体实施计划，并报省标准计量管理局审核、协调，各级标准计量部门和省级有关厅(局)要摸清需改制的标准器数量和种类，并在11月底前制订改制计划，报省标准计量管理局。11月和12月，省标准计量管理局分2次召开实行法定计量单位宣传贯彻会议，全省标准计量部门和省级有关厅(局)、高等院校等单位的150余人参加。同年，全省各市(地)、县政府都转发国务院《关于在我国统一实行法定计量单位的命令》或省政府相关文件，43个市(地)、县提出本地的实施计划，其中绝大部分以当地政府名义转发至本地区各部门贯彻实施，30个市(地)、县政府或科委、计经委主持召开法定计量单位宣传贯彻会。浙江省交通厅(以下简称省交通厅)等省级有关厅、局、总公司也开展推行法定计量单位工作，并形成一定的声势。

1985年7月，省标准计量管理局开始对全省使用中的标准活塞压力计进行统一改制。8月，省标准计量管理局、省商业厅、省工商局、浙江省物价局(以下简称省物价局)、浙江省粮食局(以下简称省粮食局)、省供销社6部门印发《关于实施法定计量单位试点工作通知》，并从10月开始，在诸暨县联合进行市制计量单位改制试点。11月27日，省标准计量管理局对诸暨县试点工作中杆秤改制问题提出处理意见，对改制开始时间、杆秤的型号和规格、定量砣的规格及形状、杆秤与戥秤的结构以及产品标志、杆秤分度等进行明确。11月28日，浙江省统计局(以下简称省统计局)、省标准计量管理局要求从1985年年报开始，各级政府统计部门和业务部门在修订和制定各种统计报表和统计调查表时，都必须使用国家统一规定的法定计量单位；从1986年1月1日起，各部门编印的各种统计资料，均应使用法定计量单位，历史资料

---

① 1984年7月，省编制委员会同意省标准计量管理局对外分别加挂浙江省标准管理局、浙江省计量管理局牌子。

与法定计量单位不符合的，应进行换算、调整。12月16日，省粮食局、省标准计量管理局决定从1986年4月1日起，浙江省定额粮票、浙江省农村粮票的计量单位统一采用法定计量单位，废除市斤，统一使用千克（公斤），即1斤的票面用0.5千克表示，5斤的票面用2.5千克表示，10斤的票面用5千克表示；为照顾群众使用方便，在各种票面上用括注形式同时注明市制单位。12月30日，省标准计量管理局要求各商业企业在商业经营活动中一律停止使用公尺、公分、立升（公升）等计量单位名称，改用米、厘米、升等法定计量单位，并结合粮票、油票、煤球票等的改制，做好其他市制商品采用法定计量单位工作，制定出用法定计量单位的计量器具逐步更新在用市制度量衡器的规划。同时规定，1986年4月1日起，各商业企业在销售英制计量单位产品时，必须换算成法定计量单位方可上市，允许在法定计量单位之后以括注形式注明英制单位；新生产商品的铭牌、说明书等必须使用法定计量单位。

1986年1月2日，省标准计量管理局制定《工业企业计量定级升级推行法定计量单位检查细则》，要求各地在对工业企业计量定级时，必须考核企业推行法定计量单位情况，凡没有执行法定计量单位的企业，暂不对其进行定级；各企业申请计量定级考核，必须有推行法定计量单位工作情况的总结。3月，全省法定计量单位工作会议召开。会议要求各地抓紧计量标准器具的改制工作，同时扩大市制度量衡改制试点工作。5—6月，各级标准计量部门按照《推行法定计量单位工作检查评分标准》，对本地区推行法定计量单位工作进行检查。至8月20日，诸暨县80%以上的市制计量器具得到更换和改制，商业贸易活动中基本废除斤、尺、磅、吋等计量单位，所发放的各种票证和商店使用的25万张营业标签也全部使用法定计量单位，成为全省第一个基本完成向国家法定计量单位过渡的县。11月，省政府办公厅转发省标准计量管理局等6部门下发的《关于搞好市制计量单位改制工作的意见》，要求市、县所在地城镇在1987年底前，其他地区（除偏僻山区外）在1988年底前，在商业贸易活动中基本完成市制计量单位改制工作。同年底，市制计量单位改制试点工作基本完成，全省性的市制计量单位改革工作全面展开。

1987年1月10日，省标准计量管理局、浙江省卫生厅（以下简称省卫生厅）要求各地标准计量部门协助卫生部门在做好试点工作的基础上，将血压计的计量单位由mmHg过渡到以kPa为主、同时保留mmHg的双刻度单位。同时规定，从1988年开始，各医院原则上不准再购置非法定计量单位的血压计（表）。2月14日，省标准计量管理局就全省在用非法定计量单位材料试验机的力值改制工作进行部署，并要求年底前基本完成。3月16—20日，省标准计量管理局对部分省级厅、局、总公司和新闻出版单位执行法定计量单位情况进行检查。各地标准计量部门对当地法定计量单位推行情况也开展了检查。5月28—29日，省标准计量管理局在杭州召开全省标准计量器具改制工作会议，嘉兴、宁波、江山、遂昌、义乌等地标准计量部门介绍了改制的进展情况及经验。7月25日，省标准计量管理局要求各地标准计量部门做好在用标准血压计的登记上报工作，由省标准计量管理局统一安排改制。8月，全省标准计量部门对生产和流通领域计量器具采用法定计量单位情况进行检查，并重点对1987年1月1日以后继续生产非法定计量单位计量器具的单位和个人进行查处。9月6日，省标准计量管理局发布通告，明确“从即日起，各单位所有新撰写和印制的公文、统计报表、票证、教材、新闻稿件、技术标准、检定规程、研究报告、学术论文及科技情报资料等必须采用法定计量单位。如有需要，允许在法定计量单位之后将旧单位写在括号内”，“从 1987 年 1 月 1 日起，严禁任何单位和个体工商户生产非法定计量单位计量器具，已生产的必须改用法定计量单位后方准销售”。12 月 26 日，省标准计量管理局印发《使用非法定计量单位处罚暂行办法》。同年，全省有 68 个市（地）开展推行法定计量单位工作，共改制千克秤 26 万支、米尺 2 万支、定容量提 42 万只、台案秤 5 万台，查处使用非法定计量单位案件 60 余起。1988 年 1 月 29 日，省标准计量管理局要求各市（地）标准计量部门和余姚、余杭、青田县（市）标准计量局（所）督促有关传感器生产厂家尽快对传感器进行改制。4 月 21 日，省标准计量管理局、省物价局、省工商局、省商业厅、省供销社、省粮食局要求全省各国营、集体、个体商店、摊位的商品标价从 6 月 1 日起一律采用以千克（公斤）、米为单位的法定计量单位。至年底，全省基本完成国务院规定的推行法定计量单位第一阶段任务。政府公文、统计报表、新闻报道、技术文件等已基本采用法定计量单位；商业、粮食等系统的有关票证，县以上城市主要商店的商品标价以及工业产品的铭牌、包装等也基本采用法定计量单位。

1989 年 8 月 15 日，省标准计量管理局、省卫生厅就血压计（表）改制的任务要求、分工进度、步骤措施、技术方案等作出具体规定。1990 年 4—7 月，各地各部门普遍开展对法定计量单位实施情况的自查。8—9 月，按照统一部署、分级负责的原则，全省标准计量部门会同有关部门，组成 250 余个检查组，对工业交通、文化教育、宣传出版、科学技术、商业贸易、医疗卫生、检定（检验）机构、政府机关的近 3000 家单位进行检查。从检查情况看，全省共改制标准测力机、活塞压力计、精密压力表、标准血压计（表）等 3 万台（件），基本完成计量标准器的改制工作；改制材料试验机、普通压力表、血压计（表）上百万台（件），其中，材料试验机、普通压力表的改制率达 90％以上，血压计（表）、真空表的改制率超过 60％；改制市制度量衡器具 700 余万台（件），改制率为 90％；抽查的 10 万余份（件）文字资料中，绝大部分已使用法定计量单位。

1992 年，诸暨市被国家确定为土地面积使用单位改制试点县（市），并顺利通过国家验收。1993 年 3 月 22 日，省标准计量管理局要求各地标准计量（技术监督）部门和各有关单位继续抓好法定计量单位的实施工作，防止出现使用非法定计量单位的回潮现象。1994 年，浙江全面开展土地面积使用单位改制工作。1995 年 12 月 29 日，省政府办公厅转发省技监局《关于进一步加强计量监督管理工作的意见》，明确自 1996 年 1 月 1 日起，原则上不准使用已废除的土地面积计量单位。1996 年，浙江废止以“亩”为土地面积计量单位，采用“平方米”“公顷”“平方公里”等土地面积计量单位。至此，全省法定计量单位推行工作基本完成。

第二节　法制计量管理

法制计量是指政府或授权机构根据法制、技术和行政需要进行强制管理的计量。它起源于黄帝时代，形成于西周春秋时期。此后的历朝历代都铸造有度量衡标准器，并对度量衡器具实行检定管理制度，以保证测量的公正性和可靠性。

民国时期，省实业司、省实业厅、省建设厅先后管理度量衡工作，并建立度量衡标准，开展度量衡检定和检查，对制造、修理、贩卖度量衡器具实行营业许可执照制度。中华人民共和国成立后，省、市、县三级计量行政管理体系和量传溯源体系逐步建立。全省标准计量部门开展计量标准检查考核，推行定期定点强制检定，加强对计量器具产品质量监督和法定计量检定机构管理，参与国家计量检定规程制(修)订，建立起以《浙江省贸易结算计量监督管理办法》等地方政府规章和省地方计量技术规范为主要内容的计量管理法规规章体系。

一、计量标准建设与考核检查

计量标准是计量标准器具的简称，是指准确度低于计量基准的、用于检定或校准其他计量标准或工作计量器具的计量器具。它是将计量基准量值传递到工作计量器具的一类计量器具，是量值传递的中间环节，即把计量基准所复现的单位量值通过检定或校准逐级传递到工作计量器具，以及将测量结果在允许的范围内溯源到国家计量基准。

(一)计量标准建设

周朝设内宰，负责定度量，颁发度量衡标准，即“出其度量淳制”(语出《天官・冢宰》)。秦孝公六年(前356年)及孝公十二年，秦国两次商鞅变法，在“开阡陌封疆”、废除井田制的同时，行“平斗桶、权衡、丈、尺”①之法，并于秦孝公十八年颁发标准量器——商鞅铜方升。

秦始皇二十六年(前221年)，秦兼并六国，制造并向各地颁发大量度量衡器具。此后，度量衡标准器均由政府部门统一制发。《汉书・律历志》:“度者，分、寸、尺、丈、引也，职在内官，廷尉掌之。”《宋史・律历志》也有“度量权衡，皆太府掌造，以给内外官司及民间之用”的记载。南宋绍兴二年(1132年)，户部依“临安府秤斗”制成“省样升、斗、秤、尺、戥子，依条出卖”。元代，浙江部分路、府、州依中央政府颁布的标准器监铸权衡器，并刻有“杭州路”“温州总管府”等字样(见图版35-004-4、图版35-004-5)。《明会典・户部》记载:“正德元年(1506年)议准工部行宝源局，如法制造好铜砝子一样三十二副，每副大小十二个，俱鋬‘正德元年宝源局造’字样，送部印封，发浙江等布政司及各运司(即都转盐运使司)，并南直隶府州，各依式样支给官钱，一体改造，颁降用使。”清朝，对度量衡标准器的管理十分严格。清顺治五年(1648年)，由户部颁定斛样，照式造成。顺治十一年，饬遵部颁校准砝码，私自增减者罪之。清光绪三十四年(1908年)三月，农工商部、度支部拟订《划一度量权衡图说总表及推行章程》，规定原器为划一全国度量衡之本，拟造最精密的营造尺及库平两原器一份，再照原器大小式样，造成镍钢副原器2份，其一代正原器之用，另一件归度支部保藏，以备随时考校之用;又照副原器大小式样，造成地方原器颁发各直省，为检定各种度量权衡的标准。

民国17年(1928年)7月，国民政府公布《中华民国权度标准方案》，工商部随即着手制造度量衡标准器和标本器(供度量衡器具制造厂和商会使用)。民国19年10月，陆续制齐，编

---

① 摘自《史记・商君列传》。

号分发各地。颁发给民国省政府的标准器号码为52号；颁发给省度量衡检定所及各县检定分所的标准器号码为162～236号。民国21年，省度量衡检定所及各县检定分所，除开办市已购置标准器、标本器及铜铁砝码、量端器、铁五斗、铜斗、铜升、钢印等检定用器外，经通盘筹划，分期扩充。第一期，绍兴、嘉兴、嵊县、兰溪、永嘉5县，各购发标准铜斗1只、铜质公差器1份、架盘天平1具、链尺1份、铁砝码1份；第二期，杭县、余杭、海宁、富阳、嘉善、平湖、崇德、桐乡、海盐、吴兴、长兴、德清、萧山、诸暨、衢县、龙游、丽水、临海、建德、奉化20县，购发铁斗、铁升、铁合各1只，并购领及仿制铁质五斗标准器各1只；第三期，鄞县购发标准铁质五斗器、五升器、铜合各1只，奉化、嵊县、余姚、衢县、金华、吴兴、萧山、杭县8县购发铁质砝码各1副，绍兴、永嘉、嘉兴、兰溪、诸暨、海宁6县各购发标准铁质五斗器1只，昌化、新登、武康、安吉、孝丰、慈溪、镇海、定海、象山、上虞、新昌、宁海、江山、常山、淳安、桐庐、遂安、寿昌、瑞安、松阳、龙泉、温岭、分水、乐清、临安、於潜26县各购发铁斗1只，永康、武义各购发架盘天平1具；第四期，鄞县、永嘉、绍兴、嘉兴、衢县、吴兴等县购发钢曲尺1支、2500公分天平1架和量筒、量管、量杯、滴管、水准器、温度表、轻重比重表等，其余各县均购发量筒、量杯、滴管、水准器等。民国25年，浙江开始精细度量衡之划一，拟完成省度量衡检定所及各县检定分所检定设备第五期计划，购置精细天平、精细铜砝码，作为检定铜铁砝码之需。民国时期，省度量衡检定所建立的度量衡标准器有：砝码、铁升、1市尺和2市尺量端器、1市尺标准钢尺、1公尺3市尺合用铜尺、公制铜砝码、市制铜砝码、公制小砝码、铜质1公尺和50公分标准度器、1市尺标准度器、1升标准量器、1合标准量器等。

1960年，根据国务院《关于统一我国计量制度的命令》，省标准计量管理处开始建立省级计量标准。至1961年，省标准计量管理处建立长度、电学、力学、热工4类计量标准。其中，长度类：端面——0.5～100毫米91块组二等量块，平面——Φ60、Φ100一级平晶，光洁度——10～14级干涉显微镜，线纹——二等标准线纹米尺；电学类：电动势——Ⅱ级标准电池，电阻——0.01级或0.02级标准电阻；力学类：质量——克、毫克组一级标准砝码，硬度——二级标准洛氏硬度块，测力——20吨三级标准测力计，密度——二级标准密度计；热工类：高温——二等标准铂铑—铂热电偶，中温——二等铂电阻温度计，压力——2～60kg/cm^{2}二级负荷活塞式压力计。

1963年，根据《国家科委计量局1963—1972年事业发展规划(草案)》，浙江加快计量标准建设步伐。省标准计量管理处建立线值、平度、光洁度、角度、高温、中温、压力、质量、测力、硬度、密度、电动势、电阻13项计量标准，大部分项目先后开展量值传递。至年底，省标准计量管理处建立的计量标准主要有长度类：仪器——万能工具显微镜，大型工具显微镜，干涉显微镜，小孔测量显微镜，一米测长机，立式测长机，万能测长机，0.2μm、1μm投影光学计，立式光学计，阿贝比较仪；线值——86块组二等一级量块，一级线纹米尺；平面——Φ60、Φ80、Φ100一级平面平晶。热学类：温度——二等铂铑—铂热电偶，二等铂电阻温度计，光学热电高温计综合检查仪，701电位差计，－30℃～360℃七支组、－50℃～360℃八支组、0℃～100℃二支组玻璃棒式温度计；压力——2～60kg/cm^2、20～500kg/cm^2、20～600kg/cm^{2}二级负荷活塞式压力计，0～150毫米水柱标准微压计。力学类：质量——一级克组、一级毫克组标准砝码，2 克、20 克、50 克、100 克、200 克、500 克、1 千克、5 千克、20 千克一级标准天平；密度——二级标准密度计，一级标准酒精计，一级海水密度计；测力——三级 20 吨、250 千克标准测力计；硬度——二级标准硬度块，A-200 型工作用洛氏硬度计，HPO-250 型工作用布氏硬度计，TG 型工作用维氏硬度计，工作用普尔维氏硬度计，工作用自动维氏硬度计。电学类：电势——二级饱和式标准电池，0.03％Ⅱ级 ППТВ 仿苏高阻电位差计，308 高阻电位差计，0.03％级 604 型 220V/300V 150mA 直流稳压器，AC4/1 型直流镜式微电计，7.8×10^{-10}A 级 VGB(K)直流镜式微电计；电流——0.2 级 T-AO-25-5A 交直流电流表，LLOA0.003－0.015－0.15－0.75－1.5－15A 直流电流表，AC60-2 电子交流稳压器，XUJ-1 电表校验台；电阻——0.01 级、0.02 级 $0.001\Omega\sim10^5\Omega$BZ1 标准电阻，0.01 级、0.02 级 $0.001\Omega\sim10^5\Omega$ 标准电阻，0.05％级 QJ5 型凯惠两用电桥，XQJ-1 电阻校验台。

1973 年，全省标准计量部门已建立几何量、力学、温度、电磁、化学、无线电、时间频率 7 类 30 余项计量标准。1979 年 12 月，省标准计量管理局明确各市(地)、县计量管理部门因特殊需要建立高于其原计量标准器时，应报上一级计量管理部门审查批准，已建立的应补办审批手续。

1983 年，全省标准计量部门已建立几何量、力学、温度、电磁、化学、无线电、时间频率等 7 类 37 项省级最高计量标准和一批市(地)级计量标准。1986 年，全省已建立省级社会公用计量标准 7 类 35 项 141 种，市(地)级社会公用计量标准 5 类 26 项 101 种。1988 年，浙江省计量测试技术研究所(以下简称省计量测试技术研究所)共建有 10 类 39 项 145 种省级社会公用计量标准。

表 35-1-2-1　　浙江省各市(地)标准计量部门建立的社会公用计量标准一览表

地区	数量	地区	数量	地区	数量
杭州市	5 类 14 项 74 种	宁波市	5 类 17 项 59 种	温州市	5 类 21 项 58 种
嘉兴市	5 类 21 项 82 种	湖州市	5 类 17 项 43 种	绍兴市	5 类 15 项 55 种
金华市	5 类 19 项 51 种	衢州市	5 类 11 项 23 种	丽水地区	5 类 12 项 26 种
台州地区	5 类 11 项 27 种	舟山市	5 类 9 项 25 种	—	—

资料来源：根据省质监局档案资料整理编制。

说明：时间截至 1988 年底。

截至 1990 年 6 月底，省计量测试技术研究所建有社会公用计量标准 10 类 92 项(其中省级最高社会公用计量标准 64 项)，包括几何量类 19 项、温度类 9 项、力学类 25 项、电磁类 16 项、无线电与时间频率(含声学)类 13 项、化学与光学(含电离辐射)类 10 项。

1997 年，省技监局明确浙江省衡器管理所(以下简称省衡器管理所)为省技监局直属的法定计量检定机构，负责建立衡器检定装置——6kN、60kN、500kN 静重式测力机标准装置。11 月 24 日，经国家技术监督局(以下简称国家技监局)、省技监局对省衡器管理所建立的衡器、传感器计量标准考核合格后，省技监局印发《关于省衡器管理所对外开展工作的通知》，明确其建立的衡器、传感器计量标准为省级社会公用计量标准。1998 年，全省技监部门新建社会公用计量标准 12 项。2001 年，全省质监部门新建社会公用计量标准 94 项，授权建立社会公用计量标准 4 项。2003 年，全省质监部门新建社会公用计量标准 121 项。至 2006 年底，全省法定计量检定机构建立的社会公用计量标准有 2120 项，居全国第四位。

截至 2010 年底，省、市两级质监部门共建有社会公用计量标准 2748 项，涉及几何量、温度、力学、电磁、无线电、时间频率、声学、光学、电离辐射、化学等计量领域。

表 35-1-2-2　　浙江省建立的省级社会公用计量标准一览表

序号	计量标准名称	所属专业	考核证书号
1	二等量块标准装置	几何量	〔1986〕国量标浙证字第 001 号
2	正多面棱体标准装置	几何量	〔1986〕国量标浙证字第 003 号
3	单刻线样板标准装置	几何量	〔1986〕国量标浙证字第 004 号
4	一等补偿式微压计标准装置	力学	〔1986〕国量标浙证字第 008 号
5	一等密度计标准器组	力学	〔1986〕国量标浙证字第 014 号
6	一等酒精计标准器组	力学	〔1986〕国量标浙证字第 015 号
7	静重式力标准机标准装置	力学	〔1986〕国量标浙证字第 016 号
8	杠杆式力标准机标准装置	力学	〔1986〕国量标浙证字第 017 号
9	交直流电压、电流、功率表检定装置	电磁	〔1986〕国量标浙证字第 021 号
10	直流电桥、电阻箱检定装置	电磁	〔1986〕国量标浙证字第 022 号
11	直流电位差计检定装置	电磁	〔1986〕国量标浙证字第 023 号
12	电压互感器检定装置	电磁	〔1986〕国量标浙证字第 024 号
13	低频电压标准装置	无线电	〔1986〕国量标浙证字第 027 号
14	信号发生器检定装置	无线电	〔1986〕国量标浙证字第 028 号
15	示波器检定装置	无线电	〔1986〕国量标浙证字第 030 号
16	平面平晶检定装置	几何量	〔1986〕国量标浙证字第 031 号
17	铷原子频率标准装置	时间频率	〔1986〕国量标浙证字第 033 号
18	三等量块标准装置	几何量	〔1986〕国量标浙证字第 070 号
19	一等直流电阻标准装置	电磁	〔1988〕国量标浙证字第 034 号

续表 1

序号	计量标准名称	所属专业	考核证书号
20	一等电池标准装置	电磁	〔1988〕国量标浙证字第 035 号
21	水表检定装置	力学	〔1988〕浙量标浙证字第 001 号
22	血压计(表)检定装置	力学	〔1988〕浙量标浙证字第 002 号
23	0.05 级活塞式压力计标准装置	力学	〔1988〕浙量标浙证字第 003 号
24	玻璃量器检定装置	力学	〔1988〕浙量标浙证字第 004 号
25	F_1 等级砝码组标准装置	力学	〔1988〕浙量标浙证字第 005 号
26	配热电阻用温度仪表检定装置	温度	〔1988〕浙量标浙证字第 006 号
27	二等铂电阻温度计标准装置	温度	〔1988〕浙量标浙证字第 007 号
28	配热电偶用温度仪表检定装置	温度	〔1988〕浙量标浙证字第 008 号
29	标准水银温度计标准装置	温度	〔1988〕浙量标浙证字第 010 号
30	pH(酸度计)/离子计检定装置	化学	〔1988〕浙量标浙证字第 011 号
31	工作用廉金属热电偶检定装置	温度	〔1988〕浙量标浙证字第 012 号
32	心、脑电图机检定装置	无线电	〔1988〕浙量标浙证字第 013 号
33	多用时间检定仪标准装置	时间频率	〔1988〕浙量标浙证字第 014 号
34	接地电阻表检定装置	电磁	〔1988〕浙量标浙证字第 018 号
35	可见分光光度计检定装置	化学	〔1988〕浙量标浙证字第 019 号
36	角度块检定装置	几何量	〔1988〕浙量标浙证字第 021 号
37	表面粗糙度比较样块检定装置	几何量	〔1988〕浙量标浙证字第 024 号
38	检定游标量具标准器组	几何量	〔1988〕浙量标浙证字第 033 号
39	检定测微量具标准器组	几何量	〔1988〕浙量标浙证字第 034 号
40	检定指示量具标准器组	几何量	〔1988〕浙量标浙证字第 035 号
41	指示表检定仪检定装置	几何量	〔1988〕浙量标浙证字第 038 号
42	天平检定装置	力学	〔1988〕浙量标浙证字第 039 号
43	失真度仪检定仪检定装置	无线电	〔1989〕国量标浙证字第 036 号
44	电导率仪检定装置	化学	〔1989〕国量标浙证字第 039 号
45	静重式力标准机标准装置	力学	〔1990〕国量标浙证字第 041 号
46	眼镜片顶焦度一级标准装置	光学	〔1990〕国量标浙证字第 044 号

续表 2

序号	计量标准名称	所属专业	考核证书号
47	电流互感器标准装置	电磁	〔1990〕国量标浙证字第 047 号
48	互感器校验仪检定装置	电磁	〔1990〕国量标浙证字第 048 号
49	直流分压箱检定装置	电磁	〔1990〕国量标浙证字第 049 号
50	数字多用表检定装置	电磁	〔1990〕国量标浙证字第 050 号
51	触针式表面粗糙度测量仪校准装置	几何量	〔1990〕国量标浙证字第 051 号
52	毛细管黏度计标准器组	化学	〔1990〕国量标浙证字第 055 号
53	直角尺检定装置	几何量	〔1990〕国量标浙证字第 057 号
54	小角度测量仪标准装置	几何量	〔1990〕国量标浙证字第 060 号
55	一等铂电阻温度计标准装置	温度	〔1990〕国量标浙证字第 061 号
56	检定光学仪器标准器组	几何量	〔1990〕国量标浙证字第 065 号
57	激光干涉仪标准装置	几何量	〔1991〕国量标浙证字第 053 号
58	亮度标准装置	光学	〔1991〕国量标浙证字第 067 号
59	照度标准装置	光学	〔1991〕国量标浙证字第 068 号
60	发光强度标准装置	光学	〔1991〕国量标浙证字第 069 号
61	电声标准装置	声学	〔1991〕国量标浙证字第 072 号
62	转速标准装置	力学	〔1992〕国量标浙证字第 071 号
63	气相色谱仪检定装置	化学	〔1993〕国量标浙证字第 074 号
64	一氧化碳、二氧化碳红外线气体分析器检定装置	化学	〔1993〕国量标浙证字第 075 号
65	可燃气体检测报警器检定装置	化学	〔1994〕国量标浙证字第 076 号
66	溶解氧分析仪检定装置	化学	〔1994〕国量标浙证字第 077 号
67	色度标准装置	光学	〔1994〕国量标浙证字第 078 号
68	计量罐检定装置	力学	〔1994〕浙量标浙证字第 129 号
69	液态物料定量灌装机检定装置	力学	〔1994〕浙量标浙证字第 130 号
70	非自动衡器检定装置	力学	〔1997〕浙量标浙证字第 028 号
71	静态容积法水流量标准装置	力学	〔1997〕浙量标浙证字第 043 号
72	钢卷尺标准装置	几何量	〔1998〕国量标浙证字第 045 号

续表 3

序号	计量标准名称	所属专业	考核证书号
73	平板、平尺检定装置	几何量	〔1998〕浙量标浙证书第 053 号
74	晶体管特性图示仪检定装置	无线电	〔1998〕浙量标浙证书第 064 号
75	摩托车轮偏检测仪检定装置	几何量	〔1998〕浙量标浙证字第 044 号
76	轴(轮)重仪检定装置	力学	〔1998〕浙量标浙证字第 045 号
77	汽车侧滑检验台检定装置	力学	〔1998〕浙量标浙证字第 046 号
78	滚筒反力式制动检验台检定装置	力学	〔1998〕浙量标浙证字第 047 号
79	滚筒式车速表检验台检定装置	力学	〔1998〕浙量标浙证字第 049 号
80	汽车底盘测功机检定装置	力学	〔1998〕浙量标浙证字第 050 号
81	扭矩扳子检定装置	力学	〔1998〕浙量标浙证字第 051 号
82	扭矩扳子检定仪检定装置	力学	〔1998〕浙量标浙证字第 052 号
83	量规检定装置	几何量	〔1998〕浙量标浙证字第 055 号
84	专用工作测力机校准装置	力学	〔1998〕浙量标浙证字第 058 号
85	磁性、电涡流式覆层厚度测量仪检定装置	几何量	〔1998〕浙量标浙证字第 059 号
86	超声波测厚仪校准装置	几何量	〔1998〕浙量标浙证字第 060 号
87	水平仪检定器检定装置	几何量	〔1998〕浙量标浙证字第 061 号
88	低频信号发生器检定装置	无线电	〔1998〕浙量标浙证字第 065 号
89	电话计时计费器检定装置	时间频率	〔1998〕浙量标浙证字第 066 号
90	耐电压测试仪检定装置	电磁	〔1998〕浙量标浙证字第 067 号
91	绝缘电阻表、高绝缘电阻测量仪(高阻计)检定装置	电磁	〔1998〕浙量标浙证字第 068 号
92	电感测微仪检定装置	几何量	〔1999〕国量标浙证字第 054 号
93	验光仪顶焦度标准装置	光学	〔2000〕国量标浙证字第 025 号
94	浮标式氧气吸入器检定装置	力学	〔2000〕浙量标浙证字第 069 号
95	三相功率、电能标准装置	电磁	〔2000〕浙量标浙证字第 070 号
96	电能表检定装置	电磁	〔2000〕浙量标浙证字第 071 号
97	一等金属量器标准装置	力学	〔2001〕国量标浙证字第 009 号
98	机动车前照灯检测仪检定装置	光学	〔2001〕国量标浙证字第 063 号

续表 4

序号	计量标准名称	所属专业	考核证书号
99	滤纸式烟度计检定装置	光学	〔2001〕国量标浙证字第 064 号
100	刀口形直尺检定装置	几何量	〔2002〕国量标浙证字第 020 号
101	汽车排放气体测试仪检定装置	化学	〔2002〕国量标浙证字第 052 号
102	浊度计检定装置	化学	〔2002〕国量标浙证字第 080 号
103	测汞仪检定装置	化学	〔2002〕国量标浙证字第 081 号
104	紫外可见分光光度计检定装置	化学	〔2002〕国量标浙证字第 082 号
105	医用超声诊断仪超声源检定装置	声学	〔2002〕国量标浙证字第 083 号
106	三相电能表标准装置	电磁	〔2002〕国量标浙证字第 084 号
107	经纬仪检定装置	几何量	〔2002〕国量标浙证字第 086 号
108	水准仪检定装置	几何量	〔2002〕国量标浙证字第 087 号
109	二等金属量器标准装置	力学	〔2002〕浙量标浙证字第 074 号
110	差压式流量计检定装置	力学	〔2002〕浙量标浙证字第 075 号
111	流量积算仪检定装置	力学	〔2002〕浙量标浙证字第 076 号
112	泄漏电流测试仪(表)检定装置	电磁	〔2002〕浙量标浙证字第 077 号
113	X、γ射线探伤机检定装置	电离辐射	〔2003〕国量标浙证字第 097 号
114	医用激光源检定装置	光学	〔2003〕国量标浙证字第 088 号
115	布氏硬度计检定装置	力学	〔2003〕国量标浙证字第 090 号
116	洛氏硬度计检定装置	力学	〔2003〕国量标浙证字第 091 号
117	维氏硬度计检定装置	力学	〔2003〕国量标浙证字第 092 号
118	0.3 级测力仪标准装置	力学	〔2003〕国量标浙证字第 093 号
119	医用诊断 X 射线辐射源检定装置	电离辐射	〔2003〕国量标浙证字第 094 号
120	医用(CT)X 射线辐射源检定装置	电离辐射	〔2003〕国量标浙证字第 095 号
121	粉尘采样器检定装置	化学	〔2003〕国量标浙证字第 096 号
122	电容薄膜真空计标准装置	力学	〔2003〕浙量标浙证字第 080 号
123	失真度仪检定装置	无线电	〔2003〕浙量标浙证字第 081 号
124	钟罩式气体流量标准装置	力学	〔2003〕浙量标浙证字第 082 号
125	光纤参数检定装置	光学	〔2004〕国量标浙证字第 098 号

续表 5

序号	计量标准名称	所属专业	考核证书号
126	液相色谱仪检定装置	化学	〔2004〕国量标浙证字第 099 号
127	原子吸收分光光度计检定装置	化学	〔2004〕国量标浙证字第 100 号
128	超声探伤仪检定装置	声学	〔2004〕国量标浙证字第 101 号
129	透射式烟度计检定装置	光学	〔2004〕国量标浙证字第 102 号
130	汽车制动操纵力计校准装置	力学	〔2004〕国量标浙证字第 103 号
131	平板式制动检验台检定装置	力学	〔2004〕国量标浙证字第 104 号
132	非接触式汽车速度计校准装置	力学	〔2004〕国量标浙证字第 105 号
133	车轮动平衡机校准装置	力学	〔2004〕国量标浙证字第 106 号
134	汽车悬架装置检测台校准装置	力学	〔2004〕国量标浙证字第 107 号
135	机动车方向盘转向力—转向角检测仪校准装置	力学	〔2004〕国量标浙证字第 108 号
136	叠加式力标准机标准装置	力学	〔2004〕国量标浙证字第 121 号
137	回弹仪检定装置	力学	〔2004〕浙量标浙证字第 015 号
138	工作测力仪检定装置	力学	〔2004〕浙量标浙证字第 016 号
139	比较法中频振动标准装置	力学	〔2005〕国量标浙证字第 112 号
140	振动台检定装置	力学	〔2005〕国量标浙证字第 113 号
141	全站仪检定装置	几何量	〔2005〕国量标浙证字第 114 号
142	手持式激光测距仪检定装置	几何量	〔2005〕国量标浙证字第 115 号
143	特斯拉计标准装置	电磁	〔2005〕国量标浙证字第 116 号
144	磁通表检定装置	电磁	〔2005〕国量标浙证字第 117 号
145	全球卫星定位系统(GPS)接收机校准装置	几何量	〔2005〕国量标浙证字第 118 号
146	通信综合测试仪校准装置	无线电	〔2005〕国量标浙证字第 119 号
147	心电监护仪检定装置	无线电	〔2005〕国量标浙证字第 120 号
148	发射光谱仪检定装置	化学	〔2005〕国量标浙证字第 122 号
149	自动衡器检定装置	力学	〔2005〕浙量标浙证字第 022 号
150	呼出气体酒精含量探测器检定装置	化学	〔2006〕国量标浙证字第 123 号
151	液位计检定装置	力学	〔2006〕国量标浙证字第 124 号
152	直流标准电压发生器标准装置	电磁	〔2006〕国量标浙证字第 125 号

续表 6

序号	计量标准名称	所属专业	考核证书号
153	数字功率表检定装置	电磁	〔2006〕国量标浙证字第 126 号
154	机动车辆速度监测记录系统检定装置	力学	〔2006〕浙量标浙证字第 023 号
155	钳形表校准装置	电磁	〔2006〕浙量标浙证字第 025 号
156	电子停车计时收费表检定装置	时间频率	〔2006〕浙量标浙证字第 026 号
157	烟气分析仪检定装置	化学	〔2007〕国量标浙证字第 073 号
158	静重式扭矩标准机标准装置	力学	〔2007〕国量标浙证字第 127 号
159	工作用辐射温度计检定装置	热学	〔2007〕浙量标浙证字第 027 号
160	校准齿轮螺旋线检查仪标准器组	几何量	〔2008〕国量标浙证字第 046 号
161	机动车超速自动监测系统检定装置	力学	〔2008〕国量标浙证字第 056 号
162	心脏除颤器和心脏除颤监护仪校准装置	无线电	〔2008〕国量标浙证字第 062 号
163	旋光仪检定装置	化学	〔2008〕国量标浙证字第 066 号
164	圆度、圆柱度测量仪检定装置	几何量	〔2008〕国量标浙证字第 130 号
165	校准齿轮渐开线测量仪标准器组	几何量	〔2008〕国量标浙证字第 131 号
166	气动测量仪检定装置	几何量	〔2008〕国量标浙证字第 132 号
167	电容标准装置	电磁	〔2008〕国量标浙证字第 133 号
168	电感标准装置	电磁	〔2008〕国量标浙证字第 134 号
169	总有机碳分析仪检定装置	化学	〔2008〕国量标浙证字第 135 号
170	化学需氧量(COD)测定仪检定装置	化学	〔2008〕国量标浙证字第 136 号
171	汽车转向角检验台校准装置	几何量	〔2008〕国量标浙证字第 137 号
172	漫透射视觉密度检定装置	光学	〔2008〕国量标浙证字第 138 号
173	0.005 级活塞式压力计标准装置	力学	〔2008〕国量标浙证字第 139 号
174	光谱辐射分析仪检定装置	光学	〔2008〕国量标浙证字第 140 号
175	电量变送器检定装置	电磁	〔2008〕国量标浙证字第 142 号
176	直流高压分压器标准装置	电磁	〔2008〕国量标浙证字第 143 号
177	听力计检定装置	声学	〔2008〕国量标浙证字第 144 号
178	钟罩式气体流量标准装置检定装置	力学	〔2008〕浙量标浙证字第 030 号
179	机械式温湿度计检定装置	温度	〔2008〕浙量标浙证字第 031 号

续表 7

序号	计量标准名称	所属专业	考核证书号
180	空盒气压表检定装置	力学	〔2008〕浙量标浙证字第 040 号
181	水银气压表检定装置	力学	〔2008〕浙量标浙证字第 041 号
182	环境试验设备温度、湿度校准装置	温度	〔2008〕浙量标浙证字第 101 号
183	扭力仪检定装置	力学	〔2008〕浙量标浙证字第 103 号
184	车速里程表标准装置检定装置	力学	〔2008〕浙量标浙证字第 104 号
185	便携式制动性能测试仪校准装置	力学	〔2008〕浙量标浙证字第 105 号
186	心、脑电图机检定仪检定装置	无线电	〔2008〕浙量标浙证字第 106 号
187	电子式绝缘电阻表检定装置	电磁	〔2008〕浙量标浙证字第 107 号
188	火花试验机检定装置	电磁	〔2008〕浙量标浙证字第 108 号
189	试验筛校准装置	几何量	〔2008〕浙量标浙证字第 109 号
190	塞尺检定装置	几何量	〔2008〕浙量标浙证字第 111 号
191	木材含水率测量仪检定装置	化学	〔2008〕浙量表浙证字第 102 号
192	甲醛气体检测仪检定装置	化学	〔2009〕国量标浙证字第 145 号
193	数字式多用表校验仪检定装置	电磁	〔2009〕国量标浙证字第 146 号
194	紫外辐射照度计检定装置	光学	〔2009〕国量标浙证字第 148 号
195	LCR 数字电桥标准装置	电磁	〔2009〕国量标浙证字第 150 号
196	A 型邵氏硬度计检定装置	力学	〔2009〕浙量标浙证字第 113 号
197	活塞式气体流量标准装置	力学	〔2009〕浙量标浙证字第 114 号
198	体温计检定装置	温度	〔2009〕浙量标浙证字第 115 号
199	针规、三针校准装置	几何量	〔2009〕浙量标浙证字第 116 号
200	表面温度计检定装置	温度	〔2009〕浙量标浙证字第 117 号
201	摩托车路试仪校准装置	力学	〔2010〕浙量标浙证字第 121 号
202	电阻应变仪检定装置	电磁	〔2010〕国量标浙证字第 152 号
203	医用注射泵和输液泵校准装置	力学	〔2010〕国量标浙证字第 151 号
204	频谱分析仪校准装置	无线电	〔2010〕国量标浙证字第 153 号
205	波长色散 X 射线荧光光谱仪检定装置	化学	〔2010〕国量标浙证字第 154 号
206	同轴中功率标准装置	无线电	〔2010〕国量标浙证字第 155 号

续表 8

序号	计量标准名称	所属专业	考核证书号
207	同轴小功率标准装置	无线电	〔2010〕国量标浙证字第 156 号
208	接地导通电阻测试仪检定装置	电磁	〔2010〕浙量标浙证字第 120 号
209	汽车行驶记录仪检定装置	力学	〔2010〕浙量标浙证字第 122 号
210	三等金属线纹尺标准装置	几何量	〔2010〕浙量标浙证字第 125 号
211	燃油加油机检定装置	力学	〔2010〕浙量标浙证字第 126 号

资料来源：根据省质监局档案资料整理编制。

说明：时间截至 2010 年底。

（二）计量标准考核检查

民国 23 年（1934 年），省度量衡检定所对长兴、吴兴、德清、武康、余杭、临安、杭县、诸暨、金华、兰溪、衢县、龙游、萧山等县度量衡划一工作及检定设备是否完整进行检查。

中华人民共和国成立初期，杭州、宁波等地度量衡检定工作逐步恢复，但计量标准的检查、考核工作机制仍不健全。1979 年 5 月，国家计量总局印发《关于整顿计量基准器、标准器的通知》，在全国开展以“五查”为主要内容的计量检定机构业务整顿工作。省计量检定所按照“五查”要求，对建立的 61 种计量标准器及其配套设备的历次检定证书、使用说明书和使用情况等进行整理，并建立了技术档案。市（地）、县标准计量部门中有 42 个单位开展计量标准器整顿工作，检查计量标准器 739 件。8 月，省标准计量管理局组织对杭州市、宁波市、温州市、金华地区、舟山地区、绍兴地区及嘉兴县 7 个市（地）、县标准计量部门的计量标准器进行检查验收，共检查计量标准器 163 件，其中，9 件无检定合格证，21 件超过检定周期（超期最长的达 10 余年）。10 月中旬，国家计量总局检查组对省计量检定所的计量标准器进行检查。1980 年，“五查”整顿工作除继续在标准计量部门中进行外，全省厂矿企业也开始“五查”整顿。同年下半年，省标准计量管理局组织开展“五查”整顿验收工作。经验收，53 个标准计量部门的 467 件计量标准器中，合格 383 件，合格率为 82%；343 家厂矿企业的 920 件计量标准器中，合格 652 件，合格率为 70.9%。“五查”整顿后，全省标准计量部门和厂矿企业普遍建立健全规章制度，规范计量标准器管理。

1986 年 10 月 30 日，省标准计量管理局印发《浙江省计量标准器具技术考核暂行办法（试行）》（以下简称《办法》），对计量标准的考核内容、考核方法、考核步骤等作出规定。11 月，各市（地）标准计量部门部署计量检定技术机构对照《办法》有关规定开展自查。12 月，各市（地）标准计量部门按照《浙江省计量标准器具技术考核评分标准》，对计量检定机构开展计量标准器的对口考核检查。1987 年 1 月 15 日至 2 月 20 日，省计量测试技术研究所会同杭州、宁波、温州、湖州、嘉兴、绍兴、金华、丽水 8 个市（地）标准计量局（所），对全省标准计量部门已建的最高计量标准器具进行考核。考核工作结束后，由省标准计量管理局统一颁发计量标准证书。3 月 19 日，省标准计量管理局对部门、企事业单位已建各项最高计量标准器具的考核工作进行部署，明确部门、企事业单位已建的各项最高计量标准器具，按照隶属关系，分别由省标准计量管理局和市（地）、县标准计量局（所）考核。7 月 21—22 日，省标准计量管理局在衢州化学工业公司开展企业最高计量标准器具考核试点工作。11 月 2—3 日，邮电部、省标准计量管理局共同主持对浙江省邮电管理局通信计量站的验收和最高计量标准考核。

1988 年 5 月 19 日，省标准计量管理局对部分省属企事业单位最高计量标准考核结果进行通报，同时要求省级有关部门和部属企事业单位使用的各项最高计量标准在 7 月底前申报考核。5 月 21 日，省标准计量管理局印发《关于加强计量标准工作考核的意见》，对社会公用计量标准、企事业单位各项最高计量标准的考核工作提出要求。至年底，通过考核的在用社会公用计量标准和部门、企事业单位最高计量标准分别为 977 项、543 项。1989 年 10 月 23 日，省标准计量管理局要求社会公用计量标准、部门和企事业单位的各项最高计量标准的考核工作与实施强制检定工作结合进行。10 月至翌年 3 月，省标准计量管理局、浙江省电力工业局（以下简称省电力局）对全省电能计量标准、计量检定人员队伍、检定工作程序、检定工作环境等进行检查。

1990 年，全省有 120 项社会公用计量标准和企事业单位最高计量标准通过考核。1991 年，全省标准计量（技术监督）部门考核计量标准器 690 项，复查 120 项。1993 年 8 月 16 日，省标准计量管理局要求各级标准计量（技术监督）部门在对新申请考核和到期换证的计量标准进行考核（复查）时，一律执行《计量标准考核规范》，使用新表格和新证书；计量标准名称的填写，按《计量标准名称命名》（JJG1022-91）执行。1994 年 9 月至 1995 年 3 月，省标准计量管理局组织对全省 11 个市（地）法定计量检定机构的 299 项最高计量标准和浙江省技术监督检测研究院（以下简称省技术监督检测研究院）的 29 项次级计量标准进行复查考核。其中，复查考核一次通过的 299 项，需整改的 29 项，一次通过率为 91.2%。同年，全省有 351 项社会公用计量标准和 1168 项部门、企事业单位最高计量标准通过考核。1998 年，全省技监部门考核（含复查）计量标准 185 项。

2001 年，全省质监部门对 415 项企事业单位新建的最高计量标准进行考核发证，并对 1237 项企事业单位的最高计量标准进行复查换证。2003 年，省质监局对浙江省电力试验研究所（以下简称省电力试验研究所）及 11 个市级电力计量机构的 96 项电能计量标准重新颁发计量标准考核证书。2005 年 7 月 1 日起，全省质监部门对经考核（复查）合格的计量标准颁发新版社会公用计量标准证书和计量标准考核证书。

2008 年 9 月 25 日，省质监局转发国家质检总局《关于简化考核计量标准项目（第一批）的通知》，明确衡器检定装置等 10 项列入简化考核的计量标准项目，其重复性试验、稳定性考核以及检定或校准结果的测量不确定度评定等可以根据计量标准的特点简化考评。2009 年，浙江省计量科学研究院（以下简称省计量科学研究院）申请新建的“汽车行驶记录仪检定装置”“摩托车路试仪校准装置”“接地导通电阻测试仪检定装置”“LCR 数字电桥标准装置”“医用磁共振成像系统检定装置”5 项计量标准通过国家质检总局现场考核。

二、计量检定

在中国，早在西周时期就开始对度量衡实行检定管理，并设置大行人、合方氏、质人等官职负责检定工作：大行人“十有一岁，达瑞节，同度量，成牢礼，同数器，修法则”（语出《周礼·秋官司寇·大行人》）；合方氏“同其数器，壹其度量”（语出《周礼·夏官·合方氏》）；质人“同其度量，壹其淳制，巡而考之”（语出《周礼· 地官· 质人》），《礼记·月令》中也有“仲春之月，日夜分，则同度量，钧衡石，角斗甬，正权概”，“仲秋之月，日夜分，则同度量，平权衡，正钧石，角斗甬”等记载。

秦国兼并六国后，除制造量值统一的度量衡器具发放到全国各地外，还制定了严格的度量衡检定制度。秦《工律》规定：“县及工室听官为正衡石嬴（累）、斗用（桶）、升，毋过岁壶（壹）”。汉代基本沿袭秦代度量衡管理制度。据《淮南子·时则记》记载，汉代的度量衡检定时间，也选择仲春、仲秋进行。唐《关市令》规定：“诸官私斗尺秤度，每年八月诣金部、太府寺平校，不在京者诣所在州县平校，并印署，然后听用。”宋代度量衡并非每年校印，凡遇改元之年即印烙器具。元代“民间合用斛斗秤度照依省部元降样制成造，委本路管民达鲁花赤长官较勘相同，印烙讫，发下各处，公私一体行用”①。明清时期，度量衡检定制度较为完备。《大明律》规定：“其在市行使斛斗秤尺虽平，而不经官司较勘印烙者，笞四十。”《清会典·户部》则有“各省征收漕粮及各仓收放米石，俱由部颁发铁斛，令如式制木斛，校准备用”的记载。

民国18年（1929年）4月，国民政府工商部颁布《度量衡检定规则》，规定：“政府及民间制造之度量衡器具应由全国度量衡局或地方检定所或分所检定之。”“各器具检定后认为合法者应由局所錾盖图印或给予证书。”民国20年，省度量衡检定所及各县检定分所相继设置检定室，并于6月起陆续开展检定工作。各县检定分所施行检定，其检定图印除用“同”“攵”字外，另加阿拉伯数字号码，“同”代表国家，“攵”代表浙江。

表35-1-2-3　民国时期浙江省各县度量衡检定分所施行检定錾加阿拉伯数字号码一览表

县名	錾加阿拉伯数字号码	县名	錾加阿拉伯数字号码	县名	錾加阿位伯数字号码	县名	錾加阿位伯数字号码
杭县	01	昌化	07	平湖	13	安吉	19
海宁	02	新登	08	桐乡	14	孝丰	20
富阳	03	嘉兴	09	吴兴	15	鄞县	21
余杭	04	嘉善	10	长兴	16	慈溪	22
临安	05	海盐	11	德清	17	奉化	23
於潜	06	崇德	12	武康	18	镇海	24

① 《元典章》卷五《刑部十九·诸禁·私斛斗秤尺》。

续表

县名	錾加阿拉伯数字号码	县名	錾加阿拉伯数字号码	县名	錾加阿位伯数字号码	县名	錾加阿位伯数字号码
定海	25	仙居	38	江山	51	泰顺	64
象山	26	宁海	39	常山	52	玉环	65
南田	27	温岭	40	开化	53	丽水	66
绍兴	28	金华	41	建德	54	青田	67
萧山	29	兰溪	42	淳安	55	缙云	68
余姚	30	东阳	43	桐庐	56	松阳	69
上虞	31	义乌	44	遂安	57	遂昌	70
嵊县	32	永康	45	寿昌	58	龙泉	71
新昌	33	武义	46	分水	59	庆元	72
诸暨	34	浦江	47	永嘉	60	云和	73
临海	35	汤溪	48	瑞安	61	景宁	74
黄岩	36	衢县	49	乐清	62	宣平	75
天台	37	龙游	50	平阳	63		

资料来源:《中央及各省市度量衡法规汇刊》,实业部全国度量衡局 1933 年版,第 166 页。

民国 24 年(1935 年),省度量衡检定所检定的度器有直尺、曲尺,量器有斗、升、合,衡器有杆秤、盘秤、台秤、铜铁砝码、戥秤。民国 25 年,省度量衡检定所检定的度器有竹尺、铜尺、围量篾尺,量器有干体量器、液体量器(金属或竹质油酒提勺),衡器有邮务天平、台秤、杆秤、铜铁砝码。

表 35-1-2-4　　民国 20—25 年浙江省检定度量衡器数量一览表

年份	检定单位	度量	量器	衡器	铁砝码
民国 20 年	省度量衡检定所	38800 余件	—	9700 余件	56 份
	全省合计	42651 件	303 件	16521 件	—
民国 21 年	省度量衡检定所	15000 余件	400 余件	11800 余件	20 余份
	全省合计	49529 件	10055 件	92442 件	—
民国 22 年	省度量衡检定所	1100 余件	1500 余件	7700 余件(含铜砝码)	—
	全省合计	13758 件	20353 件	83298 件	—

续表

年份	检定单位	度量	量器	衡器	铁砝码
民国23年	省度量衡检定所	1418件	803件	13737件(含铜砝码)	—
	全省合计	15013件	15770件	76743件	—
民国24年	省度量衡检定所	467件	6036件	12503件	—
	全省合计	11889件	34389件	48891件	—
民国25年	省度量衡检定所	656件	3651件	15804件	—
	全省合计	7321件	21138件	44123件	—

资料来源：根据《浙江建设月刊》(民国20—26年)整理编制。

民国26年(1937年)，“七七”事变爆发后，全省检定工作处于停顿状态。

民国31年(1942年)12月，浙江汪伪政府开展度量衡检定工作。至民国33年2月，共检定省会度量衡器合格的计9918件，检定不合格而重新更造的计191件。

民国35年(1946年)8月，省会度量衡检定事务饬令杭州市政府办理。至年底，共检定度量衡器4632件。民国36年7月，杭州市政府对盐务局、后勤部浙江供应局、蚕丝改进委员会、中纺、麻行、石油公司、田赋监委、浙赣铁路、邮局、农行、乡公所等公务机关的度量衡器具进行检定。10月，杭州市政府分批对南北货、柴炭、山货、水果、丝绸、蛋业、盐业、铜锡、砖瓦、酱酒、锡箔、国药、土烛、年糕、参燕、鲜鱼、菜馆、颜料、茶叶等各业度量衡器具进行检定。同年，度器6种、量器2类13种、衡器10类88种列入检定管理。民国38年1—4月，全省检定各类度量衡器35764件。

民国38年(1949年)8月，杭州市度量衡检定所从粮食行、店、摊的量衡器入手，开展检定工作。

1950—1961年，宁波、温州、绍兴、金华、嘉兴等地度量衡检定机构也陆续开展度量衡器检定工作。

1962年9月，省科委、省粮食厅、省工商局、省手工业管理局印发《关于加强一般衡器管理的意见》，明确生产、修理的衡器必须受计量部门的专门检定，没有计量部门的合格证明，一律不准出厂和销售。同年，省标准计量管理处对市(县)计量检定机构、大型厂矿企业的度量衡器具开展检定工作：力学方面，检定标准压力表37件、工作压力表1095件、天平188台、砝码501只、材料试验机14台、硬度计34台、密度计85支；电磁方面，检定杭州仪表厂生产的民用电度表1000余只，0.5级以上交直流两用电流表、电压表10余只。1963年6月19日，省人委转发省科委《关于进一步加强度量衡管理工作的报告》，进一步明确新制或修理的衡器，应当按照国家规定的标准修制和检定，不合格的一律不准出厂、不准销售、不准使用；在使用中的衡器，计量部门每年应进行定期检查和检定。同年，省标准计量管理处共检定量块20副(1251块)、光学仪器30台、平面平晶71块、平行平晶254块、钢皮尺1万余支、电测仪表945只、电位差计和电桥17只、热电偶88支、毫伏计60只、压力表308只、三等压力计3台、硬度计 8 台、材料试验机 8 台、天平 200 架、砝码 6 副、酒精计和密度计 30 支。

1965 年 3 月 23 日，省计量标准管理局公布计量器具检定项目表，明确已能开展长度、热学、力学、电学 4 类计量器具检定工作。同年，省计量标准管理局派力学、热工 2 个组共 4 名技术人员，携带检定仪器设备，历时半个月对舟山船厂、舟山水产食品厂、舟山农机厂等单位的压力表、材料试验机、硬度计进行检定和修理。“文化大革命”期间，计量检定工作受到冲击。

1976 年，省科技局标准计量所就电学计量仪器仪表日常周期检定作出安排，明确宁波市、杭州市、温州市计量所和绍兴、金华、丽水地区计量所及浙江省电力中心试验所承担本地区(系统)下列计量仪器仪表的检定任务：0.03 级及 0.03 级以下的直流电位差计、0.05 级及 0.05 级以下的直流单双电桥、0.02 及 0.02 以下的直流电阻箱；0.5 级及 0.5 级以下的直流及交直流两用电表；0.5 级(不包括 0.5 级)以下的交流电表。以上所列精度更高的仪器、仪表及标准量具，均由省科技局标准计量所安排周期检定。台州、舟山、嘉兴地(县)计量所要创造条件开展电学计量工作。上述地区的电学计量周期检定任务暂由省科技局标准计量所承担。同年，省科技局标准计量所对 6 吨以下三等标准测力计、二等标准活塞式压力计开展周期检定。

1979 年 9 月 5 日，省标准计量管理局印发《浙江省量具产品质量管理若干具体问题的规定(试行)》，明确企业生产的量具必须实行国家检定；生产量具的企业必须配备专职检验人员和检验设备，产品经自检合格后，再送计量部门检定；量具生产持续超过一年以上，精度指标合格率稳定在 98%以上，外观合格率在 90%以上，同时企业具备检验的技术与设备条件，检验制度健全，则可向原承担国家检定的计量部门提出申请，经批准后，由企业执行国家检定；量具产品按检定规程要求进行分组，对于存在外观缺陷但又不影响使用质量的量具，执行国家检定的部门不予定级，只出检定证明，并由生产厂在量具上加“付”字标记，以示区别。9 月 15 日，省革委会颁布《浙江省计量管理试行办法》，规定生产、修理的计量器具，必须实行国家检定，国家检定由计量管理部门或由其批准的企业执行。12 月 5 日，省标准计量管理局印发《浙江省计量器具周期检定制度(试行)》，规定：计量器具必须按国家规定的检定周期进行检定。如因特殊情况，需要延长或缩短检定周期，应先向承检部门联系申请，经同意后方可变更检定周期。计量器具的周期检定应该根据就地就近的原则，通过量值传递系统逐级送检。越级或改变检定单位必须经原承检单位证明与新承检单位同意。按照检定规程检定合格的计量器具必须由承检单位出具检定合格证书并盖合格印，合格证须注明器号、检定日期、有效期限并经承检人员签名。对没有检定规程的，应出具检定报告，除注明器号、检定日期、有效期限和承检人员签名外，还应给出检定项目的数据。同日起，全省量值传递采取就地就近的原则组织安排，即杭州片负责杭州、嘉兴和绍兴地区；宁波片负责宁波、舟山两个地区和宁波市镇海县以及台州地区的部分毗邻县；温州片负责温州地区以及台州、丽水地区的部分毗邻县；金华片负责金华地区以及丽水地区的部分毗邻县；以上 4 个片尚不能解决传递的，则仍由省计量检定所安排传递。

1980 年 7 月 10 日，省经委、省标准计量管理局、省工商局印发《关于加强对计量产品检定管理的通知》,规定:一切计量产品必须由计量部门或由其批准的企业执行国家检定,不合格的产品不准出厂。1981年10月27日,省标准计量管理局明确万能量具产品的国家检定由金华市计量所承担,材料试验机产品的国家检定由金华地区计量所承担。1984年2月,省计经委、省科委印发《关于转发〈浙江省计量器具生产管理的若干规定〉的通知》(以下简称《若干规定》),明确生产、修理的计量器具必须实行国家检定。国家检定由标准计量部门或由其批准的企业执行。标准计量部门对计量器具产品实行国家检定,可采取抽检和全检两种方法。《若干规定》同时对标准计量部门批准企业执行国家检定的条件等作出规定。

1986年12月16日,省标准计量管理局转发国家计量局《强制检定计量器具检定印证的暂行规定》(以下简称《暂行规定》),同时规定全省各级政府计量部门所属检定机构使用的检定合格印、注销印、检定证书和检定结果通知书,不分强制检定与非强制检定,一律采用《暂行规定》的图案和格式,不另作区分;錾印、喷印、漆封印的图案为"×浙×××"(錾印、漆封印为阴文,喷印为阳文),第一位是用公历年号末位阿拉伯数字表示年度代号,第二位汉字为省名简称,第三至五位是用阿拉伯数字表示的检定机构代号,自"1"开始按顺序编排。1987年5月中旬至9月底,全省标准计量部门开展强制检定工作计量器具普查登记工作。10月30日,省政府批转省标准计量管理局《关于实施〈中华人民共和国强制检定的工作计量器具检定管理办法〉的意见》(以下简称《意见》),要求各地制定规划,明确目标,分期分批开展强制检定工作,建立起以法定计量检定机构为主体,有关部门、企事业单位的计量检定机构共同参加的多层次、多渠道的强制检定网络。《意见》同时明确首批开展强制检定的工作计量器具明细目录,共23项44种。

1988年1月20日,省标准计量管理局公布全省法定计量检定机构计量检定印代号,其中省计量测试技术研究所计量检定印代号为"浙1"。7月14日,省标准计量管理局印发《浙江省强制检定的工作计量器具分级实施检定的意见》(以下简称《意见》),明确强制检定工作以全省为整体,统筹规划,省、市(地)、县(区)三级分层次覆盖,分步实施,并以法定计量检定机构为主体,采用授权的形式发挥部门和企事业单位计量检定机构的作用。对量大面广、常用、基础的项目,由县(区)规划建立;数量不多、较为分散的项目,由市(地)规划建立或建立跨县的强制检定点;数量少、技术要求高、耗资较多的项目,由省组织覆盖。《意见》同时明确省、市(地)、县(区)三级强制检定分工项目,其中县级覆盖11项26种;市(地)级实施检定的项目共35项65种(包括县级覆盖的11项26种),其中除县级覆盖以外的24项39种为市(地)级覆盖项目;省级实施检定的项目共50项90种,其中省级覆盖项目为23项40种。《意见》提出,铁路部门专用的计量器具(包括轨距尺等),拟授权铁路分局承担检定;电度表(包括单相电度表、三相电度表、分时计度电度表等)、电流互感器、电压互感器,拟授权电力部门承担检定;水表拟授权城建部门承担检定。至年底,全省登记造册的强制检定工作计量器具187万台(件)。其中,用于贸易结算的170万台(件),用于安全防护的5.6万台(件),用于医疗卫生的9.4万台(件),用于环境监测的2万台(件)。同年,全省标准计量部门将通过考核的社会公用计量标准、部门和企事业单位的最高计量标准纳入周期检定计划,实行强制检定,共2146台(件)。1989年5月11日,省标准计量管理局要求各地标准计量部门对所属和授权的检定机构使用的证书进行清理，凡封面式样、尺寸规格与要求不符的，自10月1日起一律不准使用。同时，明确检定合格证由省标准计量管理局统一印制。同年，各地标准计量部门采取“全面规划、分步实施、同步检定”的方法，落实对计量器具的强制检定。至年底，全省标准计量部门落实定点定期强制检定的计量器具共44.9万台(件)。

1990年10月，浙江省财政厅(以下简称省财政厅)、省标准计量管理局决定在全省除宁波外的10个市(地)布点建设2米以上钢卷尺检定设备等20个跨市(地)强制检定项目。同年，70余家县以上商贸企业和350余家医疗卫生单位的强制检定工作计量器具，实行定点定期检定，占强制检定工作总量的25%。至1991年，全省强制检定项目覆盖面达75%左右。1992年8月14日，省标准计量管理局对1988年确定的省、市、县三级强制检定项目分工进行调整。调整后，县级覆盖项目共计9项23种，市(地)级覆盖项目共计19项30种，省级覆盖项目共计22项40种。授权其他单位或上报覆盖的项目有：风压表；铁路轨距尺；轨道衡；煤气表；水表；单相电度表、三相电度表、分时记度电度表；电流互感器、电压互感器；瓦斯报警器、瓦斯测定仪；听力计；照射量计；照射量率仪、放射性表面污染仪、个人剂量仪；活度计；汞蒸汽测定仪；测氧仪；呼出气体酒精含量探测仪；血球计数器等16项22种。截至1993年底，全省除宁波市外的各市(地)标准计量(技术监督)部门共建成跨市(地)检定项目130项。其中，强制检定项目107项，其他检定项目21项，辅助项目2项。

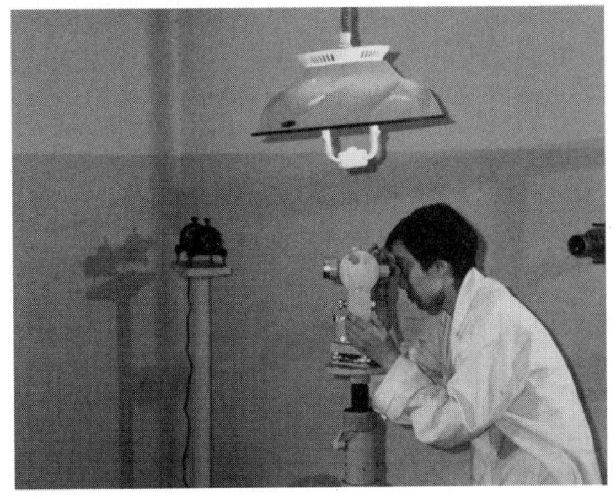

图35-1-2-1 20世纪90年代，计量检定人员开展计量测试工作(省质监局档案室提供)

1994年，第一期跨市(地)强制检定项目全部建成，并投入运行。同年，浙江开始对粉尘(大气)采样器依法实施强制检定，省技术监督检测研究院负责杭州地区粉尘(大气)采样器的强制检定，浙江省环境保护计量管理站(以下简称省环境保护计量管理站)负责杭州以外地区的粉尘(大气)采样器强制检定。1987—1994年，全省标准计量(技术监督)部门共强制检定各类工作计量器具4920645台(件)。

表 35-1-2-5　　1987—1994 年浙江省强制检定工作计量器具数量一览表

年份	项别(项)	种别(种)	工作计量器具(台/件)
1987	21	30	272098
1988	28	57	2177923
1989	43	77	448909
1990	33	66	527155
1991	41	77	470608
1992	37	69	380000
1993	43	86	318513
1994	46	86	325439

资料来源:根据省质监局档案资料整理编制。

1995 年 3 月,浙江省测绘局(以下简称省测绘局)、省标准计量管理局规定测距仪等测绘计量仪器设备必须通过计量检定。1996 年 8 月 30 日,省技监局印发《浙江省工作计量器具强制检定工作程序(试行)》,对强制检定工作程序和工作要求进行规定。同年,第二期跨市(地)强制检定项目开始建设。1997 年 10 月,省技监局要求各地技监部门切实加强本行政区域内强制检定工作的监督管理。同时要根据分级管理、分级覆盖,先重点、后一般,先集体、后乡镇的原则,进一步做好强制检定的登记造册工作,并落实好检定关系,对本级不能覆盖的项目要及时转呈省技监局安排检定。1998 年 11 月 3 日,经省政府同意,全省技监部门开始对饮用量杯(酒类量杯和饮料量杯)、电子计时计费装置(公用电话计费器和集中控制电话计费系统)、电线计米装置(电线计米器)、布匹测长装置(量布机)和弹簧度盘秤等 5 项 7 种贸易结算用计量器具实行强制检定。

2000 年 11 月 7 日,省质监局转发国家质量技术监督局(以下简称国家质监局)《关于加强调整强制检定工作计量器具检定周期管理工作的通知》,要求各级法定计量检定机构和依法授权的计量检定机构必须严格按照国家质监局所规定的检定周期调整原则,科学、合理地调整强制检定工作计量器具的检定周期;在调整强制检定周期前,省级计量检定机构应向省质监局提出调整检定周期的申请方案,由省质监局审核批准备案;市级及市级以下计量检定机构应向市质监局提出调整检定周期的申请方案,由市质监局审核批准备案。同年,用于贸易结算的电能计量器具的强制检定行政监督管理职能由电力部门划入质监部门。

2006 年 7 月,全省质监部门将超限超载检测用计量器具纳入强制检定管理范围,重点监管用于测量车货总质量、轴载质量的固定安装动态汽车衡和便携式称重仪。检定工作由质监部门指定的具有相应能力和资质的计量检定机构承担,其中固定安装动态汽车衡的检定工作,指定省衡器管理所承担;便携式称重仪指定具有测量范围大于或等于 30 吨数字指示秤静态、动态检定能力和资质的计量检定机构承担。8—11月,全省质监部门开展环境监测用计量器具专项监督检查,重点检查环境监测机构、污水处理单位和水泥、钢铁、电解铝、化工、印染、电镀等高污染行业的生产企业(以下简称重点单位)。专项监督检查的内容是重点单位使用的环境监测用计量器具强制检定工作执行情况,包括环境监测用计量器具的配备情况,是否建立了周期检定制度,在用计量器具是否依法进行了计量检定、是否具有有效期内的计量检定证书等。至11月3日,全省质监部门共监督检查有关单位1175家(其中重点单位981家),抽查在用环境监测用计量器具4728台(件)。

表35-1-2-6　　2006年浙江省环境监测用计量器具专项监督检查情况一览表

类别	检查单位数(家)	在用计量器具		监督检查前		监督检查后	
		总数(台/件)	其中应检数(台/件)	在用计量器具受检率(%)	在用计量器具合格率(%)	在用计量器具受检率(%)	在用计量器具合格率(%)
环境监测机构	70	2070	1801	96.9	96.2	99.6	99.6
污水处理单位	56	436	348	56.0	55.7	91.4	91.4
水泥生产企业	77	177	157	91.7	91.7	97.5	97.5
钢铁生产企业	23	107	94	78.7	78.7	100.0	100.0
电解铝生产企业	3	7	7	85.7	85.7	100.0	100.0
化工生产企业	213	811	737	73.1	72.5	83.3	83.3
印染企业	305	396	349	60.7	60.7	60.7	60.7
电镀企业	234	293	285	37.2	37.2	59.3	59.3
其他单位	194	431	359	65.5	64.9	74.9	74.9
合　计	1175	4728	4137	78.7	78.2	87.7	87.7

资料来源:根据省质监局档案资料整理编制。

说明:1.应检数=在用计量器具总数-省、市、县级均暂不能检定的计量器具数。

2.受检率=已检计量器具数÷应检数。

3.合格率=具有有效期内检定证书的计量器具数÷应检数。

2007年,省质监局在全省范围内组织开展强制检定工作计量器具建档工作。2009年,全省质监部门对全省高速公路动态车辆自动衡器实施强制检定。强制检定工作以省计量科学研究院为主,杭州市质量技术监督检测院、宁波市计量测试所共同参与。2010年,全省质监部门共对45项88种58.5万台(件)计量器具进行强制检定。1995—2010年,全省质监部门强制检定各类工作计量器具20598026台(件)。

表 35-1-2-7　　1995—2010 年浙江省强制检定各类计量器具数量一览表

单位:台(件)

年份	计量标准器具	工作计量器具	其中			
			贸易结算类	安全防护类	医疗卫生类	环境监测类
1995	78990	320812	198761	86610	28119	7857
1996	10861	358503	249733	64873	35995	7902
1997	26882	335614	239210	61949	28263	6192
1998	28375	395451	264636	94257	31958	4600
1999	11563	412733	273734	91885	40928	6186
2000	40049	426436	299503	8840	34120	3973
2001	92330	883436	576475	217967	76926	12068
2002	43760	1296525	961980	234825	89793	9927
2003	31564	722706	474096	165028	74590	8992
2004	17566	558957	376490	119958	57077	5432
2005	34049	611724	345185	201781	56962	7796
2006	52425	644899	350172	225585	61119	8023
2007	18524	1389854	1154284	176645	52520	6405
2008	15302	1948132	1733505	133996	72767	7864
2009	19733	4439952	3171399	563655	672026	32872
2010	32303	5852292	4284662	366116	1166005	35509

资料来源:根据省质监局档案资料整理编制。

三、制造、修理计量器具许可证管理

民国 20 年(1931 年),省建设厅对以制造、修理、贩卖度量衡器具为业者,实施核发营业许可执照制度。同时规定,民国 20 年 3 月 15 日开始,在杭州市从事度量衡业者,限 4 月 15 日以前登记完成;在杭州以外的各县从事度量衡业者,限 5 月 15 日以前登记完成。至年底,全省各市、县呈准给照者,计有杭州市赵天申、长兴县张万和、嘉兴县龚万顺等 110 家。民国 21 年,继续办理度量衡营业登记。所有杭州市区内营业登记均由省度量衡检定所直接办理;各县则由县政府主办,将申请书呈省建设厅交省度量衡检定所复核。同年,批准给照营业者,有奉化公正度量衡制造厂等 107 家。民国 22 年,经省建设厅批准,度量衡器具营业登记最后期限推延至当年 3 月底,后又续行展限至当年 12 月底为止。至年底,经审核合格,发给度量衡器具营业执照者，计 60 家。民国 23 年起，经省建设厅同意，从事度量衡器具业者，营业登记期限不加限制。同时规定，兼售度量衡器具的书店、文具纸店、玻璃五金店等也应遵章申领营业许可执照。至年底，经核准发给营业许可执照者，计 46 家(所有已经颁照申请另设分店营业给予通知书者除外)。民国 24 年，经审核合格，发给度量衡器具营业许可执照者，计 94 家。民国 25 年，经审核合格，发给度量衡器具营业许可执照者，计 47 家。至年底，全国度量衡局核发浙江度量衡营业许可执照备案共 472 家。"七七"事变爆发后，核发营业许可执照制度遭到破坏。

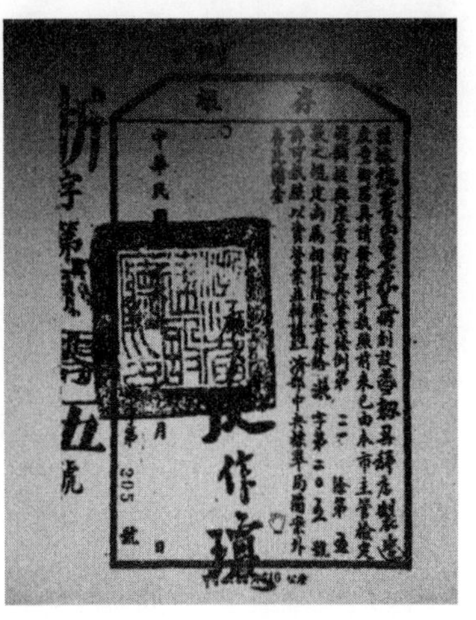

图 35-1-2-2 民国时期，省建设厅颁发营业许可执照的存根(浙江省档案馆提供)

民国 31 年(1942 年)12 月，浙江汪伪政府开始核发营业许可执照。首先办理省会制造商店，经审核合格，发给度量衡器具营业执照者，计 28 家。

民国 35 年(1946 年)，杭州市恢复核发营业许可执照，共受理登记度量衡商 29 家。民国 36 年，杭州市经登记的度量衡商增加到 35 家。其中，台秤 1 家，杆秤与尺 30 家，量器 3 家，围尺 1 家。

1962 年 9 月，省科委、省粮食厅、省工商局、省手工业管理局明确个体修理衡器的手工业者，须经当地主管部门批准后方准营业。1979 年 9 月 15 日，省革委会颁发《浙江省计量管理试行办法》，规定：生产、修理计量器具的企业必须经主管部门和同级计量管理部门审核同意后，向工商行政管理部门办理开业登记。1980 年 7 月，省经委、省标准计量管理局、省工商局规定所有生产计量产品的企业须经当地计量部门审核同意，向工商行政管理部门办理开业登记后才能生产。1984 年 2 月 10 日，省计经委、省科委转发省标准计量管理局《浙江省计量器具生产管理的若干规定》，对生产、修理计量器具的企业申请开业、转产、变更产品品种时，必须具备的条件进行明确。同时规定，申请生产、修理计量器具的个体户，经标准计量部门技术考核合格，或者其生产、修理的计量器具，经标准计量部门检定合格后，可向工商行政管理部门办理开业登记。

1985 年 9 月 6 日，《计量法》颁布，规定：制造、修理计量器具的单位必须具备相应的设施、人员和检定仪器设备，经县级以上政府计量行政部门考核合格，取得制造计量器具许可证或修理计量器具许可证。11 月 5 日，省标准计量管理局要求各有关部门迅速通知本地区、本部门所属制造、修理计量器具的企事业单位，按照国家计量局《关于补发制造、修理计量器具许可证的暂行规定》，积极做好申请补发许可证的各项技术准备工作，向计量行政管理部门提出申请补发许可证。1986 年 3 月 3 日，省标准计量管理局对补发制造、修理计量器具许可证若干具体问题作出规定。5 月 24 日，省政府批转省标准计量管理局《关于实施〈中华人民共和国计量法〉有关问题的报告》，要求制造、修理计量器具的单位必须在《计量法》生效以前(1986 年 7 月 1 日)完成许可证补领工作。6 月，省标准计量管理局印发《浙江省制造、修理计量器具企业、事业单位生产条件考核办法(试行)》《制造计量器具生产条件考核细则(试行)》《制造简易计量器具生产条件考核细则(试行)》《修理计量器具工作条件考核细则(试行)》,加强对制造、修理计量器具的考核管理。7月23日,省标准计量管理局、省工商局规定制造、修理衡器的个体秤工必须经县标准计量局(所)考核合格,取得制造计量器具许可证或修理计量器具许可证,并向工商行政管理部门申领营业执照后方可开业;杆秤制造厂必须取得制造计量器具许可证;企业未取得制造计量器具许可证的,工商行政管理部门不予办理营业执照;凡在城乡市场或其他渠道销售杆秤或零配件者,须持制造计量器具许可证或产品检验合格证。同年,全省有494家企业取得制造计量器具许可证。

1987年1季度,全省补发制造计量器具许可证工作基本结束。8月27日至9月5日,国家计量局检查组到金华、杭州、宁波、舟山检查制造计量器具许可证办理工作,并检查金华市器具厂、杭州市衡器厂、省标准计量管理局实验工厂、宁波东风无线电厂、宁波市自来水水表厂和宁波市水表厂等企业制造计量器具情况。9月26日,省标准计量管理局印发《关于对"检查办理制造计量器具许可证"工作中查处有关问题的处理意见》(以下简称《处理意见》),要求各地按照国家计量局《关于组织检查办理〈制造计量器具许可证〉情况的实施意见》精神,做好整改处理工作。《处理意见》同时对制造计量器具许可证标志的使用、补办计量器具许可证截止日期等作了进一步明确。至年底,全省有742家企业取得计量器具制造许可证。1988年5月27日,省标准计量管理局印发《浙江省计量器具新产品管理办法(试行)》,对申请计量器具新产品定型和样机试验的范围、申请程序、定型鉴定或样机试验、组织与职责等作出规定。此后,型式批准和样机试验成为申请制造计量器具许可证的前置条件。至年底,全省共有728家企业取得制造计量器具许可证,176家企业和2435家个体工商户取得修理计量器具许可证。1989年底,全省取得制造、修理计量器具许可证的单位增加至999家。其中,杭州117家,宁波131家,温州180家,嘉兴61家,湖州31家,绍兴118家,金华270家,衢州8家,台州22家,丽水36家,舟山25家。

1991年2月7日,省标准计量管理局对制造、修理计量器具许可证复查换证工作提出实施意见,并规定1988年1月1日以后制造计量器具新产品尚未取得型式批准证书或样机试验合格证书的,复查换证时须补办新产品定型或样机试验;1985—1987年属补发制造计量器具许可证的老产品,复查换证时免于型式批准证书或样机试验合格证书的考核要求。至年底,全省共有206个计量器具通过样机试验,150家企业取得制造计量器具许可证,基本完成年内到期的500余家计量器具生产企业的复查换证工作。1992年5月25日,省标准计量管理局下达《1992年省属计量器具生产单位制造许可证到期复查考核工作计划》。7—9月,省标准计量管理局组织对杭州半山计量仪表厂等13家计量器具生产单位进行许可证到期复查考核。至年底,全省标准计量(技术监督)部门共受理计量器具新产品试验321个,发放型式批准和样机试验证书230张,有150余家企业取得制造计量器具许可证。

1994年上半年,在企业自查整改基础上,省标准计量管理局对11家省属计量器具制造企业进行计量执法检查,并对检查中发现存在无证制造、销售计量器具违法行为的杭州万达仪表厂(杭州温度表厂一分厂)、省电力试验研究所实验工厂、浙江工学院科教仪器仪表厂进行行政处罚。9月9日,省标准计量管理局印发《关于加强计量产品监督管理若干问题的通知》，要求各地严格实行计量器具新产品定型或样机试验制度和制造计量器具许可证制度。10月，宁波市标准计量局、台州地区标准计量局按《计量法》有关规定，对宁波市江北甬港计量仪表厂、温岭甬岭水表厂等7家无证或超范围生产销售计量器具的企业进行行政处罚，同时责令这7家企业限期申办样机试验和许可证手续。12月13日，省标准计量管理局印发《浙江省计量器具新产品样机试验管理办法(试行)》，明确申请样机试验的程序、承担样机试验技术机构的要求和任务、样机试验审核发证、样机试验的监督管理等。同年，全省共有265家制造计量器具的企业和37家修理计量器具的企业取得许可证。1995年，省标准计量管理局对承担计量器具新产品样机试验任务的技术机构进行考核、授权。至年底，全省标准计量(技术监督)部门共对1660个计量器具新产品进行定型和样机试验，向1400余家企业发放制造计量器具许可证，向近300家企事业单位发放修理计量器具许可证。

1996年3月8日，省技监局印发《浙江省制造计量器具许可证考核程序(试行)》，对全省制造计量器具许可证的申请、考核、发证、监管等工作程序作出具体规定，并明确"县级以上人民政府技术监督行政部门应在每年年底前，对本级考核发证的企业进行年审"。同年，全省技监部门对317个计量器具新产品进行样机试验，发放制造计量器具许可证298张。1997年5月6日，省技监局印发《浙江省制造计量器具许可证年审管理办法(试行)》，对制造计量器具许可证年审工作进行规范。至年底，全省技监部门共发放计量器具新产品样机试验合格证书350张，有230家企业取得制造计量器具许可证，49家企业取得修理计量器具许可证。同年，技监部门开展制造计量器具许可证年审工作。1998年8月12日，省技监局印发《关于计量器具新产品样机试验管理有关问题的规定》，对样机试验合格证遗失补办问题，企业法人(名称)变更后样机试验合格证书变更问题，产品的名称、型号及准确度的变更问题，企业生产场地的确认及新产品样机的封样要求，系列产品的样机规格确定等进行规定。同年，全省技监部门共对1120家制造计量器具的生产企业进行许可证年审工作。其中，杭州132家(未通过18家)、宁波348家(未通过26家)、温州363家(未通过20家)、绍兴28家、湖州4家、嘉兴22家、台州60家(未通过3家)、金华94家、衢州19家、丽水12家、舟山8家，另有省属企业30家。在未通过年审的67家企业中，因处于停产而被注销制造计量器具许可证的有7家，其余60家限期进行整改。

1999年6月，省技监局设立制造计量器具许可证办公室，并对制造、修理计量器具许可证编号方法进行调整。同年，国家质监局将电能表、水表、煤气表、衡器、加油机、出租车计价器6种重点管理计量器具产品(第一批)的制造计量器具许可证发证权限调整至省技监局(其中税控加油机由国家质监局发证)。调整发证权限分两方面：一是对已取得上述6种产品制造计量器具许可证的企业进行考核换证；二是对新申请的企业，由省技监局按国家质监局《制造、修理计量器具许可证监督管理办法》规定的程序考核发证。7月27日，省技监局印发《关于进一步加强1999年制造计量器具许可证年审工作的通知》，组织开展对取得制造计量器具许可证生产企业的年审工作。10月21日至11月20日，质监部门对已取得电能表等6种重点计量器具制造许可证的企业进行复查换证考核。2000年3月10日，省质监局印发《关于天平、称重传感器、称重仪表制造计量器具许可证复查换证的通知》。5月10日至6月30日，质监部门对已取得天平、称重传感器、称重仪表制造计量器具许可证的企业进行复查换证考核。12月,新版制造计量器具许可证启用。

2001年5月,省质监局印发《关于进一步加强重点管理产品制造计量器具许可证管理的通知》,明确从6月1日起,重点管理的计量器具产品全部由省质监局和国家质监局颁发制造计量器具许可证;对已取得省质监局颁发的重点管理产品制造计量器具许可证的企业,其原发的制造计量器具许可证由原发证的质监部门进行注销;对未重新取得省质监局颁发的重点管理产品制造计量器具许可证的企业,其原发的制造计量器具许可证由原发证的质监部门予以吊销。同年,省质监局对全省371家电能表、水表、煤气表、衡器、加油机(含税控装置)、出租汽车计价器6种重点管理的计量器具生产企业进行复查换证考核,共有333家上述6种重点管理的计量器具生产企业取得制造计量器具许可证,其中电能表生产企业128家、水表生产企业76家、煤气表生产企业23家、衡器生产企业100家、加油机(含税控装置)生产企业4家、出租汽车计价器生产企业2家。至年底,全省质监部门受理计量器具新产品定型鉴定申请209批、样机试验264批,发放定型鉴定证书148张、样机试验证书251张。市、县两级质监部门共向102家计量器具生产企业发放116张制造计量器具许可证,吊销57家企业的59张制造计量器具许可证。

2003年3月,省质监局印发《浙江省制造计量器具许可证年度审查监督管理办法》,规定凡取得省内质监部门颁发的制造计量器具许可证的企业必须接受年审,年审工作由发证的质监部门负责实施。至年底,全省共有242个计量器具新产品取得型式批准证书,329个计量器具新产品取得样机试验证书,203个重点管理的计量器具产品取得制造计量器具许可证,市、县两级质监部门向47家企业发放制造计量器具许可证。2005年5月,省质监局印发《电能表、燃气表、水表和衡器(包括电子计价秤、电子计重秤,汽车电子地上衡、地中衡、汽车衡,称重传感器等)等4类重点管理制造计量器具许可证考核实施细则》。7月,省质监局明确自8月1日起,凡制造计量器具新产品的企业,必须申请型式批准。11月起,各市质监部门开展2005年制造计量器具许可证年度审查工作,并按不少于20%的抽查比例进行现场审查。现场审查的内容有:企业生产销售的产品与制造计量器具许可证的内容是否一致,是否存在无证或超范围生产现象,生产场所变更是否重新申请,铭牌、外包装、说明书上的许可证标志和编号使用是否准确,产品是否符合原型式批准合格要求,企业生产条件是否达到原考核条件。2006年9月,省质监局组织开展2006年制造计量器具许可证监督检查工作,由各市质监部门对辖区内制造计量器具许可证持证企业实施检查。2007年10月,国家质检总局将热能表、粉尘测量仪、甲烷测定器3种重点管理计量器具产品(第二批)的制造计量器具许可证发证权限调整至省级质监部门。12月,根据国家质检总局新修订的《制造、修理计量器具许可监督管理办法》,全省制造计量许可证年审制度停止实行。2008年12月至2009年4月,质监部门对已取得制造计量器具许可证的生产企业进行监督检查,现场核查企业的生产条件、产品情况等。

2010年2月起,质监部门对全省已取得制造计量器具许可证的生产企业(含国家重点管理的9种计量器具生产企业)和出租车计价器使用情况进行监督检查。2月26日,省质监局印发《进一步加强制造计量器具行政许可监督工作的若干意见(试行)》(以下简称《意见》),从规范许可发证工作、加强证后监督管理、加强信息互通3个方面对计量器具行政许可监督工作提出要求。《意见》明确,制造国家重点管理计量器具的生产企业由省质监局负责受理,组织或委托技术机构实施考核和审批发证;制造非国家重点管理计量器具的生产企业,由企业工商注册地的市、县质监部门负责受理,组织或委托技术机构实施考核和审批发证。7月6日,省质监局印发《进一步加强制造计量器具产品监督管理工作的若干意见(试行)》,要求各地质监部门按照"属地管理、分级负责"的原则行使监督管理职责,进一步加强计量器具证后监督管理,建立日常监督和定期监督检查制度,实现对获证企业和产品的有效监督。至2010年底,全省共有1254家企业取得质监部门颁发的制造计量器具许可证。其中,由省质监局颁发制造许可证的重点管理计量器具生产企业360家,包括电能表生产企业116家、水表生产企业84家、煤气表生产企业33家、衡器器具生产企业102家、出租车计价器生产企业4家、加油机生产企业4家、热能表生产企业14家、甲烷测定器生产企业3家。

四、计量器具产品质量监督管理

民国20年(1931年)12月26日,省建设厅印发《浙江省度量衡器具检查执行规则》,规定:每年定期开展一次度量衡器具检查,有必要时实行临时检查;度量衡器具由各县该管区域的检定机关,派检查人员率当地警士,按照规定期限于每日业务时间内前往该管区域内的各机关及各户进行检查。民国21年6月,省度量衡检定所对杭州市使用度量衡器旧器情况进行第一次检查,共检查2700余家商铺的度器11种12257件、衡器21种12478件、量器8种6430件,涉及66个行业,查出旧器及英美制各种不合格度量衡器具7000余件。9月20日,省度量衡检定所开始派员至省会各机关团体学校检查公用度量衡器,共检查140余家,检查发现不合格度器95件、量器9件、衡器13件,旧制及英美日制度器324件、量器25件、衡器73件。民国22年10月,省度量衡检定所继续对杭州公用商用度量衡进行检查,检查3000余户,查获不合格新器及旧器5000余件。民国25年5—6月,省度量衡检定所对杭州市使用度量衡旧器情况进行第三次检查,检查5100余家,查获旧器2000余件。其他各市县由于区域辽阔,人员不敷分配,大都侧重抽查,借此督促。在检查期间,所有查获旧制度量衡器具,照章一律没收焚毁。"七七"事变后,度量衡器具检查工作处于停滞状态。民国37年2月,杭州市政府社会科、田粮科对粮店使用衡器、量器进行挨户检查,从387家粮行(店)查出不合格量器276件、衡器14件,并将源泰粮行等21家超出法定公差3倍以上者移送地方法院处理。

1962年7月中旬,省标准计量管理处、浙江省机械工业厅(以下简称省机械厅)组成联合工作组,对杭州地区14个机械厂的1553件千分尺、百分表、游标卡尺进行检查。1963年,省标准计量管理处在温州召开全省衡器工作经验交流会,要求衡器生产部门严格按照标准进行生产,确保产品质量。"文化大革命"开始后,计量器具产品质量监督工作受到冲击。

1973年8月3日,浙江省机械工业局(以下简称省机械局)、浙江省物资局(以下简称省物资局)、省科技局印发《关于组织对量具生产厂产品质量检查的通知》,明确产品质量检查范围是省计划生产的各品种、规格的量具产品,检查的方法是由省或市(地)标准计量部门从工厂近期生产的入库合格品种中任意抽取样品进行检验。8 月 12—18 日，浙江省量具产品质量检查小组对杭州量具厂、杭州工具厂、宁波红旗仪表厂、宁波仪表厂、宁波工模具厂、东阳量具厂、丽水量具厂和海门钟表仪表厂生产的量具产品进行质量检查。在被抽查的 4 种类型 123 件量具中，合格 24 件，合格率为 19.5%。其中，游标量具 11 件和宽座角尺 34 件全部不合格；测微量具 18 件，合格 2 件，合格率为 11.1%；万能角度尺 20 件，合格 5 件，合格率为 25%；表类量具 40 件，合格 17 件，合格率为 42.5%。9 月 24 日，省机械局、省物资局、省科技局要求各地、各工厂加强对量具生产的领导，把产品质量抓上去；对检查出来的不合格产品，必须经返修合格后才能出厂，如难以返修，但并不影响测量精度的，作为可用品经主管部门批准同意后，作降价处理。

1979 年 5 月 27 日，省标准计量管理局、省机械局通报电工计量仪表产品性能试验情况，并针对杭州电表厂 U-20 型万用电表、新安江电表厂 85C1-50MA 表和星火仪表厂 44L1-250V 表在产品性能试验中不合格的情况，要求相关企业立即进行停产整顿。9 月，标准计量部门对企业生产的计量器具和使用的量器质量进行检查。其中，台州、温州、宁波标准计量部门及绍兴县计量所、龙泉县计量所配合工业部门检查 149 家工厂的 7733 件量具，合格 5367 件，合格率为 69.4%。同年，各地、市、县标准计量部门在当地党委领导下，与有关部门共同组成检查组、修理组，重点检查商业、粮食、工矿系统和农村社队的衡器质量。1984 年，省标准计量管理局组织对 350 余家电度表生产企业开展检查整顿，并对 30 家水表生产厂进行产品质量检查。1986 年，全省标准计量部门对商贸、医疗卫生领域使用的计量器具进行质量检查，并对永康县云山大塘沿五金铸造厂制造、销售劣质砝码案进行查处。至年底，全省标准计量部门共抽查计量器具 69112 台(件)，合格 57268 台(件)，合格率为 82.9%。

1987 年 9 月 30 日，省标准计量管理局印发《关于对部分计量器具产品质量进行监督抽查的通知》，明确“将逐年制定计划，对全省制造、销售领域中的计量器具产品质量进行监督抽查，并根据抽查结果，对制造、销售不合格产品的单位依法作出处理”。同年，省标准计量管理局组织抽查的计量器具产品有玻璃温度计、体温计、血压计、普通压力表、称重(测力)传感器、商用电子计价秤、光学计、万用电表、酸度计、流量计、密度计等。1988 年 11 月 18 日，省标准计量管理局通报全省计量器具产品质量监督检查情况，共抽查 67 家企业的 105 个品种规格的产品，合格 77 种，合格率为 73.3%。其中，检查省内 61 家企业的 98 个品种规格的产品，合格 70 种，合格率为 71.4%；检查省外 6 家企业的 7 个品种规格的产品，全部合格。11 月 25 日至翌年 1 月底，全省标准计量部门对制造、销售领域计量器具产品质量进行监督检查，共抽查 87 家企业的 128 批次计量器具(其中省内企业 82 家，119 批次产品；省外企业 5 家，9 批次产品)，涉及量块、热电偶、温度二次仪表、负荷传感器、水表校验台(装置)、水表、煤气表、血压表、真空(负压)表(计)、电子计价秤、黏度计、电导仪、兆欧表、电流互感器、交流电表、直流电表、数字式电表、钢卷尺、钢直尺等产品，合格 110 批次，批次合格率为 85.9%。对监督检查不合格的生产企业，省标准计量管理局作出限期整改 3 个月的处理决定。1989 年 11 月 27 日，国家技监局通报 1989 年度计量器具产品国家监督抽查结果。其中，在浙江抽查 7 家企业的产品，杭州自动化仪表二厂生产的 Y-100 压力表被判为不合格品。

1991年8月20日至9月30日，省计量测试技术研究所受省标准计量管理局委托，对余姚温度仪表厂、杭州量具厂等14家企业生产的15种计量器具产品进行复检。12月至翌年1月31日，杭州市标准计量局、宁波市标准计量局对杭州市、宁波市辖区内的安装式电流表和电压表、电能表、水表、温度计(包括体温计)、分析天平、一般压力表、游标卡尺7种计量器具产品进行监督检查。同年，全省标准计量(技术监督)部门共抽查40余家企业的27种540批次计量器具产品，批次合格率为90%。1992年3月26日，省标准计量管理局委托省计量测试技术研究所对余姚计量仪器厂等11家企业的11种产品进行复检，包括负荷传感器、砝码、消防用压力表、电流互感器、万能角度尺、带表游标卡尺、齿厚游标卡尺等计量器具。6月10日至8月15日，省标准计量管理局组织开展电流表、电压表等计量器具的省级监督检查，共检查61家企业生产的67批次产品，合格50批次，批次合格率为74.6%。12月10日，省标准计量管理局组织对实验室酸度计、煤气表、体温计、血压计(表)、电脑水分测试仪、称重传感器、高压电流(电压)互感器7种计量器具进行省级质量监督抽查，共抽查31家企业生产的36批次计量器具，合格31批次，批次合格率为86.1%。

1993年春节前，全省标准计量(技术监督)部门对流通领域经销的计量器具进行突击检查，共检查191家经销企业销售的1276批次计量器具，符合要求的1095批次，批次合格率为85.8%。不符合要求的计量器具存在的主要问题有：无制造计量器具许可证，许可证标志和编号使用不规范，计量器具检定合格印证和使用说明书不全，使用非法定计量单位以及许可证编号与产地、厂家不符等。3月20日，省标准计量管理局公布实验室酸度计等6种计量器具省级质量监督检查结果，共抽查31家生产企业的37批次产品。除杭州精益电子设备厂生产的称重传感器为无证产品外，其余36批次，合格的31批次，批次合格率为86.1%。其中，血压计(表)、高压互感器批次合格率为100%，实验室酸度计批次合格率为92.3%，体温计批次合格率为80%，煤气表、称重传感器批次合格率分别为75%和60%。4—7月，全省标准计量(技术监督)部门对在用燃油加油机、食用油售油机进行计量监督检查，共检查上千家加油机、售油机使用单位，检查加油机800台，合格428台，合格率为53.5%；检查售油机948台，合格565台，合格率为59.6%。检查发现，不少单位未按规定申请加油机、售油机强制检定，个别加油机、售油机为无证产品。9月20日，省标准计量管理局公布一般压力表等计量器具的省级质量监督检查结果，共抽查29家生产厂的6个品种29批次产品，合格22批次，批次合格率为75.9%。其中，一般压力表批次合格率为81.8%，弹簧度盘秤批次合格率为100%，电能表批次合格率为40%，酒精计批次合格率为50%，通用智能流量计算显示仪批次合格率为100%，滴定管批次合格率为100%。

1994年6月，省标准计量管理局组织对全省水表生产企业进行质量监督检查，共抽查44家企业生产的45批次水表产品，17家企业的17批次产品合格，批次合格率为37.8%。不合格企业中，因示值误差和漏水而不合格的19家，表壳玻璃破裂和加磨试验不合格的16家。9月9日，省标准计量管理局印发《关于加强计量产品监督管理若干问题的通知》，要求各地严格计量产品质量监督检查制度，加强对生产、流通领域计量产品的质量监督，将可能危及人体健康、人身财产安全，为重点工程配套，以及用户、消费者反映有质量问题的计量产品，作为重点监督检查的产品范围，加大对乡镇个体私营企业生产的计量产品的监督检查力度，不定期有重点地开展对流通领域经销的计量产品的监督抽查，扩大受检产品覆盖面。同年，全省标准计量（技术监督）部门共检查628家企业生产的256种1648批次计量器具产品，合格1328批次，批次合格率为80.6%。

1995年，技监部门对水表生产企业进行复检，共复检21家水表厂生产的21批次水表产品。经复检，合格19批次。2家复检不合格的水表生产厂被技监部门吊销制造计量器具许可证。同年，全省技监部门共抽查计量器具10545台（件），合格9827台（件）。1996年6月、7月，省技监局公布电子计价秤、弹簧度盘秤、案秤等商用衡器省级质量监督检查结果，共抽查36家生产企业的43批次产品，合格30批次，批次合格率为69.8%。其中，电子计价秤15批次，批次合格率为73.3%；弹簧度盘秤19批次，批次合格率为68.5%；案秤9批次，批次合格率为66.7%。11月28日，省技监局公布压力仪表、温度二次仪表、电流互感器、电压互感器、称重传感器5种计量器具省级质量监督检查结果，共抽查157家企业164批次产品，合格123批次，批次合格率为75%。其中，压力仪表抽查30家企业32批次，批次合格率为87.5%，主要问题有示值超差、弹簧管及压力表接头泄漏、扇形齿轮与中心齿轮装配不当等；温度二次仪表抽查45家企业45批次，批次合格率为77.8%，主要问题有串模干扰、环境温度变化项目试验超差；电流电压互感器抽查58家企业61批次，批次合格率为68.9%，主要问题有基本误差项目超差、温升和局部放电项目超限；称重传感器抽查24家企业26批次，批次合格率为69.2%，主要问题是零点输出、环境温度变化影响项目不合格。

1997年，全省技监部门共抽查各类计量器具11152台（件），合格9934台（件），抽查合格率为89.1%。其中，省级定期监督抽查141家生产企业的9种189批次计量器具。

表35-1-2-8　　1997年浙江省计量器具产品省级定期监督检查一览表

抽查产品名称	抽查企业数（家）	抽查批次数（批）	批次合格率（%）	抽查产品名称	抽查企业数（家）	抽查批次数（批）	批次合格率（%）
民用水表	17	30	56.7	测氧仪	4	4	100
电能表	36	58	62.1	绝缘电阻表	10	10	100
售油机	3	5	100	工业热电偶	33	36	88.9
容积式流量仪表	7	7	100	工业热电阻	22	24	62.5
酸度计	9	15	86.7				

资料来源：根据省质监局档案资料整理编制。

1998年，全省技监部门抽查283家企业生产的衡器、压力表、温度二次仪表、车速里程表等14种305批次计量器具产品，合格248批，批次合格率为81.3%。其中，水表45批次，批次合格率为86.7%；衡器41批次，批次合格率为75.6%。1999年，省技监局组织对衡器、称重传感器、电能表、电流电压互感器、汽车摩托车用仪表、工业双金属温度计、压力式温度计、公用电话计费器、水表、气体涡街（涡流）流量传感器10种计量器具产品进行省级定期监督检查，共抽查289家生产企业330批次产品，合格289批次，批次合格率为87.6%。其中，衡器抽查48家生产企业50批次，批次合格率为84.0%；称重传感器抽查24家生产企业24批次，批次合格率为87.5%。

2000年8月15日，省质监局公布2000年第一、第二季度计量器具产品省级定期监督检查结果，共抽查466家生产企业615批次产品，合格535批次，批次合格率为87%。

表35-1-2-9　2000年第一、第二季度浙江省计量器具产品省级定期监督检查一览表

抽查产品名称	抽查企业数（家）	抽查批次数（批）	批次合格率（%）	抽查产品名称	抽查企业数（家）	抽查批次数（批）	批次合格率（%）
电能表	89	152	90.8	数字式指示（控制）仪	41	42	83.3
水表	59	105	90.5	电流表、电压表、万用表	52	53	77.4
衡器（含称重传感器）	76	80	76.3	绝缘电阻表	5	7	85.7
称重显示控制器	4	4	100	压力（血压）表	52	56	85.7
温度传感器	37	52	98.1	汽车摩托车用仪表	51	64	87.5

资料来源：根据省质监局档案资料整理编制。

11月24日，省质监局公布2000年第三季度计量器具产品省级定期监督检查结果，共抽查63家生产企业66批次产品。经检验，合格60批次，批次合格率为90.9%。同年，根据国家质监局“390”计划①的部署，全省质监部门抽查224家企业337批次电能表、水表、煤气表、衡器、加油机（含税控装置）、出租汽车计价器6种重点管理计量器具产品，合格294批次，批次合格率为87.2%。

表35-1-2-10　2000年第三季度浙江省计量器具产品省级定期监督检查一览表

抽查产品名称	抽查企业数（家）	抽查批次数（批）	批次合格率（%）	抽查产品名称	抽查企业数（家）	抽查批次数（批）	批次合格率（%）
灭火器压力指示器	5	5	100	转子流量计	6	6	100
声级计	1	2	100	数字式指示（控制）仪	41	42	83.3
示波器	2	2	100	速度式流量计	13	13	100
膨胀式温度计	18	20	70	互感器	18	18	100

资料来源：根据省质监局档案资料整理编制。

① “390”计划：全国质检系统用3年时间，将电能表、水表、煤气表、衡器、加油机和出租车计价器6种重点管理的计量器具产品质量抽样合格率，定量包装的食品、化妆品、洗涤用品的净含量抽查合格率以及眼镜光学指标的检查合格率均达到90%以上。

2001年，全省质监部门在生产领域抽查750批次计量器具产品，合格691批次，批次合格率为92.1%；在流通领域抽查3359批次计量器具产品，合格2995批次，批次合格率为89.2%。2003年，全省质监部门对659批次计量器具产品进行省级定期监督检查。经检验，批次合格率为95.9%。其中，抽查电能表、水表、煤气表、衡器4种重点管理的计量器具162批次，批次合格率为98.1%。

2005年5月，国家质检总局印发《关于加强进口计量器具监督管理的通告》。11月1日，省质监局印发《浙江省质监系统计量专项检查实施意见》，组织开展对进口计量器具的专项检查。2007年，省质监局组织对计量器具产品进行省级定期监督检查。

表35-1-2-11　　2007年浙江省计量器具产品省级定期监督检查一览表

抽查产品名称	抽查企业数(家)	抽查批次数(批)	批次合格率(%)	抽查产品名称	抽查企业数(家)	抽查批次数(批)	批次合格率(%)
电子计价秤	8	8	100	压力表	75	75	93.3
车用车速里程表	49	49	89.8	电能表	70	70	90
电话计时计费装置	5	5	100	冷水水表	32	32	100
体温计	6	6	100	煤气表	12	12	100
称重传感器	24	24	91.7	配装眼镜	150	146	97.3
电子汽车衡	10	10	100	压力式温度计	15	15	93.3
工业热电阻	28	28	100	血压表(计)	10	10	100
热电偶	33	33	100	互感器	60	60	96.7
电压电流表	39	39	100	压力(差压)变送器	12	12	100
电阻表	7	7	85.7	工业双金属温度计	27	27	96.3
灭火器用压力表	6	6	100	温度二次仪表	59	59	100

资料来源：根据省质监局档案资料整理编制。

2010年6—9月，省质监局组织开展热量表等供热计量器具的专项监督检查。同年，省质监局组织开展计量器具产品省级定期监督检查，共抽查399家企业。

表 35-1-2-12　　2010 年浙江省计量器具产品省级定期监督检查一览表

抽查产品名称	抽查企业数(家)	抽查批次数(批)	批次合格率(%)	抽查产品名称	抽查企业数(家)	抽查批次数(批)	批次合格率(%)
配装眼镜	85	85	92.3	电子台案秤	14	14	71.4
煤气表	19	19	100	体温计	6	6	100
电能表	62	62	95.2	车用车速里程表	46	43	95.3
电压表、电流表	40	40	100	工业热电偶	20	20	100
冷水水表	18	18	94.4	血压表(计)	8	8	100
热能表	6	6	83.3	压力表	75	75	92.9

资料来源:根据省质监局档案资料整理编制。

五、计量检定机构管理

法定计量检定机构是保障国家计量单位制的统一和量值准确可靠,为计量行政主管部门依法实施计量监督提供技术保证的技术机构,由计量行政管理部门依法设置或授权建立。

(一)国家法定计量检定机构管理

最初的计量检定机构具有行政管理和技术保障两项职能。20 世纪 70 年代末,随着计量事业的发展,计量行政管理机构和计量检定技术机构开始分设。1985 年,《计量法》颁布后,县级以上人民政府计量行政部门依法设置的计量检定机构被明确为国家法定计量检定机构。

1. 检查考核

1988 年 7 月开始,省计量测试技术研究所和 11 个市(地)标准计量局(所)直属的 15 家计量检定机构开展计量标准、人员队伍、工作秩序、工作环境和行业作风等的自查整顿工作。9 月,省标准计量管理局组织部分市(地)标准计量部门人员对省计量测试技术研究所自查整顿工作进行检查。10 月,国家技监局对省计量测试技术研究所自查整顿工作进行抽查。1989 年 1 月 5—19 日,省标准计量管理局、省计量测试技术研究所和 11 个市(地)标准计量部门共同派员组成 3 个检查组,按计量标准、人员队伍、工作秩序、工作环境和行业作风 5 个方面要求,对各市(地)法定计量检定机构进行检查考核。经检查,有 14 家法定计量检定机构达到合格标准,1 家未达到合格标准。检查结束后,考核不合格的丽水地区计量检定测试所进行了整改。6 月底,省标准计量管理局组织对整顿后的丽水地区计量检定测试所进行复查。

1996 年 4 月 10 日,省技监局确定市(地)、县级国家法定计量检定机构的计量授权证书号。其中杭州市质量计量监测中心的计量授权证书号为国法计〔1996〕22002 号。省级国家法定计量检定机构的计量授权证书号由国家技监局确定,其中省技术监督检测研究院的计量授权证书号为国法计〔1996〕01025 号。6 月,国家技监局印发《关于对法定计量检定机构进行考核的通知》(以下简称《通知》),决定对法定计量检定机构进行考核。根据《通知》要求,省技监局对全省法定计量检定机构的考核工作进行了部署。7—8月,各法定计量检定机构开展自查、整顿。10月,省技监局在对各法定计量检定机构进行抽查考核后,对考核合格的颁发计量授权证书。1997年7—12月,省技监局组织3个考评组按《法定计量检定机构考核细则》要求,对11个市(地)法定计量检定机构进行考核。1998年1月25日,省技监局对法定计量检定机构考核情况进行通报,杭州市质量计量监测中心、宁波市计量测试所受到表扬。

2001年2月21日,省质监局要求各市质监部门督促本辖区内法定计量检定机构按《法定计量检定机构监督管理办法》《法定计量检定机构考核规范》(JJF1069-2000)要求,完善质量体系,积极开展授权复查考核的各项准备工作。2004年8月2日,依据《中华人民共和国行政许可法》(以下简称《行政许可法》)有关规定,省质监局决定"承担国家法定计量检定机构任务的授权"由省质监局计量处统一办理。2006年3月,省质监局对开展全省法定计量检定机构监督检查工作进行部署,明确监督检查的主要内容是计量检定机构的质量手册、程序文件等相关体系文件是否符合《法定计量检定机构考核规范》要求,社会公用计量标准管理情况;各机构自查自纠及针对顾客意见进行纠正情况;有无超授权范围检定及伪造检定证书情况,是否严格按照现行计量检定规程开展检定,计量检定证书是否规范,检定证书与原始记录的相关信息是否一致;计量检定机构有关人员操作水平、业务及法律知识是否符合要求等。6月23日至7月7日,省质监局组织对全省法定计量检定机构进行监督检查,共检查23家法定计量检定机构,其中,省级2家,市级11家,县级10家。抽查法定计量检定机构出具的检定证书、校准报告621份,相关原始记录1235份。同时,以现场检定、校准和书面考试等方式,考核检定、校准人员122人次,考核检定、校准项目46项,走访相关企业46家。检查发现,大部分法定计量检定机构自查自纠工作认真,企业对法定计量检定机构工作质量及服务普遍反映较好;在以盲样与留样再试方式进行的现场操作考核中,大部分法定计量检定机构出具的试验数据基本符合要求。

2007年4月20日,省质监局印发《关于法定计量检定机构和被授权计量技术机构监督管理有关问题的通知》,要求各市质监部门督促所辖区域的计量技术机构,按照《法定计量检定机构考核规范》(JJF 1069-2007)要求落实管理体系文件(包括质量手册和相关程序文件等)的改版工作;各计量检定机构要指定专人尽快完成改版,并按改版后的管理体系文件有效运行。10月,省质监局印发《2008年度市、县级法定计量检定机构计量授权复查考核换证工作实施方案》(以下简称《实施方案》),明确2008年度市、县级依法设置的法定计量检定机构(以下简称机构)计量授权复查考核申请由省质监局统一受理;对机构的复查考核工作,按其级别由省、市质监部门组织实施;经考核合格的机构,统一由省质监局换发法定计量检定机构计量授权证书。《实施方案》同时对复查考核及审批换证程序等进行明确。2008年,全省有60家市、县级法定计量检定机构计量授权有效期届满,完成了计量授权复查考核换证工作。2010年9月17日,省质监局印发《2010年市级法定计量检定机构检查方案》,部署对市级法定计量检定机构的检查工作。9月20日至10月25日,省质监局采取跨区域交叉检查的方式,对全省11家市级法定计量检定机构的制度建设、能力建设、行为规范和数据证书等进行检查。检查组累计抽查440份检定或校准证书，走访15家计量器具使用单位，对192名计量检定人员进行计量基础和专业知识测试，提出了33项整改要求。经检查，综合评价结论为“好”的1家，“通过”的9家，“经过整改可通过”的1家。

2. 比对测试

1996年，根据省技监局关于对各市(地)法定计量检定机构的部分项目进行比对测试的要求，省技术监督检测研究院组织全省11家市(地)法定计量检定机构开展量块、砝码、直流电阻箱、精密压力表、外径千分尺5项计量器具量值的比对工作。比对结果显示，除宁波市计量测试所的20毫克砝码、直流电阻箱和丽水地区计量检定测试所的直流电阻箱的量值外，其他量值比对结果均符合要求。1997年7—12月，省技监局组织11家市(地)法定计量检定机构对量块、砝码、压力表等计量器具进行现场量值传递的考核。2003年9月，省质监局印发《计量检定项目量值比对实施方案》，组织11家市级法定计量检定机构、12家电力计量机构及部门授权计量检定机构开展经纬仪、砝码、玻璃温度计、直流电阻箱、直流数字电压表、电能表、互感器等计量器具的量值比对工作。2005年，省质监局组织杭州市质量技术监督检测院等11家法定计量检定机构开展膜式煤气表、直流电阻箱、数字温度指示调节仪3项计量器具量值的比对工作。2006年4月7日，省质监局公布2005年度法定计量检定机构计量标准量值比对结果。其中，舟山市质量技术监督检测中心在数字温度指示调节仪的比对中，由于检定线路中外接引线电阻值过大，造成示值偏低，超出等效限；嘉兴市计量检定所在直流电阻箱的比对中，由于检定员在计算数据时未取平均值，使10万欧姆测量点的示值取值偏离实际测量值，造成比对结果超出等效限；湖州市质量技术监督检测院在直流电阻箱比对中，由于电阻箱检定装置使用的导线过长以及环境温度控制不好，使得10万欧姆和10欧姆两个测量点的示值偏离实际测量值。

2008年2月14日，省质监局批复同意注销台州市质量技术监督检测研究院黄岩分院和台州市路桥区标准计量检定所的法定计量检定机构授权证书，所辖区域原由上述2家机构承担的计量检定任务，由台州市质量技术监督检测研究院承担。2009年4—9月，省质监局组织全省11家市级法定计量检定机构开展酸度计检定装置的量值比对工作。经比对，结果满意的10家，结果不满意的1家。2010年5月起，省质监局组织11家市级法定计量检定机构共42个实验室开展加油机容量检定装置、顶焦度计(主要用于检测眼镜质量)、电流互感器、心电图机检定装置等涉及民生和医疗卫生计量标准检定装置项目的量值比对活动。经比对，参加加油机容量检定装置、心电图机检定装置、电流互感器检定装置比对的所有机构的比对结果均为满意。

(二)依法授权的计量检定机构管理

1. 授权管理

1987年12月10日，省标准计量管理局印发《浙江省计量检定授权办法(试行)》，对计量检定授权的形式和条件、被授权机构的职责、组织与人员管理、授权程序、监督管理等作出具体规定。1988年1月，针对浙江省建筑科学研究所(以下简称省建筑科学研究所)存在计量标准器具未经考核合格、从事试验机检定的2名检定人员无计量检定员证件、出具的8份试验机检定合格证全部无编号、型号、器号等问题，省标准计量管理局决定暂停该所试验机检定工作，并对该所曾承担其他试验机检定工作质量进行监督抽查。

1990年11—12月，根据国家技监局《关于对计量授权进行清理整顿的通知》要求，全省标准计量(技术监督)部门开展计量授权清理整顿工作。清理整顿主要按照《计量授权管理办法》有关规定，对计量授权是否符合授权原则，以及对被授权单位是否达到规定的技术条件进行复查。1991年4月15日，省标准计量管理局公布对浙江大学分析测试中心、浙江省计量管理局气象计量检定所、浙江省化学工业研究所(以下简称省化工研究所)、中国石化销售公司浙江省石油公司、浙江省传感器电子称重研究所(以下简称省传感器电子称重研究所)5家省级计量授权单位的清理整顿结果，决定将浙江省计量管理局气象计量检定所的名称调整为浙江省气象仪器检定所，授权形式由原来的法定计量检定机构改为专项计量授权机构；浙江大学分析测试中心等其他4家单位的授权形式不变。

2005年，省质监局、省电力局印发《关于加强电能计量监督管理工作的实施意见》，明确供电部门的电能计量检定机构，由质监部门根据其申请，按《计量授权管理办法》及相关技术规范的要求对其进行考核，经考核合格，按《计量授权管理办法》规定，授权其开展电能计量器具强制检定工作。2006年3月10日，省质监局印发《电力计量技术机构专项计量授权实施方案》，对授权项目和形式、授权机关和授权区域、申请条件、工作程序、证后监管、扩项考核、复查考核等进行明确。7月18日，省质监局进一步明确电能计量授权有关要求，并对质监部门开展电能计量监督性技术检定工作作出具体规定。至年底，电力计量技术机构专项计量授权工作完成，15家电能计量技术机构取得电能专项计量授权证书。2007年，省质监局组织各市质监部门对所辖区域内被授权的电能计量技术机构，按照《法定计量检定机构考核规范》(JJF 1069-2007)要求进行现场监督检查，同时开展了检定技术考核工作。

2008年12月，省质监局对全省计量授权机构的组织管理、资源配置和管理、检定的实施与监督等进行现场监督检查。2009年7月1日，省质监局、浙江省电力公司印发《关于开展电力计量技术机构专项计量授权复查考核工作的通知》，明确电力计量机构专项计量授权复查考核主要内容为管理职责、体系文件、文件控制、记录控制、管理评审、设施和环境条件、测量设备、服务和供应品的采购、不合格工作的控制、纠正措施等。9—10月，按照《电力计量技术机构专项计量授权实施方案》要求，省质监局分2组对电力计量技术机构申请资料进行初审和计量授权考核。2010年，质监部门继续对全省电力计量机构已检电能计量器具实施监督性技术检定。

图35-1-2-3　质监部门对电能表开展监督性技术检定工作(省质监局档案室提供)

2.依法授权

1987年12月12日，浙江省邮电管理局(以下简称省邮电管理局)、省标准计量管理局明确省邮电管理局通信计量站为三级计量站，负责开展全省邮电系统通信专用仪表的检定、计量考核和量值传递工作，并代表省邮电管理局对全省邮电通信计量网进行计量业务管理；该站挂靠在浙江省邮电器材一厂，业务上接受邮电部计量中心和华东二级通信计量站的指导，并受地方计量管理部门的监督。

1989 年 3 月 16 日，经对浙江大学分析测试中心声级计检定标准装置、比较法振动仪标准装置的计量性能及检测质量保证体系审核合格，省标准计量管理局授权该中心为指定的检定机构，执行省标准计量管理局下达的声级计、测振仪强制检定任务；承担用户委托的声级计、测振仪、振动台非强制检定测试工作。这是省标准计量管理局首次授权相关机构承担计量检定、测试工作。4 月 18 日，省标准计量管理局授权浙江省气象局(以下简称省气象局)所属的浙江省气象仪器检定所作为法定计量检定机构，使用浙江省计量管理局气象计量检定所的名称，开展相关计量检定工作。该所也成为全省第一个依法授权的法定计量检定机构。4 月 26 日，省标准计量管理局授权省化工研究所(浙江省化工产品质量监督检验站)开展天平、砝码计量检定工作，明确该所可以承担省内石化系统各用户单位使用的天平、砝码非强制检定工作；可以由各县(市、区)政府计量行政部门委托该所执行本辖区内石化系统各单位(或部分单位)的天平强制检定工作。10 月 30 日，省标准计量管理局、省商业厅印发《关于本省石油公司系统油品计量罐检定管理的规定》，授权浙江省石油公司计量室负责执行省内各级石油公司油品计量罐的强制检定。同年，杭州、宁波、嘉兴、萧山、松阳等市、县标准计量部门也依法开始计量授权工作。

1990 年 5 月 26 日，省标准计量管理局批复同意宁波市标准计量局授权宁波市电子产品检验所在宁波市范围内开展计量标准考核合格范围内的高频电压表、信号源、频率计、示波器、失真度仪 5 种计量仪器的检定工作。6 月 1 日，省标准计量管理局决定授权省传感器电子称重研究所对外开展量值传递，为各生产、使用单位以及其他有关单位提供最大负荷为 100～500kN、准确度大于或等于 0.03%的测力、称重用负荷传感器的检定测试。11 月 2 日，省标准计量管理局批准同意省纤维检验所建立浙江省标准计量管理局纤维计量检定站，对外开展纤维专用计量器具的检定工作。至 1991 年 6 月底，全省标准计量(技术监督)部门共对 82 家单位进行计量授权。

表 35-1-2-13　　浙江省标准计量管理部门计量授权情况一览表

授权单位	被授权单位数(家)		授权形式(项)			
	总数	其中县级	社会公用计量标准	强制检定	非强制检定	强制与非强制检定
省标准计量管理局	5	0	1	1	2	1
杭州市标准计量局	30	0	1	14	15	0

续表

授权单位	被授权单位数(家)		授权形式(项)			
	总数	其中县级	社会公用计量标准	强制检定	非强制检定	强制与非强制检定
宁波市标准计量局	32	13	4	17	4	7
温州市技术监督局	2	2	2	0	0	0
嘉兴市技术监督局	10	0	0	10	0	0
丽水地区标准计量管理局	3	3	0	3	0	0
合　计	82	18	8	45	21	8

资料来源:根据省质监局档案资料整理编制。

说明:统计时间截至1991年6月底。

1992年1月29日,省标准计量管理局批复同意省传感器电子称重研究所建立浙江省标准计量管理局测力称重传感器检定站,并授权其承担测力称重传感器计量检定、测试和新产品样机试验。2月20日,省标准计量管理局授权省轻工业厅纺织计量站、省测绘局测绘器具检定所、浙江省工业设备安装公司执行计量检定任务。其中,授权省轻工业厅纺织计量站在全省范围内开展缕纱测长机、纤维切断器、八篮烘箱、摆锤式单纱试验机等21种纺织专用计量器具的非强制检定工作;授权省测绘局测绘器具检定所在全省范围内开展电磁波测距仪(测量范围≤15km)的非强制检定工作;授权浙江省工业设备安装公司在其直属单位内开展压力表、血压计(表)的强制检定工作。3月9日,省标准计量管理局批复同意省电力试验研究所建立检定10～100kV交直流高压表(包括交直流分压器和交直流静电电压表),30～100kV高压绝缘测试仪和5000～10000A/5A、0.05级及以下电流互感器的计量标准装置,经考核授权后,在全省范围内执行强制检定和非强制检定任务。同时明确,该所对外检定时以省电力试验研究所名义开展工作。4月1日,省标准计量管理局授权杭州铁路分局和省纤维检验所执行计量检定任务。其中,授权杭州铁路分局在其系统内开展铁路轨距尺、水表、压力表、血压计(表)、电能表、接地电阻测量仪的强制检定工作;授权省纤维检验所在全省范围内开展小负荷强力机、微小力值强力机的非强制检定工作。6月13日,省标准计量管理局授权省电力试验研究所、浙江省石油总公司、机械电子工业部轴承质量监督检测杭州分中心执行计量检定任务。其中,授权省电力试验研究所在全省范围内开展标准压电加速度计的强制检定和非强制检定工作,在全省电力行业(含地方电厂及工业企业中余热发电站)开展测振仪、振动传感器和振动试验台的强制检定和非强制检定工作;授权浙江省石油总公司在其系统内开展测深钢卷尺(量油尺)、石油产品专用密度计、石油产品专用水银温度计的强制检定工作;授权机械电子工业部轴承质量监督检测杭州分中心在全省轴承生产行业内开展表面粗糙度比较样板、轴承零件粗糙度标准件、轴承专用仪器、轴承专用标准件和扭簧比较仪的非强制检定工作。

1993 年 9 月 29 日，省标准计量管理局批复同意绍兴市标准计量局以绍兴市计量测试所为主体，联合绍兴仪表总厂、浙江汽车仪表厂共同组建浙江省汽车仪表计量站，承担省标准计量管理局委托的汽车仪表计量新产品样机试验、汽车仪表计量产品质量监督检验及计量测试等任务。1994 年 1 月 31 日，省标准计量管理局授权国营四三八〇厂嘉兴分厂在全省范围内开展 HS6110 型电声测试仪的非强制检定工作。3 月 10 日，省标准计量管理局授权省环境保护计量管理站在全省(杭州地区除外)开展粉尘（大气)采样器的强制检定和非强制检定工作。5 月 9 日，省标准计量管理局授权省测绘局测绘器具检定所在全省测绘系统内开展经纬仪、水准仪和平板仪的非强制检定工作。1995 年 3 月 17 日，省标准计量管理局授权省电力试验研究所在全省范围内开展高压静电电压表和高压电容电桥非强制检定工作。12 月 4 日，省技监局授权浙江省建材产品质量监督检验站在浙江省建材工业总公司(以下简称省建材工业总公司)所属的水泥及其制品的生产企业、事业单位范围内，开展水泥净浆搅拌机、水泥标准筛、透气法比面积仪、水泥安定性沸煮箱、水泥雷氏夹和雷氏夹测定仪 6 个项目的非强制检定工作。

1996 年 9 月 19 日，省技监局批复同意省技术监督检测研究院与华立集团股份有限公司共同组建浙江省电能计量测试中心，承担全省电能计量量值传递和溯源工作；承担电能计量器具产品质量监督检验、委托检验和仲裁检定工作；受省级以上技监部门委托，承担电能计量器具新产品样机试验工作；承担省技监局委托的其他计量检定、测试工作。1999 年 3 月 23 日，省技监局批复同意省衡器管理所与省电力局联合建立检定大砝码计量标准装置。同时明确，承担量值传递的主体为省衡器管理所。

2004 年 11 月 22 日，省质监局授权省环境保护计量管理站，在全省范围内(杭州、宁波地区除外)开展粉尘采样器和大气采样器的检定工作。同年，省质监局授权中国石油化工股份有限公司浙江石油分公司计量中心、浙江省纺织计量站、国网浙江省电力公司电力科学研究院、浙江省水泥质量检测站开展相关计量检定工作。2005 年，省质监局授权浙江省测绘器具检定站在测绘系统内开展水准仪、经纬仪、全站型电子速测仪、光电测距仪的计量检定工作。

2006 年，省质监局授权浙江省气象仪器检定所在全省范围内开展轻便三杯风向风速表等 6 项计量检定工作。2007 年，省质监局授权中国建材检验认证集团浙江有限公司在全省企事业单位内开展水泥安定性试验用沸煮箱等 9 项计量检定工作。截至 2010 年底，全省共有经省级授权的计量检定机构 8 家。

表 35-1-2-14　　浙江省经省级授权的计量检定机构一览表

被授权单位	授权项目	授权形式	授权区域	授权证书编号
中国石油化工股份有限公司浙江石油分公司计量中心	石油密度计、工作用玻璃温度计、测深钢卷尺、汽车计量罐、液体容积式流量计、卧式计量罐、立式计量罐	强制检定与非强制检定	浙江省石化系统内(计量罐项目除杭州、宁波、舟山地区以外的区域)	(浙)法计〔2004〕004 号
浙江省纺织计量站	砝码、机械天平、电子天平	非强制检定	浙江省	(浙)法计〔2004〕006 号
国网浙江省电力公司电力科学研究院	互感器校验仪、单相电能表、三相电能表、单相电能表标准装置、三相电能表标准装置等 13 项	强制检定与非强制检定	浙江省范围(部分项目限定在省电力公司系统内)	(浙)法计〔2004〕011 号
省环境保护计量管理站	粉尘采样器、大气采样器	强制检定与非强制检定	浙江省范围(杭州、宁波地区除外)	(浙)法计〔2004〕015 号
浙江省水泥质量检测站	透气法比表面积仪、胶砂试模、雷氏夹膨胀测定仪等 10 项	非强制检定	浙江省	(浙)法计〔2004〕017 号
浙江省测绘器具检定站	水准仪、经纬仪、全站型电子速测仪、光电测距仪	强制检定和非强制检定	浙江省测绘系统	(浙)法计〔2005〕007 号
浙江省气象仪器检定所	轻便三杯风向风速表、水银气压表、气象用玻璃液体温度表、气象用双金属温度计、空盒气压表、空盒气压计	非强制检定	浙江省	(浙)法计〔2006〕002 号
中国建材检验认证集团浙江有限公司	水泥安定性试验用沸煮箱、水泥行星式胶砂搅拌机、水泥净浆搅拌机等 9 项	非强制检定	浙江省相关企事业单位	(浙)法计〔2007〕016 号

资料来源:根据省质监局档案资料整理编制。

说明:时间截至 2010 年底。

六、计量检定规程起草制定

《计量法》规定,计量检定必须按照国家计量检定系统表进行,必须执行计量检定规程;有国家计量检定规程的,应当执行国家计量检定规程,没有国家计量检定规程的,由国务院有关主管部门和省级人民政府计量行政部门分别制定部门计量检定规程和地方计量检定规程。

(一)国家计量检定规程起草

国家计量检定规程是指为评定计量器具的计量性能,作为检定依据的具有国家法定性的技术文件。1981年,省计量检定所为主起草制定的《失真度测量仪》发布实施,这是浙江标准计量部门首次参与国家计量检定规程的起草工作。之后,杭州、温州等地法定计量检定机构也相继参与国家计量检定规程的起草工作。截至2010年底,全省计量技术机构为主(或参与)起草的国家计量检定规程共35项。

表35-1-2-15　　浙江省起草的国家计量检定规程一览表

序号	编　号	名　称	序号	编　号	名　称
1	JJG 251-1981	失真度测量仪	19	JJG 643-1994	标准表法流量标准装置
2	JJG 736-1981	气体层流流量传感器	20	JJG 862-1994	全差示分光光度计
3	JJG 162-1985	水表及其试验装置	21	JJG 882-1994	压力变送器
4	JJG 512-1985	白度计	22	JJG 883-1994	机械式拉力表
5	JJG 464-1986	旋进旋涡流量变送器	23	JJG 602-1996	低频信号发生器
6	JJG 216-1987	机电秤(试行)	24	JJG 617-1996	数字温度指示调节仪
7	JJG 258-1988	水平罗翼式水表	25	JJG 13-1997	模拟指示秤
8	JJG 560-1988	悬臂式电子皮带秤(试行)	26	JJG 951-2000	模拟式温度指标调节仪
9	JJG 577-1988	工业煤气表	27	JJG 369-2004	接地电阻表
10	JJG 585-1989	高压水表规程	28	JJG 124-2005	电流表、电压表、功率表及电阻表
11	JJG 599-1989	低失真信号发生器	29	JJG 615-2006	售油器
12	JJG 179-1990	滤光光电比色计	30	JJG 686-2006	热水水表
13	JJG 686-1990	热水表	31	JJG 1010-2006	电子停车收费表
14	JJG 144-1992	标准测力仪	32	JJG 162-2007	冷水水表
15	JJG 802-1993	失真度仪检定装置	33	JJG 291-2008	覆模电极溶解氧测定仪
16	JJG 825-1993	测氡仪	34	JJG 941-2009	荧光亮度检定仪
17	JJG 198-1994	速度式流量计	35	JJG 229-2010	工业铂、铜热电阻
18	JJG 577-1994	膜式煤气表			

资料来源:根据省质监局档案资料整理编制。

(二)地方计量检定规程制定

1982年,浙江制定JJG(浙)32-1982《PQB81-1000型皮革崩裂强度测定仪检定规程》,这是浙江制定的首项地方计量检定规程。1983年,浙江又相继制定《字盘式地中衡暂行检定方法》等2项地方计量检定规程。1985年,《计量法》颁布后,全省进一步加强地方计量检定规程的制(修)订工作。至2010年底,全省制定的地方计量检定规程有102项。

表35-1-2-16　　浙江省制定的地方计量检定规程一览表

序号	编　号	名　称	序号	编　号	名　称
1	JJF(浙)1-1983	字盘式地中衡暂行检定方法	17	JJG(浙)20-1989	Y721型黑板机检定规程
2	JJF(浙)2-1983	电子汽车衡暂行检定方法	18	JJG(浙)21-1989	电视图像信号发生器检定规程
3	JJG(浙)3-1992	小儿血压表检定规程	19	JJG(浙)22-1990	配热电阻用数字温度显示、显示位式调节仪表检定规程
4	JJG(浙)5-1986	钩尺及尺杆检定规程	20	JJG(浙)23-1990	配热电偶用数字温度显示、显示位式调节仪表检定规程
5	JJG(浙)6-1986	篾围尺检定规程	21	JJG(浙)24-1990	机械式通用量具测力仪检定规程
6	JJG(浙)7-1987	汽车油罐容积检定规程	22	JJG(浙)25-1990	表式微小测力计检定规程
7	JJG(浙)8-1987	心电图机检定规程(试行)	23	JJG(浙)26-1990	丝线线性测长仪检定规程
8	JJG(浙)11-1988	生丝纤度仪检定规程	24	JJG(浙)27-1991	配毫安信号用动圈式指示/指示报警仪表检定规程
9	JJG(浙)12-1988	电子定量秤检定规程	25	JJG(浙)28-1991	配毫安信号电子自动电位差计检定规程
10	JJG(浙)13-1988	LYC-1型数字式钢丝测力仪检定规程	26	JJG(浙)29-1991	读数显微镜检定规程
11	JJG(浙)14-1989	特克斯秤检定规程	27	JJG(浙)30-1991	铝合金水平尺检定规程
12	JJG(浙)15-1989	单丝张力仪检定规程	28	JJG(浙)31-1991	塑料量衣软尺检定规程
13	JJG(浙)16-1989	纤度机检定规程	29	JJG(浙)32-1991	PQB81-1000型皮革崩裂强度测定仪检定规程
14	JJG(浙)17-1989	Y731型抱合力试验机检定规程	30	JJG(浙)33-1992	小儿血压计检定规程
15	JJG(浙)18-1989	Y741型复丝强伸力试验机检定规程	31	JJG(浙)34-1991	电动压力变送器检定规程
16	JJG(浙)19-1989	经纬密度仪检定规程	32	JJG(浙)35-1992	测厚仪检定规程

续表 1

序号	编 号	名 称	序号	编 号	名 称
33	JJG(浙)36-1992	评茧仪检定规程	51	JJG(浙)65-2003	湿热试验装置检定规程
34	JJG(浙)37-1992	油压千斤顶试验机检定规程	52	JJG(浙)66-2003	长霉试验箱检定规程
35	JJG(浙)38-1992	电动开方积算器检定规程	53	JJG(浙)67-2003	动态心电图机检定规程
36	JJG(浙)39-1992	电动差压变送器检定规程	54	JJG(浙)68-2003	高温负荷传感器检定规程
37	JJG(浙)40-1992	测高器检定规程(试行)	55	JJG(浙)69-2003	汽车悬架装置检测台检定规程
38	JJG(浙)41-1992	罗盘仪检定规程(试行)	56	JJG(浙)70-2003	平板式汽车制动检验台检定规程
39	JJG(浙)42-1992	手电动计量加油泵检定规程	57	JJG(浙)71-2003	非接触式速度计检定规程
40	JJG(浙)43-1992	纺织品胀破强度测定仪检定规程	58	JJG(浙)72-2004	汽车制动踏板力计检定规程
41	JJG(浙)44-1992	标准表法气体流量标准装置检定规程(试行)	59	JJG(浙)73-2004	汽车转向盘转向力一转向角检测仪检定规程
42	JJG(浙)45-1992	轻革耐折牢度测定仪检定规程	60	JJG(浙)74-2004	车轮动平衡机检定规程
43	JJG(浙)50-1996	汽车采样器检定规程	61	JJG(浙)75-2004	医用多参数监护仪检定规程
44	JJG(浙)51-1996	空气热老化试验设备检定规程	62	JJG(浙)76-2004	数字温度计检定规程
45	JJG(浙)52-1996	盐雾试验设备检定规程	63	JJG(浙)77-2004	数字湿度计检定规程
46	JJG(浙)53-1996	低温试验设备检定规程	64	JJG(浙)78-2005	四轮定位仪检定规程
47	JJG(浙)54-1996	高温试验设备检定规程	65	JJG(浙)79-2005	机动车辆速度检测记录系统检定规程
48	JJG(浙)61-1999	链条测长仪检定规程	66	JJG(浙)80-2005	医用磁共振成像系统(MRI)检定规程
49	JJG(浙)62-2004	电话计时计费装置(系统)检定规程	67	JJG(浙)81-2005	医用数字减影血管造影 X 射线辐射源(DSA)检定规程
50	JJG(浙)64-1999	粉喷桩计量装置检定规程	68	JJG(浙)82-2005	高频电刀检定规程

续表 2

序号	编　号	名　称	序号	编　号	名　称
69	JJG(浙)83-2005	心脏除颤监护仪检定规程	86	JJG(浙)99-2007	自动滴定仪检定规程
70	JJG(浙)84-2006	火花试验机检定规程	87	JJG(浙)100-2007	托盘扭力天平检定规程
71	JJG(浙)85-2006	光谱辐射分析仪检定规程	88	JJG(浙)101-2008	直流稳压稳流电源检定规程
72	JJG(浙)86-2006	绝缘油击穿电压测试仪检定规程	89	JJG(浙)102-2008	精密交流测试电源检定规程
73	JJG(浙)87-2006	医用电子体温计检定规程	90	JJG(浙)103-2008	音频标准衰减器检定规程
74	JJG(浙)88-2006	电子停车收费表检定规程	91	JJG(浙)104-2008	医用输液泵检定规程
75	JJG(浙)89-2007	电参数测量仪检定规程	92	JJG(浙)105-2009	在线浊度计检定规程
76	JJG(浙)90-2007	数字式多用表校验仪检定规程	93	JJG(浙)35-2009	指示表测厚规检定规程
77	JJG(浙)91-2007	电压互感器二次回路压降测试仪检定规程	94	JJG(浙)106-2009	汽油车简易瞬态工况排放检测系统检定规程
78	JJG(浙)92-2007	三相组合互感器检定规程	95	JJG(浙)107-2010	汽油机转速表检定规程
79	JJG(浙)4-2007	晶体管特性图示仪检定规程	96	JJG(浙)108-2010	逆反射标志测量仪检定规程
80	JJG(浙)93-2007	微差压计检定规程	97	JJG(浙)63-2010	电子镇流器性能分析仪检定规程
81	JJG(浙)94-2007	汽车行驶记录仪检定规程	98	JJG(浙)109-2010	电子式无功电能表检定规程
82	JJG(浙)95-2007	医用注射泵检定规程	99	JJG(浙)110-2010	测量用互感器检定装置检定规程
83	JJG(浙)96-2007	混凝土配料秤检定规程	100	JJG(浙)111-2010	在线覆膜电极溶解氧测定仪检定规程
84	JJG(浙)97-2007	磁粉探伤机（仪）检定规程	101	JJG(浙)112-2010	紫外光度法臭氧分析仪检定规程
85	JJG(浙)98-2007	电导率法总有机碳分析仪检定规程	102	JJG(浙)113-2010	无线公用电话计时计费装置检定规程

资料来源：根据省质监局档案资料整理编制。

第三节　计量应用管理

计量的产生与人类生产、交换活动密切相关。随着浙江近代民族工业的出现和发展，计量在工业领域开始得到应用。中华人民共和国成立后，浙江加强工业、农业等领域计量应用管理，促进工业产品质量的提高，推动农民合理施肥、科学种田。改革开放后，浙江开展工业企业计量定(升)级工作和企业计量水平确认工作，制定《能源计量器具配备和管理规划》，促进工业企业计量检测体系的建立和完善，帮助企业节能降耗。同时，开展医疗卫生计量器具普查、普检、普修工作，推动全省医用计量管理水平的提高。在商贸计量领域，全省质监部门加强贸易计量器具管理和商品量的监督检查，从根本上遏制了“缺斤短两”等计量违法行为的发生，维护了公平交易的市场秩序。

一、工业计量管理

工业计量管理是指为保证企业科学、合理地开展生产经营活动，有效而切实地采用计量检测手段，并将其形成制度体系的管理活动。

民国时期，浙江工业基础较为薄弱，工业计量应用领域十分有限。中华人民共和国成立后，工业计量管理机制开始逐步建立起来。1953年，杭州电气公司学习苏联管理经验，最先建立表计管理制度。新安江水电站投产后，相继联网嘉兴、绍兴、宁波、金华、衢州等地(区)电网所属各县，先后建立校表室(组)，开展计量表的修校工作。20世纪50年代后期，电力、化工、机械等行业的大中型企业自行购置计量标准器和检测仪表，开展检定工作。60年代，随着浙江医药工业的发展，医药行业的计量工作也逐步开展起来。

1961年，省标准计量管理处开始在萧山电机厂、杭州仪表厂开展工业计量试点工作，帮助整理和建立量具使用保管等制度，健全试点企业的计量机构，并会同有关部门先后4次组织工作组下厂，对15家工厂进行量具普检、普修，摸清了工厂在计量工作中存在的问题。1962年，省标准计量管理处搜集整理上海机床厂、上海工具厂、上海柴油机厂等企业的先进计量管理办法和制度，编印成册，并在3月召开的全省计量工作会议上分发给与会的企业，推动工业企业计量工作的开展。7月，省标准计量管理处、省机械厅组成联合工作组，对杭州地区14家机械厂的1553件千分尺、百分表、游标卡尺进行检查，并对部分工厂的不合格量具进行修理。1964年，随着各地标准计量部门的逐步建立，全省工业企业计量工作也逐步开展起来。嘉兴电控厂、嘉兴内燃机配件厂、嘉兴丰收农具厂等企业在嘉兴县计量管理所的帮助下建立了计量室，并配备专(兼)职计量人员。温州市标准计量管理所在东山陶瓷厂进行的隧道窑技术革新试点工作中，解决试点工作中的温度测量问题。同时，帮助企业培训计量人员，进行计量器具检修经验交流，促进企业计量人员业务水平提高。1965年，舟山专区计量管理所向舟山专署呈递《关于我区必须加强工业计量工作的报告》，提出开展全区工业计量器具检查，推动工业计量工作；培养计量人员，组织计量队伍；集中使用各厂的计量标准器具，指导条件较差的工厂开展计量工作等建议。

1970年12月3—7日，省革委会生产指挥组科技局召开全省计量工作座谈会，提出要加强工业计量器具检修和技术测试工作。1971年，各地计量部门走出计量室，深入工农业生产第一线，开展计量工作。嘉兴市计量管理所下厂76人次，为27家工厂服务。在其帮助下，嘉兴毛纺厂开展了本厂压力表的检修工作。宁波市标准计量检定所深入工厂开展检定和性能测试工作，与工人一起研究工艺改进问题。在其帮助下，宁波红旗仪表厂生产的千分表的合格率从30%提高到90%。同年12月20—25日，全省计量工作座谈会在金华召开。会议要求县级标准计量部门要根据工农业生产发展需要，逐步加强工业计量管理。但是，受“文化大革命”影响，全省工业计量管理没有全面开展起来。

1980年4月21日，省经委、省科委、省标准计量管理局转发国家经济委员会(以下简称国家经委)、国家科学技术委员会(以下简称国家科委)、国家计量总局《关于颁发〈全国厂矿企业计量管理实施办法〉的通知》(以下简称《通知》)，要求各单位结合具体情况，加强工业计量管理工作。《通知》下发后，浙江省冶金工业局(以下简称省冶金工业局)、省机械厅、省交通厅、浙江省国防科学技术工业办公室(以下简称省国防工办)、省气象局、浙江省地质矿产局(以下简称省地矿局)等单位组织力量检查本系统厂矿企业的计量工作，并加强计量机构的建设。省标准计量管理局对343家企业的计量标准器、量值传递、技术水平、规章制度和检修质量进行检查验收。至年底，全省350余家企业建立计量机构，配备专(兼)职计量人员1200余人。1982年，根据中共中央、国务院《关于国营工业企业进行全面整顿的决定》精神，被列为浙江省第一批企业整顿试点单位所在地的22个标准计量局(所)主动与蹲点调查组联系，配合做好企业计量整顿工作。1983年5月，省标准计量管理局印发《浙江省国营工业企业计量整顿验收评分标准(草案)》，从领导重视、统一管理、计量人员配备、计量标准和量值传递、计量器具的配备、计量管理制度等方面，明确国营工业企业计量整顿验收的要求。

1984年6月5日，浙江省企业整顿领导小组印发《关于整顿和健全企业管理基础工作的通知》，对整顿和健全企业标准化、计量等工作提出具体要求。7月20日，省计经委转发国家计量局《工业企业计量工作定级、升级办法(试行)》，要求首先在大中型企业中试行该办法。10月29日，省标准计量管理局在杭州召开贯彻《工业企业计量工作定级、升级办法(试行)》工作会议，确定诸暨机床厂、嘉兴民丰造纸厂、杭州第一制药厂和温州冶金机械厂等企业为全省工业企业计量工作定级、升级试点单位。1985年1月19日，省标准计量管理局印发《关于工业企业计量工作定级、升级办法的实施意见》，对全省工业企业计量工作定(升)级的考核内容、等级划分、考核发证和证书效力、申请考核办法、考核分工、评分标准等进行明确。2月3—4日，省标准计量管理局组织对诸暨机床厂计量定级、升级试点工作进行考核。4月3日，省标准计量管理局要求优先安排创优单位的计量定(升)级工作，部、省优单项计量审查由各市(地)标准计量部门负责，国优单项计量审查由省标准计量管理局负责或委托市(地)标准计量部门负责；县属或县以下部门所属企业申请三级计量合格证的，由县工业主管部门直接会同市(地)标准计量部门考核评级；申请二级计量合格证的，由县工业主管部门直接会同市(地)标准计量部门初评后，由县工业主管部门上报省标准计量管理局考核定级。6月5日，浙江省电子工业总公司、省标准计量管理局印发《浙江省电子行业计量工作定级、升级评分细则(试行)》,开展电子行业计量定(升)级工作。10月3日,省标准计量管理局向国家计量局呈递《关于申请一级计量考核的报告》,报请国家计量局对杭州民生制药厂、杭州制氧机厂进行一级计量考核。12月22—23日,省标准计量管理局、省机械厅派出检查组对杭州制氧机厂申请一级计量合格证进行预考核。至年底,全省通过计量定(升)级的企业共463家,其中一、二、三级计量合格企业分别为2家、86家和375家。

1986年6月23日,省标准计量管理局印发《二级计量考核评审规定(试行)》,对申请二级计量的条件、考核程序、二级计量评审组的组成等进行明确。7月8日,省标准计量管理局印发《工业企业计量单项考核办法(试行)的规定》,明确制造简易计量器具企业、修理行业、家具制造业和其他特殊行业综合评分在80分以上、计量检测率达30分以上、经济效益好的企业为合格。考核结果经工业主管部门签署意见和评审员签字,由市(地)标准计量部门审查并颁发计量单项合格证书。同年,全省有872家企业达到三级以上计量合格。至年底,全省累计有1332家企业达到三级以上计量合格,其中一、二级计量合格企业分别为7家、158家。1987年10月,省标准计量管理局向省政府呈递《关于改革和加强乡镇企业标准计量管理工作的报告》。同年,省标准计量管理局印发《工业企业计量单项考核办法》,对食品、工艺、服装、家具制造等行业中在用计量器具不足300台(件)的企业和在用计量器具不足150台(件)的其他企业申请计量单项考核工作进行明确。至1988年底,全省累计有3652家企业达到三级以上计量合格,其中一、二、三级计量合格企业分别为19家、311家和3322家。

1989年6月13日,省标准计量管理局印发《浙江省企业计量定级、升级及复核工作程序规定(试行)》,对企业计量定(升)级的申请、评审、发证及复核等程序作出具体规定。同年,全省标准计量部门对1294家企业进行计量定级、升级和复查。至年底,全省累计有4522家企业达到三级以上计量合格,其中一、二、三级计量合格企业分别为20家、449家和4053家。1990年3月15日,省标准计量管理局印发《浙江省计量定级、升级评审员管理办法》,对计量定级、升级评审员的聘任条件和要求、聘任程序、工作纪律等作出规定。同年,杭州卷烟厂、杭州天成丝织厂、中国化工石油总公司第三建筑公司通过省标准计量管理局组织的一级计量资格审查。至年底,全省计量定(升)级合格企业累计达7917家。其中,一级计量合格企业23家,二级计量合格企业580家。1991年7月20日,省标准计量管理局印发《浙江省〈企业计量工作定级升级管理办法〉的实施意见》,对企业计量定(升)级考核评分标准、申请条件、申请程序、考核评审发证、计量复查、监督检查等进行明确。8月31日,受国家技监局委托,省标准计量管理局向杭州钢铁厂、杭州手表厂、杭州卷烟厂、杭州制氧机厂、杭州汽轮机厂等23家已取得一级计量合格证书的企业颁发"国家计量先进单位"荣誉证书和荣誉标牌。11月1日,省标准计量管理局转发省计经委《关于暂停对企业的评优升级活动和清理整顿各种对企业检查评比的通知》,明确"浙江省标准计量系统开展的对企业的标准化验收,计量定(升)级,商贸计量考核,商品质量信得过等检查验收活动应予停止;今后,定级验收等工作如何开展,待清理整顿后,另行通知"。11月26日,省标准计量管理局在杭州召开企业计量管理工作座谈会,研究暂停对企业计量定(升)级考核后,巩固和加强企业计量工作的基本思路和对策措施,并拟订《企业计量法制管理的若干规定》，作为对企业计量工作的基本考核要求。截至1991年底，全省累计有一级计量合格企业23家、二级计量合格企业594家、三级或计量验收合格企业7754家。

1992年3月9日，省标准计量管理局决定对已计量定(升)级的企业，在计量合格证书有效期满时，不再组织对企业的复查考核，而进行计量水平确认；计量水平确认按照国家技监局《企业计量工作定级升级管理办法》的考核要求进行；计量水平确认工作以企业自查为主，在企业自查的基础上，计量行政部门和企业主管部门对企业申报的资料进行审核确认。3月30日，省标准计量管理局印发《关于当前我省企业计量工作的若干意见》，对企业计量工作提出具体要求。

1994年6月7日，省标准计量管理局、浙江省乡镇企业局(以下简称省乡镇企业局)印发《关于加强乡镇企业计量工作的意见》，要求已达到计量合格以上水平的乡镇骨干企业要贯彻ISO10012《测量设备的质量保证要求》国际标准，采用先进的计量管理方法和计量检测技术，建立和健全计量保证体系。这是浙江第一次提出在企业计量工作中推行ISO10012《测量设备的质量保证要求》国际标准。8月11—12日，省标准计量管理局、省乡镇企业局在杭州召开贯彻实施《关于加强乡镇企业计量工作的意见》座谈会，要求各地加强领导，分级负责，突出重点，分步实施，整体推进乡镇企业计量工作。同年，省标准计量管理局、省乡镇企业局印发《浙江省乡镇企业计量合格认定管理办法》。1995年4月，国家技监局印发《关于帮助100个企业完善计量检测体系工作的通知》，在全国开始企业完善计量检测体系确认工作。列入国家技监局1995年完善计量检测体系确认计划的浙江企业有杭州制氧机集团公司、杭州电化集团公司、杭州前进齿轮箱集团公司、杭州中策橡胶有限公司、巨化集团有限公司铝厂和杭州钢铁集团公司。12月4—28日，省技监局组织对杭州制氧机集团公司、杭州电化集团公司、杭州前进齿轮箱集团公司开展企业完善计量检测体系确认工作。12月29日，省政府办公厅转发省技监局《关于进一步加强计量监督管理工作的意见》，明确提出对基础较好的大中型企业和骨干企业要促进其依法自主管理，采用先进的计量管理模式，积极推进ISO10012《测量设备的质量保证要求》国际标准；对有条件的企业，在其自愿的基础上，按照计量保证基本要求，开展完善计量检测体系的确认工作。

1996年2月，省技监局对杭州中策橡胶有限公司、巨化集团有限公司铝厂开展企业完善计量检测体系确认工作。5月15日，省技监局印发《浙江省企业计量水平确认管理办法(试行)》《浙江省企业计量水平确认审核标准(试行)》，开始在全省推行企业计量水平确认工作。企业计量水平确认分为二级和三级，分别由省、市技监部门组织审核和颁发证书。6月25日，国家技监局印发《关于下达1996年度帮助企业完善计量检测体系计划的通知》，列入计划的浙江企业有杭州汽轮动力集团有限公司、巨化集团有限公司、绍兴钢铁总厂、杭州松下家用电器有限公司、浙江衢化氟化学有限公司。同年，全省技监部门对663家企业进行计量水平确认考核。1997年4月11日，国家技监局下达1997年帮助企业完善计量检测体系计划，杭州锅炉厂、浙江三花集团有限公司、浙江横山铁合金厂、巨化集团有限公司合成氯厂名列其中。同年，全省技监部门对530家企业进行计量水平确认考核。1998年6月11日，省技监局下达1998年度浙江省企业完善计量检测体系计划，巨化集团有限公司电石厂、巨化集团有限公司热电厂、正泰集团股份有限公司名列其中。同年，全省有28家企业通过二级计量水平确认。1999年，全省有17家企业通过二级计量水平确认。

2001年，全省有367家企业通过计量水平确认。其中，确认为二级计量水平的43家，三级计量水平的324家。同年，质监部门对18家二级计量水平确认企业和151家三级计量水平确认企业进行复查、换证工作。2003年，全省有453家企业进行计量水平确认。2004年，全省有6家企业通过国家级计量检测体系审核、78家企业通过二级计量水平确认、517家企业通过三级计量水平确认。至2004年底，全省累计取得国家级和二、三级计量检测体系证书的企业分别为26家、185家和2069家。

2005年，省质监局制定《中小企业计量检测能力确认实施细则》，并组织专家对中小企业开展计量管理咨询，帮助企业提高计量管理水平。至年底，全省有5家企业取得国家级计量检测体系证书、25家企业取得二级计量水平证书、522家企业取得三级计量水平证书。全省累计取得国家级和二、三级计量检测体系证书的企业分别为31家、210家和2591家。2006年，全省有620家企业取得计量检测体系确认证书。2007年，全省有127家企业按JJF1112《计量检测体系确认规范》要求，通过计量检测体系确认。

2009年6月，省质监局要求计量检测体系确认工作必须与行政机关彻底脱钩，不得在计量检测体系合格证书上加盖行政局公章。此后，计量检测体系确认工作由浙江省计量协会(以下简称省计量协会)组织开展。

二、农业计量管理

农业计量管理是指将计量工作与农业生产有机结合起来，从而实现合理施肥、科学种田、提高产量、降低成本和维护农民利益的管理活动。

1962年，全省标准计量部门采取优先、主动的办法，服务农业建设。如对与农业有关的农机、农药、化肥等工厂的计量器具采取主动下厂联系、优先予以检定的措施；对其所需解决的仪器设备、技术资料等，在可能条件下，尽力协助解决。同时，做好农村衡器的检定管理工作，保证市场交易和农副产品分配的公平合理。1963年，全省标准计量部门加强农机、化肥、农药等生产部门的计量工作，深入有关工厂进行重点检查，并在调查的基础上制定开展计量工作的计划，优先检定这些工厂使用的万能量具、压力表、电表等计量器具。同时，加强农村衡器管理工作，保证在技术革新、集市交易、过秤入仓、口粮分配等工作中，衡器精度的准确可靠。1964年10月20—24日，省标准计量管理局在舟山召开全省衡器工作会议，要求各地标准计量部门做到思想下乡、宣传下乡、技术下乡和人员落实、组织落实、设备落实。同时要深入农村，发动群众，摸清衡器分布数量及失准情况，并根据调查情况，选择1～2个公社进行试点，以点带面，开展为农业、为农民服务的“比、学、赶、帮、超”竞赛。1965年10月20—24日，省计量标准管理局在定海县召开全省衡器工作会议，重点研究如何加强农村衡器检定工作，为农业和农民服务问题。1966年，受“文化大革命”影响，农业计量工作受到冲击。

1975年4月，全省标准计量工作为农业服务座谈会暨全省标准计量工作为农业服务经验交流会在江山召开。会议介绍推广绍兴、江山、宁波等地计量部门开展土壤植株养分测试、碳化氨水测定的成果与经验。9月20—25日，全省标准计量工作为农业服务经验交流会在绍兴召开。会议进一步明确计量为农业服务的方向，与会代表参观了绍兴县禹陵公社姜梁大队土壤植株测试的试验田。至9月底，绍兴、江山等11个县计量所开展土壤植株测试和合理施肥的对比试验，共有试验点42个，试验田6.9公顷；宁海、开化等9个县计量所开展氨水测定和保氨工作，共测定氨水5000余吨；鄞县等3个县计量所进行腐植酸氨的测试；舟山地区等7个计量所举办11期土壤植株测试学习班，学员300余人次；宁波市、余姚县计量所与宁波化肥厂等8个单位共同试制、生产碳化氨水测定仪等农用计量仪器。在开展土壤植株测试和合理施肥的试验中，开化县计量管理所把试验与县委指挥田结合起来，积极为县委指导生产当好参谋。绍兴县计量检定所开展土壤植株测试工作，大麦试验田亩产达207.9千克，增产幅度为61.7%；小麦试验田亩产223千克，增产18%；早稻5个试点全部大幅度增产，其中3个点增产50%以上，最高亩产400.2千克，增产58.8%。贫下中农热情称赞“农业计量就是好，科学种田少不了，按需分配施肥料，效果显著产量高”。10月6日，浙江省农林局印发《关于积极配合科技计量部门做好计量工作为农业服务的通知》，要求各级农业部门高度重视计量为农业服务的工作，主动协助科技计量部门做好为贯彻农业“八字宪法”①，实行科学种田，实现农业机械化和现代化所开展的各项计量、测试和标准化工作，经常配合各级科技计量部门做好计量为农业服务的基地试验（如土壤和作物养分测试、肥料养分测试等）以及培训、总结等工作。10月14日，省科技局标准计量所要求各地标准计量部门主动与农业部门联系，密切配合，加强合作，做好为农业服务工作。至1976年7月底，全省开展为农业服务的标准计量部门增加到33个，占总数的67%，其中开展土壤速测、合理施肥试验的标准计量部门有29个。金华地区11个县计量所，有9个开展土壤速测，并举办13期短训班，培训400余名“土化员”，配备115套速测设备，测试土地267公顷。绍兴县计量检定所在全县10个区开展土测试验。开化县计量管理所在苏庄公社大坡弯大队有5块试验田，其中，3块田早稻单季超500千克，2块田“上纲要”②，比对照田分别增产20%～49%。此外，萧山、吴兴、鄞县计量部门早稻磁化水试验初步取得成功。宁波市标准计量检定所研制的农用计量仪器——溶解测定仪列入国家计划生产，碳化氨水测试仪、盐度计的生产和试制工作也有新进展。

1976年8月21—25日，全省标准计量工作座谈会在省革委会米市巷招待所召开。会议对全省标准计量部门开展农业计量工作提出具体要求。会后，已开展土测试验的计量所，继续试点工作，并在试点取得经验的基础上，逐步开展推广工作；没有开展过土测试验的单位，重点选择1～2个县进行试点工作；棉花、油菜、络麻、蚕桑、茶叶、糖蔗、柑橘、水蜜桃等主要经济作物重点产地的计量所也因地制宜，开展试验，努力为农业服务。同时，各地标准计量部门开展农用计量仪器的研制工作，并进行了磁化水为农业生产服务试验。1977年1月8日，省

① “八字宪法”：毛泽东根据中国农民群众的实践经验和科学技术成果，于1958年提出的农业八项增产技术措施，即“土、肥、水、种、密、保、管、工”。

② “文化大革命”期间，在“以粮为纲”号召下，人们形象地以“上纲要，过黄河，跨长江”来概括粮食增产的目标。“上纲要”，是指粮食亩产超过200千克。

科技局标准计量所在萧山县召开磁化水为农业服务座谈会。1978年8月21日，省标准计量管理局向省计委呈报《全省计量系统一九七九年基本建设计划》，将市(地)、县标准计量部门开展的土壤、肥料、农药测试化验，浸种育秧温度测试，作物生长过程中地温、日照度测定，营养吸收测定及粮食贮藏中温度、湿度控制等农业计量测试项目列入其中。10月，浙江省财政局(以下简称省财政局)、省标准计量管理局对开展磁化水试验的吴兴县计量管理所等单位给予经费补助。1979年，丽水地区标准计量管理所开展计量为林业服务工作，对龙泉凤阳山黄茅尖和遂昌九龙山的半原始森林土壤进行化验分析和研究，为科学种田造林提供依据。1980年，国务院批转国家计量总局《关于加强县级计量工作，更好地为农业服务》后，全省标准计量部门认真贯彻。遂昌县计量检定所开展胡敏酸氨、腐植酸等测试推广应用；缙云县计量检定所开展土地氮、磷、钾元素测定，龙泉计量检定所开展土壤、氨水测试；丽水地区标准计量管理所进行农用氨水浓度测定，土壤、植株营养诊断，并向300余名农技员开展“土壤作物营养诊断氨水速测法”培训，制作土壤速测箱380只，提供简易的农药、化肥、土肥测试方法。

20世纪80—90年代，农业计量工作逐步与维护农村市场经济秩序、保护农民合法权益工作结合起来开展。1995年3—4月，省标准计量管理局组织对农药、化肥、饲料、种子、塑料薄膜等农用物资进行计量监督抽查。据嘉兴、绍兴、舟山、台州、丽水、金华、衢州等19个市县标准计量(技术监督)部门统计，共抽查农资产品2251件(包)，其中符合称重计量规定要求的1991件(包)，合格率为88.4%。1999年5月，省技监局、浙江省农业厅(以下简称省农业厅)转发国家质监局、农业部《关于加强农业和农村计量监督管理工作的通知》。同年，全省技监部门对用于农业生产资料购销和农副产品收购的计量器具进行监督检查，并加强对农村贸易结算用电能表、农村土地计量面积及乡镇企业、农办企业的计量监督管理。2005年6月1日至10月31日，全省质监部门开展粮食、棉花市场计量专项监督检查，重点检查各地从事粮食、棉花收购、销售的经营者(以下简称粮食、棉花市场经营者)是否配备与其经营项目相适应的计量器具，在用计量器具是否经过计量检定，是否具有有效期内的计量检定证书；粮食、棉花市场经营者在粮食、棉花收购和销售过程中，是否存在缺斤短两、伪造数据等坑害粮农、棉农的违法行为；原粮、成品粮定量包装商品生产、经销企业生产、经销的原粮、成品粮定量包装商品，其净含量是否符合国家有关规定、标注是否符合要求。据统计，共检查粮食、棉花收购站(点)643个，粮食、棉花销售企业1114家，检查在用计量器具4117台(件)，粮食类定量包装商品1267批次。

2010年，全省质监部门开展农资计量专项整治工作。至6月底，共检查农资生产企业及经销点1400余家，检查化肥、农药、种子、塑料薄膜等农资类定量包装商品1700余批次，检查农资市场在用计量器具2200余台(件)，查处缺斤短两、净含量不足等计量违法案件30余件。

三、医用计量管理

医用计量管理是指为保证医疗卫生机构计量器具单位统一、量值准确可靠而开展的计量管理活动。

20世纪60—70年代，浙江部分地方的标准计量部门开展医用计量管理工作。如丽水计量检定所1964年开展医院血压计的检修工作，1972年开始对医院、制药厂、医疗器械厂等单位的医疗卫生计量器具实行周期检定。

1980年，全省标准计量部门开展对医疗卫生计量器具的普查、普检。1981年上半年，全省标准计量部门开展血压计普检、普修工作，其中，平湖县检定163只，合格率为20%；新昌县检定300只，合格率为9%；宁波市检定192只，合格率为6.8%；黄岩县检定113只，合格率为5%。此后，各地标准计量部门逐步开始建立医疗用计量器具技术档案和医疗用计量器具周期检定制度。

1986年，省标准计量管理局、省卫生厅联合开展医疗计量器具大检查。据对28个市(地)、县的统计，共检查血压计1700余台，平均合格率为47%；检查电光分析天平、架盘天平300余台，平均合格率为57%。检查发现，浙江省肿瘤医院的8台放射性医疗器具，已损坏的有5台，其余3台中有1台放射量超标。检查结果引起省人大常委会和省政府领导的高度重视，副省长吴敏达主持召开紧急会议，专题研究解决措施，并拨款20万元，为省计量测试技术研究所添置医用放射性计量设备。1987年，全省标准计量部门开展医疗计量器具执法检查。温州市标准计量局检查27家医疗单位的2425台(件)医疗计量器具，平均合格率为55.3%(不包括体温计)；杭州市标准计量局对18家市级医疗卫生单位进行检查，其中检查杭州市第一人民医院、杭州市第三人民医院、杭州市红十字会医院和杭州市中心血站的在用医疗计量器具1022台(件)，平均合格率为70.7%；绍兴市标准计量局检查市区6家医院和绍兴市药品检验所、绍兴市卫生防疫站在用计量器具(血压计、比色计、天平、药秤等)285台(件)，平均合格率为67%。同年12月29日，省标准计量管理局向省人大常委会呈递《关于标准计量执法检查主要案例查处情况的报告》，汇报医疗计量执法检查情况。

1988年4月18日，省标准计量管理局、省卫生厅召集省级医疗卫生单位负责人研究部署医疗卫生计量器具的普查登记和强制检定等工作。会后，省级各医疗卫生单位开展强制检定工作计量器具的普查登记工作。同年，省计量测试技术研究所对21家省级医院的计量器具进行普查，杭州市标准计量局对11家市级医疗卫生单位实行定点定期强制检定，温州地区标准计量局检查182家医疗单位的3000余台(件)医疗计量器具。宁波、嘉兴、绍兴、衢州等地标准计量部门也把医疗卫生用计量器具列为强制检定工作的重点。1989年8月2日，省卫生厅、省标准计量管理局印发《浙江省医疗卫生计量工作管理办法(试行)》，对县级以上政府计量和卫生行政部门的计量工作职责、医疗卫生单位专(兼)职计量人员的配备及基本职责、医用计量器具的分类管理、医用计量器具的检定(包括强制检定和非强制检定)和自校(或比对)、医疗卫生单位计量标准的建立、医疗卫生行业计量检测网点的建设、医疗卫生系统计量检定人员的考核发证以及有关违法行为的处理等作了明确规定。同年，全省标准计量部门对275家医疗卫生单位的7932台(件)计量器具进行监督检查，合格率为66.7%。

1997年9月，省技监局对浙江医科大学附属第一医院等13家医院在用医用计量器具的强制检定和非强制检定情况、中药配量的计量准确性和医院计量管理基本情况等进行检查。检查发现，除少数医院较重视计量工作外，大部分医院管理不严，计量器具处于失准、失修、失控状态，中药配量严重超差。11月6日，省级医疗卫生计量工作会议在杭州召开，省卫生厅、省技监局要求各级医院要认真贯彻《浙江省医疗卫生计量工作管理办法(试行)》,建立规章制度,配备专职人员,做好在用计量器具重新登记造册和强制检定申请工作,切实保证医用计量器具的准确度。1998 年 3 月 3 日,省技监局、省卫生厅印发《关于全面加强我省医疗卫生计量工作的意见》《浙江省医疗卫生单位计量合格评定管理办法(试行)》,在全省推行以计量管理工作上等级、上水平为目的的医疗卫生计量合格评定工作。1999 年 4 月,杭州市第一人民医院通过省技监局、省卫生厅组织的计量合格评定考核,成为全省首家取得浙江省医疗卫生系统计量合格单位证书的医疗卫生单位。2001 年,省质监局、杭州市质量技术监督局对杭州市区 6 家医疗卫生单位进行计量监督检查,并召开省级医疗卫生单位计量工作座谈会,对省级医疗卫生单位医用计量器具的管理和登记造册、建立强制检定计量器具的周期检定申报制度、医用计量器具的标识管理、医疗卫生单位人员的计量业务培训等提出要求。

2002 年,浙江省质量技术监督检测研究院(以下简称省质量技术监督检测研究院)设立浙江省医疗仪器监督检测中心,并建起一批省内急需的医疗卫生计量检测项目,加强对医疗卫生单位大型医用计量器具的监督检查。2004 年,全省质监部门对 4700 余家医疗卫生单位的在用计量器具依法进行检定和校准。同年,全省有 9 家医院通过省级计量检测体系审核。2006 年,全省质监部门出动 3000 余人次,检查社区、农村等基层医疗机构及民营医疗机构、个体诊所等 328 家,督促医疗卫生机构建立计量检测体系,提高医疗卫生计量保证能力。2007 年 3 月,全省质监部门对医疗卫生机构进行计量监督检查,共出动 800 余人次,检查社区医疗服务机构、乡镇医疗机构、民营医院、个体诊所 174 家。检查内容包括是否有测量设备(标准品和标准试剂)总台账及部门分账,账、物是否相符;是否有测量设备的配备计划,其计量特性是否能满足被检测参数的要求;强制检定计量器具是否依法送检;是否保持处于合格状态(重点检查医用三源①);测量设备的流转管理是否有管理文件并执行;检定或校准的记录、证书、报告等管理是否规范,档案管理是否健全;实验室环境条件是否符合计量器具使用的规定,对温度、湿度有要求的是否有监控记录等。11 月 9 日,省质监局决定在上虞市开展医疗计量监督管理试点工作,着力构建县(市)、乡镇(街道)、村(社区)三级医疗计量管理网络,探索乡镇(街道)、村(社区)级医疗机构计量监管新模式,建立医疗计量长效监管机制。11 月 26 日,省质监局在上虞市召开全省深化医疗卫生计量工作现场会,就改善民生计量,提高医疗卫生计量管理水平工作进行部署,上虞市质量技术监督局、上虞市卫生局交流了开展街道、社区和农村医疗卫生机构计量工作的经验。

2008 年 7 月 7 日,省质监局、省卫生厅、省工商局、浙江省教育厅(以下简称省教育厅)印发《关于联合开展民生计量惠百姓专项行动的通知》,在全省范围开展以"诚信计量进市场、健康计量进医院、光明计量进镜店、服务计量进社区乡镇(含学校)"为主要内容的民生计量惠百姓专项行动。其中,"健康计量进医院"行动重点检查从事疾病诊断、治疗活动的医疗卫生单位,包括医院、卫生院、门诊部、诊所、卫生所、社区医疗服务中心和计生指导站等。至年底,全

---

① 医用三源:是指医用超声、激光和辐射源等列入《中华人民共和国依法管理的计量器具目录》和《中华人民共和国强制检定的工作计量器具目录》的计量器具。

省质监部门累计检查医疗卫生单位6813家。2009年,全省质监部门累计检查医疗卫生单位9509家,检查医用强制检定计量器具79746台(件),受检率达99%。

四、能源计量管理

能源计量管理是指在能源生产、存储、转化、利用、管理和研究中,为实现能源精细化管理、提高能源管理水平、实行节能管理而开展的管理活动。

1981年12月23日,省经委、省标准计量管理局转发国家经委、国家计量总局《关于发送〈企业能源计量器具配备、管理通则〉(草案)的通知》,要求各有关厅(局)组织力量,在省标准计量管理局协助下抓紧搞好能源计量器具配备的试点,并在试点的基础上,制定分行业的《企业能源计量器具配备标准》或《细则》。1982年2月,省标准计量管理局、省冶金工业局在杭州钢铁厂开展能源计量器具配备管理的试点工作。3月8日至4月5日,省标准计量管理局与杭州钢铁厂计量处及有关能源管理部门共同编制《企业能源计量器具配备规划示意图》《计量标准项目设置计划》(包括11个分厂,6个主要处、部的能源计量器具配备规划和总厂一级计量标准项目设置计划)。4月5日,省标准计量管理局、省冶金工业局在杭州钢铁厂召开现场会,听取杭州钢铁厂能源计量试点情况汇报,部署第一批能源计量扩大试点工作。会后,衢州化工厂、浙江炼油厂、横山钢铁厂、绍兴钢铁厂等14家企业开展能源计量试点工作。5月12—15日,省标准计量管理局在绍兴召开企业能源计量器具配备试点单位工作汇报会,11个单位汇报试点工作情况。会议同时确定杭州丝绸印染联合厂等15家企业为第二批制定能源计量器具配备标准的重点单位。6月,省标准计量管理局与有关单位在对杭州钢铁厂、绍兴钢铁厂、横山钢铁厂调查的基础上,拟订《浙江省冶金行业能源计量器具配备、管理标准》,并报省经委发布。7月,省标准计量管理局与有关单位在对新华丝厂、嵊县丝厂、嘉兴丝厂和绍兴酒厂、绍兴东风酒厂进行能源计量器具配备试点调查基础上,拟订《浙江省缫丝行业能源计量器具配备、管理标准》《浙江省酿酒行业能源计量器具配备、管理标准》,并报省经委发布。至7月,全省又新增开展能源计量器具配备试点企业28家。其中,年耗能折标煤5万吨以上企业3家,1万吨以上企业8家。至此,全省制定《能源计量器具配备规划》的企业有43家,涉及钢铁、化工、化肥、水泥、电力、造纸、棉纺、毛纺、印染、制药、酿酒等15个行业。其中,年耗能折标煤5万吨以上企业9家,占省内同类企业总数(包括直供电厂在内22家)的41%;年耗能折标煤1万吨以上企业11家,占省内同类企业总数(共113家)的9.7%。8月24日,省经委、省标准计量管理局印发钢铁、丝绸、水泥、酿酒4个行业的《能源计量器具配备、管理细则(试行)》。9月,全省标准计量部门对年耗标煤1万吨以上的135家企业进行检查,并帮助制定《能源计量器具配备、管理规划》。9月25—27日,省经委在绍兴召开全省能源计量器具配备管理工作座谈会,要求年底前制定出80家企业的装表规划,包括全部年耗标煤5万吨以上企业,以及1万吨以上企业67家。至年底,省、市(地)、县47个标准计量部门的200余名业务骨干帮助96家年耗标煤万吨以上企业完成《能源计量器具配备、管理规划》的制定工作。

1983年3月,省标准计量管理局印发《〈企业能源计量器具配备管理规划〉实施情况检查内容与评分标准》,从规划本身的质量、实施规划的进度以及企业领导对落实规划工作的重视程度3个方面对企业落实《企业能源计量器具配备管理规划》情况进行检查验收。4月25日，省经委、省标准计量管理局转发《企业能源计量器具配备和管理通则(试行)》(以下简称《通则(试行)》)，要求已制定规划的企业按《通则(试行)》要求进行对照检查，并作必要的修改或补充；尚未制定规划的企业，在编制本企业的《能源计量器具配备和管理规划》时，一律以《通则(试行)》为依据。9月，全省标准计量部门按照国家计划委员会(以下简称国家计委)、国家经委、国家能源委员会《对工矿企业和城市节约能源的若干具体要求(试行)》，开展能源计量检查评比升级活动，督促年耗标煤1万吨以上企业继续抓好《能源计量器具配备和管理规划》的落实，进一步提高能源计量器具配备率。12月13—17日，省标准计量管理局、浙江省冶金工业公司对杭州钢铁厂能源计量工作进行考核验收。经检查验收，杭州钢铁厂能源计量工作得分为918分(千分制)，成为全省第一家能源计量验收合格的企业。同年，全省有129家年耗标煤1万吨以上企业完成《能源计量器具配备和管理规划》的制定工作，占同类企业总数的96%;52家年耗标煤1万吨以下企业也制定了《能源计量器具配备和管理规划》。据对全省129家重点企业的统计，按规划应配备各种能源计量器具53291件，已配备33807件，配备率为63.4%。

1984年3月12—17日，省标准计量管理局、浙江省石油化学工业厅(以下简称省石化厅)对衢州化工厂能源计量工作进行检查验收。经考核验收，衢州化工厂成为全省第二家能源计量验收合格的企业。6月16日，全省节能工作会议召开。会议宣布了第一批通过能源计量验收合格的55家企业名单，并向杭州钢铁厂、杭州橡胶厂、杭州第二棉纺厂等15家企业颁发验收合格证书。7月20—27日，省标准计量管理局、省石化厅会同省计量检定所、宁波市标准计量局对镇海石化总厂能源计量工作进行检查验收，该厂能源计量工作得分为934.5分，验收结论为合格。1985年6月4日，省标准计量管理局明确除杭州钢铁厂、衢州化工厂、杭州玻璃厂已经国家经委、国家计量局组织验收合格外，其余年耗能5万吨以上的企业要按国家计量局要求于10月前全部进行国家验收，由国家计量局统一发证。10月15日，省计经委、省标准计量管理局印发《关于对年耗标煤五万吨以上企业能源计量进行国家验收的通知》，对年耗标煤5万吨以上企业能源计量国家验收工作进行部署。

1986年8月，省政府颁布《浙江省节约能源管理暂行实施细则》，明确企业必须根据《计量法》和国家有关规定，配齐管好能源计量器具；年综合能耗5000吨标煤以上的企业应达到二级计量合格；年综合能耗1000吨标煤以上的企业应达到三级计量合格；年综合能耗1000吨标煤以下的企业，要按工业企业定(升)级要求做好能源计量工作。1987—2004年，全省能源计量工作纳入工业企业定(升)级和能源计量水平确认工作中。

2005年10—11月，全省质监部门对钢铁、有色金属、电力、石油石化、化工、建材等行业年能耗5000吨标煤以上的重点耗能企业进行调查摸底。2006年，全省质监部门对重点用能企业能源计量器具配备和管理情况开展监督检查，共出动检查人员1000余人次，监督检查企业计量器具3000余台(件)，帮助重点耗能行业企业制定《能源计量结算数据管理办法》《能源计量数据平衡、修正管理办法》等制度。同时，成立能源计量工作领导小组，设立能源计量管理岗位，制定《浙江省能源计量服务活动实施方案》，组织12支节能降耗增效服务队，为企业提供能源计量器具管理、能源计量状况评价等方面的服务。

2007年，质监部门组织12支节能降耗增效服务队，对重点耗能企业进行对口帮扶，并向1000余家年耗标煤5000吨以上企业进行了GB 17167-2006《用能单位能源计量器具配备和管理通则》强制性国家标准的宣传。2008年5月30日，省质监局印发《全省“六个一”能源计量工程实施方案》，组织全省质监部门开展以“六个一”①为主要内容的能源计量工程建设活动。7月，全省质监部门开展能源计量百家试点工作，并将建德市、萧山区、北仑区、绍兴县、龙湾区、兰溪市、椒江区作为能源计量试点县(市、区)，将浙江红狮水泥股份有限公司等126家企业作为能源计量试点单位。8月27日，省质监局明确年耗标煤1000吨以上的“浙江名牌”申报企业，其能源计量器具配备管理等情况必须符合GB 17167-2006《用能单位能源计量器具配备和管理通则》强制性条款的要求，同时要求以名牌培育工作为抓手，把《中华人民共和国节约能源法》(以下简称《节约能源法》)和《用能单位能源计量器具配备和管理通则》中有关指标要求纳入到计量检测体系认证中，推进重点用能单位计量检测体系建设，提高重点用能单位能源计量检测数据的采集、综合应用和分析能力。12月30日，省质监局、浙江省经济贸易委员会(以下简称省经贸委)公布首批能源计量示范单位，涉及电力、建材、轻工、冶金、石化、纺织、化工、造纸等高耗能行业，杭州钢铁集团公司等28家企业名列其中。至年底，全省通过计量检测体系确认的年耗标煤5000吨以上重点用能企业共852家。

2009年9月15日，省质监局、浙江省经济和信息化委员会(以下简称省经信委)、省统计局印发《关于进一步加强能源计量工作的意见》，要求进一步夯实用能单位能源计量管理基础，强化企业能源计量工作的主体地位；加强对能源计量工作的规划指导，加大对企业能源计量器具配备的监督管理力度；大力推进企业能源计量数据分析应用，充分发挥能源计量对加强企业能源成本核算、堵塞能源漏洞、优化生产工艺用能、提高节能技改效率等管理节能的积极作用；加大对节能降耗的计量技术支持，加大对能源计量工作的政策支持。11月19日，全省质监系统节能降耗(能源计量)工作现场会在绍兴召开。会上，省质监局、省经信委公布浙江省第二批能源计量示范单位名单，涉及建材、机械制造、纺织(含印染)、电力、制药、化工、冶金、食品、橡胶、造纸等行业共57个单位。会议同时宣布在节能技术改造项目、清洁生产和绿色企业示范项目、节能专项资金等的安排上对能源计量示范企业给予优先。同年，省质监局开展能源计量“双百一千”②行动，并会同省经信委、省统计局联合开展全省重点耗能单位节能降耗专项检查。重点对全省年耗标煤1000吨以上重点耗能企业的能源计量器具配备管理和能耗限额地方标准贯彻情况进行检查。检查结果表明，全省年耗标煤5000吨以上重点用能企业能源计量器具配备管理已全面达到GB 17167-2006《用能单位能源计量器具配备和管理通则》强制性国家标准的要求。12月11—12日，国家质检总局在绍兴市召开全国能源计

---

① “六个一”：即组织一次用能单位节能执法检查、推进一批重点耗能企业的计量检测体系认证、树立一批能源计量示范单位、深化一项以计量数据分析应用为重点内容的节能服务活动、组织一次用能单位的能源计量培训教育、抓好一百家能源计量工作试点。

② “双百一千”：“双百”是指抓好百家能源计量工作试点、百家能源计量试点经验推广；“一千”是指开展千家企业节能降耗服务。

量工作现场会，对浙江省通过能源计量推动节能减排的做法和经验进行了总结推广。

2010 年 9 月 19 日，省质监局、省经信委印发《关于在我省块状行业中大力推进能源计量应用管理工作的通知》，决定从正在实施的行业推进项目中，确定块状产业集聚度较高、行业经济规模较大、对当地节能降耗整体水平有较大影响的富阳造纸、绍兴印染、上虞医药化工、长兴印染、温州龙湾皮革、嘉善建材、台州（椒江）医药化工、建德精细化工 8 个节能减排重点行业开展能源计量数据应用管理推进工作。同时，推广以“三有四实一创新”①为特色的企业能源计量器具管理方式，引导企业开展计量检测体系建设。10 月 15 日，省质监局在富阳市召开全省块状行业能源计量应用管理推进工作现场会，总结交流各地块状行业能源计量应用管理推进方面的经验，研究部署如何进一步落实节能减排有关工作，推进块状行业能源计量应用管理。至年底，全省质监部门出动帮扶人员 5652 人次，帮助企业解决节能降耗实际问题 760 余个，折合节约标煤近 100 万吨，并在 2183 家企业中开展能源计量器具在线检测和计量技能培训，指导帮助企业合理配备能源计量器具，推动企业能源计量信息化建设。同年，《人民日报》以《浙江质监部门为高耗能企业下“诊断书”》为题，报道了全省质监部门在高耗能块状行业中大力推进能源计量应用管理的工作。截至 2010 年底，在全省年耗标煤 1000 吨以上重点用能企业中，能源计量器具配备管理基本达到 GB 17167-2006《用能单位能源计量器具配备和管理通则》强制性国家标准要求的有 4850 家，占总数的 80.2%。

五、商贸计量管理

商贸计量管理是指在商品交易过程中，为防止计量失准或计量欺诈，确保单位统一，量值准确可靠而开展的管理活动，包括商贸计量器具管理、商品量计量监督及开展计量诚信活动。

（一）计量器具管理

贸易中很多商品都是根据商品的量来结算的，而商品的量又必须借助计量器具来确定。因此，计量器具量值是否准确将直接影响交易各方的经济利益。中国历朝历代十分重视对计量器具的管理。西周时期，便由“质人”②具体负责度量衡器的检查。秦兼并六国后，进一步加强对计量器具的管理，建立了严格的计量器具检查检定制度，并规定严厉的处罚措施。如秦《效律》就规定：“衡石不正，十六两以上，赀官啬夫一甲；不盈十六两到八两，赀一盾。甬（桶）不正，二升以上，赀一甲；不盈二升到一升，赀一盾。”“斗不正，半升以上，赀一甲；不盈半升到少半升，赀一盾。半石不正，八两以上；钧不正，四两以上；斤不正，三朱（铢）以上；半斗不正，少半升以上；参不正，六分升一以上；升不正，廿分升一以上；黄金衡赢（累）不正，半朱（铢）以上，赀各一盾。”③此后的历朝历代基本沿袭了秦朝对商贸计量器具的管理方法。据《明会典》记载，“洪武元年令铸造铁斛斗升，付户部收粮，用以校勘，仍降其式于天下，令兵马司并管

---

① “三有四实一创新”：“三有”即企业有能源计量流程图、有用能设备一览表、有计量器具一览表；“四实”是指机构人员实、制度管理实、体系运行实、器具配备实；“一创新”即创新数据应用。

② 质人：周朝设置的负责度量衡检查的官员。

③ 《睡虎地秦墓竹简》，文物出版社 1977 年版，第 75 页。

市司，三日一次较勘街市斛、斗、秤、尺”，“凡度量、权衡，谨其校勘而颁之，悬式于市，而罪其不中度者”。① 清乾隆年间，兵马司官员2～3天一次，定期校勘街市斛斗秤尺，一旦发现有作弊的，当即处置，最直接的方式是将斛、斗、秤、尺没收或当场销毁，俗称“撅秤杆儿”“砸秤盘儿”。

民国20年(1931年)，全省各业所用度量衡器具逐步改用新器，但各小菜场鱼菜摊贩未能彻底改用。民国21年6月，省度量衡检定所拟具《划一杭州市小菜场摊贩用秤并取缔旧器办法》，要求各度量衡器具制造商于各菜场设摊售卖新制衡器，并由杭州市政府定制小秤1000支，拨发各菜场摊贩使用。民国23年，省度量衡检定所对杭州市菜市场衡器开展检查，并会同杭州市政府、省会公安局发布定期检查公告，印发宣传品11万份，挨户散发，以期家喻户晓。同时，对仍使用的旧器予以没收。全年共没收秤杆、秤钩、秤盘、秤锤等7000余件。菜场衡器经过这次检查后，各商户均纷纷改换新器。“七七”事变爆发后，全省商贸计量管理工作基本处于停滞状态。

中华人民共和国成立初期，商贸计量管理工作主要由商业部门负责。1959年6月，国务院颁布《关于统一我国计量制度的命令》，浙江采取先城镇后乡村、先副食品后其他、先木杆秤后台磅秤的方法，逐步推进商贸计量器具的改制。1962年，集贸市场逐步开放，一些地方放松商贸计量的管理，市场又出现许多“十六两秤”，而且缺斤短两。为加强农贸市场的计量管理，杭州市摊贩管理委员会统一制造公平秤38支，分配给各区菜场和集贸市场使用。但由于种种原因，不少公平秤设置后不久就疏于管理，失准失灵情况严重，使公平秤的设置流于形式。1963年6月19日，省人委转发省科委《关于进一步加强度量衡器管理工作的报告》，明确“在各中心商店、菜场、集贸市场等基层单位用秤人员中，应推行衡器保管责任制，同时恢复公平秤制度，以便群众监督”。1965年初，杭州市度量衡检定所对菜场(合作商店)和集贸市场内的公平秤情况进行检查。1966年3月，省人委办公厅印发《温州市糖烟酒等八个行业度量衡器失准情况的材料》，要求各地引起重视，加强管理，积极解决糖烟酒等行业度量衡器失准问题。“文化大革命”期间，商贸计量管理工作受到冲击。

1979年8月11日，省商业局、省供销社、省工商局、浙江省二轻工业局(以下简称省二轻局)、省粮食局、省标准计量管理局转发商业部5个部门印发《关于加强商业部门计量管理工作的通知》，要求各公司、商业片(中心店)、基层供销社、城乡粮食购销站等单位要指定专职或兼职人员负责校核计量器具，建立和健全计量管理制度，严格执行计量器具的周期检定，保证不合格或超过检定周期的计量器具不使用。9月起，在省革委会的领导下，省商业局、省工商局、省供销社、省二轻局、省粮食局、省标准计量管理局6个部门在全省范围内组织开展衡器普查。据29个市、县统计，各地共检查衡器4.3万件，合格2.9万件，合格率为67.4%。1980年，全省标准计量部门积极配合当地政府，在物价大检查中开展衡器抽查工作，共检修衡器45万余件。同时，禁止使用不合格和超过检定周期的计量器具，取缔各种旧杂制计量器具。不少地方的标准计量部门还会同商业主管部门、市场管理部门督促基层商店和集贸市场设立公平秤、公平尺，便利群众复秤、复尺。1982年，全省标准计量部门继续开展衡器的普查、普

① 〔清〕张廷玉等：《明史》卷七十二《职官一》。

检和普修工作。同时加强对个体秤工的教育管理和商业、供销、粮食系统计量网点的建设。1985 年 8 月,省标准计量管理局、杭州市标准计量局对杭州市解放路、延安路上的 30 余家商店使用的案秤、杆秤、量提、米尺等商贸计量器具进行检查。经检查,案秤合格率为 75%,米尺的合格率为 50%,量提的合格率为 44%。

1986 年上半年,全省标准计量部门开展商贸计量器具大检查。据对杭州、宁波、温州等 28 个市(地)、县标准计量部门统计,共检查 1000 余个商店、集贸市场的 1.4 万台(件)商贸计量器具。经检查,合格率为 76.8%。1987 年上半年,全省标准计量部门检查商店、粮站、集贸市场的计量器具近 2 万台(件)。8 月 25 日,根据省政府“整顿市场秩序,切实加强物价管理,坚决打击各种扰乱市场秩序的违法犯罪行为”电话会议精神,省标准计量管理局印发《关于立即在全省开展商贸计量大检查,切实加强监督管理的通知》。9—10 月,全省标准计量部门开展商贸计量大检查。1988 年 10—12 月,各地标准计量部门、工商行政管理部门、消费者协会联合组成检查小组,对木杆秤、台秤、地秤、案秤、尺、量提等计量器具的准确度和计量检定情况进行检查。全省标准计量部门出动上千名检查人员,检查工商企业、个体工商户 12217 家,其中,全民所有制工商企业 758 家,合格 631 家;集体所有制工商企业 1074 家,合格 881 家;个体工商户(含无证摊贩)10385 家,合格 7325 家。检查计量器具 28925 台(件),合格 21399 台(件)。没收不合格计量器具 2246 台(件),执行罚款 1.2 万元,责令经营者向消费者退款数千元。1989 年,全省标准计量部门检查 15796 家企业的 4.9 万台(件)计量器具,合格率为 81.8%。

1991 年,省标准计量管理局、省工商局联合对全省大中型集贸市场实施《计量法》情况进行检查,检查内容包括采用法定计量单位情况,计量器具的配置,计量器具的受检率、合格率以及计量准确性。同年,省标准计量管理局、省商业厅、省粮食局、省供销社对全省大中型商业零售企业实施《计量法》情况进行检查,检查内容包括采用法定计量单位情况、计量器具的配备、计量器具的管理、计量准确性以及计量管理制度。1993 年 4—7 月,全省标准计量(技术监督)部门对在用燃油加油机、食用售油机开展计量监督检查,共出动上万人次,检查上千家燃油加油机、食用售油机使用单位,检查加油机 800 台,合格 428 家;检查售油机 940 台,合格 565 台。8 月 26 日,省标准计量管理局转发国家技监局《关于对燃油加油机、眼镜计量测试仪器进行监督检查的通知》。同年,省技术监督检测研究院会同瑞安、临海、椒江、宁波等地标准计量(技术监督)部门对眼镜计量测试仪器进行监督检查。1994 年,全省标准计量(技术监督)部门检查 33649 个商贸摊点的 48190 台(件)在用计量器具,合格 40340 台(件),合格率为 83.7%。1995 年 1 月 9 日,省标准计量管理局、省工商局要求到 1996 年底,市(地)级城区商店和大型农贸市场固定摊位全部禁止使用杆秤;1998 年底,县城商店和市(地)所在地的市区所有集贸市场固定摊位全部禁止使用杆秤;2000 年底,全省商店和固定摊位全部禁止使用杆秤。

1997 年 5 月 13 日,省政府颁布《浙江省贸易结算计量监督管理办法》,明确规定经营者必须配备与其经营活动相适应的计量器具,计量器具的准确度应当符合计量器具配备规范的要求。6 月,省技监局组织开展全省贸易结算计量大检查,出动检查人员 2303 人次,检查商店和市场2715家，经检查，商贸计量器具配备率为90.3%，在用商贸计量器具抽查合格率为87.9%。1998年，全省技监部门开展多种形式的商贸计量检查活动，监督检查范围扩大到儿童游乐设施计量装置、商品房面积、电话计费器等。1999年，全省技监部门对2000余家加油站进行计量监督检查，共抽查加油站在用计量器具23056台(件)，合格21420台(件)，合格率为92.9%。同年9月，全省技监部门对商品房销售面积、青少年学生眼镜配镜质量进行计量专项检查。

2001年4—6月，质监部门对嘉兴、温岭、上虞、缙云等市县用于贸易结算的在用电能表进行监督检查。2003年，全省质监部门对眼镜制配场所进行计量监督检查，重点检查眼镜制配场所所需计量器具配备情况，以及在用计量器具及眼镜产品光学计量指标是否符合计量法治管理要求。通过监督检查，眼镜制配场所计量秩序有一定改观。其中，眼镜店在用焦度计、验光仪、验光镜片等重要制配眼镜用计量器具的合格率分别从监督检查前的88.2%、90.6%和89.3%上升到96.3%、97.2%和95.8%。2004年，全省质监部门对43家粮食市场、172家粮食收购点、952家生产和经销粮食类定量包装商品企业进行专项计量监督检查，抽查计量器具3610台(件)，合格率为70.3%。同年，省质监局组织开展餐饮业计量专项监督检查，共检查餐饮店1341家，检查衡器等各类计量器具3763台(件)，查处计量违法案件316起。同时，还对宾馆饭店在用电话计时计费装置的有效性进行检查确认。2005年，质监部门对加油站、餐饮业开展为期2个月的计量专项监督检查。同时，加大对供电、供水等公共服务部门的计量监督力度，组织开展电子计价秤和宾馆饭店电话计时计费装置等的计量专项监督检查，依法查处了一批计量违法案件。

2006年4月，省质监局印发《关于进一步加强集贸市场计量监督管理工作的通知》，要求各级质监部门对辖区内的集贸市场进行一次普查，对集贸市场的计量基本情况登记造册，实行档案管理。同时，积极推行集贸市场"超市式"计量管理模式，实行"四统一"①监管方式。7月，浙江省国家税务局(以下简称省国税局)、省质监局联合对加油站在用加油机税控功能和计量性能开展监督检查。重点检查加油站在用加油机是否严格按照《计量法》和相关计量检定规程的要求进行计量检定，铅(签)封是否完好，是否擅自改动或拆装加油机，是否使用擅自改动或拆装的加油机，是否存在偷换加油机电脑芯片或主板等计量作弊行为。同年，全省质监部门开展餐饮业计量专项监督检查，检查风景旅游区、商业区以及其他人口流动较大地区或地段的酒楼、宾馆(酒店)、饭店等餐饮业经营单位的计量器具配备情况。2007年，全省质监部门重点对集贸市场、农资市场、商店超市、餐饮业、加油站、眼镜制配商店等进行计量监督检查，共检查集贸市场、农资市场、各类超市商店1902家，检查计量器具10305台(件)；检查餐饮单位288家、加油站463家、眼镜制配商店401家。同时，检查出租车计价器709台。

2008年7月1—10日，根据省政府办公厅《关于做好当前煤电油运和农资供应保障工作的紧急通知》精神，全省质监部门对加油站开展计量专项检查，共出动检查人员3926人次，对1327家加油站的4983台加油机、11296支加油枪进行检查。同年，根据国家质检总局《关于

① "四统一"：即统一配备、统一管理、统一检定、统一轮换计量器具。

加强计量监管确保奥运安全工作的通知》精神，全省质监部门开展餐饮业计量专项检查行动，累计出动检查人员2529人次，检查各地风景旅游区、商业区以及其他人口流动较大地区或地段的酒店、宾馆、饭店、酒楼等餐饮业经营场所938家，检查衡器1998台、量杯和量提557件，立案查处违法使用计量器具案件53起、伪造数据和缺斤短两案件7起。2009年3—5月，全省质监部门开展电子计价秤计量专项整治行动，共出动3013人次，检查集贸市场、餐饮店1650家，检查在用电子计价秤33226台，查处计量违法案件125起。

2010年5月，省质监局部署开展集贸市场在用衡器"四统一"工作，并确定滨江、拱墅、鄞州、慈溪、瑞安、苍南、瓯海、绍兴、上虞、诸暨、德清、路桥、玉环、海盐、海宁、义乌、永康、龙游、江山、常山、普陀、青田、遂昌等23个县(市、区)为"四统一"推广工作重点县(市、区)。6—7月，省质监局分别在温州瓯海区、嘉兴海宁市召开全省集贸市场在用衡器"四统一"推广工作现场会。至年底，"四统一"推广重点县(市、区)均建设了1个以上示范点，全省"四统一"示范点达61个，实行统一配置的摊位有7600个，统一配置衡器5475台(件)。

(二)商品量计量监督

商品量是指使用计量器具，对商品进行计量所得的商品的量值。

1987年9—10月，全省标准计量部门开展以商贸计量规章制度、定量包装商品、售货计量准确性为主要内容的计量监督检查，重点检查与人民群众日常生活密切相关的肉类、水产、禽蛋、蔬菜、果品、酱酒、粮油等零售企业。1988年10月起，省标准计量管理局、省工商局、浙江省消费者协会(以下简称省消费者协会)联合开展市场商品计量检查。各地标准计量局(所)、工商行政管理局、消费者协会组成检查小组，对粮、油、肉、蛋、菜、糕点、糖果、布料等商品量的准确性以及对化肥、水泥、农药定量包装情况进行检查。

1992年3月30日，省标准计量管理局印发《浙江省液化石油气计量监督检查内容和要求》，对液化石油气充装量等作出规定。同时明确，凡钢瓶内残液量超过1千克的，应倒残回收。4—5月，标准计量(技术监督)部门对全省液化石油气经营单位开展计量监督检查。据43个市(地)、县标准计量(技术监督)部门统计，共检查液化石油气经营单位440家，现场抽查液化石油气瓶5360个，经检查，充气量合格率为45%。8月1日至11月20日，根据国家技监局、国家工商行政管理局《关于进一步加强集贸市场计量管理和做好计量允差试点工作的通知》精神，浙江确定杭州解放路百货商店(以下简称杭州解百)、嘉兴江南大厦、嘉兴中山粮油食品商场、杭州龙翔桥农贸市场、宁波望湖市场、诸暨东湖农贸市场、浙江省医药药材公司、绍兴金银饰品厂、浙江省燃料公司、湖州市第一液化气管理站、杭州肉类联合加工厂11家企业为称量零售商品计量允差试点单位。同年，省计经委散装水泥办公室、省标准计量管理局印发《浙江省散装水泥计量管理办法》，加强对散装水泥的定量包装管理。1993年12月27日，省标准计量管理局、省工商局、省商业局、省粮食局、省供销社印发《关于贯彻实施〈零售商品称重计量监督规定〉的通知》，进一步加强对全省零售商品称重计量的管理。1994年1月，省标准计量管理局印发《浙江省燃油加油站计量监督管理办法》《浙江省液化石油气供应站计量监督管理办法》，对燃油加油站、液化石油气供应站的计量监督管理工作进行规范。同年，全省标准计量(技术监督)部门抽查定量包装商品61410包,合格50954包,合格率为83%。1995年3—4月,全省标准计量(技术监督)部门对农药、化肥、饲料、种子、塑料薄膜等农用物资开展计量监督抽查。据对嘉兴、绍兴、舟山、台州、丽水、金华、衢州等19个市(地)、县(市)标准计量(技术监督)部门统计,共抽查农用物资2251件(包),符合称重计量规定要求的1991件(包),合格率为88.5%。

1996年3月,省技监局组织开展定量包装商品计量执法检查。执法检查以市(地)为单位,每市(地)选择定量包装商品生产企业5家、销售企业10家进行检查。12月,国家技监局对包括杭州市在内的全国20个城市开展市场商品质量、计量监督大检查。检查对象为综合性、专业性零售、批发商业企业和各类专业市场、批发市场、农村集贸市场,重点检查肉类制品、粮食制品、酒类、干果、化妆品、儿童食品等定量包装商品。同年,全省技监部门共抽查粮油等定量包装商品53541件,合格率为69%。1997年4—9月,省技监局会同省计经委散装水泥办公室对全省散装水泥生产企业进行检查,抽查104家企业104批次袋装水泥,计量合格的74批次,批次合格率为71.2%。10月23日,省技监局、省计经委散装水泥办公室对全省散装水泥生产企业计量检查情况进行通报,并对水泥行业计量工作提出要求。至年底,全省技监部门检查定量包装商品47458批次,合格39684批次,批次合格率为83.6%。1999年,全省技监部门检查定量包装商品42919批次,合格36814批次,批次合格率为85.8%。

2000年,根据国家质监局统一部署,全省质监部门抽查食品、化妆品、洗涤剂等定量包装商品21107批次,合格19007批次,批次合格率为90.1%。2001年,全省定量包装商品抽查批次合格率为85.3%。2002年第一季度,根据国家质检总局《关于对定量包装商品净含量进行国家监督专项抽查的通知》精神,省质监局组织对杭州市区内29家企业生产的大米、面粉、牛奶等10大类定量包装商品净含量进行国家监督专项抽查,共抽查定量包装商品50批次,合格46批次,批次合格率为92%。2003年,全省质监部门出动1800余人次,监督检查食品类定量包装生产企业950家,抽查891批次定量包装商品,合格761批次,批次合格率为85.4%。对检查中发现的问题,质监部门依法进行了处理,并组织开展复查抽样。整改后定量包装商品净含量批次合格率为95.9%。

2004年,省质监局组织开展定量包装商品国家专项计量监督抽查,共抽查定量包装商品54批次,合格52批次,批次合格率为96.3%。2005年9—12月,全省质监部门对集贸市场和大型超市销售的食品、洗涤用品和化妆品等定量包装商品是否存在缺斤短两情况进行集中检查。2006年,省质监局组织开展定量包装商品净含量国家监督专项抽查,抽查方便面(挂面)、奶粉、茶叶、速冻食品、合成洗涤剂、化妆品、油漆、涂料8种定量包装商品,涉及40家企业的54批次产品。其中,大型企业5家8批次,净含量标注批次合格率为75%,净含量批次合格率为100%;中型企业22家32批次,净含量标注批次合格率为37.5%,净含量批次合格率为87.5%;小型企业13家14批次,净含量标注批次合格率为50%,净含量批次合格率为78.6%。2007年第二季度,省质监局组织开展定量包装商品国家专项计量监督抽查,对杭州市41家定量包装商品生产企业生产的方便面(挂面)、奶粉、茶叶、茶饮料、速冻食品、合成洗涤剂(洗餐具、水果、蔬菜等用的洗涤剂)、化妆品、涂料、油漆等定量包装商品进行国家监督专项抽查,共抽查 59 批次。同年,全省质监部门出动 5384 人次,检查农资市场(化肥、种子、农药等)、超市(百货商场)、金银珠宝店、药店等经销单位 1667 家,监督抽查定量包装商品 2365 批次,批次合格率为 91.4%。

2008 年 8—10 月,质监部门重点对大米、方便食品、速冻食品、饮料、洗涤用品、化妆品、涂料、油漆、液体乳、干制水产品 10 种定量包装商品净含量进行专项监督抽查,共抽查 181 家企业的 300 批次定量包装商品,净含量合格 259 批次,批次合格率为 86.3%;净含量标注合格 252 批次,批次合格率为 84%。同年,根据国家质检总局《关于开展 2008 年第 2 季度定量包装商品净含量国家监督专项抽查的通知》要求,质监部门抽查方便面(挂面)、奶粉、茶叶、茶饮料、速冻食品、合成洗涤剂、化妆品、涂料、油漆 9 种定量包装商品,涉及 39 家生产企业的 56 个批次定量包装商品。2009 年 8—10 月,质监部门开展定量包装商品净含量计量监督检查。重点检查定量包装商品生产企业的包装现场和成品仓库内的定量包装商品,涉及米(包括大米、小米、杂粮等)、果汁(含蔬菜汁)、调味料、熟肉制品、月饼、电线电缆、油漆、涂料、合成洗涤剂(洗餐具、水果、蔬菜等的洗涤剂)、化妆品 10 种定量包装商品。

2010 年,省质监局组织开展定量包装商品净含量国家监督专项抽查,共抽查 38 家生产企业的 65 批次定量包装商品。

表 35-1-3-1　2006—2010 年浙江省定量包装商品净含量国家监督专项抽查一览表

年份	抽查企业数(家)	抽查批次数(批)	净含量		净含量标注	
			合格批次数(批)	批次合格率(%)	合格批次数(批)	批次合格率(%)
2006	40	54	47	87	25	46.3
2007	41	59	57	96.6	44	74.6
2008	39	56	55	98.2	48	85.7
2009	34	66	63	95.5	61	92.4
2010	38	65	63	96.9	64	98.5

资料来源:根据省质监局档案资料整理编制。

(三)“计量信得过”活动

1985 年 3 月 13 日,国务院印发《关于加强物价管理与监督检查的通知》,要求推广“物价计量信得过企业”活动(以下简称“双信”活动)。5 月 24 日,为贯彻落实国务院文件精神,省标准计量管理局要求各市(地)、县标准计量部门主动配合物价、工商行政管理、商业等部门,结合本地实际,制定具体办法,把“双信”活动开展起来。同时要求对辖区商业网点在用计量器具合格率和周期检定率情况、付货计量准确性以及自包装商品的分量等进行检查;对于违反计量法令，利用计量器具搞变相涨价，损害消费者利益的单位和个人，要会同有关部门进行查处。9月，省标准计量管理局、省物价局、省工商局、省商业厅、省粮食局、省供销社在杭州市和浦江县开展“双信”活动试点。10月，杭州市开展第一期“双信”活动。通过检查评比，评选出杭州官巷口食品商店、杭州采芝斋食品商店、杭州解百、杭州方裕和南北货商店、杭州松木场粮站5个“双信”单位和8个计量检查合格单位。1986年5月，杭州市开展第二期“双信”活动，评出8个“双信”单位和15个计量检查合格单位。10月，杭州市开展第三期“双信”活动，评出12个“双信”单位和13个计量检查合格单位。至1986年底，全省有26个市(地)、县开展“双信”活动，评出“双信”单位180个。

1987年10月20日，省标准计量管理局、省物价局、省工商局、省商业厅、省供销社、省粮食局、浙江省总工会(以下简称省总工会)、省消费者协会8个部门联合发文，要求各地进一步推动“双信”活动的开展。10—12月，全省统一部署，分级负责，有组织、有计划地开展商贸计量检查与物价检查。通过经常性检查与突击性检查相结合等方式，打击计量违法行为。同时，表彰了一批物价计量信得过单位。至年底，全省有55个市(地)、县开展“双信”活动。1990年，省标准计量管理局印发《浙江省商贸计量考核办法(试行)》《浙江省商贸计量考核工作程序》和《浙江省商贸计量评审员管理办法》，对商贸计量考核评分标准、考核工作程序以及计量评审员的管理等进行规定，进一步规范“计量信得过”活动的开展。至年底，全省商贸企业计量信得过单位达450家。1992年，省标准计量管理局、省商业厅、省供销社、省粮食局、省物资局、浙江省医药总公司(以下简称省医药总公司)等部门联合开展省级商贸企业计量信得过单位的评选考核工作。同年，省标准计量管理局印发《关于省级商贸企业计量考核的通知》，对省级商贸企业计量信得过单位的申请、考核条件以及评审组的组成等进行明确。1993年9月，省物价局、省标准计量管理局在省、部属商贸服务企业中开展“双信”活动。同年，“计量信得过”活动在一些市、县(市、区)扩展到液化石油气供应站和加油站等单位。至1994年底，全省累计评出计量信得过单位747家。1995年6月，经各单位自评，主管部门推荐，省物价局、省标准计量管理局联合考核、验收，评出浙江省金属材料公司、浙江省燃料公司、浙江省机电设备公司3家“双信”单位。

1997年3月14日，省物价局、省技监局、浙江日报社等联合召开浙江省第四届执行物价计量政策法规最佳单位表彰大会，杭州解百等20家企业被授予“浙江省第四届执行物价计量政策法规最佳单位”称号，杭州采芝斋食品有限公司等42家企业被授予“浙江省第四届执行物价计量政策法规优秀单位”称号。杭州解百等62家单位还在会上向全省商贸企业发出进一步深入开展“双信”活动的倡议。12月，省物价局、省技监局联合开展“物价计量信得过加油站”评选活动。1998年7月30日至10月23日，省技监局、省物价局成立抽查验收组，会同市(地)技监、物价部门对申报参加“物价计量信得过加油站”评选活动的单位进行抽查验收，共抽查10个市(地)54家加油站(占参评总数的55.1%)。11月，省技监局、省物价局通报“物价计量信得过加油站”评选活动抽查验收情况，同时要求各市(地)技监、物价部门组成考核验收小组，对没有抽查到的加油站逐一进行考核验收；对不符合要求的要取消其评选资格，并限期整改；对违法行为要依法作出行政处罚。同年，全省共评出“双信”单位170家。其中，“双信”加油站 89 家，“双信”商贸企业 81 家。1999 年，全省评出计量信得过单位 375 家。至年底，全省累计有计量信得过单位 1661 家。

2002 年 4 月 24 日，省物价局、省质监局、省经贸委、浙江省财贸工会（以下简称省财贸工会）、省消费者协会、浙江日报社联合召开浙江省第六届“价格、计量信得过”单位表彰大会，杭州百货大楼等 154 家企业受到表彰。这些企业从 1500 余家参评企业中评选出来，涉及商业、旅游、药品医疗、房地产及物业管理、加油站、电信、交通运输、专业市场 8 个行业。会上，杭州百货大楼代表获浙江省第六届“价格、计量信得过”称号的单位向全省各行业的企事业单位发出“倡导诚实信用，规范价格、计量行为，制止价格欺诈”的倡议。2004 年 4 月 29 日，经省委办公厅、省政府办公厅批准，由省物价局、省质监局、省经贸委、省财贸工会、省消费者协会、浙江日报社等单位共同组织评选的浙江省第七届“价格、计量信得过”单位揭晓。杭州百货大楼等 174 家单位获“价格、计量信得过”称号。

2010 年 8 月 17 日，省质监局决定用 3 年左右的时间，在全省范围内开展“推进诚信计量、建设和谐城乡”主题行动，推动全省商业、服务业诚信计量体系建设。同时印发《推进诚信计量、建设和谐城乡行动计划（2010—2012 年）》。同年，省质监局开始在集贸市场、加油站、餐饮业、商店、医院和眼镜店等与人民群众生活密切相关的领域逐步建立以经营者自我承诺为基本框架的诚信计量体系，引导并培育一批诚信计量示范单位，形成“以经营者自我承诺为主、政府部门推动为辅、社会各界监督”的诚信计量运行机制。截至 2010 年 10 月底，全省累计有 497 家集贸市场、561 家加油站进行诚信计量自我承诺并向社会公示，20 家企业被评为诚信计量自我承诺示范单位。

第二章　标准化

标准化是指为在一定范围内获得最佳秩序，对实际或潜在问题制定共同的、重复使用的规则的活动。

早在远古时期，原始人类在长期群居和同大自然搏斗中，通过模仿和交流，学会制作和使用工具，并通过约定俗成，形成语言。这些对事物概念的统一，反映了人类朴素的标准化过程。西周时期，人类有意识的标准化活动便已开始。《考工记》中便记载有大量产品规格、工艺方法、技术要求等方面内容。孟子“不以规矩，不能成方圆”的论述在长期的标准化活动中也一直被奉为圭臬。秦始皇二十六年(前 221 年)，秦兼并六国，下令“一法度衡石丈尺，车同轨、书同文字”，统一度量衡、文字、货币、田亩、兵器等，开启大规模标准化运动。秦简《工律》《田律》《效律》《金布律》等也都记载着具有标准性质的管理要求和技术规范。宋代注重手工业生产的标准化和定型化，出现了各种各样的“法式”。李诫在浙东匠师喻皓《木经》基础上编著的《营造法式》，用大量篇幅规定各种工程的标准。而北宋庆历年间(1041—1048 年)，杭州书肆刻工毕昇发明的泥活字印刷术，更蕴含了互换性、分解组合和重复利用等现代标准化的方法和原理，成为中国标准化发展史上的里程碑。明代的《沈氏农书》《补农书》则记载了浙江嘉湖地区水稻、桑树栽培等与农业标准化相关的内容。

20 世纪初，在国际标准化浪潮推动下，浙江标准化工作逐渐发展成为有明确目标和有系统组织的社会活动。民国 16 年(1927 年)，省建设厅及各市、县建设科(局)主管标准化工作。民国 26 年，民国省政府决定省度量衡检定所兼管“有关工作标准之调查及推行事项”(后改由浙江省工业改进所负责)。民国 33 年，省建设厅第二科标准股负责管理标准化工作。但由于种种原因，全省标准化工作一直处于比较薄弱的状态。

20 世纪五六十年代，全省标准化工作开始恢复，工农业标准体系逐步建立。改革开放后，省委、省政府高度重视标准化工作，始终把标准化作为引领和推进经济社会发展的一项重要工作。通过标准化宣传贯彻和研究推广，增强全社会标准化意识，推动工业、农业、服务业等领域标准化水平的不断提高；通过标准化组织建设的不断加强和完善，推动地方标准和企业标准制(修)订工作，初步建立起具有浙江特色的地方标准体系。

进入 21 世纪，全省标准化工作以服务经济和社会发展为宗旨，全面落实科学发展观，启动实施标准化战略。2006 年 9 月，省委书记习近平对标准化工作作出重要批示：“加强标准化工作、实施标准化战略，是一项重要和紧迫的任务，对经济社会发展具有长远的意义，要加强领导，提高认识，积极推进，取得实效。”12 月，习近平在全省经济工作会议上再次强调，“积极实施知识产权和标准化战略”①。2007 年，省委明确将标准化战略与技术跨越战略、知识产权战略、品牌战略并列为全省联动推进的四大战略。同年，省政府印发《关于加强标准化工作的若干意见》，并将标准化纳入全省经济发展规划体系。全省质监部门认真贯彻省委、省政府标准化战略思想，制定发布一系列标准化战略发展规划，开展标准创新型企业创建活动，全面推进标准强省建设。2010 年，国家标准委授予湖州市安吉县“中国美丽乡村标准化创建示范县”称号，杭州高新区（滨江）国家高新技术产业标准化示范区试点通过国家标准委验收，标准化战略成为引领浙江转型发展的重要支撑。

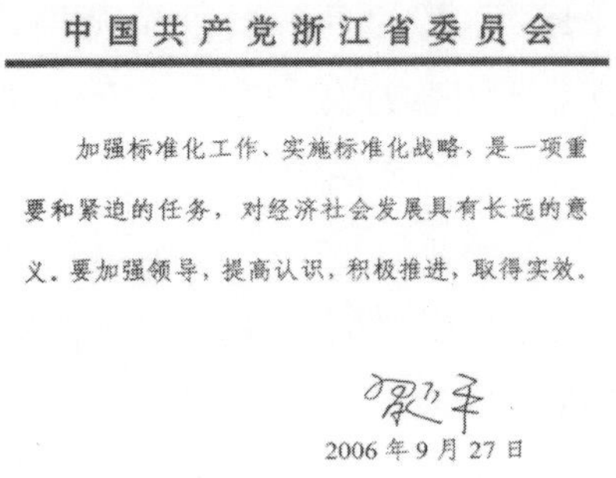

中国共产党浙江省委员会

加强标准化工作、实施标准化战略，是一项重要和紧迫的任务，对经济社会发展具有长远的意义。要加强领导，提高认识，积极推进，取得实效。

2006 年 9 月 27 日

图 35-2-0-1　2006 年 9 月 27 日，省委书记习近平在省委政策研究室报送的《加强标准化工作实施标准化战略的调查和建议》上作重要批示（省质监局档案室提供）

第一节　标准化管理机制与国家标准贯彻

19 世纪中叶，浙江经济主要以农业、手工业为主，一般的工农业产品标准往往存在于人们的大脑，即使有文字标准，也非常扼要，且与生产技术工艺融合在一起，也没有专门的标准化管理机构。20 世纪初，随着浙江民族工业的逐步发展，浙江设立省农工商矿局，开展度量衡调查划一工作。民国时期，省建设厅兼管标准化工作，标准化工作机制逐步形成。20 世纪 50—60 年代，全省标准化工作机制在经济发展和社会实践中得到恢复和发展。改革开放后，随着《浙江省农业标准化管理办法（试行）》《浙江省产品标准管理暂行办法》等的制定发布，全省标准化管理机制日益完善，电子、化工、医药等省级专业标准化技术委员会相继设立，国家标准得到普遍贯彻实施。90 年代，省政府颁布《浙江省标准化管理实施办法》，全省标准化管理工作得到进一步加强。进入 21 世纪，省人大常委会审议通过《浙江省标准化管理条例》，全省建立起应对技术性贸易壁垒联席会议制度和三大产业标准化协调机构，标准化战略在浙江全面实施。

一、标准化管理机制

清末民初，全国推行度量衡划一，有组织、有计划、有措施的标准化活动在浙江逐步展开。中华人民共和国成立后，随着浙江经济的发展，标准化行政管理部门牵头组织，各地、各部门分工负责，社会各界力量协同推进的标准化工作机制逐步建立和完善。

（一）管理机制建设

清光绪三十四年（1908 年），浙江设立省农工商矿局，开展度量衡调查和划一等工作。民

① 《浙江日报》2015 年 9 月 25 日，第 14 版。

国19年(1930年),省度量衡检定所在划一度量衡的过程中,开展标准化的宣传工作。民国20年,国民政府颁布《工业标准委员会简章》,并成立"工业标准委员会",设土木、机械、电气、染织、化学、矿冶6个组。民国26年,省政府决定省度量衡检定所兼管"有关工作标准之调查及推行事项"。民国33年,省建设厅第二科标准股负责"国家标准之推行及建议""各种品质及尺度标准之研究实施""适合标准之产品及方法之审查标记""度量衡标准制之推行""地方标准器及检定用器之复检颁发""民用度量衡器具之检定检查及营业登记""各县市度量衡人员之登记指导""中外度量衡之换算与折合"等工作。

20世纪50年代,省机械厅、浙江省化学工业厅(以下简称省化工厅)、浙江省建筑工业局、浙江省冶金工业厅(以下简称省冶金工业厅)等厅(局)相继配备标准化管理人员,并建立起相应的标准化工作机制。1955年1月,杭州制氧机厂(原杭州通用机器厂)成立标准化工作组,除贯彻执行国家标准、部委标准外,还制定企业标准,并在产品系列化、部件通用化、零件标准化方面做了大量工作。宁波动力机厂等也成立有标准化组织,大部分工业产品都依照技术标准生产。1959年,省科委指定专人负责标准化管理工作,并与省商业厅等单位组成浙江省棉麻实物标准仿制委员会,开展棉麻实物标准仿制工作。1960年2月25日,省科委设立省标准计量管理处,统筹全省标准化工作。1962年8月,省标准计量管理处设立标准化组,配备2名专职人员负责全省标准化工作。1964年6月11日,省标准计量管理处改为省计量标准管理局,全省标准化管理工作开始实行统一领导。同年,省计量标准管理局指导省级有关部门编制本系统标准化发展规划。1965年初,杭州汽轮机厂等10余家企业组建全省第一个工业企业标准化协作组。

"文化大革命"开始后,刚刚起步的标准化管理工作遭受严重破坏。1974年12月,省科技局计量所改称省科技局标准计量所,标准化工作有所恢复,并开展了种子、黄麻、棉花、绵羊毛以及中西药标准的制(修)订和宣传贯彻工作。

1977年10月17日,省委决定将省科技局标准计量所改为省标准计量管理局,作为省革委会的职能机构。同时,要求市(地)、县建立和健全标准计量管理机构。1979年7月31日,国务院颁布《中华人民共和国标准化管理条例》(以下简称《标准化管理条例》),全省标准化工作开始得到加强。1981年4月24日,浙江省标准计量情报站(以下简称省标准计量情报站)成立,负责全省标准计量图书资料的收集与发行。4月28日,浙江省标准化协会(以下简称省标准化协会)筹备委员会召开会议,初步拟定筹建机械专业委员会、电子专业委员会、化工专业委员会、轻工专业委员会、丝绸专业委员会、兵器专业委员会。至1984年,全省标准计量部门有标准化管理人员206人,其中大专文化程度的占35%,技术员以上职称的占40%。1985年8月1日,中共浙江省计划经济委员会党组(以下简称省计经委党组)同意省标准计量管理局设立标准处,负责全省标准化工作。9月20日,省标准计量管理局、省乡镇企业局印发《浙江省乡镇企业产品标准管理的暂行规定》。1986年7月28日,省标准计量管理局、省农业厅、浙江省林业厅(以下简称省林业厅)、省供销社、浙江省水产局(以下简称省水产局)、省粮食局印发《浙江省农业标准化管理办法(试行)》,确立全省农业标准化的工作机制。同时明确省、市(地)、县标准部门均须配备专职标准化人员,省、市(地)级有关专业厅、局应配备专

(兼)职标准化人员，有条件的县在专业局内也应配备兼职标准化人员。10月25日，省计经委、省标准计量管理局印发《浙江省产品标准管理暂行办法》，确立全省工农业产品标准化工作机制。同时明确省标准计量管理局负责全省工农业产品标准的统一管理工作，市(地)县人民政府标准化管理部门负责本行政区域内产品标准管理工作，省、市(地)、县产品主管部门的标准化管理机构或专职人员负责本部门、本行业产品标准管理工作，企业、事业单位的标准化机构或专职人员负责管理本单位产品标准管理工作。1987年3月31日，省林业厅、省标准计量管理局印发《浙江省林产品标准化管理实施细则》，确立全省林业标准化工作机制。

1994年12月19日，省政府颁布浙江第一部标准化管理方面的地方政府规章——《浙江省标准化管理实施办法》，对全省标准化工作机制等进行明确。2000年6月29日，浙江省第九届人大常委会第二十一次会议审议通过《浙江省标准化管理条例》，明确各级质量技术监督行政主管部门统一管理标准化工作；县级以上人民政府有关行政主管部门按照各自职责分工，管理本部门、本行业标准化工作；行业协会、同业公会按照法律、法规和章程的规定，开展行业标准化工作。2002年5月，省质监局设立浙江省WTO/TBT通报咨询中心，开展有关WTO/TBT技术法规、标准和合格评定方面的通报咨询工作。7月15日，省政府印发《关于加强农产品质量安全和标准化工作的通知》，对加强农业生产和农产品加工、流通领域标准化工作提出要求。9月11日，省质监局标准化处增挂应对技术性贸易壁垒处牌子，开展国外技术法规及标准的研究与应对工作。2006年6月，浙江建立应对技术性贸易壁垒联席会议制度，成员由省经贸委、省质监局等11个部门组成。9月，省委书记习近平对标准化工作作出重要批示，要求“加强领导，提高认识，积极推进，取得实效”。12月，习近平在全省经济工作会议上再次强调，“积极实施知识产权和标准化战略”。2007年10月8日，省政府印发《关于加强标准化工作的若干意见》，明确提出要着力创新标准化工作机制，全面加强农业、先进制造业、现代服务业和社会公共领域标准化工作，加快完善高新技术、特色优势产业、资源利用和公共安全等领域标准体系，大力推动标准的实施，强化对标准实施的监督，完善标准化服务体系，增强全社会标准化意识，提升标准化总体水平，为全省经济社会发展提供强有力的技术支撑。

2008年，全省新增市、县(市、区)标准化工作协调机构19个，总数达99个，有52个市、县(市、区)出台或修订了标准化政策措施。同年，全省各级财政共安排标准化专项资金1.5亿元。2009年，省质监局与浙江省发展和改革委员会(以下简称省发改委)、省经信委、浙江省交通运输厅(以下简称省交通运输厅)、浙江省环境保护厅(以下简称省环保厅)、浙江省旅游局(以下简称省旅游局)、省建设厅等20多个厅局建立双方或多方形式的标准化工作合作推进机制，进一步理顺并加强各行业的标准化工作。各市、县(市、区)也建立起三大产业标准化协调机构。至年底，全省有81个市、县建立标准化协调机构，总数达123个。2010年7月19日，省政府第54次常务会议审议通过《浙江省地方标准管理办法》，以地方政府规章的形式明确了地方标准管理的工作机制。

（二）专业标准化技术委员会设立

1.省级标准化技术委员会

1986年7月，省标准计量管理局等部门印发《浙江省农业标准化管理办法（试行）》，明确专业标准化技术委员会是加快标准制（修）订，提高标准水平的组织形式。各部门可根据需要建立相关的专业标准化技术委员会。12月29日，省标准计量管理局要求省级主管厅、局、总公司积极组建专业标准化技术委员会，逐步实行以专业标准化技术委员会审查标准的工作机制。1987年7月29日，省标准计量管理局、省标准化协会批准设立浙江省纤维标准化技术委员会、省标准化协会纤维专业委员会，秘书处设在省纤维检验所。8月25—26日，浙江省林产品标准化技术委员会召开成立大会。会议审议通过《浙江省林产品标准化技术委员会工作简则》，同时决定下设木材组、人造板组、林化产品标准组3个专业技术组。9月22日，浙江省茶叶标准化技术委员会在杭州召开成立大会。会议审议通过《浙江省茶叶标准化技术委员会工作简章》，同时决定下设实物样审查组、标准化研究组。11月11日，省标准计量管理局批准启用电子、林产品、茶叶等标准化技术委员会印章。

1988年4月3日，浙江省化工标准化技术委员会在杭州召开成立大会。会议审议通过《浙江省化工标准化技术委员会工作简则》，并决定在省石化厅设立秘书处。4月9日，省标准计量管理局致函省粮食局，委托其筹建浙江省粮油工业标准化技术委员会。同时明确，浙江省粮油工业标准化技术委员会成立后，挂靠在省粮食局，受省标准计量管理局、省粮食局共同领导，承担粮油制品及技术设备的标准化研究，新产品技术鉴定标准化审查和产品标准制（修）订等工作。4月12日，省医药总公司、省标准计量管理局决定设立浙江省医药产品标准化技术委员会，负责审定全省医药产品标准（除药品三级标准外）及采标验证确认工作，秘书处设在省医药总公司企管质量处。9月2日，浙江省包装标准化技术委员会成立，负责包装标准化政策的宣传贯彻、省级包装标准和标准化发展规划的制定、包装标准执行情况的检查以及开展包装标准化的技术咨询、培训和交流。10月10—11日，浙江省粮油标准化技术委员会在杭州召开成立大会。会议审议通过《浙江省粮油标准化技术委员会工作简则》，并决定设立粮油食品组、粮油机械组和粮油副产品综合利用组3个专业技术组。1991年，浙江省造纸专业标准化技术委员会成立，下设长纤维特种加工纸分会、工业文化用纸分会、纸板分会。同年，浙江省纺织专业标准化技术委员会成立，下设棉纺、棉织印染、针织复制、毛纺织、化纤、服装、纺机纺器7个分会。1992年，浙江省消防标准化技术委员会、浙江省日用玻璃标准化技术委员会成立。1994年，浙江省食品工业标准化技术委员会成立。1997年6月，浙江省医疗器械专业标准化技术委员会成立。1998年7月，省技监局批复同意设立浙江省农业标准化技术委员会。

2004年10月，省质监局对标准化改革工作提出意见，明确重点培育和组建环境保护、卫生、能源等社会公益性省级标准化技术委员会，支持和鼓励具有技术优势的行业龙头企业、省级技术中心企业和国家及省级产品质量检验中心组建省级标准化技术委员会，有条件的企业和产品质量检验中心要争取承担国家标准化技术委员会秘书处工作。2005年4月26日，省质监局印发《浙江省专业标准化技术委员会管理办法(试行)》,对专业标准化技术委员会的工作任务、筹建、成立、管理等进行规定。同时明确,省标准化行政主管部门统一规划、组建和管理全省专业标准化技术委员会。同年,省质监局对2004年底前设立的省级专业标准化技术委员会进行清理,撤销农业、造纸等11个省级专业标准化技术委员会,调整食品等10个省级专业标准化技术委员会,批准筹建纺织品等7个省级专业标准化技术委员会。

2006年2月,省质监局批准筹建浙江省羽绒及制品标准化技术委员会、浙江省纺织标准化技术委员会、浙江省食品标准化技术委员会黄酒分会,秘书处分别设在浙江天翔羽绒集团有限公司、中国绍兴黄酒集团有限公司、绍兴天圣纺织集团有限公司。

表35-2-1-1　　2005—2006年浙江设立的省级专业标准化技术委员会一览表

编号	名　称	秘书处承担单位	成立时间
ZJQS/TC3	浙江省信息技术标准化技术委员会	浙江省电子产品检验所	2006年8月
ZJQS/TC5	浙江省水产品标准化技术委员会	浙江省水产技术推广总站	2006年5月
ZJQS/TC6	浙江省教学仪器标准化技术委员会	浙江省教育装备和勤工俭学管理中心	2005年12月
ZJQS/TC16	浙江省旅游标准化技术委员会	省旅游局	2005年4月
ZJQS/TC17	浙江省标准件标准化技术委员会	浙江省标准件检测中心	2006年7月
ZJQS/TC18	浙江省皮革标准化技术委员会	浙江方圆检测集团股份有限公司皮革与制品检测中心	2006年9月
ZJQS/TC19	浙江省保健食品标准化技术委员会	浙江省中药研究所	2006年

资料来源:根据省质监局档案资料整理编制。

2007年8月2日,省质监局印发《浙江省专业标准化技术委员会管理办法》,进一步加强全省专业标准化技术委员会的组建和协调管理工作。截至2010年底,全省先后设立电子、医药、旅游、环保、信息技术等领域的58个省级专业标准化技术委员会。

表35-2-1-2　　2007—2010年浙江设立的省级专业标准化技术委员会一览表

编号	名　称	秘书处承担单位	成立时间
ZJQS/TC8	浙江省能源标准化技术委员会	浙江省节能协会/浙江省能源利用监测中心	2007年6月
ZJQS/TC20	浙江省纺织品标准化技术委员会	绍兴天圣纺织集团有限公司	2007年2月
ZJQS/TC21	浙江省有机硅标准化技术委员会	浙江新安化工集团股份有限公司	2007年1月
ZJQS/TC22	浙江省阀门标准化技术委员会	保一集团有限公司	2007年2月
ZJQS/TC23	浙江省水表标准化技术委员会	宁波水表股份有限公司	2007年2月

续表

编号	名称	秘书处承担单位	成立时间
ZJQS/TC24	浙江省农业机械标准化技术委员会	浙江省农业机械鉴定站	2007 年 2 月
ZJQS/TC25	浙江省铁氧体材料标准化技术委员会	天通控股股份有限公司	2007 年 4 月
ZJQS/TC26	浙江省家具标准化技术委员会	浙江省家具与五金研究所	2007 年 6 月
ZJQS/TC27	浙江省纺织机械标准化技术委员会	浙江精功科技股份有限公司	2008 年 2 月
ZJQS/TC28	浙江省海洋生物制品标准化技术委员会	浙江省海洋水产品质量检验中心	2008 年 10 月
ZJQS/TC29	浙江省经编产业标准化技术委员会	海宁中天检测有限公司	2008 年 1 月
ZJQS/TC30	浙江省微电机标准化技术委员会	横店集团英洛华电器有限公司	2008 年 12 月
ZJQS/TC31	浙江省林业标准化技术委员会	浙江省林业科学研究院	2008 年 11 月
ZJQS/TC32	浙江省氟化工标准化技术委员会	巨化集团有限公司	2009 年 8 月
ZJQS/TC33	浙江省畜牧兽医和饲料标准化技术委员会	浙江省畜牧兽医局	2008 年 11 月
ZJQS/TC34	浙江省种植业标准化技术委员会	省农业厅经济作物管理局	2009 年 11 月
ZJQS/TC35	浙江省物流信息技术标准化技术委员会	浙江省物品编码中心	2009 年 11 月
ZJQS/TC36	浙江省数字卫生标准化技术委员会	浙江省卫生信息中心	2009 年 12 月
ZJQS/TC37	浙江省环境保护标准化技术委员会	浙江省环境保护科学设计研究院	2010 年 4 月
ZJQS/TC38	浙江省低压电器标准化技术委员会	浙江省高低压电器产品检验中心	2010 年 8 月
ZJQS/TC39	浙江省化妆品标准化技术委员会	国家日用小商品质量监督检验中心	2010 年 6 月
ZJQS/TC40	浙江省轴承标准化技术委员会	万向钱潮股份有限公司/新昌方圆轴承科技创新服务中心	2010 年 11 月
ZJQS/TC41	浙江省会展业标准化技术委员会	浙江中汽会展有限公司	2010 年 11 月
ZJQS/TC42	浙江省橡胶塑料及制品标准化技术委员会	省质量技术监督检测研究院	2010 年 11 月
ZJQS/TC45	浙江省照明电器标准化技术委员会	浙江省照明电器协会	2010 年 8 月
ZJQS/TC45/SC1	浙江省照明电器标准化技术委员会电光源分技术委员会	浙江山蒲照明电器有限公司	2010 年 6 月

资料来源：根据省质监局档案资料整理编制。

2. 国际、国家级标准化技术委员会

在组建省级专业标准化技术委员会的同时，全省积极参与国际和国家级标准化技术委员会或分技术委员会的建设。2006年，省质监局组织171家企业申报设立国家标准化技术委员会秘书处。其中钓具、民用装饰镜2个国家级标准化技术委员会和皮鞋、食品检测2个国家级标准化分技术委员会获国家标准委批复筹建。

2007年1月26日，省质监局召开国家级标准化技术委员会筹建工作会议，对全国民用装饰镜标准化技术委员会等4个国家级标准化技术委员会的筹建工作进行部署。浙江和合控股集团有限公司等4家筹建单位汇报了筹建工作情况。7月，全国体育用品专业标准化技术委员会钓具分技术委员会、全国制鞋标准化技术委员会皮鞋分技术委员会相继筹建完成。9月，全国民用装饰镜标准化技术委员会筹建完成。12月，国家标准委新批准浙江筹建31个全国专业标准化技术委员会，包括丝绸、纽扣等3个国家级标准化技术委员会、13个分技术委员会、15个标准化工作组，涉及食品、轻工、机械等领域。

2008年1月11日，省质监局召开国家级标准化技术委员会筹建工作会议。浙江丝绸科技有限公司(浙江丝绸科学研究院)等筹建单位参加会议。3月4日，省质监局召开座谈会，宣传贯彻《浙江省人民政府关于加强标准化工作的若干意见》和《浙江省实施技术标准战略“十一五”规划》，研讨推动全省标准创新工作。全国轻工业机械标准化技术委员会、全国照相机械标准化技术委员会等12个国家级标准化技术委员会(分技术委员会、工作组)的代表参加座谈。4月，全国丝绸标准化技术委员会等26个国家级标准化技术委员会(分技术委员会、工作组)相继完成筹建工作。至6月，全省共有19个全国专业标准化技术委员会(分技术委员会、工作组)正式挂牌成立，27个全国专业标准化技术委员会完成筹建(待批)。

表35-2-1-3　2008年浙江筹建完成的国家级标准化技术委员会(分技术委员会、工作组)一览表

名　　称	秘书处或工作组单位
全国丝绸标准化技术委员会	浙江丝绸科技有限公司
全国纽扣标准化技术委员会	嘉善华亿达服装辅料有限公司
全国首饰标准化技术委员会仿真首饰分技术委员会	新光控股集团有限公司
全国造纸工业标准化技术委员会特种纸分技术委员会	民丰特种纸股份有限公司
全国服装标准化技术委员会衬衫分技术委员会	雅戈尔集团股份有限公司
全国工业过程测量和控制标准化技术委员会智能记录仪表分技术委员会	浙江中控自动化仪表有限公司
全国日用玻璃标准化技术委员会工艺水晶分技术委员会	浙江艺力水晶饰品有限公司
全国茶叶标准化技术委员会龙井茶工作组	浙江省茶叶集团有限公司
全国包装机械标准化技术委员会成型装填封口集合机械分技术委员会	杭州永创机械有限公司

续表

名　　称	秘书处或工作组单位
全国分离机械标准化技术委员会压滤机工作组	杭州兴源过滤机有限公司
全国泵标准化技术委员会轻型多级离心泵工作组	杭州南方特种泵业有限公司
全国内燃机标准化技术委员会热交换器工作组	浙江银轮机械股份有限公司
全国滑动轴承标准化技术委员会自润滑轴承分技术委员会	浙江长盛滑动轴承有限公司
全国化学标准化技术委员会(特种)界面活性剂分技术委员会	浙江皇马化工集团有限公司
全国印刷机械标准化技术委员会立式模切机工作组	瑞安市质量技术监督检测院/浙江省包装机械产品检测中心
全国家用纺织品标准化技术委员会线带分技术委员会缝纫线工作组	华美线业有限公司
全国家用纺织品标准化技术委员会线带分技术委员会绣花线工作组	浙江华欣新材料股份有限公司
全国染料标准化技术委员会印染助剂分技术委员会	浙江传化股份有限公司
全国照明电器标准化技术委员会光辐射测量分技术委员会	杭州远方光电信息有限公司
全国制药装备标准化技术委员会中药炮制机械分技术委员会	杭州春江自动化研究所
全国米面食品标准化技术委员会粽子工作组	浙江五芳斋控股(集团)股份有限公司
全国铸造标准化技术委员会铁型覆砂铸造工作组	浙江省机电设计研究院
全国筛网筛分和颗粒分拣方法标准化技术委员会超微粉碎设备工作组	浙江省丰利粉碎设备有限公司
全国磁性元件与铁氧体材料标准化技术委员会软磁铁氧体材料分技术委员会	天通控股股份有限公司
全国量具量仪标准化技术委员会花键量具工作组	嘉兴亿爱思梯工具有限公司
全国橡胶塑料机械标准化技术委员会塑料机械分技术委员会泡沫塑料机械工作组	杭州方圆塑料机械有限公司

资料来源:根据省质监局档案资料整理编制。

2009年3月,全国休闲食品标准化技术委员会、全国无损检测标准化技术委员会聚乙烯燃气管道焊接接头无损检测工作组筹建完成,秘书处分别设在浙江方圆检测集团股份有限公司、浙江省特种设备检验研究院(以下简称省特种设备检验研究院)。同年,经国家标准委和英国标准协会(BSI)共同向国际标准化组织(ISO)中央秘书处申请,ISO技术管理局(ISO/

TMB)批准自2009年起由中国和英国联合设立国际标准化组织农产品食品技术委员会茶叶分技术委员会(ISO/TC34/SC8)秘书处,秘书处工作由浙江省茶叶集团有限公司和中华全国供销合作总社杭州茶叶研究院联合承担。这是浙江首个承担国际标准化技术委员会工作的标准化组织。2010年5月,全国皮革工业标准化技术委员会制革分技术委员会筹建完成,秘书处设在国家皮革质量监督检验中心(浙江)。截至2010年底,全省共有3个国际级、38个国家级标准化技术委员会或分技术委员会。

图35-2-1-1 2010年5月28日,全国休闲食品标准化技术委员会在杭州成立(省质监局档案室提供)

二、国家标准贯彻

民国16年(1927年),省建设厅及各市、县建设科(局)在划一全省度量衡过程中,对度量衡标准等进行宣传。至民国37年,经民国省政府及省建设厅转发省内供采用的国家标准总计174个。

中华人民共和国成立初期,国家标准的贯彻实施主要由行业主管部门负责。企业按照苏联标准或国家、部委制定发布的标准组织生产。“文化大革命”期间,国家标准的贯彻和实施工作受到冲击。

1976年6月,省计委组织省机械局、省国防工办、浙江大学、杭州市机械局、杭州市计量所、省科技局标准计量所6个单位参加在上海举办的《机械制图》《表面形状和位置公差》国家标准宣传贯彻会议,学习和了解上海贯彻实施国家标准的经验。7月6日,省科技局向省计委报送《关于贯彻〈机械制图〉、〈表面形状和位置公差〉国家标准的报告》,建议成立由省机械局、省国防工办、浙江大学、省科技局及有关重点工厂组成的国家标准宣讲贯彻领导小组。1977年初,省计委要求各地加快《机械制图》《表面形状和位置公差》国家标准的宣传贯彻步伐。之后,全省先后召开《机械制图》《表面形状和位置公差》国家标准宣讲会6次、技术专题讲座3次、经验交流会2次,培训技术骨干900余人次。各市(地)也相继建立工作组,开展《机械制图》《表面形状和位置公差》国家标准宣讲工作。至1978年7月,各市(地)、县共举办《机械制图》《表面形状和位置公差》国家标准宣讲活动90次,为县以上主要工业企业培训技术骨干7000余名。7月29日至8月4日,省标准计量管理局、省机械局召开全省《机械制图》《表面形状和位置公差》国家标准宣传贯彻工作经验交流会,对加强国家标准的宣传贯彻工作提出要求和措施。10月18日,浙江省工业交通办公室(以下简称省工交办)、省标准计量管理局要求,还没有开展《机械制图》《表面形状和位置公差》国家标准宣传贯彻的地方和单位,必须限期完成宣传培训工作。1980年,省标准计量管理局举办2期《公差与配合》国家标准宣传贯彻培训班,各市(地)标准计量部门及省级有关部门近300人参加。1981年,省标准计量管理局举办《公差与配合》《形位公差》国家标准宣传贯彻培训班4期,为省级厅局和各市

(地)标准计量部门培训宣讲骨干近千人。各市标准计量部门和部分省级厅局也都陆续举办各种形式的宣传贯彻培训班,推动国家标准的贯彻实施。1982年4月11日,省标准计量管理局转发国家标准总局《全国插头插座国家标准宣传贯彻会议纪要》和《插头插座国家标准贯彻方法》,要求各地标准计量部门与有关部门联系,做好《插头插座》国家标准的宣传贯彻工作。1983年,省计经委、省标准计量管理局组织开展《热量符号单位与换算》《热设备能量平衡通则》《设备热效率计算通则》《综合能耗计算通则》4项国家标准的宣传贯彻活动。

1989年5月15日,浙江省啤酒工业协会、省标准计量管理局印发《关于啤酒产品贯彻实施国家〈食品标签通用标准〉的通知》,要求各啤酒生产企业凡新印制的啤酒产品包装标签(指熟啤酒),必须标明产品名称、商标、配料、净含量、日期标志、原麦汁浓度、酒精度、保质期、质量等级、产品执行的标准代号、厂名厂址和电话。同时要求全省各级产品质量监督检验机构在进行啤酒质量检验时,必须将标签列入检查项目。1990年,省标准计量管理局组织4次《食品标签通用标准》国家标准贯彻实施情况的检查。经检查,食品标签合格率分别为64.3%、46.8%、46.3%和51%。其中婴幼儿食品、奶粉等食品标签标准实施情况较好,合格率分别为80.8%和77.9%;葡萄酒、饮料、水果罐头的标签标准实施情况较差,合格率为10%～30%。1991年,全省标准计量(技术监督)部门加强对《食品标签通用标准》贯彻情况的监督检查,食品标签合格率从50%左右提高到75.2%,省优以上的食品标签合格率平均为96.6%。1992年,省标准计量管理局连续第3年对《食品标签通用标准》贯彻实施情况开展监督检查,同时就全省贯彻实施《果汁饮料》国家标准提出要求。1993年,全省标准计量(技术监督)部门对《国旗》《食品标签通用标准》《公共信息图形符号》等强制性国家标准贯彻实施情况进行监督检查。1994年,全省标准计量(技术监督)部门共检查食品及食品标签生产、经销企业700余家,并对93家单位实施《公共信息图形符号》国家标准情况进行检查。1995年,全省技监部门对《铝压力锅安全及性能要求》《公共信息图形符号》《国旗》《消费品使用说明 纺织品和服装使用说明》《消费品使用说明 化妆品通用标签》等国家标准的贯彻实施情况进行监督检查,并通过新闻媒体对相关强制性国家标准进行宣传。1997年,省技监局对489家企业的5906件进口酒类及食品标签进行检查。1998年,全省技监部门加强对《食品标签》《消费品使用说明 化妆品通用标签》《饲料标签》《水泥包装袋》《家用和类似用途插头插座第1部分:通用要求》等国家标准贯彻实施情况的监督检查。

1999—2010年,国家标准贯彻实施情况的检查工作与消灭无标生产、区域性产品质量问题整治、产品质量监督检查和专项执法检查等工作结合起来进行。国家标准的宣讲培训工作则主要由专业标准化技术委员会、行业协会和相关产品质量检验机构承担。

第二节 地方标准

地方标准是对没有国家标准和行业标准而又需要在省、自治区、直辖市范围内统一的工业产品安全、卫生的要求,药品、兽药、食品卫生、环境保护、节约能源、种子等法律、法规规定的要求及其他法律、法规规定的要求所制定的标准。

中华人民共和国成立初期，行业主管部门负责组织制定并发布了一批企业标准。由于这些由行业主管部门组织制定和发布的企业标准大多是在全省同行业的企业中普遍实行，后来也被称为地方（企业）标准。1986年，浙江首次提出地方标准的概念，并逐步加强对地方标准的统一管理。1990年起，浙江对地方（企业）标准进行清理。由行业主管部门组织制定和发布的地方（企业）标准或被废止，或转化为企业标准，或保留转化为地方标准。截至2010年底，全省共有省级地方标准737项，其中工业类124项、农业类496项、服务业类117项。

一、地方标准制(修)订

1951年9月，浙江省工业厅（以下简称省工业厅）成立浙江省棉布规格研究委员会，制定41种棉布成品规格标准，在全省纺织系统内实施。1953年，省森林工业局制定《检尺操作规程（草案）》。1954—1956年，省轻工业厅制定《铁笔蜡纸和原纸》《打字蜡纸和原纸》《未漂化学竹浆》《灰衬纸》《火柴纸》《包装纸》等8项标准，并以“浙轻”编号发布。1957年，省粮食厅印发《浙江省粮食、油脂（料）检验标准》，规定收购稻谷以一等籼77%，二、三、四等籼78%，粳谷、糯谷80%为出糙定等标准。1959年，省手工业管理局对铁锅、剪刀、菜刀、草席、纸伞、算盘、热水瓶竹壳等10种产品制定了质量标准。1963年11月，浙江省手工业合作社联合社召开全省小五金技术工作会议，明确要按国家标准化工作的规范要求，制定行业质量标准。至年底，浙江省手工业合作社联合社27种省管主要产品中，有剪刀、镜子等6种产品按标准化工作规范要求制定了企业标准；土纸、雨伞、草席等21种产品按标准化工作要求修订了主要技术指标。同年，省森林工业局制定《建筑门窗材料》（ZQB/2H2-1-63）、《出口包装材料》（ZQB/2H2-2-63）等10项企业标准。

“文化大革命”开始后，企业标准的制（修）订工作基本处于停顿状态。1975年，企业标准制（修）订工作开始逐步恢复。同年，《熟黄麻标准改革》《浙毛红茶叶标准》等7个项目被省科技局列为全省1975年标准化工作计划项目（第一批）。

1980年，省标准计量管理局下达《浙江省企业标准一九八〇制（修）订计划》，其中机械方面26项、冶金方面7项、化工方面9项、轻工方面55项、纺织方面9项、医疗器械方面35项、邮电方面8项、二轻工业方面22项、粮油机械方面20项。1981年，省标准计量管理局下达《浙江省企业标准一九八一年制（修）订计划》，共120项。其中，电子工业19项、冶金工业15项、化学工业5项、纺织工业8项、轻工业9项、医疗器械14项、邮电业4项、建材工业21项、商业7项、粮油机械13项、供销社系统5项。至年底，全省共制定省企业标准108项。1982年10月，省财政厅、省标准计量管理局对省农业厅畜牧局制定《嘉兴猪标准》、杭州市种子公司制定《蔬菜种子检验标准》等项目给予资金补助，支持行业主管部门和各地标准计量部门制定企业标准。1983年6月13日，省标准计量管理局下达《一九八三年制、修订浙江省企业标准项目计划》，共249项。包括农业、林业12项，轻工业77项，纺织工业18项，医疗器械4项，商业28项，冶金业4项，化工业10项，建材业27项，电子52项，电信交通业7项，电力10项。其中制定230项、修订19项。同年，省财政厅、省标准计量管理局对省轻工业厅、浙江省第二轻工业厅(以下简称省二轻厅)、浙江省电子工业局、浙江省建材工业局、省交通厅、省林业厅种苗站、浙江省医疗器械工业公司和杭州市标准计量所等21个单位制(修)订企业标准给予经费补助。至年底,全省共制定省企业标准614项、地区性企业标准95项。此后,省标准计量管理局每年都会同省级有关厅、局、总公司开展企业标准的制(修)订工作。1984—1988年,全省制定的省、市(地)企业标准数达3411项。

表35-2-2-1　　1984—1988年浙江省制定的企业标准数量一览表

年份(年)	省企业标准数(项)	市(地)企业标准数(项)	年份(年)	省企业标准数(项)	市(地)企业标准数(项)
1984	209	164	1987	389	547
1985	264	395	1988	350	366
1986	230	497			

资料来源:根据省质监局档案资料整理编制。

1990年9月6日,国家技监局印发《地方标准管理办法》,明确没有国家标准和行业标准而又需要在省、自治区、直辖市范围内统一的工业产品安全、卫生的要求,药品、兽药、食品卫生、环境保护、节约能源、种子等法律、法规规定的要求,可以制定地方标准。1993年,浙江制定省地方标准11项。1996—1997年,省技监局共下达53项省地方标准制(修)订计划。1998年5月6日,省技监局下达《一九九八年地方标准制(修)订计划》,共24项。9月2日,省技监局组织召开《建筑物智能化系统标准》制定座谈会,并确定首先制定《建筑物智能化系统综合布线验收规范》地方标准。1999年4月26日,省技监局下达《一九九九年地方标准制、修订计划》,共46项。同年,全省共制(修)订省地方标准33项。其中制定32项、修订1项。至年底,全省累计有省地方标准305项。

2000年,省质监局下达省地方标准制(修)订计划,共47项。2001年3月15日,省质监局下达《二〇〇一年浙江省地方标准制、修订计划》,共60项。8月1日,省质监局确定2001年省地方标准制定项目,共11项,包括《浙江省海塘工程技术规定》《浙江省小河流域综合治理标准》等。2002年,浙江在全国率先启动《政府门户网站建设规范》《政府办公自动化建设规范》2项应用性地方标准制定工作。

2003年6月12日,省质监局印发《浙江省地方标准制(修)订暂行办法》,对地方标准起草人员的组成、地方标准制定的质量责任等进行规定。2004年10月,省质监局决定对全省地方标准制定方向进行调整:省地方标准重点制定保障人身健康安全、保护环境、节能降耗等涉及社会公共利益的标准和农产品有毒有害物质限量及检验方法标准,省级农业地方标准和市县农业标准规范原则上不再制定产品标准。同年,省质监局分2批下达省地方标准制(修)订计划,包括《浙江省农家乐旅游点质量等级标准》《山区坑塘流水无公害养鱼技术规范》等46项。2005年,省质监局分3批下达省地方标准制(修)订计划,共70项,包括《食品生产加工企业安全卫生基本通则》《再利用家电安全性能技术要求第5部分：房间空调器》等。

2006年8月16日，省质监局印发《浙江省地方标准管理办法（试行）》，进一步规范地方标准制（修）订工作。9月，根据省政府《关于加强建设节约型社会重点工作的实施意见》精神，省质监局下达第一批资源节约与综合利用地方标准制定计划，共9项，涉及电力、冶金、建材、石化、纺织等重点耗能行业。同年，省质监局编制《2006—2007年浙江省资源节约地方标准制（修）订计划》，将平板玻璃、电解铝、合成氨、电石、化纤、印染等行业的能耗限额标准列入2007年省地方标准制定计划。2007年，省质监局分4批下达省地方标准制（修）订计划。

2008年，省质监局组织编制《2008—2010年浙江省公共领域地方标准制定计划》。通过向社会公开征集公共领域地方标准制定项目，确定152项节能、环保、安全生产、公共卫生等公共领域地方标准制（修）订计划项目。其中，涉及节能标准38项、资源再利用标准8项、环保标准10项、安全生产和公共卫生标准等96项。同年，省质监局分4批下达省地方标准制（修）订计划，包括《美容美发行业服务规范及星级评定要求》《冷库单位电耗限额及计算方法》《建筑工程消防验收规范》《旅行社品质评定规范》《农村公路安全设施规范》《电力生产企业安全管理基本要求》等。2009年，省质监局将节能、环保、安全等领域作为地方标准立项的重点，引导企业加快发展服务业和实施节能减排。全年共征集地方标准立项建议262项，经审核后立项68项，其中制（修）订服务业地方标准21项、节能标准13项（包括能耗限额标准7项、节能监测技术标准4项）。2010年7月，省政府审议通过《浙江省地方标准管理办法》（以下简称《办法》）。《办法》规定：地方标准内容涉及限量、成分要求等量化规定的，标准起草单位应当试验验证；涉及试验方法的地方标准，标准起草单位应当进行实验室比对验证。同年，省质监局分3批下达省地方标准制（修）订计划，并组织完成18项节能、环保等公共领域地方标准的制（修）订工作。至年底，全省共有节能环保类地方标准50项、安全类地方标准34项。

二、地方标准登记编号

中华人民共和国成立初期，企业标准大多由行业主管部门负责登记编号。1960年，省科委设立省标准计量管理处，开始对各行业主管部门制定的企业标准进行摸底，并逐步将企业标准纳入统一管理。1963年，省标准计量管理处对杭州制氧机厂、杭州轴承厂、宁波动力机厂、宁波变压器厂、嘉兴冶金厂、萧山电机厂等11家工厂进行重点调查，初步摸清行业主管部门开展标准化工作的基本情况。据统计，在12个厅局所属行业的634种产品中，采用国家标准的16种，占总数的2.5%；采用部颁标准的309种，占总数的48.7%；采用企业标准的144种，占总数的22.7%；无标准的165种，占总数的26.0%。

表 35-2-2-2　　1963 年浙江 12 个厅(局)所属行业采用标准情况一览表

单位:种

部　门	产品种数	技术标准			无标准
		国家标准	行业标准	企业标准	
省化工厅	69	9	40	8	12
省轻工业厅	267	2	174	66	25
省水产厅	30	0	1	8	21
省手工业管理局	27	0	0	5	22
省粮食厅	44	0	0	4	40
省建筑工业厅	20	1	10	6	3
省机械厅	101	0	50	9	42
省交通厅	14	0	8	6	0
省商业厅	19	0	3	16	0
省供销社	8	4	0	4	0
省冶金工业厅	13	0	12	1	0
省农业厅	22	0	11	11	0
总　数	634	16	309	144	165

资料来源:浙江省档案馆,档案号 J184-001-016,第 19 页。

1964 年 4 月 16 日,省科委转发国家科委《重新印发“统一标准代号、编号的几项规定”的通知》,对企业标准的代号、编号进行明确。1965 年 12 月 15 日,省计量标准管理局明确全省性的企业标准代号为“浙 Q”,由省计量标准管理局统一登记编号。同时规定,由省主管厅局审批发布的企业标准代号以“浙 Q”为分子,以厅局名称的前两个汉字的第一个拼音字母为分母来表示;由专署、市科委审批发布的企业标准代号以“浙 Q”为分子,以专署、市名称的前两个汉字的第一个拼音字母为分母来表示;由专署、市主管局审批发布的企业标准代号以“浙 Q”为分子,以专署、市名称的前两个汉字的第一个拼音字母加上专署、市主管局名称的前两个汉字的第一个拼音字母为分母表示;企业标准指导性技术文件以“浙 Q”为分子,在上述规定的企业标准分母之前加“Z”字为分母。例如:浙 Q/Z 代表省计量标准管理局发布的指导性技术文件,浙 Q/ZQB 代表省轻工业厅发布的指导性技术文件。浙江省企业标准的编号一律采用顺序号加年代号,均用阿拉伯数字,中间加一短横线分开。修订企业标准时,只改变年代号,不改变顺序号。

表 35-2-2-3　　浙江省主管厅(局)审批发布企业标准代号一览表

序号	部门	标准代号	说明	序号	部门	标准代号	说明
1	省重工业厅	浙 Q/ZG	浙企/重工	11	省地矿局	浙 Q/DZ	浙企/地质
2	省轻工业厅	浙 Q/QB	浙企/轻工	12	省劳动局	浙 Q/LD	浙企/劳动
3	省水利电力厅	浙 Q/SD	浙企/水电	13	省物资局	浙 Q/WB	浙企/物资
4	省交通厅	浙 Q/JT	浙企/交通	14	省文化局	浙 Q/WH	浙企/文化
5	省农业厅	浙 Q/NY	浙企/农业	15	省森林工业局	浙 Q/LY	浙企/林业
6	省商业厅	浙 Q/SB	浙企/商业	16	省对外贸易局	浙 Q/WM	浙企/外贸
7	省教育厅	浙 Q/JY	浙企/教育	17	省邮电管理局	浙 Q/YD	浙企/邮电
8	省卫生厅	浙 Q/WS	浙企/卫生	18	省广播管理局	浙 Q/GY	浙企/广管
9	省公安厅	浙 Q/GN	浙企/公安	19	省供销社	浙 Q/GH	浙企/供合
10	省建筑工业厅	浙 Q/JG	浙企/建工	20	省手工业合作社联合社	浙 Q/SL	浙企/手联

资料来源:浙江省档案馆,档案号 J184-001-054,第 4 页。

表 35-2-2-4　　浙江省地区性企业标准代号一览表

序号	部门	标准代号	说明	序号	部门	标准代号	说明
1	浙江省	浙 Q	浙企	7	嘉兴专属	浙 Q/GX	浙企/嘉专
2	杭州市	浙 Q/XZ	浙企/杭州	8	金华专属	浙 Q/GZ	浙企/金专
3	宁波市	浙 Q/NB	浙企/宁波	9	台州专属	浙 Q/TZ	浙企/台专
4	温州市	浙 Q/WZ	浙企/温州	10	丽水专属	浙 Q/LH	浙企/丽专
5	宁波专属	浙 Q/NZ	浙企/宁专	11	舟山专属	浙 Q/ZZ	浙企/舟专
6	温州专属	浙 Q/W0	浙企/温专	12	绍兴专属	浙 Q/SX	浙企/绍专

资料来源:浙江省档案馆,档案号 J184-001-054,第 5 页。

“文化大革命”期间,企业标准的登记编号工作受到冲击。

1980 年 6 月 5 日,浙江省第一轻工业局(以下简称省一轻局)、省标准计量管理局明确省一轻局组织制定的省企业标准代号为浙 Q/QB,杭州市、宁波市、温州市轻工业局组织制定的市企业标准代号分别为浙杭 Q/QB、浙甬 Q/QB、浙温 Q/QB。7 月 14 日,省二轻局、省标准计量管理局明确,凡省二轻局各专业公司组织制(修)订的产品企业标准,一律报省二轻局科技处统一编号;杭州、宁波、温州的二轻产品(包括各级主管部门下达的计划产品和未纳入计划的二轻归口产品)企业标准的制(修)订一律由杭、宁、温二轻主管部门编号;二轻工业产品省企业标准代号为浙 Q/SG,市企业标准代号为浙杭 Q/SG、浙甬 Q/SG、浙温 Q/SG。

1986 年 10 月 25 日,省计经委、省标准计量管理局印发《浙江省产品标准管理暂行办法》,明确省地方标准编号由省标准计量管理局负责,省地方标准的代号统一为“浙 B”。12 月 29 日,省标准计量管理局规定省地方标准一律称“浙江省标准”,代号由“浙Q”改为“浙 B”,其他不变,连续编号;市(地)地方标准一律称“浙江省××市(地区)标准”,代号由“浙×Q”改为”浙×B”。同时明确,经省级主管部门审定的“浙江省标准”由省标准计量管理局统一编号。

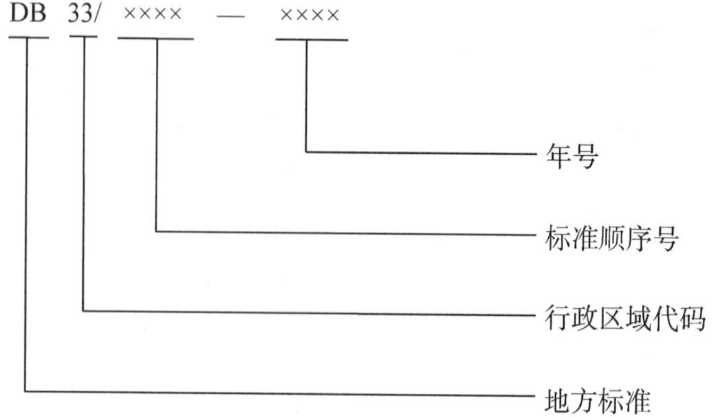

图 35-2-2-1 浙江省强制性地方标准编号方法示意图

1990 年 9 月 6 日,国家技监局印发《地方标准管理办法》,规定地方标准的代号为汉语拼音字母“DB”加上省、自治区、直辖市行政区划代码前两位数再加斜线,组成强制性地方标准代号;再加“T”,组成推荐性地方标准代号。地方标准的编号由地方标准代号、地方标准顺序号和年号三部分组成。浙江省强制性地方标准代号为“DB33”,推荐性地方标准代号为“DB33/T”。编号方法为:以“DB33”为分子,标准顺序号和年号为分母表示。至 2010 年,此编号方法一直延续使用。

三、地方标准批准发布

20 世纪 50—60 年代,行业主管部门负责企业标准的批准发布。

1979 年,《十二孔无影灯》(浙 Q/WS2-1-79)由省标准计量管理局批准发布。此后,省企业标准由省标准化管理部门统一批准发布。1980 年 6 月 5 日,省一轻局、省标准计量管理局印发《关于加强我省轻工产品企业标准管理具体规定的通知》,明确轻工产品企业标准分二级管理,即省管企业标准和市管企业标准,省管企业标准由省一轻局组织制定和审查,由省标准计量管理局发布;市管企业标准由杭州、宁波、温州轻工业局组织制定和审查,由市(地)标准计量部门发布。10 月,《毛边板》(浙 Q/LY1-80)、《大板皮》(浙 Q/LY2-80)、《小原条》(浙 Q/LY3-80)、《特种用原条》(浙 Q/LY4-80)、《短小原木》(浙 Q/LY5-80)5 项省企业标准由省标准计量管理局批准发布。1981 年,省标准计量管理局批准发布省企业标准 89 项。1982 年 6 月 19 日,省标准计量管理局批准省供销社制定的省企业标准《BF 型拌粉机》(Q/GH1-82)。同年,省标准计量管理局共批准发布省企业标准 175 项。

1983 年 9 月 19 日,省标准计量管理局批准发布省轻工业厅、省二轻厅、省商业厅、省农业厅等制订的省企业标准 19 项,包括《轻袋》(浙 Q/FJ22-83)、《火腿》(浙 Q/SB43-83)等。同年,省标准计量管理局共发布省企业标准 130 项。至年底,全省标准计量部门累计批准发布省企业标准 650 项、市(地)企业标准 450 项。1984 年 3 月 30 日,省标准计量管理局批准省石化厅、浙江省二轻工业总公司(以下简称省二轻总公司)制定的省企业标准《食品包装材料用聚氯乙烯树脂》(浙 Q/HG12-84)、《食品包装材料用聚氯乙烯硬片》(浙 Q/SG23-84)。同年,省标准计量管理局批准发布全省第一个能源企业标准——《汽车运行燃料消耗标准》(浙 Q/N9-84)。1985 年 7 月 1 日,省标准计量管理局批准发布《浙江省主要造林树种种子等级标准》(浙 Q/LY6-85)、《浙江省主要造林树种苗木等级标准》(浙 Q/LY7-85)、《浙江省林木育苗技术规程》(浙 Q/LY8-85)和《浙江省林木种子检验方法》(浙 Q/LY9-85)4 项省企业标准。同年,全省标准计量部门共批准发布省企业标准 264 项、市(地)企业标准 400 项。这些标准涉及工业、农业、交通、商业、能源等方面,不仅有产品质量标准,还有部分管理标准。至"六五"时期(1981—1985 年)末,全省标准计量部门累计批准发布 945 项省企业标准和 1019 项市(地)企业标准,以国家标准、行业标准为主体,地方标准为补充的全省标准体系初步形成。

1986 年 7 月 28 日,省标准计量管理局等部门印发《浙江省农业标准化管理办法(试行)》,首次提出地方标准的概念,并明确农业标准草案稿由省或市(地)专业主管部门或各级标准管理部门组织审查,由省或市(地)专业主管部门报同级标准管理部门批准、发布。10 月 25 日。省计经委、省标准计量管理局印发《浙江省产品标准管理暂行办法》,规定省地方标准由省级产品主管部门组织起草和审定,省标准计量管理局批准发布。同年,全省标准计量部门批准发布省企业标准 244 项、市(地)企业标准 507 项。1987 年,全省标准计量部门批准发布省企业标准 389 项、市(地)企业标准 547 项。全省累计有省企业标准 1562 项,市(地)企业标准 2110 项。其中,直接采用国际标准或国外先进标准的约占 10%,接近或达到国际水平的约占 20%。1988 年,省标准计量管理局批准发布《竹编胶合板》(浙 B/LY32-88)地方标准,这也是全国第一个竹编胶合板地方标准。

1994 年 9 月 20 日,省标准计量管理局批准发布《主要造林树种种子等级》(DB33/ 176-1994)等 4 项省地方标准。同年,省标准计量管理局共批准发布地方标准 12 项。其中,农业标准 4 项,涉及人身健康、安全的标准 8 项。1998 年 2 月 28 日,省技监局、省交通厅联合发布《公路绿化设计标准(试行)》(DB33T/ 216-1998)。1999 年 5 月 20 日,省技监局批准发布《家用液化石油调压器》(DB33/ 242-1999)、《城市街容标准》(DB33/ 1001-1999)等地方标准。2000 年,省质监局批准发布《无公害茶叶》《无公害蔬菜》《无公害稻米》《有机蔬菜》等系列地方标准。其中,《无公害稻米》系列标准是全国第一个无公害稻米省级地方标准。2001 年,省质监局批准发布《绿色饭店》《无公害猪肉质量标准》等地方标准。2002 年,省质监局批准发布《柯岩风景区旅游服务质量通则》《黄金珠宝流通行业星级认定规范》等地方标准。

图 35-2-2-2　1999 年,省技监局召开浙江省地方标准《余姚杨梅系列标准》发布会(省质监局档案室提供)

2005年8月，省质监局批准发布《电动自行车安全技术要求》强制性地方标准。10月，省质监局、省建设厅等部门发布《家庭装饰装修工程质量规范》《瓶装饮用天然水》《再利用家电安全性能技术要求》等强制性地方标准。至年底，全省累计批准发布地方标准580项，其中涉及社会公共安全的强制性标准162项。2006年8月，省质监局印发《浙江省地方标准管理办法(试行)》，对地方标准项目的批准、发布等程序进行规定。同时明确，强制性地方标准报批稿应在浙江省质量技术监督政务网(www.zjbts.gov.cn)上公告。自公告之日起60日内，无异议或异议被驳回的，由省质监局批准、发布。11月9日，省质监局向省政府呈递《关于部分地方标准审批发布问题的请示》，建议由省政府制定的污染物排放、食品卫生、节能等地方标准按下列程序进行：地方标准的立项、征求意见、专家审定、网上公示和标准编号统一按《浙江省标准化管理条例》《浙江省地方标准管理办法(试行)》的规定办理；在网上公示结束后，由省质监局报省政府批准发布。

2007年3—6月，省质监局组织召开《火力发电厂供电标煤耗限额及计算方法》《热电联产能效能耗限额及计算方法》《禽类屠宰加工厂(场)基本技术条件》《车(船)载全球卫星导航定位系统终端与控制中心通信协议》《用能单位能源消耗量化管理要求》等省地方标准审定会。6月29日，省质监局、省经贸委在杭州召开首批能耗限额地方标准发布会，发布火电、热电、水泥、炼油、烧碱5项能耗限额地方标准。10月14日，江、浙、沪质监部门首次联合发布《旅游景区(点)道路交通指引标志设置规范》地方标准。2008年，全省共批准发布58项省地方标准，其中节能降耗类标准8项。至年底，全省累计批准发布省地方标准785项，其中节能环保类标准20项。2009年9月，省质监局批准发布《电梯维修保养安全管理规范》地方标准，这是全国电梯管理类首个强制性地方标准。同年，全省共批准发布地方标准99项，其中节能降耗标准28项、安全标准14项。至年底，全省累计批准发布省地方标准856项，其中强制性标准278项、推荐性标准578项；按三次产业划分，农业类624项、工业类126项、服务业类106项。

2010年7月19日，省政府第54次常务会议审议通过《浙江省地方标准管理办法》，规定地方标准报批文本经公示无异议或者异议不成立的，由省质量技术监督行政主管部门在公示结束之日起15日内批准，经统一编号后发布。其中，工程建设地方标准由省质量技术监督行政主管部门、省住房和城乡建设行政主管部门批准，省质量技术监督行政主管部门统一编号后，与省住房和城乡建设行政主管部门共同发布。11月，省质监局召开《城市道路交通标志和标线设置规范》地方标准审定会。同年，省质监局批准发布省地方标准52项。

四、地方标准清理

1980年8月10日，省标准计量管理局转发省机械局《关于无标准产品定为不合格品的通报》，要求各单位加强对标准化工作的领导，全面清查本部门、本行业的标准状况，提出企业标准的清理措施。同年，省标准计量管理局开始对过去一直未经审批的企业标准进行复审，对那些已经落后于生产发展的企业标准组织进行修订。1985年4月23日，省标准计量管理局转发国家标准局《关于调查现行地方企业标准情况的通知》，要求各地调查现行地方企业标准总数以及必须定为地方标准的数量和可以定为企业标准的数量。9月起，省级各厅(局、总公司)、市(地)标准计量部门对照《浙江省企业标准目录》，搜集企业标准文本，并逐个进行审查，提出企业标准制(修)订措施。省标准计量管理局对省级各厅(局、总公司)、市(地)标准计量部门开展企业标准清理情况进行了检查指导。

1990年6月20日，省标准计量管理局转发国家技监局《关于清理整顿现行标准工作的通知》(以下简称《通知》)，要求各级标准计量部门对省、市(地)地方(企业)标准依法进行地方标准、企业标准的重新确定。对符合法律、法规的地方标准要确定为继续有效、修订、合并或废止；对不符合地方标准制定范围，可作为企业标准的应下放给企业，并依法由企业制定为企业标准，再按规定分级办理备案手续。《通知》同时明确，地方(企业)标准清理整顿的范围是省审批发布的地方(企业)标准，其标准代号为：浙Q、浙B、DB33；市(地)审批发布的地方(企业)标准，其标准代号为：浙Q、浙B、DB33；个别省、市主管部门曾发布过的企业标准；曾授权10个县标准计量部门审批的乡镇企业产品标准；已经列入1990年第一批地方标准制定计划和正在制定的标准。至年底，据27个厅、局、总公司统计，共制(修)订省地方(企业)标准2231项，经清理下放为企业标准1594项，因已有国家标准、行业标准或产品停产等原因予以废止的标准172项。

1991年1月23日，省标准计量管理局印发《关于进一步做好我省地方标准清理整顿工作的通知》，明确各市(地)地方(企业)标准清理下放为企业标准和废止标准的，由市(地)标准计量部门通知有关企业；需要保留为地方标准的，要提出标准文本、标准编制说明，并将《标准报批签署表》上报省标准计量管理局审查认定；对下放企业的地方(企业)标准，企业要组织复审，制(修)订为企业标准，并按规定分级办理备案手续；保留为地方标准的，由省标准计量管理局组织省有关部门、市(地)标准化部门及有关专业标准化技术委员会或专家进行审查认定。5月3日，省标准计量管理局明确下放为企业标准175项，废止省地方标准22项，保留地方标准并作为1991年省地方标准制(修)订项目120项。至年底，全省基本完成4756项地方(企业)标准的清理工作，其中，保留地方标准124项，淘汰废止198项，其余均下放企业转化为企业标准。1992年2月2日，省标准计量管理局印发《关于认真完成地方标准清理整顿扫尾工作的通知》，明确清理整顿中保留为地方标准的必须复审、修订，转为“DB33”代号的正式地方标准；从1992年开始，不再使用“浙B”“浙Q”及市(地)编号的原地方标准。同年，1991年保留的16项农业地方标准下放企业，转化为企业标准。1993年7月8日，国家技监局发布地方标准清理结果：截至5月底，全国清理整顿后继续有效的地方标准1264项。其中，浙江省强制性地方标准19项，推荐性地方标准11项。

1995年8月8日，省标准计量管理局公布绍兴加饭酒、火腿、西湖龙井等29个地方标准转化为企业标准的目录，同时明确食品类产品标准原则上不再制定地方标准，原类似的地方标准要转化为企业标准。2004年，省质监局对食品类地方标准进行清理，并组织专家对19项(1项为正在报批的食品地方标准)省食品地方标准的协调配套性、技术水平、内部结构、应用程度和实施效果等进行综合评价。经清理，继续有效4项，需要修订6项，废止9项。同年，省质监局对454项省农业地方标准进行清理，废止不符合农产品质量要求的标准114项，复审、修订 137 项。

2010 年 11—12 月，省质监局组织对标龄[1]超过 3 年的省地方标准进行清理，主要由浙江省标准化研究院(以下简称省标准化研究院)对地方标准与国家标准、行业标准的协调性进行初审，提出初审意见，并按行业归口提交相关省级行政主管部门进行复审；省级行政主管部门组织有关专业标准化技术委员会、行业协会、科研院所、企业的专家开展复审工作，逐项审查地方标准的内容与浙江经济社会、科技发展水平的协调性，提出废止、修订、保留等复查意见。同年，省质监局发布废止《营养液卫生标准》(DB33/ 188-1995)等 151 项地方标准的公告。

第三节　工业标准化

工业标准化是在工业领域制定标准、组织实施标准和对标准的实施进行监督的活动。20 世纪初，民族工业得到发展，浙江设立省农工商矿局，开展度量衡调查等标准化工作。民国时期(1912—1949 年)，省度量衡检定所、浙江省工业改进所曾短暂负责工业标准化工作，收集并转发了部分工业标准。中华人民共和国成立初期，受西方国家经济封锁，浙江经济处于艰难恢复阶段，工业企业主要按照苏联标准或国家、部委制定发布的标准组织生产，一些行业的主管部门为适应企业发展的需要制定了一批企业标准。改革开放后，随着浙江经济的快速发展，全省加快工业标准化步伐，并在企业标准管理、企业标准化整顿验收、企业标准化水平评价和标准化良好行为企业创建、无标生产治理、国际标准和国外先进标准采用、块状联盟标准项目建设等方面进行探索，推动了全省工业标准化水平的不断提高。

一、企业标准化

企业标准化是企业管理的重要组成部分，对企业生产、经营活动具有十分重要的作用。

(一)企业标准管理

企业标准是对企业范围内需要协调、统一的技术要求、管理要求和工作要求所制定的标准，是企业组织生产、经营活动的依据。

20 世纪初，浙江民族工业兴起，企业标准化有了初步发展。但由于全省工业基础十分薄弱，轻工业产品大多靠手工操作生产，有些产品虽有标准，但没有实现机械化生产。传统的肥皂、火柴、黄酒、糖果、糕点等产品，则主要根据工人师傅的经验制作，没有完整的产品标准，企业标准化工作整体较为落后。民国时期，省度量衡检定所、浙江省工业改进所负责度量衡的划一和工业标准的收集转发，企业标准化工作主要由企业自主管理。如民国 29 年(1940 年)，富华贸易公司浙江分公司为保证出口，制定了《桐油品质标准》。

中华人民共和国成立初期，省机械厅、省冶金工业厅等行业主管部门相继开展企业标准

[1] 标龄：即标准的有效期，指自标准实施之日起，至标准复审重新确认、修订或废止的时间。

化工作，加强对企业标准的管理。杭州制氧机厂、杭州机床厂等企业成立标准化组织，对苏联40-1充氧车、台钻等产品及标准进行分析研究，逐步建立起企业标准管理制度。1960年，省科委设立省标准计量管理处，开始加强对企业标准的管理，并对企业标准登记编号进行统一规定。“文化大革命”开始后，企业标准化工作受到冲击，直到1975年才有所恢复，但企业标准的制定、批准、发布等工作仍由行业主管部门和政府标准化行政主管部门负责。

1979年8月，全省标准计量部门贯彻执行国家标准总局《关于对技术标准进行大清查大整顿的通知》，把技术标准的大清查大整顿同产品质量的大检查结合起来，重点检查标准的执行情况和存在问题。1981年11月，国家标准总局印发《工业企业标准化工作管理办法〉(试行)》，明确工业企业标准原则上由企业自行组织制定、修订，企业负责人批准、发布。此后，不少企业相继建立标准化领导小组，配备标准化专职人员，开展企业标准制(修)订工作。

1986年10月，省计经委、省标准计量管理局印发《浙江省产品标准管理暂行办法》，明确企业标准由企业、事业单位制定、审定和批准发布。同年，省标准计量管理局开始对省、市(地)企业标准进行清理。1987年9月24日，省标准计量管理局、省乡镇企业局转发国家标准局、农牧渔业部《关于加强乡镇企业标准化工作的若干意见》，明确乡镇企业的新产品或独家生产的产品，无国家标准、行业标准的，都必须制定企业标准；乡镇企业在制订标准时可采用省外先进标准，经专家评审(审定)后直接转化为省内标准，并按规定办理报批手续。同时授权余姚市、椒江市、瑞安市、永嘉县、瓯海县、金华县、永康县、浦江县、东阳县、常山县等地标准计量部门开展乡镇企业产品标准的审批工作。1989年3月28日，省标准计量管理局明确企业标准制定程序一般为计划、调研、验证、起草、征求意见、审查、批准、发布、备案；企业产品标准须按企业隶属关系报当地县级以上政府标准化主管部门和有关行政主管部门备案。至1990年底，全省标准计量(技术监督)部门共受理企业产品标准备案4557项。

1991年7月18日，省医药管理局、省标准计量管理局印发《浙江省医药行业企业标准管理办法》，明确企业标准由企业制定，由企业法人代表或法人代表授权的主管领导批准、发布。同年，全省标准计量(技术监督)部门备案企业标准5518项。1994年3月，省标准计量管理局组织开展优秀企业标准评选活动。全省共有17个行业的105项企业标准参加评选，共评选出一等奖5个、二等奖10个、三等奖20个。1995年8月15日，省技监局印发《浙江省企业产品标准备案管理办法》，加强企业标准的备案管理。同年，全省技监部门共备案企业标准6427项。至年底，全省经备案的企业标准累计达2.4万项，7000余家企业基本建立以产品技术标准为主体，并与管理标准、工作标准相配套的企业标准化体系。

1996年5月16日，省政府印发省技监局“三定”(即定职能、定机构、定人员编制)方案，明确企业产品标准的审批权下放企业。1997年7月25日，省技监局印发《企业产品标准管理若干规定》，对《浙江省企业产品标准备案管理办法》规定的内容进行补充和说明。同年，全省技监部门备案企业标准6960项。1999年4月23日起，省技监局、省农业厅对饲料添加剂预混料、复合预混料、浓缩饲料等产品的企业标准实行省级备案。7月起，省技监局、省石化厅开始对卫生杀虫剂产品企业标准实行省级备案。8月25日，省技监局明确配制酱油的企业标准不准备案。同时要求对已备案的酱油企业标准进行检查，凡属于配制类的或其他与GB

2717-1996《酱油卫生标准》不相符的，立即撤销其备案并责令限期改正。2000年4月20日，省质监局要求各级质监部门从7月1日起在接受企业产品标准纸质文本备案时，应要求企业将产品标准电子文本同时备案。

2001年6月25日，省政府办公厅印发《浙江省企业产品标准备案管理办法》，进一步规范企业产品标准备案管理工作。10月10日，省质监局明确医疗器材、消毒药材、消防产品、食品添加剂、特殊营养食品、保健食品、农药、浓缩饲料、饲料添加剂及预混料等省级备案的企业标准，须先报省级有关行政主管部门审查后，再向省质监局备案。同年，省质监局组织对企业产品标准备案进行形式审查。通过对编制说明、标准审查纪要的格式化要求以及标准审查人员资格要求等的检查，强化企业产品标准制定的严肃性，把好企业产品标准质量关。2004年，全省质监部门对食品企业产品标准备案情况进行监督检查。

2005年4月，省质监局决定对全省食品生产加工企业产品标准开展清理工作。清理的范围是已备案的或已进入备案程序的食品生产加工企业的产品标准。同时要求各地质监部门通过对企业产品标准与强制性国家、行业、地方标准要求的一致性程度等的综合评定分析，作出继续有效、修订或废止的决定。4月15日至5月31日，按照“以企业为主体、谁发布谁负责、谁受理谁审核”的原则，各地质监部门和食品生产企业开展企业产品标准的自查和初审。6月，浙江省食品标准化技术委员会对各市质监部门初审中有疑义的企业产品标准清理结论进行复审，并提出复审意见。至年底，全省质监部门对6776家食品企业已备案的17428项产品标准进行检查，取消备案5089项，确认7574项，修订4765项。2008年，全省质监部门对家具、玩具、服装、油漆涂料、仿真饰品5类重点产品备案企业标准开展复审工作。重点审查这5类产品备案企业标准中的甲醛、苯、重金属、有害芳香胺等有毒有害物质的限量要求和指标项目设置情况，确保各项技术指标符合国家法律法规和强制性标准的要求，标准项目设置与相应的标准(包括推荐性标准)一致。

2009年5月，根据《中华人民共和国食品安全法》(以下简称《食品安全法》)第二十五条规定，省质监局开展食品企业标准统计整理和移交准备工作。经统计，全省共有备案的食品生产企业4938家，备案的企业标准13044项。其中，食品添加剂标准350项，保健食品标准309项，普通食品标准12385项。截至2010年底，全省质监部门累计备案企业标准98346项。

(二)企业标准化验收

1982年，浙江贯彻中共中央、国务院《关于国营工业企业进行全面整顿的决定》，对国营工业企业开展全面整顿。1983年12月24日，省标准计量管理局向浙江省企业整顿领导小组、省计经委呈递《关于在我省企业整顿中切实加强标准化的整顿和健全工作的报告》，建议在整顿中把标准化工作作为企业整顿的内容，督促企业认真抓好企业标准化工作。1984年6月5日，浙江省企业整顿领导小组对企业标准化整顿和单项验收提出具体要求。7月13日，省标准计量管理局印发《浙江省企业标准化工作整顿验收细则》，对企业标准化验收的条件和验收办法等进行明确。10月5日，浙江省企业整顿领导小组印发《关于企业标准化整顿和验收的通知》《浙江省企业标准化整顿验收办法(试行)》和《浙江省企业标准化整顿验收评分标准》，要求企业立即开展标准化整顿，各级标准计量部门和企业主管部门要对企业标准化工作进行单项验收、单项发证。同时明确，自1985年起，凡申请生产许可证，参加产品评优、“六好企业”①评选的企业，标准化整顿验收必须合格。同年，杭州橡胶厂通过标准化整顿验收，成为全省第一家市级标准化验收合格企业。

1985年1月15日，省标准计量管理局印发《关于企业标准化单项整顿验收有关问题的通知》，对标准化整顿验收范围、验收进度和验收评分标准等问题进行明确。同时要求各地标准计量部门必须立足于帮扶，简化验收办法，抓好企业标准化单项整顿验收。3月，省标准计量管理局、浙江省冶金工业总公司（以下简称省冶金工业总公司）对杭州钢铁厂进行标准化整顿验收。经验收，杭州钢铁厂成为全省第一家省级标准化验收合格企业。4月23日，省标准计量管理局明确，对少数创优企业本身已积极开展标准化验收整顿，但确因时间紧迫等客观情况，或组织验收部门的安排原因，不能在申报创优前整顿验收完毕的，可由企业提出申请，经组织验收单位同意办理缓验手续，一般延期不超过3个月，最长半年。5月和8月，省标准计量管理局、省石化厅对镇海石化总厂、衢州化学工业公司进行企业标准化整顿验收。8月29日，省标准计量管理局、浙江省企业整顿领导小组办公室就省政府批准命名的84家1984年度省级“六好企业”中有25家企业标准化未验收，41家企业计量未考核的情况发出通知，要求所有未经标准化验收的“六好企业”必须立即限期整改。整改后，由标准计量部门会同有关部门组织检查验收，如不符合要求，撤销“六好企业”称号。9月，省标准计量管理局、省建材工业总公司对长兴水泥厂进行企业标准化整顿验收。至年底，全省标准化验收合格企业有602家。其中，全省重点骨干企业标准、计量两项考核合格的约占80%。一些企业把标准化工作同技术进步和全面质量管理相结合，建立起包括产品标准、工作标准和管理标准在内的企业标准体系。

1986年3月18日，省标准计量管理局印发《关于补发制造、修理计量器具许可证的企业标准化检查办法》《关于补发制造、修理计量器具许可证的企业标准化检查评分标准（试行）》，明确补发制造、修理计量器具许可证，必须具有标准化整顿验收合格证明。8月4日，省标准计量管理局明确标准化整顿验收工作仍实行分级负责制，但县级验收的有关材料须报市（地）标准计量部门备案，必要时由市（地）复查，验收合格证书改由市（地）工业主管部门和标准计量部门联合盖章、颁发。12月2日，省标准计量管理局要求新昌柴油机总厂、德清县新市油厂、金华友谊家具总厂、浙江新华印刷厂、松阳煤矿、嘉兴机械螺丝厂、慈溪掌起仪表厂、丽水大众电器厂8家未进行标准化整顿验收的1984年度省级“六好企业”在12月底前整改验收合格。逾期不验收，将建议撤销“六好企业”称号。至1986年底，全省有742家企业通过标准化整顿验收，累计通过标准化整顿验收的企业共1282家。1988年1月5—7日，全省企业标准化整顿验收经验交流会在杭州召开。会议对“七五”（1986—1990年）后三年的标准化整顿验收工作进行部署。2月1日，省标准计量管理局印发《浙江省小型企业标准化整顿验收评

① “六好企业”：指能够正确处理好国家、企业、职工个人三者的经济关系，达到三者利益兼顾好、产品质量好、经济效益好、劳动纪律好、文明生产好、政治工作好，出色完成国家计划的企业。

分细则(试行)》,从领导重视标准化工作、建立技术标准体系、标准的贯彻、技术文件和图样质量、标准化经济效益5个方面明确小型企业标准化整顿验收要求。4月15日,浙江省城乡建设厅(以下简称省城乡建设厅)、省标准计量管理局决定在全省城乡建设系统开展企业标准化验收工作。12月31日,省标准计量管理局、省交通厅印发《港口企业标准化验收评分细则(试行)》《港口企业标准化水平评分标准表》,开始对全省港口企业标准化整顿工作进行验收。至年底,全省通过标准化整顿验收的企业1304家,其中通过标准化整顿验收的乡镇企业占总数的40%。1990年,省标准计量管理局、省国防工办印发《关于国防企事业单位标准化验收、复查的通知》,并拟订《浙江省国防企业标准化复查评分细则(试行)》《浙江省国防科研单位标准化验收评分细则(试行)》,作为标准化验收、复查工作的依据。至年底,全省累计有6234家企业通过标准化验收考核。

1991年,省计经委印发《关于暂停对企业的评优升级活动和清理整顿各种对企业检查评比的通知》,明确"我省标准计量系统开展的对企业的标准化验收活动应予停止"。此后,全省企业标准化验收工作停止进行。

(三)企业标准化水平确认和标准化良好行为企业创建

1992年6月22日,省标准计量管理局印发《关于试行企业标准化水平评价工作的通知》,明确企业标准化水平评价工作原则上在已经标准化验收合格或复查合格的企业中开展;企业标准化水平分一、二、三、四级,其中一级企业标准化水平评价工作暂不开展。1993年10月9日,省城乡建设厅、省标准计量管理局印发《浙江省建筑安装企业标准化水平评价细则(试行)》,在全省建筑安装行业组织开展企业标准化水平评价工作。1996年6月4日,省技监局印发《浙江省企业标准化水平确认管理办法(试行)》,决定在企业自愿的基础上组织开展企业标准化水平确认工作。同时明确,省技监局负责标准化二级水平确认和省属企业标准化水平确认工作;市(地)技监部门负责本行政区域内标准化三级水平确认和市属企业标准化水平确认工作;县级技监部门负责标准化四级水平确认工作。至年底,全省通过标准化水平确认的企业共627家,其中二级1家、三级23家、四级603家。1997年9月,省技监局对《浙江省企业标准化水平确认管理办法(试行)》进行修订,简化企业标准化水平确认工作的申请程序,强化标准化水平确认的程序化管理。同年,全省共有402家企业通过标准化水平确认。2001年,全省有198家企业通过企业标准化水平确认。此项工作一直持续开展至2003年,后为企业标准化良好行为创建工作替代。

2003年6月,省标准化协会召集浙江省机械工业联合会、浙江省电力行业协会、浙江省化学试剂工业协会、浙江省包装技术协会、浙江省丝绸协会、浙江省家用电器协会,研究讨论在先进制造业基地建设中的标准化问题,并向省经信委、省质监局提交《关于开展"标准化良好行为企业"活动,推进先进制造业基地建设的建议》。2004年2月18日,国家标准委决定在全国开展创建"标准化良好行为企业"试点工作,并明确将经过确认的标准化良好行为企业划分为四级:即A级、AA级、AAA级和AAAA级。8月,省质监局召开全省创建标准化良好行为企业推进会。至年底,全省11个市都开展了创建"标准化良好行为企业"试点工作。

2005年4月，国家标准委确定首批开展创建“标准化良好行为企业”的5家试点单位，杭州老板实业集团有限公司名列其中。6月23日，国家标准委将杭州天堂伞业集团有限公司等24家浙江企业列为全国第二批创建“标准化良好行为企业”试点单位。8月15日，省质监局在杭州召开全省创建“标准化良好行为企业”试点工作推进会，总结2004年创建“标准化良好行为企业”试点工作，表彰2004年创建“标准化良好行为企业”优秀单位、先进个人及推进“标准化良好行为企业”创建工作的先进单位。同年，全省共有59家企业通过“标准化良好行为企业”确认，其中，AAAA级6家，AAA级18家，AA级和A级企业35家。2007年，省质监局提出“企业自愿，政府引导，协会具体负责”的“标准化良好行为企业”创建和确认原则。2008年，全省共有167家企业通过AAA级标准化良好行为确认，3家企业通过AAAA级标准化良好行为确认。2009年2月26日，国家标准委将浙江报喜鸟服饰股份有限公司等6家浙江企业确定为全国第三批创建“标准化良好行为企业”的试点单位，试点企业数量居全国第三位。10月，省质监局委托省标准化协会对列为国家第一、二批创建“标准化良好行为企业”试点单位的6家浙江企业进行复查，同时对列为第三批创建“标准化良好行为企业”试点单位的浙江报喜鸟服饰有限公司、浙江省电力公司紧水滩水力发电厂进行现场确认考核。同年，全省共有74家企业通过AAA级标准化良好行为确认，3家企业通过AAAA级确认及复评。截至2010年底，全省通过企业标准化良好行为确认的企业共有585家。

（四）无标生产治理

改革开放后，浙江民营企业异军突起，但无标生产情况十分严重。主要表现在：有的企业既不按国家或行业标准组织生产，又不制定企业标准；有的企业虽然按标准生产，但是按过期标准生产；有的企业任意降低国家标准、行业标准或企业标准组织生产。

1993年，全省有38个市（地）、县标准计量（技术监督）部门对企业执行产品标准情况进行检查，共检查1755家企业2808种产品，其中16个市、县无标生产率在30％以上。1994年，全省标准计量（技术监督）部门对企业执行产品标准情况开展监督检查，共抽查1430家生产企业的4100余种产品。经检查，全省无标生产率约为22％。其中，温州市文成县无标生产率达74％，金华市义乌县无标生产率达52％。从企业性质看，国有企业无标生产率约为10％，集体企业无标生产率为25％，乡镇企业无标生产率达50％以上。

1995年，全国开展无标生产治理工作。绍兴县、临安县被列为全国消灭无标生产试点县。同年，绍兴县标准计量局对全县1954家企业进行调查，查实无标生产的产品占被调查企业产品总数的48％。1996年，省技监局、省乡镇企业局印发《浙江省消灭无标生产试点乡（镇）考核验收评分标准（试行）》，组织开展消灭无标生产试点乡（镇）验收工作。至年底，全省有69个乡镇开展无标生产治理试点工作。其中，西湖区浦沿镇等48个试点乡（镇）达到验收要求，通过省内治理无标生产验收。1997年5月20日，省技监局、省乡镇企业局印发《关于深入开展治理无标生产工作的通知》，要求各地加强领导，认真实施治理无标生产工作规划，采取逐乡逐镇的方式，分步实施无标生产治理工作，确保治理无标生产的工作质量。11月，省技监局、省乡镇企业局开展消灭无标生产试点乡（镇）验收工作。至年底，全省开展消灭无标生产试点的乡镇有181个，进行验收的165个，其中160个达到验收要求。同年，余杭市、德清县消灭无标生产工作通过国家验收。

1998年8月20—21日，受国家质监局委托，省技监局对全国消灭无标生产试点县——宁海县消灭无标生产工作进行考核验收。9月8日，省技监局对省级消灭无标生产试点县（市）验收工作进行部署，并对验收对象、验收申请、验收工作的组织、验收办法、验收时间、验收合格的确认等进行明确。10月15日，国家质监局批准嘉善县、兰溪市为1998年度全国消灭无标生产试点县（市）。至年底，全省有42个县（市、区）达到《全国消灭无标生产试点县（市）验收办法》要求，有3.2万个乡以下工业产品生产企业规范了产品标准，实现标准的依法备案和登记。1999年4月，省技监局组织对无标生产治理情况进行监督检查，检查的内容包括企业生产是否有产品标准、企业产品标准是否到期复审、企业产品标准是否依法备案、企业是否按标准组织生产、企业产品出厂时是否按标准组织出厂检验等。7—8月，省技监局对平阳县、绍兴县、安吉县、奉化市开展消灭无标生产工作进行抽查。11月，省质监局对平湖市、义乌市开展消灭无标生产工作进行验收。至年底，全省93个市（地）、县基本完成无标生产治理任务，提前1年实现《浙江省质量振兴实施计划（1998—2010年）》确定的“从1998年起全省三年内基本消灭无标生产”目标。

2000年2月25日，省质监局印发《关于巩固消灭无标生产工作成果的几点意见》，要求在以提高产品标准覆盖率为重点的消灭无标生产第一阶段工作基本结束后，各地质监部门要组织开展以实施按标准组织生产为重点的第二阶段工作。同年，省质监局对淳安县、长兴县、桐乡市、象山县、上虞市、三门县、永嘉县、青田县、东阳市、普陀区、开化县等县（市、区）消灭无标生产情况进行检查。至年底，全省产品标准覆盖率平均提高到98.1%。2001年，全省质监部门继续开展无标生产治理工作，检查187个乡镇的10060家企业。

2002年以后，随着各地按标准组织生产意识的普遍提高和无标生产现象的持续减少，全省无标生产治理工作开始与区域性、行业性产品质量专项整治工作结合起来开展。全省性的无标生产治理工作不再单独进行。

二、块状产业联盟标准项目建设

块状产业联盟标准是指在块状产业区域内，由行业协会或有一定数量的企业自愿结盟发起，共同起草、制定并承诺执行的标准。

2008年4月，为深化块状产业质量提升工作，省质监局决定在全省选择10个块状产业和30个重点项目开展块状产业质量提升试点工作。5月7日，省质监局印发《关于进一步加强名牌培育质量提升工作的若干意见》，提出要实施质量提升重点项目，带动块状产业赶超国际标准和国外先进标准；鼓励块状产业龙头企业赶超国际标准和国外先进标准，带动块状产业整体质量提升。5月28日，根据各地上报的块状产业质量提升重点项目，省质监局确定第一批4个块状产业质量提升项目，分别是马桥经编行业协会、海宁中天检测有限公司承担的制定和实施《灯箱广告布企业联盟标准》项目；缙云灯管行业协会承担的制定和实施《环形荧光灯企业联盟标准》项目；新昌县轴承协会承担的制定和实施《轴承套圈企业联盟标准》项目；浙江兴业集团有限公司、舟山市出口水产行业协会承担的鱿鱼制品质量安全控制技术转化为企业联盟标准，并推广实施项目。7月8日，省质监局确定第二批10个块状产业质量提升项目，包括开化县硅电子产业协会承担的推广实施《太阳能电池用硅片企业联盟标准》项目；国家标准件产品质量监督检验中心、海盐县紧固件同业商会承担的制定并推广实施《标准件用线材企业联盟标准》项目等。9月3日，省质监局确定第三批12个块状产业质量提升项目，包括奉化市气动行业协会、浙江省机械工业联合会承担的制定并推广实施《气动元件联盟标准》项目；浙江省阀门标准化技术委员会、永嘉县泵阀行业协会承担的制定和实施《石油、石化、天然气及相关工业用的阀门企业联盟标准》项目；瑞安市汽摩配协会承担的制定和实施《滤清器企业联盟标准》项目等。11月3日，省质监局确定第四批块状产业质量提升项目，对制定并推广实施《萧山花边联盟标准》等15项重点项目予以立项。

2009年3月，省质监局决定在全省滚动发展100个省级块状产业标准化重点项目。同时印发《浙江省块状产业标准化重点项目管理办法(试行)》，明确块状产业标准化重点项目实行申报、初审、立项审查、计划下达、实施、组织评估验收的管理方式。8月，省质监局印发《关于充分发挥质监职能作用推动块状产业向现代产业集群转型升级的若干意见》，提出要重点将块状产业转型升级过程中形成的共性技术工艺或要求转化为产业联盟标准，探索制定覆盖从采购、生产、营销和售后服务等全过程的联盟标准体系，积极将技术、管理、品牌营销、质量诚信等纳入联盟标准，发挥联盟标准对延伸产业价值链的作用。同时将块状产业制定和实施联盟标准工作纳入浙江省标准化战略专项资金补助范围，对立项的项目最高给予50万元的财政资金补助。同年，部分县(市、区)也出台相应政策，鼓励块状产业制定和实施联盟标准。如中共温岭市委在《关于加快产业结构调整推进工业转型升级的若干意见》中明确，省级标准化重点项目在获得省级财政资金补助的基础上，再给予50%的配套资金扶持；义乌市人民政府规定，对制定和实施联盟标准的单位，给予10万元奖励。至年底，全省共有65个标准化项目获得立项，其中块状产业项目50个。至此，全省累计开展省级块状产业质量提升标准化项目95个，其中块状产业项目71个、工业标准化重点项目24个。通过项目实施，增强了企业的标准化意识，提升了产品整体质量，经济效益同比有明显提高。如新昌县通过在64家企业推广实施《轴承套圈企业联盟标准》，推动企业实施技改，使产品合格率从原来的84.7%提高到94.4%，产品销售收入、实现利税、产品出口分别增长9.8%、4.6%、12.8%，减少废液排放1万吨，取得实用新型专利10项。该联盟标准还被世界著名轴承公司NSK、SKF纳入先进标准，SKF在浙江的合格供应商也因此从1家扩大到6家。

2010年4月，省质监局决定在全省滚动发展50个省级块状产业标准化重点项目，并对项目申报工作提出要求。5月，省质监局根据2008年下达的块状产业质量提升重点项目中确定的项目内容，按照《浙江省块状产业标准化重点项目评价验收细则》，对提出验收申请的温岭泵业等9个块状产业标准化项目进行验收。10月，省质监局下达60个全省块状产业和服务业标准化项目。同年，省政府印发《关于进一步加快块状经济向现代产业集群转型升级示范区建设的若干意见》，要求加大对产业集群示范区企业制定标准的支持力度，支持企业参与国际、国家和省级专业标准化技术委员会建设；鼓励产业集群示范区重点优势企业加大技术创新投入，加快形成具有自主知识产权的核心技术、专利技术，并参与或主导国际、国家和行业标准的制（修）订，增强技术领域控制权。至年底，浙江在73个块状产业中开展119个联盟标准项目建设。

三、采用国际标准或国外先进标准

采用国际标准或国外先进标准，是指将国际标准或国外先进标准的内容，经过分析研究，不同程度地转化为本国标准并贯彻实施。这样，既可以有效适应国际贸易需要，减少技术性贸易壁垒，也有利于产品质量和技术水平的较快提高。

20世纪50—60年代，浙江大量采用苏联标准，推动企业标准化工作的开展。1982年3月17日，国家经委、国家科委、国家标准总局印发《采用国际标准管理办法（试行）》，要求各省市、各部门制定出分期分批采用国际标准的规划，并在有出口任务、技术比较先进、管理水平较高的工厂试行，取得经验后逐步推广。1983年3月，全省标准化和质量工作会议在杭州召开。会议交流全省采标工作经验，并要求在获国家质量奖和出口的重点产品中首先开展采标工作。同年，省机械厅对宁波水表厂的LXS型15A、20A、25A湿式水表进行采标验收。至年底，列入机械工业部和全省机械系统采标计划的共有49家企业69个产品。1984年4月18日，省计经委、省标准计量管理局召开座谈会，就编制1984—1985年采标计划进行部署。同时印发《关于组织编制"六五"期间采用国际标准和国外先进标准规划的通知》，对采标规划编制工作提出具体要求。7月10日，省计经委要求各地主管部门以及科研单位、企业把采标工作摆到议事日程，省级各主管部门要抓紧制定"六五"后两年采标规划，并提出"七五"期间的采标规划。

1985年，临安机床厂的B6050牛头刨通过机械工业部第一批采标验收。至年底，全省工业产品采用国际标准156项。其中，优质产品基本上都采用国外先进标准，31项出口产品中有11项采用国际标准。1986年4月，省标准计量管理局在宁波电容器厂召开采标验证确认现场会，对该厂CBB60、CBB61两个规格电容器进行采标验证确认。5月2日，省标准计量管理局印发《浙江省工业产品采用国际标准验收暂行办法》。7月，全省采标工作会议召开。会议提出"七五"期间（1986—1990年）全省40%左右总计1278种主要工业产品采用国际标准的目标。10月25日，省计经委、省标准计量管理局印发《浙江省工业产品采用国际标准验证确认方法（试行）》《浙江省工业产品采用国际标准确认通则（试行）》，对采标验证确认的依据、分工、程序等进行明确。至年底，全省工业产品累计采标388项，其中机械产品212项，占63%。

1987年2月19日，省计经委、省物价局、省财政厅、省标准计量管理局印发《关于工业产品采用国际标准有关问题的暂行规定》，明确凡列入省计经委采用国际标准、赶超国际水平计划的产品，经省标准计量管理局和省级主管部门验证确认，产品质量提高并确已达到国际水平的并经省物价局批准，可按规定加价，加价多得收益，经同级财政部门核准，可在1年内给予减免调节税、所得税照顾；采用国际标准、质量已达到国际水平的产品，在评定省级优质产品时予以优先考虑；列入省计经委采用国际标准计划的产品，确需进行技术改造的，可以优先纳入技术改造计划安排;列入省计经委采用国际标准、赶超国际水平计划的产品,生产中需要进口个别元器件或少量原材料,企业无留成外汇,各级计划部门应优先给予安排。3月10日,省标准计量管理局对采标验证确认工作的进度安排、验证资料的提供和确认等提出要求。3月27—28日,省石化厅、省标准计量管理局对建德化工厂的磷酸、甲酸产品进行采标验证确认。5月16日,省计经委印发《浙江省工业产品采用国际标准、赶超国际先进水平计划管理及经济优惠实施办法(试行)》,进一步推动采标工作深入开展。12月4日,省冶金工业局、省标准计量管理局对横山铁合金厂的铬铁合金产品进行采标验证确认。12月24—26日,省建材工业总公司、省标准计量管理局按照《浙江省工业产品采用国际标准验证确认办法(试行)》和《浙江省建材行业水泥采用国际标准验证确认细则(试行)》要求,对湖州水泥厂、湖州新湖建材公司的水泥产品进行采标验证确认。至年底,全省工业产品采用国际标准170项,验证确认100余项。至此,全省工业产品累计采用国际标准540项,验证确认200余项。

1988年6月15日,省建材工业总公司、省标准计量管理局对瑞安工业陶瓷厂的红地砖产品进行采标验证确认。8月,省标准计量管理局会同有关部门对杭州制动材料厂的汽车用制动衬片、汽车用离合器面板,萧山水泥厂的水泥,杭州临平工具总厂的活扳手、呆扳手进行采标验证确认。9月19日,省供销社、省标准计量管理局印发《浙江省茶叶产品采用国际标准验证确认细则》。至年底,全省工业产品采用国际标准295项,验证确认184项。全省工业产品累计采用国际标准835项。据对63家企业92个产品统计,采标后创汇、节汇900万美元。1989年4月6日,省建材工业总公司、省标准计量管理局明确凡申报采标验证确认的水泥厂必须取得生产许可证,同时增加出厂水泥合格率、富裕强度、包装袋重合格率、出厂水泥标准偏差等产品质量考核控制指标。4月17日,省标准计量管理局印发《关于浙江省工业产品采用国际标准验证确认工作的补充规定》,明确:(1)对已有采用国际标准的国家标准、行业标准的产品,仍按《浙江省工业产品采用国际标准验证确认办法(试行)》和《浙江省工业产品采用国际标准验证确认程序(试行)》规定申请计划列项和验证确认。除必要情况外,一般不再组织验证小组到企业验证确认,只需经资料审查合格即予确认发证。此类产品一般不享受优惠待遇,但所发证书可以作为创优、企业升级、行业评比和销售广告等的凭证。(2)对尚无采用国际标准的国家标准、行业标准的产品,企业仍按《浙江省工业产品采用国际标准验证确认程序(试行)》规定,做好标准化水平确认工作并提供标准水平确认标准。同时按所采用的国际标准转化制定本企业的产品标准,并按《浙江省贯彻标准化法有关问题的暂行规定》进行审查批准,并报省标准计量管理局备案。至年底,全省共有1506种产品采用国际标准或国外先进标准,其中1084种产品取得采用国际标准合格证书。

1991—1993年,省标准计量管理局共下达670项工业产品采标验证确认任务,其中省级确认306项、市级确认364项。1994年1月24日,省计经委、省科委、省标准计量管理局决定对采标产品实行采标标志制度。8月2日,省标准计量管理局转发国家技监局《采用国际标准产品标志管理办法(试行)实施细则》,规定采用国际标准合格证书有效期为5年,复查换证以资料审查为主,一般不组织专家进行现场检查验证。至年底,全省采标验证确认101个产品。其中,具有国际先进水平的12个、一般水平的89个。1995年,全省共有246个产品采用国际标准。其中，采用ISO标准38个，采用IEC标准106个，采用国外先进标准102个。至年底，全省工业产品累计采用国际标准1972项。

1996年4月29日，省技监局分2批下达工业产品采用国际标准计划，共330项。1997年9月12日，省建材工业总公司、省技监局印发《浙江省水泥产品采用国际标准验证确认细则(试行)》，对全省水泥产品采标验证确认工作进行规范。同年，全省共有230个产品列入1997年浙江省工业产品采用国际标准计划。其中，省级确认34项，市级确认196项。至年底，全省技监部门共完成工业产品采标确认351项。1998年，全省共有199个产品列入1998年浙江省工业产品采用国际标准计划。其中，省级确认49项，市级确认150项。至年底，全省技监部门完成工业产品采标确认370项。至此，全省累计有740种4419个产品采用国际标准，使用采标标志的产品531个。其中，机械、冶金、电子通信等行业的采标产品产值占总产值的比例分别达84.3%、84%和78.7%；化工、建材、轻工、纺织、医药等行业都有一批采用国际标准或国外先进标准的重点企业和重点产品。1999年，全省采标工作的重点为“五个一批”重点企业和省、市名牌产品，共有228个产品列入1999年浙江省工业产品采用国际标准计划。其中，省级确认17项，市级确认211项。至年底，全省工业产品采用国际标准387项。

2000年2月24日，省质监局印发《关于落实二〇〇〇年采用国际标准工作的通知》(以下简称《通知》)，要求各地质监部门对主导产业和支柱产业的企业和产品采用国际标准和国外先进标准的现状进行全面调查，并对照《质量振兴纲要》，结合当地经济发展的要求，确定采标工作重点，制定2000年采标计划和目标。为加快采标工作，简化工作程序，《通知》同时明确，采标证书分两种：一是采用国际标准证，作为企业对产品采用国际标准或国外先进标准的自我证明；二是采用国际标准合格证，凡产品执行各级标准，企业自愿申请采标确认，经验证符合《浙江省工业产品采用国际标准确认通则》要求并达到国际水平的产品，颁发采用国际标准合格证。5月，质监部门对“五个一批”企业主导产品(产品产值之和占企业总产值70%以上)的采标情况进行普查。6月26日，省质监局下达2000年采用国际标准计划，明确全省采用国际标准工作的重点是“五个一批”企业、各地重点企业及支柱产业的重要产品。全省采标计划采用新的模式编发，即整个计划分2个部分，第一部分是工业产品采用国际标准计划，共287项，其中省级确认13项；第二部分是采用国际标准项目计划，共16项，由各市质监部门申报实施。

2001年，质监部门将市以上骨干企业作为采标工作重点对象，开展采标确认工作。8月23日，根据省政府审批制度改革的要求，省质监局将其负责的采标验证确认工作转交给省标准化协会。至年底，全省共完成采标确认352家，其中市以上骨干企业190家；采标标志备案98项，累计达914项。2002年，省质监局对全省企业采用国际标准情况进行抽样调查。调查显示，采标比例较高的行业依次为电子75.5%、建材72.2%、机械67.9%、医药58.5%、石化55.8%、纺织50.3%、冶金45.5%、轻工43.9%、食品40.3%、其他33.6%。

2003年9月，省政府印发《关于推进先进制造业基地建设的若干意见》，鼓励企业积极采用国际标准和国外先进标准，制定具有国际竞争力、高于现行国家标准的企业内控标准。对产品标准被认定为全国行业标准的企业，由所在地政府按产品标准的制定成本，给予相应的资助。同年，省质监局根据《浙江省先进制造业基地建设规划纲要》，提出了一批对浙江经济有一定影响的重点产品采用国际标准或国外先进标准目录。同时，在产品相对集中的特色工业园区，开展企业主导产品的技术标准状况调查摸底工作，对存在差距和需要解决的关键共性技术，组织科技力量进行攻关，推动产业层次的提升。2004 年 10 月开始，省质监局推行采用国际标准自我声明制度，将企业自我声明作为采标确认的主要方式。2007 年，结合“十一五”先进制造业基地建设规划，省质监局编制《浙江省重点产品采用国际国外先进标准导向目录》，确定 17 个领域 52 种重点产品为全省采标工作的重点。至年底，全省名牌培育企业和质量提升行业规模以上企业的采标率达 80%以上。2008 年，根据国家标准委《关于进一步加强采用国际标准工作的意见》精神，全省质监部门继续推进规模以上工业企业采标工作。截至 2010 年底，全省工业产品累计采标 8933 项。

第四节　农业标准化

农业标准化是以科学技术和实践经验为基础，按照统一、简化、协调、选优的原则，制定实施涵盖农产品生产、加工、经营和销售各环节的标准，用于指导、规范农业生产活动，以达到提高农产品质量安全水平和市场竞争力，最终实现经济效益、社会效益和生态效益有效统一的目标。

中国农业标准化历史悠久。早在远古时代，人们就学会利用节气安排农时。从周朝到清朝，农业标准化广泛应用于农具制造、土壤分类、水利灌溉、耕种栽培、农作物生产加工等各个方面，并散见于书籍典章之中。如秦《仓律》规定，不同品种的稻谷应分开统计、储积；西汉的《氾胜之书》、北魏的《齐民要术》、宋代的《农书》、元代的《农桑辑要》和《农书》、明代的《农政全书》等也都记载着大量与农业标准化相关的内容。民国时期，浙江设立蚕桑、棉业等农业改进机构，并制定棉花、茶叶等农产品收购标准。中华人民共和国成立后，农业标准化体系逐步建立和完善。改革开放后，农业标准化工作受到前所未有的重视。2002 年 7 月，省政府印发《关于加强农产品质量安全和标准化工作的通知》，对农业标准化工作提出明确要求。2005 年，省政府将《农业标准化“十一五”发展规划》列入全省“十一五”国民经济和社会发展总体规划。2007 年 3 月，省委书记习近平在《人民日报》发表文章《走高效生态的新型农业现代化道路》，8 次提到农业标准化，推进了全省农业新型标准化体系和农业标准化示范区的建设。至 2010 年，全省农业标准化体系基本形成，并建有 1300 余个农业标准化示范区（示范项目），农产品标准化推广实施率达 48%以上。

一、农业标准化体系建设

浙江的农业标准化工作结合产业特点，在农业标准化工作机制建设和农业标准体系构建等方面大胆实践，推动了全省农业标准化水平稳步提升和农业标准化体系不断完善，保证了农产品的质量安全，促进了农村经济的繁荣发展。

(一)工作机制

民国4年(1915年),浙江设立蚕桑、棉业、昆虫、稻麦、林业、园艺、家畜、土肥等农业改进机构。民国19年,省建设厅负责标准化工作,并制定棉花、茶叶等农产品收购标准,用于指导农业生产和收购交易活动。民国27年,浙江省农业改进所负责对稻麦、蚕丝、茶叶、棉、桐油等进行改进推广。

中华人民共和国成立初期,农业标准化工作主要由各相关行业主管部门负责。1953年6月15日,经省财经委同意,由省供销社等5个部门组成茶叶鉴评委员会,负责审查核定毛茶收购实物标准样。1955年,浙江省黄麻实物标准仿制委员会成立,开展黄麻实物标准仿制工作。1959年,省科委指定专人负责标准化管理工作,并与省商业厅、省农业厅、省轻工业厅、浙江省纺织科学研究所、浙江麻纺厂、萧山棉纺厂等单位组成浙江省棉麻标准仿制委员会,开展棉麻实物标准仿制工作。1960年2月,经省人委批准,省科委设立省标准计量管理处,统筹全省标准化工作。

1967年5月,省计量标准管理局召集工业、农业和商业部门,商讨黄麻实物标准仿制工作。9月13日,省计量标准管理局将黄麻质量标准有关问题报告浙江省军事管理委员会生产委员会。同年,浙江省棉花新标准试点领导小组成立,并确定杭州第一棉纺织印染厂为工业试纺点,开展棉花标准化有关工作。1970年6月10日,省革委会印发《关于棉麻标准仿制工作领导问题的意见》,明确全省棉麻标准仿制工作以省商业局为主,由商业、轻工业局负责,农业、科技、财政金融部门支持配合。1975年,全省第一次种子标准化工作会议召开,提出从1977年后,稻、麦大田用种子纯度要达96%以上。1977年,海宁县袁花镇被确定为《绵羊毛》国家标准验证试点地区。1979年,全省开始推行《绵羊毛》国家标准。1981年12月20—24日,全省种子标准化工作会议在杭州召开。会议要求加强种子标准化宣传工作,贯彻新的种子分级标准,加强种子检验工作,制订种子标准化规划。

1982年12月23日,省标准计量管理局明确国家标准总局印发的《工业企业标准化工作管理办法(试行)》原则上适用于对农业标准化的管理。同时规定,由国家收购作为工业原料的,出口的以及与人民生活有重大关系的农副产品,凡没有国家标准、部标准(专业标准)的,都必须制定企业标准。1983年11月10—14日,省标准计量管理局、省农业厅在海宁县召开种子标准化工作座谈会,交流种子标准化工作经验。12月12日,浙江省制定桑蚕茧标准领导小组成立,并召开第一次会议。1984年2月13日,省标准计量管理局要求从1984年早稻始至1984年冬种作物止,对省内主要粮食作物(包括早稻、晚稻、大小麦)当家品种①的标准种子与非标准种子进行对比试验。同年,全省先后确定临安、余姚、上虞、瑞安、永康、缙云、桐乡、临海、金华市和湖州市郊区10个种子标准化试点县(市、区),开展种子标准化经济效益试验。

1985年9月17日,省标准计量管理局召开座谈会,就《浙江省农业标准化管理办法(征求

① 当家品种:即生产上推广面积大、适应地区广、增产显著,在品种布局上起主导作用的优良品种。

意见稿)》《浙江省农作物种子、林业种苗标准化管理办法(征求意见稿)》，征求省农业厅、省林业厅等单位的意见和建议。11月14—16日，省标准计量管理局、省农业厅、省林业厅在杭州召开全省农林标准化工作会议。1986年7月28日，省标准计量管理局等部门印发《浙江省农业标准化管理办法(试行)》，明确农业标准化工作的基本任务，并对农业标准的制(修)订、农业标准实施的监督工作等作出规定。同年，省标准计量管理局、省农业厅、省林业厅、省供销社、省水产局、省粮食局印发《浙江省农林业种子、苗木标准化管理实施细则(试行)》《关于浙江省农业标准的制、修订和批准发布等有关事项的补充说明》等规范性文件，规范农业标准化工作。

1987年1月，省纤维检验所筹建完成，开展棉、麻、毛、茧等农业标准化工作。2月，浙江省筹建茧质检定所工作组成立，具体负责海宁、湖州、桐乡、嘉兴等地茧质检定所的筹建工作。3月31日，省标准计量管理局、省林业厅印发《浙江省林产品标准化管理实施细则》，明确林产品标准化工作的基本任务，并对林产品标准的制(修)订和审批发布、林业标准的管理及组织、职责与考核、奖惩等进行规定。1988—1995年，省标准计量管理局每年下达农业标准制(修)订计划，推动农业标准体系建设。1996年11月6日，省政府办公厅转发省技监局、省农业厅、省林业厅、省水产局等部门《关于大力推行农业标准化意见的通知》(以下简称《通知》)，明确“九五”期间，农业标准化工作的目标是以优质农产品为龙头，基本建立全省农副产品标准体系；通过标准的贯彻实施，把农业生产活动纳入标准化管理，逐步实现农业标准化。《通知》对进一步加强对农业标准化工作的领导，加快农业标准的制定和修订，逐步建立农业标准体系；加强标准的实施，开展农业标准化示范活动；逐步建立健全农业监测体系，强化标准实施的监督；创造必要的条件，保证农业标准化工作的顺利进行等提出具体要求。

1997年6月，经省政府同意，省技监局、省农业厅、省林业厅、省水产局等部门在萧山市召开全省农业标准化工作会议，分析开展农业标准化工作中存在的问题，部署“九五”期间全省农业标准化工作任务。副省长刘锡荣到会并讲话。此次会议建立了农口部门共同推进农业标准化工作的沟通交流机制，标志着浙江农业标准化工作组织机构日趋完善。会后，杭州、宁波、衢州、台州、湖州、绍兴、丽水7个市(地)召开农业标准化工作会议，有的市(地)还成立了由主管农业的政府领导参加的农业标准化领导小组，建立由各有关部门参加的联席会议制度。1998年1月，浙江名牌产品认定委员会决定开展浙江农业名牌产品创评活动，明确农业名牌产品必须要有产品标准。11月，在首届农产品博览会上，省政府发布首批农产品省级名牌20个。1999年5月7日，省技监局、省农业厅、省林业厅、省水产局印发《关于进一步加强农业标准化工作的通知》(以下简称《通知》)，将培育和发展农业名牌产品，进一步规范标准的修订工作，多层次、多渠道、多形式抓好农业标准化示范工作，加快完善农业标准化监测体系作为下一步农业标准化工作的主要任务。《通知》要求没有建立农业标准化领导小组或部门联席会议制度的市(地)应及早成立相关机构或建立相应机制。同时，要积极争取当地政府以及财政、科委、农经委等部门对农业标准化工作的支持，从资金、物资、政策等方面给予必要的扶持，充分发挥各级农业技术推广网络的作用，宣传农业标准化工作的意义。

2002年4月18日，省政府建立浙江省农产品质量安全监督检测协调会议制度。7月15

日，省政府印发《关于加强农产品质量安全和标准化工作的通知》，对加强全省农产品质量安全和标准化工作提出具体要求。同时，每年落实专项经费1500万元，用于农业标准化推广和质量检测。2003年4月，省质监局、省财政厅、省发改委、省农业厅、浙江省林业局、浙江省海洋与渔业局(以下简称省海洋与渔业局)印发《浙江省重点农业地方标准制定与推广项目管理办法(试行)》，进一步加强对农业标准化工作的规范管理。11月26日，江苏省、浙江省、上海市质量技术监督局共同签署《长三角食用农产品标准化互认(合作)的协议》。同年，《浙江省农业标准化体系建设规划(2003—2007)》由省质监局编制完成。

2004年，根据副省长章猛进的指示精神，省质监局、省农业厅、省林业厅、省海洋与渔业局、省供销社等单位对农业标准化工作进行专题调研，并形成《浙江省农业标准化工作调研报告》，提出农业标准化“四个一”的工作目标，即建立一个结构合理的农业标准体系，实施1000个农业标准化推广示范项目，实现对100个农产品批发市场的规范化管理，培养一批标准化推广队伍。2005年，省政府将《农业标准化“十一五”发展规划》列入全省“十一五”国民经济和社会发展总体规划，提出“十一五”农业标准化的主要任务是完善农业标准体系，加快农业标准推广实施，完善农产品检验检测体系，完善农业标准实施监督机制，加快农产品品牌培育提升，构建农业标准化信息服务平台。2006年8月，浙江省农产品质量安全监督协调会议办公室修订并印发《浙江省农业标准化推广示范项目与资金管理办法》《浙江省重点农业地方标准制修订项目与资金管理办法》，进一步加强省级农业标准化推广示范项目、重点农业地方标准制(修)订项目的规范管理。

2007年3月21日，省委书记习近平在《人民日报》发表文章《走高效生态的新型农业现代化道路》，从发展现代农业的各个角度，对农业标准化工作提出要求。4月，省政府印发《浙江省“十一五”农业标准化发展规划》，进一步明确“十一五”期间全省农业标准化工作的指导思想、主要任务和政策措施。同时，要求各级政府要把加快农业标准化工作作为全面推进社会主义新农村建设的重大举措，从战略的高度和农业可持续发展的全局出发，切实加强对农业标准化工作的领导，把农业标准化工作摆上议事日程，纳入发展规划和目标考核体系，做到认识到位、责任到位、措施到位、工作到位。同年，全省各级财政共投入3.6亿元用于支持农业标准化工作。

2008年，省委印发《关于进一步深入推进社会主义新农村建设若干意见》(以下简称《意见》)，提出要按照全省“创新强省、创业富民”总战略要求，加快实施标准化战略和农产品品牌战略。《意见》同时对加快农业标准化体系建设的措施和任务进行明确。《意见》下发后，各级地方党委、政府把农业标准化工作摆上重要工作日程，出台推进农业标准化发展和加强农产品质量安全工作的规划、政策，明确农业标准化工作的目标、任务和要求。同年，省财政落实农业标准化与农产品质量安全检测专项资金4000万元，进一步推动农业标准化工作。2009年5月，浙江省农产品质量安全监督协调会议办公室组织制定《浙江省农业标准化推广示范项目评估验收实施细则(修订)》，规范农业标准化推广示范项目评估验收工作。

2010年，省质监局代拟《浙江省人民政府关于进一步加强农业标准化工作的若干意见(征求意见稿)》，对进一步加强农业标准化工作提出具体要求。至年底，全省共有11个市85

个县(市、区)建立农业标准化工作协调机构。

(二)标准体系建设

农业标准体系是指围绕农业、林业、畜牧业和水产业,制定的以国际标准为参考,国家标准为基础,行业标准、地方标准和企业标准相配套的产前、产中、产后全过程系列标准的总和,还包括为农业服务的化工、水利、机械、环保和农村能源等方面的标准。

民国时期,浙江制定有棉花、茶叶等农产品的收购标准。截至民国37年(1948年),国民政府中央标准局正式编号公布的农业标准有7件:《生丝整理包装标准(N1)》《棉花标准(N2)》《猪鬃标准(N3)》《大黄标准(N4)》《五倍子标准(N5)》《麝香标准(N6)》《出口茶叶标准(N7)》;另有5件农产品及其检验方法标准被纳入化工类(编号用K),即《桐油及桐油检定法(K9～10)》《蓖麻油及蓖麻油检定法(K37～38)》《白蜡标准(K63)》。这些标准只占农产品的极少部分,为国内最早制定的农业国家标准。

1949年9月前后,浙江制定《浙江省生黄麻分级暂行标准》,等级按印、台、土3个品种各分甲、乙级,增设短麻,共7级。同年,参照精洗工场所产熟麻样品,浙江制定《浙江省熟麻分级检验暂行标准》,等级设置分为甲、乙、丙、丁4级。1953年,中国茶业总公司核批杭炒青、遂炒青、温炒青、平炒青、浙毛烘青、浙毛红等浙江毛茶收购标准样。这是浙江首次建立毛茶收购标准样。1955年,浙江省黄麻实物标准仿制委员会制作完成浙江省第一套黄麻实物标准样,并由省人委批准发布。1959年,浙江省棉麻标准仿制委员会组织30余名技术人员,用3个多月时间,仿制浙江省棉花实物标准292套,共计3006盒。"文化大革命"期间,农业标准制(修)订工作受到影响。

1984年,省标准计量管理局发布《浙江省主要农作物种子分级标准》《农作物种子检验规程》等省农业标准。1985年7月,省标准计量管理局发布《浙江省主要造林树种种子等级标准》(浙Q/LY6-85)等4项省林业地方标准。截至1985年10月,浙江共制定发布省农业标准(包括种子、种苗、种畜、种禽、农副产品、农口类机械产品)82项。1986年,省标准计量管理局印发《省农业标准重点项目计划》,共9类37项。1987年,浙江发布第一个种禽省地方标准《浙东白鹅》(浙B/NY10-87)。1988年,省标准计量管理局发布《珠茶》等省地方标准。1989年,熟黄红麻脱胶特征实物标准由浙江省特产公司(以下简称省特产公司)开始制作,供收购、交接验收熟黄红麻时参照。同年,省农业厅、省标准计量管理局发布《蔬菜作物种子质量分级标准》(DB 33. B21. 038-1989)。至1990年底,全省共制作熟黄红麻脱胶特征实物标准293套,仿制棉花实物标准2389套,计18920盒。1993年,浙江组织制定农业标准7项。1994年,浙江批准发布农业标准4项。1995年,浙江起草胡柚系列标准、林木种子贮藏标准等5项农业标准。至"八五"末,全省共制定实施126项农业标准。全省农业标准从单项标准、产品标准向农业生产过程各领域的技术标准、技术规范拓展。一些农产品标准不同程度地采用国际标准或国外先进标准,并取得显著经济效益。如浙江制定的《浙江省主要农作物种子分级标准》,其种子纯度指标高于国家标准,使等级良种比农民自留种每公顷增产粮食150千克以上;"组合售茧,缫丝计价"的推广和"桑苗分组标准"的实施,仅湖州5年间新增效益8000万元以上;《浙江省主要造林树种苗木等级标准》实施10年,直接经济效益5886万元;《浙江省主要造林树种种子等级标准》实施5年,飞播造林10万公顷,增收节支625万元。

1996年,浙江一些市县的农业标准制定实现"零"的突破。至年底,全省共制定农业标准57项。1997年,全省共制定农业标准94项,基本做到每个县都有1项农业地方标准,其中《籼米三季杂交原种》《桑苗》《雷竹笋》《径山茶》《蚕种》等一批省、市地方标准填补了农业标准的空白。至年底,全省累计制定农业标准或规范277项。1998年,全省制定农业产品标准及规范165项。江山猕猴桃、开化龙顶茶、常山胡柚、新昌大佛龙井、江山白鹅、建德草莓、余杭径山茶、临安竹笋和山核桃等农产品按标准规范化生产,分等分级,提高了产品附加值,扩大了市场销路,增加了农民收入,促进了传统农业向效益农业和农业产业化方向发展。1999年,省技监局会同有关部门制定农业标准及规范243项,形成了近60个农产品系列标准。"九五"期间,全省共制定农业标准及规范1050项。其中,省级农业地方标准114项,市县级农业地方标准及规范936项。

2000年,浙江制定发布《无公害茶叶》《无公害大米》《无公害蔬菜》《无公害柑橘》等农业标准。2002年,全省加强农产品质量安全地方标准的制定。至年底,全省累计制定1250余项农业标准。按行业分,农业类标准720项、林业类标准280项、水产类标准90项、其他相关行业类标准160项;按结构分,种子种苗类标准210项、生产技术规程类标准465项、产品质量标准377项、检验方法类标准96项、农业管理类标准102项。2005年,省质监局明确:达不到无公害要求的农业地方标准一律不予立项。2006年,省质监局安排《畜牧生态小区建设规范》等重点农业地方标准制(修)订计划项目45项,批准发布《渔业养殖废水排放标准》等一批农业地方标准。2007年12月,由省标准化研究院等单位起草制定的《茶叶安全生产种植技术规范》《蜂蜜安全生产技术规范》《西蓝花安全生产技术规范》《香菇安全生产技术规范》4项省级农业地方标准通过审定。至2008年底,全省累计制定农业地方标准及规范2569项,其中,省级农业地方标准578项,市级农业地方标准及规范562项,县级农业规范1429项。同时,还制定有农业企业标准1347项。这些农业标准及规范涉及种植业、畜牧业、水产业、农村能源与环境、农业高新技术等领域,标准的内容从单一的生产技术规范延伸到加工、包装、储运、销售等各个环节,初步形成与国家标准、行业标准相配套的包括农业基础及通用标准、产地环境标准、生产技术标准、农业投入品标准、农产品质量安全标准、农业基础建设标准以及农产品加工、运输、储藏、包装标准等在内的具有浙江特色的农业标准体系。

2010年,为适应新时期农业发展的要求,全省农业标准的制定从传统的生产技术规范、产品标准等领域逐步向生态农业、设施农业、循环农业和农业基础性管理标准等领域拓展,农业标准化工作开始向新农村标准化体系建设延伸。

二、农业标准化示范区建设

农业标准化示范区是按照一定的种植或养殖标准组织生产和管理,其产品达到相关质量标准要求,并对周边地区起到示范、带动作用的农业生产区域。

1995年,萧山市被列为全国水稻生产标准化示范区。萧山市农垦一场开展水稻综合标准化试点。经过1年有序规范管理，水稻试验田比其他稻田亩产节约成本15.5元，增产20千克。1996年，全省技监部门根据《全省农业标准化工作“九五”规划》，按照省有示范区、市有示范县、县有示范乡的要求，以名、特、优农产品为突破口，开始了以示范项目带动、分级发展、逐步推进的农业标准化工作新模式的探索。7月，省技监局将农业标准化工作基础较好的临安市、诸暨市、台州市、新昌县、衢县作为省级农业标准化示范点，并初步确定把临安市的山核桃和竹笋、诸暨市的饲料和生猪、台州市的对虾、新昌县的大佛龙井茶叶、衢县的一品红椪柑等农副产品的综合标准化示范区建设作为省级农业标准化示范项目。

1997年9月26日，省技监局、省农业厅、省林业厅、省水产局印发《浙江省农业标准化示范项目管理办法(试行)》，对建立示范项目的目的、任务、基本条件、审批程序等作出规定。10月15日，临安市山核桃、笋竹综合标准化示范项目，衢县一品红椪柑综合标准化示范项目，新昌县“大佛”龙井茶叶综合标准化示范项目，诸暨市饲料、生猪、鱼、鸭立体生态农业综合标准化示范项目被正式批准为省级农业标准化示范项目。至年底，全省实施农业标准化示范项目28个，建立各级农业标准化示范区21个。其中，国家级示范区1个，省级示范区5个，市(地)级示范区15个。1998年1月19日，省技监局、省水产局批准台州市黄屿围塘精养综合标准化示范项目为省级水产标准化示范项目。5月21日，国家技监局下达全国高产优质高效农业标准化示范区计划(第二批)，浙江的新昌县茶叶、杭州市蔬菜项目名列其中。同年，建德市草莓综合标准化示范项目、杭州市无公害蔬菜综合标准化示范项目、江山市中华猕猴桃综合标准化示范项目、常山县胡柚综合标准化示范项目、庆元县香菇综合标准化示范项目被确定为省级农业标准化示范项目。至年底，全省共建立各级农业标准化示范点42个。其中，萧山水稻综合标准化示范区、杭州市无公害蔬菜示范区、临安林业示范区、新昌茶叶综合标准化示范区为国家级示范区。

1999年，全省共建立各级各类农业标准化示范项目83个。其中，省级重点农业标准化示范项目有江山猕猴桃综合标准化示范项目、衢县一品红椪柑综合标准化示范项目、德清钟管仰介现代化农业园区综合标准化示范项目、常山胡柚综合标准化示范项目、开化龙顶茶叶综合标准化示范项目、诸暨市高产优质高效粮食生产标准化示范项目、杭州无公害蔬菜综合标准化示范项目、杭州长白种猪综合标准化示范项目、嘉兴市高产优质高效粮食种子综合标准化示范项目、玉环柚综合标准化示范项目、仙居鸡综合标准化示范项目、建德草莓综合标准化示范项目、淳安县低丘缓坡栽桑养蚕生产综合标准化示范项目、东阳市粮食生产全程服务标准化示范项目、宁波洪塘农业示范园区综合标准化示范项目、金华猪综合标准化示范项目、新昌大佛龙井茶叶综合标准化示范项目、上虞围垦海涂现代园区综合标准化示范项目、西湖龙井茶叶综合标准化示范项目、临安林业综合标准化示范项目共20个。2000年10月10日，省质监局、省海洋与渔业局批准余杭市本牌中华鳖自然生态养殖基地建设项目为省级农业标准化示范项目。12月10日，杭州市无公害蔬菜国家综合标准示范项目通过国家验收。2001年，全省命名建立的农业标准化示范项目近100个。截至2002年底，全省农业标准化示范推广面积达30.9万公顷，占总种植面积的18.5%。据对93个农业标准化示范项目抽样调查，产值从示范前的35亿元增加到42亿元，示范区农户人均增收近300元，茶叶、畜禽、蔬菜增效增收尤为明显。

2003年，浙江的安吉白茶标准化栽培示范区项目、庆元香菇（干菇）标准化栽培示范区项目、永嘉乌牛早茶叶标准化栽培示范区项目等14个项目被列为全国第四批农业标准化示范区项目，涉及水果、蔬菜、食用菌、茶叶、竹笋等农产品。同年，省政府拨付第一批44项省级农业标准化推广实施示范项目资金，以奖代补880万元。2004年，全省各地推荐和确定农业标准化推广实施示范项目105个，通过验收完成62个，推广面积6.5万公顷，饲养畜禽1300万头（羽），带动农户23万户，经济效益逾20亿元。2005年1月，国家标准委下达第五批全国农业标准化示范区项目，浙江的杭白菊标准化示范区项目、新昌花生（小京生）标准化示范区项目、常山胡柚标准化示范区项目等43个项目被列为全国农业标准化示范区项目，涉及水果、蔬菜、食用菌、茶叶、竹笋、淡水鱼、畜禽、海产品等浙江特色产品。8月，省质监局、省农业厅对上虞无公害梨农业标准化推广实施项目进行考核验收。8月31日，浙江省、江苏省、上海市质量技术监督局共同签署《长三角农业标准化示范区食用农产品标志管理办法》。10月12日，国家标准委对全国农业标准化示范区建设工作进行总结表彰，省质监局被授予"全国农业标准化组织推广先进单位"称号，德清县人民政府等6家单位被授予"全国农业标准化示范区建设先进单位"称号。

2006年，全省新增农业标准化示范推广项目80个。至年底，全省累计实施66个国家级农业标准化示范项目、213个省级农业标准化示范项目，涉及种植、养殖、加工等农业生产主要领域，推广示范面积53万公顷，约占全省耕地总面积的22%；带动农户170万户，农业增收近45亿元；全省可食用农产品农业标准化推广实施率达30%以上。浙江省承担的全国第四批农业标准化示范区项目涉及水果、蔬菜、食用菌、茶叶、竹笋等浙江主要特色农产品，总计建立核心示范基地3.8万公顷，带动农户增加收入7亿多元，户均增收821元；培育市级以上名牌产品30个、无公害产品35个、绿色食品12个、有机产品6个。2007年，全省新增省级农业标准化推广示范项目86个，市县级农业标准化示范项目161个，建立标准化示范和辐射基地面积近9.3万公顷，建立各类无公害农产品基地1800余个，全省农产品按标准组织生产比例达35%以上。至年底，全省累计建立各类农业标准化示范区（示范项目）1179个，推广示范面积66.7万公顷，带动农户190余万户，农业增收近60亿元；浙江省承担的第五批全国农业标准化示范区项目，3年总计增加收入37.1亿元，户均增加收入3858元；培育市级以上名牌产品102个，无公害产品、绿色食品、有机产品168个。

2008年3月，受国家标准委委托，省质监局、省农业厅、浙江省科学技术厅（以下简称省科技厅）、省财政厅、省发改委对衢州市承担的柯城椪柑、衢江红竹、江山板栗、常山胡柚、开化龙顶等5个国家级农业标准化推广实施项目进行考核验收。同年，浙江的千岛湖桑蚕茧生产标准化示范区项目、山茶油生产标准化示范区项目、无公害山核桃栽培标准化示范区项目等35个项目被列为全国第六批农业标准化示范区项目，涉及水果、蔬菜、食用菌、茶叶、淡水鱼、畜禽、海产品等浙江主要特色产品，其中农业类25个、林业类3个、渔业类6个、生态综合类1个。至年底，全省实施国家级农业标准化项目101个、省级农业标准化项目462个，推广示范面积120.1万公顷，农业标准化示范成效进一步显现。如由淳安县人民政府承担的千岛湖桑蚕茧生产标准化示范区项目，经过3年的建设，累计饲养蚕种18.6万张，生产蚕茧8116吨，增产1727吨，蚕茧产值2.2亿元，为示范区蚕农增收4640.7万元；由余姚市明凤渔业有限公司承担的中华鳖养殖标准化示范区项目，核心示范区每年优质苗种年供应能力提高到150万只，新增年销售收入600余万元，示范推广的1666.7公顷池塘，新增年销售收入5000万元。2009年，浙江组织实施"百万亩农业标准化示范基地"建设工程，共安排省级农业标准化推广项目128个。

2010年，全省共有16个项目被列为全国第七批农业标准化示范区项目，其中，农业类8个，林业类3个，渔业类3个，生态循环类1个，综合类1个。至年底，全省共建立各类农业标准化示范区（示范项目）1300余个。其中，国家级项目117个，省级项目704个，总计推广示范面积126.7万公顷，覆盖农户258万户，农产品标准化生产实施率达48%以上，实现农业增收近64亿元。由仙居县天顶林业有限公司承担的国家级山区综合农业标准化示范区项目，以公司的66.7公顷高山茶精品园、66.7公顷高山蔬菜精品园和100公顷笋竹示范园为核心，经过3年建设，实现年增收2亿元，带动农户3.7万人，农户户均年增收5000余元；杭州市萧山区水产行业协会承担的南美白对虾养殖标准化示范区项目，通过虾鳖（虾鱼）生态混养及黄鳝与南美白对虾混养新模式，充分挖掘南美白对虾养殖池塘的利用率，减少虾病发生，降低养殖风险，亩均产值超过3万元，每亩利润超过1.2万元，实现总产值10.6亿元，总利润近2亿元。

第五节 服务业标准化

服务业标准化是以建立和实施服务业标准体系为主要内容，以实现管理规范、服务质量良好、顾客满意度高为目标的活动。20世纪90年代，全省围绕《公共信息图形符号》等国家标准的宣传贯彻和实施开展服务业标准化工作。进入21世纪，随着浙江经济转型升级，服务业标准化作为实现服务业内涵式发展、提升服务业国际竞争力的重要技术支撑，日益受到政府和社会的重视。至2010年底，全省服务业标准化领域已扩展到现代物流、旅游、公共服务、信息服务和科技服务等10大领域，服务业标准化试点项目覆盖全省11个市。

一、服务业标准化建设

浙江服务业标准化工作紧紧围绕服务业经济发展的重点领域，以生产性服务业标准的制定实施为主线，重点在组织领导、工作机制、标准体系建设等方面不断推进，形成了具有浙江特色的服务业标准化体系。

（一）推进工作

1. 机制推进

2000年，省质监局成立服务业标准化工作领导小组，协调制定服务业地方标准，帮助和督促企业实施国家、行业、地方性服务标准，推动服务业提高服务质量和水平。2005年4月，浙江省旅游标准化技术委员会(ZJQS/TC16)成立，下设浙江省旅游标准化起草委员会和浙江省旅游标准化培训中心，承担旅游标准的制定，组织旅游标准的培训推广，实施相关评定以及承担与旅游标准化相关的研究、咨询、策划、规划等工作。2006年1月，浙江省旅游标准化研究会成立，主要开展旅游标准化研究、旅游标准评定等工作。2007年10月，省政府印发《关于加强标准化工作的若干意见》，提出在商贸流通、交通运输、现代物流、旅游、社区服务、信息服务等领域，大力推广国际标准、国家标准和行业标准，实施一批标准化示范项目，提高服务质量和水平，规范发展服务业。2008年6月18日，省质监局召开公共领域服务标准化工作座谈会，征求对《2008—2010年浙江省服务业标准化工作目标和任务三年规划》的意见，听取有关服务业标准化工作的建议。9月，省政府印发《关于进一步加快发展服务业的实施意见》，明确要求由省质监局编制并组织实施服务业标准化发展规划。同时要求继续在现代物流、旅游、交通运输和社区服务等领域开展服务业标准化试点示范工作，积极争取开展国家级服务业标准化试点。同年，省政府印发《浙江省服务业标准化发展规划(2008—2012)》，明确浙江今后5年服务业标准化工作的目标和任务，并确定以生产性服务业等领域作为地方标准立项的扶持重点，促进服务业标准体系建设。2009年，省质监局加强服务业标准化协调联动机制建设。一方面，与省发改委、省交通运输厅、省旅游局等20余个省级有关部门共同研讨服务业标准化工作，联合推进全省服务业标准化水平的提升。同时，与省交通运输厅联合印发《关于加强浙江交通运输地方标准建设工作的意见》，开展交通运输专题调研，形成《构建浙江省交通运输业标准体系保障大港口、大路网、大物流建设》调研报告，为提高全省交通运输行业标准整体水平提供政策依据。另一方面，加强省际服务业标准化工作交流与合作，进一步完善长三角地区标准化合作机制，苏、浙、沪三地共同制定发布《公共场所英文译写规范通则》地方标准，并联合签署医药物流标准化工作合作备忘录，推进长三角服务业标准化工作。2010年，省质监局完善服务业名牌评价机制，在现代物流业、信息服务业、科技服务业、商务服务业、文化服务业、社区服务业和现代商贸业等重点领域培育创建服务名牌，推动服务业标准化建设。

2. 试点推进

标准化项目试点工作是通过政府引导、社会参与和市场化运作，在生产性或生活性服务业领域中，开展以建立和实施服务业标准体系为主要内容，以实现管理规范、服务质量优良、顾客满意度高为目标的示范性活动。2000年6月13日，省质监局决定在绍兴市美容美发行业开展服务业标准化试点工作，完善美容美发行业服务标准体系，统一实施美容美发业服务评定标准。2007年，省质监局将浙江康桥汽车工贸股份有限公司、浙北大厦有限责任公司浙北超市列为省级服务业标准化试点单位。通过试点，探索实施服务业标准的新机制，促进汽车销售、超市等服务行业服务能力和水平的提高。2008年11月10—11日，省质监局组织对浙江康桥汽车工贸股份有限公司、浙北大厦有限责任公司浙北超市服务标准化试点项目进行验收。2009年3月11日，省质监局向国家标准委呈递《关于推荐国家级服务业标准化试点项目的报告》，提请将杭州上城区人民政府行政管理与公共服务标准化试点等项目列为国家级服务业标准化试点项目。3月30日，省质监局印发《浙江省级服务业标准化试点项目管理办法(试行)》，明确将现代物流、旅游、商贸与市场服务、商务服务、社区服务、体育和文化服务、信息服务等领域作为服务业标准化试点项目重点，并对项目申报条件、立项程序、实施与验收等作出规定。同时，调整技术标准战略专项资金补助政策，在省级标准化项目立项和资金补助上优先支持生产性服务业标准化试点工作。5月15日，国家标准委下达2009年度国家级服务业标准化试点项目。杭州上城区人民政府行政管理与公共服务标准化试点项目、金华市农副产品物流服务标准化试点项目、宁波市81890家政服务标准化试点项目、浙江医药物流服务标准化试点项目、千岛湖旅游服务业标准化试点项目获准立项。其中，杭州上城区人民政府行政管理与公共服务标准化试点项目通过权力清单标准化梳理和社会保障、公共医疗、公共教育、城市管理等标准制定与实施，着力解决就业难、看病难、上学难、清洁卫生难等问题。宁波市81890家政服务标准化试点项目，通过制定《家庭母婴护理服务规范》《家庭物品搬运服务规范》《家庭保洁服务规范》等7项宁波市地方标准，指导试点单位编制500余项企业标准，构建涵盖公共信息服务、家庭清洁卫生、家庭装饰和维修、家庭物品搬运、家庭护理等主要服务门类的标准服务体系，提升群众满意度。6月19日，省质监局将西溪国家湿地公园旅游服务标准化试点、绍兴中国汽车城实施汽车销售及售后服务标准化试点等17个项目列为2009年省级服务业标准化试点项目。9月24日，省质监局提请国家标准委将杭州经济技术开发区列为国家现代物流标准化示范区。至年底，全省共有18个服务业标准化项目获国家标准委批准立项，其中生产性服务业项目6个。

2010年4月，省质监局决定开展10个以上服务业标准化项目试点。8月18日，舟山市服务业综合标准化试点项目、杭州市(下沙)物流服务标准化试点项目被列为国家级服务业标准化试点项目。10月14日，省质监局将象山县“美化家园”建设新农村服务标准试点项目、安吉县“中国美丽乡村”乡村旅游服务标准化试点项目、舟山旅游服务标准化试点项目等19个项目列为2010年省级服务业标准化试点项目。其中，旅游服务业项目7个，生产性服务业项目7个，生活性服务业项目5个。同年，省质监局组织对2009年立项的6个服务业标准化试点项目进行验收。通过验收工作，进一步推进服务业标准化水平的提高。

(二)标准体系建设

1999年，DB 33/T 1001-1999《城市街容标准》地方标准发布，这是全省第一个管理类服务业地方标准，也是全国首个街容路貌标准。该标准的出台实施，使城市建设和管理逐步走向规范化、标准化和科学化，推动了浙江城市建设和管理标准化水平的提高。2001年9月，《绿色饭店》地方标准发布，这是全国第一个绿色饭店标准。该标准的发布实施，推动全省饭店服务业向科学化、现代化和规范化管理迈进。2003年，全省第一个生产性服务业地方标准——《准四级公路工程技术标准》(DB33/ T440-2003)发布，推进了乡村康庄工程①的实施，

① 乡村康庄工程：浙江省以2003年初全省通村公路普查数据为基准，至2005年，全省全面完成通乡公路等级化，路面硬化；到2007年，全省等级公路(准四级及以上)通村率达到90%以上，通村公路硬化率达80%以上。

为全省行政村提前实现“双百”①目标起到技术保障作用。标准实施期间，全省农村公路建设累计完成投资约353亿元，建设完成8.8万千米，其中约2.9万千米采用《准四级公路技术标准》。

2005年9月，国家旅游局转发浙江省《绿色饭店》地方标准，要求全国旅游行业学习浙江经验，开展创建绿色饭店工作。11月，国家旅游局致函省旅游局，委托浙江在《绿色饭店》地方标准的基础上，制定《绿色饭店》国家行业标准。同年，围绕物流产业的发展，浙江从企业仓储着手，组织一批现代物流企业使用统一的分类编码和统一的信息平台，实现电子口岸大通关，初步建立起以物流信息分类编码和信息技术标准化为主要内容的物流技术标准体系。2006年，DB 33/T 621-2006《超市服务管理规范》地方标准发布，推动超市等服务行业服务能力和水平的提高。2007年，DB 33/T 648-2007《汽车销售及售后服务规范》地方标准发布。2009年，省质监局组织实施《2008—2010年浙江省公共领域地方标准制定计划》，并将生产性服务业标准作为地方标准立项的重点。到年底，省质监局批准发布服务业地方标准5项。同年，省质监局征集地方标准立项建议262项，经审核后立项68项，组织制(修)订服务业地方标准21项。

2010年，《旅游集散中心等级划分与评定》《移动电话机维修服务质量规范》《茶楼茶馆服务规范和星级评定》等8个服务业地方标准发布，其中《旅游集散中心等级划分与评定》是全国首个以品质为标准的旅行社评价体系地方标准。截至2010年底，全省累计发布服务业地方标准111项，覆盖全省10大服务业重点发展领域的20%。

二、服务业标准实施

浙江通过服务业标准的宣传贯彻、监督检查及服务业标准化项目试点工作，推动全省服务业健康发展。

1991年9月，省标准计量管理局、省旅游局确定杭州新侨饭店为实施《公共信息图形符号》国家标准试点单位。10月初，又确定宁波饭店、杭州华侨饭店、甬港饭店、亚洲华园宾馆为实施《公共信息图形符号》国家标准试点单位。12月，省标准计量管理局、省旅游局对试点单位实施《公共信息图形符号》国家标准情况进行检查。1992年1月，省标准计量管理局、省旅游局在杭州召开部分省管、市管涉外饭店(8家)、餐馆(3家)、商店(4家)负责人会议，明确要求与会的15家单位必须按国家标准的要求，在2月底前完成图形符号标志的设计与加工工作。3月，省标准计量管理局、省旅游局分批对这15家单位实施《公共信息图形符号》国家标准情况进行检查。

1993年7月29日，省标准计量管理局、省旅游局、浙江省劳动厅(以下简称省劳动厅)、中国民航浙江省管理局转发国家技监局等部门《关于进一步组织实施监督标志类图形符号国家标准的通知》(以下简称《通知》)，同时成立浙江省标志类图形符号国家标准实施监督协调领导小组，确定宁波市、杭州市、温州市及义乌市、黄岩市为实施《标志用公共信息图形符号》国

① “双百”:即等级公路通村率、通村公路硬化率均达到100%。

家标准的试点地区。《通知》下发后，试点地区进行《标志用公共信息图形符号》国家标准宣传贯彻活动，并在有关工矿企业、建筑工地、服务单位按规定设置相应的图形符号标志。1994年，省标准计量管理局对93家单位实施《标志用公共信息图形符号》国家标准情况进行检查，其中，生产企业16家，建筑工地4个，商贸企业45家，宾馆饭店23家，汽车站4个，民航机场1个。检查发现，杭州机场、杭州火车站和杭州武林机器厂执行《标志用公共信息图形符号》国家标准情况较好。1998年3月，省技监局以创评“中国优秀旅游城市”为契机，加强对旅游涉外饭店使用公共信息标志的宣传，推动《标志用公共信息图形符号》国家标准的实施。全省首批创建“中国优秀旅游城市”的杭州市、宁波市、绍兴市开展《标志用公共信息图形符号》国家标准的宣传、推广工作，解决了日常生活中公共信息图形符号标识不规范等问题。

2000年3月9日，省建设厅、省质监局决定联合开展《城市街容标准》“贯标示范路”认定工作。各地根据《关于在全省城市组织实施浙江省〈城市街容标准〉，开展创建“街容达标路”活动的通知》精神，组织开展《城市街容标准》的宣传贯彻和“街容达标路”的创建工作。8月，在各申报城市先行自查和委托有关市建委（建设局）、质监局进行复查的基础上，省建设厅、省质监局组织对杭州、嘉兴、台州、萧山、余杭、诸暨、温岭、瑞安等申报“省级城市街容示范路”的城市道路进行考评认定。9月15日，杭州市的环城北路，嘉兴市的中山路，台州市的开元路、经中路商业街，萧山市的人民路东段，余杭市的东湖中路，诸暨市的滨江中，北路和艮塔东路，温岭市的万寿路，瑞安市的万松路等9条道路被命名为省级城市街容示范路。2002年，围绕《绿色饭店》地方标准的实施，浙江开展绿色饭店的认证工作，并对绿色饭店的认证依据、申报条件、申报方式、认证程序及复核管理等进行明确。2004年，杭州市上城区开展服务业标准化推广工作，制定实施《社区建设管理规范》系列标准，将标准化导入社区建设和管理。通过服务业标准化工作，杭州上城区湖滨街道成为全省第一个推进ISO9001质量管理体系认证的街道。2007年，省质监局、省建设厅按照《城市街容标准》要求，对杭州、宁波、温州、绍兴、嘉兴、台州等地申报的“省级城市街容示范路”进行抽查，并对2001—2002年被命名为省级城市街容示范路的街道进行复查。

2010年，省级有关部门和行业协会组织实施《美容美发服务质量规范和星级评定》地方标准，并评出37家星级美容美发店，对美容美发行业服务质量的整体提升起到促进作用。

第六节　标准信息研究与代码（编码）管理

标准信息研究管理就是对标准化活动中所产生的、记录标准化成果和实践经验的标准文献，以及其他与标准化相关的情报资料，有组织地及时进行搜集、加工、存储、报道、分析、研究，并提供情报服务等一系列活动的管理。20世纪80年代，全省标准信息研究管理工作开始得到加强，并成立有相应的标准情报研究机构，开展标准情报资料的搜集和研究工作。90年代，随着电子技术的发展，浙江开始推行组织机构统一代码制度，物品编码技术也得到广泛应用，全省申领组织机构代码证数量和商品条码系统成员数量居全国前列。进入21世纪，浙江加强对国外技术性贸易壁垒措施的研究，为应对技术性贸易壁垒提供了技术支撑。

一、标准情报资料收集服务

民国时期，省建设厅对国家标准、各种品质及尺度标准进行搜集。20世纪60年代，标准计量部门开始搜集计量管理资料，提供给工厂使用。进入80年代，为及时搜集、了解国内外最新标准信息和动态，适应国民经济建设和标准计量事业发展的需要，标准计量情报资料的搜集研究工作提到重要议事日程。1980年，省标准计量管理局搜集国际标准1427册、部颁标准近500册及其他标准资料若干。1981年4月，省标准计量管理局设立省标准计量情报站，专门负责标准计量资料的搜集与发行工作。此后，各市(地)、县标准计量情报研究机构也逐步建立。1983年，省标准计量情报站编印《技术标准通报》14期，编辑馆藏目录18万字，并接待近千人次的标准资料查询。至年底，省标准计量情报站共收藏国内外标准计量资料2567册。

1985年4月，省标准计量管理局、浙江省计量测试学会(以下简称省计量测试学会)、省标准化协会在杭州举办浙江省标准计量技术资料、部分优质产品、计量仪器展销会，共接待省内外参观者8000余人次，副省长吴敏达到展会参观指导。6月，省标准计量情报站设立资料发行站，开展标准计量图书资料的发行工作。12月，省标准计量情报站更名为省标准计量情报研究所，开展标准计量情报资料搜集、交流、研究和咨询服务工作。同年，省标准计量情报研究所搜集了英、法、德、苏、日、美等国和中国台湾地区的标准，以及IEC标准与ISO标准，并翻译一批国外标准，包括联邦德国、英国、日本标准。1986年，全省标准计量资料发行网络初步形成，参加发行网的单位有650余个。同年，省标准计量情报研究所搜集标准资料约1.3万件，其中国内标准0.3万件、国外标准1万件。至年底，全省标准计量部门共有馆藏标准资料46.2万件。

表35-2-6-1　　浙江省标准计量部门馆藏标准资料一览表

单位:件

总计	国外资料			国内资料			
	合计	其中		合计	其中		
		国际标准	国外先进标准		国家标准	行业标准	地方标准
462185	128814	22455	87962	333371	149545	105291	14542

资料来源:根据省质监局档案资料整理编制。

说明:时间截至1986年底。

1987年，按照“开发信息资源，服务‘四化’建设”要求，省标准计量情报研究所先后与中国标准出版社、中国计量出版社等单位建立标准计量资料直供关系，并与航天工业部、国防科学技术工业委员会、冶金工业部、商业部等部委的标准化部门签订标准计量资料订购单，与化学工业部(以下简称化工部)标准化部门签订标准计量信息合作协议，多渠道搜集国家标准、国际标准和国外先进标准。至年底,省标准计量情报研究所共搜集标准资料 18797 件,其中,国外标准 12523 件(包括联邦德国 DIN 原版标准 1500 件),国内标准 6274 件(包括地方标准 388 件,计量检定规程 39 件)。同年,省标准计量情报研究所还与 20 余个市(地)、县标准计量部门、乡镇企业管理部门等签订联合服务协议,扩大情报资料服务范围。同时,面向中小企业开展查核标准、配齐标准、提供标准、长期跟踪的一条龙服务,并为用户提供各类标准文本 13308 件(其中国内标准 11873 件、国外标准 1435 件),复印标准计量资料 21 万页,编印《技术标准通报》13 期。

1990 年,省标准计量情报研究所设立文献室(下设资料函索组)、情报研究室、计算机编码室和资料发行站,增强标准计量情报搜集、研究和服务功能。至年底,省标准计量情报研究所累计搜集国内外标准近 12 万件,其中,国际标准(ISO、IEC)9276 件,国外标准 62085 件,国家标准 15192 件,部(专业)标准 21721 件,省地方标准 11967 件(含中国台湾地区标准 1467 件)。1992 年,全省标准计量情报部门开展优质服务活动,接待标准计量资料查询 1.1 万人次,为用户提供标准计量资料 13.4 万件。1993 年,省标准计量情报研究所接待标准计量资料查询 3533 人次,为用户提供标准计量资料 1.1 万件,复印资料 16.7 万页。1993—2002 年,省标准计量情报研究所围绕浙江经济发展,开展标准计量情报资料搜集整理工作,馆藏资料不断更新。同时,开展满意服务活动,为企业提供各类标准计量情报资料。

表 35-2-6-2　　1993—2002 年浙江省级标准计量情报研究部门馆藏标准一览表

单位:万件

年份	总　数	国内标准	国外标准	年份	总　数	国内标准	国外标准
1993	13.5	6.0	7.5	1998	13.0	6.0	7.0
1994	13.7	6.0	7.7	1999	12.0	5.0	7.0
1995	14.1	6.2	7.9	2000	13.0	6.0	7.0
1996	14.7	6.5	8.2	2001	7.5	5.0	2.5
1997	12.0	6.0	6.0	2002	9.5	5.0	4.5

资料来源:根据中国统计出版社《浙江统计年鉴》整理编制。

2003 年,省标准化研究院对标准计量情报资料发行管理软件进行升级。至年底,共接待标准计量资料查询 1.5 万人次,销售标准计量图书 11 万册。2007 年 9 月,省标准化研究院开始使用由中国标准出版社开发研制的标准文本数字打印系统,及时为企业提供最新的标准文本。2009 年 2 月,省标准化研究院、浙江省农业科学院(以下简称省农业科学院)、中国计量学院、浙江省检验检疫科学技术研究院和省质量技术监督检测研究院等单位联合开展浙江省标准信息与质量安全公共科技创新服务平台的建设。至年底,平台网络开放式服务系统初步建成,实现标准文献查询、在线电子标准全文阅览、标准打印购买的网络化服务。据统计,服务平台累计访问量达 9.1 万人次,提供标准文献题录查询 37 万次、标准文献全文阅览服务 11

万篇次。

截至2010年底，全省建成嘉兴、金华、衢州、温州、舟山、台州6个标准信息服务网和义乌小商品、海宁经编、乐清低压电器等10个产业标准创新服务平台。省标准化研究院馆藏题录达93万余条，收藏国内外标准41万件(其中国内标准15万余件)。

二、技术性贸易壁垒研究

2001年12月，中国正式加入世界贸易组织(WTO)，全省质监系统相继建立技术性贸易壁垒应对研究机构，并不断完善工作机制，开展技术性贸易壁垒的研究与应对工作。

(一)工作机制

2002年4月20日，宁波市质量技术监督编码与信息研究所建立宁波市WTO/TBT咨询服务中心，开展相关咨询服务工作。5月，浙江省质量技术监督情报研究所(以下简称省质量技术监督情报研究所)建立浙江省WTO/TBT通报咨询中心，开展有关WTO/TBT技术法规、标准和合格评定方面的通报咨询及服务工作。9月，经浙江省机构编制委员会办公室(以下简称省编办)批复同意，省质监局标准化处增挂应对技术性贸易壁垒处牌子，主要职责是组织有关部门开展对浙江省主要贸易伙伴国技术法规、标准以及浙江出口商品跨越国外技术壁垒的可行性研究，承担全省应对国外技术性贸易壁垒的预警和信息服务工作，负责国家WTO/TBT咨询点的联络工作。9月25日，杭州市技术监督信息所增挂世界贸易组织第九十九信息查询服务中心第一分中心牌子。11月，《技术壁垒资讯与研究》(后更名为《国际贸易技术壁垒》)由省标准化研究院创刊，面向企业传递技术性贸易壁垒信息资讯。2003年8月，经省编办批准，温州、湖州、嘉兴、绍兴、台州、金华、衢州、丽水、舟山9个市质量技术监督局增挂应对技术性贸易壁垒处牌子。2004年2月，省质监局制定《浙江省应对技术性贸易壁垒行动方案(试行)》，明确完善国外技术性贸易壁垒的信息通报制度、开展应对国外技术性贸易壁垒的研究与评议、建立应对技术性贸易壁垒联系制度3项工作目标。8月，浙江省WTO/TBT通报咨询中心温州分中心成立。此后，新昌、舟山、绍兴等地也相继成立分中心，并依托浙江省WTO/TBT通报咨询中心的信息渠道和研究成果，开展世界贸易组织成员有关技术法规、标准和合格评定程序等方面信息的通报咨询及服务工作。2005年8月，省质监局向省政府呈递《2004年浙江省遭遇国外技术性贸易壁垒情况调查报告》，省长吕祖善作批示："这一调查报告写得很好。如何应对技术贸易壁垒，这是优化出口产品结构、实现出口稳定增长的一个关键问题。提出的问题和建议针对性很强，关键是如何抓紧落实。"9月，为贯彻落实省长批示精神，省质监局印发《关于进一步加强应对技术性贸易壁垒工作的通知》，要求建立主要出口企业信息通报制度，提高国外技术性贸易壁垒信息传递的有效性。同时，加强与有关部门协作，形成共同应对的工作机制；加强对国外技术性贸易壁垒的评议工作，完善应对技术性贸易壁垒的信息报送制度，引导出口企业积极应对国外技术性贸易壁垒。2006年6月，浙江建立应对技术性贸易壁垒联席会议制度，成员有省经贸委、省质监局等11个部门。9月，浙江省应对技术性贸易壁垒信息服务平台开通，为企业及时掌握国外设置技术壁垒动态提供一条便捷快速的绿色通道。

2007 年 6 月 15 日，省质监局印发《浙江省应对国外技术性贸易壁垒预警工作实施细则》，对开展国外技术性贸易壁垒的搜集、评议、研究以及发布预警信息和信息反馈等工作进行规范，明确了预警工作中各级质监部门和科研机构的职责与义务，规定了预警分级评判的依据。11 月，浙江省应对技术性贸易壁垒信息服务平台(二期)通过验收。2008 年，浙江省应对技术性贸易壁垒信息服务平台进行改版完善。在原有信息传递的基础上，新增国外 TBT/SPS 通报风险评估系统模块的建设。同年，浙江省 WTO/TBT 通报咨询中心与国家 WTO/TBT-SPS 通报咨询中心建立信息沟通渠道，并在 8 个市、县建立分中心或工作站，及时将获取的国外技术性贸易壁垒动态信息传递给企业。

2009 年 9 月 24 日，省质监局印发修订后的《浙江省应对技术性贸易壁垒预警工作实施细则》，对技术性贸易壁垒评议的组织与实施、预警等级的评判与发布、预警信息反馈等进行规定。同时明确通报信息搜集的主要对象为美国、日本、欧盟等浙江主要贸易国(地区)；信息源主要为中国技术性贸易措施网，国际贸易组织及浙江主要贸易国(地区)、政府机构官方网站，国家进出口商会、境外客户或进口商，国内外标准化机构和行业协会等。同年，浙江省应对技术性贸易壁垒信息服务平台完成升级，新增 5 类出口受阻产品数据，收录了 3500 多家注册资金超过 500 万元以上的出口企业信息。2010 年，浙江省应对技术性贸易壁垒信息服务平台建设完成，并改版完善了浙江省技术性贸易措施快速响应与服务系统、产品风险评估与质量安全预警系统、农药兽药残留标准信息服务平台等 8 个系统，开发了化工、食品、新能源、纺织、医药、船舶等 13 个专题数据库。

(二)研究应对

2001 年 10—12 月，省质监局抽调人员组成 WTO/TBT 调研课题组，就加入世界贸易组织对浙江经济发展和外贸的影响与对策等开展研究，形成《贸易技术壁垒对我省产业的影响及对策研究报告》，并上报省委、省政府。2002 年，日本对中国出口的西蓝花实施“农产品检查强化月”措施①，西蓝花检测方式由原来 2.8%的抽查变为每批检测，农药残留检测指标由以前的 6 种增加到 43 种。这一做法导致浙江西蓝花出口严重受阻，仅台州市损失就达 6000 万元。2003 年，省标准化研究院针对西蓝花出口受阻开展应对研究工作。同年 8 月，省标准化研究院对日本 104 号通报②展开分析、研究和评议，形成《日本 104 号通报对浙江省农产品出口产生的影响及有关建议》，上报省政府和国家质检总局。2004 年，针对欧盟公布的《关于在电子电气设备中限制使用某些有害物质指令》《报废电子电气设备指令》，省质监局组织有关科研院所、生产企业共同研究完成《欧盟电子电气设备环保两法规简析》，并配合国家质检

---

① “农产品检查强化月”措施：2002 年 1—4 月，日本连续检测中国输日蔬菜农药残留超标，其中，1 月检出 3 批，3 月检出 11 批，4 月检出 6 批，占抽检数量的 2.8%。为此，日本开展了一个中国农产品检查强化月的活动，每批进入日本的蔬菜都要检查。

② 104 号通报：2003 年 7 月，日本向 WTO 总部提交了有关调整农产品农药残留限量标准的 G/SPS/N/JPN/104 通报。通报主要内容是规定了 15 种农药的最大残留限量(MRLs)，其中 11 种为新增、4 种为修订。

总局开展《国外技术性贸易壁垒年度报告(2002—2004年)》的编写工作。同年,针对美国、加拿大等国实施的打火机技术性贸易措施,省质监局组织开展研究分析和评议工作,并将评议结果向国家WTO/TBT通报咨询中心和有关企业进行通报。2005年1月,全省质监部门开展出口企业应对技术性贸易壁垒情况调查。调查对象为占全省出口贸易总额60%的出口企业,抽取近1600个企业样本,覆盖食品、农产品、机电、轻工、纺织服装等行业。6月,日本厚生劳动省通过WTO秘书处发布《食品中农业化学品临时标准》(又称《食品中农业化学品肯定列表制度》,以下简称《肯定列表制度》)最终草案,涉及734种农药、兽药和饲料添加剂,5万余条残留限量标准,并对食品中未设残留标准的农用化学物质采用“一律标准”(Uniform Limits),即0.01mg/kg的最低检测限量,对中国农产品的出口影响较大。在国家质检总局指导下,省质监局、省标准化研究院成立浙江省应对日本《肯定列表制度》工作小组,对浙江输日重点、敏感产品进行研究和分析,先后完成对西蓝花、茶叶、柑橘、香菇、蚕豆、蜂产品、鳗鱼、甘蓝、青梗菜、小松菜、黄瓜、菠菜、桃子、板栗、花生15种产品的专题研究,并把研究成果编印成小册子向相关企业和农户免费发放。同年,针对美国《床垫和床架的可燃性(明火)标准》(95号通报)、《针对床上用品明火易燃性的标准》(96号通报),省质监局向省政府呈递要情专报《美国技术性贸易措施95、96号通报将对我省家纺产业产生重大影响》。

2006年4月,根据浙江省对外贸易经济合作厅(以下简称省外经贸厅)、省质监局印发的《关于做好应对国外技术性贸易壁垒工作的通知》精神,全省质监部门开展全省出口企业遭遇国外技术性贸易壁垒情况的调查工作。5月,日本《肯定列表制度》实施后,中国新鲜豌豆对日出口数量锐减。为此,省标准化研究院开展《豌豆使用农药的风险分析和应对策略》研究,有针对性地提出生产用药建议。同时,省标准化研究院还对欧盟“硫丹活性物质限量法规”等技术性法规或标准开展研究,完成《欧盟食品安全管理基本法及其研究》的编写出版工作。同年,省质监局应对技术性贸易壁垒处、省标准化研究院对欧盟硫丹和美国酒类标签通报情况进行专家评议,评议意见最终被欧盟与美国采纳,涉及出口额2.8亿美元,保护了浙江茶叶及酒类出口贸易,受到国家质检总局和省政府的肯定。2007年1月,由省标准化研究院组织开展的日本《肯定列表制度》体系研究项目通过鉴定。该项目针对国内农兽药的风险评估及毒理学和残留动态研究薄弱的现状,将国内常用农药划分为回避使用、限制使用和推荐使用3大类,为应对其他发达国家和地区的农业化学品技术性贸易壁垒提供借鉴。4月,浙江省WTO/TBT通报咨询中心启动灯具行业标准、法规、合格评定程序以及标准化方面的专题研究。7月20日,浙江省应对技术性贸易壁垒联席会议办公室、省质监局、省经贸委、省外经贸厅、浙江出入境检验检疫局在杭州黄龙饭店举办2007浙江省应对技术性贸易壁垒高层论坛,全省重点出口企业及化工、轻工、机械系统行业协会和质监、经贸、外经贸、检验检疫系统有关负责人共350余人参加。同年,省质监局就欧盟实施PFOS禁令对浙江出口贸易造成影响情况进行调研,并完成《欧盟PFOS指令及其对我省相关行业的影响分析》等的研究。

2008年,浙江出口美国的茶叶多次由于联苯菊酯和三氯氟氰菊酯超标而被扣留。为此,省质监局、省标准化研究院对美国联邦法规和茶叶标准资料进行搜集、翻译,并向各有关厅局、企事业单位及时发布黄色预警,提请茶叶企业回避使用这2种农药。同时,组织专家组为全省近百家茶叶企业提供咨询服务，并向国家质检总局呈递《关于浙江省茶叶出口美国受阻情况的报告》，争取从国家层面获得重视，采取措施，减少损失。同年，省质监局通过浙江省应对技术性贸易壁垒信息服务平台，对所搜集的1000余项TBT/SPS通报进行风险评估，并对其中45项重点通报进行评议研究，包括TBT通报评议21项、SPS通报评议24项，内容涉及多国各类农残限量的制订和调整、美国玩具法规的修改、加拿大能效通报、美国空调通报、欧盟待机能耗要求等。至年底，省质监局通过网络、杂志、快讯、要情专报等形式向政府及有关部门、行业协会、企业发布黄色预警15个；发布应对动态、最新预警快讯、TBT/SPS通报等信息1.8万条；通过短信平台发布重点预警信息14.5万条。2009年12月，省标准化研究院完成《EuP指令对我省制造业影响及对策研究报告》《浙江省废旧家电及电子产品回收处理与再制造现状及对策研究报告》等2项专题研究。同年，全省质监部门共开展TBT/SPS通报评议37项，其中组织22项、参与15项，内容涉及欧盟、美国、日本、韩国等发达国家和地区的有关保健食品原料使用、农药残留限量调整、食品接触材料、EuP指令以及油漆、胶粘剂、化妆品内的禁用物质等。其中，对第135次日本食品进口促进会议①评议意见直接被国家质检总局标准法规研究中心采用。至年底，省质监局共发布TBT通报1498条、SPS通报688条、各类预警信息2500余条。

2010年，全省质监部门组织和应邀参与TBT和SPS通报评议共计31项，其中，农业11项，机电12项，化工及轻工产品8项。同年，省质监局对WTO各成员国通过WTO/TBT秘书处发布的1161件TBT通报、599件SPS通报进行翻译和公布；通过浙江省应对技术性贸易壁垒信息服务平台、短信平台、《国际贸易技术壁垒》杂志发布各类技术性贸易壁垒信息3.6万条。

三、组织机构代码管理

组织机构代码是由质监部门对中国境内依法注册登记的国家机关、企事业单位、社会团体及其他组织颁发的一个在全国范围内唯一的、始终不变的代码标识。

1990年6月18日，全省企事业社团统一代码标识制度领导小组筹备会召开。会议要求浙江省信息中心、省标准计量情报研究所对建立全省企事业社团统一代码标识管理数据库的工作量和工作条件进行调研，并提出建库方案。10月3日，省计经委、省科委、浙江省劳动人事厅（以下简称省劳动人事厅）、浙江省民政厅（以下简称省民政厅）、省工商局、省标准计量管理局向省政府提出建立全省企事业社团统一代码标识制度的建议。1991年4月13日，省政府明确由省计经委、省标准计量管理局牵头，省劳动人事厅、省民政厅、省工商局、省科委等有关部门共同组织实施全省企事业社团统一代码标识制度。1992年12月27日，全省企事业社团统一代码工作会议在杭州召开。会议对全省企事业社团代码工作进行部署，明确用1年的

① 第135次日本食品进口促进会议：2009年10月2日，日本厚生劳动省医药食品局、食品安全部举行第135次日本食品进口促进会议，拟修订杀虫剂等农药的残留标准。修订的5个农药中，戊草丹和苄草丹在中国尚未登记，且限量标准都是放宽的；其他3种农药的修订幅度较大，对中国输日相关农产品产生较大影响。

时间在全省建立企事业社团代码标识制度，完成代码证颁发工作，并确定在绍兴市开展颁发代码证的试点工作。

1993年4月12日，省标准计量管理局印发《浙江省颁发代码证书工作程序》，对颁发代码证书的对象、权限、程序等进行规定。8月21日，浙江省统一代码标识新闻发布会暨代码证首发仪式在绍兴市召开，绍兴市300余家企业取得首批代码证书。9月，省标准计量管理局、省统计局、浙江省第三产业普查协调小组办公室转发《关于加快〈单位代码证书〉发放保证全国第三产业普查和实施新统计报表制度的通知》，要求加快“单位代码证书”发放工作，并将已颁发代码证书单位的详细名单提供给同级统计部门，以便在普查和统计年报中使用。12月15日，浙江省企事业社团统一代码标识制度领导小组办公室（以下简称省代码办）公布《浙江省党政机关和人民团体编码区段分配表》。至年底，全省共完成13万余家企事业单位的代码登记发证工作。1994年4月，省代码办印发《浙江省代码数据库维护管理办法》《浙江省代码数据库验收工作实施细则》，并对全省各市（地）的代码信息数据库进行验收。6月22日，浙江省公安厅（以下简称省公安厅）、省标准计量管理局要求各地在换发“九二”机动车号牌及行驶证时查验全国统一代码证书；对尚未办理代码证书的单位，督促其到当地标准计量（技术监督）部门办理。12月14日，省标准计量管理局、中国人民银行浙江省分行要求各地标准计量（技术监督）部门主动配合各级人民银行做好实施“贷款证”制度前的企业代码证发放工作。同时要求各级人民银行在颁发“贷款证”时严格查验企业代码证，并将企业代码填入“企业概况表”企业代码栏中。同年，在浙江的四大国有银行和交通银行杭州、宁波、绍兴支行在账户管理工作中开始查验全国统一代码证书。至年底，全省（除宁波外）标准计量（技术监督）部门共颁发代码证书15万本。1995年2月24日，省编办、省标准计量管理局对省属事业单位申领、颁发统一代码证书工作提出要求。同年，全省标准计量（技术监督）部门共向省级党政机关、企事业社团单位颁发代码证1661本。至年底，单位代码的赋码、发证和建库工作基本完成，22万家机关、企事业社团取得代码证书。代码证书在银行、税收、公安、统计等部门得到应用。

1996年5月13日，省国税局、浙江省地方税务局（以下简称省地税局）、省技监局转发国家技监局、国家税务总局《关于在换发税务登记证工作中使用全国组织机构统一代码的通知》，要求在税收征管系统中应用组织机构代码。1997年，第一批颁发的组织机构代码证有效期（4年）满，全省技监部门开展组织机构代码证到期换证工作。1998年2月，省政府第84次常务会议审议通过《浙江省组织机构代码管理办法》，对组织机构代码码段分配、代码证书颁发及注销、代码证书使用等进行规范。3月6日，省工商局、省技监局转发《关于联合推动全国组织机构代码工作的通知》，对工商注册号转换、组织机构代码应用等工作提出要求。8月，省技监局印发《浙江省组织机构代码管理系统工作规范》，对组织机构代码信息系统的工作模式、组织机构代码证书的统一发放、法定代码标识的授予对象、申请办理组织机构代码证书的工作程序、组织机构代码证书的变更手续等进行规定。11月16日，省技监局明确全省实行组织机构代码证IC卡制度，并要求先期开展试点的杭州、宁波两地也要逐步过渡到国家对组织机构代码“四统一”（统一规范、统一格式、统一发放、统一管理）的要求上来。12月，省政府印发《浙江省信息化建设规划纲要(1998—2010年)》,提出“加快组织机构代码电子化进程,逐步实现各应用部门组织机构代码信息共享”的要求。同年,全省除绍兴、衢州两市外,全部实现代码数据联网,代码数据联网查询软件开发、数据库移植、通信线路安装等工作基本完成。1999年12月6日,省质监局、浙江省司法厅(以下简称省司法厅)印发《关于律师事务所、公证处办理组织机构代码证有关事项的通知》,对办证对象、办证机构和办理组织机构代码证所需提供的材料等进行明确。2000年3月30日,省总工会、省质监局转发中华全国总工会、国家质监局《关于工会法人组织申领组织机构代码证的通知》。11月24日,省民政厅、省质监局明确民办非企业单位组织机构代码赋码按照民政部门先登记、质监部门后赋码的原则进行。2001年12月4日,省质监局、浙江省新闻出版局(以下简称省新闻出版局)对报社、期刊社、记者站办理组织机构代码证书有关事项进行明确。同年,《关于进一步加强组织机构代码工作的通知》《浙江省推行企事业公共信息IC卡实施办法》印发实施,组织机构代码在全省口岸电子执法系统、第二次全国基本单位普查、公安车辆管理和互联网安全认证(即CA认证)等领域得到应用。

2002年12月19日,省质监局、浙江省民族宗教事务委员会对宗教活动场所申领组织机构代码事项进行明确。2003年5月15日,全国组织机构代码管理中心批准同意成立全国组织机构代码中心杭州分中心,杭州市组织机构代码工作直接纳入全国组织机构代码管理中心管理。10月,国务院信息化工作办公室、国家工商行政管理总局、国家税务总局、国家质检总局决定在北京市、青岛市、杭州市、深圳市开展工商、国税、地税和质监部门之间的企业基础信息交换试点工作的基础上,增加浙江省、上海市和沈阳市、大连市、济南市、南京市、厦门市、成都市为试点省和试点城市。至年底,全省(除杭州、宁波外)公共信息IC卡发放超过10万张。2006年,全省组织机构代码管理系统完成从CS版至BS版软件系统的转换,实现全省代码数据定时自动上传。至年底,累计向省企业基础信息交换平台上报代码数据59万余条。2008年2月,省代码办要求各地代码办证点协助法院、检察院、公安部门查询涉案单位,通过查询与相关当事人的代码信息,为全省公检法系统案件的审理提供有效信息。3月17日,省建设厅、省质监局要求在住房公积金管理中使用组织机构代码。9月19日,省农业厅、省质监局要求村经济合作社(含村股份经济合作社)开展申领组织机构代码证工作。2009年5月,省组织机构代码短信服务平台启用。9月22日,省质监局印发《关于开展组织机构代码信息年度验证工作的通知》,明确每年8—12月对组织机构代码信息进行验证,验证范围为截止到上年度12月31日颁发的组织机构代码证和公共信息IC卡。截至12月底,质监部门完成年度信息审核116167条,全省(不包括杭州、宁波)代码数据主库系统入库信息达668868条。

2010年2月,省代码办向“信用浙江”平台提供企业法人和企业非法人的组织机构代码基本信息,为“信用浙江”建设提供基础数据支撑。5月,省代码办向中共浙江省纪律检查委员会(以下简称省纪委)、浙江省监察厅(以下简称省监察厅)开放代码共享平台,并向全省监察部门发放109个密钥。7月1日,省质监局与省地税局签署《共享税务登记信息与组织机构代码信息合作备忘录》,实现地方税务登记信息和组织机构代码信息的实时共享。8月起,全省各级纪检监察机关在办案工作中可以使用全国组织机构代码共享平台进行相关信息查询。

至年底，全省(不包括杭州、宁波)代码数据主库系统共有入库信息717622条，64个市(县)设立组织机构代码办证点，组织机构代码在全省税务、银行、公安、外经贸、劳动、人事、司法、车辆管理、统计、电子政务、信息化建设、教育等领域得到广泛应用。

四、物品编码管理与研究

物品编码是指按一定规则对物品赋予易于计算机和人识别、处理的代码。20世纪90年代初，全省标准计量(技术监督)部门开始物品编码的管理和研究应用工作，推动物品编码工作的发展。

(一)管理

1990年10月18日，省计经委、浙江省对外经济贸易厅、省标准计量管理局印发《关于我省出口商品使用条形码标志的通知》，明确省标准计量管理局是统一组织、协调、管理全省出口商品条形码的工作机构。凡在浙江境内生产、经营出口商品企业要求使用条形码标志，均应到省标准计量管理局办理申请手续。1991年8月，省标准计量管理局明确由中国物品编码中心浙江分中心统一组织、协调、管理浙江地区的条码工作。9月，浙江省对外经济贸易厅、省标准计量管理局召开全省首批条码应用暨中国物品编码中心浙江分中心成立新闻发布会，宣布首批33家浙江企业为中国商品条码系统成员。

1992年3月27日，省标准计量管理局、省乡镇企业局要求各经营、生产出口商品或优质名牌商品的企业，把使用条码标识作为调整产品结构、提高产品档次、增加出口创汇的重要措施，认真研究和落实。至4月，全省有68家企业申请注册"厂商识别代码"①，成为中国商品条码系统成员，774种商品采用了条码标志。1993年11月23日，省标准计量管理局印发《浙江省条码印刷质量管理若干规定》，明确条码印刷实行资格认可制度，条码印刷质量实行监督检验制度。12月28日，省医药管理局、省标准计量管理局要求各市(地)、县医药公司、医院、药店优先采购有条码标志的药品和医疗器械。同时规定，在浙江境内生产、经营的药品和医疗器械产品必须采用中国条码(即前缀码为"690—692"的EAN码)。至年底，全省共有EAN码用户近600家，约7000种商品印上条码标志。同年，全省取得条码承印资格认可的企业有21家。除丽水地区外，全省10个市(地)均有1家或数家被认可的印刷企业。

1994年3月，浙江省条码印刷品质量监督检验站(以下简称省条码印刷品质量监督检验站)成立，主要负责全省商品、书刊等条码质量的监督检验、仲裁检验和委托检验。4月15—18日，全国首届国际条码、自动识别技术展览会在北京召开，全省共有18家企业的50余种条码印刷质量符合标准的产品参展。但另有8家企业的18种产品被拒之门外，原因是产品条码印刷质量有问题。为此，中国物品编码中心浙江分中心发出公告，对商品条码注册办理手续、承制商品条码胶片及使用、检查检验及处罚事项等进行规范。6月7日，浙江省机构编制委员会(以下简称省编委)批复同意建立浙江省物品编码中心(以下简称省物品编码中心)，负

---

① "厂商识别代码":是指国际通用的商品标识系统中表示生产厂商的唯一代码，是商品条码的基础。

责全省条码技术推广应用的组织、管理和协调工作。至年底，全省累计有1076家企业成为中国商品条码系统成员，1万余种商品采用条码。同年，省物品编码中心苍南条码印刷管理服务站、台州办事处成立，开展条码监督、管理、指导和服务工作。之后，温州、杭州、金华、绍兴、嘉兴等地也相继设立办事处。

1995年1月，省政府办公厅转发省计经委、省标准计量管理局《关于加快我省条码技术推广应用工作意见的通知》，对条码申领、条码使用、胶片制作及监督等提出要求。11月，省标准计量管理局在余杭召开全省卷烟条码应用工作座谈会，要求卷烟生产企业和印刷厂要加强相互联系和沟通，提高条码印刷质量。至年底，全省累计有1926家企业加入中国商品条码系统，约有2万种商品采用条码。1996年6月12日，省技监局要求各有关厅局、市(地)技监部门按照48类产品率先使用条码的要求，加快条码应用推广工作，提高全省商品条码化率。至年底，全省累计有中国商品条码系统成员2694家。同年，省条码印刷品质量监督检验站对全省条码用户使用商品条码情况进行检查，共抽查204批次(含国家监督抽查复查3个批次)。经检验，批次合格率为50%。1997年2月，省物品编码中心对条码印刷企业资格认可工作程序、考核评审内容、资格认可企业职责等进行明确。4月18日，省技监局在杭州召开推广应用条码扫描系统座谈会。杭州、嘉兴、绍兴、宁波、金华、湖州等地24家商场超市在会上联合发出“推进我省商业POS系统建设，加快商品条码化步伐”的倡议，承诺无条码商品不再进入超市销售。至年底，全省累计有中国商品条码系统成员3000家，4万余种商品采用条码。同年，省条码印刷品质量监督检验站对313批次条码印刷品质量进行监督检查。经检验，批次合格率为67.4%。

2001年10月，省政府第59次常务会议审议通过《浙江省商品条码管理办法》。同年，全省60家大型超市商场联合发出“规范商品条码，保障超市运营”倡议，明确对有条码的商品优先进货、优先上架。至2003年底，全省累计有中国商品条码系统成员1.4万余家，近20万种商品使用条码标识。2007年4月，省政府第91次常务会议审议通过新修订的《浙江省商品条码管理办法》，明确食品、卷烟、酒、饮料、保健品、化妆品、日用化学品、儿童玩具、家用电器、药品和医疗器械等11类产品必须标注商品条码。同年，省以下条码机构联网试点工程通过验收，全省70个条码办事机构完成联网，实现条码相关业务网上申办。2009年8月，经中国物品编码中心核准，《浙江省商品条码印刷资格认定实施细则》(以下简称《细则》)开始实施。《细则》对商品条码印刷资格的认定工作机构、认定工作程序、认定企业职责等进行规范。同年，全省质监部门共对303家印刷企业进行资格认定。2010年，全省质监部门对286家印刷企业进行资格认定，对1014批次条码质量进行监督检查。至年底，全省累计有全国商品条码系统成员16418家，数量居全国第二。

(二)研究应用

1992年6月，经中国物品编码中心浙江分中心、杭州电子计算机厂和杭州解百三方联合开发的杭州解百超市自动扫描结算系统(即POS系统)正式投入运行。1993年6月，中国物品编码中心浙江分中心、中国物品编码中心、浙江中磁艺高计算机公司三方合资建设中国物品编码中心浙江省条码胶片研制部，并引进国外先进的条码胶片制作专用设备，为用户提供各种码制的条码原版胶片。1997 年 5 月 18 日，由省物品编码中心设计开发的条码自动扫描销售系统(POS 系统)在湖州开通运行。1998 年 11 月 12—25 日，省政府举办“信息化在浙江”暨第二届中国杭州国际信息技术展览会，全省条码工作成果和最新条码技术在展览会进行展示，省长柴松岳等到展示现场参观。2000 年，省物品编码中心与杭州市急救中心共同商定在杭州市急救中心向市民免费发放的“急救服务卡”上应用 PDF417 二维条码技术。2003 年，省物品编码中心、杭州联华华商集团有限公司共同完成《条码在物流配送中的应用》课题的攻关，推进“箱码”(储运单元条码)的应用。2004 年 11 月，中国物品编码中心浙江分中心与省农业厅优农中心、上海农业信息有限公司合作，在浙江建立首条采用 ANCC 系统的食用农副产品质量安全信息查询平台，并在杭州联华华商集团有限公司 3 个门店进行试点。

2005 年 5 月，省物品编码中心走访台州、湖州、萧山、海宁等地的 10 余家印刷企业、制版公司、纸张生产企业及油墨生产企业，对瓦楞纸印刷设备、瓦楞纸印刷方式及印刷工艺、瓦楞纸柔性版条码印刷等情况进行调查，并制定《瓦楞纸印制条码技术操作规程》，帮助印刷企业和商品条码用户提高条码质量管理水平。2006 年，省物品编码中心与平湖市工商行政管理局合作开发了农村放心店销售信息查询系统。同年，省物品编码中心、省农业厅对基于 3W 的开放式网络查询平台“食用农副产品安全信息查询平台”进行升级和完善，实现了对农副产品质量安全的追踪溯源。

截至 2010 年底，全省质监部门共完成《条码商品信息系统开发应用》《储运单元条码在配送中心的应用》《医药物流产品信息标准数据库建设与示范》《射频养殖业安全跟踪追溯系统》《GS1 系统在医药电子商务平台中的应用》等 20 余项物品编码方面的研究，物品编码技术已在全省制造、零售、物流等领域得到普遍应用，成为产品质量追溯和监管、诚信体系建设的重要技术支撑。

第三章 宏观质量管理

宏观质量管理是国家运用法律、经济、行政等多种手段和质量管理工具，对国家或地区总体质量进行促进、调控、管理以及干预的活动。

早在西周时期，有组织的质量管理活动便已开始。到了秦代，质量管理制度基本定型。此后，无论是质量管理机构的设置、质量管理方式的建立，还是质量相关典章的制定，历朝历代都延续着对质量管理工作的重视。清末，随着浙江工业逐步兴起，浙江设立专门管理实业的政府机构——省农工商矿局，加强对质量的宏观管理。民国时期，省实业司、省实业厅、省建设厅先后负责宏观质量管理，并在奖励工业，提倡国货方面做了大量工作。民国18年(1929年)，省建设厅举办首届西湖国际博览会，评选出各类奖项3000余个，提高了以浙、杭产商品为代表的中国产品在世界的知名度，张小泉剪刀、都锦生织锦、龙泉宝剑等一批浙、杭知名品牌蜚声海外。

中华人民共和国成立初期，浙江行业主管部门负责质量管理，并逐步建立起符合行业特点、适应企业发展需要的质量管理制度。“文化大革命”期间，质量管理被当作错误路线受到批判。改革开放后，全省各地、各部门广泛开展“质量月”活动，宣传“质量第一”思想，并掀起学习《全面质量管理基本知识》的热潮。同时，每年举办全省性的QC小组成果发表会，促进QC成果的推广和应用。不少企业还获得“全国质量管理奖”“省质量管理奖”，数以百计的浙江产品获国家优质产品奖。

但是，在计划经济向市场经济转轨过程中，浙江一些地方也出现了较为严重的区域性质量问题。20世纪80年代末，温州皮鞋、乐清低压电器、温岭潜水泵等一批区域性质量问题相继被国家列为重点整治对象，引起省委、省政府高度重视。1991年1月，省委、省政府印发《关于动员全社会加强产品质量工作的通知》。1992年7月，省政府首次召开全省质量工作会议，提出宣传和发展名牌产品的战略，开启浙江品牌发展之路。各地广泛开展争创名牌产品活动，积极推行ISO9000系列国际标准，实施重点产品质量攻关、质量赶超和质量改进计划，涌现出一大批“中国名牌”“浙江名牌”产品。1996年12月，省政府发布《浙江省质量振兴实施计划(1998—2010年)》，“质量兴厂”“质量兴业”“质量兴市”活动和质量诚信体系建设活动在全省全面展开，推动了产品质量、工程质量、服务质量和企业质量管理水平的全面提高。

进入21世纪，省委、省政府从战略层面谋划布局质量建设，推动“质量振兴”向“质量强省”迈进。2006年3月，省委书记习近平在全省自主创新大会上提出，“要坚持把自主创新和自主品牌战略结合起来，推动品牌大省建设”。他强调指出，“要切实抓好商标、质量、标准、管理等品牌基础工作”。2007年9月20日，省政府召开全省质量工作电视电话万人大会，提出坚定不移地走“质量强省”之路。至2010年，围绕深入实施技术创新与知识产权战略、品牌战略和标准化战略，全省建立健全质量安全保障体系、质量技术支撑体系、质量诚信体系和认证认可体系，扎实推进质量基础工程、质量平安工程、质量提升工程、质量信用工程、质量创新工程和质量惠民工程，为全省经济转型升级、生态文明建设、民生保障改善发挥了积极作用。

第一节　质量振兴

1979年初，浙江机械行业率先开展以质量为中心，以全员参与为基础的全面质量管理试点，推动全省各行各业普及和推广先进质量管理方法。1998年4月，省政府颁布《浙江省质量振兴实施计划(1998—2010年)》，加快全省质量振兴的步伐。至2010年底，全省质量振兴计划确定的各项目标基本完成，为“质量强省”建设奠定了良好基础。

一、贯彻《质量振兴纲要》

1996年12月24日，为贯彻《中华人民共和国国民经济和社会发展“九五”计划和2010年远景目标纲要》，提高全国产品质量、工程质量和服务质量的总体水平，指导质量工作，国务院颁布《质量振兴纲要(1996—2010年)》。1997年1月18—20日，全省计划与经济工作会议在杭州召开。会议对认真贯彻《质量振兴纲要》，切实抓好企业质量管理工作进行了部署。2月，浙江省第八届人大五次会议审议通过《1997年国民经济和社会发展计划草案的报告》，对贯彻《质量振兴纲要》，选择主要行业和产品编制质量赶超计划，加强对企业创名牌、保名牌、发展名牌工作的指导和扶持等工作提出具体要求。3月，省计经委、省技监局召开《浙江省质量振兴实施计划》起草小组第一次会议，研究确定《浙江省质量振兴实施计划》制定的总体思路和框架。4月1日，省计经委、省技监局印发《关于开展学习宣传〈质量振兴纲要(1996—2010年)〉活动的通知》，对学习宣传《质量振兴纲要》提出具体要求。4月3日，副省长叶荣宝就宣传贯彻《质量振兴纲要》发表电视讲话，动员全省广泛开展学习、贯彻《质量振兴纲要》活动。4月16日，省技监局、浙江省企业家协会、浙江日报社、钱江晚报社和杭州日报社联合召开贯彻《质量振兴纲要》座谈会，代省长柴松岳等与省市知名企业、行业主管部门负责人及有关专家教授，就全面提高产品质量、工程质量和服务质量进行座谈，共商贯彻《质量振兴纲要》大计。4月22日至5月8日，省技监局会同省市新闻单位和部分知名企业，举办《质量振兴纲要》有奖知识竞赛。竞赛试题在《浙江日报》《杭州日报》和《钱江晚报》上同时刊登，扩大了贯彻《质量振兴纲要》活动的社会参与度。8月，机械系统25家骨干企业向全省发出“自觉贯彻《质量振兴纲要》，打好质量翻身战役”的倡议，号召开展“千厂万组无废品”活动。9月，在全省“质量月”活动期间，各地区、各行业和广大企业结合自身实际，有针对性地开展形式多样的质量振兴宣传活动，进一步增强全民的质量意识，推动全社会形成重视质量的良好环境和风气。

1998年4月10日，省政府发布《浙江省质量振兴实施计划(1998—2010年)》，确定了全省一个时期质量振兴的指导思想和主要目标，明确了重点行业质量振兴目标与重点区域打假治劣任务。同时，提出了加强对质量工作的领导和管理；增强质量意识，提高劳动者素质；充分发挥中介组织作用，建立与完善质量振兴的社会服务体系；增强企业基础工作，抓好内部质量管理 4 个方面的具体要求和措施。5 月 13 日，省计经委、省技监局印发《关于贯彻〈浙江省质量振兴实施计划（1998—2010 年）〉的通知》（以下简称《通知》），要求各地大力开展《浙江省质量振兴实施计划（1998—2010 年）》的学习宣传工作，加快制订本地区、本部门、本单位的实施细则，进一步实施名牌战略，抓好重点产品质量赶超工作，推动产品质量上台阶。《通知》印发后，各地陆续制定出台结合当地实际的质量振兴实施计划或规划。8 月 28 日，全省质量振兴电视电话会议在杭州召开。会议围绕认真贯彻落实国务院颁布的《质量振兴纲要》和省政府制定的《浙江省质量振兴实施计划（1998—2010 年）》，部署了质量振兴工作的主要任务。9 月，省长柴松岳参观了“质量——永恒的主题”大型展览，要求进一步深入贯彻落实《产品质量法》《质量振兴纲要》和《浙江省质量振兴实施计划（1998—2010 年）》，努力实施名牌战略，扩大名牌产品的市场占有率；同时要求进一步加大整治区域性质量问题的力度，按照“查大案、端窝点、整市场、保名优”的要求切实解决假冒伪劣产品问题，把区域性质量问题转变为区域经济优势。至年底，全省列入考核的 276 种产品质量稳定提高率为 92.7%。

1999 年 2 月，浙江省第九届人大二次会议审议通过《1999 年国民经济和社会发展计划草案的报告》，要求把深化企业改革与加强企业管理紧密结合起来，进一步开展学先进和星级企业创评活动，贯彻落实质量振兴实施计划，大力培育“浙江名牌”产品，以整治区域性、行业性质量问题为重点，深入开展打假治劣活动。9 月，由浙江省质量管理协会（以下简称省质量管理协会）主办、杭州卷烟厂协办，旨在广泛动员企业和社会各界积极投身质量振兴事业，推动产品质量、工程质量、服务质量和企业质量管理水平全面提高的“全省质量知识竞赛”活动在杭州举行，全省 11 个市（地）质量协会组织的群众代表参加竞赛。11 月，省建设厅印发《浙江省建设工程质量振兴实施细则（1999—2010 年）》，对建设工程领域质量振兴的指导思想、总体目标、分项目标、实施措施、奖惩办法等进行明确。

2000 年 3 月，省委宣传部、省计经委、省建设厅、省质监局、省工商局、浙江省商业管理办公室联合开展“质量是我们共同事业”活动，大力宣传质量管理先进经验和为质量振兴做出贡献的单位和个人，总结推广名优企业“立足市场、质量兴业、争创一流”的成功经验，带动全省广大企业走质量振兴之路。4 月，省计经委、省质监局对全省贯彻落实《浙江省质量振兴实施计划（1998—2010 年）》情况进行检查。在产品质量方面，重点检查省重点骨干企业（即“五个一批”企业）的主要产品按国际标准组织生产的情况及主导产品技术质量水平；在工程质量方面，重点检查大中型工程和房地产开发企业建设的工程质量情况；在服务质量方面，重点检查旅游、医疗、商业、交通、铁路、民航等服务行业的骨干企业贯彻实施国家或本行业服务质量规范的情况。6 月 29 日，浙江省第九届人大常委会第二十一次会议审议通过《关于加强产品质量工作的决定》，要求积极探索加强质量监管，提高产品质量的有效途径和办法，制定阶段性产品质量规划，落实质量振兴目标。同年，省政府在“三定”方案中明确由省质监局统一管理和指导全省质量工作，组织实施国务院《质量振兴纲要》和省政府制定的《浙江省质量振兴实施计划(1998—2010年)》,抓好重点工业产品质量赶超活动,鼓励指导企业开展质量攻关、质量改造和质量赶超。至年底,全省约70%的企业完成质量赶超任务。

2001年,省财政厅、省质监局印发《浙江省质量措施项目资金管理暂行办法》,规范质量措施项目资金管理,推动质量振兴工作。2002年,围绕全省产品结构调整,省质监局编制了《2002—2003年浙江省重点产品质量上台阶计划》,以主导产业、传统支柱产业、新兴发展产业和"五个一批"企业的产品为重点,确定了机械、信息产业、化工、医药、纺织、丝绸、轻工、食品、建材、冶金等行业51个产品的质量赶超重点项目和526种培育、发展的主要名牌产品(其中工业产品458种、农产品68种),旨在通过重点产品的质量攻关、质量赶超和质量改进,培育发展"浙江名牌"产品,促进浙江产品质量整体水平提高。2003年,省质监局编制《浙江省重点产品质量上台阶与浙江名牌产品培育计划(2004—2006年)》,确定了纺织化纤、品牌服装、精品皮革、高档塑料制品、精细化工及氟硅化学品、食品、新医药、家用电器、仪器仪表、电气机械及器材制造、专用设备制造、汽车摩托车及零部件、新型冶金建材、电子信息等产业的重点产品为质量上台阶和品牌培育发展的主要目标、方向。同年,全省质监部门共组织申报质量措施资金补助项目70项,其中质量赶超项目63项。经专家评审,确定24个质量措施重点扶持项目,下达项目补助资金412万元。至年底,全省前3年确定的75个省级重点质量措施项目基本完成,项目总投资36亿元,下达补助资金1108万元。

2005年3—4月,省质监局通过召开座谈会、走访优势特色工业园区、填写调查表等方式开展"推动质量振兴、打造品牌大省"专题调研工作,了解掌握各地开展质量振兴和品牌建设工作情况,探索建立适应社会主义市场经济体制发展要求的品牌培育、提升、经营、延伸和保护的机制,提出了推动质量振兴、培育名牌产品的目标、措施和建议,推出了一批实施质量振兴和品牌战略的先进典型,在全省营造"千家争名牌、万家创品牌"的良好氛围。5月,省质监局将富阳市、诸暨市列为全省"千家争名牌,万家创名牌,推进质量振兴,打造品牌大省"的试点城市,将安吉椅业、慈溪家电业列为中小企业帮扶工作的省级试点行业。同年,全省质监部门共组织申报质量措施资金补助项目79项,其中,杭州11项,温州6项,绍兴6项,嘉兴9项,湖州3项,台州5项,金华16项,衢州6项,舟山6项,丽水5项,省级有关部门6项。经评审,确定质量措施项目29项,其中,质量赶超项目20项、质量管理重点课题9项。2006年3月,省质监局成立产品质量提升工程领导小组,并组织制定《浙江省质量振兴规划(2006—2010年)》。8月,全省质监部门组织2006年全省质量措施项目资金补助申报工作,继续开展质量措施项目和重点产品质量赶超活动。同年,全省各市(除宁波外)质监部门共组织申报质量措施资金补助项目81项。其中,产品质量赶超计划项目74项,质量管理重点课题项目6项,质量检测仪器设备购置补助项目1项。经审查筛选、征求意见和专家评审,最终确定推荐质量措施项目28项,其中产品质量赶超项目22项、省质量管理重点课题6项。2008年9月,省质监局组织开展2008年浙江省质量赶超项目申报工作。12月,省质监局、省财政厅将浙江红蜻蜓鞋业股份有限公司的运动皮鞋核心技术专利转化为技术标准、浙江东音泵业有限公司的6英寸耐腐蚀屏蔽式井用潜水泵高新技术转化为标准等35个项目列入2008年全省质量赶超项目。这些项目包括块状产业的提升、区域名牌的培育、转化发明创造成果等,涉及纺织、轻工、化工、机械、电子等行业，由全省33家相关部门、行业协会、企业、科研院所分别承担，总投资2亿多元，政府补助资金700万元。

2009年4月，全省质监部门开展2009年浙江省质量赶超项目申报工作。质量赶超项目的类型有：区域名牌的培育；块状行业质量诚信制度建设；企业在技术和标准上进行创新，实现产品质量跨越式的提高；以质量攻关、质量改进、技术革新、节能降耗等为主要内容的QC小组活动；产品实质性采用国际标准或国外先进标准。8月，省质监局、省财政厅将涉及食品、纺织、轻工、化工、机械、电子等行业的50个项目列为2009年全省质量措施项目，由48家相关行业协会、企业、科研院所分别承担，项目总投资8984.2万元，政府补助资金700万元。同年，省质监局、省经信委、省科技厅印发《关于加快质量振兴推进工业转型升级的实施意见》，对推进工业转型升级的工作目标、主要任务、政策措施等进行明确。2010年6月，全省质监部门继续开展全省质量赶超项目的申报、评审，推动全省质量振兴工作的深入开展。至2010年底，《浙江省质量振兴规划(2006—2010年)》确定的各项目标基本完成。

表35-3-1-1　　浙江省质量振兴规划(2006—2010年)完成情况一览表

<table>
<tr><th>类别</th><th>指标项目</th><th>主要指标完成情况</th></tr>
<tr><td rowspan="9">总体质量水平</td><td rowspan="6">产品质量</td><td>生产领域产品质量监督抽查合格率90%左右</td></tr>
<tr><td>流通领域商品质量抽查合格率75%左右</td></tr>
<tr><td>出口商品检验批次合格率99%以上</td></tr>
<tr><td>规模以上企业采标率80%</td></tr>
<tr><td>农业标准化推广实施率42.3%</td></tr>
<tr><td>亿元生产总值生产安全事故死亡率0.13%以内</td></tr>
<tr><td>工程质量</td><td>建设工程质量保持全国领先。2005—2009年获鲁班奖42个，占全国总数9.9%</td></tr>
<tr><td>环境质量</td><td>总体环境质量稳中趋好，主要污染物排放总量持续下降，生态环境质量连续3年位居全国前列</td></tr>
<tr><td>服务质量</td><td>公共服务业系统化、体系化趋势明显，各业态规范化、标准化水平不断提高</td></tr>
<tr><td rowspan="4">质量安全水平</td><td rowspan="4">—</td><td>食品监督抽查合格率90%以上</td></tr>
<tr><td>农产品监督抽查合格率95%以上</td></tr>
<tr><td>“3C”认证产品监督抽查合格率90%左右</td></tr>
<tr><td>许可证产品监督抽查合格率90%以上</td></tr>
</table>

续表

类别	指标项目	主要指标完成情况
质量工作水平	质量基础	龙头骨干企业、规模以上企业通过 ISO 9000 认证比例分别为 99%、69.7%；检测检验机构近 1100 家，其中国家级质检中心 24 家、部级质检中心 17 家；县以上城市污水处理厂全覆盖，农村生活污水处理率 40%，生活垃圾收集率 80%
	质量创新	获国家标准创新贡献奖 20 个，全国专业标准化技术委员会秘书处 38 个，参与制（修）订国际标准 35 项，参与制（修）订国家标准 1655 项；规模以上企业新产品产值率接近 20%；浙江名牌 2080 个；建筑业十项新技术应用示范工程面积 320 万平方米，完成节能改造试点面积 10 余万平方米
	质量政策法规	质量相关法律、行政法规 14 部，部门规章 211 件，地方性法规 100 件，地方政府规章 96 件

资料来源：根据省质监局档案资料整理编制。

说明：时间截至 2010 年底。

二、"质量强省"建设

开展"质量兴省（市）""质量强省（市）"活动是中国区域经济发展过程中实施的一项有重大影响的质量振兴举措，是政府履行宏观质量管理的一项重要工作。1990 年，省政府提出"练质量管理硬功，走质量取胜之路"。1993 年，温州市在全国率先开展"质量立市"活动，影响和带动了全省各地质量振兴活动的开展，成为全国质量振兴的一面旗帜。2007 年，省委、省政府首次明确提出"以质取胜，坚定不移地走质量强省之路"。2009 年，省政府进一步提出"要抓发展质量，提生活品质，建质量强省"。由此，围绕"实施三大战略、健全三大体系、推进六项工程"①的质量强省建设工作在浙江全面展开。

（一）"质量兴市"活动

1987 年 8 月 8 日，杭州市下城区工商行政管理部门将查获的 5000 余双温州生产的劣质鞋在杭州市武林广场销毁。"火烧温州鞋"事件引发全国连锁反应，多地群起效仿，给正在起步阶段的温州鞋业以沉重打击，不少企业相继倒闭；勉强生存下来的，也改换门庭，贴牌生产。也正是这一把大火，唤醒了温州人的质量意识。从此，温州开始进入第二次创业阶段。

1993 年下半年，温州市委、市政府决定开展"第二次创业"和"质量立市"活动。1994 年 1 月 5 日，温州市委、市政府印发《关于开展"第二次创业"和"质量立市"的决定》，号召温州市人民进行第二次创业，提出分步实施"三五八"质量系统工程，即通过 3 年、5 年、8 年的努力，使温州市产品质量达到或超过全国平均水平。2 月 1 日，温州市委、市政府印发《关于加强产品

① "实施三大战略、健全三大体系、推进六项工程"："三大战略"即技术创新与知识产权战略、品牌战略和标准化战略；"三大体系"即质量安全保障体系、质量技术支撑体系和质量诚信体系；"六项工程"即质量基础工程、质量平安工程、质量提升工程、质量信用工程、质量创新工程和质量惠民工程。

质量管理，提高我市经济发展水平的决定》，确立“质量立市”的战略，并制定1995年、1997年、2000年的分期目标。5月10日，温州市委、市政府召开“质量立市”万人动员大会，动员社会各界积极投身“质量立市”创业活动。9月1日，温州市第八届人大九次会议审议通过《关于同意〈温州市质量立市实施办法〉的决定》。10月7日，温州市人民政府印发《温州市质量立市实施办法》，对“质量立市”的目标和任务、责任和义务、奖励和惩罚的办法等进行明确。1995年2月，国家技监局转发《温州市质量立市实施办法》，推广温州“质量立市”工作经验，推动全国开展“质量立(兴)市”活动。从1996年起，“质量兴厂”“质量兴业”“质量兴市”活动在全省全面展开。2000年8月8日，国家质监局在温州召开全国部分地区“质量立市”工作座谈会，充分肯定自1993年温州率先在全国开展“质量立市”活动以来，全国开展“质量立市”活动所取得的成效，提出了进一步推动“质量立市”活动深入、广泛开展的要求。会议讨论并修订了《关于推动质量立市活动的若干意见》，全面推广温州“质量立市”活动的经验和做法。至2006年底，全省共有56个市、县(市、区)部署开展“质量兴市”活动，温州市、台州市、萧山区、余杭区被国家质检总局授予“全国质量兴市先进市(县)”称号。2009年，全省有59个市、县(市、区)开展“质量兴市”活动，有9个市、24个县(市、区)政府设立“市、县(市、区)长质量奖”。截至2010年8月，全省有62个市、县(市、区)开展“质量兴市(县、区)”“质量兴业”“质量兴企”活动，推动了全民质量意识的整体提高。

(二)“质量强省”工作

2007年9月20日，省政府召开全省质量工作电视电话万人大会，省长吕祖善在题为《科学发展以质取胜坚定不移地走质量强省之路》的讲话中，强调“质量是一个国家或地区综合实力的象征，是一个民族整体素质的体现。质量问题不仅是一个经济问题，更是一个重大的政治问题。加强质量工作是提高经济增长质量的迫切需要，是促进节能减排的重要途径，是提高浙江产品竞争力的重要举措，是构建和谐社会的内在要求”。会议要求各级政府充分认识加强质量工作的重要性和紧迫性，切实把质量工作列入重要议事日程。2009年10月19日，全省质量工作会议在杭州之江饭店召开。省委书记赵洪祝、省长吕祖善对会议的召开作出批示，副省长王建满、国家质检总局副局长刘平均出席会议并讲话。会议要求从科学发展、转型升级的高度认识“质量强省”的新要求，从“大质量”“大民生”的高度认识“质量强省”的新内涵，从提升发展质量、提高生活品质的高度认识“质量强省”的新目标，进一步加快“质量强省”建设步伐。12月23日，全省经济工作会议召开。省委书记赵洪祝在会上就扎实推进“质量强省”和“品牌强省”建设，积极培育和发展区域品牌，推动企业由无牌、贴牌向有牌，由有牌向名牌转变工作提出明确要求。

2010年2月，全省质量技术监督工作会议决定以省政府确定的11个产业、42个现代产业集群、146家龙头骨干企业为重点，大力实施“六个一”计划，即培育创新100个浙江区域名牌，培育创新100个浙江服务名牌，推广实施100个区域联盟标准，构建完善100个以检验检测为基础的技术服务平台，建设100个国家级和省级专业标准化技术委员会，组建100个质量提升服务专家组，面向重点块状产业和龙头企业开展“一对一”质量提升服务。3月22日，省质监局成立“质量强省”工作领导小组，主要职责是协调全省质监系统“质量强省”推进工作；推动实施“质量强省”战略，为省委、省政府“质量强省”决策提供意见和建议；作出质监系统推进实施“质量强省”战略的决策部署。4月1日，省政府决定成立浙江省“质量强省”工作领导小组。副省长王建满任组长；省政府办公厅副主任谢济建、省质监局局长瞿素芬任副组长；省委宣传部、省发改委、省经信委、省教育厅、省科技厅、省公安厅、省监察厅、省财政厅、省人力资源和社会保障厅、省环保厅、省建设厅、省交通运输厅、省水利厅、省农业厅、省林业厅、浙江省商务厅（以下简称省商务厅）、省文化厅、省卫生厅、浙江省人民政府国有资产监督管理委员会（以下简称省国资委）、省国税局、省地税局、省工商局、省质监局、浙江省安全生产监督管理局（以下简称省安监局）、省统计局、省海洋与渔业局、省旅游局、省政府法制办、浙江省食品药品监督管理局等单位为成员。5月17日，浙江省“质量强省”工作领导小组第一次全体会议在浙江省人民大会堂（以下简称省人民大会堂）召开，30家成员单位的有关负责人和联络员参加。会议就“质量强省”领导小组工作规则、2010年度工作计划的制定以及“省政府质量奖”的实施情况作了说明。省发改委、省建设厅、省环保厅和省质监局分别就如何抓好服务质量、工程质量、环境质量以及产品质量工作进行交流发言。7月29日，省政府召开“质量强省”工作电视电话会议，要求树立全面质量观、全程质量观、全民质量观，着力提高事关国计民生的重点领域、重点行业质量水平，突出抓好产品质量、工程质量、服务质量和环境质量的提升。8月11日，浙江省“质量强省”工作领导小组召开牵头单位协调会议，讨论《浙江省人民政府关于建设“质量强省”的意见》《浙江省质量强省建设“336”行动计划》《质量强省建设试点工作方案》等3个征求意见稿，研究落实“质量强省”工作调研课题总报告、分报告的起草以及质量建设“十二五”规划的编制工作。会议确定杭州上城区、嘉兴海宁市、绍兴诸暨市、温州瑞安市为“质量强省”省级试点地区。9月，诸暨市人民政府召开“质量强市”工作会议，并印发《关于推进质量强市战略的实施意见》，在全市开展以质量强业、质量强镇、质量强企为主要内容的“质量强市”创建活动。同年，“质量强省”建设纳入各级政府的中心工作。全省11个市和绝大多数县（市、区）都成立了由市（县）政府主要领导任组长的工作领导小组，初步形成政府统一领导、质监牵头协调、部门共同推动的“质量强省”建设工作格局。

三、全面质量管理活动

全面质量管理是以质量为中心，以全员参与为基础，目的在于通过让顾客满意和本组织所有者、员工、供方、合作伙伴或社会等相关方受益而达到长期成功的一种管理模式。浙江省从1979年开始推广和普及全面质量管理。1987年起，开始推行质量管理体系认证、卓越绩效管理①等现代质量管理模式和方法，推动了浙江企业管理水平的普遍提高。

（一）宣传普及

1979年初，浙江机械行业率先进行全面质量管理培训工作，并选定杭州齿轮箱厂、浙江

① 卓越绩效管理：是通过综合的组织绩效管理方法，使组织和个人得到进步和发展，提高组织的整体绩效和能力，为顾客和其他相关方创造价值，并使组织持续获得成功的一种管理模式。

水泵厂为全面质量管理试点单位。7月，浙江派代表参加国家经委组织召开的全国质量管理小组代表会议，并将全面质量管理经验带回浙江。9月，浙江人民广播电台(以下简称省人民广播电台)在《工人》节目中开设企业质量管理讲座，交流推广运用全面质量管理的先进经验。

1980年，省经委举办全面质量管理厂长学习班。同年，全面质量管理试点工作扩大到化工行业的杭州橡胶厂、轻工行业的华丰造纸厂、丝绸行业的杭州绸厂等单位。1981年，全面质量管理普及范围开始进一步扩大到工程建设、交通运输、邮电通信等行业。1982年，省质量管理协会组织编印《质量管理工作手册(一)》，并举办360期全面质量管理培训班，参加学习人员达1.8万余人。1983年11月，副省长吴敏达在全省第六次“质量月”授奖大会上，要求积极推行全面质量管理和开展群众性的质量管理小组活动。1984年10月，副省长李德葆在全省第七次“质量月”授奖大会上，要求所有企业认真贯彻国家经委颁发的《工业企业全面质量管理暂行办法》和《质量管理小组暂行条例》，加强全面质量管理，开展质量管理小组活动。同年，省质量管理协会举办全面质量管理知识学习班、培训班3480期，181931人次参加；举办全面质量管理讲座、报告会506次，42376人次参加。1985年3月18日至4月14日，省质量管理协会在杭州举办全面质量管理师资培训班，培训的主要对象是团体会员企业从事质量管理工作的专职人员。至年底，全省各地区、各行业基本都有全面质量管理试点企业。

1986年2月，省计经委要求整顿验收合格的3400个县以上全民和集体企业推行全面质量管理。4月，省质量管理协会在金华召开第5次年会，研究“七五”期间(1986—1990年)在全省有计划、有步骤地推行全面质量管理工作。5月，省计经委印发《关于认真抓好重点工业企业推行全面质量管理的通知》，对列入国家经委计划的大中型企业(共42家)和列入省计划的重点工业企业(共51家)推行全面质量管理工作提出要求。6月26日，省、市质量协会和杭州市科技协会在杭州湖滨画廊联合举办全面质量管理基本知识宣传画展。画展采用电动立体模型与图画、文字相结合的形式，介绍全面质量管理知识及杭州橡胶厂等17个省质量管理先进企业的经验成果。同年，省质量管理协会受省计经委委托，举办3期质量管理学习班，对全面质量管理知识及先进企业的经验进行宣讲。1986年12月至1987年4月，中国质量管理协会(以下简称中质协)、中国科学技术协会、国家教育委员会、中央电视台联合举办第六期《全面质量管理基本知识》电视讲座，全省工业、工程建筑、交通运输和邮电服务等行业组织11.3万人收看了讲座。

1987年3月30日，按照国家经委对大中型企业推行全面质量管理的8条基本要求，省计经委印发《浙江省重点工业企业推行全面质量管理实施细则(试行)》(以下简称《实施细则》)。4月19日起，全省工业、交通运输、工程建筑等行业的102217名职工参加全国全面质量管理基本知识统考。据统计，全省参加统一考试的及格率达97.6%，平均成绩为83.6分。5月21—27日，省计经委委托省质量管理协会在兰溪兰江冶炼厂举办第一期重点企业全面质量管理厂长学习班，列入浙江省1987年重点推行全面质量管理计划的45家企业的厂长及全面质量管理办公室主任参加。9月2日，省计经委、省质量管理协会印发《关于继续抓好全面质量管理基本知识教育的通知》，对“七五”时期后3年抓好全面质量管理基本知识教育和统考工作进行部署，明确把3470家县以上全民和集体工业企业及600余家产值在500万元以上的乡镇骨干企业初中以上文化程度的职工轮训一遍。11 月 17 日，省计经委委托省质量管理协会在湖州举办第二期省重点企业全面质量管理厂长学习班，全省 84 家企业和单位的 100 名厂长(经理)、全面质量管理办公室主任或科长及质量管理人员参加。11 月 22 日，国家经委通报表彰 1986 年计划内推行全面质量管理成效显著的 68 家企业，杭州制氧机厂、宁波水表厂、杭州水表厂名列其中。同年，按照国家经委关于推行全面质量管理的 8 条基本要求和浙江省制定的《实施细则》，各市(地)对列入 1987 年重点推行全面质量管理计划的 111 家企业进行检查验收，其中杭州汽轮机厂等 89 家企业验收合格。

1988 年 3 月 30 日，省计经委印发《关于贯彻工业企业全面质量管理实施细则有关问题的补充通知》，对《浙江省重点工业企业推行全面质量管理实施细则》《浙江省小型工业企业全面质量管理实施细则》进行修改补充，对推行全面质量管理的评分标准、验收和发证等进行明确。4 月 24 日和 5 月 8 日，全省有 20 余万名职工参加全国第三次全面质量管理基本知识统考。1988—1990 年，省质量管理协会共组织 66 万名职工参加全面质量管理基本知识的学习。为配合统考，省质量管理协会组织发行教材 47 万册，编印复习资料 33.5 万册，培训辅导员 7000 余人。至“七五”时期末，全省 300 余家大中型企业达到全面质量管理验收标准。

1992 年 4 月 16 日，省计经委对继续在工业企业推行全面质量管理工作进行部署。1994 年 11 月，全省有 2.1 万名职工参加全面质量管理基本知识统考，考试合格率达 97%以上。1999 年，全省有 1.5 万名企业职工参加全面质量管理基本知识的学习和统考。2001 年 7 月，为贯彻国家质检总局、国家经贸委、全国总工会、共青团中央印发的《关于开展新一轮质量管理培训的通知》精神，省质量管理协会对 1999 年版《全面质量管理基本知识》教材进行修订，增加了 ISO9000：2000 版标准有关内容和质量管理的一些新理念、新要求。11 月，全省有 1.4 万名职工参加全面质量管理基本知识统考。2002 年 11 月，全省有 1.6 万名职工参加全面质量管理基本知识统考。

2006 年，浙江省质量协会(以下简称省质协)举办 3 期《全面质量管理基本知识》培训班，180 家企业的 260 余人参加。同年，全省有 1892 人参加全国全面质量管理知识统考，6097 人参加全省全面质量管理知识统考。至年底，全省累计共有 160 万人参加了全面质量管理基本知识的培训和统考。2009 年，省质协组织 1370 人参加中质协举办的全面质量管理基本知识普及教育活动，组织 9230 人参加全省全面质量管理知识普及教育与统考。2010 年，省质协组织企业员工参加全国和全省全面质量管理知识普及教育活动，共有 10714 人参加。

(二)全面质量管理小组活动

全面质量管理小组(即 QC 小组)活动就是在工作岗位上从事各种劳动的职工围绕企业方针目标或现场存在的问题，以改进质量、降低消耗、提高经济效益和人的素质为目的而组织起来，并运用质量管理的理论和方法开展活动的小组。

1980 年 8 月 29 日，全国第二次质量管理小组代表会议评选出 70 个“全国优秀 QC 小组”，华丰造纸厂二车间质量管理小组、浙江永康拖拉机厂金二质量管理小组、杭州齿轮箱厂热处理第一质量管理小组、杭州机床厂铸造大炉质量管理小组名列其中。10 月 14 日，省机械局、浙江省农业机械局在杭州召开全面质量管理成果发表会，评出杭州齿轮箱厂热处理第一质量管理小组等28个“省优秀QC小组”。同年，省经委组织华丰造纸厂、杭州齿轮箱厂、张小泉剪刀厂3家企业的QC小组代表，到北京参加中质协召开的全国优秀QC小组成果发表会。至1981年底，全省共有2006个QC小组。1982年7月，省质量管理协会在金华召开浙江省优秀QC小组评选会，共有76个QC小组在会上发表成果。经评选，57个QC小组被评为“省优秀QC小组”。其中，被推选参加全国优秀QC小组代表会的5个，被推选参加华东区优秀QC小组经验交流会的10个。同年，全省QC小组增加到2577个，QC小组成果可直接计算的经济效益达1125万元。1983年5月，各市（地）质量协会分别举行QC小组成果发表会，评选出各行业和各市（地）的优秀QC小组。7月，省质量管理协会在绍兴召开全省QC小组成果发表会。经评选，63个QC小组被评为“省优秀QC小组”。其中，推选参加全国优秀QC小组代表会的7个，推选参加华东区优秀QC小组经验交流会的10个。同年，全省QC小组发展到4590个。

1984年7月，省计经委，省总工会、中国共产主义青年团浙江省委员会（以下简称团省委）、省质量管理协会在湖州召开省优秀QC小组评选会，有86个QC小组在会上发表成果。经过评议，共评出“省优秀QC小组”84个，其中5个被推荐参加全国优秀QC小组评选、6个被推荐参加华东地区优秀QC小组经验交流会。同年，省质量管理协会印发《省优秀QC小组评选标准》，进一步完善省优秀QC小组的评选办法。1985年8月，省计经委、省总工会、团省委、省质量管理协会在嘉兴召开省优秀QC小组代表会。会上公布了102个“省优秀QC小组”名单，嘉兴民丰造纸厂、杭州齿轮箱厂、杭州橡胶厂的代表介绍了开展全面质量管理小组活动的经验；被推荐参加全国优秀QC小组代表会的代表介绍了经验并汇报QC成果。1986年9月，省优秀QC小组经验交流会在舟山召开。会上公布108个“省优秀QC小组”名单，杭州铁路分局杭州车辆段等6个单位的代表介绍了开展QC小组活动的经验，杭州机床厂装配车间磨头清洁度QC小组等8个“省优秀QC小组”的代表汇报QC成果。至1987年7月底，全省注册登记的QC小组达15946个。1987年9月10—12日，省计经委、省总工会、团省委、浙江省科学技术协会（以下简称省科协）、省质量管理协会在建德县召开1987年度“省优秀QC小组”代表会。6个被预选为全国优秀QC小组的代表在会上汇报QC成果。会议还向118个“省优秀QC小组”颁发了奖状和证书。据统计，118个“省优秀QC小组”开展QC活动取得的成果，可直接计算的经济效益达642万元。1988年，全省共评选出杭州第二棉纺织厂北纺车间试验室QC小组等121个“省优秀QC小组”。1992年，杭州铁路分局杭州站售票联运QC小组等13个QC小组被评为“全国优秀QC小组”，黄岩轴承厂冲头延寿QC小组等169个QC小组被评为“省优秀QC小组”。1993年，全省共有18个QC小组被评为“全国优秀QC小组”，159个QC小组被评为“省优秀QC小组”。1995年6月，省质量管理协会对优秀QC小组活动成果进行评审。经评审，共评选出“省优秀QC小组”146个。1996年，铁路宁波北站装卸作业所目标管理小组QC小组等24个QC小组被评为“全国优秀QC小组”，丽水毛巾厂漂印综合QC小组等174个QC小组被评为“省优秀QC小组”。

1997年5月22日，省计经委、省财政厅、省科协、省总工会、团省委、省质量管理协会转发国家经贸委等《关于推进企业质量管理小组活动的意见》，要求继续深入开展全面质量管理小组活动。5月28—30日，省QC小组成果发布会在临海市召开。会上，46个优秀QC小组发表成果。同年，全省共有33个QC小组获“全国优秀QC小组”称号，184个QC小组被评为“省优秀QC小组”。1998年6月，全省QC小组成果发表会在绍兴召开，共有120名代表参加。会上，共发表56项QC小组成果。其中，16项获一等奖、22项获二等奖、18项获三等奖。同年，全省共有36个QC小组被评为“全国优秀QC小组”，150个QC小组被评为“省优秀QC小组”。1999年4月，省质量管理协会举办QC小组诊断师培训班，40余名学员参加培训、考试，成为全省首批QC小组活动诊断师。6月，全省QC小组成果发表会在奉化市召开，共发表144项优秀成果，其中32项获一等奖、55项获二等奖、57项获三等奖。同年，全省共有52个QC小组获“全国优秀QC小组”称号，188个QC小组被评为“省优秀QC小组”。

2000年，全省QC小组围绕科学管理、提高质量、优质服务、节能降耗、改进设备等课题，开展技术攻关和研究。6月20—22日，全省优秀QC小组成果发表会在奉化召开。会议按行业分5个分会场，发表145项优秀成果。这些发表的成果可计算的直接经济效益达5615万元。经评选，40项QC小组成果获一等奖，18个QC小组被推荐为“全国优秀QC小组”。2001年6月20—22日，全省优秀QC小组成果发表会在绍兴召开，共发表163项成果，可计算的直接经济效益6500余万元。经评选，42项QC小组成果获一等奖，120项QC小组成果获二等奖。同年，浙江有5家企业被评为“全国QC小组活动优秀企业”，49个小组被评为“全国优秀QC小组”，14人获“全国QC小组活动优秀推进者”称号。2002年6月25—27日，全省优秀QC小组成果发表会在临安召开。由各市质量协会推荐的145个优秀QC小组共250名代表参加成果发表会。经评选，有43个QC小组的成果获一等奖。同年，全省共有52个QC小组获“全国优秀QC小组”称号，6家企业被评为“全国QC小组活动优秀企业”。2003年，全省共有58个QC小组获“全国优秀QC小组”称号，189个QC小组被评为“省优秀QC小组”，6家企业被评为“全国QC小组活动优秀企业”。2004年7月1—3日，全省优秀QC小组成果发布会在东阳召开。各市质量协会、行业推荐的176项优秀QC小组成果按行业分4个会场进行发布。经评选，48项QC小组成果获一等奖，128项QC小组成果获二等奖。同年，全省共有56个QC小组获“全国优秀QC小组”称号，7家企业被评为“全国QC小组活动优秀企业”。2005年，全省有89项QC小组成果获一等奖，106项QC小组成果获二等奖。2006年，全省共有57个QC小组获“全国优秀QC小组”称号。

2007年9月1—3日，由三花控股集团有限公司、星星集团有限公司、英博双鹿啤酒集团有限公司等企业的优秀QC小组骨干及省质协邀请的专家组成的巡回宣讲团，为临海、永嘉的30余家企业宣讲了开展QC小组活动的有关技术和方法。其间，省质协还向企业和地方质量协会赠送50余套QC小组活动工具书。2008年6月23—26日，全省优秀QC小组活动成果发表大会在宁波召开，435名代表参加。会议共收到优秀QC小组成果289项，实际发表253项，其中，现场型108项，攻关型80项，服务型17项，管理型22项，创新型26项。这些发表的成果共取得可计算经济效益33992.7万元，并在保护环境、节能降耗、提高服务质量、保障安全生产、建设学习型企业等方面取得良好的社会效益。至2008年6月，全省QC小组累计注册数为60余万个，先后有4500多个小组被评为“省优秀QC小组”，880余个小组获“全国优秀QC小组”称号。2009年，全省有157项QC小组成果获一等奖，135项QC小组成果获二等奖，有71个QC小组获“全国优秀QC小组”称号。

2010年6月23—25日，全省优秀QC小组成果发布会在宁波召开，共发布QC小组成果277项。这些成果共取得可计算经济效益29072万元。经评选，139项QC小组成果获一等奖，131项QC小组成果被评为二等奖。同年，全省共有70个QC小组获“全国优秀QC小组”称号。

（三）质量管理体系推行

ISO9000族质量管理体系标准是由国际标准化组织（International Organization for Standardization，ISO）中的质量管理和质量保证技术委员会（简写为ISO/TC176）制定并发布的，是组织内部为实现质量目标，建立现代质量管理模式的主要依据。

1988年，ISO9000《质量管理和质量保证》（以下简称ISO9000）国际标准引入中国，全省随即进行宣传贯彻。1990年，全省有9家企业开展贯彻实施ISO9000的试点工作。1991年12月3—7日，杭州汽轮机厂、杭州电视机厂、上虞风机厂、杭州橡胶厂、民丰造纸厂、杭州制氧机厂、杭州齿轮机厂等试点企业到上海学习贯彻实施ISO9000的经验和做法。1992年4—9月，省计经委、省质量管理协会举办4期ISO9000培训班，全省335家企业的420名厂长、经理、总工程师、全面质量管理办公室主任和质量管理人员参加。10月，省质量管理协会、浙江省机电产品出口办公室联合举办2期机电出口企业ISO9000培训班。1993年3月，经国家技监局批准，省质量管理协会成立浙江质量体系审核中心，帮助企业建立质量管理体系，贯彻ISO9000国际标准。4月28日，省计经委、省质量管理协会转发国家技监局、中质协《关于加快贯彻GB/T 19000—ISO9000〈质量管理和质量保证〉系列国家标准的通知》。同时明确，全省贯彻实施《质量管理和质量保证》系列国家标准工作由省计经委牵头，省质量管理协会具体实施。11月4—5日，省计经委、省质量管理协会在萧山市召开实施企业质量体系国际标准现场经验交流会，全省第一家通过质量体系认证的杭州齿轮箱厂介绍了有关经验和做法。同年，全省各地积极宣传贯彻GB/T 19000—ISO9000《质量管理和质量保证》国家标准，累计参加培训的人数有4000余人次。杭州市还建立ISO9000论坛，为企业学习贯彻质量保证体系标准提供平台。至年底，全省贯彻实施ISO9000的试点企业发展到200家。

1996年，省技监局对省政府确定的100家现代企业制度试点企业和一些大公司、大集团开展贯彻实施GB/T 19000—ISO9000《质量管理和质量保证》国家标准工作，并举办2期质量体系国家注册审核员培训班，4期质量体系内部审核员培训班。至年底，全省通过质量体系认证的企业有114家。1997年5月6日，省计经委印发《关于进一步加强企业质量管理工作意见的通知》，明确在“九五”期间（1996—2000年），315家省重点骨干企业要按《质量管理和质量保证》国家标准建立健全质量体系，800家企业要通过质量体系认证。8月27日，省计经委印发《浙江省工业企业质量体系基本要求》，对全省“五个一批”重点骨干企业、“浙江名牌”产品生产企业（包括创“浙江名牌”产品生产企业）、浙江省星级企业建立健全质量体系提出要求。

1998年1月6—8日，省计经委举办工业企业质量体系审核人员培训班，邀请国家注册主任审核员讲授ISO9000国际标准。1999年，全省有637家企业通过质量体系认证，累计共有1303家企业取得质量体系认证证书，获证企业数居全国第三位。2000年2月，省质监局对推进318家“五个一批”重点骨干企业开展质量体系认证工作进行部署。至4月底，省政府确定的318家“五个一批”重点企业中，有225家通过或部分通过质量体系认证，共取得质量体系认证证书317张。7月，省质监局印发《关于加快推进“五个一批”企业贯彻ISO9000标准开展质量认证工作的通知》，明确开展质量体系认证的目标和帮促要求。至年底，全省共有1805家企业通过质量体系认证。2001年，全省质监部门以全省“五个一批”骨干企业为切入点，对申请认证企业开展帮促服务。至年底，全省有3416家企业通过质量体系认证，获证企业数居全国第二位。其中，全省323家“五个一批”骨干企业中，有295家通过质量体系认证，占总数的91%。至2004年，全省累计有17297家企业或组织取得各类管理体系认证证书，其中5587家规模以上工业企业通过质量体系认证，占全省规模以上工业企业总数的18.7%。

2006年，在国家认证认可监督管理委员会(以下简称国家认监委)批准的142家认证机构中，有70余家在浙江开展各类管理体系认证工作。至年底，全省累计共有23053家企业通过各类管理体系认证，其中通过质量管理体系认证19744家。2009年，省质监局组织开展“百家认证机构自律，万家认证企业帮扶”活动，以点带面，督促全省各类管理体系获证企业进一步重视质量管理体系运行质量。2010年5月，通过认证机构推荐和企业所在市、县(市、区)质监部门的审查，浙江正泰电器股份有限公司等22家获证企业被评为2009年度“质量管理体系认证示范企业”。至2010年底，全省累计共取得各类管理体系认证证书68830张。其中，质量管理体系认证证书30843张，获证数列全国第二位。

第二节　名牌建设

民国时期，民国浙江省政府曾出台工业奖励政策，提倡国货，奖励实业。省建设厅还通过设立省立国货陈列馆、举办西湖博览会等，开展品牌宣传活动，都锦生织锦等一批浙江知名品牌因此享誉中外。中华人民共和国成立初期，在商品短缺的计划经济年代，企业面对的是供不应求的卖方市场，品牌的价值还不易为人们所认识。改革开放后，随着市场经济的发展及人民生活水平的日益提高，品牌的作用和价值日益显现。1979年，国家开始评选优质产品奖，带动全民质量意识和品牌意识的提高。1992年，浙江在全国较早提出品牌战略，并积极组织开展名牌产品认定和评价，引导与激励企业树立用户满意是质量最高标准的理念，推动了浙江产品质量、服务质量和工程质量的提升。其间，涌现出一批“中国名牌”产品、“浙江名牌”产品、地理标志保护产品，促进了浙江经济的快速发展。2009年，浙江设立“省政府质量奖”。2010年，全省质量品牌激励机制不断完善，企业质量管理水平进一步提高，并有5家企业获得“省政府质量奖”。

一、政府质量奖

20 世纪 50 年代，国家要求企业根据生产需要及企业生产特点和工作性质的不同，建立不同的奖励制度。如实行质量奖，规定在完成产品的数量和不超过原材料消耗定额的条件下，达到和超过规定的质量奖励指标则给予必要的精神和物质奖励。“文化大革命”期间，质量奖被当成错误路线进行批判。改革开放后，国家优质产品奖、部优质产品奖、省优质产品奖及质量管理奖评选活动相继展开。一批优秀的浙江企业凭借其过硬的质量和良好的服务，在政府质量奖评选活动中脱颖而出，赢得了市场的尊重。

（一）国家质量奖

1. 国家优质产品奖

国家优质产品奖是国务院有关部门对达到国际先进水平的优质产品颁发的国家级最高质量奖。

1979 年 6 月 30 日，经国务院批准，国家经委印发《中华人民共和国优质产品奖励条例》，明确对工业产品中的优质品，颁发国家质量奖。国家质量奖每年评选、审定、颁发一次，分甲、乙两种。甲种为金质奖章，乙种为银质奖章。9 月 8 日，全国第二次“质量月”广播电视大会在北京人民大会堂举行，一批获 1979 年度国家优质产品奖的企业受到表彰，其中，杭州织锦厂的“飞童”牌 53103 人丝织锦缎、嵊县丝厂的“梅花”牌 Z/27 桑蚕丝、萧山花边厂的萧山花边、绍兴酿酒厂的加饭酒 4 个产品获金质奖，嘉兴绢纺厂的“红梅”牌特级 210S/2 绢丝、杭州富强丝织厂的“凤凰”牌 62035 织锦缎、杭州织锦厂的“厂字”牌风景织锦、海宁制革厂的猪皮绒面服装革、杭州张小泉剪刀厂的张小泉民用剪、嘉兴民丰造纸厂的“船”牌电容器纸、煤山矿灯厂的 KS-8 型矿灯 7 个产品获银质奖。1980 年，省标准计量管理局配合省经委先后到杭州、宁波、嘉兴、绍兴、金华、台州等 6 个市（地）的 47 家工厂，对全省 1979 年获得的 11 个国家质量奖产品以及部分省优质产品进行复查，并对申请参加 1980 年国家质量奖评选的部分产品质量情况进行调查了解。1982 年，省标准计量管理局配合省经委对国家优质产品进行复查，共复查通过国家质量奖产品 33 个，推荐国家金、银质奖产品 7 个，金、银杯奖产品 7 个。同年 10 月，省政府向获得 1982 年度国家优质产品奖和国务院各部优质产品奖的企业颁发奖状和奖金。1987 年 9 月 1 日，省标准计量管理局印发《关于今年国家质量奖产品复查工作的通知》，组织省级产品质量监督检验所（站）对国家优质产品进行抽查。1991 年 12 月，国务院印发《关于停止对企业进行不必要的检查评比和不干预企业内部机构设置的通知》，要求各地区、各部门和社会团体停止对企业的各种评比和评比性检查，包括各种升级、评优及各类专项奖评选等。国家优质产品奖评选活动随之停止。至此，全省共获国家优质产品奖 182 个。其中，金质奖 39 个，银质奖 143 个。

表 35-3-2-1　　1979—1991 年浙江省获国家优质产品奖数量一览表

单位:个

年份(年)	金质奖	银质奖	合　计	年份(年)	金质奖	银质奖	合　计
1979	4	7	11	1986	1	4	5
1980	1	8	9	1987	3	7	10
1981	3	10	13	1988	0	14	14
1982	1	6	7	1989	4	7	11
1983	2	14	16	1990	8	13	21
1984	3	15	18	1991	5	15	20
1985	4	23	27				

资料来源:根据省质监局档案资料整理编制。

2. 国家质量管理奖

国家质量管理奖是国家经委、中质协为表彰在推行全面质量管理方面取得突出成效的企业,根据《产品质量法》设立的国家级质量管理奖项。

1982 年 5 月,国家经委、中质协印发《关于开展评审国家质量管理奖工作的通知》,决定在国家质量奖中增设国家质量管理奖。1987 年、1988 年、1991 年,杭州橡胶厂、嘉兴民丰造纸厂、上虞风机厂先后获“国家质量管理奖”。1991—2000 年,“国家质量管理奖”暂停评选。

2001 年,为引导和激励企业追求卓越的质量管理经营,提高企业综合质量水平和竞争能力,中质协启动“全国质量管理奖”的评选工作。“全国质量管理奖”是对实施卓越的质量管理并取得显著的质量、经济、社会效益的企业或组织授予的在质量方面的最高奖励,每年评审一次。2001—2003 年,全省无企业获奖。2004—2009 年,全省共有 12 家企业获“全国质量管理奖”。2010 年,全省无企业获奖。

表 35-3-2-2　　2004—2009 年浙江省获“全国质量管理奖”企业一览表

年份(年)	获奖企业
2004	中天建设集团有限公司、浙江正泰电器股份有限公司、杭州卷烟厂
2005	浙江移动通信有限责任公司、浙江德力西电器股份有限公司
2006	万向钱潮股份有限公司、浙江万丰奥威汽轮股份有限公司
2007	康奈集团有限公司、浙江宝石缝纫机股份有限公司
2008	人民电器集团有限公司、浙江三花股份有限公司
2009	浙江红蜻蜓鞋业股份有限公司

资料来源:根据省质监局档案资料整理编制。

（二）省质量奖

1.省优质产品奖

省优质产品奖是省政府对达到国家先进水平的优质产品颁发的省级最高质量奖。

1978年，省工交办明确提出，要贯彻执行政治鼓励和物质奖励相结合的原则，除了实行综合奖以外，还可以实行质量奖和煤、电、油的节约奖。1979年，全省共评选出106项省优质产品奖。12月26日，省政府在杭州科学会堂召开大会，省长李丰平向获得省优质产品奖的生产企业颁发证书。1980年，省经委、省标准计量管理局对部分省优质产品进行复查。至年底，全省有105个产品获“1980年度省优质产品”称号。

1981年3月20日，省经委印发《浙江省工业优质产品评选和管理的若干规定(试行)》，对省优质产品的评选条件、评选办法等进行规定。同时明确，省优质产品由省级各主管厅(局)负责按规定条件进行评选，并将审定名单分别报省经委、省标准计量管理局、省工商局。经共同审查后，由省经委批准并颁发“浙江省优质产品证书”。同年，省标准计量管理局配合省经委开展优质产品的推荐、评选和复查工作。至年底，全省有139个产品获省优质产品奖。1982年，省经委、省标准计量管理局共复查通过省优质产品143个。同年10月27日，全省第五次“质量月”授奖大会在杭州科学会堂举行，副省长翟翕武向获得省优质产品奖的102家生产企业颁发浙江省优质产品证书。1983年11月12日，全省第六次“质量月”授奖大会在杭州举行，副省长吴敏达向获得省优质产品奖的268家生产企业颁发浙江省优质产品证书。1984年10月15日，全省第七次“质量月”授奖大会在杭州举行。副省长李德葆出席大会并讲话，省计经委、浙江日报社等单位的负责人向获得省优质产品奖的396家生产企业颁发浙江省优质产品证书。1985年3月，省计经委召开全省创优工作会议。会后，各部门按照优质产品评比条件开展企业全面质量管理、标准化、计量等工作。同年，全省共有444个产品获省优质产品奖，2个基建工程获省优质工程奖，141个产品获省优秀新产品奖。1986年3月，省计经委在金华召开全省创优工作会议。4月23日，省计经委印发《关于优质产品评选和复查工作的通知》，确定全省预定创优目标为500项(含到期复评项目)。同时规定，没有制定高于现行技术标准的内控标准或标准化验收、计量定级达不到要求的企业均不能参与省优质产品奖的评选。至年底，全省共评选出省优质产品478种(含到期复评)。

1987年5月18日，省计经委转发《国家优质产品评选条例》，明确除省统一组织评选省优质产品外，市(地)、县不得对工业产品授予“优质产品”“名牌产品”称号。10月20日，省计经委、省财政厅印发《浙江省质量奖奖励办法》，明确省质量奖奖励的范围：获国家、部、省质量管理奖的企业；获国家、部、省优质产品奖(包括工艺美术百花奖、优质工程奖)的企业；获国家、部、省“优秀QC小组”称号的QC小组。12月，全省共评出省优质产品490个，复评的省优质产品163个。这些省优质产品分属23个行业，总产值在45亿元以上，约占全省乡镇以上工业总产值的7.4%，其利润总额约为4.5亿元，平均产值利润率约为10%。其中，出口产品191种，占总数的29.2%；创汇总额1.4亿美元，出口产值约占优质产品总产值的12%。1988年，全省共评选省优质产品600个，复评的省优质产品240个。1989年，全省共评选省优质产品550个,复评的省优质产品306个。1991年12月起,省优质产品奖停止评选。

2.省质量管理奖

省质量管理奖是省计经委、省质量管理协会为表彰在推行全面质量管理方面取得突出成效的企业,根据《产品质量法》设立的省级最高质量管理奖项。

1982年,全省共评选出3家省质量管理先进企业。1983年,全省共评选出省质量管理先进企业4家。1984年5月23日,省计经委、省质量管理协会印发《浙江省质量管理奖评选办法(试行)》,明确"省质量管理奖"每年评选一次。同年,全省共评选出6家省质量管理先进企业。1992年起,"省质量管理奖"暂停评选。至此,全省共有130家企业获"省质量管理奖"。

表35-3-2-3　　1982—1991年浙江省获"省质量管理奖"企业一览表

年份	获奖企业
1982	华丰造纸厂、杭州橡胶厂、杭州叉车厂
1983	宁波水表厂、衢州化工厂电石分厂、余姚化纤棉纺厂化纤分厂、浙江省第一建筑公司
1984	民丰造纸厂、杭州电化厂、杭州齿轮箱厂、浙江塑料机械厂、宁波量具一厂、杭州无线电专用设备一厂
1985	余姚通用机器厂、杭州炼油厂、浙江麻纺织厂、杭州铁路分局杭州车辆段
1986	杭州橡胶厂、华丰造纸厂、杭州叉车厂、杭州化学工业公司电化厂、杭州电视机厂、永康拖拉机厂、杭州手表厂、上虞风机厂、杭州民生药厂、兰溪化工总厂、嘉兴绢纺厂、杭州制氧机厂、衢州化学工业公司合成氨厂、杭州新华造纸厂、杭州化工厂、宁波铝制品二厂、瑞安百好乳品厂、杭州铁路分局杭州给水电力段
1987	浙江五一机械厂、温州冶金机械厂、杭州龙山化工厂、杭州铁路分局杭州站、宁波水表厂、衢州化学工业公司电化厂、浙江省第一建筑工程公司
1988	杭州电化厂、杭州齿轮箱厂、余姚第一化纤厂、嘉兴民丰造纸厂、杭州无线电专用设备一厂、杭州第二棉纺织厂、宁波线厂、湖州丝厂、镇海石油化工总厂、浙江真空设备厂、杭州万向节厂、杭州第二中药厂、杭州电子管厂、杭州链条总厂、杭州武林机器厂、建德化工厂、桐乡化肥厂、杭州都锦生丝织厂、杭州铁路局金华电务段
1989	余姚通用机器厂、杭州炼油厂、浙江麻纺织厂、杭州铁路分局杭州车辆段、浙江塑料机械厂、建德有机化工厂、建德更楼化工厂、宁波人丰布厂、宁波瓷厂、温州电化厂、上虞联丰玻璃钢厂、嘉兴冶金机械厂、嘉兴制丝针织联合厂、湖州永昌丝织厂、金华肉类联合加工厂、衢州煤矿机械厂、江山水泥厂、龙游造纸厂、三门变压器厂、新华机械厂、杭州牙膏厂、兰江冶炼厂
1990	杭州油泵油嘴厂、东风萤石公司、浙江新光制药厂、湖州化工总厂、杭州化学纤维厂、绍兴市酿酒总公司、兰溪农药厂、绍兴柯桥轻纺机械厂、杭州新华丝厂、宁波镇海棉纺织厂、浙江萧山精密压力机厂、杭州汽轮机厂、湖州湖丰绸厂、桐乡梧桐丝厂、平湖水泥厂、杭州铁路分局南星桥站、杭州无线电九厂、临平绸厂、杭州东南化工厂、绍兴钢铁厂、海宁富顺昌袜厂、衢州化学工业公司电化厂、浙江凤凰化工股份有限公司、杭州电视机厂、衢州化学工业公司合成氨厂、杭州民生制药厂、杭州手表厂、杭州叉车总厂、杭州铁路分局杭州给水电力段、杭州橡胶厂、上虞风机厂、杭州化工厂、瑞安百好乳品厂、华丰造纸厂、杭州制氧机厂、嘉兴绢纺厂、杭州新华造纸厂、永康拖拉机厂、宁波铝制品二厂

续表

年份	获奖企业
1991	浙江锻压机床厂、桐乡县濮院丝厂、衢州化学工业公司龙游黄铁矿、黄岩轴承厂、杭州搪瓷厂、临海绣衣联营厂、温州味精总厂、杭州铁路分局艮山门站

资料来源：根据省质监局档案资料整理编制。

2001年7月，经省政府同意，省质协恢复"省质量管理奖"评选工作。至10月，全省共有30家企业自愿申报"省质量管理奖"。

2006年起，"省质量管理奖"更名为"省质量奖"。2010年3月26日，浙江省清理规范评比达标表彰工作联席会议办公室印发《关于公布浙江省政府系统评比达标表彰活动保留项目的通告》，明确省质协组织的"省质量奖"评选项目予以保留。2001—2010年，全省共有123家企业获"省质量管理奖"。

图35-3-2-1　2003年3月，浙江省省长吕祖善（后中）等为获得"省质量管理奖"的企业颁奖（省质监局档案室提供）

表35-3-2-4　　2001—2010年浙江省获"省质量管理奖"企业一览表

年份	获奖企业
2001	杭州松下家用电器有限公司、杭州卷烟厂、正泰集团股份有限公司、杭州恒升电子股份有限公司、浙江古越龙山绍兴酒股份有限公司、康奈集团有限公司、德力西集团有限公司、浙江万丰奥特控股集团、浙江蜜蜂集团有限公司、浙江巨化股份有限公司
2002	万向钱潮股份有限公司、星星集团有限公司、杭州娃哈哈集团有限公司、浙江省送变电工程公司、五洋建设集团股份有限公司、天正集团有限公司、杭州中策橡胶有限公司、浙江江山化工股份有限公司、庄吉集团有限公司、恒柏集团有限公司、宁波天安（集团）股份有限公司
2003	浙江移动通信有限责任公司、宁波宝新不锈钢有限公司、民丰特种纸有限公司、雅戈尔集团股份有限公司、中天建设集团有限公司、奥康集团有限公司、长城电器集团有限公司、浙江医药股份公司新昌制药厂、浙江金洲管道科技股份有限公司、富润控股集团有限公司、浙江三变科技股份公司
2004	横店集团东磁有限公司、杭州钢铁股份有限公司、卧龙控股集团有限公司、宝石控股集团有限公司、人民电器集团有限公司、中国联通有限公司浙江分公司

续表

年份	获奖企业
2005	浙江正泰电器股份有限公司、杭州卷烟厂、浙江德力西电器股份有限公司、浙江万丰奥特控股集团、康奈集团有限公司、浙江巨化股份有限公司、浙江古越龙山绍兴酒股份有限公司、宁波方太厨具有限公司、浙江三花股份有限公司、浙江省电力建设总公司、浙江舜杰建筑集团股份有限公司、浙江新安化工集团股份有限公司、杭州汽轮机股份有限公司、瑞立集团有限公司
2006	华通机电集团有限公司、会稽山绍兴酒有限公司、浙江天正电气股份有限公司、庄吉集团有限公司、宁波水表股份有限公司、八达机电有限公司等
2007	嘉兴电力局、杭州鸿雁电器有限公司、杭州钱江电气集团股份有限公司、浙江耿基实业有限公司、浙江红蜻蜓鞋业股份有限公司、杭州之江开关股份有限公司、浙江伟星实业发展股份有限公司、盛宇集团有限公司、浙江省嘉兴市烟草专卖局(浙江省烟草公司嘉兴分公司)、巨一集团有限公司、浙江华之杰塑料建材有限公司、兴乐电缆有限公司、浙江红火实业集团有限公司、华升建设集团有限公司
2008	浙江世友木业有限公司、浙江新杰克缝纫机股份有限公司、巨石集团有限公司、德华兔宝宝装饰新材料股份有限公司、帅康集团有限公司、浙江古越蓄电池有限公司、加西贝拉压缩机有限公司、浙江球冠集团有限公司、浙江万安科技股份有限公司、嘉兴新秀箱包制造有限公司、浙江盾安人工环境设备股份有限公司、浙江金龙电机股份有限公司、万向硅峰电子股份有限公司
2009	浙江正泰建筑电器有限公司、浙江新昌皮尔轴承有限公司、浙江世纪华通车业股份有限公司、浙江海亮股份有限公司、浙江久盛地板有限公司、浙江开关厂有限公司、浙江报喜鸟服饰股份有限公司、浙江今飞机械集团有限公司、浙江正泰电器股份有限公司、浙江万丰奥威汽轮股份有限公司、康奈集团有限公司、宁波方太厨具有限公司、浙江三花股份有限公司、杭州汽轮机股份有限公司、瑞立集团有限公司、浙江古越龙山绍兴酒股份有限公司
2010	浙江新和成股份有限公司、达利丝绸(浙江)有限公司、浙江伟星新型建材股份有限公司、华仪电气股份有限公司、兄弟科技股份有限公司、浙江省电力设计院、浙江太子龙服饰股份有限公司、洁华控股股份有限公司、索密克汽车配件有限公司、万向钱潮股份有限公司、浙江钱江摩托股份有限公司、杭州前进齿轮箱集团股份有限公司、浙江星星家电股份有限公司、华通机电股份有限公司

资料来源:根据省质监局档案资料整理编制。

3. 省政府质量奖

省政府质量奖是省政府为表彰实施卓越绩效管理、取得显著经济效益和社会效益的企业或其他组织设立的省级最高质量奖项。

2007年8月24日,省政府第103次常务会议决定设立"省长质量奖"。9月1日,省政府印发《关于进一步加强产品质量和食品安全工作的通知》,首次明确提出建立"省长质量奖",以表彰在质量工作中做出突出贡献的单位,形成以质取胜的激励机制。2008年3月,省质监局向省政府呈递《浙江省"省长质量奖"评审管理办法(试行)》(代拟稿)。同年,省质监局多次向各市质监部门和有关厅局征求对《浙江省"省长质量奖"评审管理办法(试行)》的意见和建议,并收到76条修改建议,包括将"省长质量奖"改名为"省政府质量奖"。2009年8月3日,省质监局向省政府呈报《浙江省政府质量奖评审管理办法(试行)》(代拟稿),并于9月3日呈请省政府法制办对《浙江省政府质量奖评审管理办法(试行)》(以下简称《评审管理办法(试行)》)的合法性进行审查。10月16日,省政府第40次常务会议审议通过《评审管理办法(试行)》。11月10日,省政府办公厅印发《评审管理办法(试行)》,规定凡在浙江省行政区域内具有独立法人资格的农业、工业和服务业企业或组织,均可申报"省政府质量奖"。《评审管理办法(试行)》同时对申报对象必须具备的6项基本条件及申报、评审程序等进行明确。2010年1月27日,省政府办公厅成立由省政府、省级有关厅局、大专院校、行业协会等24个单位及质量管理专家组成的省政府质量奖评审委员会(以下简称评委会),并在省质监局设评审办公室(以下简称评审办),负责日常工作。4月15日,评委会印发《浙江省政府质量奖评审实施细则》。4月20日,评审办发布《关于申报2010年浙江省政府质量奖的通知》,启动"省政府质量奖"的申报评审工作。5月10日起,评审办在全国范围内开展"省政府质量奖"标识和奖杯设计图案的征集工作。11月18日,首届"省政府质量奖"颁奖大会在杭州举行。万向钱潮股份有限公司、中天建设集团有限公司、浙江正泰电器股份有限公司、雅戈尔集团股份有限公司、康奈集团有限公司获首届"省政府质量奖"。国家质检总局局长支树平、浙江省省长吕祖善等为获奖企业颁发奖杯和证书。

二、名牌培育与激励

浙江在全国较早提出品牌培育战略,并通过制定和实施一系列的名牌培育激励措施,引导企业不断追求卓越,提高质量水平。

(一)名牌培育

1991年2月,省政府办公厅转发省计经委《关于开展"质量、品种、效益年"活动实施意见》。5月,省政府决定成立浙江省质量工作与"质量、品种、效益年"活动领导小组,并对产品创优、名牌产品评选等工作提出要求。1992年5月8日,省计经委会同10家省市新闻单位和有关部门组织开展"找质量差距,创浙江名牌"系列宣传活动,副省长柴松岳参加了在杭州自行车总厂举行的全省自行车行业"找差距、创名牌"对比展览会,并要求把发展名牌产品作为振兴浙江经济的战略措施来抓,强调要着力发展"五高二低"①的名牌产品。在为期6个月的"找质量差距,创浙江名牌"系列宣传活动中,全省相继开展了自行车、电冰箱、丝绸、柴油机、空调器、收录机、组合音响、钢材、水泥、农药、啤酒和部分食品的对比展览、质量赶超活动,并对20家质量效益型先进企业、20名质量信得过工人和优秀质量检验员进行了集中宣传。通过宣传名优产品、曝光伪劣产品,激发企业"上档次、上水平、争一流、创名牌"的积极性,许多部门和企业瞄准国内外先进水平找差距,制定本地、本部门、本企业创名牌的规划,推动全省产品质量和服务质量的提高。7月1日,全省质量工作会议召开,副省长柴松岳参加会议并讲话。会议要求集中力量抓好钢材、化工原料、化肥、农药等重点原材料和支农产品,自行车、

① "五高二低":即高技术含量、高市场容量、高附加值、高创汇、高效益和低能耗、低物耗。

电冰箱、空调器、洗衣机等耐用消费品，丝绸、机电、纺织品、罐头等重点出口产品，食品、药品、低压电器等有关人身安全和健康产品的质量；对这些重点行业、重点产品要实施“创名牌工程”计划、赶超国际先进水平计划和创国内一流水平计划。会议确定了浙江“八五”期间(1991—1995年)提高产品质量的主要目标：创出100项“浙江名牌”产品，名牌产品的年销售额达50亿元；有500项工业产品质量达到国际先进水平；有2000项工业产品质量达到国内一流水平。同月，省计经委印发《创浙江名牌实施办法(试行)》。1993年1月，浙江省八届人大一次会议审议通过《1993年国民经济和社会发展计划草案的报告》，明确提出要广泛开展创“浙江名牌”产品活动，严厉打击制售假冒伪劣产品的违法行为，努力提高浙江产品的声誉。8月6—7日，省计经委召开浙江省推荐首批“浙江名牌”产品新闻发布会暨浙江省创名牌产品经验交流会，副省长张启楣参加会议并讲话。同年，省计经委印发《创浙江名牌实施办法》。

1995年1月20日，省计经委召开浙江省推荐第二批名牌产品新闻发布会暨’94浙江质量行总结会，省计经委主任卢文舸作了题为《实施名牌战略振兴浙江经济》的报告。副省长张启楣、省人大常委会副主任毛昭晰出席会议并讲话。1996年1月26日，副省长叶荣宝在全省第三批“浙江名牌”产品表彰会上对名牌培育工作提出了“加强认识，增强紧迫感，认真实施名牌战略”“加强领导，制定规划，积极推进名牌事业”“再接再厉，不断进取，努力提高名牌产品的整体水平”的要求。3月，省政府确定“九五”期间(1996—2000年)发展名牌规划目标，明确“九五”期间要培育出200个“浙江名牌”产品，其中100个名牌产品质量水平达到20世纪90年代初的国际先进水平，成为浙江省的拳头产品；30个产品质量达到90年代末国际先进水平，其销售额、经济效益在全国领先，成为国家级名牌产品；10个产品争创国际名牌。5月6日，省乡镇企业局、省技监局、省工商局印发《关于继续实施地方工业名牌战略的意见》，对地方工业名牌产品的管理、认定方法和步骤等进行明确。10月，省政府印发《关于进一步实施名牌战略发展名牌产品的通知》，明确了实施名牌战略的“九五”目标及培育名牌产品的重点工作，并对进一步推动企业创名牌、发展名牌工作，规范名牌的认定、管理工作，加强实施名牌战略的领导工作等提出具体要求。

1997年5月19日，省计经委、省技监局转发国家经贸委、国家技监局《关于推进企业创名牌产品的若干意见》，同时要求各地做好《“九五”培育浙江名牌产品计划》的实施工作，大力引导、鼓励与扶持企业争创国家名牌产品。6月2日，省计经委、省技监局组建《中国名牌之窗》特别节目浙江组委会，统一组织协调该节目在浙江的采访、组稿、拍摄、制作及重大宣传活动等事宜，加大“浙江名牌”产品宣传力度，扩大“浙江名牌”在国内外的影响力。1998年5月13日，省计经委、省技监局要求进一步实施名牌战略，引导、鼓励和支持企业争创和发展名牌产品，逐步建立名牌产品的培育和保障机制；同时要认真贯彻“扶优扶强”的原则，促进名牌产品上规模、上档次。1999年2月，浙江省九届人大二次会议审议通过《1999年国民经济和社会发展计划草案的报告》，明确提出要贯彻落实全省质量振兴实施计划，大力培育“浙江名牌”产品。2003年10月，省质监局开始编制《浙江省重点产品质量上台阶与浙江名牌产品培育计划(2004—2006年)》。

2004年12月，省委书记习近平在全省经济工作会议上指出："我们要抓住科技创新和实施名牌战略两个重点，全面提升产业层次，提高企业素质，增加产品附加值，增强区域特色经济的竞争优势，要坚定不移地走品牌发展之路，引导企业确立品牌意识，培育品牌，提升品牌，经营品牌，延伸品牌，做到无牌贴牌变有牌，有牌变名牌，培育更多的中国驰名商标和名牌产品，努力创造若干世界名牌，努力打造品牌大省。"①同年，省质监局印发《浙江名牌产品培育计划(2004—2006年)》，确定机械、化工、医药、纺织、轻工、食品、建材、林业、农业等行业的497种产品(其中工业产品398种、农产品99种)为名牌产品培育发展对象。2005年5月，省质监局印发《关于以品牌战略为抓手深入开展企业服务年活动的意见》。各地质监部门以"培育品牌、提升品牌、经营品牌、延伸品牌"为重点，围绕打造先进制造业基地的部署，制定了培育发展品牌规划。同时以品牌培育为抓手，积极推进品牌战略的实施，打造"品牌大省"。8月31日，长三角"质量月"活动新闻发布会暨中国名牌企业争创世界名牌大会在杭州召开，国家质检总局副局长蒲长城、副省长金德水到会并讲话，华立集团股份有限公司代表"中国名牌"产品生产企业宣读《长三角中国名牌争创世界名牌宣言》。11月9日，全省名牌建设工作交流会暨名牌表彰大会在诸暨召开。会议宣布实施浙江省"千家企业名牌培育工程"，即用3年时间建立国家、省、市三级品牌梯队，有计划、有重点地实施品牌培育。其中，选定300个产品作为争创"中国名牌"的培育对象，700个产品作为争创"浙江名牌"的培育对象。12月12日，省质监局印发《关于推进品牌建设的实施意见》，明确品牌建设指导思想、总体目标、工作重点和主要措施。

2006年1月16日，省质监局印发《关于建立健全品牌建设体系的意见》，提出以科技为先导、质量为核心、企业为主体、市场为导向，深入实施名牌战略，推动结构优化、产业升级和核心竞争力的提高，实现由"制造大省"向"品牌大省"的跨越。3月，根据省质监局《浙江省千家企业名牌培育工程(2006—2008年)》要求，各市质监部门对各地实施名牌培育工程进展情况进行督查。6月12日，省委、省政府印发《关于推进"品牌大省"建设的若干意见》，明确推进"品牌大省"建设的指导思想、工作原则、总体目标、工作任务和政策举措。7月31日，全省实施名牌培育质量提升工程工作会议在杭州召开，副省长金德水到会并讲话。8月16日，省质监局印发《名牌培育质量提升工程的实施方案》，明确用2年时间，分4个阶段构建政府统一领导、质监牵头协调、部门共同推动、企业积极参与、政策措施完善、工作机制健全的名牌培育质量提升工作新格局。9月29日，省质监局、浙江省工商业联合会(以下简称省工商业联合会)在金华召开浙江省民营企业品牌论坛，130余家民营企业的负责人参加。11月，省质监局印发《"十一五"期间浙江省中国名牌产品重点培育指导目录》(以下简称《目录》)后，各地按照《目录》要求，确定本地区"中国名牌"产品重点培育企业，并采取有效措施，支持和帮助企业在管理体系认证、产品认证、取得生产(制造)许可证、采标、参与行业标准和国家标准及国际标准制定、争创省级以上质量管理先进和国家标准化良好行为企业、培养和引进质量专业技术人员、建立省级以上企业技术中心和博士后流动站等方面打好基础。同年，省质监局印发《浙

① 郭占恒:《习近平标准化思想与浙江实践》,《浙江日报》2015年9月25日,第14版。

江省名牌产品培育发展指导目录》《“千家企业名牌培育工程”三年滚动计划》。各地也相继成立实施名牌战略领导机构，大多由市政府领导担任名牌战略推进委员会主任，质监、财政、经贸等有关部门为成员单位，组织领导当地名牌战略实施工作。

2007年3月30日，省质监局在浦江召开名牌培育质量提升工作现场会，总结推广浦江县名牌培育、质量提升工作经验。5月23日，省质监局印发《浙江区域名牌评价管理办法（试行）》，对区域名牌的申请条件、评价指标、评价程序、监督管理等进行规定。11月，省委十二届二次全会审议通过《关于认真贯彻党的十七大精神，扎实推进创业富民、创新强省的决定》，明确提出要联动推进技术跨越战略、知识产权战略、标准化战略和品牌战略，坚持把品牌建设作为推进自主创新及其成果产业化的重要环节，大力培育一批国内一流、国际知名的品牌，加快建设“品牌强省”。12月20日，省质监局印发《品牌建设体系》，明确品牌建设的政府推动原则、企业主体原则、市场导向原则、龙头带动原则、科技创新原则、合力推进原则，同时确定了品牌培育的目标要求、工作机制和保障措施。2008年5月7日，省质监局印发《关于进一步加强名牌培育质量提升工作的若干意见》，将大力扶持高技术、高附加值产业创名牌产品，引导企业通过标准创新提高品牌附加值，积极培育符合国家政策导向的节能、环保名牌产品作为名牌工作的政策导向。21日，省政府印发《自主创新能力提升行动计划（2008—2012年）》，明确加快实施标准化战略和品牌战略的具体目标。7月23日，国家质检总局与省政府在杭州共同签署《关于推进浙江品牌强省和港口经济建设促进浙江经济社会又好又快发展合作备忘录》（以下简称《合作备忘录》），明确在大力实施标准化战略，全力推进“品牌强省”建设，加强技术性贸易壁垒应对和防范，推进港口和口岸经济发展，强化产品质量、食品安全、特种设备安全和节能减排等方面合作的基本原则和具体措施。国家质检总局局长李长江、省长吕祖善代表双方在《合作备忘录》上签字。9月18日，省质监局在诸暨召开全省区域名牌发展工作现场会，推广“大唐袜业”区域品牌建设的成功经验，推动区域名牌培育和发展。

2009年1月，浙江省十一届人大三次会议审议通过《政府工作报告》，明确提出要深入实施知识产权、标准化和品牌战略。12月7日，省政府办公厅印发《关于加快服务业品牌建设的实施意见》（以下简称《实施意见》），提出要围绕实施“两创”①总战略，坚持企业主体、政府引导、社会各方参与，将服务业品牌建设与促进服务业重点行业发展相结合，与服务业业态创新、商业模式创新及老字号保护相结合，进一步加强对服务产品和企业名牌、商标、商号、老字号等认定工作，同时开展其他多种形式的品牌创建活动，打造一批品牌服务产品、品牌服务企业和区域服务品牌，鼓励企业以品牌为纽带做大、做强、做精，推动全省服务业又好又快发展。《实施意见》还对服务业品牌建设的重点领域、工作机制、保障措施等进行明确。2010年10月，省政府明确由省质监局组织推进名牌战略，研究制定名牌与质量振兴政策措施，组织实施名牌与质量奖励制度，协调名牌产品评价。

① “两创”：即创业富民，创新强省。

（二）名牌激励

1995年6月，省技监局组织开展“弘扬国产名牌”活动，副省长柴松岳、省人大常委会副主任杨彬等参加活动启动仪式。杭州娃哈哈集团有限公司、浙江钱江啤酒集团股份有限公司、中国绍兴黄酒集团有限公司、雅戈尔集团股份有限公司、杭州兽王实业总公司、浙江省茶叶进出口公司、浙江海山集团、中国水产舟山海洋渔业公司、杭州孔凤春化妆品厂、浙江纳爱斯（集团）有限公司、浙江圣达保健品公司、瑞安百好乳品厂、浙江星星电器工业公司、中国轻骑集团公司的负责人签署《弘扬国产名牌宣言》。7月，杭州娃哈哈集团有限公司等15家企业分两路到全省各地开展“弘扬国产名牌”巡回宣传活动。1996年1月26日，浙江省第三批“浙江名牌”产品表彰会在杭州召开，浙江富利达丝绸印染有限公司等30家企业受到表彰。

1997年1月9日，全省第四批“浙江名牌”产品表彰会在杭州举行，“米赛”真丝针织服装、“布利杰”针织T恤衫等20个工业名牌产品的生产企业受到表彰。11月8日，“浙江名牌”产品表彰会暨’97“质量月”总结会在杭州举行，“喜得宝”丝绸服装等37个产品被授予“浙江名牌”称号。副省长叶荣宝出席会议，并为名牌产品生产企业授牌。1999年4月22日，为贯彻省委书记张德江关于加强省名牌产品宣传的批示精神，省计经委、省技监局公布“1998浙江名牌产品50强”名单，“娃哈哈”饮料、“中华”啤酒等53个产品名列其中。同时联合浙江日报社开展“’98浙江名牌产品50强”宣传活动。8月31日，“浙江名牌”产品表彰暨’99“质量月”活动动员大会在杭州召开，省政府领导向获1999年“浙江名牌”产品称号的报喜鸟集团有限公司等97家企业授奖。2000年3月30日，省计经委、省质监局公布“娃哈哈”饮料等101个产品为’99“浙江名牌”产品100强。

2001年9月27日，省质监局对获2001年“浙江名牌”产品称号的浙江华伦集团富春江通信电缆有限公司等162家企业、获2001年“浙江农业名牌”产品称号的杭州市余杭区“本”牌中华鳖管理协会等42家单位，以及获2001年“中国名牌”产品称号的钱江集团有限公司等5家企业进行通报表彰。2002年1月30日，省委、省政府印发《关于加快发展农业产业化经营提高农业竞争力的若干政策意见》，要求各级政府对获国家级和省级驰名商标、著名商标、名牌产品称号的农产品给予一定的奖励；要采取多种形式，加强对品牌农产品的宣传。8月29日，国家质检总局印发《关于表彰2002年中国名牌产品生产企业的决定》，星星集团有限公司等13家浙江企业受到表彰。

2003年8月28日，国家质检总局通报表彰获2003年“中国名牌”产品称号的生产企业，浙江阳光集团股份有限公司等浙江企业名列其中。9月16日，省质监局对获2003年度“中国名牌”“浙江名牌”产品称号的生产企业进行通报表彰。9月17日，省政府印发《关于推进先进制造业基地建设的若干意见》，明确对获得国家和省级名牌产品称号的企业，由当地政府给予奖励，在有效期内的“中国名牌”产品和“浙江名牌”产品，享受免检产品待遇。2004年10月11日，省质监局对获2004年度“中国名牌”产品称号的34家浙江企业和获2004年“浙江名牌”产品称号的339家企业进行通报表彰。2005年9月1日，国家质检总局在北京人民大会堂召开2005年“中国名牌”产品生产企业表彰大会，浙江有66家企业获表彰。9月29日，省质监局对获2005年“中国名牌”产品称号的66家浙江企业和获2005年“浙江名牌”产品称号的406家企业进行通报表彰。

2006年6月，省委、省政府印发《关于推进“品牌大省”建设的若干意见》，对完善品牌建设激励机制提出如下意见：省级财政安排专项资金用于支持品牌战略实施、品牌公共服务平台建设以及加强知识产权保护等方面。在同等条件下，政府优先采购省级以上知名品牌产品。对省级以上品牌企业和全国著名的专业市场，在有关资源要素保障方面给予倾斜，在技术改造、技术引进、科研立项、财政贴息等方面优先扶持。外经贸、税务、海关、检验检疫等部门对其进出口业务简化审核程序，提供便利条件。对省级以上知名品牌产品在有效期内视情况给予质量免检，对省级以上品牌企业给予工商事务的重点服务支持。帮助有条件的品牌企业申请国家的各类政策性基金。对省级以上品牌企业给予金融信贷支持，开展以品牌等无形资产为担保的信贷服务。实行省级以上品牌企业以无形资产出资制度。拓宽品牌企业直接融资渠道，鼓励企业通过募集、收购等多种途径在境内外上市，支持有条件的企业发行债券。加大对服务业品牌建设的支持力度，支持重大服务业项目、重点服务企业和品牌的发展。9月7日，浙江“中国名牌”产品表彰暨2006年“质量月”活动大会在省人民大会堂召开，省人大常委会副主任徐宏俊、省政府副省长金德水、省政协副主席王玉娣等参加会议并讲话。2007年1月16日，省质监局通报表彰获2006年“浙江名牌”产品称号的生产企业。2008年后，质监部门不再进行全省性的品牌企业表彰活动。

三、名牌产品评价认定

浙江是全国首批实施名牌产品评价认定的省份。截至2010年，经评价认定，全省共有“浙江名牌”产品2080个，“中国名牌”产品289个。

（一）“浙江名牌”产品

1992年11月，省计经委牵头设立浙江省名牌产品管理委员会办公室，负责名牌产品的管理。1993年8月，省计经委等16个省级部门联合推荐“凯地”真丝印染绸等65个产品为首批“浙江名牌”产品。被推荐的产品大致分为3种情况：一是历史悠久，属于浙江的传统名牌产品；二是中华人民共和国成立初期发展起来，经过长期努力，已成为浙江的拳头产品；三是改革开放后，新开发的后起之秀。1995年1月20日，省计经委等18个部门、单位向社会推荐第二批“浙江名牌”产品，共39个产品。这39个产品是从各市（地）经委及省级各厅（局）推荐的203个产品中经多次审查、筛选及用户评价和专家审议，最后审核认定的。据统计，全省第一、二批名牌产品总销售额为130亿元，约占全省乡及乡以上工业产品销售额的5%左右。8月6日，由浙江产权评估交易所、浙江日报社联合举办的浙江省企业名牌（品牌）无形资产评估活动启动。评估活动首先在全省服装行业中开展，旨在量化企业产品品牌含金量，推动企业练好内功创名牌。9月22日至10月6日，杭州解百等9家商场同时对24种“浙江名牌”产品、15种创“浙江名牌”产品开展质量跟踪展评活动，征求用户对这些产品的意见。1996年1月，浙江富利达丝绸印染有限公司等30家企业的30个产品被推荐为浙江省第三批“浙江名牌”产品。9月24日至10月7日，杭州解百等10家商场同时举行“实施名牌战略、弘扬浙江名牌”质量跟踪展评活动，包括“松下”洗衣机、“杉杉”西服等24种“浙江名牌”产品和“星星”冷柜、“布利杰”针织T恤衫等5种创“浙江名牌”产品接受消费者评议。

1997年1月9日，“米赛”真丝针织服装等20种工业产品被推荐为第四批“浙江名牌”。16日，省计经委印发《浙江名牌产品认定和管理(暂行)办法》，对名牌产品必须具备的条件、名牌产品认定工作程序、鼓励和保护措施、管理和纪律等进行规定。同时设立浙江名牌产品认定委员会，由省计经委会同省级有关行政部门、行业主管部门、社会团体组成，负责“浙江名牌”产品的评价认定。29日，为进一步扩大“浙江名牌”宣传，提升“浙江名牌”影响力，浙江启用“浙江名牌”标志。5月26日，浙江名牌产品认定委员会印发《浙江名牌产品评价办法(试行)》，对“浙江名牌”产品的资格审查、产品及其生产企业的评价、用户和消费者评价等进行规定。5月31日至6月14日，由省计经委委托省质量管理协会用户委员会举办的“浙江名牌”和创“浙江名牌”产品质量跟踪展评活动在杭州、宁波、温州、绍兴等地15家商场同时进行，“华日”电冰箱等23种“浙江名牌”产品和“苏泊尔”压力锅等11种创“浙江名牌”产品接受消费者和用户的评议。各质量跟踪站和商场向购买上述跟踪产品的用户发放质量跟踪卡，请用户在经过一段时间使用后，对其质量提出评价意见，作为有关部门认定新一轮“浙江名牌”产品的重要依据。9月28日至10月12日，浙江名牌暨市、地名牌产品质量跟踪展销评价活动在杭州大厦购物中心等13家设有质量跟踪站的商店同时展开，“西湖”电视机等17种“浙江名牌”产品和“苏泊尔”压力锅等9种市、地名牌产品参加展销评价活动。12月3日，省计经委对1998年8月到期的浙江省第一批名牌产品的重新申请认定工作提出要求。至年底，全省累计共评价认定“浙江名牌”产品190个。据统计，190个“浙江名牌”产品中，有68个产品销售额居全国同行业第一位，年销售额超1亿元的产品有89个。“浙江名牌”产品年销售总额达336.4亿元，为全省乡及乡以上工业销售额的8.8%；上缴税利总和达45.7亿元，占乡及乡以上工业税利总和的15.9%；出口创汇总额8.2亿美元，为全省外贸出口创汇总额的8.7%。

1998年1月，浙江名牌产品认定委员会印发《浙江名牌产品跟踪管理办法(试行)》，加强对“浙江名牌”产品及其生产企业的跟踪管理。5月16—30日，杭州、宁波、绍兴、湖州、温州、金华等地15家商场同时开展“金松”洗衣机、“古越龙山”绍兴酒、“金华”火腿等19种到期需重新认定的“浙江名牌”产品和“力霸王”自行车、“奥克斯”空调、“永达兰”真丝服装等12种新创“浙江名牌”产品的质量跟踪展销评价活动。其间，各质量跟踪站和商店向购买跟踪产品的用户发放产品质量跟踪卡，征求和听取用户的评价意见，以此作为认定“浙江名牌”产品的重要依据。6月5日，省计经委印发《浙江名牌产品认定和管理(暂行)办法》(修订稿)。8月28日，全省质量振兴电视电话会议召开，宣布“凯喜雅”生丝和真丝绸缎、“金松”洗衣机和空调等97种产品被认定为1998年“浙江名牌”产品。12月9日，省计经委明确1994年认定的“浙江名牌”产品于1999年重新认定，1995—1997年认定的“浙江名牌”产品于2000年重新认定。同时规定，重新认定坚持企业自愿申请的原则；到期不申请，视作自然淘汰。重新申请认定“浙江名牌”产品及其生产企业的条件必须符合《浙江名牌产品认定和管理(暂行)办法》(修订稿)有关规定。至年底，全省累计共评价认定6批243个“浙江名牌”产品，其中销售收入1亿元以上的产品有102个，78个产品的销售额居全国首位。据统计，1998年“浙江名牌”产品销售收入、利税总额分别占全省国有企业及500万元以上的非国有工业企业销售收入的12%和21%。1998年12月26日至1999年1月10日，“浙江名牌”产品质量跟踪展销活动在杭州解百、上虞第一百货商店等15家商场同时进行，“金松”洗衣机、“西湖”电视机、“华日”电冰箱、“凯旋”燃气具、“富达”吸尘器、“生力”健身器、“罗蒙”西服、“足佳”皮鞋等31种“浙江名牌”产品接受消费者和用户的评价。5月1日，“1999年创浙江名牌产品质量跟踪展销评价活动”开幕式在杭州天工艺苑广场举行。“报喜鸟”西服等21种创“浙江名牌”产品及“罗蒙”西服等8种“浙江名牌”产品参加展销评价。12月25日，全省名牌产品质量跟踪展销月活动在杭州举行。活动期间，全省12家质量跟踪站向购买“浙江名牌”产品的用户发放质量跟踪卡，收集消费者对这些产品的质量、性能、售后服务等方面的意见。截至1999年底，全省共评价认定“浙江名牌”产品299个。

2000年3月30日，浙江推荐认定一批“浙江名牌”产品，其中工业名牌152个、农业名牌18个。2001年6月，省质监局印发《浙江名牌产品认定和管理办法(暂行)》(修订稿)，并开展创“浙江名牌”产品及“浙江名牌”产品到期复评的申报工作。9月，经省委办公厅、省政府办公厅批准，省质监局会同省级有关行政管理部门、行业管理部门、社会团体组成浙江名牌产品认定委员会，开展“浙江名牌”产品的评价认定工作。9月22日至10月12日，省质协用户委员会在杭州解百、宁波银泰百货等10家商场举办2001年创“浙江名牌”产品质量跟踪展评活动，请广大用户对创“浙江名牌”的产品和服务质量进行评价。参加质量跟踪展销评价活动的产品有“富达”吸尘器、“波导”手机、“王力”防盗门等40余种产品。同年，嘉兴龙源绢麻纺织有限公司的“圣龙”桑蚕绢丝等162个产品被评定为2001年“浙江名牌”产品，杭州西湖肉制品有限公司的“信良坊”西湖酱鸭等42个产品被评定为2001年“浙江农业名牌”产品。另有11个到期复评产品被取消“浙江名牌”产品称号。2002年9月11—15日，根据《浙江名牌产品认定和管理办法(暂行)》(修订稿)的规定，进入2002年“浙江名牌”产品公示范围的214个产品名单通过新闻媒体向社会公示，征求社会各界对这些产品及生产企业的意见，接受社会监督。9月30日，浙江名牌产品认定委员会认定“金鹰”桑蚕绢丝等169个(含复评66个)工业产品和“古钟”径山茶等44个(含复评11个)农业产品为2002年“浙江名牌”产品。2003年1月13日，省质监局对《浙江名牌产品认定和管理办法(暂行)》(修订稿)进行修改，并印发《浙江名牌产品认定和管理办法(试行)》，共7章34条，包括组织管理、申请条件、评价指标、认定程序和监督管理等。9月18—28日，“浙江名牌”产品质量跟踪评价活动在设有质量跟踪站的杭州大厦购物中心、杭州解百等10家商场展开。9月23日，经浙江名牌产品认定委员会审议，242个工业产品(含复评112个)、52个农业产品(含复评11个)被评定为2003年“浙江名牌”产品。至年底，名牌产品中的工业产品年销售产值达2241.7亿元，实现利税369.5亿元，分别占全省规模以上工业销售产值和利税总额的23.3%和35.6%，平均每个名牌企业完成产值3.91亿元，是全省规模以上工业企业平均水平的8倍；全省712个名牌产品出口创汇75.8亿美元，占全省出口总额的25.8%。其中，有93个产品的销售额居全国同行业第一。

2004年9月10—15日，浙江名牌产品认定委员会对进入2004年“浙江名牌”产品公示范围的 335 家企业生产的 335 个产品名单进行公示，分工业产品、传统文化特色产品、农业产品（含水产品、林产品）3 大类。10 月 12 日，浙江名牌产品认定委员会发布《2004 年浙江名牌产品公告》，“信雅达”金融证券软件等 259 个（含复评 131 个）工业产品、“贡”西湖龙井茶叶等 75 个（含复评 31 个）农业产品、“张小泉”刀剪等 5 个传统特色文化产品被评定为 2004 年“浙江名牌”产品。2005 年，全省共推荐申报“浙江名牌”产品 775 个，其中工业产品 608 个（含复评 155 个）、农业产品 167 个（含复评 42 个）。9 月 15—21 日，2005 年度“浙江名牌”产品初选名单向社会公示，接受社会监督。10 月 9 日，浙江名牌产品认定委员会审议并认定“星月神”152QMI 发动机等 318 个工业产品（含复评 144 个）和“开诚”蔺草制品等 88 个农业产品（含复评 37 个）为 2005 年“浙江名牌”产品。至 2005 年底，工业名牌产品的销售产值占全省规模以上工业企业的 21%，利税总额占 40%。

2006 年，浙江名牌产品认定委员会更名为浙江名牌战略推进委员会。同年，浙江名牌战略推进委员会审议认定 555 个产品为 2006 年“浙江名牌”产品（含复评 294 个）。其中，“邦德”电子可视对讲防盗门等工业产品 450 个，“大象山”红柑橘等农业产品 103 个，“TT”出租车客运等服务名牌 2 个。2007 年 5 月 23 日，省质监局印发《浙江区域名牌评价管理办法（试行）》，对区域名牌的组织管理、申报条件、评价指标、评价程序、监督管理等进行规定。同年，浙江名牌战略推进委员会审议认定 556 个产品为 2007 年“浙江名牌”产品。其中，“数源”彩色电视接收机等工业产品 409 个，“贡”西湖龙井茶等农业产品 133 个，“欧冶”刀剑等传统特色文化产品 8 个，“恒风”出租车客运服务名牌 1 个。在名牌产品中，还首次认定大唐袜业、永康五金、绍兴黄酒、嵊州领带、余姚榨菜 5 个区域性产品为浙江区域名牌。2008 年，浙江名牌战略推进委员会审议认定 549 个产品为 2008 年“浙江名牌”产品。其中，“西湖”味精等工业产品 452 个，“黄土山岭”竹笋等农业产品 89 个，“舜发”物流服务等服务名牌 5 个，“台绣”丝绸服装传统特色文化产品 1 个，马桥经编等浙江区域名牌 2 个。在新增的“浙江名牌”产品中，高新技术产品和装备类产品占工业名牌产品的比例达 72.5%。据统计，2008 年工业名牌产品实现销售收入 9110.5 亿元，占全省规模以上工业企业总销售收入的 24.1%；出口创汇 325.1 亿美元，占全省工业制成品总出口额的 21.9%。名牌产品生产企业对全省规模以上工业增长的贡献率为 22.6%，拉动全省规模以上工业增长 2.3 个百分点；实现利润 836.2 亿元，完成税金 665.1 亿元，分别占规模以上工业的 55.2%和 52.8%；平均每百元销售收入实现利润 6.5 元，比规模以上工业平均水平高 2.6 元。

2009 年，浙江进一步完善名牌评价政策。对新申报的“浙江名牌”产品坚持“优中择优、总量控制、从严要求”原则。对可以采用国际标准或国外先进标准而没有采用的产品不予评价；对不符合市场准入条件的产品不予评价；对国家产业政策限制发展的产品不予评价；对 2007 年以来出现质量监督检查或出口商品检验不合格、发生环境污染事件、发生重大安全生产事故、企业存在严重违反法律法规行为等情况的不予评价；对消费类产品，新增市场评价环节，顾客满意度、品牌知名度低于 70%的产品不予评价。同年，浙江名牌战略推进委员会审议认定 275 个产品为 2009 年“浙江名牌”产品。其中，“五丰”速冻食品等工业产品 192 个，“同康”毛竹四季笋等农业产品 43 个，“网娃”网络服务等服务名牌 29 个，“醉根”醉根艺品等传统特色文化产品3个，南浔木地板等浙江区域名牌8个。

2010年4月20日，省质监局印发《关于开展2010年浙江名牌评价工作的通知》，组织开展"浙江名牌"评价工作。9月25日，浙江名牌战略推进委员会对全省申报"浙江名牌"的1769个产品（其中新申报产品736个，复评产品1033个）进行审议，认定270个产品为2010年"浙江名牌"产品。其中，"尖叫"饮料等工业产品175个，"云峰"香榧等农业产品40个，"惠多利"农资连锁经营等服务名牌41个，萧山萝卜干等浙江区域名牌14个。至年底，全省累计共评价认定"浙江名牌"2080个。

表35-3-2-5　　1993—2010年浙江省评价认定的"浙江名牌"一览表

单位：个

年份	总数	其中				
		工业产品	农业产品	传统特色文化产品	服务业产品	区域性产品
1993	65	—	—	—	—	—
1994	39	—	—	—	—	—
1995	30	—	—	—	—	—
1996	20	—	—	—	—	—
1997	37	—	—	—	—	—
1998	97	—	—	—	—	—
1999	97	83	14	—	—	—
2000	170	152	18	—	—	—
2001	204	162	42	—	—	—
2002	213	169	44	—	—	—
2003	294	242	52	—	—	—
2004	339	259	75	5	—	—
2005	406	318	88	0	—	—
2006	555	450	103	0	2	—
2007	556	409	133	8	1	5
2008	549	452	89	1	5	2
2009	275	192	43	3	29	8
2010	270	175	40	0	41	14

资料来源：根据省质监局档案资料整理编制。

(二)"中国名牌"产品

"中国名牌"产品代表中国制造的最高水平,是区域制造业实力的象征。2001年9月,经省质监局审核申报,中国名牌战略推进委员会认定全国45家企业的57种产品为"中国名牌"产品。其中,钱江集团有限公司、雅戈尔集团股份有限公司、宁波洛兹集团有限公司、浙江步森集团有限公司、宁波太平鸟集团有限公司5家浙江企业的5个产品被评定为首批"中国名牌"产品。2002年,经省质监局审核申报,帅康集团有限公司、红蜻蜓集团有限公司、康奈集团有限公司、星星集团有限公司、浙江康泉电器有限公司、奥康集团有限公司、宁波维科集团股份有限公司、宁波博洋纺织股份有限公司、嘉兴市兔皇羊绒有限公司、纳爱斯集团有限公司、中银(宁波)电池有限公司、宁波豹王电池有限公司、宁波卷烟厂等13家浙江企业生产的13个产品获"中国名牌"产品称号。

2003年12月,中国名牌战略推进成果展览会在北京展览馆举行。省质监局组织24家"中国名牌"产品企业和31家优秀地方名牌企业参加展览,并获展览活动的组织奖和最佳设计奖。同年,全省有28家企业的33个产品被国家质检总局授予"中国名牌"产品称号。至此,在国家质检总局公布的333个"中国名牌"产品中,浙江共有51个,居全国第二位。2004年,浙江有34家企业的37个产品获"中国名牌"产品称号。全省累计拥有"中国名牌"总数达88个,占全国总数的15%。2005年5月,省质监局组织对申报"中国名牌"产品的部分浙江企业进行省级专项监督检查。9月,浙江有66家企业的69个产品被授予"中国名牌"产品称号。2006年2月,根据国家质检总局《关于报送2006年中国名牌产品评价目录和十一五期间重点培育产品建议的通知》要求,省质监局组织开展2006年"中国名牌"产品申报工作。经初审,确定132类150个产品进入申报2006年"中国名牌"产品评价目录,其中,建议新增113类128个产品,建议复评19类22个产品。7月,根据国家质检总局《关于对2006年中国名牌产品申报数据进行核查的通知》,省质监局对宝石控股(集团)有限公司等15家企业申报"中国名牌"产品的数据进行逐一调查核实,并向国家质检总局反馈了核查情况。9月,中国名牌战略推进委员会认定532家企业生产的556个产品为2006年"中国名牌"产品,浙江有89个产品获"中国名牌"产品称号。至年底,全省获"中国名牌"称号的生产企业2006年总产值为2492.5亿元,占全省工业总产值的8.6%;实现利润163.4亿元,占全省规模以上工业利润的11.9%;总资产利润率7.3%,比全省规模以上工业企业高1.8个百分点。

2007年5月22日,省质监局向国家质检总局报送2007年"中国名牌"产品评价目录建议,涉及89类244个产品。其中,建议新增58类149个产品,建议重评31类95个产品。6月4—10日,省质监局对全省申报2007年"中国名牌"产品的有关数据进行公示,并陆续收到社会各界反映申报企业存在问题的信件、电子邮件和电话18件(次)。6月,国家质检总局将公示后收到的涉及浙江申报企业的投诉意见转至省质监局,涉及30家企业的16类30个产品。省质监局对这些问题进行逐一调查核实,并将核查情况上报国家质检总局。同年,万向集团公司生产的"钱潮QC"万向节获2007年"中国世界名牌"产品称号,杭州制氧机集团有限公司生产的大型空分成套设备等131个产品获2007年"中国名牌"产品称号。至此,全省累计共有“中国名牌”产品289个，占全国总数的14.8%。

2008年7月，根据国家质检总局质量管理司《关于对2008年中国名牌产品申报企业省级公示数据进行核查的通知》要求，省质监局对反映浙江申报“中国名牌”产品企业的相关问题进行调查核实，并将调查核实情况上报国家质检总局。10月，根据国家质检总局职能调整，质监部门不再直接办理与企业和产品有关的名牌评选活动，包括“中国名牌”产品的申报工作。至此，全省共有289个产品获“中国名牌”称号。

表35-3-2-6　　2001—2007年浙江省获“中国名牌”称号的产品数一览表

年份	产品数(个)	年份	产品数(个)	年份	产品数(个)
2001	5	2004	37	2007	131
2002	13	2005	69	—	—
2003	33	2006	89	—	—

资料来源:根据省质监局档案资料整理编制。

四、原产地域产品保护

原产地域产品是指利用产自特定地域的原材料，按照传统工艺在特定地域内生产的，产品的质量、特色或者声誉在本质上取决于原产地域地理特征的，并依照《原产地域产品保护规定》，经审查批准以原产地域进行命名的产品。

1998年10月5—8日，根据中、法两国政府首脑签署的两国文化交流协议，由中国国家质量技术监督局和法国工业产权局等联合组织召开的中法原产地命名及地域标志制度研讨会在北京举行。省技监局、绍兴市技术监督局和中国绍兴黄酒集团有限公司、杭州西湖龙井茶叶公司应邀参加会议。会后，国家质监局数次派员对绍兴酒、龙井茶的生产、历史及有关情况进行实地考察，决定将绍兴酒、龙井茶作为中国建立原产地域产品保护制度的试点。1999年8月，国家质监局在北京召开原产地域产品标准起草工作会议，决定起草《原产地域产品通用要求》《绍兴酒(绍兴黄酒)》和《龙井茶》国家标准。9月，省技监局向国家质监局提出绍兴酒、龙井茶原产地域产品保护申请。10月，国家质监局在杭州先后召开《龙井茶》《绍兴酒(绍兴黄酒)》国家标准审定会，并发布绍兴酒原产地域产品保护申请受理公告，公示期3个月。

2000年1月27日，国家质监局原产地域产品保护办公室在北京召开绍兴酒原产地域产品保护申请专家审查会。会议经过审议，一致认为对绍兴酒实施原产地域产品保护是必要的，建议国家质监局予以批准，并向社会公布。1月30日，绍兴酒原产地域产品保护申请获国家质监局的批准，成为全国第一个实施原产地域产品保护的产品。2月，省质监局报请国家质监局将金华火腿、庆元香菇、嵊州(平水)珠茶、金华佛手、兰溪金丝琥珀蜜枣、新昌小京生花生列为原产地域产品加以保护。3月，省质监局批复同意绍兴市质量技术监督局成立绍兴酒原产地域产品保护申报办公室，具体实施绍兴酒原产地域产品保护工作。4月20日，国家质监局发布批准中国绍兴黄酒集团有限公司、绍兴东风酒厂使用绍兴酒原产地域产品专用标志注册登记的公告。9月14日，国家质监局发布批准浙江塔牌绍兴酒厂、中粮绍兴酒有限公司、绍兴女儿红酿酒有限责任公司使用绍兴酒原产地域产品专用标志注册登记的公告。10月18日，省质监局向国家质监局呈报《关于要求对龙井茶实施原产地域产品保护的申请》。12月19日，国家质监局发布龙井茶原产地域产品保护申请受理公告。2001年10月26日，龙井茶原产地域产品保护申请获国家质检总局批准，成为浙江第二个实施原产地域产品保护的产品。11月9日，国家质检总局、省政府在杭州召开龙井茶实施原产地域产品保护新闻发布会，国家质检总局党组书记李传卿、省长柴松岳等参加。

2002年11月18日，杭白菊实施原产地域产品保护新闻发布会在嘉兴桐乡召开，副省长章猛进到会并讲话。至年底，杭白菊、金华火腿和庆元香菇3个产品获国家质检总局批准实施原产地域产品保护。2003年，常山胡柚、龙泉青瓷、新昌花生(小京生)获国家质检总局批准实施原产地域产品保护。2004年，安吉白茶、慈溪杨梅、塘栖枇杷、乌牛早茶、萧山萝卜干、黄岩蜜橘、余姚杨梅7个产品获准实施原产地域产品保护。至此，全省共有15个产品获准实施原产地域产品保护，数量居全国第一。2005年，国家质检总局通过对天台乌药原产地域产品保护申请的审查。2006年2月15日，省质监局印发《关于加强地理标志产品保护管理工作的通知》(以下简称《通知》)，规定老的原产地域产品专用标志的使用时间截止到2006年6月30日，新的地理标志保护产品专用标志即日启用。同时明确，按地域提出的地理标志产品的保护申请和其他地理标志产品的保护申请向质监部门提出；出口企业的地理标志产品的保护申请向出入境检验检疫部门提出。《通知》还对地理标志产品保护的申报条件、申报程序及申报材料的要求等进行规定。同年，宁波金柑、瓯海瓯柑、三门青蟹、遂昌竹炭、建德严东关五加皮酒原产地域产品保护申请获国家质检总局的批准。2008年，建德苞茶、长兴吊瓜子、瑞安温郁金、松阳茶、天目山铁皮石斛等产品获准实施原产地域产品保护。2009年，省质监局向国家质检总局申报对黄岩杨梅、枫桥香榧等5个产品实施原产地域产品保护。2010年，国家质检总局通过对枫桥香榧、景宁惠明茶、建德里叶白莲、龙泉灵芝、泰顺三杯香茶、象山白鹅、云和黑木耳原产地域产品保护申请的审查。

截至2010年10月，全省共有34个通过质监部门申请并归口管理的特色产品获准实施国家地理标志产品保护。其中，龙泉青瓷、遂昌竹炭、绍兴酒、严冬关五加皮酒和金华火腿5个产品属加工产品和食品，其余29个为初级农产品。据统计，2010年，全省地理标志产品总产值为137.6亿元，其中，产值在5亿元以上有4个产品，分别为绍兴酒、龙井茶、安吉白茶和萧山萝卜干，共计产值120.4亿元，占总产值的87.5%；产值在1亿元以上5亿元以下的有7个产品，产值共计14.1亿元，占总产值的10.3%；1亿元以下的有8个产品，产值共计3.1亿元，占总产值的2.2%。

第三节 质量信用

“诚实守信”是中华民族传统美德，更是浙江经济发展的血脉。从明代龙游商帮倡导“财自道生”“利缘义取”的儒商品格，到近代杭州毛源昌、王星记等商号凭借“货真价实、童叟无欺”的经营理念驰誉中外，再到改革开放初期两次焚烧劣质温州皮鞋，浙江人始终遵循着讲义守信的朴素诚信观。2001年，省委明确提出建设“信用浙江”。2002年，省政府印发《关于建设“信用浙江”的若干意见》，将质量诚信体系建设作为“信用浙江”建设的重要组成部分。至2010年，以政府、企业、个人三大信用主体互促共进，法规、道德、监管三大体系建设相辅相成的“信用浙江”建设初见成效。在“信用浙江”建设中，全省质监部门着力构建以“质量第一、标准为据、计量保证、守法立信”为基本理念的企业质量诚信体系。广大企业讲公德、守信用、重质量，积极发起或参与质量诚信承诺活动，配合做好企业质量诚信档案的建设，树立起浙江产品良好质量信誉。

一、质量诚信体系建设

2001年12月，省委十届七次全体(扩大)会议明确提出，要继续整顿和规范市场经济秩序，努力建设“信用浙江”。2002年，质监部门确立了从建立五大机制入手，与企业共筑质量诚信的工作路径和实现“八个百分之百”的质量诚信体系建设目标。经过多年探索与努力，全省企业质量档案建设工作稳步推进，企业质量诚信活动有序开展，质量诚信机制体系逐步建立和完善，全社会质量诚信意识也有较大的提高。

(一)工作机制建设

2002年3月，根据省政府召开的建设“信用浙江”专题会议精神，省质监局确定了以质量综合管理为基础，以行政执法为手段，从建立五大机制入手，与企业共筑质量诚信的工作路径。这五大机制是：以质量指数分析为核心的区域性、行业性产品质量预警机制；以标准化、计量、质量管理为主要内容的企业产品质量保证机制；以锅容管特安全监察为主要手段的事故防范机制；以质量检验、计量校准为主要技术支撑的社会服务机制；以企业质量信用档案为基础的企业产品质量社会监督机制。6月18日，省质监局、省经贸委印发《关于完善市场经济质量机制共筑质量诚信的若干意见》，提出构建以“质量第一、标准为据、计量保证、守法立信”为基本理念的企业质量诚信体系，并在3～5年内，实现“八个百分之百”的目标，即积极引导和支持企业开展质量诚信活动，努力培育一批代表浙江产品层次和水平的诚信企业，确保国家和省重点培育的企业集团、“五个一批”重点企业百分之百不发生质量方面的信用缺失行为；深入开展打假治劣工作，确保区域性的质量问题百分之百得到有效整治；大力推进工业园区建设，加强工业园区产品质量监管，确保省内特色工业园区和乡镇工业专业区的检测项目服务覆盖率达到百分之百；大力推进企业质量体系认证工作，确保全省重点骨干企业通过

ISO9000族质量体系认证的比例达到百分之百；进一步加强标准化工作，确保全省“五个一批”企业采用国际标准或国外先进标准的比例达到百分之百；加强计量保证体系建设，规范市场计量行为，确保全省在册的强制性检定计量器具受检率达到百分之百；加强农产品质量安全检测体系建设，确保全省骨干农业龙头企业生产的农产品百分之百安全可靠；农业标准化示范园区出产的农产品百分之百符合质量安全标准要求；建立锅容管特安全监察与管理新体制，努力降低事故发生率，确保全省在用锅容管特主要设备登记注册率达到百分之百。7月3日，全省建设“信用浙江”工作电视电话会议召开。省长柴松岳在会上明确提出，要抓好企业质量信用建设，努力提高浙江企业和产品质量诚信度。7月17日，省政府印发《关于建设“信用浙江”的若干意见》，要求抓好企业质量信用建设，健全社会产品质量监督与管理，引导企业加强质量信用建设，努力提高浙江省企业和产品质量诚信度。

2004年3月13日，省质监局在杭州武林广场举办“质量诚信、关注民生”现场宣传咨询活动。9月6日，省质监局印发《关于实施食品质量安全长效监管的意见(试行)》，明确食品质量安全信用体系建设要以企业产品质量信用记录为基础，以形成企业质量诚信制度为核心，以培育质量信用产品为重点，抓住产品质量信用记录、质量信用产品和质量失信行为惩戒3个关键环节，建立企业产品质量信用记录制度、企业质量诚信激励制度和企业失信行为惩戒制度。12月，省政府印发《关于切实加强食品安全工作的实施意见》，明确提出要以食品生产经营企业信用建设为核心，按照“政府推动、部门联动、市场化运作、全社会广泛参与；统筹协调、分工合作、分类指导、分步实施；先易后难、先点后面”的原则，加快开展全省食品安全信用体系建设试点工作。同年，杭州、嘉兴两市及肉类、粮食、儿童食品3个行业率先开展食品安全信用建设试点工作，建立健全食品生产经营企业质量档案和食品安全监管信用档案。2005年8月，省政府第42次常务会议审议通过《浙江省企业信用信息征集和发布管理办法》，明确由质监部门提供企业组织机构代码、强制性产品认证、产品执行标准、国家免检产品、“中国名牌”产品以及质量技术监督行政处罚情况等信息，建立企业质量信用机制。

2008年5月，省质监局印发《关于进一步加强名牌培育质量提升工作的若干意见》，明确在获得省级以上名牌、国家免检产品及列入培育的块状产业和企业中，推行质量诚信制度建设，建立奖惩机制。对列入区域名牌培育规划并有效开展质量诚信制度建设的，优先认定为浙江区域名牌；对已经获得浙江区域名牌称号的块状产业，如1年内发生3起以上质量不诚信事件并造成重大影响的，暂停或撤销浙江区域名牌称号；对企业在“浙江名牌”证书有效期内出现2次以上不诚信记录的，撤销“浙江名牌”称号，收回获得的证书和奖牌；申报“浙江名牌”、浙江省国家免检培育产品的企业质量诚信制度缺失或近5年内有质量不诚信记录的，不予认定“浙江名牌”、浙江省国家免检培育产品，不推荐申报“中国名牌”和国家免检产品。同时规定，申报2008年“浙江名牌”的企业(含到期复评的企业)，申报前必须建立并有效实施质量诚信制度；已经获省级以上名牌、国家免检产品的企业和浙江区域名牌的块状产业，必须在2008年底前建立并有效实施质量诚信制度；列入“浙江名牌”培育的企业，必须在规划申报的上一年年底前建立并有效实施质量诚信制度。6月26日，省质监局在湖州市召开品牌企业质量诚信示范现场会，交流各地树立质量诚信示范企业经验，并实地考察浙江世友木业有限公司推进质量诚信制度建设情况。7月，省质监局印发《浙江省品牌企业质量诚信制度建设核查细则(试行)》，将质量诚信教育和奖惩制度、质量检验制度、售后服务制度、质量追溯制度、质量诚信自律制度5个方面列为品牌企业质量诚信制度建设核查内容，并规定了具体的核查要求。

2010年8月11日，浙江省"质量强省"工作领导小组召开牵头单位协调会议，强调建立健全质量安全保障体系、质量技术支撑体系和质量诚信体系是推进"质量强省"建设的重要基础，要制定和完善质量信用制度，搭建一个能够客观、公正反映企业质量信用并实现信用资源互通共享的信息大平台，通过政府监管、社会监督及市场机制的作用，鞭策企业讲求质量信用，扶持和激励质量诚信企业，加大失信惩戒的力度。同年，省质监局印发《浙江省质量信用信息平台建设工作方案》，并组织对已获"浙江名牌"称号(包括获准使用"浙江区域名牌"标志)企业的质量诚信制度建设情况进行核查，督促企业持续符合质量诚信要求，进一步完善质量诚信体系。

(二)企业质量档案建立

2002年9月29—30日，省经贸委、省质监局联合召开全省质量工作会议，提出要建立企业质量信用档案，收集企业产品质量抽查合格率、采标情况、质量体系认证及产品质量认证情况、质量违法行为等信息，依托计算机网络，建立企业质量信用数据库，通过企业质量信用档案的统计分析，评定企业质量信用等级，对质量问题较多的企业实行"黑名单"制度。2003年9月24日，省质监局召开全省企业质量档案建设工作会议，总结杭州下沙经济开发区企业质量档案建设试点工作经验，并对全面开展企业质量档案建设工作进行部署。2004年，省质监局对15655家食品生产企业开展调查摸底，掌握了企业的生产条件、技术力量、质量管理水平、人员素质等方面的情况，建立了质量信息档案库。

2005年，各地质监部门对辖区内企业开展调查摸底，基本掌握了企业的数量分布、质量水平、质量管理状况、技术改造和企业技术创新能力及实验室建设等情况，并汇总了11万家企业的基本数据，5万余家企业的基本数据录入浙江省企业产品质量基础信息数据库。2007年9月，根据国家质检总局要求，全省质监部门对列入普查的家用电器、儿童玩具、劳动防护用品、汽车配件、低压电器、建筑钢材、人造板、扣件、电线电缆、燃气器具10类重点产品生产企业开展质量档案的建档工作。企业质量档案采用由国家统计局批准、国家质检总局统一印制的企业质量档案格式。至10月底，全省列入普查目录的家用电器等10类重点产品的生产企业有4770家，电子质量档案建档率为100%。慈溪市质量档案建设工作得到国家质检总局的肯定，有关经验在全国推广。12月，省质监局印发《关于加强质量档案工作的通知》，要求各地做好"中国名牌"生产企业、国家免检企业、"浙江名牌"生产企业、列入工业产品生产许可证和"3C"认证目录范围内的生产企业建档工作。至年底，全省质监部门已对4万余家企业建立质量信息档案，各种信息数据100余万项。

2008年4月，省质监局要求各地质监部门全面查清辖区内家具、玩具、服装、油漆涂料、仿真饰品、汽车配件、絮用纤维制品、人造板、装饰材料、洗涤用品10类重点产品生产企业底数，建立10类49种重点产品全部生产企业(包括个体工商户)质量档案。8月，全省质监部门开展絮用纤维制品、人造板、装饰材料等重点产品生产企业的建档工作。同时，把企业质量档案建立工作与日常监管服务工作结合起来，建立起企业主动申报、业务源头部门填写审核监管数据、质量管理部门统一管理数据的企业质量信用档案建设工作机制。至10月底，全省列入第一批普查的家具、玩具、服装、油漆涂料、仿真饰品5类重点产品的生产企业有4703家，质量档案建档率达100%。2009年12月，省质监局组织开展食品添加剂生产企业普查工作，并建立食品添加剂生产企业档案库。2010年12月24日，浙江省质量信用信息平台试运行，统一录入的质量信息有：有效期内的名牌、免检、"3C"认证、食品生产许可、工业产品生产许可、监督检查和执法打假等企业信息。

(三)企业质量诚信活动

2000年9月24日，省质监局会同省工商业联合会、中国质量报社举办民营企业高层质量论坛，万向集团公司、浙江吉利控股集团公司等省内知名民营企业的负责人联合向全省民营企业发出"质量立信、质量创牌、质量兴业"的倡议，倡议从自身做起，树立"靠质量求发展、向质量要效益"的思想。

2004年1月9日，浙江方圆检测集团股份有限公司首届会员大会召开，浙江星月集团有限公司代表首批310家会员企业宣读质量宣言，郑重承诺把好生产过程的每道关口，确保出厂产品100%合格。2006年9月，星星集团有限公司在2006年"中国名牌"产品表彰暨"质量月"活动大会上，代表100家企业发表《企业产品质量诚信宣言》，承诺努力塑造企业诚信形象，自觉做到守法经营，信守合同，讲求质量，抵制和反对制售假冒伪劣产(商)品等欺诈、失信行为。12月26日，浙江不老神食品有限公司、温州老李食品有限公司、浙江八里香食品有限公司等140家浙江省肉制品行业协会企业签下诚信盟约，承诺诚信经营，确保食品安全。

2007年3月11日，全省近万家免检产品生产企业、名牌企业及部分省级监督抽查连续3年合格的企业签署《质量诚信宣言》，向消费者作出郑重承诺：增强质量道德观念，努力提高产品质量和服务质量；自觉做到守法经营，信守合同；严格遵守《产品质量法》等相关法律法规，自觉接受社会各界的监督；在重视产品质量的同时，更加注重产品的售后服务质量，妥善解决消费纠纷；自觉接受政府依法监管，切实加强企业质量基础工作。2008年10月19日，杭江牛奶公司乳品厂、杭州贝因美豆逗儿童营养食品有限公司等7家乳制品企业向社会发出《质量诚信宣言》，承诺共同促进杭州市乳制品行业持续健康发展，让消费者放心喝奶。2010年，省质监局制定《企业认证诚信宣言》，由相关认证机构和各市、县(市、区)质监部门组织质量管理体系认证获证企业自愿签署。

二、"质量月"活动

1978年6月24日，国家经委向全国发出《关于开展"质量月"活动的通知》，要求每年9月在全国工交战线开展"质量月"活动，宣传"质量第一"的思想，树立"生产优质品光荣、生产劣质品可耻"的风尚。9月1日，为配合全国"质量月"活动，浙江省工业学大庆产品质量、消耗对比展览会在杭州举行，集中展示全省轻纺、二轻、电子、化工、机械仪表行业1800余种产品。省委领导铁瑛、李丰平等检查并参观预展。9月8日，省工交办、省人民广播电台、浙江电视台（以下简称省电视台）联合举办全省工交战线"质量月"广播电视大会。在"质量月"活动中，全省工交系统组织2000余人，对80余个重点行业、800余家重点厂矿企业的近400个重点产品进行质量大检查。杭州红旗造纸厂、杭州橡胶厂、上海铁路局杭州铁路分局杭州车辆段、杭州武林机器厂、浙江麻纺织厂等单位举办产品质量对比展览会。杭州钢铁厂、杭州制氧机厂、宁波动力机厂、金华水轮机厂等单位由厂领导带队，普遍开展走访用户活动，听取意见，边整边改。有的单位还把不合格产品"背"回厂里，用典型事例对干部、职工进行"质量第一"思想教育活动。杭州齿轮箱厂、永康拖拉机厂、宁波水表厂的广大职工努力做到产品质量"三个信得过"（自己信得过、检验员信得过、用户信得过）。铁路、公路、航运部门的职工努力提高客货运服务质量，做到"四个满意"（领导满意、物资单位满意、各个部门满意、工农兵满意）。全省标准计量部门积极配合工交系统，开展技术标准、产品质量、计量工具等的大检查、大清理、大整顿。同时开展为社队企业服务活动，采取"管、帮、促"的方法，对社队企业计量产品和使用中的量具进行检查，帮助企业抓好产品质量。

1979年5月，省标准计量管理局印发《关于全省标准计量战线一九七九年"质量月"活动的通知》，对全省标准计量部门开展"质量月"活动的内容、步骤等进行明确。9月，在第二个全国"质量月"活动中，全省标准计量部门配合工业部门对使用中的计量器具情况和计量产品进行调查摸底，基本摸清全省计量器具生产厂的计量产品种类，同时开展为社队企业服务活动。据统计，"质量月"活动期间，宁波、台州、温州等市（地）、县标准计量部门共检查149家工厂使用中的7733件计量器具，合格率为69%。1982年8月，省经委部署开展全省第五次"质量月"活动。9月，各级经委、工交主管部门以及企业加强对"质量月"活动的领导，设立专门的工作班子，开展以"求实际效益，让用户满意"为内容的"质量月"活动。1983年6月27日，省经委、省质量管理协会转发国家经委、中质协《关于全国第六次"质量月"活动的通知》，并对全省开展"质量月"活动做出安排。8月29日，省经委召集省级有关厅（局）听取"质量月"活动组织情况，并对开展"质量月"活动提出具体要求。9月，各地普遍开展产品质量、技术基础工作的大检查和"为用户服务，让用户满意"活动。11月12日，全省第六次"质量月"授奖大会在杭州举行，副省长吴敏达出席会议，并就今后的质量工作提出意见和要求。

1985—1996年，国家没有统一部署和组织全国性的"质量月"活动。但"质量月"活动的主要内容仍在全省各地进行。1996年9月，省质量管理协会在全省开展"质量宣传月"活动，并与省总工会等单位一起，组织工商企业开展"五个一"活动。湖州市质量协会开展质量宣传、咨询、投诉、服务活动。很多企业也结合实际，开展"质量月"活动，如杭州钢铁厂开展ISO9000系列标准知识竞赛，衢州化工总厂开展"六查一访"①活动。12月，国务院颁布《质量振兴纲要（1996—2010年）》，要求继续开展全国性的"质量月"活动。

1997年8月1日，中宣部、国家经贸委、国家技监局、中华全国总工会、共青团中央印发

① "六查一访"：即查质量意识、查质量水平、查质量体系、查标准执行情况、查现场管理、查质量损失和访问用户。

《关于在全国范围内开展“’97 质量月”活动的通知》，决定从 1997 年开始，每年 9 月在全国范围内开展“质量月”活动。8 月 12 日，省计经委、省技监局、省总工会、团省委、省质量管理协会印发《关于开展’97 质量月活动的通知》，对全省开展“质量月”活动进行统一部署。8 月 31 日，浙江省暨杭州市’97 质量月大型宣传咨询活动在杭州百货大楼广场举行。9 月，全省“质量月”活动全面展开，活动主要内容有：宣传《质量振兴纲要》，开展“五查一访”[①]活动；举办质量知识讲座和名牌产品质量跟踪展销评价活动；开展以《质量振兴纲要》《产品质量法》为主题的质量知识竞赛活动；开展提高用户满意度系列活动，如工业企业开展“产品创名牌、服务争优质”活动，商业企业开展“清柜台、无假货”和创“购物放心店”活动。1998 年 8 月 31 日，全国’98 质量月活动电视电话会议结束后，浙江召开“质量月”活动动员部署会议，省委宣传部、省计经委、省技监局、省总工会、团省委、省质量管理协会、省消协等有关单位负责人参加。9 月 1 日，由省委宣传部、省计经委、省技监局和杭州市技术监督局等 7 个部门联合举办的浙江省暨杭州市’98 质量月宣传活动在杭州百货大楼西侧广场举行。参加活动的省、市名牌产品的生产企业、质量检测站、质量跟踪站等 17 个单位，向用户赠送产品使用说明书、质量法规选编、质量宣传小知识等资料，同时提供质量咨询，受理质量投诉，开展免费维修服务。9 月 3—7 日，省计经委、省技监局、省司法厅在浙江世贸中心联合举办“质量——永恒的主题”大型展览会。柴松岳等省政府领导参观了展览。9 月 24 日，省计经委、省质量管理协会、杭州金松集团有限公司联合举办了以《浙江省质量振兴实施计划（1998—2010 年）》《产品质量法》以及质量管理知识为主要内容的’98“金松杯”质量知识竞赛，全省 11 个市（地）的代表队参加。

1999 年 9 月 2 日，“浙江名牌”产品表彰暨质量月活动动员大会在杭州召开，副省长叶荣宝对开展全省“质量月”活动进行动员。9 月 11 日，省技监局、省质量管理协会、省消费者协会在杭州联合举办“质量月”大型宣传咨询服务活动。省技监局公布了上半年各级技监部门查处的“十大制假售假大要案”和自 1993 年以来国家监督抽查连续 3 次合格、省级监督抽查历次合格的企业和产品名单，有关产品质量检验机构及部分在杭重点企业在现场接受消费者的质量咨询和投诉。“质量月”活动期间，各地进一步贯彻《浙江省质量振兴实施计划（1998—2010 年）》，采取层层分解、划区划片、划领域、划行业的方式，组织企业开展“七查一访”[②]质量自查活动。同时组织对辖区内企业开展“七查一访”活动的情况进行抽查，及时掌握活动的进展情况和企业自查中反映出来的问题。一些地方的技监部门还与当地经委、乡镇企业局、工商局一起，以座谈会等形式与行业、企业交流活动有关情况，听取企业意见，有针对性地解决企业提出的问题，为企业做好服务工作。2000 年 9 月 9 日，浙江省暨杭州市 2000 年“质量月”大型宣传咨询服务日活动在杭州武林广场举行，省、市、区质监部门和家电、食品、家具、电子等各专业质量检验站通过现场咨询、发放资料和黑板报等形式，宣传新修订的《产品质量法》和新颁布的《浙江省标准化管理条例》，指导消费者如何识别假冒伪劣产品，并现场受理群众

① “五查一访”：即查质量意识、查产品质量、查服务质量、查现场管理、查质量损失和访问用户。

② “七查一访”：即查质量意识、查质量水平、查保证体系、查标准执行情况、查计量检测保证、查现场管理、查质量损失和访问用户。

的质量投诉举报。省人大常委会、省政府等有关领导参加活动，并检查活动开展情况，慰问现场工作人员。各市(县)也同时组织开展“质量月”活动，当地党委、人大、政府领导到现场进行了检查。9月12日，全省质监部门开展集中销毁假冒伪劣产品统一行动，销毁假冒伪劣商品标值3000余万元。据统计，在“质量月”活动中，全省质监部门出动2万余人次，查处案件500余件，捣毁窝点100多个；“质量月”活动咨询现场共分发新修订的《产品质量法》等宣传资料10万余份，接受咨询4000余人次，受理产品质量方面的投诉50余件。

2001年9月9日，浙江省2001年“质量月”现场咨询服务活动在杭州武林广场举行。活动把新闻发布、质量咨询、质量投诉、文艺演出、知识竞赛、法规教育等有机结合在一起，在表演中穿插与质量相关的有奖竞答，使市民在愉快的气氛中接受质量教育。9月23日，省质协、巨化集团有限公司、《质量时刊》杂志社在巨化集团有限公司举办“巨化杯”质量知识竞赛。2002年，在“质量月”活动期间，质监部门对学校的学生床上用纤维制品、校服等进行检查，并上门为中小学生配戴的眼镜进行现场检测和咨询。同时开展“打假保十一”等活动，对车站、码头、机场等场所的食品、丝绸服装产品进行检查。2003年9月6日，全省质监部门统一开展“质量月”宣传咨询服务日活动，省政府领导到活动主会场发表讲话，并检查活动开展情况。9月24日，由质协等联合举办的“万丰奥特杯”质量知识竞赛在新昌举行。

2004年9月1日，全国第一个区域“质量月”活动在长三角地区启动。活动期间，浙江质监部门重点在商贸流通、工程建筑领域开展“质量月”活动，数百名质量专家、上千名质量工程师为企业提供品牌战略、现场管理、质量改进、认证认可等方面的咨询服务。省质协、中国移动通信集团浙江有限公司还联合举办“全球通杯”质量知识竞赛。2005年8月31日，以“追求卓越质量，享受美好生活”为主题的长三角“质量月”活动新闻发布会暨“中国名牌”争创世界名牌大会在杭州召开，国家质检总局、省政府领导出席会议并讲话。9月12日，省质监局开展“质量走进省府大院”活动，为省政府干部职工提供质量咨询服务。9月14日，省质监局、杭州市质量技术监督局联合开展“质量走进重点工程”活动，并到杭州市“一纵三横”①庆春路工地现场，宣传食品安全知识。9月18日，省质监局就全省开展重点建设工程建材、电器等产品质量专项执法检查情况召开新闻发布会，曝光了一批有较严重质量问题的建设工程。9月19—23日，全省质监部门统一开展“食品质量安全周”活动，组织一批名牌和质量示范企业在省内大型商场、超市展示“中国名牌”产品，并现场受理消费者有关食品质量的投诉和咨询，向群众免费发放食品质量、食品标识的宣传资料1万余份。宁波市质量技术监督局还在“食品安全周”活动中开展食品安全“三讲三查”②等系列活动。9月24日，省质协、中天建设集团有限公司联合举办“中天杯”质量知识竞赛。

2006年9月7日，省质监局召开“中国名牌”产品表彰暨“质量月”活动大会，通报全省产品质量违法十大典型案件，公布7家认证良好行为机构和100家认证有效性示范企业名单，

① “一纵三横”：杭州市人民政府于2005年7月至2006年4月开展的道路综合整治工作。“一纵”是指保俶路、曙光路，“三横”是指体育场路、凤起路、庆春路。

② “三讲三查”：“三讲”即讲响、讲透、讲遍；“三查”即查无证生产企业、查无证销售、查无证标识。

发表企业产品质量诚信宣言。9月16日，省质协等联合举办“德力西杯”质量知识竞赛。“质量月”活动期间，全省质监部门还在11个中心城市举行产品质量现场咨询服务活动和名牌产品质量跟踪评价活动，组织举办浙江省民营企业品牌论坛和质量法律知识进企业、进社区、进学校、进乡村等系列活动。2007年“质量月”活动期间，全省质监部门开展“打假保名优”专项活动、“降废减损提质，节能降耗增效”活动、全员质量知识普及教育活动、“质量专家革命老区行”活动、“质量专家西部行”活动和以食品安全为重点的产品质量专项整治行动。

2008年9月，省质监局在杭州吴山广场举办“质量月”现场公益咨询服务活动。同时，开展全省质量工作支援灾区活动，组织质量专家到青川县等四川受灾地区企业进行对口帮扶，参与灾后重建企业质量管理体系建设，帮助受灾企业提高质量管理水平；开展“技术机构千家企业质量帮扶”活动，积极为中小企业提供产品质量诊断分析；开展全省“十小”整治主题宣传活动，宣传“十小”整治标准、整治目标和整治工作重点；举办“三花杯”质量知识竞赛。2009年9月，省质监局举办“质量月”现场公益咨询服务活动，开展质量知识宣传和名优企业优质产品展示。同时，开展全省“十小”整规活动主题宣传和全民质量知识普及教育；组织质量专家小组巡回宣讲质量管理知识和优秀企业实例，举办“人民电器杯”质量知识竞赛，开展GB 23350-2009《限制商品过度包装要求 食品和化妆品》国家标准宣传，组织开展以月饼等节日食品为重点的产品包装监督抽查，并曝光了一批监督抽查质量较差的产品及企业。

2010年8月31日，长三角2010年“质量月”活动启动仪式在杭州举行，国家质检总局、省政府领导出席会议并讲话。会议通报了江、浙、皖、赣、沪质监部门共同开展质量提升年活动情况及合作互认成果，发布了2010年长三角“质量月”活动联合行动方案，包括开展面向规模企业的卓越绩效管理方法培训、面向耗能产品生产企业的能效管理和节能技术培训；开展质量攻关，组织质量专家深入企业第一线，帮助企业解决突出的质量问题；加强食品安全监管和特种设备监管等内容。9月，质监部门举办“质量月”大型宣传咨询服务活动，发放宣传资料，受理质量投诉举报，免费为消费者提供产品检测和真假鉴定服务；开展以“标准化与节能减排”“现代农业发展”为主题的论文征集活动；举办“红蜻蜓杯”质量知识竞赛；开展“实验室开放日”活动，邀请人大代表、政协委员、行风监督员、企业代表及普通消费者等社会各界人士参观实验室；开展计量惠民活动，为广大群众免费开展血压计、眼镜等家用计量器具的检定校准；结合中秋、国庆两个节日，组织开展月饼、化妆品等商品的监督抽查，曝光一批监督抽查质量较差的产品及企业名单。

第四节 认证监管

质量认证是指由认证机构证明产品、服务、管理体系符合相关技术规范的强制性要求或者标准的合格评定活动。1996年起，省技监局开始对质量认证咨询机构进行备案管理，并对质量认证有效性开展监督检查。2003年9月，国务院颁布《中华人民共和国认证认可条例》后，全省质监部门通过综合监管、监督抽查、认证执法、督查督办等手段，进一步加强对认证从业机构和强制性认证产品的监管，强化管理体系认证有效性的监督和自愿性产品认证检查。同时开展“百万”行动①，引导行业自律，推进认证市场健康发展。

一、认证从业机构监管

1996年10月，省技监局明确对在浙江省境内开展质量认证咨询活动的机构实行备案管理。1997年，根据国家技监局《质量认证咨询机构管理办法(试行)》和《质量认证咨询机构管理办法实施细则》，省技监局批准杭州ISO9000研究会质量认证咨询中心开展质量认证咨询活动的备案申请，备案号为浙-001-97。同年，杭州维通质量技术有限公司开展质量认证咨询活动的备案申请获国家技监局批准，备案号为N-0021-97。2000年3月，省质监局批准杭州振兴质量咨询中心、杭州质宇企业管理咨询服务有限公司、杭州维通质量技术有限公司(复评换证)3家质量认证咨询机构的备案申请。8月，省质监局批准杭州科思加企业管理咨询有限公司、嘉兴市科苑质量技术咨询服务中心、杭州嘉业企业管理事务所、宁波久盛企业发展咨询有限公司、温州市慧仁管理顾问有限公司、嘉兴市津桥质量认证咨询有限公司等质量认证咨询机构的备案申请。

2001年6月，省质监局印发《关于进一步加强质量认证管理工作的通知》《质量认证咨询机构备案登记管理办法》，加强对质量认证咨询机构备案登记的规范管理，并对质量认证咨询机构的备案、备案资质核查等提出具体要求。11月20—21日，省质监局在杭州市萧山区召开全省质量认证咨询工作座谈会，通报对认证企业和备案咨询机构的监督检查情况，宣传贯彻国家对质量认证咨询机构进行备案登记管理的有关规定。至年底，全省经省质监局备案登记的质量认证咨询机构有31家。

2002年6月，省质监局、浙江出入境检验检疫局、省工商局、省外经贸厅转发国家认监委等4部委局《认证机构及认证培训、咨询机构审批登记与监督管理办法》，同时要求已依法设立的认证机构及认证培训、咨询机构于7月31日前向省质监局、浙江出入境检验检疫局、省工商局办理批准和重新登记手续。9月30日，省质监局要求各地质监部门对已获国家认监委重新确认批准的认证咨询机构在本地区开展活动的规范性、公正性和经营合法性情况进行监督检查，纠正并查处违法违规行为。凡未经国家认监委批准的机构一律不得继续从事认证及相关工作。12月，省质监局对违法违规认证机构进行集中清查，共出动200余人次，检查各类认证咨询机构50余家，发现有严重违法违规行为的机构22家。主要问题有：无证经营；未经批准超范围经营；采取挂靠手段，逃避监管；认证机构与咨询机构一体化经营等。至年底，全省共有108家认证咨询机构向省质监局提出重新登记申请，其中47家认证咨询机构取得国家认监委的批准证书，14家认证咨询机构取得国家认监委的成立批准通知书。2003年1月，省质监局发布公告，公布对全省依法设立的认证咨询机构的清理和重新登记审查结果。同时明确，凡未获国家认监委批准的咨询机构，一律不得在浙江从事认证咨询业务。同年，省质监局共查处25家违法违规认证机构。至2003年底，全省有6家认证机构、6家认证培训机

① “百万”行动：即省质监局开展的“百家认证机构自律、万家认证企业帮扶”活动。

构和50家认证咨询机构通过国家认监委的资质批准。

2004年3月31日，省质监局与上海市、江苏省质监部门在杭州召开长三角地区认证认可合作研讨会，共同提出《关于加强长三角地区整顿和规范认证市场秩序合作的意见》，并建立认证市场联合检查、监管信息联合通报制度。同年，省质监局对已获国家认监委批准的华夏认证中心有限公司及15家认证咨询机构开展监督检查。2005年，质监部门对2家认证培训机构和24家认证咨询机构进行年度监督检查，并依法对北京兴原认证有限公司等机构的违法行为进行查处。同年12月至2006年1月，省质监局对全省获批准的认证咨询机构进行监督检查。通过现场座谈、查阅文件记录、询问有关人员等方式，对认证咨询机构咨询人员的资质条件、认证咨询合同规范性、质量体系运行有效性以及业务范围是否超批准范围、咨询过程是否实行有效控制、咨询行为是否规范、收费办法是否公开、顾客申诉及处理程序是否建立等进行检查，共抽查浙江蓝箭万帮标准技术有限公司等19家咨询机构的咨询合同180余份、咨询过程记录180余份、体系文件及相关记录等300余份，涉及质量管理体系认证咨询、环境管理体系认证咨询、职业安全健康管理体系认证咨询等内容。

2007年4月，省质监局、温州市质量技术监督局对温州市区5家非法认证咨询机构进行执法检查。检查发现，温州远博企业管理顾问有限公司、温州赛肯锡企业管理顾问有限公司、温州西格企业管理咨询中心、温州迪嘉晟企业管理顾问有限公司在未经国家认监委批准、没有取得认证咨询机构批准书的情况下，对外进行欺骗性咨询服务宣传，非法从事认证咨询活动；深圳英达思企业管理咨询有限公司温州分公司作为办事机构存在直接从事认证咨询经营活动的违法行为。温州市质量技术监督局依法对这些机构进行了查处。9月27日，省质监局印发《关于实施强制性产品认证咨询机构行政审批的通知》(以下简称《通知》)，决定对从事强制性产品认证咨询活动的机构实施行政审批。《通知》对审批对象、审批条件、审批程序、审批实施时间、咨询人员资质及考试等进行明确。2008年5月29日，省质监局召开全省认证咨询机构工作会议，通报2007年认证咨询机构年度报告审查情况和认证有效性监督检查情况。2009年5月，省质监局印发《关于进一步加强认证监管工作的意见》，确定了“明确责任，优化服务，科学监管”的认证监管原则，提出以认证机构为重点、以获证企业为切入点、以提高企业质量管理水平和产品质量为落脚点的认证监管工作方法。8月起，全省质监部门开展“百家认证机构自律、万家认证企业帮扶”行动，加强认证执法监管和认证机构自律，规范认证市场秩序，完善认证企业质量管理保证机制。

2010年10月，根据国家认监委统一部署，全省质监部门开展有机产品认证咨询活动专项监督检查，以有机产品认证获证企业为切入点，采取多种措施，全面掌握本辖区内有机产品认证咨询活动情况，对未经批准或者超范围开展有机产品认证咨询活动依法进行了查处。12月，质监部门对全省认证咨询机构从事认证咨询及相关活动的公正性、规范性和有效性进行监督检查。在公正性和规范性方面重点检查了认证咨询合同的签署、咨询过程控制、认证咨询实施、咨询人员的控制管理和咨询机构内部管理等环节的情况，在有效性方面重点检查了咨询质量。

二、管理体系认证监管

管理体系认证是指依据管理体系标准，由第三方认证机构对管理体系实施合格评定，并通过颁发体系认证证书，以证明某一组织有能力按规定的要求提供产品和服务的活动，包括质量管理体系认证、环境管理体系认证、职业健康安全管理体系认证、能源管理体系认证、信息安全管理体系认证、测量管理体系认证等。

1997年10月，省技监局印发《浙江省质量体系内部审核员注册管理实施细则(试行)》，对质量管理体系内部审核员注册资格、注册程序，注册证书管理和注册内审员的义务等进行规定。2001年7—8月，全省质监部门对企业质量认证有效性开展监督检查，共抽查机电、化工、建材、通信、建工、食品、服装等行业的50家认证企业，涉及认证机构19家、咨询机构34家。检查内容包括企业执行标准情况、计量器具的检定状况、产品检测人员资格条件、质量体系内审和管理评审情况、产品质量控制情况等。

2006年，省质监局组织11个市和14个县(市)的质监部门对机械、建工、医疗等行业开展认证有效性的检查，共检查企业163家，涉及认证机构35家，发现31家认证机构的100余项问题，向有关认证机构下达《责令整改通知书》或建议函50余份，清理整顿19家非法认证机构，对4家认证机构的违法行为进行立案查处。2007年4—6月，质监部门对部分取得ISO14000和ISO9000管理体系认证证书的企业开展认证有效性监督检查，共检查机电、化工、建设、纺织、生物工程等对环境影响较大行业的203家企业(其中ISO14000环境管理体系认证企业143家)，涉及52家认证机构。监督检查以认证有效性为主，兼顾公正性和规范性，重点检查获证单位的管理体系运行情况、执行法律法规情况、组织管理情况、重要环境因素识别和处置情况，以及认证机构执行认证基本规范和认证规则等情况。检查发现，北京兴国环球认证有限公司等40家认证机构和127家获证企业不同程度地存在问题。各地质监部门向有关认证机构和获证企业下达《责令整改通知书》26份，并依法对6家认证咨询机构进行立案调查，对5家非法认证咨询机构进行行政处罚。9—12月，全省质监部门对2007年1—7月取得质量管理体系认证的全部生产类企业进行检查，共出动检查人员7236人次，检查企业3531家，涉及中国质量认证中心等72家认证机构。根据检查结果，质监部门对22家认证机构和认证咨询机构进行立案调查，向有关企业和认证机构提出整改要求500余条。

2008年7—9月，全省质监部门开展2008年度管理体系认证有效性监督检查。监督检查的对象为全省通过各类管理体系认证且认证证书尚处于有效状态的企业。检查的主要内容是获证单位的管理体系运行情况、执行法律法规情况、组织管理情况、重要环境因素识别和处置情况、对危险源辨识的充分性及风险的控制状况、关键控制点和关键限值的确定是否合理，以及认证机构执行认证基本规范、认证规则情况和认证咨询机构守法情况等。全省质监部门共出动1100余人次，检查管理体系认证企业561家，涉及78家认证机构。现场抽查环境检测报告和环评报告200余份，“三废”①处理等有关记录360余份，应急预案、重大环境因素清

① “三废”：即废气、废水、固体废弃物。

单、法律法规清单等各类技术档案600余份，询问有关人员570余人次，提出整改意见200余条，并向有关认证机构下达《责令整改通知书》18份，对有严重违法行为的7家认证机构依法进行立案调查。

2010年6月起，全省质监部门开展“提升认证质量，服务质量强省”活动。通过组织开展认证企业质量管理体系运行情况自查、认证违法行为专项检查等手段，督促认证企业提升质量管理水平。同年，省质监局组织开展2010年度浙江省管理体系认证示范企业评选活动，浙江吉利汽车有限公司等30家获证企业被评为2010年度浙江省管理体系认证示范企业。

三、强制性产品认证监管

强制性产品认证是政府行政主管部门为保护国家安全、防止欺诈行为、保护人体健康或安全、保护动植物生命或健康、保护环境，按照有关法律法规，由公正独立的第三方机构实施的一种评价产品是否符合国家强制标准、技术法规要求的市场准入性质的合格评定制度。

2002年3月5日，省质监局转发国家质检总局《关于明确强制性产品认证制度和工业产品生产许可证制度管理范围有关问题的通知》《关于机动车辆类产品强制性认证有关问题的通知》(以下简称《通知》)，要求各市质监部门立即将《通知》精神贯彻到有关企业，帮促企业按规定要求开展相关产品的强制性认证工作。10月18—19日，省质监局在慈溪市召开全省强制性产品认证工作会议，通报国家实施强制性产品认证制度的背景和工作进展情况，研究部署推进全省强制性产品认证工作。2003年，省质监局组织开展电视机、电冰箱、电线电缆等第一批6类强制性产品认证的行政执法工作，并决定对强制性产品认证行政执法工作实行月报制度。2004年，全省质监部门开展强制性认证产品监督检查工作，共检查各类强制性产品认证企业1600余家，立案查处违法违规案件161起，执行罚款220余万元。

2005年4月1日，省质监局转发国家质检总局、国家认监委《关于全面加强强制性产品认证行政执法工作的通知》，并对开展全省强制性产品认证行政执法工作进行部署。4—5月，质监部门开展强制性认证产品执法检查，检查的重点为列入《第一批实施强制性产品认证的产品目录》内，与人民群众日常生活密切相关的家电类产品，特别是夏令时节使用的电风扇、空调器、饮水机等，以及建筑工程中使用的插头插座、电线电缆等产品，重点查处产品未经强制性认证擅自出厂销售和伪造、冒用“3C”标志等违法行为。检查期间，全省质监部门共出动2500余人次，检查“3C”产品生产、销售企业以及在经营活动中使用“3C”产品的单位1109家，检查产品货值1470.6万元，执行罚款81.9万元。9月，质监部门开展装饰装修产品强制性认证专项执法检查。执法检查的对象是列入强制性产品认证目录内的溶剂型木器涂料、瓷质砖等装饰装修产品的生产商和经销商。全省质监部门共出动1300余人次，检查生产企业63家、销售单位400余家、专业市场44家，立案查处违法违规案件11起。12月，质监部门对冷热饮水机开展强制性认证产品监督抽查，共检查109家生产企业的120批次冷热饮水机，其中32家生产企业的33批次产品为不合格，批次合格率为72.5%。

2006年2月，省质监局印发《强制性产品认证监管工作实施意见》，对强制性产品认证监管与稽查的职责分工、监管对象与主要内容、监管措施和要求等进行明确。5—9月，质监部门开展强制性认证产品专项整治工作，整治的重点为强制性产品认证目录中直接关系人身财产安全、认证有效性较差的电线电缆、照明设备、电动工具、家用及类似用途设备、电路开关及保护或连接用电器装置等5类28种产品。至9月底，全省质监部门共出动检查人员3100余人次，检查各类生产、销售企业及专业市场1417家，立案查处违法违规案件82起，涉案货值600余万元，执行罚款166.5万元。同年，质监部门对过载继电器产品、插头插座、家用照明开关产品开展强制性产品认证专项检查。其中，过载继电器产品共检查24家生产企业的30批次产品，批次合格率为86.7%；插头插座、家用照明开关产品共检查488家企业的604批次产品，批次合格率为78.1%。2007年5月，省质监局转发国家认监委《关于全面开展玩具产品强制性产品认证行政执法工作的通知》。6月，全省质监部门开展玩具产品强制性认证行政执法检查。8—11月，质监部门对生产和流通领域的电风扇、电饭锅(电压力锅)、电线电缆等强制性认证产品开展监督检查，共抽查39批次，批次合格率为61.5%。11月，省质监局决定在乐清市、嵊州市、鄞州区开展强制性产品认证全过程监管试点工作，监管对象包括生产企业、销售企业、咨询机构、认证机构(包括分支机构)以及检验机构，监管产品主要为取得强制性产品认证并加施“3C”标识的产品，其中，乐清市以漏电断路器为主，嵊州市以吸油烟机为主，鄞州区以电线电缆和汽车零部件为主。

2008年4月，质监部门开展强制性认证产品专项整治行动。整治的重点对象是有过质量违法记录，特别是3次以上违法记录的企业；被国内外消费者投诉且调查属实的企业；产品被国内外媒体曝光或国外通报召回的企业；质量安全控制体系不健全或运行无效的企业；在上年度专项整治中，被暂停、撤销“3C”证书的企业；监督抽查产品不合格的企业；生产加工假冒伪劣产品的企业和生产加工点。重点整治的产品有儿童玩具、溶剂型木器涂料、汽车配件、装饰材料(瓷质砖和混凝土防冻剂)及小型断路器。重点查处产品未经认证擅自出厂、销售，伪造、冒用认证证书和认证标志，“3C”标志使用不规范，擅自变更产品关键元器件或者使用劣质原辅材料等违法行为。5月，省质监局转发国家认监委《关于全面开展农机产品强制性产品认证行政执法工作的通知》，并对全省开展农机产品强制性产品认证行政执法工作提出具体要求。10—11月，质监部门对全省取得“3C”认证的玩具产品进行监督抽查。经检验，63批次产品中合格的56批次，批次合格率为88.9%。2009年10月，质监部门开展低压熔断器等强制性认证产品专项监督检查。检查的主要产品为强制性认证证书处于有效状态的低压熔断器、机动车回复反射器产品。

2010年4—6月，全省质监部门对生产领域取得“3C”认证的洗衣机产品开展监督抽查。同年，质监部门对室内加热器、灯具、电线电缆、衡器和防盗保险柜等5类强制性认证产品的生产企业进行专项监督检查。至年底，全省强制性认证产品省级监督抽查3179批次，批次合格率为93.2%。

表 35-3-4-1　　2007—2010 年浙江省强制性认证产品省级监督抽查一览表

年份	抽查企业数（家）	抽查批次数（批）	批次合格率（%）	年份	抽查企业数（家）	抽查批次数（批）	批次合格率（%）
2007	2522	3518	86.0	2009	2139	2926	90.0
2008	2444	3410	90.1	2010	2367	3179	93.2

资料来源:根据省质监局档案资料整理编制。

四、自愿性产品认证监管

对于强制性产品认证制度管理范围之外的产品或产品技术要求,国家认监委采取统一推行和机构自主开展相结合的方式,结合市场需求,推动自愿性产品认证制度的实施。

2003 年 3 月,省质监局转发国家质检总局、国家认监委等 9 部门《关于建立农产品认证认可工作体系实施意见》。2004 年,针对部分人大代表、政协委员提出的农产品认证热点问题,省质监局组织开展对农产品认证标志使用情况的执法检查。2006 年 3 月,全省质监部门开展食品、农产品认证标志使用情况的专项检查,共出动 800 余人次,检查 394 家超市、商场的 2086 种产品,涉及蔬菜、奶制品、豆(米)制品、蛋制品、茶叶、蜂蜜等产品,立案查处 2 起农产品认证违法行为。2007 年 9 月,全省质监部门对认证农产品开展监督抽查,涉及全省 11 个市流通领域的新鲜蔬菜及其加工产品、水果、水产品、畜禽肉蛋、粮食类产品、茶叶、食用菌、植物油等 8 大类认证农产品,共计 715 批次,批次合格率为 99.2%。其中,蔬菜及其加工产品、水产品、水果、茶叶批次合格率均为 100%,畜禽蛋类产品批次合格率为 99.2%,粮食及制品批次合格率为 98.4%,食用菌批次合格率为 98.2%,植物油批次合格率为 97.5%。10—11 月,质监部门对杭州市食品、农产品认证标志使用情况开展专项监督检查,共检查 22 家超市、商场等经销单位的 209 种商品,其中,标有“绿色食品”标志的 166 种,占检查产品总数的 79%;标有“无公害农产品”的 15 种,占检查产品总数的 7%;标有“有机产品”的 16 种,占检查产品总数的 8%;标有“纯天然绿色食品”“天然”等字样的 12 种,占检查产品总数的 6%。对检查中发现有问题的产品,质监部门责令经销部门立即撤柜,并要求其进一步完善食品、农产品进货管理制度。

2009 年 4—9 月,全省质监部门开展食品、农产品认证执法检查。检查对象是辖区内从事认证活动的认证机构以及取得食品、农产品认证证书的企业。重点检查有机产品、绿色食品、无公害农产品、良好农业规范(GAP)、危害分析与关键控制点(HACCP)体系、食品安全管理体系等的认证情况,尤其是乳制品生产企业的相关认证。全省质监部门共出动 2500 余人次,检查各类获证食品、农产品的生产、销售企业及农贸市场、超市等 1656 家,涉及 39 家认证机构认证的 2000 余种产品,对获证企业产品不能持续符合认证标准要求,买证、卖证,超期、超范围使用认证证书、认证标志,认证机构未能有效实施跟踪调查等违法违规行为进行查处。

2010 年,质监部门开展以有机产品为重点的食品、农产品认证专项监督检查,重点查处伪造、冒用认证标志等违法违规行为。

第四章　产品质量监督管理

产品质量监督管理对于提高产品质量，维护市场秩序，促进经济健康发展具有十分重要的作用。中国很早就建立产品质量监督制度，《周礼·考工记·序》中有“审曲面埶，以饬五材，以辨民器”的记载。所谓“以辨民器”，就是对生产出的产品要进行质量检查，合格者才能使用。《礼记·月令篇》中也有“物勒工名，以考其诚，工有不当，必行其罪，以究其情”的记载，意思是在生产的产品上刻上工匠或工场的名字，目的是为了考察质量，如质量不好就要处罚。在秦俑坑的俑身、兵器及秦砖瓦上也可以看到刻有或印有“工疆”“寺工”“工丞”“九十”“左水”“左司高瓦”等字样，这些文字分别代表着器物制造者的官署、编号及制造工匠的名字。明代质量监督方法有了较大改进，并开始用抽样方法来检验产品质量。随着现代贸易的出现和发展，产品质量监督管理制度不断完善。民国4年(1915年)12月，温州茶商自发设立永嘉茶叶检验处，查禁假茶出口。民国10年，浙江棉商开始设立棉花验水所，检验棉花的含水率。民国16年11月，民国省政府颁布《浙江省棉花检验规则》，对棉花质量实施检验管理。民国28年，省建设厅设省油茶棉丝管理处，对棉花、茶叶、化肥等产品进行监督管理。

20世纪50—70年代，行业主管部门设立质量检验机构，对本行业产品质量进行监督管理。进入80年代，随着《标准化管理条例》的颁布实施，全省产品质量监督管理工作开始由省标准计量管理局统一负责。1981年，省标准计量管理局开始筹建产品质量监督检验网。1982年，省标准计量管理局授权11个省级产品质量监督检验站，统一开展产品质量监督检查工作，并建立起产品质量监督检查制度。1984年10月，省计经委、省标准计量管理局设立浙江省工业产品生产许可证审查管理监督办公室(以下简称省生产许可证办公室)，开始对部分工业产品实行生产许可证管理。1987年2月，省政府印发《浙江省工业产品质量监督实施办法(试行)》，明确工业产品质量监督工作由各级标准化管理部门单独或会同工商行政管理部门组织实施。1989年，乐清县柳市等地生产、销售无证、假冒伪劣低压电器违法行为曝光后，引起国务院和省委、省政府高度重视，全省标准计量部门对生产、销售无证、假冒伪劣产品违法行为进行治理整顿，有力打击了制售假冒伪劣产品的嚣张气焰。

1992年11月，浙江省第七届人大常委会第三十一次会议审议通过《浙江省查处生产和经销假冒伪劣商品行为条例》，建立起产品质量监督管理地方法规体系。此后，技监部门对永康电动工具、温岭潜水泵、慈溪液化石油气调节器等区域性产品质量问题进行集中整治。同时，坚持打假与扶优相结合，开展“四打四保”等系列专项打假行动，探索网络化监管模式，构建起包括工业产品许可证制度、产品质量监督检查机制、产品质量评价机制、产品质量后处理机制、产品质量申(投)诉举报机制、免检产品认定机制、区域性产品质量问题专项整治机制、打假治劣协作机制、专项执法检查机制、纤维质量监督机制等在内的产品质量监督管理体系，促进了企业质量意识和产品质量的普遍提高。至2010年底，全省产品质量监督抽查综合合格率达97.5%，累计有701种产品取得国家免检产品证书，获证数居全国第二位，不少地方的区域性质量问题转化为区域产业优势，制售假冒伪劣产品等质量违法行为得到有效遏制。

第一节　产品质量监督

据《考工记》记载，中国早在春秋战国时期就有专人负责产品质量监督检验，从事这项工作的人被称为"工师"。"凡试梓饮器，乡衡而实不尽，梓师罪之"①，说的是检验工人做的酒器，如果不符合规定的要求就要处罚工人。从秦代到民国，历朝历代都设有专门的机构和官职，对产品质量实行监督管理。中华人民共和国成立初期，产品质量监督检查工作主要由各行业主管部门负责。改革开放后，标准计量部门开始逐步建立起统一的产品质量监督检查制度，构建了省、市、县统一计划、分级实施的监督抽查体系和具有浙江特色的区域性产品质量问题专项整治机制及教育与处罚并重的监督抽查后处理机制，实施产品质量免检制度，开展产品质量评价与风险监控，促进全省产品质量的稳步提高和浙江经济的健康发展。

一、产品质量监督检查

产品质量监督检查是政府部门对关系国计民生的产品通过抽样、检验、公布相关结果及后续处理等方式进行质量监督的一种制度性安排，一般包括制订计划、抽样检验、统计汇总、对外公告、抽查后处理等环节。

（一）监督检查机制

中国很早就建立产品质量检查制度。据《周礼》记载，先秦时期的器物制作和工程营造由冬官司空掌管，司空下设工师，监督管理官营手工业中的百工。秦代沿袭先秦传统，设少府负责管理手工业制造，并设有专门管理手工业的机构，称为"工室"，每年对官营手工业产品质量实行考查。《睡虎地秦墓竹简·秦律杂抄》就有"省殿，赀工师一甲，丞及曹长一盾，徒络组廿给。省三岁比殿，赀工师二甲，丞、曹长一甲，徒络组五十给"的记载，即产品被评为下等的，对工师、丞、曹长和一般工匠处以不同等级的处罚，连续3年被评为下等的处罚加重。汉承秦制，由大司农和少府管辖手工业，在地方设工官和铁官。唐代由工部主管官营手工业，下设少府监"掌百工技巧之政"。《唐律疏议》对入市商品的质量要求十分严苛。因出售质量不合格物品渔利较多的，不仅自制并出售物品的人要予以严惩，贩卖质量低劣物品的人也要接受同等处罚，市官和州县官司知情的处同等刑罚。宋代自神宗起设监、少监、丞、主簿各1名负责

---

① 〔汉〕郑玄：《周礼郑氏注》，商务印书馆民国26年（1937年）版，第302页。

手工业管理。手工业管理官员“以法式察其良窳”①。所谓“法式”，是供当时官营手工业遵循的标准制式。明代在质量检验方法上有了改进。据《工部厂库须知》记载，明朝已经开始使用抽样法来检验熔铜的质量。清代在质量监督管理体制上多因袭明制，较少变动。民国时期，省建设厅设省立棉花检验所、省度量衡检定所、省油茶棉丝管理处等机构，对产品质量进行监督抽查。

中华人民共和国成立后，各行业主管部门负责产品质量抽查工作，并设有相应的产品质量检验机构。“文化大革命”期间，产品质量监督管理工作受到一定冲击。1979 年 7 月，国务院颁布《标准化管理条例》，明确“国家标准总局和省、市、自治区标准局负责管理产品质量的监督和检验”。1981 年，省标准计量管理局开始筹划全省产品质量监督检验网的建设。1982 年，省标准计量管理局在浙江省电子产品检验所、省化工研究所、浙江省建材科学研究所（以下简称省建材科学研究所）、浙江省纺织公司纺织试验室、省纤维检验所、浙江省丝绸检验所、华丰造纸厂、浙江省轻工业科学研究所、浙江省机械工业科学研究所、浙江省冶金研究所（以下简称省冶金研究所）、宁波铝制品研究所内设立电子、化工、建材、纺织、纤维、丝绸、纸张、食品、低压电器、冶金、铝制品 11 个省级产品质量监督检验站，并于年底开展省级产品质量监督检验工作。1984 年，省计经委授权省标准计量管理局负责组织实施产品质量监督抽查工作。

1986 年 7 月，省计经委决定建立产品质量省级监督抽查制度，并对省级监督抽查工作的组织领导、抽查对象、检测结果汇总、工作纪律等进行明确。同年，省标准计量管理局按照“统筹安排、分工协作、组织协调、服务监督”的方针，开展省级重点产品监督抽查工作，并加强经常性产品质量监督检查。1987 年 2 月 10 日，省政府印发《浙江省工业产品质量监督实施办法（试行）》，明确工业产品质量监督工作由各级经委领导，各级标准化管理部门单独或会同工商行政管理部门、行业主管部门和企业主管部门具体组织实施；实行产品质量监督检验的重点是重要生产资料、市场紧俏商品、涉及人身安全和健康的重要产品以及获优质荣誉称号的产品等；产品质量监督检验以监督抽查和经常性监督检验两种形式进行。1989 年 9 月 7 日，省政府办公厅转发省标准计量管理局《关于严厉惩处经销伪劣商品责任者的实施意见》，明确省标准计量管理局负责组织协调全省商品质量监督工作。

1992 年 2 月 25 日，省标准计量管理局公布省级产品质量监督检验的区域抽查批次，对全省产品质量监督抽查工作实行统一管理，避免重复抽查，减轻企业负担。1993 年起，省、市两级监督检查计划由省标准计量管理局统一制定。1994 年 3 月 31 日，省标准计量管理局印发《产品质量监督检验工作若干问题的规定》，对监督抽查的计划制订、抽样、检验、检验结果汇总上报等进行明确。同时规定，各级产品质量监督检验机构对未纳入计划的产品，一律不得对其实施监督检验；对已纳入计划的产品也不得超计划抽检；对同一企业的同一产品，上级产品质量检验机构已按计划抽检过的，下级产品质量检验机构在 3 个月内不得再行抽检。1995 年 12 月 26 日，浙江省第八届人大常委会第二十五次会议审议通过《浙江省产品质量监督管理条例》，产品质量监督抽查工作开始纳入法制化管理轨道。

---

① 〔元〕脱脱等:《宋史》卷一百六十五《职官五》，中华书局 1977 年版，第 3917 页。

1996年4月，省技监局印发《浙江省产品质量检查合格证发放管理办法》，对省级产品质量检查合格证的发证范围、申请领证企业的必备条件、发放办法、限制领证的范围等作出规定。9月25日，省技监局印发《关于加强产品质量监督检验机构管理的意见》，规定各级产品质量监督检验机构对列入计划检查的产品不得超批次抽检；对同一受检产品，原则上抽样人员应与检验人员分离；对被检企业的检验结果和有关技术资料要严格保密，未经技监部门批准，不得自行公布或透露。1997年4月1日，省技监局要求全省各级产品质量监督检验机构在执行技监部门的检查计划时，一律凭技监部门的《产品质量监督检查抽样通知》到被检查者处抽取检验样品；抽样结束后，应对样品作封存标记，并向被检查者出具《质量监督检查抽样单》。1999年4月7日，省技监局印发《产品质量检验工作的有关规定》，对监督检查的检验依据、抽样程序、样品管理、检查结果处理、检验报告出具、检验报告判定用语使用、监督抽查工作纪律等作出规定。2000年，由省质监局委托浙江工业大学研究开发的产品质量监督信息管理系统投入使用，实现对监督抽查数据的自动化汇总分析。

2001年2月28日，省质监局印发《浙江省产品质量监督检查管理办法(试行)》，对统一监督检查、监督抽查、定期监督检查、日常监督检查(主要为市场监督检查)、质量跟踪检查、强制复查等工作加以规范。3月16日，省质监局印发《关于实施全省产品质量定期监督检查计划有关问题的通知》，对定期监督检查结果汇总材料的上报问题、产品质量检验机构承检资格问题、计划调整问题、合格证发放问题、后处理材料问题等进行明确。7月2日，省质监局在余姚市、温岭县开展抽样与检验分离试点工作，即产品质量定期监督检验的抽样工作由县(市)质监部门完成，检验工作由承担定期监督检验任务的产品质量检验机构完成。2002年，全省质监部门对部分产品质量监督检验任务实行公开招标，抽样与检验分离试点工作范围扩大到9个地区。2003年4月22日，省质监局印发《关于实施产品质量监督检查抽检分离若干意见的通知》，对实施抽样与检验分离工作提出具体要求。5月17日，省质监局对样品抽取程序、检验工作要求、检验结果确认上报等进一步加以明确。

2004年10月19日，省质监局印发《关于调整产品质量监督检查工作有关规定的通知》(以下简称《通知》)，要求各级产品质量检验机构和执行监督检查抽样的人员，在对企业进行产品抽样的同时，要对产品生产企业的质量信息进行调查；省级产品质量定期监督检查的异议确认和后处理工作由县级质监部门实施；产品质量监督检查的检验结果从原来的“合格”“不合格”调整为“合格”“待提高”和“不合格”。《通知》同时对检验与判定依据、检验结果种类和判别方法、检验结果表述、检验报告填写和寄送、检验结果异议确认和处理、批次合格率与产品质量指数的计算方法、评价规则的更新等进行规定。2005年3月，省质监局组织开展2005年度定期监督检验任务公开招标工作，涉及天然水、室内加热器、电风扇、丝织物面料、西装和不锈钢钢带等省级定期监督检验产品，共400余批次。浙江方圆检测集团股份有限公司等22家产品质量检验机构参加投标。12月26日，省质监局印发《浙江省产品质量监督抽查检验任务招标投标管理办法(试行)》，加强对产品质量监督检验任务招投标活动的管理。2006年，省质监局向全社会公开征集监督抽查的重点产品目录。同时，进一步加强省、市、县三级监督抽查计划管理，变三级计划为统一计划、分级实施，较好地解决了重复抽检或抽检不到位的问题。

2007年，省质监局建立产品质量监督检验工作质量检查制度，并与相关单位签订《浙江省产品质量监督检验工作质量责任书》，每年对各市质监部门和有关产品质量检验机构完成监督抽查工作情况进行检查，包括对省级产品质量监督抽查承检机构开展飞行检查，抽查其检验报告及相对应的抽样单、原始记录、企业信息调查表等。2009年9月27日，省质监局印发《浙江省产品质量监督抽查工作规程(2009版)》，对抽样、企业信息调查、监督检验样品管理、检验与判定、质量判定总则和检验结论的分类、报告与信息报送、监督检验结果的确认和异议处理、评价规则发布与维护、工作质量检查等进行规范。

2010年10月，省质监局对2011年全省产品质量监督抽查工作进行改革，明确市县级质监部门以实施针对监督抽查不合格产品安排的跟踪性专项监督抽查为主，省质监局重点安排无监督抽查经费的市县质监局开展跟踪性专项监督抽查。同时选取适合全省统一安排的产品，以监督抽查的形式替代对企业不合格整改复查检验。

(二)监督检查工作

产品质量监督检查以抽查为主要方式，主要包括监督抽查、统一监督检查、定期监督检查、日常监督检查。

20世纪50—70年代，各行业主管部门负责本行业内部的质量监督管理，全省没有开展统一的产品质量监督检查工作。进入80年代，随着《标准化管理条例》的颁布实施，全省产品质量监督检查工作开始由省标准计量管理局统一负责。1982年，省标准计量管理局组织对全省113家插头插座生产企业的217种产品进行质量检查，并检查了省定点的40家电扇厂的产品。同年，省电子产品质检站从158家定点企业中选取20家企业，对其8个品种11种规格的产品开展监督检验。至年底，全省11家省级产品质量监督检验机构对115个产品开展监督检验。1983年，省标准计量管理局组织对洗衣机、电饭锅、电热褥和电钻产品进行质量检查，较为系统地检查了企业的生产设备、技术条件和质量管理状况，并抽样检验了24个产品。其中，洗衣机产品4个，电饭锅产品11个，电热褥产品4个，电钻产品5个。经检验，除电钻产品外，其余19个产品中，质量检查合格的有8个。同年，省标准计量管理局组织对全省130家地方小水泥企业和199家化肥企业的产品质量进行检查。至年底，省级产品质量监督检验机构共监督检验全省200余个产品。1984年，根据国家标准局统一部署，全省标准计量部门对磷肥、啤酒、电风扇、胶木装置件等产品进行质量监督抽查，共检查302家企业生产的379批次产品，合格162批次，批次合格率为42.8%，其中胶木装置件批次合格率为5.5%。

1985年5月11日，省标准计量管理局在《浙江日报》公布《浙江省一九八五年首批受检产品目录》，共105种。8月起，省标准计量管理局组织对化学试剂、活扳手、弹子门锁、弹子挂锁、工具锤类、工具锉类、全油脂洗衣皂、牙膏、洗衣粉、罐头、糖果、饼干、甜炼乳、麦乳精、皮革、皮鞋、黑白电视机、收音机、塑料产品、水泥等产品进行监督检查。9月10日起，对螺钉旋具、木螺钉、民用剪刀、钳类、铝制品、铝片、铝合金板材、锯类、油灰刀、铸铁锅等14种产品进行监督检查。10月5日，省标准计量管理局组织对全省管型荧光灯镇流器进行监督检查。12月，省标准计量管理局组织对奶粉、活性炭、食用植物油、家用电冰箱、碳酸氢铵化肥进行监督抽查。同年，各地标准计量部门加强经常性质量监督检查，对家用电器、冷饮、食品、化肥、水泥、农药等产品进行定期或不定期的检查，部分市(地)标准计量部门还组织抽查了市场商品。

表 35-4-1-1 1985—1986 年浙江省产品质量统一监督检查和国家监督抽查情况一览表

年份	统一监督检查				国家监督抽查			
	抽查企业数（家）	抽查品种数（种）	抽查批次数（批）	批次合格率（%）	抽查企业数（家）	抽查品种数（种）	抽查批次数（批）	批次合格率（%）
1985	1889	83	2782	60.5	45	26	59	55.9
1986	3224	362	4582	65.3	127	172	—	58.7

资料来源：根据省质监局档案资料整理编制。

1987年1月，省标准计量管理局、省工商局、省商业厅、省供销社、省乡镇企业局印发《关于一九八七年在我省流通领域内开展外省商品质量监督检查的通知》。3月，省标准计量管理局、省工商局首次在全省流通领域对省外商品进行质量监督检查，共抽查家用电器、纸张、罐头、胶粘皮鞋等9大类132批次商品。经检验，合格74批次，批次合格率为56.1%。其中，抽查家用电器20批次(其中录音机14批次、电风扇3个批次、电冰箱2批次、洗衣机1批次)，除1个批次合格外，其他均有一项或几项安全性能指标不合格，批次合格率为5%；抽查纸张17批次，批次合格率为23.5%；抽查罐头10批次，批次合格率为50%；抽查胶粘皮鞋10批次，批次合格率为20%。同年，全省标准计量部门开展省级经常性监督检查，共抽查2465家企业生产的156种3321批次产品。1988年3月，省标准计量管理局公布《浙江省一九八八年经常性监督检验受检产品目录》，汽水等154种产品被列入监督检验计划。5月16日，省标准计量管理局公布《浙江省一九八八年省级经常性监督检验受检产品目录》，对受检企业名单、执行标准代号、收费标准、抽样日期等进行明确。

表 35-4-1-2　　1987—1989 年浙江省产品质量定期监督检查情况一览表

年份	省级定期监督检查			市县级定期监督检查		
	抽查企业数（家）	抽查批次数（批）	批次合格率（%）	抽查企业数（家）	抽查批次数（批）	批次合格率（%）
1987	2017	3147	69.3	1724	2578	62.9
1988	3147	4373	68.4	3440	5747	67.8
1989	3395	4449	69.8	3550	5932	66.7

资料来源：根据省质监局档案资料整理编制。

1990年，在国家、省级监督抽查和经常性监督抽查中，共检查2580家生产企业的280种3183批次产品，批次合格率为77.0%。1991—1992年，国家监督抽查全省617家企业生产的793批次产品，平均合格率为70.9%。1993年，全省标准计量（技术监督）部门共抽查1.6万批次产品，涉及1.2万家企业，批次合格率为82.7%。其中，省级监督抽查4125家企业的5116批次产品，批次合格率为82.7%。同年，全省标准计量（技术监督）部门对水泥、磷肥、碳酸饮料、螺纹钢开展统一监督检查。经检验，水泥、磷肥批次合格率分别为94.0%、94.1%，碳酸饮料批次合格率为40.0%，螺纹钢批次合格率为17.3%。至年底，国家监督抽查721家浙江企业的865批次产品。经检验，平均合格率为64.1%，比全国平均合格率低5个百分点。

1994年，省标准计量管理局组织对塑料电线、预制混凝土圆孔板、电动工具等6种产品进行统一监督检查，共抽查3466批次，合格2729批次，批次合格率为78.7%。其中，塑料电线156批次，批次合格率为75.0%；电动工具27批次，批次合格率为78.6%；阀门201批次，批次合格率为91.0%；农药10批次，批次合格率为100%。同年，国家监督抽查浙江产品635批次，平均合格率为62.5%，低于全国平均合格率7.3个百分点。1995年，全省技监部门共抽查5680家商业企业经销的10473批次商品，合格6818批次，批次合格率为65.1%。市场商品抽查结果表明，除农用产品、加工食品和饮料外，其余商品批次合格率均低于平均批次合格率。其中，家用电器和冶金制品（金属制品）批次合格率分别为37.7%和33.1%。同年，国家监督抽查425家浙江企业生产的523批次产品，合格384批次，批次合格率为73.4%，低于全国平均合格率2个百分点，居全国第十八位。1994年、1995年，全省标准计量（技术监督）部门对41152批次产品进行定期监督检查。

表35-4-1-3　　1994—1995年浙江省产品质量定期监督检查情况一览表

年份	全省定期监督检查			其中省级定期监督检查	
	抽查企业数（家）	抽查批次数（批）	批次合格率（%）	抽查批次数（批）	批次合格率（%）
1994	19037	21704	73.0	5058	83.7
1995	17700	19448	77.1	4927	87.9

资料来源：根据省质监局档案资料整理编制。

1996年，全省技监部门对塑料电线、矿泉水、信封、碳酸饮料、螺纹钢筋、配合饲料进行统一监督检查，涉及1123家企业的1354批次产品。经检验，批次合格率为63.7%。其中，矿泉水批次合格率为63.9%，螺纹钢筋批次合格率为50.6%。同年，在国家监督抽查中，浙江产品质量抽查平均合格率为73.2%，低于全国平均合格率4个百分点。

1997年，省技监局组织对58家企业的58批次矿泉水、374家企业的392批次胶粘皮鞋、786个加油站的787批次轻柴油、234家企业的234批次汽油产品实施全国统一监督检查。经检验，批次合格率分别为81.3%、70.4%、82.2%、94.0%。同年，全省技监部门统一监督检查5家企业的6批次浴室用取暖器，经检验，批次合格率为100%；检查18家企业的20批次含乳饮料，经检验，批次合格率为85.0%；检查61家企业的61批次家用和类似用途照明开关，经检验，批次合格率为49.2%。1998年，省技监局组织对92家羊毛衫生产企业的135批次产品、113家电动工具生产企业的125批次产品、56家电子节能灯生产企业的60批次产品、56家节能灯管生产企业的56批次产品、128家纯净水生产企业的128批次产品、45家旋翼式冷水水表生产企业的45批次产品实施全国统一监督检查。经检验，批次合格率分别为75.6%、62.4%、80.0%、26.8%、59.4%、86.7%。1997年、1998年，全省技监部门对44968批次产品进行定期监督检查。

表35-4-1-4　　1997—1998年浙江省产品质量定期监督检查情况一览表

年份	全省定期监督检查				其中省级定期监督检查			
	计划批次数（批）	完成批次数（批）	抽查企业数（家）	批次合格率（%）	抽查企业数（家）	抽查品种数（种）	抽查批次数（批）	批次合格率（%）
1997	27827	21892	19583	78.2	6026	436	7161	85.6
1998	27565	23076	21059	79.0	6503	449	7860	86.5

资料来源：根据省质监局档案资料整理编制。

1999年，在国家监督抽查中，共抽查浙江产品876批次，平均合格率为70.3%，低于全国平均合格率8.3个百分点。2000年，全省质监部门对机械、电子、化工、食品、建材等8个行业的240余种产品进行监督检查，平均合格率为84.7%，其中省级产品质量定期监督批次合格率为88.3%。同年，国家监督抽查880家浙江企业的1031批次产品。经检验，合格企业家数为661家，合格产品为800批次，批次合格率为77.6%，在全国排名第二十位。2001年，全省质监部门共抽查22542家企业的581种(类)产品，计23543批次。经检验，合格19941批次，批次合格率为84.7%。同年，全省各季度国家监督抽查批次合格率分别为78.9%、80.4%、70.8%、68.4%。

2002年，全省质监部门对机械、电子、化工、食品、建材等8个行业的558种产品进行监督检查，共抽查24474批次产品，合格21131批次，批次合格率为86.3%。同年，省质监局组织开展市场监督检查，共抽查30种商品计1958批次，合格1088批次，批次合格率为55.6%。至年底，国家监督抽查浙江1111家企业生产的1199批次产品，合格900批次，批次合格率为75.1%。2003年，全省质监部门共抽查22755家企业的511种(类)23344批次产品，合格20402批次，批次合格率为87.4%。同年，国家监督抽查浙江1343家企业的1447批次产品，合格1136批次，批次合格率为78.5%。2004年，全省质监部门对16403家企业的17759批次产品进行定期监督检查。

表 35-4-1-5　　2004 年各季度浙江省产品质量定期监督检查情况一览表

季度	抽查行业数(个)	抽查品种数(种)	抽查批次数(批)	批次合格率(%)
第一季度	7	60	2377	87.1
第二季度	8	139	7067	85.9
第三季度	6	99	4840	84.7
第四季度	6	92	3475	88.8

资料来源:根据省质监局档案资料整理编制。

2005 年,省质监局公布插头插座等 15 种产品质量专项监督检查结果:共抽查杭州、宁波、湖州、台州、嘉兴、温州、绍兴、金华 8 个地区的 268 家专业市场、超市、经销单位销售的 488 批次产品,合格 348 批次,批次合格率为 71.3%。同年,在省级产品质量定期监督检查中,饼干、液体乳、实木地板、电绝缘鞋、电热锅、太阳能热水器、压力变送器等 98 种产品的批次合格率为 100%;饮用天然水、碳酸饮料、酱腌菜、蜜饯、消防应急灯等 37 种产品的批次合格率低于 70%。2006 年,结合“3·15”“质量月”活动及儿童节、元旦、春节等节日,省质监局有针对性地分 9 次组织开展室内装饰装修材料、安全类产品、儿童用品、夏季消费产品专项质量监督检查,共在流通领域抽查 78 种产品,涉及全国 30 个省、自治区和直辖市的 2573 家企业的 3036 批次产品。经检验,合格 1586 批次,批次合格率为 52.2%。其中,抽查省内 1058 家企业生产的 1176 批次产品,批次合格率为 57.2%;抽查省外 1515 家企业生产的 1860 批次产品,批次合格率为 49.1%。同年,在省级产品质量定期监督检查中,饼干、香肠、液体乳、食用盐、复合硅酸盐水泥、电梯、电绝缘鞋、消防应急照明灯具等 91 种产品的批次合格率为 100%;蜜饯、儿童服装、童车、安全帽、漏电断路器等 24 种产品的批次合格率低于 70%。至年底,国家质检总局分 4 个季度组织对浙江产品进行监督抽查。经检验,批次合格率分别为 85.0%、81.2%、82.3%和 82.6%。2005 年、2006 年,全省质监部门对 45745 批次产品进行产品质量定期监督检查。

表 35-4-1-6　　2005—2006 年浙江省产品质量定期监督检查情况一览表

年份	计划数		实际完成数			
	抽查品种数(种)	抽查批次数(批)	抽查企业数(家)	抽查品种数(种)	抽查批次数(批)	批次合格率(%)
2005	375	22080	18373	375	20104	85.5
2006	364	30415	22196	362	25641	86.6

资料来源:根据省质监局档案资料整理编制。

2007 年,针对消费者投诉及媒体反映质量问题较多的产品、监督抽查中发现问题较多的产品，如烟花爆竹、燃气灶具、小型漏电断路器等，省质监局组织开展省级专项监督抽查，共在生产和流通领域分13次抽查55种产品，涉及全国16个省、直辖市的1696家企业生产的1883批次产品。经检验，合格1501批次，批次合格率为79.7%。其中，抽查省内1484家企业生产的1631批次产品（大部分在生产领域抽查），批次合格率为79.2%；抽查省外212家企业生产的252批次产品（主要在流通领域抽查），批次合格率为82.9%。同年，在省级产品质量定期监督检查中，啤酒、香肠、复合硅酸盐水泥、农药、摩托车发动机等114种产品的批次合格率为100%，儿童服装、被褥、装饰灯泡、涂布白纸板等18种产品的批次合格率低于70%。2007年，全省质监部门对31085批次产品进行定期监督检查。

表35-4-1-7　　2007年浙江省产品质量定期监督检查情况一览表

类别	抽查企业数（家）	抽查批次数（批）	批次合格率（%）	类别	抽查企业数（家）	抽查批次数（批）	批次合格率（%）
省级	19046	20935	88.0	县级	2696	3135	90.6
市级	6173	7015	86.8	全省	25101	31085	88.0

资料来源：根据省质监局档案资料整理编制。

2008年，质监部门对食品、纺织、轻工、化工、建材、机械、冶金、电子、医药9个行业的15197家企业生产的17009批次产品进行省级产品质量定期监督抽查。经检验，批次合格率为89.3%。2009年，在全省产品质量定期监督检查中，批次合格率为100%的有年糕、啤酒、摩托车发动机等187种3207批次产品，占抽查总批次的11%；批次合格率低于70%的有再加工纤维制品、混凝土外加剂等13种产品。2010年，在全省产品质量定期监督检查中，批次合格率为100%的有冷冻水产品、味精、领带等207种3335批次产品，占抽查总批次的11.9%；批次合格率低于70%的有儿童服装、晴雨伞等7种442批次产品，占抽查总批次的1.6%。2008—2010年，全省质监部门对86798批次产品进行定期监督检查。

表35-4-1-8　　2008—2010年浙江省产品质量定期监督检查情况一览表

年份	类别	计划批次数（批）	实际完成数			
			抽查企业数（家）	抽查品种数（种）	抽查批次数（批）	批次合格率（%）
2008	省级	19265	15197	290	17009	89.3
	市级	11443	7735	281	9569	89.4
	县级	3915	2874	128	3641	93.2
	全省	34623	22844	464	30219	89.8

续表

年份	类别	计划批次数（批）	实际完成数			
			抽查企业数（家）	抽查品种数（种）	抽查批次数（批）	批次合格率（%）
2009	省级	18791	15498	308	17062	90.3
	市级	9888	6445	263	8055	92.0
	县级	3917	2953	136	3511	94.3
	全省	32596	22387	462	28628	91.3
2010	省级	19677	16123	324	17967	91.7
	市级	8050	5450	271	7002	93.8
	县级	3233	2495	128	2982	96.6
	全省	30960	21573	475	27951	92.8

资料来源：根据省质监局档案资料整理编制。

（三）监督检查后处理

产品质量监督检查后处理是指依据产品质量监督抽查结果，采取通报（专报）、公告、举办学习班（质量分析会）、责令整改、行政罚款、限期复查等措施的产品质量监督检查后续工作。

1.后处理制度

1979年7月31日，国务院颁布《标准化管理条例》，明确对于不按标准进行生产、产品质量低劣的企业，负责产品质量监督检验的部门有权停止其填发合格证；特别严重的，有权建议主管部门对企业和有关人员进行经济制裁，或者对企业进行停产整顿。1987年2月，省政府印发《浙江省工业产品质量监督实施办法（试行）》，明确产品质量达不到国家规定标准的企业，由企业主管部门责令其限期整顿；经整改无效者，应责令其停产或转产，直至有关主管部门注销生产许可证，吊销营业执照。7月31日，省计经委、省标准计量管理局要求各地按《工业产品质量责任条例》《国家监督抽查产品质量的若干规定》《浙江省工业产品质量监督实施办法（试行）》的有关规定，对国家监督抽查、省级监督抽查和经常性监督检验中不合格产品生产企业进行处理。同时明确，整改工作实行分级分工负责制：省级主管厅、局、总公司负责督促检查国家监督抽查不合格产品生产企业的整改；市（地）、县企业主管部门负责督促检查省级监督抽查和经常性监督检验不合格产品生产企业的整改；省标准计量管理局负责不合格产品的复查检验工作。1990年，省标准计量管理局印发《浙江省工业产品质量经常性监督检验后处理办法》，对产品质量经常性监督检验后处理工作进行规范。1992年1月24日，省计经委、省标准计量管理局对监督检验后处理工作的分工、不合格产品生产企业的质量整顿、不合格产品的复检、不合格产品生产企业的处理等进行明确。同时明确国家、省级监督抽查和省级经常性监督检验结果由省计经委和省标准计量管理局联合发布；国家监督抽查中不合格产品复检结果，由省标准计量管理局公布；省级监督检验（包括省级监督抽查和经常性监督检验）中不合格产品复检结果由市（地）标准计量（技术监督）局公布，并抄报省主管部门、市（地）经委。

1997 年 4 月 11 日，省计经委、省技监局印发《浙江省产品质量监督检查后处理工作管理办法（试行）（修订稿）》，对监督检查结果的公布、监督检查后处理工作的分工、不合格产品生产企业的整改、不合格产品的复查、不合格产品生产企业的处理、不合格产品的质量跟踪等进行规定。同时明确国家监督抽查、国家统一监督检查、省级监督抽查、省级统一监督检查和省级定期监督检验结果由省计经委和省技监局转发或公布。2001 年 2 月 28 日，省质监局对监督检验结果的发布、不合格产品的复查、不合格产品生产企业及销售企业的整顿要求等作出规定。8 月，省质监局决定从第三季度起，在按季度进行产品质量监督检查结果通报的同时，通报上一季度各市监督检查产品不合格企业的后处理情况。2004 年 10 月，省质监局明确国家监督抽查的后处理由市级质监部门组织实施，省级产品质量定期监督检查的后处理工作由县级质监部门处理，其中不合格产品的质量分析和不合格产品企业厂长（经理）学习班由市级质监部门组织举办。2008 年，省质监局印发《浙江省产品质量监督抽查后处理工作规范（试行）》，对产品质量监督抽查后处理工作进一步加以规范。

2010 年，省质监局进一步明确监督抽查后处理工作的职责与分工。同年，各级质监部门建立后处理工作责任追溯制度、不合格产品生产企业的跟踪检查制度、后处理工作的督查制度、后处理信息报送和通报制度，强化对监督抽查不合格产品生产企业的监管。

2. 后处理工作

1982 年，省标准计量管理局对 31 家检查不合格的省定点电扇厂提出整改要求，同时对全省 311 家小水泥生产企业化验室进行整顿。1984 年 1 月 30 日，省标准计量管理局、省工商局、省机械厅、省二轻总公司、省供销社印发《关于洗衣机等几种产品质量检查处理意见的通知》，责令杭州西湖电饭煲厂等 7 家企业限期整改，责令上虞朱胜电热褥厂停产整顿。11 月 16 日，省标准计量管理局公布电烤箱、电热毯、电饭锅质量检查结果及处理意见，责令杭州西泠家用电器厂限期整顿 3 个月，责令杭州西湖电饭煲厂、杭州电器二厂、临安电子设备厂停产整顿。1985 年 5 月 23 日，省计经委、省标准计量管理局、省商业局、省工商局联合发布全省电器装置件统检结果及处理决定，责令海宁闸口综合厂等 16 家电器装置件生产企业停产整顿；责令海宁丁桥一新五金厂等 12 家企业禁止生产 13 种胶木电器产品。12 月，省标准计量管理局公布全省电视机产品统一监督检查结果和处理意见，对桐庐电视机厂等 7 家企业作出限期整顿的处理决定。同时明确，安全性能不合格产品一律停止销售，已进入流通领域的产品应接受退货或调换合格产品。同年，省标准计量管理局还公布全省啤酒、电风扇复检结果及处理意见。1986 年 1 月 3 日，省商业厅、省标准计量管理局、省工商局、省供销社公布全省胶木电器装置件复检结果和处理意见，责令复查不合格的 38 家企业立即停止生产，限期整改。3 月 20 日，省标准计量管理局公布全省荧光灯镇流器统检结果和处理意见。

1990 年 12 月 31 日，省计经委印发《关于公布 1988 年四季度至 1989 年四季度国家监督抽查不合格产品企业整改复查结果的通知》，通报批评湖州长超双斛镜片厂等16家经整改复查仍不合格的生产企业，并作出相应的行政处罚决定。1990—1993年，省标准计量管理局对国家及省级定期监督的402批次不合格产品生产企业进行处理，处理率为91.0%，不合格产品复查合格率为93.1%，其中25家企业被处罚款共计9.5万元。同时，举办10期不合格产品企业厂长（经理）学习班，共有300余人参加。1994年，全省标准计量（技术监督）部门共举办33期不合格产品生产、经销企业厂长（经理）学习班，907家企业参加。经过整改，有525家企业产品质量复查合格，76家产品质量不合格企业转产或停产。

1995年3月16日，省标准计量管理局、省工商局对上虞四埠供销社等9家生产经销不合格磷肥的单位进行通报和罚款。9月7日，省标准计量管理局责令连续2次国家监督抽查不合格的金华红峰塑料厂、上虞市仪器纱筛厂停产整顿。10月17日，国家技监局致函省政府，建议省政府责成企业主管部门免去在产品质量国家监督抽查中连续2次不合格的金华红峰塑料厂厂长职务。1996年3月，省计经委、省技监局在杭州召开全省产品质量整顿会议。会议宣布对部分不合格企业的处理决定，同时要求所有抽查不合格的生产企业要认真整改。1997年，省计经委、省技监局举办4期不合格产品生产企业厂长学习班，161家企业参加。

1998年7月31日，国家质监局致函省政府，通报浙江黄岩科力传感电子仪器厂生产的BHF350-3AA-23型电阻应变计在产品质量国家监督抽查中连续2次不合格的情况。9月25日，省计经委、省技监局建议黄岩区人民政府责成企业主管部门免去浙江黄岩科力传感电子仪器厂厂长职务。同年，省计经委、省技监局举办不合格产品生产企业负责人学习班3期，110人参加。1999年8月3日，国家质监局致函省政府，通报永康市第一锻压机械厂生产的机械压力机在产品质量国家监督抽查中连续2次不合格的情况，并建议责成企业主管部门免去该厂厂长职务。8月30日，省计经委、省技监局致函永康市人民政府，建议市政府责成企业主管部门免去永康市第一锻压机械厂厂长职务。同年，省计经委、省技监局举办不合格产品生产企业负责人学习班4期，158家企业207人次参加。

2000年3月17日，省质监局对1999年第四季度国家监督抽查中不合格产品生产企业（共40家）作出处理决定。6月16日，省质监局对2000年第一季度国家监督抽查不合格产品生产企业（共56家）作出处理决定。9月5日，省质监局对2000年第二季度国家监督抽查不合格产品生产企业（共41家）作出处理决定。11月7日，省质监局致函新昌县人民政府，通报新昌县精密轴承有限公司在1999年第三季度和2000年第三季度产品质量国家监督抽查中连续2次抽查不合格的情况，并建议新昌县人民政府责成企业主管部门按规定程序免去该公司经理职务。12月7日，省质监局对2000年第三季度国家监督抽查不合格产品生产企业（共56家）作出处理决定。

2001—2010年，产品质量监督检查后处理工作主要由产品抽查不合格企业所在地的质监部门负责，省质监局主要负责对市（县）质监部门开展监督抽查后处理工作情况进行检查，并通报后处理工作检查情况。在后处理工作中，各级质监部门按照《产品质量法》有关规定，对不合格产品生产企业依法进行行政处罚，并通过举办培训班、质量分析会、通报会及上门开展技术服务等形式，帮助企业查找质量问题，落实整改措施，增强企业经营者的质量意识，推动产品质量的提高。

二、产品质量免检

产品质量免检是指对符合规定条件的产品免于政府部门实施质量监督检查活动。企业某种产品获得免检资格后，在免检有效期内可以自愿在产品或者其包装上使用规定的免检标志。

（一）浙江省免检

1991 年，国家停止产品质量评优工作后，省标准计量管理局探索落实《产品质量法》有关“扶优扶强”措施，并于 4 月 11 日印发《浙江省工业产品质量监督检查免检实施细则》，规定凡取得免检证书的产品，在省内免于各级标准计量（技术监督）部门的产品质量监督检查。1992 年，省计经委、省标准计量管理局明确凡浙江省大中型工业企业的产品，除在 1991 年国家和省级质量监督检验中不合格的产品外，1992 年各级产品质量监督检验均免于抽查。1993 年 3 月 6 日，省计经委、省标准计量管理局首次公布免检产品名单，杭州农药厂的 50%甲基对硫磷乳油、甲胺磷乳油，慈溪密封材料总厂的柔性石墨板（带），玉环县第一鱼粉厂的二、三级鱼粉，杭州橡胶厂的载重汽车斜交轮胎，杭州红旗电器厂的荧光灯用电感镇流器，浙江吸尘器厂的真空吸尘器，杭州电扇总厂的落地扇，东阳巍山五金电器厂的普通调温型 500W 电熨斗，杭州电热器厂的普通型 500W 电熨斗，临海市家电二厂的 750W 电饭锅，衢州化学工业公司试剂厂的丙酮试剂，新安江电梯厂的交双电梯等产品名列其中。

1994 年，省标准计量管理局决定对下列产品实行免检 1 年（不含商品抽查）：1993 年度首批获“浙江名牌”产品称号的产品、已取得安全认证标志的电工产品、1991—1993 年连续 3 年省级监督检验合格的产品。1996 年 12 月，省技监局召开新闻发布会，宣布浙江日月首饰集团有限公司生产的“明”牌首饰为省级免检产品。

1997 年 2 月 20 日，省技监局印发《浙江省省级免检产品管理办法（试行）》，明确在每年的省级以上产品质量监督检查中连续 3 年合格的产品，免予省内各级技监部门的产品质量监督检查；省级免检产品由企业自愿申请。3 月 4 日，“免检产品”标志启用。5 月，省技监局向浙江三狮水泥股份有限公司、浙江钱啤集团股份有限公司、杭州中策啤酒（股份）有限公司颁发产品免检证书。至 8 月，全省共有 10 家企业的 11 种产品取得省级免检产品证书，免检期为 2 年。9 月，根据国家技监局文件精神，全省暂停产品质量免检工作。

（二）国家免检

1999 年 12 月 5 日，国务院印发《关于进一步加强产品质量工作若干问题的决定》，明确国家质监局负责组织和管理全国产品质量免检工作，省级质监部门负责产品质量免检工作的具体实施。2000 年 8 月，省质监局转发国家质监局《产品免于质量监督检查工作实施细则》，并组织开展免检产品申报工作，共受理免检产品申报企业 61 家。其中，电视机类 1 家，电冰箱类 3 家，洗衣机类 2 家，皮鞋类 11 家，空调类 2 家，尿素类 2 家，水泥类 38 家，钢筋类 2 家。10

月17日，省质监局向国家质监局报送浙江省第一批申报免检产品名单。2001年2月11日，国家质监局在北京人民大会堂召开新闻发布会，宣布第一批54家企业生产的电视机、空调、洗衣机、电冰箱4类72种产品免于产品质量监督检查。其中，数源科技股份有限公司的“数源(SOYEA)”牌和“西湖(WESTLAKE)”牌彩电、宁波三星集团股份有限公司的“奥克斯”空调、杭州金鱼电器集团有限公司的“National”牌和“金鱼”牌洗衣机、浙江华日集团公司的“华日(Huari)”牌电冰箱、杭州西泠集团公司的“西泠”牌电冰箱、星星集团有限公司的“星星”牌电冰箱6种浙江企业的产品被国家质监局确定为国家免检产品。4月23日，省质监局发布《国家免检产品及生产企业的公告》，奥康集团有限公司的“奥康”牌、“康龙”牌胶粘皮鞋(男240～280mm，女220～250mm)、红蜻蜓集团有限公司的“红蜻蜓”牌胶粘皮鞋(男235～340mm，女220～250mm)、温州吉尔达鞋业有限公司的“吉尔达(JIERDA)”牌胶粘皮鞋(男240～265mm，女225～245mm)、康奈集团有限公司的“康奈”牌胶粘皮鞋、杭州钢铁集团公司的“古剑”牌钢盘混凝土用热轧带肋钢筋(Φ10～Φ40mm)、浙江巨化股份有限公司的“巨化”牌农业用尿素6家企业的产品榜上有名。11月5日，省质监局转发国家质检总局《关于公布水泥免检产品及其生产企业的通知》，浙江三狮水泥股份有限公司、浙江尖峰集团股份有限公司、浙江西山建材集团有限公司3家企业生产的6种规格型号的水泥取得国家免检产品证书。12月27日，省质监局将37家符合国家免检产品申报条件的生产企业及其产品名单报送国家质检总局。其中，空调器生产企业1家，卫生巾生产企业1家，洗衣粉生产企业2家，洗衣机生产企业3家，吸油烟机生产企业5家，水泥生产企业6家，皮鞋生产企业19家。至年底，在家电、皮鞋、水泥、钢筋等第一批免检产品中，浙江有15种产品取得国家免检产品证书。

2002年3月，国家质检总局举行国家免检产品颁证大会，浙江共有31种产品取得国家免检产品证书。8月23日，省质监局将符合国家免检产品申报条件的43家企业的43种产品名单报送国家质检总局。其中，皮鞋类22种，水泥类5种，建筑型材类3种，节能灯类3种，洗衣机类2种，空调类2种，吸油烟机类2种，羽绒服类2种，电风扇类1种，墙地砖类1种。至年底，全省共有57家企业的63种产品取得国家免检产品证书。2003年1月，国家质检总局公布2002年度国家免检产品名单，浙江有39家企业取得国家免检产品证书，占全国免检产品总数的1/4。12月23日，国家质检总局印发《关于公布2003年度免检产品及生产企业的通知》，浙江有64家企业的68种产品取得国家免检产品证书。至年底，全省累计有158家企业的170种产品取得国家免检产品证书，获证数量位居全国第二。2004年10月10日，国家质检总局公布2004年度国家免检产品名单，浙江有70家企业的70种产品取得国家免检产品证书。其中，新申请免检的产品有59种，3年免检期满重新申请复评的产品有11种。

2005年3月，省质监局组织2005年度国家免检产品的申报工作。4月，质监部门对部分申报免检的产品和期满重新申报免检的产品开展省级专项监督检查。12月9日，国家质检总局公布2005年度国家免检产品及其生产企业名单，中国绍兴黄酒集团有限公司等142家浙江企业的148种产品取得国家免检产品证书。其中，新申请的有105家企业的107种产品，到期复评的有37家企业的41种产品。同年，省质监局在全国率先实行国家免检产品生产企业承诺书制度，要求免检企业承诺：一旦免检产品出现质量问题或纠纷，企业将承担由此产生的一切责任，并主动配合质监部门组织开展质量巡查，接受质量监督。2006 年 3 月，省质监局组织 2006 年度国家免检产品的申报工作，并对 2006 年国家免检产品资格到期准备重新申请复评的生产企业实施专项监督检查。8 月，省质监局将符合国家免检申报条件的 301 家企业的 314 种产品名单报送国家质检总局。其中，新申请的有 207 家企业的 214 种产品，涉及 18 大类产品；期满申请复评的有 94 家企业的 100 种产品，涉及 25 大类产品。10—11 月，根据国家质检总局《关于进一步核查 2006 年度免检产品申报材料的通知》要求，省质监局对 44 种产品、197 家申报企业的 206 份增补资料逐一进行核查，并将核查情况上报国家质检总局。12 月，国家质检总局公布 2006 年国家免检产品及其生产企业名单，浙江有 291 家企业的 309 种产品取得国家免检产品证书。其中，新增 202 家企业的 209 种产品，到期复评的有 94 家企业的 100 种产品。同年，浙江在全国率先制定《浙江省国家免检三年（2006—2008 年）培育发展规划》，实施千家国家免检培育行动，并出台国家免检培育实施方案，对列入培育的千家企业，建立“定人、定责、定目标”的“三定”培育帮扶工作机制。

2007 年 4 月，省质监局组织开展 2007 年度国家免检产品的申报工作。5—6 月，质监部门对申报资料进行审核，并对申报企业进行现场抽查考核。经初审，全省有 11 个地区 243 家企业的 247 种产品基本符合申报条件。其中，新申请的有 182 家企业的 183 种产品，期满申请复评的有 63 家企业的 64 种产品。在申报产品中，皮鞋、服装面料、桑蚕丝制品等产品的申报企业较多。7 月，经各地质监部门和专家组审查，省质监局对初审符合申报条件的 243 家企业的产品予以公示，并将有关材料报送国家质检总局。12 月，国家质检总局在北京人民大会堂召开 2007 年国家免检产品颁证大会，浙江有 234 家企业的 238 种产品取得国家免检产品证书。其中，新增 174 种，到期复评的 64 种。至年底，全省累计共有 654 家企业的 765 种产品取得国家免检产品证书。

2008 年 1 月，质监部门对 2008 年到期复评的国家免检产品实施专项监督抽查。4 月，省质监局对申报 2008 年度国家免检产品的种类进行明确，并对申报工作提出具体要求。5 月 16 日，省质监局印发《浙江省国家免检产品审查核查工作规范（试行）》，对各级质监部门在免检审查、核查工作中的职责和审查、核查要求等进行明确，进一步规范产品质量免检工作。6 月，根据国家质检总局《关于做好 2008 年产品质量国家免检工作有关问题的通知》要求，省质监局组织省质量技术监督检测研究院、中国方圆标志认证委员会浙江审核中心对全省新申报国家免检产品的 300 余家企业进行现场核查，重点检查企业的基本情况、质量管理控制体系、生产工艺、生产设备、原材料管理、检验能力以及申报材料的完整性等。7 月，省质监局对 2008 年国家免检产品申报中涉及的食品生产企业进行专项监督抽查，并将 317 家企业的 326 种基本符合申报条件的产品名单报送国家质检总局。其中，新申请的有 196 家企业的 200 种产品，涉及 17 大类产品；期满复评的有 121 家企业的 126 种产品，涉及 42 大类产品。9 月 18 日，国家质检总局发布第 109 号令，决定废止《产品免于质量监督检查管理办法》（国家质检总局令第 9 号），同时明确产品质量免检制度不再实行。9 月 27 日，省质监局转发国家质检总局《关于做好停止实行食品类生产企业国家免检工作的通知》，明确所有食品免检企业不再享有免检资格，并要求免检企业不得再开展含有免检内容的宣传活动。

表 35-4-1-9　2001—2007 年浙江省取得国家免检产品证书的企业及产品数量一览表

年份	2001	2002	2003	2004	2005	2006	2007
免检企业数(家)	45	49	64	70	142	291	234
免检产品数(种)	47	55	68	70	148	309	238

资料来源:根据省质监局档案资料整理编制。

三、产品质量评价与风险监控

产品质量评价是指依据统一制定发布的产品质量评价规则或检验细则,对产品质量开展监督检验和评定的活动。产品质量风险监控是指质监部门通过产品质量风险信息采集及风险监测、评估、预警处置等措施,监测、控制产品质量风险的活动。

(一)评价规则制定发布

产品质量评价规则是指为落实产品质量国家监督检查制度,统一规范产品质量监督检查的抽样、检验和质量判定,依据产品质量法律、法规及相关标准、技术规范等制定的检验、判定产品质量的依据。

1985 年 5 月,省标准计量管理局印发《关于公布〈浙江省一九八五年首批受检产品目录〉的通知》,明确省统一检验细则一般应包括受检规格、抽样方法(包括抽样基数、抽样数量)、检验依据、检验项目、检验方法、结果判定与处理、检验周期、起草人等内容。无全国统一检验细则的受检产品,各检测单位要尽快编写统一检验细则,并报省标准计量管理局审批。8 月,省标准计量管理局发布《糖果》《饼干》《麦乳精》《甜炼乳》等省统一检验细则,作为产品质量监督检验和评价的依据。1986 年 12 月,省标准计量管理局发布《浙江省木制沙发产品质量监督检验细则(试行)》,作为木制沙发产品质量监督检验和评价的依据。1988 年 9 月,浙江省皮塑工业公司等 15 家企业对浙江省皮塑产品质量监督检验站制定的《浙江省革皮服装检验细则》《浙江省衣箱产品检验细则》进行研讨。10 月 15 日,浙江大学、宁波凤凰电器制冷工业公司、杭州电冰箱总厂、嘉兴电冰箱厂、杭州华日电冰箱厂等 15 家单位的 20 名代表讨论通过由省产品质量监督检验所负责起草的《浙江省家用电冰箱检验细则》。11 月,省标准计量管理局发布《浙江省革皮服装检验细则》《浙江省衣箱产品检验细则》,作为革皮服装、衣箱产品质量监督检验和评价的依据。1991 年 9 月,浙江省皮塑工业公司牵头组织 15 家企业对《浙江省革皮服装、衣箱产品检验细则》进行研讨。11 月 22 日,省标准计量管理局发布《浙江省革皮服装、皮箱产品检验细则》。

1992 年 3 月 18 日,省标准计量管理局发布《浙江省民用蜂窝煤监督检验细则(试行)》《浙江省商品煤监督检验细则(试行)》,作为民用蜂窝煤、商品煤质量监督检验和评价的依据。5 月 10 日,《浙江省普通白酒检验细则》发布实施。6 月 23 日,《浙江省沙发检验细则》《浙江省弹簧软床垫检验细则》《浙江省背提包产品检验细则》《浙江省手套产品检验细则》《浙江省铝杂件产品检验细则》发布实施。1994 年 9 月 20 日，省标准计量管理局发布《浙江省黄金饰品检验细则》，作为黄金饰品质量监督检验和评价的依据。1995 年 5 月，省标准计量管理局发布《1995 年杭州市场空调产品质量检查检验细则》。6 月，《浙江省 1995 年市场商品——味精检验细则》发布实施。11 月，《浙江省宝玉石饰品检验细则(暂行)》发布实施。1997 年，省技监局发布《浙江省竹凉席质量监督检验细则》，作为竹凉席质量监督检验和评价的依据。

1998 年 7 月，省技监局发布《浙江省珠宝玉石饰品产品质量监督检查评价规则》《浙江省珠宝玉石饰品产品质量市场监督检查评价规则》。2000 年 5 月 25 日，省质监局发布《浙江省工业热电偶产品质量监督检查评价规则》等 9 个产品质量评价规则。6 月 22 日，省质监局发布《浙江省紧固件产品质量监督检查评价规则》等 18 个产品质量评价规则。6 月 23 日，省质监局发布《浙江省吸油烟机商品质量市场监督检查评价规则》《浙江省台秤产品质量监督检查评价规则》等 6 个产品质量评价规则。

2002 年 2 月 28 日，省质监局在“浙江质量网”上公布《浙江省产品质量定期监督检验细则》(以下简称《细则》)，并要求承担质量监督检查任务的各级质监部门及产品质量检验机构必须按照《细则》要求开展监督检验。2003 年 11 月 17 日，省质监局发布《浙江省建筑用钢管、扣件质量监督检验实施细则》。2004 年 7 月，省质监局在对《浙江省产品质量监督检查检验细则》进行清理的基础上，决定开展《浙江省产品质量监督检查评价规则》的制定工作。同年，省质监局分 4 批发布 380 个产品质量监督检查评价规则。

2005 年 9 月 30 日，浙江省第十届人大常委会第二十次会议审议通过《浙江省产品质量监督条例》，明确将产品质量监督检查评价规则作为检验、判定产品质量的依据。10 月，省质监局明确在生产领域开展产品质量监督抽查，对抽查产品进行检验必须制定产品质量评价规则，并严格以产品质量评价规则为依据进行抽样、检验和判定；产品质量评价规则一律由省质监局统一发布，原发布的产品质量检验细则、日常监督检查产品质量评价规则、执法(专项)检查产品质量评价规则及各市、县(市、区)自行制定的产品质量评价规则一律作废。同时规定，产品质量评价规则标题统一名称为《浙江省×××产品质量监督检查评价规则》。同年，省质监局发布 534 个产品质量监督检查评价规则。

2007 年 1 月，省质监局印发《浙江省产品质量监督检查评价规则管理办法(试行)》，对产品质量监督检查评价规则的制(修)订、批准、发布、实施等进行明确。2010 年，省质监局对 205 个产品质量监督检查评价规则进行评审，新制定 151 个产品质量监督检查评价规则，涉及食品、机械、电器等 30 余个行业的产品。

(二)质量指数评价

质量指数评价是以产品质量监督检查结果为依据，将代表品销售收入数据进行加权计算的质量评价方法。具体而言，就是从本地区的产品质量监督检验品种中选取一些有代表性的重点产品(指标产品)构成本地区监督检查样本，再以此为基础设立质量评价指数体系。

1999 年，省技监局在全国率先开展质量指数评价方法的研究。同年 12 月 30 日，省质监局要求各承担省级监督检查任务的产品质量检验机构在原有检验结果上报材料的基础上，新增报送“企业情况汇总表”，并规定凡产品质量检验机构或其委托的抽样单位到企业实施产品抽样时，都应在填写“浙江省产品质量监督检查抽样单”的同时，填写“企业情况调查表”。2000年第一季度，省质监局在省级定期监督检查中试行运用“质量指数”这一新的产品质量评价方法。5月29日，省质监局印发经省统计局备案，并获批准文号的“抽查企业情况调查表”。8月16日，省质监局要求各市质监部门和省级产品质量检验机构从三季度起，按照质量指数编制要求做好定期监督检查结果的汇总上报工作。至年底，浙江运用质量指数评价方法，对机械、电子、化工、食品、建材等8个行业240余种产品进行质量指数评价。经评价，全省质量指数为94.70。

2001年，省质监局进一步完善质量指数统计分析及评价方法，调整扩大了质量指标统计企业，将“浙江名牌”产品生产企业列入统计考核范围，提高了质量指标统计考核分析的代表性。同年，运用质量指数方法评定，全省质量指数为96.79。2002年6月，省质监局组织对《质量指数评价用代表品目录》进行修订。7月9日，省质监局成立推进质量指数工作领导小组，指导和协调全省质监系统开展质量指数评价工作。8月6日，省政府同意从2005年开始将质量指数正式替代产品质量稳定提高率，纳入全省工业经济效益考核指标体系。10月31日，省质监局、省发改委等6部门印发《关于将质量指数列入工业经济效益考核和质量形势分析的通知》，确定了质量指数代表品目录。同年，运用质量指数方法评定，全省质量指数为96.67。其中，全省工业产品各季度质量指数分别为95.86、96.65、96.37、96.69。2003年，全省质量指数为95.69。其中，食品行业为97.70，纺织行业为97.30，轻工行业为95.70，化工行业为96.90，建材行业为99.00，冶金行业为97.20，机械行业为95.90，电子行业为96.70。

2004年4月19日，省质监局印发《关于进一步推进质量指数工作的若干意见》，对建立质量指数代表品信息库、构建质量指数应用新机制及加强对质量指数计算用基础数据的核查等工作提出要求。4月21日，省质监局召开第二次质量指数推进工作会议，对推进质量指数评价工作进行部署。5月，省质监局对各地质监部门推进质量指数工作进行督查。12月7日，省质监局、省统计局印发《关于用质量指数替代质量稳定提高率纳入工业经济效益考核指标体系有关事项的通知》，明确从2005年1月1日起，在工业经济效益考核指标体系中，质量指数正式替代已使用10余年的产品质量稳定提高率。同年，运用质量指数方法评定，全省质量指数为95.50，其中第一季度为96.79，第二季度为95.67，第三季度为94.74，第四季度为95.66；按行业分，食品行业为93.40，纺织行业为98.30，轻工行业为93.50，化工行业为98.70，建材行业为95.10，冶金行业为94.10，机械行业为95.50，电子行业为99.80。

2005年5月31日，省质监局决定对质量指数代表品目录进行完善，使其在代表全省工业经济结构的同时，能充分反映各市的工业经济结构状况。同时要求各市质监部门在确定本市的质量指数代表品时，要保证指数代表品所对应的小类行业的销售产值之和占本市制造业销售产值的50%以上，并可根据本地工业主导产业和重点产品的情况，自行增补具有地区特色的指数代表品。9月14日，为使修订后的质量指数代表品能比较全面、客观地反映全省产业结构的实际状况，省质监局提请省经贸委、省信息产业厅就各自管理范围，从打造浙江先进制造业基地和淘汰落后工艺、落后产品的角度，对《浙江省质量指数代表品目录》提出增补或删减意见。同年，运用质量指数方法评定，全省产品质量指数为95.1。其中，食品行业为93.9，纺织行业为94.7，轻工行业为94.3，化工行业为97.7，建材行业为97.8，冶金行业为97.2，机械行业为94.6，电子行业为99.3。2006—2009年，省质监局每年都向社会发布全省质量指数，2010年起不再发布。

表35-4-1-10　　2000—2009年浙江省质量指数一览表

年份	质量指数	年份	质量指数	年份	质量指数	年份	质量指数
2000	94.70	2003	95.69	2006	95.35	2009	97.10
2001	96.79	2004	95.50	2007	95.27		
2002	96.67	2005	95.10	2008	96.73		

资料来源：根据省质监局档案资料整理编制。

（三）风险监控

2002年7月3日，全省建设“信用浙江”工作电视电话会议召开，省长柴松岳在会上提出要构建产品质量预警机制。2004年5月18日，副省长金德水到省质监局调研，要求加强全省区域性产品质量预警机制建设。2005年3月2日，省政府转发省质监局《浙江省重点产品质量预警实施方案》，确定包含235种产品在内的2005年重点分析产品目录。同时规定，质量预警等级根据产品质量指数和产品质量批次不合格率情况、产品质量综合评价情况、社会舆论评价情况等，设立黄色预警和红色预警。同年，省质监局对余杭蜜饯等多个行业性产品质量问题进行预警，并督促实施整改，按季度向省政府上报质量分析报告，为宏观决策提供依据。

2006年7月5日，针对湖州市吴兴区儿童服装产品质量问题较为突出的状况，省质监局发出《浙江省产品质量警情预报》。2007年1月31日，省质监局召开产品质量风险评估专家研讨会，就食品和电器产品中已经或可能存在的风险进行评估工作开展可行性研讨，确定产品质量风险评估的重点。5月，省质监局印发《产品质量风险评估工作指导意见》，明确风险监控工作的指导思想和开展产品质量风险评估的工作原则、工作目标、工作框架、工作要求。同年，省质监局确定10个产品质量风险评估项目，并开展相关评估工作。其中，酱腌菜风险评估项目，其潜在风险是食品添加剂（如防腐剂、甜味剂、着色剂、漂白剂）超范围或超量使用；生产工艺控制不严引起的原料污染；非食品原料（如苏丹红、钡）和接触材料有毒有害成分残留的危害。植物食用油风险评估项目，其潜在风险是芝麻油中掺入大豆油、菜籽油、棉籽油等价格较低的植物油脂的危害。蚊香产品风险评估项目，其潜在风险是为提高杀虫效果，在蚊香中故意添加国家已明令限制使用成分，如仲丁威和各类增效剂等。不锈钢产品风险评估项目，其潜在风险是不锈钢产品部分元素或某项性能不在检测范围内，造成不锈钢存在安全风险。味精（鸡精）产品风险评估项目，其潜在风险是味精、增（加、超）鲜味精、鸡精等产品中氯化物、重金属、硫酸盐等的危害。面制品产品风险评估项目，其潜在风险是乙二醛和硅酸钠等非食品添加剂使用的危害。年糕产品风险评估项目，其潜在风险是为年糕外表美观和延长保质期而加入的漂白、杀菌、防腐、抗氧化等方面的非食品添加剂对人体的危害。黄酒产品风险评估项目，其潜在风险是陈化粮及变质、劣质大米酿酒的危害；违规添加非自身发酵各类添加剂的危害。水产品风险评估项目，其潜在风险是海洋污染对水产品的危害。山茶油风险评估项目，其潜在风险是山茶油中掺杂使假的危害。8月1日，针对吴兴区儿童服装产品质量状况未有明显改善的状况，省质监局发出《吴兴区儿童服装产品质量黄色预警》。

2008年7月15日，省质监局发出《德清县天然水产品质量黄色预警》。2009年初，省质监局组织开展风险监控项目的申报工作。3月，省质监局通过开展产品质量安全潜在风险的排摸和安全风险信息收集分析，确定食用油中特定有害物质、牛乳中抗生素残留、蜂蜜产品质量安全风险预测等11个项目为2009年全省产品质量安全风险预测预警项目。同年，省质监局印发《关于切实加强产品质量安全风险预测工作的通知》，强化重点产品的预测、预警、预防工作。同时，突出重点，实施项目管理，整合资源，发挥技术优势，组织开展“皮革及合成革中二甲基甲酰胺测试技术研究及产品风险评价”“婴幼儿配方乳粉中肠球菌检测技术研究及产品风险评价”“产品质量危机标准化应对研究”“絮用纤维制品质量安全风险预测”4个项目的研究。

2010年，省质监局组织开展2010年度全省食品生产加工环节常规风险监测工作，并对第41届世界博览会（以下简称世博会）使用食品开展专项风险监测。

四、产品质量专项整治

浙江区域块状经济特征明显。在早期的发展过程中，不少地方出现过较为严重的区域性、行业性产品质量问题。20世纪90年代，技监部门开始会同有关部门对区域性、行业性产品质量问题进行专项整治。经过整治，区域性、行业性产品质量问题得到有效解决。至2010年，不少区域性产品质量问题已转化为区域产业优势，并带动区域产业集群的快速形成和发展。

（一）区域性产品质量问题整治

区域性产品质量问题是指在同一地区、一定时间内反复、多次、成规模地出现生产假冒伪劣产品或质量严重不合格产品等问题。

1995年底，国家技监局发布1995年第四季度国家监督抽查产品质量通报，对浙江温岭市微型泵质量问题突出、湖州织里镇童装质量低下等区域性质量问题提出批评。1996年1月，省技监局要求台州市、湖州市技监部门对温岭市微型泵、湖州织里镇童装质量问题进行调查，提出切实可行的治理整顿意见。11月，省技监局将缙云县生产劣质螺纹钢筋问题列为1997年度重点治理的区域性质量问题之一，并致函缙云县委、县政府，要求加大对无证生产螺纹钢筋问题的整治力度。同年，温岭劣质水泵、乐清劣质防爆电器、仙居劣质饮料、永康劣质电动工具等区域性质量问题的整治工作全面展开。1997年，省质监局对缙云螺纹钢筋、瑞安布面胶鞋、永嘉清淤机械等有形成区域性质量问题苗头的产品进行专项整治，并分别致函瑞安市委、市政府和永嘉县委、县政府，要求加强对瑞安市布面胶鞋、永嘉县清淤机械产品质量整治工作。同年，技监部门对乐清柳市低压电器市场和临海杜桥眼镜商场进行整顿治理。乐清市技术监督局组织4支小分队，对制售无证、假冒伪劣低压电器产品的企业、家庭作坊进行查处。仅5—9月，就出动4100余人次，检查企业430余家、电器城柜台2050个，立案查处157起，执行罚没款170余万元，没收违法生产、销售的产品标值310万元，销毁货值70余万元的假冒伪劣产品，捣毁制假窝点80个。临海市技术监督局在公安、工商等有关部门的配合下，现场销毁10余万副假冒美国雷朋太阳镜和20余万副劣质镜片，关停35家规模小、设备差、产品质量低劣的眼镜生产企业，并对超薄玻璃片及烘片行业进行集中整治。

1998年3—4月，根据省政府领导对整治区域性质量问题的批示精神，省技监局联合有关厅局、质量检验站在永康、缙云、乐清、温岭、桐乡、慈溪等地对电动工具、衡器、螺纹钢、荧光灯管、低压电器、潜水泵、羊毛衫、液化石油气调压器等直接涉及人民生命财产安全和广大消费者切身利益的产品进行专项整治。整治期间，技监部门坚持“疏导、扶持、帮助、规范”的方针，扶优与治劣并举，服务与监督共进，先后召开动员会9次、座谈会22次，举办专业培训班、讲座14次。同时，出动检查人员1712人次，检查生产企业883家、经销企业977家，查封涉嫌假冒伪劣产(商)品标值480余万元。经过整治，帮助企业解决了许多实际困难和问题，促进了产品质量的提高。其中，永康对82家电动工具生产企业进行考核，关停并转3家，继续整改5家，发放准产证74家。至年底，有2家电动工具生产企业通过ISO9000质量体系认证，22家企业的9个系列70个品种的产品通过安全认证，17家企业的9个系列138个品种的产品通过国外认证机构的认证，18家企业的53个系列产品取得出口产品质量许可证，电动工具产品质量抽查合格率从整治初期的零提高到68.4%。通过整治，温岭微型水泵生产企业总数从整治之初的396家减至129家，取得生产许可证企业15家，取得临时许可证企业51家，微型水泵的总体质量水平有了明显的提高。1999年，全省区域性产品质量问题整治工作取得积极成果:永康电动工具预验收合格率达89.0%，温岭水泵工业园区水泵产品验收合格率达93.3%，乐清小型断路器、低压互感器的预验收合格率分别达84.2%、94.7%，缙云生产劣质螺纹钢筋问题基本得到遏制，桐乡濮院羊毛衫市场羊毛衫抽查合格率比整治前提高30个百分点，慈溪液化石油气调压器、室内电热取暖器整治工作也取得进展。

2000年2月17日，省质监局印发《关于切实加强区域性产品质量整治工作的通知》，对永康的电动工具和衡器、温岭的水泵、路桥的喷雾器、玉环的汽车摩托车配件、慈溪的液化石油气调压器和室内电热取暖器、瑞安的机械压力机、乐清的低压电器和互感器、开化的荧光灯管、缙云的螺纹钢筋等区域性产品质量问题整治工作进行部署，并对区域性产品质量问题整治达标的标准、达标验收的程序等作出规定。4月21日，省政府办公厅召开产品质量工作座谈会，对各地开展区域性产品质量问题整治工作提出具体要求。5月11日，省质监局在永康召开全省区域性产品质量问题整治工作新闻发布会，公布区域性产品质量问题阶段性整治成果，有关单位介绍了区域性产品质量问题整治经验。11月21日，省质监局印发《关于区域性产品质量整治实物质量抽样检查有关事项的通知》，对开展区域性产品质量整治实物质量抽样检查工作进行明确。至年底，永康的电动工具和衡器，路桥的喷雾器，温岭的水泵，乐清的小型断路器、互感器、漏电断路器和防爆电器，慈溪的液化石油气调压器和室内电热取暖器，瑞安的机械压力机，缙云的螺纹钢筋，玉环的汽车摩托车配件等区域性产品质量问题的整治工作陆续通过达标验收，摘掉了区域性产品质量问题的帽子。其中永康的电动工具、乐清的低压电器、慈溪的液化石油气调压器、温岭的水泵经过质量整治，产品质量明显改进，产品的市场知名度和销量均比整治前有较大幅度提高，区域性质量问题开始向区域产业优势转化。

2001 年初，开化县的荧光灯管、武义县的文化用品、海盐县的室内取暖器、缙云县的环形荧光灯管、宁波市的不锈钢和洗衣机被列入省政府 2001 年区域性产品质量问题专项整治计划。8 月 15 日，省质监局对抓紧落实区域性产品质量问题整治和验收工作进行部署，并对区域性产品质量问题整治达标的标准、验收程序等进行明确，同时要求存在区域性产品质量问题的市（县）政府要根据当地实际制订切实有效的整治措施和分阶段实施工作计划。至 12 月 15 日，年初确定的 5 个地区 6 类产品的区域性质量问题整治工作基本结束。同年，质监部门对 2001 年前完成整治的永康电动工具和衡器、温岭水泵等区域性产品质量问题进行复查。2002 年 3 月 19 日，省质监局印发《关于 2002 年度开展区域性、行业性产品质量整治工作的通知》，将余杭市的蜜饯、临安市的节能灯、宁波市的饮水机、余姚市的电器开关插座、宁波大榭开发区的荧光灯管、温州市的头盔、温州瓯海区的室内照明开关、永嘉县的阀门、湖州市的饮用水、海宁市的装饰灯泡、嘉兴市王店的室内取暖器、新昌县的轴承、永康市的彩印包装、浦江县的灯具、常山县的轴承、舟山市的成品油（废油提炼）和冷冻水产品、台州市的三相异步电动机、温岭市的注塑鞋、云和县和景宁畲族自治县的“地条钢”①、开口锭列为区域性产品质量问题整治对象，并对区域性产品质量问题整治的工作标准、验收标准和验收程序等进行明确。6—7 月，省质监局对区域性产品质量问题整治地区进行检查，并实地抽查部分企业。8 月 20 日，省质监局通报 2002 年上半年区域性产品质量问题整治情况，并对巩固区域性产品质量专项整治成果提出具体要求。11 月 22—23 日，省质监局组织对慈溪市电器开关插座区域性产品质量问题的整治工作进行验收。12 月 3 日，省质监局向慈溪市人民政府通报整治验收情况，宣布慈溪市电器开关插座区域性产品质量整治通过验收。

2003 年 1 月 24 日，省质监局要求对 2001 年底通过整治验收的宁波市不锈钢和洗衣机、慈溪液化石油气调压器和室内电热取暖器、乐清低压电器、瑞安机械压力机、海盐室内取暖器、永康电动工具和衡器、武义文教用品、开化荧光灯管、路桥喷雾器、温岭潜水泵、玉环汽车摩托车配件、缙云环形荧光灯管等区域性产品质量问题进行进一步的整治和规范，并将区域性产品质量问题整治工作纳入各市质监部门的目标责任制进行考核。5 月 23 日，省质监局委托省质协对慈溪电热取暖器区域性产品质量问题的整治效果进行综合评价。综合评价的主要内容包括电热取暖器产品质量总体状况、区域产品质量整治效果和取得的成效、整治前后产品销售收入和出口额的变动情况、产品质量的用户满意度、企业质量意识、产品质量管理

---

① “地条钢”：是指以废钢铁为原料，经过感应炉等熔化，在生产中不能有效地进行成分和质量控制生产的钢及以其为原料轧制的钢材。

能力和水平、通过质量整治涌现出的名优产品及其市场占有率等情况。2004年，质监部门加强对温岭潜水泵、路桥喷雾器、玉环汽摩配等已摘帽区域性产品质量问题的动态管理，巩固整治成果。

2006年3—7月，根据2005年第四季度以来产品质量监督抽查情况，省质监局相继对11个呈现区域性产品质量问题倾向的地区发布了产品质量警情预报，涉及兰溪市毛巾、路桥区喷雾器、慈溪市室内加热器、瑞安市和余姚市水嘴、武义县钢制防护门、富阳市混凝土管桩、诸暨市聚丙烯(PP-R)给水管、吴兴区儿童服装等产品。相关质监部门参照《浙江省重点产品质量预警实施方案》要求，结合本地实际，成立产品质量整治领导小组，制定整治方案，并按照整治方案的要求开展整治工作。9月，省质监局组成督查组，对兰溪、慈溪等9个尚未完成质量整治的区域进行督查，并对督查情况进行通报。同年，省质监局通过对历年监督抽查数据的分析，对曾出现过区域性质量警情的21种产品进行了专项抽查。

2008年8月下旬，省质监局组织3个督查组对14个市(县)的区域性产品质量问题整治情况进行督查，涉及建德胶合板、诸暨铝塑复合管、苍南絮用制品等产品。9月18日，省质监局对督查情况进行通报，并要求各地质监部门进一步加强区域性产品质量问题的整治工作，确保工作取得实效。10月，省质监局印发《全省挂牌督办产品质量整治工作验收标准》，验收标准包括组织机构设立并有效运行，整治方案制定并落实，争取地方政府工作支持，落实人员、经费等基础保障措施，信息报送情况，宣传报道情况，全面完成调查摸底工作，实施整治产品质量监督抽查，建立完善长效监管机制等9个方面的内容。其中，“实施整治产品质量监督抽查”实行一项否决制，即该项验收结果为“不合格”的，验收结论为“未完成”。12月1—11日，省质监局对14个市(县)的区域性产品质量问题整治工作进行验收。17日，省质监局对整治验收情况进行通报，并同意义乌和岱山玩具、海宁灯泡、乐清小型断路器、兰溪摩托车头盔4类重点整治产品的质量整治工作通过验收。

2009年11月5—6日，省质监局依据《全省挂牌督办区域产品质量整治工作验收标准》，采用听取整治工作汇报、查阅相关台账资料、召开业主座谈会、随机抽查生产企业等方式，对吴兴儿童服装质量整治工作进行检查验收。11月24日，省质监局根据《浙江省重点产品质量预警实施方案》相关规定，同意解除对吴兴区儿童服装产品的黄色警示。至2010年底，乐清低压电器等区域性产品质量问题已转化为区域产业优势，并带动区域产业集群的快速发展。

(二)行业性产品质量专项整治

1996年，全省技监部门对盐类产品开展专项整治。1997年8月18日，省技监局印发《关于对电子节能灯、荧光灯电子镇流器产品质量进行专项整治的通知》，组织对全省生产、流通领域的节能灯、镇流器产品质量进行专项整治。9—10月，技监部门抽查24家电子节能灯生产企业的24批次产品，经检验，批次合格率为83.3%；抽查38家电子节能灯经销单位的38批次产品，经检验，批次合格率为5.3%；抽查11家电子镇流器经销单位的11批次产品，经检验，批次合格率为9.1%。1998年1月8日，省技监局通报全省电子节能灯、荧光灯电子镇流器专项整治情况，并对杭州西湖灯饰市场茁青灯具经营部等经销、生产不合格产品的企业进行通报批评。

1999年4—6月，全省技监部门开展螺纹钢筋质量专项整治工作。专项整治的对象是全省范围内所有螺纹钢筋生产企业、重点钢材市场和有关建筑工地。全省技监部门共出动2954人次，检查1115家企业的2851批次产品，产品标值9118.7万元，查获和销毁伪劣产品标值1781.2万元，捣毁制假窝点3个。同年，杭州市技术监督局对市区20余个建筑工地以及杭州西险大塘加固工程瓶窑桥改建工程、钱塘江杭州西湖区南塘四号段、钱塘江下沙段标准堤、钱塘江滨江区标准堤4个重点水利工程所用的螺纹钢筋进行检查。2000年6月26日，国家质监局、国家冶金工业局召开全国电话电视会议，部署建筑钢材专项整治工作。根据会议精神，全省质监部门开展查处假冒伪劣螺纹钢筋专项整治行动，重点查处使用地条钢、开口锭等不合格原材料生产螺纹钢筋的违法行为。7月13日，省质监局、省经贸委对全省开展螺纹钢筋等建筑钢材质量专项整治工作提出要求。在专项整治中，金华县质量技术监督局共检查34家经营户的160批次各种规格型号的钢材，查实11批次为不合格螺纹钢筋（含劣质品）；武义县质量技术监督局查获缙云、东阳、永康等地生产的不合格螺纹钢筋40吨，并对24家经销企业进行行政处罚。9月，省质监局组织杭州市、余杭市质监部门在余杭市乔司钢材市场查获近80吨有严重质量问题的螺纹钢筋，并进行封存和查处。

2001年，浙江省涂料行业专项整顿工作领导小组成立，省经贸委副主任任组长，省质监局、浙江省环境保护局（以下简称省环保局）副局长任副组长，具体负责对涂料行业整顿的领导和协调工作。2002年，省质监局印发《关于全省涂料产品行业性整治有关事项的通知》《关于2002年度开展区域性、行业性产品质量整治工作的通知》，对涂料产品行业性质量问题整治工作提出要求。8月，根据全省涂料生产企业分布及产品质量监督检查结果情况，省质监局将杭州、嘉兴、金华、台州确定为全省涂料产品行业性质量问题整治重点地区。同时，对整治工作要求、整治工作标准、整治验收程序及时间等进行明确。在整治中，全省质监部门共抽查625家企业的630批次产品，抽查覆盖率为93.0%，批次合格率为89.2%。其中，杭州有涂料生产企业206家，停产16家，190家生产企业的实物质量抽样覆盖率为95.8%，批次合格率为86.9%；嘉兴市有涂料生产企业88家，停产2家、迁址1家，85家生产企业的实物质量抽样覆盖率为96.5%，批次合格率为89.0%；金华市有涂料生产企业66家，停产关闭6家，60家生产企业的实物质量抽样覆盖率为100%，批次合格率为98.3%；台州市有涂料生产企业97家，在整治中关停并转28家不符合条件的生产企业，69家生产企业的实物质量抽样覆盖率为100%，批次合格率为100%。12月20日，省质监局对全省涂料行业质量整治情况进行通报。

2003年1月，省质监局将饮用水和电动自行车行业性质量问题列入整治计划。2月28日，省质监局印发《全省饮用水和电动自行车行业性整治实施方案》，对饮用水和电动自行车行业性质量问题整治的指导思想、整治步骤、整治工作标准、考核验收、时间进度等进行明确。3—4月，全省质监部门对饮用水和电动自行车生产企业进行调查摸底，并根据调查摸底情况，对生产企业进行ABC分类。5—10月，质监部门开展综合整治工作，帮促企业改善检测条件，并对无证、无照、超范围生产及不具备生产合格产品能力的C类企业进行关停并转。整治后，全省共有饮用水生产企业743家，其中A类111家、B类579家、C类53家；电动自行车生产企业184家，其中A类26家、B类146家、C类10家，另1家停产、1家正在申报生产许可证。11月下旬至12月上旬，省质监局对杭州、台州、温州、金华、宁波5个重点地区的饮用水和电动自行车质量整治情况进行考核验收。12月29日，省质监局对全省饮用水、电动自行车行业性质量问题整治情况进行通报，并要求各地继续做好饮用水、电动自行车行业性质量问题整治“回头看”工作。同年，省政府转发省有关部门制定的《浙江省建材市场专项整治实施方案》，明确建材市场专项整治的目标、任务以及职责分工。同时，召开全省建材市场专项整治工作电视电话会议，部署对建材市场的专项整治工作，并成立由省质监局牵头，省经贸委、省公安厅、省监察厅、省建设厅、省工商局、省环保局、省电力局等部门组成的浙江省建材市场专项整治工作领导小组。2004年，针对在日常监督检查中发现的小型汽(柴)油发电机产品质量问题较为严重的情况，省质监局组织开展为期3个月的小型汽(柴)油发电机产品质量问题专项整治工作。

2005—2010年，全省质监部门重点围绕生产加工环节食品质量和特种设备安全开展了一系列的行业性产品质量问题整治工作(详见第五章、第六章相关内容)。

第二节 工业产品生产许可证管理

工业产品生产许可证制度是工业产品生产许可证主管部门通过对涉及人体健康的加工食品、危及人身财产安全的产品、关系金融安全和通信质量安全的产品、保障劳动安全的产品、影响生产安全和公共安全的产品，以及法律法规要求实行生产许可证管理的其他产品的生产企业进行实地核查和产品检验，确认其具备持续稳定生产合格产品的能力，并颁发生产许可证证书，允许其生产的一种行政许可制度。1984年4月，国务院颁布《工业产品生产许可证试行条例》。10月，浙江设立省生产许可证办公室，对全省取证产品生产企业实行生产许可证管理制度。2005年11月1日起，全省质监部门开始按照《中华人民共和国工业产品生产许可证管理条例》要求进行生产许可证的组织申报、受理、审查和监管工作。

一、发证管理

1984年4月7日，国务院颁布《工业产品生产许可证试行条例》，规定凡实施工业产品生产许可证的产品，企业必须取得生产许可证才具有生产该产品的资格；生产许可证的实施由国家经委统一组织领导，产品归口管理部门负责审核、发证，省、自治区、直辖市经委协助管理。同年，低压电器、电度表等87类产品被列入第一批实施生产许可证管理的产品目录。10月25日，省计经委、省标准计量管理局印发浙计经工〔1984〕40号文，决定设立省生产许可证办公室，配合国家生产许可证办公室对全省取证产品生产企业实行生产许可证管理制度。12月11—13日，省计经委、省标准计量管理局在绍兴召开全省工业产品生产许可证工作座谈会，对生产许可证的申请、审查、收费、职责和分工等进行统一和明确。1985 年，省标准计量管理局配合各产品归口部门开展生产许可证的初审工作。审查的产品有磷肥、橡胶密封件、油嘴油泵、压缩机、自行车、灭火剂、电子元器件等 17 个品种，发证的产品有 172 个。9 月 13 日，省石化厅代表化工部向宁波硫酸厂等 17 家国营企业颁发磷肥生产许可证。

1986 年，在机械、电子、化工、轻工、公安、广播电视等行业中，全省共有 138 家企业 31 种产品取得 307 张生产许可证。1987 年 1 月 8 日，省标准计量管理局转发国家标准局《关于印发〈1987—1988 年工业产品生产许可证目录〉的通知》（以下简称《通知》），公布列入 1987 年工业产品生产许可证目录的 149 种产品（355 种规格型号）和列入 1988 年工业产品生产许可证目录的 66 种产品（176 种规格型号）。根据《通知》精神，各有关厅、局、总公司和各市（地）、县标准计量部门立即通知有关部门和生产企业做好生产许可证的申报工作。至 6 月底，全省有 278 家企业生产的 58 种（类）产品取得 542 张生产许可证。1988 年 5 月，省城乡建设厅、省标准计量管理局转发建设部《关于发放预制混凝土空心板和大型屋面板生产许可证的有关文件的通知》后，各地城乡建设主管部门向辖区内所有从事混凝土建筑预制构件生产的企业传达了国家关于生产许可证发放工作的有关精神，帮助企业在规定的期限内按要求做好生产许可证的申请工作，同时会同当地标准计量部门等有关部门组成初审工作小组，开展初审考核工作。至年底，全省共有 527 家企业取得 1108 张生产许可证。

1989 年 1 月 18 日，省计经委、省工商局、省石化厅、省标准计量管理局印发《关于实施浙江省农药产品准产证的规定》，决定在全省范围内实行农药产品准产证制度，规定凡国家尚未实行生产许可证的农药产品，必须持有准产证才能生产。12 月，省计经委、省石化厅、省工商局、省标准计量管理局发布通告，宣布萧山市临浦农药分装厂的 20%杀灭菊酯乳油等 27 个企业生产、分装的 39 个农药产品取得“浙江省农药产品准产证”，同时规定凡没有生产许可证或准产证的农药产品，一律不许生产、收购和销售。1990 年 6 月 16 日，省计经委、省石化厅、省工商局、省标准计量管理局印发《浙江省农药准产证发放工作程序》，规范农药准产证的发放工作。8 月 31 日，省标准计量管理局、省机械厅转发国家技监局《关于工业用电表产品补充列入一九九〇年发放生产许可证计划目录的通知》，要求各地、各部门及时通知工业用电表产品生产企业按要求填写企业基本情况，并分别报送省标准计量管理局认证处和省机械厅质量标准处。12 月 31 日，省标准计量管理局、省机械厅报请国家技监局、机械电子工业部分 2 批对乐清县、瓯海县 29 家企业申请补发低压电器、机床电器产品许可证进行审查。即 1991 年第一季度审查第一批（16 家企业），第二季度审查第二批（13 家企业）。同年，全省有 740 家企业的 90 种产品取得生产许可证。至年底，全省累计有 23 个行业、220 种（类）产品、1749 家企业取得 2585 张生产许可证，其中建材行业取证率最高。

1991 年 4 月，省标准计量管理局转发国家技监局《关于印发〈一九九一年度发放生产许可证产品计划目录〉的通知》（以下简称《通知》）。同年，根据《通知》精神，省级有关厅（局）、各地标准计量（技术监督）部门和有关主管部门对当地许可证产品生产企业进行了调查摸底，并做好帮促工作。至年底，全省累计共有 3700 余家企业取得 4800 余张生产许可证。1992 年 4 月，省标准计量管理局、省生产许可证办公室转发国家技监局《关于印发〈一九九二年发放工业产品生产许可证产品计划目录〉的通知》。同年，各地标准计量(技术监督)部门在调查研究的基础上，做好企业申请生产许可证的受理工作，并按发证产品实施细则和考核办法的要求，帮助企业完善生产条件，建立有效的质量体系，确保企业在规定期限内取得生产许可证。对不具备取证条件的企业，及时帮助其做好关、停、并等善后事宜。1993 年 6 月 25 日，省计经委、省标准计量管理局转发国家经贸委、国家技监局《关于公布第一批撤销生产许可证管理的产品目录》，明确自 10 月 1 日起，对 103 种产品不再实施生产许可证管理。同年，全省有 9 个行业、21 种产品、210 家企业取得生产许可证 214 张。1994 年 4 月 11 日，省计经委、省标准计量管理局转发国家经贸委、国家技监局《关于公布第二批撤销生产许可证管理的产品目录》，明确自 7 月 1 日起，对 102 种产品不再实施生产许可证管理。同年，全省标准计量(技术监督)部门开展螺纹钢筋、铝型材、低压电器、电子产品、消防产品、医药产品等 20 余种产品的生产许可证申(换)证工作。1997 年 2 月，全省工业产品生产许可证工作会议在杭州召开。会议对《省临时生产许可证管理(暂行)办法》制定工作进行研究。

2000 年 12 月 7 日，省质监局转发国家质监局《关于对电能表停止颁发工业产品生产许可证的通知》。同年，省质监局印发《浙江省临时生产许可证申报及管理办法(试行)》《工业产品生产许可证工作若干问题的(暂行)规定》，加强工业产品生产许可证工作。至年底，全省审查上报许可证产品生产企业 625 家。其中，低压电器企业 220 家、电线电缆企业 107 家、幕墙企业 18 家、塑钢门窗企业 280 家。同时，对慈溪减压阀、上虞铜管、瓯海插头插座产品开展补发生产许可证工作。2001 年 4 月 24 日，省质监局印发《关于生产许可证补证、换(发)证申报程序有关问题的通知》，对生产许可证的发证范围及工作机构、企业取得生产许可证条件、生产许可证申请审批程序、监督管理等进行明确。5 月 9 日，根据省政府“三定”方案，生产许可证管理职能划归省质监局，原浙江省工业产品生产许可证审查管理监督办公室更名为浙江省工业产品生产许可证办公室(以下简称省工业产品生产许可证办公室)。同年，省质监局印发《工业产品生产许可证公开办事制度》《临时生产许可证公开办事制度》，将工业产品生产许可证和临时生产许可证办理的法律依据、服务范围、服务条件、服务程序、服务期限、服务纪律、收费标准、受理部门等向社会公开。至年底，全省质监部门对电线电缆、低压电器、塑料门窗、电烤炉等 10 余种产品生产许可证进行换(发)证工作，共核发生产许可证 1000 余张。2002 年 11 月 18 日，省质监局印发《关于申领工业产品生产许可证有关问题的通知》，对申领工业产品生产许可证的程序作出调整，并对企业的申请材料提出具体要求。同年，全省质监部门对水泥、化妆品、水泵、塑料门窗等产品的生产许可证进行换(发)证工作，并协助全国工业产品生产许可证办公室审查部开展砂轮、空压机、内燃机、铜管、建筑扣件、压力锅等 10 余种产品的生产许可证换(发)证工作。

2003 年，受全国工业产品生产许可证办公室委托，省质监局组织对不锈钢、建筑门窗、电动自行车、香精香料、电线电缆、白酒、危险化学品等产品的 1000 余家生产企业的生产条件进行审查。2004 年，省质监局组织开展白酒、餐具洗涤剂、危险化学品包装物、防爆电气、建筑外窗、化妆品等产品的生产许可证换证审查工作。2005 年，省质监局组织开展水泥、泵、防爆电气、电线电缆、特种劳动防护用品、化妆品、建筑外窗等产品的生产许可证换证审查工作。

2006年9月15日，国家质检总局明确建筑外窗产品类别中的铝合金窗、塑料窗、彩色涂层钢板窗和眼镜产品类别中的验配眼镜4种产品的生产许可审查发证工作由省级质监部门负责。同年，省质监局组织开展人造板、制冷设备、化妆品、复混肥料、建筑防水卷材、助力车等产品的生产许可证换证审查工作。2007年4月5日，省工业产品生产许可证办公室印发《浙江省工业产品生产许可证产品检验机构申报及管理办法》，对工业产品生产许可证产品检验机构申报原则和资质条件、申报工作程序、监督管理等作出规定。同年，省质监局组织开展制冷设备、人民币伪钞鉴别仪、砂轮、防爆电气、人造板、香料香精等产品的生产许可证换证审查工作。

2008年4月，各地质监部门对辖区内涂料产品（指清漆、色漆、辅助材料）生产企业进行调查摸底，基本掌握了各企业的厂房、厂址、法人代表、产品种类等情况，并将企业数按清漆、色漆、辅助材料产品分类报省工业产品生产许可证办公室，为涂料产品发证工作做好准备。同年，省质监局组织开展电焊条、电热毯、电线电缆、泵、防伪产品、输电线路铁塔等产品的生产许可证换证审查工作。2009年4月17日，省质监局决定委托各市质监部门实施电线电缆等12类产品生产许可证审核发证的申请受理及相关工作。7月，省质监局决定委托浙江省质量监督技术审查评价中心（以下简称省质量监督技术审查评价中心）承担工业产品生产许可技术性、事务性相关工作。同年，省质监局组织开展眼镜、泵、人造板、钢筋混凝土用热轧钢筋、摩托车头盔、危险化学品、助力车等产品的生产许可证换证审查工作。

2010年3月，省质监局召开全省工业产品生产许可证工作会议，通报2009年全省生产许可证的申请、受理、核查、审查等情况。8月12日，省质监局转发国家质检总局《关于不再对建筑外窗、工业用香料香精实施工业产品生产许可证制度管理有关问题的通知》。9月25日，省质监局对原由省级质监部门负责审批发证的产品目录进行调整，将摩托车头盔等11类产品生产许可审核发证的申请受理和审查等相关工作委托各市质监部门实施。同年，省质监局组织开展危险化学品、水泥、砂轮、水工金属结构、特种劳动防护用品、人造板、眼镜、燃气器具等产品的生产许可证换证审查工作。2003—2010年，全省质监部门累计发放工业产品生产许可证14710张。

表35-4-2-1　2003—2010年浙江省质监部门受理、发放工业产品生产许可证一览表

年份	受理数（家）	发证数（张）	年份	受理数（家）	发证数（张）	年份	受理数（家）	发证数（张）
2003	1690	2326	2006	1756	2210	2009	1304	1482
2004	1819	2225	2007	1216	1373	2010	1081	1134
2005	2239	2332	2008	1724	1628			

资料来源：根据省质监局档案资料整理编制。

二、证后监管

1985年12月，中国低压电器产品检测中心以市场买样的方式抽取乐清县生产、销售的低压电器，涉及10家企业8种规格的22个产品。经检测，全部不合格。机械电子工业部对此进行了通报。1986年，温州市人民政府派出工作组，督促乐清县开展无证伪劣低压电器的查处工作。1987年6月5日，省计经委等7部门转发国家经委等《关于实行〈严禁生产和销售无证产品的规定〉的通知》，明确由当地工商行政管理部门或标准计量部门对生产和销售无证产品的企业或个人进行处罚。9月28日，省计经委、省标准计量管理局公布第一批实施生产许可证产品及浙江获证企业名单。同时明确这次公布的33类251个规格型号的工业产品，无论是全民企业还是集体企业(包括乡镇企业)，必须在取得生产许可证后方能生产和销售，否则按无证生产和销售处理；国家停止发证后开始生产上述产品的企业，在批量投产半年内，可不按无证生产处理，但应申请补办发证手续；在产品结构、性能、材质和技术特征等方面确有显著改进的发证产品，在批量投产1年内，可不按无证生产论处，同样应补办发证手续；逾期不申请发证或经考核不符合发证条件者，按无证生产查处。

1988年6月15日，省标准计量管理局、省石化厅、省工商局、省生产许可证办公室转发国家标准局、化工部、国家工商行政管理局《关于对实施生产许可证的化学试剂产品进行检查的通知》(以下简称《通知》)。根据《通知》精神，各市(地)标准计量局会同当地化学工业主管部门和工商行政管理部门组成检查小组，对未取得生产许可证的产品(包括已取证企业的未取证产品，不含新产品)进行查封并抽样，同时责令生产企业和经销单位不得继续生产和经销无证化学试剂。1991年8月8日，省标准计量管理局向省政府呈递《关于杭州市某些商店经销无证伪劣化学试剂的情况报告》，提出对生产、经营化学试剂的企业进行清理整顿的建议。11月12日，省标准计量管理局转发国家技监局《工业产品生产许可证结束发证产品目录及获证企业名录》，公布列入第四批结束发证产品目录的97种产品。同时明确，凡在1991年7月5日后未取得生产许可证而擅自生产目录内产品的，属无证生产，其产品为无证产品。1989—1992年，国家技监局、省政府组织有关部门对温州市乐清县生产销售无证、伪劣低压电器进行集中整治。在集中整治行动中，全省标准计量(技术监督)部门加强对低压电器等生产许可证产品的证后监管，严厉查处生产和销售无证、伪劣产品。

1993年11月，省标准计量管理局、省石化厅转发国家技监局、化工部《关于在全国范围内查处生产和销售无生产许可证化肥、农药产品的通知》，组织对全省未取得生产许可证而擅自生产销售复混肥、敌百虫原粉等15种农药的生产企业及销售单位(含农业生产资料公司、供销社、各有关经销店)进行查处。1994年，全省标准计量(技术监督)部门共检查2157家生产、经销企业的180余万件产(商)品，查获无生产许可证产(商)品82.4万件，货值3130.7万元，对885家生产、经销无证产(商)品的企业实施行政处罚，执行罚没款263.9万元。其中，检查农药、化肥生产企业277家，查处无证产品标值18万元，没收无证产品57.9吨；检查化妆品生产企业91家、经销企业310家，查获无证产(商)品标值316.0万元，执行罚款24.8万元，没收1982瓶，销毁252瓶；检查头盔生产企业20家、经销企业131家，查获无证产(商)品标值133.2万元，执行罚款12.1万元。1995年4月，省标准计量管理局、省石化厅转发《关于继续在全国范围内查处生产和销售无生产许可证复混肥料和农药的通知》。同年，各地对无证生产复混肥料和农药的企业进行调查摸底和清理。对条件较好，产品质量合格的企业，予以帮助、指导,补办生产许可证;对不具备基本生产条件,产品质量不合格的企业,视情况分别予以关、停、并、转。同时以杭、嘉、湖、宁、绍等主要产粮区和台、衢等水果产区为重点,开展流通领域无证产品的查处工作。

1996年上半年,全省技监部门共出动7596人次,检查生产企业1091家,其中无证生产企业272家;检查经销单位4107家,其中销售无证产品的739家;查获无证伪劣产(商)品标值3084.0万元,执行罚没款360.6万元。12月15日,省计经委、省技监局印发《关于加强省级监督检查无证产品后处理工作的通知》,明确凡实施生产许可证管理的发证产品,要在扩大监督检查覆盖面的同时,加强对不合格产品和无生产许可证产品的监督管理。1997年3月18日,省技监局印发《关于查处无生产许可证产品若干问题的通知》,对无证产品的查处范围、执法依据以及查处后企业继续生产无证产品等问题进行明确。5月15日,为避免在查处无证产品过程中发生偏差,省技监局明确,各地技监部门对国家已公告结束发证但正在进行换证的产品,不能以无证产品论处;获证企业超越换证期限未标明生产许可证标记的,其产品视为无证产品,但应以教育为主,责令其限期整改。同年,全省技监部门共出动16470人次,检查生产企业2408家,查处无证生产企业698家;检查经销单位7029家,查处经销无证产品的单位2159家;查获无证伪劣产(商)品标值5941.7万元,执行罚没款817.3万元。

1998年上半年,全省技监部门出动7361人次,检查生产企业952家,查处无证生产企业342家,端掉制假窝点48个;检查经销单位3164家,查处经销无证伪劣产品的单位697家;查获无证伪劣产(商)品标值2866.9万元,执行罚没款460.1万元。9月,省建材工业总公司、省技监局公布第一批收回普通立窑、窑径小于2米机立窑水泥企业生产许可证名单。德清县永兴实业公司水泥厂等32家(不含宁波市)水泥企业的生产许可证被收回,推动了全省水泥产业结构的调整。1999年6月,全省技监部门对《浙江省1999年水泥行业拆窑压产工作的意见》中列入"取缔(已注销证)"的企业和《关于公布第一批收回普通立窑、窑径小于2米机立窑水泥企业生产许可证的通知》中列入收回生产许可证的企业(共计32家)进行监督检查,并对仍在生产的企业进行查处。

2004年,全省质监部门对农药、氯碱、乙炔、无机盐4类危险化工产品的65家生产企业进行质量安全复查,对1367家获证企业进行年度监督审查。2006年2月,浙江省质量技术监督稽查总队(以下简称省质量技术监督稽查总队)组织对白酒等88类生产许可证产品进行专项执法检查。4月,省质监局印发《浙江省获得工业产品生产许可证企业年度自查报告及实地抽查工作的规定(试行)》,对各市工业产品生产许可证办公室及各县(市、区)质监部门在企业年度自查报告核查和进行实地抽查工作中的职责、程序要求、工作时限等进行明确。同时对企业自查报告的内容、上报时间、注意事项等作出规定。2007年10月起,全省质监部门对劳动防护用品(含摩托车头盔)、建筑钢材(含带肋钢筋)、汽车配件(摩擦材料、汽车V带、汽车起动用铅酸蓄电池等)、人造板、建筑钢管脚手架扣件、电线电缆、燃气器具(灶具、减压阀)、危险化学品、电热毯、防爆电气、农资(饲料粉碎机、脱粒机、农药、化肥、水泵)等产品的获证企业进行专项检查和整治。12月19日,省质监局对工业产品生产许可证的吊销、注销程序等进一步加以规范。2008年4月起,全省质监部门对人造板、复混肥料、电热毯、汽车配件(摩擦材料、汽车V带等)、蓄电池(含汽车用起动蓄电池)、农药、眼镜、建筑外窗、建筑防水卷材、燃气器具等产品的获证企业进行专项检查和整治。

2009年,全省质监部门共抽查7932家生产许可证获证企业的10866批次产品。经检验,批次合格率为93.3%。2010年10月,省质监局对生产许可证获证企业年度自查报告及实地抽查工作作出规定,进一步加强对取得工业产品生产许可证企业的监督管理,确保企业持续保持符合生产许可实施细则要求的生产条件。同年,全省质监部门共抽查3437家生产许可证获证企业的3961批次产品,批次合格率为95.3%。

第三节　行政执法

质量技术监督行政执法是指质监部门或经依法授权的组织,按照质量技术监督法律、法规和规章的规定,对行政相对人采取的具有影响其权利、义务的,或者对行政相对人的权力、义务履行情况进行监督检查,以达到维护公共利益和服务社会的目的的具体行政行为。20世纪80年代,随着《计量法》《标准化法》等法律的颁布实施,全省标准计量部门开展行政执法工作,打击计量、标准化违法行为。1987年11月19日,省政府印发《关于坚决查处制售假冒伪劣商品的通知》,要求各地把查处假冒伪劣商品和加强产品质量的监督检查密切结合起来。90年代前后,省内一些地方制假售劣违法行为较为猖獗,全省标准计量(技术监督)部门坚持打假与扶优相结合原则,开展"打假保名优""打假保节日""打假保健康""打假保农资""打假保安全"等系列执法打假活动,成为整顿和规范社会主义市场经济秩序的重要力量。进入21世纪,全省质监部门围绕民生安全,开展特种设备、食品及其他重要消费品领域的行政执法工作,并逐步推行说理式行政执法①和首次整改告知制度②,建立起"打防"结合、"打扶"结合、"打帮"结合的行政执法工作机制,促进浙江经济的健康发展。

一、打假协作

1993年11月,省政府决定成立浙江省打假治劣协调小组(以下简称省打假治劣协调小组),协调小组办公室设在省计经委质量处。1994年7月,省标准计量管理局转发国家技监局《关于主动出击组织打好"查大案、端窝点、整市场"三大战役的通知》。各地标准计量(技术监督)部门在开展"三大战役"过程中,充分发挥名牌或优质产品生产企业积极性,开展打假合作;对跨地区的案件,发扬团结协作精神,开展联合打假。

1997年9月,省公安厅、省烟草专卖局、省技监局印发《关于设立公安联络机构有关问题的通知》,决定在省、市(地)、县(市、区)技监部门设立公安联络机构,并对机构设置与名称、人

---

① 说理式行政执法:是行政主体在作出具体行政行为时,除有法律特别规定外必须自始至终向行政相对人说明理由的一种执法方式。

② 首次整改告知制度:即对于不涉及安全、情节轻微且未产生危害后果的违法行为,首次发现以进行教育整顿为主的一种行政管理办法。

员配备、工作职责和主要任务等进行明确，构建起预防、打击经济犯罪的信息网络，发挥综合执法效能。1998年1月25日，省公安厅、省技监局印发《全省公安机关驻技术监督机关联络室工作职责的暂行规定》，进一步明确职责，形成打假合力。6月26日，根据国家质监局《关于全国质量技术监督系统开展"打击假冒、保护名优"集中行动的通知》精神，省技监局在杭州召开由12个重点市(地)、县技术监督局和上海大众汽车有限公司、四川省宜宾五粮液集团有限公司、杭州娃哈哈集团有限公司等6家名优企业参加的"打假保名优"集中行动动员大会，部署集中行动有关工作。会后，全省技监部门组织开展为期30天的"打击假冒、保护名优"集中行动，共出动4146人次，检查重点市场118个，捣毁制售假冒伪劣产(商)品窝点62个，查处违法案件580起，查获假冒伪劣产(商)品标值1555万元，其中，假冒伪劣桑塔纳轿车配件标值89万元，假冒伪劣宝洁系列洗发、护发、洗涤产品标值134万元。11月15日至12月15日，省技监局组织开展"打击假冒、保护名优"第二次集中行动。全省技监部门共出动执法人员2284人次，查处违法案件294起，其中立案查处113起，查获假冒伪劣产(商)品标值963.8万元，捣毁制售假冒伪劣产(商)品窝点57个。1999年8月，省技监局建立全省技监系统打假保名优协作网，下设食品组、家用电器组、通信和仪器仪表组、轻工组、化工和机械组5个专业工作小组。首批成员单位有省、市(地)技监部门和杭州娃哈哈集团有限公司、华立集团股份有限公司、万向钱潮股份有限公司等51家名优企业。同时，制定《浙江省技术监督系统打假保名优协作网章程》。

2000年9月28—29日，国家质监局对全国打假行动进行紧急部署。10月8日，在听取省质监局关于全国联合打假行动的汇报后，省委书记张德江立即作出批示，要求省政府重视并组织好这次行动。10月20日，省质监局召开质监系统联合打假行动紧急会议，并印发《关于全省质量技术监督系统立即开展打击假冒伪劣产品联合行动的紧急通知》。至10月25日，全省质监部门共查处质量违法案件419起，端掉制假窝点48个，涉案货值700余万元。10月26日，根据全国打假联合行动电视电话会议精神，省质监局组成7个工作组到各地督查联合打假情况，并开设检验检测"绿色通道"，对联合打假行动中涉及的产品，做到随到随检，确保执法办案顺利进行。11月7日，由省政府分管副省长任组长、有关省级部门负责人任副组长的浙江省打击制售假冒伪劣商品违法犯罪活动领导小组成立，主要职责是指导、协调全省打假工作，督促检查全省打假工作部署的贯彻落实情况。领导小组办公室(以下简称省打假办)设在省质监局。12月底，省质监局组织召开全省质监系统打假保名优协作网工作会议。会上，正泰集团股份有限公司、德力西集团有限公司、华立集团股份有限公司、帅康集团有限公司、杭州老板电器股份有限公司、宁波方太厨具有限公司等浙江知名企业反映山东临沂市场销售大批假冒浙江名优企业品牌的伪劣产品情况。2001年1月，浙江省质量技术监督稽查队(以下简称省质量技术监督稽查队)和省内部分名优企业一起，会同山东质监部门在临沂水田厨具市场、九曲五金商城等地捣毁10个销售假冒伪劣抽油烟机、燃气灶、低压电器的窝点，查获假冒商品标值近50万元。其中，大部分是仿冒"正泰""德力西""华立""帅康""老板""方太"等浙江知名品牌的伪劣产品。1月21日，省委书记张德江在省打假办呈报的《关于国家打假办常务副主任、国家质量技术监督局副局长朱明暹在浙江检查打假工作的情况汇报》上作出批示：打假工作关系到国家法治、消费者权益和浙江形象，一定要统一认识，一定要克服地方保护主义，一定要常抓不懈。根据省委领导的批示精神，全省质监部门开展4次联合打假行动。11月8日，第一届华东六省一市打假协作座谈会在台州召开。会议就建立打假协作机制，保护名优企业等进行研讨。

2003年2月13日，省质监局印发《2003年度全省联合打假专项行动工作计划》，并要求加强与公安、工商、农业、建设、卫生等部门的协同配合，积极与企业开展联合打假。3月19日，省质监局建立全省名优企业打假维权协作网，全省11个市质量技术监督局和杭州娃哈哈集团有限公司等126家名牌、免检企业为首批成员单位。协作网旨在建立全省各级质监部门、各名优企业、新闻媒体和相关单位协同打击制售假冒伪劣商品违法行为，联合保护名优企业合法权益的工作机制。12月25日，苏、浙、沪质量技术监督中外品牌保护协作网成立，江苏、浙江、上海三地的68家企业成为协作网首批成员。12月27日，来自苏、浙、沪的40名质监执法部门负责人及68家中外知名品牌企业代表在浙江嘉兴市联合签署《江浙沪质量技术监督中外品牌保护网合作宣言》。苏、浙、沪质监部门还制定《跨省域联合办理案件的有关规定》，建立联合打击假冒伪劣违法行为的行政执法合作机制。2004年7月8日，省质监局印发《浙江省质量技术监督系统落实打假责任考核办法》，着力构建"打防"结合、"打扶"结合、"打帮"结合的联合打假工作机制。2005年，贵州省、江苏省、浙江省质监部门联合行动，依法查处一起制售"铅铬绿"①染色茶叶案，受到国家质检总局通报表彰。

2006年3月18日，省质量技术监督稽查总队在杭州组织召开专业打假公司及名优企业打假协作网成员座谈会，"宝洁""强生""联合利华"等名优产品企业和"平克顿""威腾""汤普逊"等专业打假公司代表就如何发现、查处网络售假等质量违法行为进行研讨。6月27—28日，江、浙、沪质监稽查工作联席会议在杭州建德召开。8月16日，苏、浙、沪三地质监部门制定《江浙沪质量技术监督系统稽查部门联办案件有关规定》《江浙沪质量技术监督系统稽查工作联络官制度》，进一步加强长三角地区质监系统稽查部门之间的合作，提高区域综合打假能力。9月，根据正泰集团股份有限公司的请求，省质量技术监督稽查总队与正泰集团股份有限公司会同湖北省、武汉市两级质监稽查部门，在武汉市清芬路2个经营摊位查获涉嫌冒用他人厂名厂址及"3C"认证标志的DE47-60型空气开关7468只、D847-60型空气开关4036只。10月，省质量技术监督稽查总队与杭州鸿雁电器有限公司会同山东省、潍坊市两级质监稽查部门，在潍坊市、寿光市2个建筑工地的材料仓库中查获涉嫌冒用他人厂名厂址及"3C"认证标志的86HS60型、86HS60Ⅱ型开关接线盒3522只。

2007年，省质监局深化与检察院、法院、公安等部门的联席会议制度，进一步加大涉刑案件的移送力度。2008年11月，省质监局召开全省名优企业打假维权协作网座谈会，就质监部门如何加强省际间打假合作及与名优企业联手打假，建立和完善顺畅有效的打假维权合作机制等问题进行研讨。杭州娃哈哈集团有限公司、正泰集团股份有限公司、华润雪花啤酒(中

① 铅铬绿：俗称美术绿，也称翠铬绿，外观色泽鲜艳，主要用于生产油漆、涂料、油墨及塑料等工业产品，是一种工业颜料。

国)有限公司等21家省内名优企业的代表和全省11个市质量技术监督稽查支队的负责人参加了会议。山东、湖北、河南、江苏等省、市质监稽查部门的负责人应邀参加座谈。

2010年12月18日,福建、浙江质监稽查部门在浙江丽水签订《闽浙两省质监系统稽查工作合作意见》,进一步加强两省质监系统在执法打假领域的合作。

二、日常执法检查

1986年下半年,全省标准计量部门开展商贸计量检查,并对违反《计量法》的有关单位和个体商户依法进行行政处罚。1989年,全省标准计量部门共抽查市场商品200余种,计7000批次,查处违法案件159起,执行罚没款139.6万元,没收、销毁伪劣商品标值170.7万元。1990年1—6月,据25个市、县标准计量部门统计,标准计量部门共出动13860人次,抽查2700家企业的1.7万批次产品,执行罚没款137.0万元。1992年,全省标准计量(技术监督)部门共出动检查人员25209人次,检查生产销售企业36673家、个体工商户28812家,检查市场725个,没收销毁伪劣商品标值634.8万元,执行罚没款295.0万元。1993年,全省标准计量(技术监督)部门组织开展标准、计量、质量执法检查行动,共出动检查人员上万人次,查获假冒伪劣商品标值2443.5万元,执行罚没款418.1万元,销毁伪劣商品标值101.4万元。1994年,全省标准计量(技术监督)部门组织开展"查大案、端窝点、整市场"执法检查行动,共出动检查人员15755人次,立案查处违反技术监督法律、法规的违法案件2818起,查获各类假冒伪劣商品标值2923.2万元,捣毁制假售劣窝点134个,执行罚没款872.4万元。

1995年,全省技监部门共出动检查人员11559人次,检查各类商店34573家、各类市场708个,查获假冒伪劣商品标值7947.8万元,对2946家经销企业进行行政处罚,执行罚没款795.4万元,端掉制假窝点129个,销毁伪劣产(商)品标值546.9万元。1996年,全省技监部门采取省、市(地)、县三级联动的方式,出动检查人员38144人次,检查37466家生产、经销单位生产销售的111732批次产(商)品,查获不合格产(商)品标值1.38亿元,端掉制售假冒伪劣商品窝点878个,销毁假冒伪劣商品标值754.9万元,执行罚没款近2000万元。1997年,全省技监部门共出动检查人员28204人次,检查经销单位48973家,立案查处12325起,执行罚没款3573.6万元,为企事业单位和广大消费者挽回经济损失1.1亿元。1998年,全省技监部门组织实施蓝箭"四打四保"行动,共出动执法人员98911人次,检查生产、经销单位9705家、专业市场622个,抽查74123批次产(商)品,查获有质量问题的产(商)品标值42804.5万元(其中伪劣产品标值17149.4万元),处罚违法经营企业5427家,执行罚没款4981.1万元,销毁假冒伪劣商品标值2593.1万元,端掉制假售劣窝点575个。1999年,全省技监部门在蓝箭"四打四保"行动中,共出动执法人员102577人次,检查生产企业18549家,查获有质量问题的产品标值38169.9万元,其中伪劣产品标值12493.3万元;检查商业企业48872家,查获有质量问题的商品标值32014.4万元,其中伪劣商品标值13970.7万元;查处违法案件25117起,其中立案查处10056起,现场处罚15061起,执行罚没款6310.7万元,移送司法机关处理的案件43起;端掉制假售劣窝点644个,销毁伪劣产(商)品标值3609.6万元。

2000年,全省质监部门共出动执法人员114826人次,检查生产企业18549家,查获伪劣产品标值12500万元；检查经销企业48872家，查获伪劣商品标值13970万元；查处违法案件23349起，其中立案查处9155起。2001年初，根据国家质检总局统一部署，全省质监部门对食品、肉类、种子、化肥、农药、一次性医疗器械、摩托车、汽车配件、电气电器、电动工具等关系人民群众生命健康和人身财产安全的产品开展执法检查。4月，省质监局召开市、县质量技术监督局局长会议，部署整顿和规范市场经济秩序“第一冲击波”联合行动。联合行动中，省、市、区三级执法人员对杭州市区10余家重点专业市场、批发和零售市场进行检查，查扣25650余件假冒产品和“三无”①产品，货值金额228万元。在“第二冲击波”联合行动中，全省质监部门共出动执法人员5251人次，对酱腌菜、果冻、饮料、冷冻饮品、啤酒等关系人体健康的食品和电动工具等关系人身财产安全的产品进行执法检查，共检查1100家生产企业、135家专业市场、3262家经销单位，抽查20740批次产品，捣毁45个制假窝点。10月，在“第三冲击波”联合行动中，全省质监部门对液化石油气钢瓶进行检查，共检查290家液化石油气充装单位、1930家液化石油气经销单位，查获不合格钢瓶17073只，并对311家液化石油气充装及经销单位进行行政处罚。11月起，根据国家质检总局的部署，全省质监部门开展“百日打假行动”。至年底，全省质监部门共出动执法人员13.3万人次，立案查处11736起，涉案金额4亿元，销毁假冒伪劣产品标值4301万元，执行罚没款11167万元，端掉制假窝点1291个，移送公安机关案件40起。

2002年，全省质监部门共检查生产经销企业114457家，查处违法案件23985起，其中立案查处11989起，涉案金额6.1亿元，捣毁制假窝点1252个，移送公安机关案件27起。2003年，全省质监系统共出动执法人员13万余人次，检查生产经销企业71495家，查处违法案件18959起，其中立案查处11085起，涉案金额3.4亿元，执行罚没款1.2亿元，捣毁窝点850个，移送公安机关案件27起，有10人被追究刑事责任。2004年，全省质监部门共出动执法人员159183人次，检查生产经销企业79650家，查处违法案件19548起，其中立案查处10667起，涉案金额6.6亿元，执行罚没款1.5亿元，捣毁制假窝点686个，销毁假冒伪劣产品标值4309万元，建议吊销营业执照92起，移送公安机关案件56起，有22人被追究刑事责任。2005年，省质监局组织开展食品、农资、建材、电器、特种设备等打假治劣工作。全省质监部门出动执法人员123163人次，立案查处9889起，涉案金额2亿元，执行罚没款1.1亿元，销毁假冒伪劣产品标值582.8万元，移送公安机关案件17起。

2006年，全省质监部门以食品、“黑心棉”、“地条钢”、民生计量产品、强制性认证产品等涉及人民群众健康安全产品为重点，开展执法检查活动。据统计，全省质监部门共出动执法人员17.7万人次，检查生产经营单位7.8万家，立案查处1.1万起，涉案金额3亿元，执行罚没款1.5亿元，销毁假冒伪劣产品标值2883万元，捣毁制假窝点534个，移送公安机关案件52起，12人被追究刑事责任。2007年，全省质监部门围绕重点区域、重点工程、重点行业开展执法检查，出动执法人员158782人次，立案查处10031起，涉案金额1.3亿元，执行罚没款1.1亿元，销毁假冒伪劣产品标值851.9万元，移送公安机关案件31起。2008年，全省质监

① “三无”：即产品包装上无生产厂家名称、无生产日期、无生产地址。

部门共出动执法人员16.7万人次，立案查处8778起，涉案金额2.8亿元，执行罚没款1.4亿元，移送公安机关案件34起。2009年，全省质监部门以涉及人身健康和财产安全产品及节能减排产品为重点，深入开展执法检查工作，共出动执法人员156759人次，立案查处6260起，涉案金额6066万元，执行罚没款6871.9万元，销毁假冒伪劣产品标值1080.3万元，移送公安机关案件18起。2010年，全省质监部门共出动执法人员142695人次，立案查处6252起，涉案金额1.2亿元，执行罚没款7364.9万元，移送公安机关案件24起。

三、专项执法检查

质量技术监督专项执法检查是指质监部门依据法律、法规的规定，根据需要在一定时期内集中人员、集中力量，针对特定的行业、特定的产品在一定的区域或范围内组织和实施的行政执法检查。

（一）节日专项执法检查

1995年12月至1996年2月，根据国家技监局和省打假治劣协调小组的统一部署，省技监局组织开展“打假保春节”市场大检查，对市场销售的黄金饰品、宝（玉）石饰品、黄酒、名白酒、洗衣液、儿童玩具、胶粘皮鞋、家用照明开关、单相插头插座9种商品进行专项执法检查。省、市（地）、县技监部门三级联动，共出动执法人员4649人次，检查7185家商店、212个市场，查获假冒伪劣商品标值205万元，执行罚没款51.7万元，端掉制假窝点8个，销毁标值3万余元的假冒伪劣商品。

1997年元旦、春节期间，全省技监部门开展打假治劣“蓝箭”统一行动，共出动检查人员8700余人次，检查15300余家商店和180余个专业市场经销的3000余种商品，查处不符合质量标准要求的商品标值5773.2万元，其中被判为假冒伪劣商品的标值603.8万元，执行罚没款280余万元，销毁劣质商品标值164.4万元，捣毁制假售劣窝点10个。1998年元旦、春节期间，全省技监部门开展打假保节日“蓝箭”统一行动，共出动检查人员10910人次，重点对各类专业市场、车站、码头、餐饮业、娱乐场所经销的名白酒、黄酒、营养滋补品、粮油产品、家用燃气热水器、电热取暖器、电热毯、儿童玩具等商品进行检查，共检查经销单位18753家、专业市场210个，检查商品3250余种，计19126批次，查获不合格商品标值9768.3万元，其中被判为假冒伪劣商品标值1027.7万元，执行罚没款370余万元，销毁假冒伪劣商品标值211.2万元，端掉制假售劣窝点18个。1999年元旦、春节期间，省技监局组织开展“查市场、保两节”行动，并将杭州、宁波、金华、台州、慈溪、义乌、玉环等市、县作为重点地区，以米袋子、菜篮子、火炉子、车子、房子等直接关系群众生活的商品为对象，开展商品质量、标准、计量专项执法检查。2001年“五一”“七一”“十一”及2002年元旦期间，全省质监部门对食品、肉类、种子、化肥、农药、一次性医疗器械、汽摩配件、电气电器、电动工具等关系人民群众生命健康和人身财产安全的产品开展专项执法检查。

2005年5月8日，省质监局决定开展以“关爱儿童、关注玩具质量安全”为主题的全省玩具强制性标准实施情况专项执法检查，并把5月16日定为全省专项执法检查统一行动日。

专项行动中，全省质监部门共出动执法人员1100人次，检查玩具销售批发市场、商店、超市和生产企业772家。对不符合强制性国家标准的玩具依法予以封存，并下达《责令改正通知书》。12月26日至2006年1月5日，全省质监部门开展“打假保节日”第一阶段专项执法行动，共出动3158人次，检查各类企业3000余家，捣毁一批制假窝点。4月上旬，为迎接世界休闲博览会和“五一”黄金周，全省质监部门开展“打假保旅游”春季专项执法行动，共出动执法人员3000余人次，检查各类商场宾馆、旅游景点1395家，立案查处27起，端掉制假售假窝点22个。8月15日至10月20日，全省质监部门开展“打假保健康”专项执法行动，对食品、日用品等与老百姓生活密切相关的产品进行专项执法检查，共出动执法人员7000余人次，检查各类企业2687家，依法查处了一批质量违法行为。2007年1月，为确保春节、“两会”期间产品质量安全，省质监局印发《关于开展“打假保节日”专项执法行动的通知》，重点对违法生产食品、小家电产品、絮用纤维制品等行为进行查处。全省质监部门共出动执法人员2800人次，检查各类企业、商场、作坊1400余家，下达“责令改正通知书”39份，立案查处34起，涉案金额14.3万元。4月，质监部门以杭州、温州、湖州、绍兴等童装生产企业相对集中的地区为重点，开展儿童消费品专项执法第一阶段行动，重点打击生产、销售伪劣儿童服装的违法行为，共出动执法人员1200余人次，检查生产、销售企业1100家，立案查处80余起。5月23日，省质监局印发《关于开展“平安六一”专项执法行动的通知》，组织开展儿童消费品专项执法第二阶段行动。各地质监部门以儿童玩具、儿童食品为重点，对生产销售不符合强制性国家标准的儿童玩具及无证生产儿童食品等违法行为进行查处。5月30日，省质量技术监督稽查总队联合省直机关团委、杭州市质量技术监督稽查支队等单位对中小学校周围的商店、超市及儿童玩具商场进行执法检查。对检查中发现的销售无“3C”标志玩具和未取得食品生产许可证食品等违法行为进行查处。12月，省质监局印发《关于开展“平安节日”专项执法行动的通知》，组织开展全省“平安节日”专项执法行动。专项执法行动中，省质监局会同省安监局对烟花爆竹产品质量开展专项执法检查，共出动执法人员400余人次，检查烟花爆竹生产、经销企业114家，抽样检查烟花爆竹产品220批次。同时，开展“平安节日”食品安全专项执法行动，出动执法人员580人次，检查有关企业120家，重点打击无证生产食品、伪造产地、虚假标注生产日期以及肉类产品非法进口等违法行为。

2008年5月20日至6月6日，全省质监部门开展“平安六一”专项执法行动，共出动执法人员4458人次，检查儿童食品、儿童玩具、儿童服装等生产经销企业和单位1706家，检查产(商)品260余种，立案查处56起，涉案金额80.8万元。9月18日至10月8日，全省质监部门开展“和谐节日”专项执法行动，重点对月饼、酒类、乳品饮料和米、面、油、肉制品等中秋、国庆热销食品开展执法检查，共出动执法人员11682人次，检查企业3881家，立案查处799起。2009年春节期间，省质监局会同省安监局、省公安厅、省工商局在全省范围内开展烟花爆竹执法检查。5月15日至6月10日，全省质监部门开展“平安六一”专项执法行动，共出动执法人员3680余人次，检查儿童食品、眼镜产品、儿童玩具、学习机、学习用品等生产经销单位1050家，立案查处36起。

2009年12月至2010年2月，省质监局组织开展以白酒、服装、烟花爆竹以及餐饮、瓶装液化气计量为重点的“打假保两节”专项执法行动。在专项执法检查中，省质监局采取横向联系、纵向联动、随机抽查、适时督查的方式，依法查处虚假标注生产日期、无证生产食品、使用非法定计量单位等违法行为。“六一”儿童节前后，全省质监部门以儿童服装、儿童玩具、儿童食品等与儿童吃、穿、玩相关产品为重点，开展“平安六一”专项执法行动，共出动执法人员5215人次，检查企业964家，查处违法案件25起，涉案金额35万元。12月7日，省质监局部署开展以节日热销食品、服装、烟花爆竹以及餐饮计量等为重点的“打假保两节”专项执法行动。

（二）农资产品专项执法检查

1995年3月，根据国家技监局要求，省标准计量管理局组织开展春耕期间农用生产资料产品质量监督及“打假”专项工作。8月，省标准计量管理局组织开展秋季农用生产资料产品质量监督及“打假”专项工作。1996年3月，省技监局组织开展“打假保农业”专项行动。至年底，全省技监部门共出动检查人员1815人次，检查经销企业1253家，检查农药、化肥4875批次，查获伪劣农药、化肥7236.5吨，涉案金额955.1万元，端掉制售伪劣农药、化肥窝点4个；121家经销单位受到行政处罚，执行罚没款37.5万元。1997年，全省技监部门开展“打假保农业”绿色保护行动，共出动执法人员3600人次，检查经销单位20800家，抽查农资产品12373批次，查处违法经销单位514家，执行罚没款84.1万元，端掉制假窝点15个。1998年2月，省技监局印发《关于在全省开展绿色保护“蓝箭”行动的通知》，决定在春耕期间开展专项执法检查，重点检查种子、农药、化肥、农用薄膜、农机及农机配件、农用运输车配件等农资产品，检查的重点对象是农资产品的批发、零售企业和市场。2—5月，全省技监部门共出动执法人员3951人次，检查21768家生产、经销单位生产、经销的13899批次农资产品，查获不符合规定要求的农资产品标值6921.4万元，其中假冒伪劣产品标值156万余元；对667家经销、生产单位进行查处，执行罚没款93.9万元；端掉制假窝点11个。1999年，全省技监部门开展“查农资、保春耕”活动，共检查商店（摊点）2654家（个）、专业市场249个、专业商业街39条，查处违法销售伪劣商品的商店352家、摊点26个，查处违法案件408起，查获伪劣产品标值644.7万元，端掉制假窝点13个。

2000年1—3月，全省质监部门开展“查农资、保春耕”专项执法行动。4月，省质监局转发国家质监局《关于进一步加大农业生产资料打假工作力度有关问题的紧急通知》，要求全省质监部门继续开展对农资产品的集中整治和专项打假活动，同时加大对大案、要案的查处力度，巩固和扩大区域性质量整治成果，防止区域性、成规模的制售假冒伪劣农资产品违法行为的发生。2001年，全省质监部门开展农药、化肥、种子等农用生产资料和农产品的执法检查，打击假冒伪劣坑农害农的行为，扶持建立了一批优质农产品基地和无公害农产品生产基地。2002年3月1日至6月30日，全省质监部门开展以打击假化肥、假农药及劣质农用工具、农用薄膜等为重点的“打假保农业”专项执法行动，对农资生产、销售企业开展拉网式检查，共检查各类农资生产企业1452家，检查各类农资产品6971批次，现场处罚182起，立案查处23起，涉案金额594万元。2005年，根据省质监局《关于2005年深入开展打假保农业专项活动的通知》精神，全省质监部门抓住春耕和备耕关键时期，开展以化肥、农药、农用薄膜、农机及其零配件产品等为重点的农资专项执法活动，共出动执法人员 4263 人次，检查农资生产企业 338 家，农资经销单位 467 家，抽样检查化肥、农药、种子、农用薄膜等产品 561 批次，查处违法案件 148 起，查获假冒伪劣农资产品标值 59.8 万元。在专项执法检查中，全省质监部门还深入 494 个基层村，现场受理投诉举报 203 起，现场处理投诉举报 183 起，现场发放假冒农资识别鉴定知识等资料 2.5 万份，免费检测农民采购或使用的农资产品 185 批次，现场识别假冒伪劣产品标值 9.2 万元，为农民群众挽回经济损失 18.3 万元。

2006 年 2 月，省质监局对“打假保农业”专项执法行动进行部署。3 月 15 日，由省质监局、丽水市人民政府共同举办的“质监 3·15进农村农资打假下乡活动”启动仪式在丽水市莲都区碧湖镇举行，以化肥、农药、农用薄膜、农机及其零配件产品为重点的“进百村、入百户、抽百样”全省“打假保农业”专项执法行动在各地同时展开。其间，全省质监部门共出动执法人员 3864 人次，深入 911 个乡村的 1468 户农户调查抽样，对 263 家农资生产企业和销售网点进行检查，立案查处 44 起，涉案金额 74.2 万元。同时举办现场宣传活动 11 场，发放宣传资料 2.1 万份、“质监服务‘三农’联系卡”200 张，受理投诉举报和咨询近 1000 起。

图 35-4-3-1　省质监局、丽水市人民政府共同举办“质监 3·15 进农村农资打假下乡活动”（省质监局档案室提供）

2007 年 3 月，省质监局决定开展“打假保农业”春季专项执法行动。3 月 14 日，省质监局、嘉兴市人民政府联合举办的“全省质监 3·15 农资打假送服务下乡活动”在嘉兴市南湖区新丰镇启动，“打假保农业”春季专项执法行动同时展开。在专项执法行动中，全省质监部门共出动执法人员 3100 人次，检查各类农资生产、经销企业 2100 家，立案查处 40 余起，查获假冒伪劣产品标值 100 余万元，为农民挽回直接经济损失 60 万元。2008 年 3 月，省质监局决定开展“关注三农、服务下乡”专项执法行动。3 月 12 日，省质监局与衢州市人民政府在江山市举办全省质监系统“关注三农、服务下乡”暨 3·15 专项执法统一行动启动仪式。在活动现场，省质监局等部门现场受理农民投诉，开展免费检测和咨询服务。专项执法行动中，全省质监部门共出动执法人员 2800 余人次，检查各类农资生产、经销企业 1900 余家，查处违法案件 50 余起，涉案金额 100 余万元，为农民挽回直接经济损失 80 余万元。2009 年 2 月 9 日，省质监局、省农业厅、省工商局、省供销社印发《全省“农资保质”专项行动实施方案》，决定联合开展为期 1 个月的“农资保质”专项执法行动。2 月 16 日，由省质监局牵头，省农业厅、省工商局、省供销社等部门共同组织开展的全省“农资保质”专项执法行动启动仪式在嘉善县大云镇举行，“组百队、进千村、入万户（店）”农资产品免费检测服务活动同时展开。在专项执法行动中，全省质监部门共出动执法人员 3200 余人次，检查各类农资生产、经销企业 660 余家，为农户免费抽样检测农资产品 230 余批次。9 月起，全省质监部门开展以磷肥、钾肥、复混（合）肥为重点的化肥专项执法行动。至10月20日，共检查化肥生产企业86家，查获不合格复混肥30吨。

2010年3月10日，省质监局与湖州市人民政府共同举办的全省质监系统“关注三农、服务下乡”专项执法行动启动仪式在长兴县夹浦镇新街举行，“进千村、入千户、抽千样”农资免费检测、送农资进农户等活动同时展开。3月和9月，全省质监部门以化肥、农药、农机及其零配件为重点产品，以2009年执法检查不合格企业、生产条件较差的小企业、消费者投诉与媒体曝光较多的企业为重点对象开展专项执法活动，共出动执法人员3420人次，下乡进村532个，检查农资生产销售企业（单位）504家，抽样检查276批次，立案查处违法案件73起，发放农资产品宣传材料9471份。

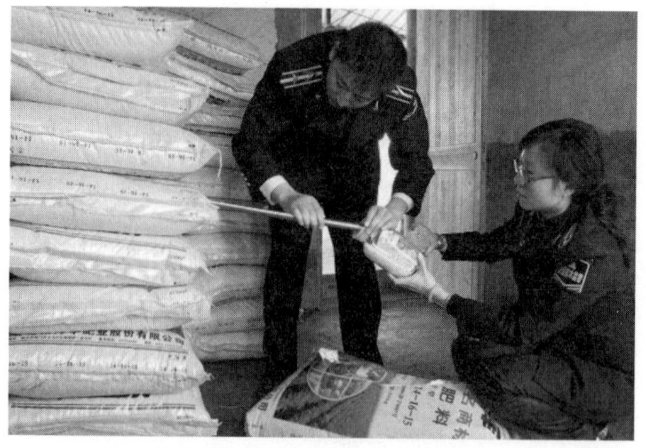

图35-4-3-2　2010年3月，质监部门依法检查农资产品质量（省质监局档案室提供）

（三）建材等产品专项执法检查

1993年12月，省计经委、省标准计量管理局、省工商局、省冶金工业局、省城乡建设厅印发《关于螺纹钢筋质量整顿的意见》，对螺纹钢筋质量整顿工作提出要求。同年，针对劣质螺纹钢筋充斥市场等情况，全省标准计量（技术监督）部门开展劣质螺纹钢筋专项执法检查行动，并追本溯源，会同有关部门开展对小型钢厂的整顿。1997年7月，常山塌房事故发生后，省技监局在全省开展建筑用材料及制品质量大检查，集中对建筑用钢材、水泥、预制圆孔板、烧结普通砖等26种涉及安全的建材产品开展专项执法检查，并对余姚、桐乡、缙云等地15家企业生产劣质螺纹钢筋违法行为进行查处。1999年，全省技监部门开展“查建材保建设”专项执法行动，共出动执法人员5466人次，检查建筑工地279个，查获不合格水泥772.2吨、钢筋3520吨、建筑用电器24756件。

2000年7月，省质监局、省经贸委印发《关于落实在全国开展打击生产和经销假冒伪劣螺纹钢等建筑材料违法行为专项活动的通知》，要求各地摸清当地生产和经销假冒伪劣螺纹钢等建筑钢材及“地条钢”坯生产基本情况，并以城乡交界、城城交界处为重点，开展整顿治理工作。同年，全省质监部门对无证生产和生产、经销不符合强制性国家标准的建筑钢材以及制售假冒伪劣钢材等违法行为进行查处，并配合有关部门开展关停小轧钢厂和取缔“地条钢”坯生产等整治工作。2001年7月，根据省政府领导在《劣质地条钢在我县生产十年之久无人制止》举报材料上的批示精神，省质监局组成调查组对生产劣质螺纹钢筋、“地条钢”情况比较严重的宁波、台州、温州、绍兴等地进行排查。8月2日凌晨，针对劣质螺纹钢筋、“地条钢”企业夜间生产的特点，质监部门开展“零点行动”，对涉嫌生产“地条钢”、劣质螺纹钢筋和用“地条钢”生产钢材的64个生产点进行突击检查，查获劣质螺纹钢筋291.8吨、“地条钢”689吨、劣质线材 1200 吨、劣质圆钢 33.5 吨、钢模 66 根、用废钢生产的立模钢锭 416 条。其中，在宁波市检查企业 23 家，查封“地条钢”363.5 吨、劣质螺纹钢筋 44.8 吨、劣质线材 1200 吨；在台州市检查企业 17 家，查封“地条钢”278 吨、劣质螺纹钢筋 242 吨、劣质圆钢 33.5 吨；在温州市检查企业 21 家，查封“地条钢”28 吨、劣质螺纹钢筋 5 吨；在绍兴市检查企业 3 家，查封“地条钢”19.5 吨、用废钢生产的立模钢锭 416 条以及钢模 66 根。10 月，省质监局对“零点行动”后处理工作进行部署。

2002 年 7 月，全省质监部门开展以建材产品等为重点的“打假保安全专项行动月”活动，共出动执法人员 20828 人次，查处违法案件 2395 起，其中立案查处 861 起。2003 年 6 月初，省建设厅、省质监局、省工商局印发《关于开展建筑施工用钢管、扣件专项整治的紧急通知》，对建筑施工用钢管、扣件专项整治工作提出要求。6 月 12 日，省质监局联合省建设厅、省工商局和杭州市相关部门，对杭州市部分建筑用钢管扣件销售、租赁单位和施工现场进行集中检查，查封涉嫌存在质量问题的钢管约 500 吨、扣件约 5 万只，并抽样送检。经检测，所抽取的 23 批次扣件全部不合格，29 批次钢管中有 24 批次不合格。9 月 19 日，为落实国务院总理温家宝的重要指示和国家质检总局领导的批示要求，省政府召开全省建材市场专项整治工作电视电话会议，部署开展建材市场专项整治工作。9 月 23 日，省政府办公厅转发省质监局等 9 部门制定的《全省建材市场专项整治实施方案》，明确建材市场专项整治的目标、内容、主要职责和工作分工。至年底，全省质监部门共出动检查人员 4183 人次，检查生产、销售和租赁单位 715 家(主要为租赁单位)，检查施工工地 548 个，抽样检查钢管、扣件 546 批次，对所有经检验不合格的产品进行了封存，并予以监督销毁。

2005 年 4 月 6 日，省质监局决定对全省重点建设工程的建材产品质量开展为期 2 个月的专项执法检查。质监部门先后对施工阶段重点建设工程的钢材、水泥、管道、金属焊接网、涂料等产品和竣工阶段重点建设工程的建筑外窗、电线电缆、开关插座、建筑用低压电器、综合布线系统、安全防范系统等开展专项执法检查，共出动执法人员 4579 人次，检查重点建设工程 718 家(其中国家重点工程 6 家、省级重点工程 50 家)，对钢筋、水泥、防水卷材、电线电缆、PVC 管、细木工板、砖、开关插座、钢管、扣件等 20 余种 1126 批次产品进行抽样检查，立案查处 200 余起。7 月，全省质监部门按规定要求做好不合格产品的确认工作，并对不合格产品依法进行封存，防止不合格建材产品流入建材市场和建筑工地。同时追根溯源，对不属于管辖范围的案件及时进行移送，涉及省外生产的产品及时向有关部门进行通报。9 月，省质监局印发《关于切实加强重点建设工程建材等产品专项执法检查的后续监管工作的通知》，并向社会公布专项执法检查发现的主要问题，曝光了一批使用假冒伪劣建材、电器的建设工程。同年，全省质监部门与有关检验机构共同开展省级以上重点工程领域建材等产品的质量跟踪检查工作，并采取季度突击抽查与月度飞行检查相结合的办法，加大重点工程建材产品质量监管力度。

2006 年 5 月下旬至 7 月下旬，全省质监部门开展以室内装饰材料为重点的“打假保建设”专项执法行动，共出动执法人员 7867 人次，检查企业 2468 家，检查产品 1335 批次，查处违法案件 726 起。8 月，全省质监部门开展能耗、能效产品专项执法检查，重点检查以“地条钢”为重点的国家明令淘汰产品和以家用电冰箱、空调为重点的不符合国家能效标准的产品，共出动执法人员2614人次，检查生产企业和经销商1321家，立案查处57起。10月4—8日，省质监局、杭州市质量技术监督局检查临安、萧山、富阳、建德等地的经销企业56家（包括个体商店）、生产企业68家（包括个体、私营企业）、专业市场3家，检查产（商）品26大类近百种，包括红砖、水泥、螺纹钢、低压电器、电线电缆等直接涉及人身、财产安全的建材产品。12月26日，根据国家质检总局要求，全省质监部门开展低压电器、电线电缆和塑料管材产品质量专项执法检查，共出动执法人员4100余人次，检查低压电器、电线电缆和塑料管材类生产企业和经销商1702家，立案查处196起，集中销毁以假充真PP-R管约21吨。2007年6月18日，省质监局印发《关于开展安全帽、螺纹钢等产品专项执法检查的通知》，要求各地质监部门按照"打得疼、打得死"的要求开展安全帽、螺纹钢等产品的专项执法检查工作。至年底，全省质监部门共出动执法人员800余人次，检查企业257家，立案查处23起，涉案金额320万元，端掉制假窝点2个，移送司法机关1起。2008年4月1日，省质监局印发《关于开展部分重点产品质量专项整治行动的通知》，组织开展为期2个月的"清新居室"专项执法行动，并以国家质检总局列入第一批整治的油漆涂料类产品和家具类产品为重点开展执法检查。至年底，全省质监部门共出动执法人员4200余人次，检查生产、销售企业（单位）1800余家，立案查处60余起。

2009年6月9日，省质监局、省公安厅、省环保厅、浙江省住房和城乡建设厅（以下简称省住建厅）、省商务厅、省工商局、省林业厅、国家电监会华东监管局杭州监管办联合转发《国家质检总局等九部委局关于深入开展2009年全国建材市场专项整治工作的通知》，对开展建材市场专项整治工作进行部署。7月25—31日，全省质监部门开展"清新居室"专项执法检查，出动执法人员2851人次，检查生产企业1003家，查处违法案件54起，查获假冒伪劣产品标值153.9万元。8月，省质监局联合有关部门开展建材产品专项执法检查。10月，省质监局会同有关部门部署开展以重点建设工程和灾后重建用的钢材、水泥、板材、装饰材料等建材产品为重点的专项执法行动。11月，省质监局联合有关部门开展以查处生产"地条钢"和用"地条钢"轧制建筑用钢材为重点的专项执法行动。

2010年7—9月，在"清新居室"百日执法行动中，全省质监部门以人造板、涂料等室内装饰装修材料为重点，开展对无证生产以及生产甲醛、苯、重金属、有毒芳香胺等有毒有害物质超标的室内装饰装修材料等违法行为的查处。8月，全省质监部门开展打击"地条钢"专项执法行动。重点查处生产"地条钢"和用"地条钢"轧制建筑用钢材的违法行为，并对违法企业和窝点按照《对"地条钢"生产企业和"窝点"断电实施办法》的要求，通报电力部门予以断电。10—11月，全省质监部门以建筑用钢材、建筑用玻璃、夹心板、电线电缆、塑料管材、保温砂浆等直接关系安全或涉及节能减排的产品为重点，开展对无证生产以及生产不符合强制性国家标准建材产品等违法行为的查处工作，共出动执法人员1980人次，检查生产、销售企业876家，立案查处106起，涉案金额1540余万元。

(四)美容、餐饮、旅游等领域专项执法检查

1997年1月29日,省技监局、省物价局对杭州市区的餐饮娱乐业进行执法检查。检查发现的主要问题有:食品超期、变质、无标识、缺斤短两、使用非法定计量单位等。3月,省技监局会同省旅游局对杭州市旅游景点的部分商业网点进行检查,共检查16家商场(店),查扣假冒伪劣商品500余件。1999年3月4日,省技监局、杭州市技术监督局(以下简称杭州市技监局)对杭州市美容美发业开展集中执法行动,共检查11家美容美发店,发现这些店家使用的美容美发用品多为过期产品或"三无"产品。检查人员依法对过期产品和"三无"产品进行查封。同年,省技监局、杭州市技监局对杭州市区内饭店、酒家进行检查,共检查17家餐饮单位,检查的主要内容是计量器具配备、检定情况,使用法定计量单位情况,菜肴的计量准确性,提供的饮料质量情况,使用的调味品质量情况等。2000年12月,省质监局组织开展化妆品专项执法检查。

2002年,全省质监部门开展以餐饮业、美容美发业和旅店业为主要检查对象的全省"打假保旅游"专项执法行动。重点查处餐饮业的缺斤短两行为,旅游景点商店销售假冒、过期、劣质或变质产品行为,美容美发业和宾馆客房使用不合格美容美发用品和一次性日化用品行为。全省质监部门共出动执法人员500余人次,检查餐饮店、美容美发店和宾馆近5000家,查处违法案件500余起。2004年,根据国家质检总局要求,全省质监部门开展餐饮业计量专项执法检查。2006年3—4月,全省质监部门开展美白祛斑化妆品专项执法行动,重点检查中低档市场、商店、美容院销售、使用的美白祛斑化妆品(包括特效美白祛斑、速效祛斑化妆品等)中汞含量是否超标等问题,共检查美容院、化妆品商店286家,发现涉嫌使用汞超标化妆品的美容院、化妆品商店91家,抽样送检涉嫌汞超标化妆品177批次。经检测,有171批次被判定为不合格产品。同年,全省质监部门分2个阶段开展以宾馆、饭店、旅游景点和旅游品市场、旅游用品生产企业为重点的"打假保旅游"专项执法检查,共出动执法人员7476人次,检查各类宾馆、酒店、商场、旅游景点3164家,抽样检查576批次,查处违法案件150余起,其中立案查处36起,端掉制假售劣窝点29个。

2007年9月,全省质监部门开展"打假保旅游"专项执法行动,重点对宾馆饭店的一次性洗漱用品和宾馆商场、车站及旅游用品市场销售的旅游用品等进行检查。检查发现:部分宾馆商场和专业市场销售的丝绸、珠宝等商品标识标注不符合规定,车站摊位违法销售假冒龙井茶,个别酒店餐饮存在缺斤短两和计量器具未按规定检定等问题。2008年7月,全省质监部门对风景旅游区、商业区以及其他人口流动较大的地区或地段的酒店、宾馆、饭店、酒楼开展专项执法检查。对检查中发现的用于贸易结算的电子计价秤未检定或超期未检、使用无"CCV"标志①的量杯、使用非法定计量单位等问题,执法人员依法向相关单位提出整改要求。2009—2010年,省质监局组织开展了餐饮计量专项执法检查。

---

① "CCV"标志:首次强制检定标志。

(五)突发及重大事件专项执法检查

2002年,省质监局印发《浙江省质量技术监督系统处置产品质量违法突发案件应急预案》,并有效处置"有毒瓜子""毒奶瓶""铅铬绿"染色茶叶等产品质量违法突发事件,最大限度减小因产品质量问题给人民群众身体健康造成的影响。2003年4月,全省质监部门共出动执法人员7880余人次,检查防治"非典"①相关产品生产、经销企业3600余家,追回、封存劣质口罩22万只;查获"三无"消毒液、洗涤用品28181瓶,计18850余千克;抽查体温计10余万只,为航空口岸、车站码头、医院、高考考点等地检疫点免费校准红外线快速测温仪2947台、医用计量器具3270台(件);查处质量违法案件250起。

2008年5月,四川汶川特大地震后,全省质监部门按照国家质检总局和省委、省政府的要求,积极开展抗震救灾专项执法打假暨应急服务工作。第一阶段,重点对供应灾区急需的米、面、油、酱油、醋等日用食品和方便面、饼干、香肠、瓶装水等方便食品以及供应灾区的帐篷、棉被、衣物、消毒液、照明器材、便携发电机具等各类救灾物资进行专项检查;第二阶段,重点对灾后重建所需的钢材、水泥、铝型材、防水卷材、墙体材料等重要建筑材料和灾后复耕所需的化肥、农药、农用薄膜、农机等产品进行专项检查;第三阶段,重点对集贸市场、加油站、液化气站、出租车和定量包装商品进行专项检查。同年,省质监局转发国家质检总局《关于开展"保奥运、迎国庆"百日专项执法检查行动的通知》,重点对涉奥产品和企业进行专项执法检查,共出动执法人员11682人次,检查企业3881家,检查产品1824种,抽样检查产品2760批次,立案查处质量违法案件799起。北京奥运会期间,全省没有发生产品质量突发事件。

(六)典型案例

1. 用工业酒精兑制白酒、配制酒案

1986年1月至1987年8月,宁波宁海县西店镇10家乡镇酒厂用工业酒精兑制白酒109.3万千克,销售105万千克。其中,西店酒厂(属镇办企业)兑制白酒14.8万千克,主要销售至象山县、奉化县及宁海县(除西店镇外),是西店镇兑制假酒时间最早、数量最多的厂家。宁海县标准计量局等部门多次对其进行查处,并责令其停止生产、销售。但这些酒厂采取检查时不生产、检查后恢复生产,白天不生产、夜里照样生产的方式逃避打击。1987年8月,宁波市、宁海县政府有关部门对宁海县西店乡镇酒厂用工业酒精兑制白酒案进行查处,销毁4.1万千克假白酒,追缴税款14万元。通过这次集中查处,基本刹住了西店镇兑制假酒歪风。同年,绍兴县政府有关部门对该县31家酒厂用工业酒精或药用酒精兑制各类配制酒案进行查处。据调查,绍兴县共有54家酒厂,其中31家酒厂用工业酒精或药用酒精和食用酒精兑制二黄酒、香雪酒、黄酒、白酒、汽酒、竹叶青和五加皮等801.8万千克。绍兴县有关部门对这些酒厂分别予以吊销营业执照、停产整顿、没收违法所得、罚款等处理,刹住了历时2年

① "非典":即传染性非典型肺炎(严重急性呼吸综合征,SARS),是由SARS冠状病毒(SARS-CoV)引起的一种具有明显传染性、可累及多个脏器系统的特殊肺炎。

之久的用工业酒精或药用酒精兑制各类配制酒的严重违法行为。

2.西凯视觉光学技术有限公司制售劣质眼镜案

1992年12月，浙江省卫生防疫站(以下简称省卫生防疫站)根据群众举报对西凯视觉光学技术有限公司(以下简称西凯公司)进行卫生监督检查，发现该公司在卫生条件很差的情况下，大量制造并向全国20余个城市销售劣质隐形眼镜，严重威胁广大眼镜配戴者的视力健康。1993年2月，《人民日报》(《情况汇编》第38期)刊载上述情况，引起中央有关部门和省人大常委会、省政府领导的高度重视，国家经贸委副主任、全国打假办主任兼国家技监局局长徐鹏航、省政府副省长柴松岳分别作了批示，要求有关部门组织核查处理。省打假治劣协调小组随即作了研究，决定由省打假治劣协调小组办公室、省标准计量管理局、省工商局、省卫生厅、省卫生防疫站、浙江省眼镜质量监督检验站等派员组成联合调查组进行调查核实，并由省标准计量管理局立案处理。3月4日，联合调查组会同临安县经济委员会等部门到西凯公司，从其库存的1050片成品隐形眼镜(以下简称成镜)中抽取样品80片(瓶)(以下简称企业样)，按每40片(瓶)装入包装盒加贴封条后，当日带回一盒，另一盒留在西凯公司。3月17日，省标准计量管理局委托金华市标准计量局从西凯公司设在金华市的销售点正在销售的60片(瓶)成镜中抽取样品40片(瓶)(以下简称市场样)。经请示国家技监局后，将企业样、市场样各20片(瓶)送国家眼镜玻璃搪瓷产品质量监督检验测试中心(以下简称玻搪中心)检验。检验结果表明，送检样品的屈光度、表面质量等多项主要指标不符合强制执行的隐形眼镜产品国家标准《软性亲水接触镜》(GB 11417.2)要求。检验结论为“不宜作为视力矫正患者配戴”。据此，省标准计量管理局判定西凯公司的生产过程不稳定，不具备批量生产合格产品的条件和能力，其库存的1050片成镜和金华销售点的60片成镜均属于劣质产品；同时认定西凯公司制造销售劣质隐形眼镜的行为已构成《浙江省查处生产和经销假冒伪劣商品行为条例》第6条第7项规定的生产、经销假冒伪劣商品行为，必须依法追究其行政责任。8月9日，省标准计量管理局根据西凯公司的违法事实和省打假治劣协调小组研究提出的原则处理意见，适用《浙江省查处生产和经销假冒伪劣商品行为条例》第27条、第31条第1项，对西凯公司作出“责令停止生产，进行整顿；没收已封存(包括抽样)的产品；罚款人民币2万元”的行政处罚决定。“行政处罚决定书”发出后，西凯公司先向省政府申请行政复议，后向杭州市西湖区人民法院提起行政诉讼。省政府和杭州市西湖区人民法院审理后，认为本案事实清楚、证据确凿、适用法律正确、符合法定程序和权限，依法维持省标准计量管理局的行政处罚决定。1994年1月，西凯公司上诉至杭州市中级人民法院。1995年1月，杭州市中级人民法院以“执法查处程序存有缺陷”为由，对西凯公司诉省标准计量管理局一案作出终审判决：撤销省标准计量管理局对西凯公司生产、销售劣质隐形眼镜行为的行政处罚决定。

3.余姚牟山特种型钢厂生产劣质钢材案

1997年6月10日，根据群众举报，浙江省技术监督稽查队(以下简称省技术监督稽查队)派出执法人员到余姚牟山特种型钢厂进行检查。检查发现，该厂生产的钢筋混凝土用热轧带肋钢筋，其生产原料以普碳钢为主，库存产品外径尺寸严重超差。检查人员依法封存库存产品，并抽取3种不同类别相应规格产品的样品(钢筋混凝土用热轧带肋钢筋、竹节钢筋、热轧再生钢筋)送浙江省冶金产品质量监督检验站(以下简称省冶金产品质量监督检验站)检验。7月中旬,省冶金产品质量监督检验站出具检验报告,3种不同类别的样品均被判定为不合格品,其中钢筋混凝土用热轧带肋钢筋为劣质品。8月初,经省技监局案件审理委员会讨论后,由省技术监督稽查队依据《中华人民共和国标准化法实施条例》(以下简称《标准法实施条例》),对余姚牟山特种型钢厂作出以下行政处罚:责令停产;没收违法所得;没收库存产品;处以罚款。罚没款合计306420元。考虑到牟山是革命老区,老百姓生活困苦,经济亟待发展,而该厂生产的钢筋混凝土用热轧带肋钢筋虽不符合国家标准,但用于6层以下建筑尚有一定使用价值。经该厂请求,省技术监督稽查队遂同意将这批135吨的钢材折价10万元交由企业作技术处理,降等降级使用。此后,省技术监督稽查队虽3次向企业了解技术处理情况,但未采取任何现场监督措施,致使行政相对人乘机将劣质钢材变卖,给人民群众生命财产安全造成重大隐患。1998年5月25日,中央电视台《焦点访谈》栏目播发省技术监督稽查队处理余姚牟山特种型钢厂违法生产钢材不力的报道,引起国务院总理朱镕基和中共国家质量技术监督局党组(以下简称国家质监局党组)的高度重视。中共浙江省技术监督局党组(以下简称省技监局党组)经认真研究,并采取以下措施:就余姚牟山特种型钢厂案向省委、省政府、国家质监局党组及省纪委、省监察厅作出书面检查;调离与余姚牟山特种型钢厂处理不力的有关人员,由省监察厅审查;向省政府报告并组织力量继续追缴余姚牟山特种型钢厂流向社会的500吨违法钢材;召开行风整顿工作会议,部署全省技监系统开门整顿行风工作。

4.浙江省石油总公司普陀联营公司制售掺杂掺假0号柴油案

1998年7月,舟山市技术监督局(以下简称舟山市技监局)接到群众举报,反映浙江省石油总公司普陀联营公司(以下简称普陀联营公司)将从沈阳购入的20号重柴油掺到0号柴油中,当作0号柴油进行出售。接到群众举报后,舟山市技监局立即到该公司半升洞油库进行检查。经调查,普陀联营公司于1998年6月22日,向辽宁省沈阳市石油总公司第三分公司购得20号柴油2032.5吨,分别灌入该公司半升洞油库的3号、4号、7号、8号油罐内,与原油罐中的0号柴油混合,并将8号罐中的混合柴油调入6号罐。至7月28日油罐被封存时,该公司已将6号、7号罐内的混合油,以0号柴油为名对外进行销售。7月30日,舟山市技监局对半升洞油库的3号、6号、7号、8号油罐内的油品进行了抽样,并将抽取的油品送往省技术监督检测研究院进行检验。经检验,送检的油品均不符合GB 252-1994中0号柴油标准要求,被判定为不合格品。8月3日,舟山市技监局将检验报告送达普陀联营公司。同时,根据普陀联营公司3号、4号、6号、7号、8号油罐计量作业分户账,认定普陀联营公司将6号、7号罐内的混合柴油,当作0号柴油向客户销售,从中获取违法所得11.2万元,决定对普陀联营公司进行行政处罚,并告知普陀联营公司对此享有申辩、听证等权利。10月20日,舟山市技监局就普陀联营公司柴油掺杂掺假案举行听证会。在听证会上,普陀联营公司对舟山市技监局认定的违法事实及依据提出异议。舟山市技监局根据普陀联营公司的申辩,又重新派人对半升洞相关油罐运行记录、油库码头流量表记录及销售发票存根凭证进行核实,重新认定普陀联营公司违法销售柴油数量为58.7吨,销售金额为11.1万元。

1999年2月1日,舟山市技监局告知普陀联营公司,如不服可再次申请听证。普陀联营公司在法定期限内未提出听证申请。2月7日，舟山市技监局对普陀联营公司作出行政处罚决定：责令普陀联营公司停止销售不合格的0号柴油；没收违法所得111281.2元；处以违法所得一倍的罚款，即111281.2元，一并上缴国库。普陀联营公司接到“行政处罚决定书”后，表示不服，并向舟山市定海区人民法院提起诉讼。法院经过审理后作出判决：原告（普陀联营公司）把20号柴油掺入到0号柴油中，并以0号柴油进行销售，其行为是违法行为。被告（舟山市技监局）认定原告的行为属掺杂掺假的事实清楚，定性正确，处罚程序合法，但被告认定原告违法所得111281.2元事实不清楚，据此撤销舟山市技监局于1999年2月7日作出的〔浙舟〕技监罚字〔1999〕001号行政处罚决定书。舟山市技监局不服一审判决，上诉至舟山市中级人民法院。经过审理，舟山市中级人民法院以一审同样理由驳回上诉人（舟山市技监局）的上诉，维持原审法院判决。判决结果引起社会关注。

2000年5月31日，舟山市中级人民法院以〔2000〕舟行监字第2号行政裁定，决定对本案进行再审。6月6日，舟山市中级人民法院再审认为：原审上诉人（舟山市质量技术监督局）的处罚决定认定原审被上诉人（浙江省石油总公司、浙江省普陀石油公司①）把20号柴油掺入到0号柴油中，以0号柴油进行销售58.7吨的行为，属掺杂掺假的事实清楚，定性正确，对原审被上诉人的处罚程序合法，适用法律正确。关于技术监督行政案件“违法所得”的计算，由于现行法律法规中没有具体规定，原审上诉人参照国家技监局《关于做好〈产品质量法〉行政执法的通知》《关于对〈技术监督行政案件“违法所得”“非法收入”计算的意见〉具体实施的复函》，以及国务院《关于严厉打击商品中掺杂使假的通知》精神，认定原审被上诉人违法销售部分的经营额为违法所得作出的处罚并无不当，应予维持。故一审、二审判决认定的“上诉人的行政处罚决定以被上诉人销售额为违法所得缺少法律依据，事实不清”的错误，应予纠正。据此判决如下：撤销舟山市中级人民法院〔1999〕舟行终字第9号行政判决和舟山市定海区人民法院〔1999〕定行初字第2号行政判决；维持舟山市技监局〔浙舟〕技监罚字〔1999〕001号行政处罚决定；一、二审案件受理费各5810元，由两原审被上诉人（浙江省石油总公司、浙江省普陀石油公司）各半承担。本判决为终审判决。

5.徐某、陈某制售伪劣黄酒、酱油案

2004年3月起，绍兴市义和酿造有限公司法定代表人徐某受利益驱动，授意该公司车间主任陈某在绍兴市义和酿造有限公司内生产劣质黄酒并提供配方。2005年4—5月，徐某又授意陈某在原三级酱油中加水后制成劣质三级酱油。截至2005年11月，共配制劣质黄酒11批，销售27200箱，销售金额870400元。11月30日，上虞市质量技术监督局在对绍兴市义和酿造有限公司进行检查时，依法查封并扣押尚未销售的劣质酱油37134.6千克，货值金额29707元。经绍兴市质量技术监督检测院检验，从销售商及绍兴市义和酿造有限公司内随机取样到的黄酒、酱油被判定为不合格产品。因涉嫌犯罪，该案依法移送公安机关处理。2006年6月29日，上虞市人民法院依法作出判决，徐某被判处有期徒刑7年，并处罚金50万元；陈某被判处有期徒刑2年6个月，并处罚金10万元。

---

① 原审被上诉人浙江省石油总公司普陀联营公司于1999年7月7日获准注销企业法人登记。

6.金华市晨园乳业有限公司制售有毒有害食品案

2009年3月5日，省、市、县三级质监部门联合查处金华市晨园乳业有限公司非法添加严禁使用的非食用物质——皮革水解蛋白粉生产含乳饮料食品案。因涉嫌犯罪，该案依法移送公安机关处理。经兰溪市人民法院审理查明：2008年10月以来，金华市晨园乳业有限公司在生产部分含乳饮料时，为降低成本和提高蛋白质含量，该公司董事长毛某、副总经理张某在明知皮革水解蛋白粉是国家明令禁止添加的非食品物质情况下，指使生产一车间主任龚某安排配料工在配料时添加皮革水解蛋白粉，并将这些添加了皮革水解蛋白粉的产品分别销往瑞安、苍南、嘉善、海宁、慈溪、诸暨、龙游、丽水、缙云、龙泉等地，涉案货值金额126239.5元，未销售产品货值13442元。经杭州市质量技术监督检测院检验，金华市晨园乳业有限公司生产销售的上述含乳饮料中均检出含有L(-)-羟脯氨酸(皮革水解蛋白粉的特有成分)，属于有毒、有害食品。2009年7月1日，兰溪市人民法院依法作出判决：金华市晨园乳业有限公司犯生产、销售有毒有害食品罪，判处罚金15万元；毛某犯生产、销售有毒有害食品罪，判处有期徒刑1年，并处罚金9万元；张某犯生产、销售有毒有害食品罪，判处有期徒刑1年，缓刑2年，并处罚金8万元；龚某犯生产、销售有毒有害食品罪，判处有期徒刑6个月，缓刑1年，并处罚金7万元。

(七)暴力抗法事件

1998年10月28日，余杭市技术监督局执法人员在乔司镇查处制售假烟窝点时，遭到不法分子的疯狂围攻，4名执法人员和余杭电视台记者受伤严重。王某某等4名暴力抗法人员分别被江干区人民法院判处1年至1年零3个月不等有期徒刑。

1999年6月16日，省技监局与温州市、瑞安市技术监督局组成的联合执法检查组在依法查处瑞安场桥镇制假窝点时，遭到近百名村民的围攻，查获的7000余件假冒“梦特娇”服装被哄抢一空，随行记者被殴打致伤。阻碍执法为首人员被判处有期徒刑1年。

2000年5月26日，省质监局组织40余名执法人员在对玉环大麦屿港台商城经销假冒“梦特娇”T恤的违法行为进行依法查处时，依法封存的5000余件“梦特娇”T恤等物品遭不明真相群众哄抢。经当地公安、司法机关介入，2名哄抢物品、聚众闹事的为首人员被判处有期徒刑1年6个月，缓刑2年，并处罚金2000元。10月20日，衢州市质量技术监督局、开化县质量技术监督局执法人员在对涉嫌生产假冒“飞利浦”灯管的开化县海珠电子管厂进行执法检查时，被围攻十几分钟，1名执法人员头部被打伤。2名暴力抗法人员分别被判处有期徒刑10个月和有期徒刑6个月，缓刑1年。

2001年3月12日，金华市质量技术监督局根据举报依法对兰溪市兰冠印刷有限公司进行执法检查时，因受该公司法人代表的妻子、兰溪市社会综合治理办公室原主任方某的煽动，执法人员和随行采访的金华电视台记者遭到该厂生产工人的围攻，1名执法人员和3名随行记者被殴打致伤。煽动工人暴力抗法的方某被兰溪市委免去主任职务。同时，兰溪市纪委对其作出党内严重警告的处分。

第四节　产品质量申(投)诉和仲裁、鉴定

产品质量(申)投诉制度和仲裁、鉴定制度是一种产品质量纠纷解决机制,其主要目的是保护消费者合法权益,是消费者权益救济体系的重要组成部分。20世纪80年代开始,全省标准计量部门逐步建立产品质量申(投)诉和仲裁、鉴定工作机制,并配备专门工作人员,化解产品质量纠纷。进入21世纪,全省质监部门开通统一的投诉举报热线,建立"12365"投诉举报中心,方便民生诉求。同时进一步完善产品质量仲裁、鉴定机制,建立全省统一的鉴定专家库,并采用随机选择,挂牌上岗的方式,确保仲裁、鉴定公开、公平、公正。

一、产品质量申(投)诉及举报

产品质量申(投)诉及举报工作主要是受理消费者或用户反映产(商)品质量和售后服务问题以及公民举报制售假冒伪劣产(商)品违法行为的来信、来电、来访。

(一)申(投)诉及举报机制

1985年11月,省质量管理协会用户服务工作部成立,设在省标准计量管理局质量监督处,受理产品质量申(投)诉。1986年4月,国务院颁布《工业产品质量责任条例》(以下简称《条例》),规定在产品质量发生争议时,有经济合同的,按《中华人民共和国经济合同法》有关规定执行;没有合同的,争议的任何一方都可提请有关质量监督机构调解处理,也可向人民法院起诉。《条例》颁布实施后,全省标准计量部门开始开展产品质量申(投)诉的受理和调解处理工作。1998年6月16日,省技监局转发国家技监局《产品质量申诉处理办法》,同时明确省技监局的申诉处理工作由省技监局稽查处负责,纤维产品质量申诉处理工作由省纤维检验所负责。7月,省技监局转发国家质监局《关于认真贯彻〈粮食收购条例〉做好粮食质量争议认定工作的通知》,明确承担省级粮食质量争议的机构为浙江省粮油产品质量监督检验站。

1999年3月15日,"96316"产品质量投诉举报电话开通。5月11日,省技监局印发《浙江省技术监督行政部门处理用户消费者质量申诉暂行办法》,对产品质量的申诉管辖、受理、处理等进行规定。同时明确各级技监部门对用户、消费者的申诉,原则上统一由稽查机构负责处理。省技监局稽查处负责管理申诉处理工作,省技术监督稽查队负责处理重大申诉案件和各市(地)技监部门报请省技监局处理的申诉案件,省纤维检验所负责处理纤维和纤维制品质量方面的申诉案件,省衡器管理所负责处理与衡器有关的质量、计量申诉案件。同年,省技监局印发《浙江省技术监督系统打假保名优网络奖励举报违法行为暂行规定》。2000年2月底,省质监局开通网上投诉举报信箱,网址为szljsjdj@mail. hz. zj. cn。2001年5月,省邮电管理局核准省质监局启用全国统一投诉举报热线"12365"。

2002年3月1日,省财政厅、省工商局、省质监局转发财政部3部门发布《举报制售假冒伪劣产品违法犯罪活动有功人员奖励办法》。8月23日,省质监局印发《浙江省举报假冒伪

劣产品违法行为有功人员奖励办法(试行)实施细则》,对假冒伪劣产品的举报受理、举报有功人员的认定、奖励金额的确定等进行明确。同年,全省质监部门相继在稽查机构设立专门岗位,受理投诉举报。2003年8月29日,省编委批复同意省质监局设立浙江省质量技术监督举报投诉中心(以下简称省质量技术监督举报投诉中心),负责省质监局本级申诉和举报工作,同时对市县质监部门开展申诉和举报工作进行指导。此后,杭州、宁波、温州、台州等地质监部门相继设立举报投诉室。2008年5月26日,省质监局印发《建立完善浙江省"12365"投诉举报指挥系统实施方案》,对省、市、县三级"12365"投诉举报中心的主要工作职能、岗位职责、岗位设置及工作条件进行规定,同时明确全省"12365"投诉举报指挥系统实行"层级指挥,两级接听,三级受理办理"的运行原则。9月16日,省编委同意在全省67个市、县(市、区)质量技术监督稽查机构增挂12365举报投诉中心牌子。2009年,省质监局印发《浙江省质量技术监督局"12365"举报投诉中心办事程序》《"12365"举报投诉窗口值班工作制度》《"12365"举报投诉热线工作制度》等规范性文件,进一步加强对举报投诉工作的日常管理,做到"有诉必理、有理必果"。同年,按照国家质检总局"二级受理、三级处置"模式,全省完成"12365"系统的基础性网络建设和三级运行布局,并对岗位人员进行全员培训。

2010年1月1日,全省"12365"举报处置指挥系统正式纳入全国联网运行。10月14日,全国"12365"举报处置指挥系统联网启动,标志着"12365"的有关质量申诉举报信息在全国范围内实现互通和共享。

(二)申(投)诉及举报的调查处理

1986年3月,省标准计量管理局对乐清县3封人民来信反映该县雁荡山啤酒厂生产的啤酒质量低劣情况进行调查,并作出处理决定:责令该厂停产整顿7天,作出书面检查。8月,省标准计量管理局对椒江市人民来信反映海门啤酒厂生产的啤酒以次充好情况进行调查,并于9月对该厂作出处理决定:责令该厂停产整顿7天,作出书面检查。1987年12月,受国家经委、国家标准局质量监督局委托,省标准计量管理局会同省化工厅、杭州市经济委员会对群众来信反映临安化工二厂生产的双氧水、导热油产品存在严重质量问题情况进行调查,并于1988年1月5日作出处理决定:对该厂处以1万元罚款,责令该厂对双氧水产品进行限期整顿,整顿期3个月,期满后由省标准计量管理局组织复查。同时,建议临安县经济委员会、临安县二轻公司对该厂实行停产整顿,对有关人员给予行政处分。同年,全省标准计量部门共收到群众关于质量问题的投诉118件,由省质量管理协会用户服务工作部所属中国质协用户委员会杭州产品质量跟踪站收到用户投诉157件,合计275件,处理217件,处理率为78.9%。1988—1989年,全省标准计量部门受理人民来信来函1755件,处理1431件。1992年,全省标准计量(技术监督)部门调解计量、质量纠纷94起,争议金额384万元,挽回经济损失97万元。1997年下半年,全省技监部门共接到产品质量申(投)诉601件,受理598件,解决570件,涉及商品货值621.4万元。1999—2000年,全省质监部门共受理产品质量申(投)诉7700余件,为用户和消费者挽回经济损失近3000万元。2001—2005年,全省质监部门继续开展产品质量申(投)诉及举报处理工作,共受理产品质量申(投)诉1.3万件。

表 35-4-4-1 2001—2005 年浙江省质监部门处理产品质量申(投)诉及举报一览表

年份/季度	受理(件)	处理(件)	涉及金额(万元)	挽回损失(万元)
2001 年第一至三季度	2400	2316	—	970.1
2002 年	2666	2578	3386.9	341.3
2003 年	1703	1639	1897.0	740.4
2004 年第二、三季度	2074	1899	—	756.1
2005 年	4278	4112	4069.7	1923.7

资料来源:根据省质监局档案资料整理编制。

2006 年,全省质监部门受理申(投)诉最多的产品是轻工类产品,占申(投)诉总数的 18.2%;其次是办公通信类产品、建材类产品和食品类产品,分别占总数的 13.2%、11.2%和 10.6%。2008 年,全省质监部门受理申(投)诉最多的产品是轻工类产品,占申(投)诉总数的 16.4%;其次是办公类产品和建材类产品,分别占总数的 14.2%和 13.5%。轻工类产品申(投)诉比较集中的是护肤类化妆品和皮革类产品,办公类产品申(投)诉比较集中的是电脑以及电脑耗材,建材类产品申(投)诉集中在家庭装饰材料。2009 年,全省质监部门受理申(投)诉最多的产品是轻工类产品,占申(投)诉总数的 13.2%;其次是办公通信类产品和建材类产品,分别占质量申(投)诉总数的 12.4%和 10.9%。

2010 年,全省质监部门受理打假举报 825 件、质量申诉 326 件、业务咨询 23821 件。

二、产品质量仲裁、鉴定

产品质量仲裁检验是指经省级以上质监部门或其授权的部门考核合格的产品质量检验机构,在考核部门授权其检验的产品范围内根据申请人的委托要求,对质量争议的产品进行的检验。产品质量鉴定是指省级以上质监部门指定的鉴定组织单位,根据申请人的委托要求,组织专家对质量争议的产品进行调查、分析、判定,出具质量鉴定报告的活动。

1985 年,省标准计量管理局共受理产品质量仲裁(检验)和质量纠纷调解案件 12 起。其中啤酒瓶质量仲裁案 2 起,裁定向安徽、湖北 2 家工厂退货索赔 40 万元。同年,部分市(地)、县标准计量部门也开展了质量仲裁(检验)和质量纠纷调解工作。1986 年 11 月 18 日,省标准计量管理局印发《关于当前开展质量仲裁检验时应注意的几个问题的通知》,对产品质量仲裁检验的受理、抽(封)样及工作职责等进行明确。同年,全省标准计量部门仲裁检验产品 640 个,货值 400 余万元。1987 年 11 月,省标准计量管理局印发《浙江省产品质量仲裁检验暂行办法》(以下简称《办法》),对产品质量仲裁检验的受理范围、抽样方式、检验依据、仲裁检验结论的异议处理等进行规定。《办法》明确产品质量争议双方向仲裁检验负责机关申请仲裁检验应从获知产品质量存在问题之日起 1 年内提出。同年,全省标准计量部门共受理产品质量仲裁(检验)和质量纠纷调解案件 21 起,涉及 49 家企事业单位的 23 种产品,争议货值 80 万元。1988—1989年,全省标准计量部门受理质量仲裁的货值分别为1075.0万元、2704.7万元。

1991年6月,省标准计量管理局受嵊县人民法院委托,聘请11名专家组成嵊县岩棉厂工程技术鉴定组,对马鞍山钢铁设计研究院向嵊县二轻工业总公司技术转让的嵊县岩棉厂工程进行技术鉴定,并出具鉴定意见。1992年6月,省标准计量管理局邀请7名专家对余杭塑料总厂使用建德有机化工厂生产的对苯二甲酸二辛酯生产电缆料发生质量事故进行技术鉴定。1999年5月,省技监局印发国家质监局《产品质量仲裁检验和产品质量鉴定管理办法》,明确质量鉴定由省技监局或国家质监局受理。各市(地)、县(市、区)技监部门和各级产品质量检验机构收到质量鉴定申请的,应当告知申请人直接向省技监局或国家质监局申请;各级产品质量检验机构按照计量认证和验收/审查认可的检验范围受理仲裁检验。在具体受理仲裁检验时,对属于产品质量争议当事人单方提出的申请,不得受理,并应当告知申请人商对方当事人共同申请或者依法通过申诉、调解、仲裁、诉讼途径解决争议。同年,全省技监部门和产品质量检验机构都明确了本部门、本单位负责管理仲裁检验和鉴定工作的机构,并建立健全管理制度,确保仲裁检验和鉴定正确、及时、合法进行。7月29日,省技监局成立浙江省质量鉴定管理办公室(以下简称省鉴定办),负责对质量鉴定工作的日常管理和监督。2006年4月19日,省质监局对质量鉴定的申请受理、质量鉴定的委托、质量鉴定专家组的组成、质量鉴定的实施、质量鉴定报告的发布、质量鉴定异议的处理等进行明确。2008年1月14日,省质监局建立质量鉴定专家库,并公布质量鉴定专家名单。3月19日,省质监局决定对全省质监系统技术机构参与司法鉴定工作实行备案管理。

2010年4月19日,省质监局印发《关于进一步加强产品质量鉴定专家库管理的通知》,明确专家库建立后,省鉴定办对产品质量鉴定专家进行统一编号,产品质量鉴定组织单位在专家库中选择产品质量鉴定专家,不得擅自在专家库以外选择专家。8月10日,省质监局公布2010年度全省产品质量鉴定专家库专家名单。此后,鉴定专家在浙江省内从事质量鉴定工作均持有专家号,挂牌上岗,并在产品质量鉴定过程中主动向申请人或产品质量争议双方当事人出示。12月28日,省质监局印发《浙江省产品质量鉴定管理办法》,明确省质监局负责指定鉴定机构,并对质量鉴定活动进行监督;质量鉴定实行鉴定机构与鉴定专家负责制。

第五节　纤维及其制品质量监督管理

棉花、黄红麻、羊毛(绒)、茧丝等纤维是纺织工业重要的生产原料,也是浙江出口创汇的主要原材料。民国16年(1927年)11月,民国省政府颁布《浙江省棉花检验规则》《浙江省棉花检验规则施行细则》,对棉花质量实施检验管理。民国18年1月,省建设厅设省立棉花检验所。民国36年,国民政府农林部棉产改进处在浙江设立棉花检验所,实行棉花分级制度,禁止掺水掺杂。1952年2月,华东纺织纤维检验所浙江分所成立,主要服务工商、农商棉花交接。1986年,省政府决定成立专业纤维检验机构,承担全省纺织纤维的质量检验、仲裁检验、监督检验和公证检验。1990 年，浙江在全国率先开展棉花产地监督检验。1995 年起，全省纤维质量监督管理工作开始向纤维制品、服装产品质量监督检验领域延伸，开展了纤维含量专项打假、纯天然纤维标志认证监管、絮用纤维制品质量监管等工作。进入 21 世纪，随着《棉花质量监督管理条例》的颁布实施，全省纤维质量监督管理工作逐步纳入法制化管理轨道，建立具有浙江特色的棉花、蚕茧收购加工资格认定制度，棉花、羊绒、生丝公证检验制度，学生床上用纤维制品、学生服装质量跟踪和分类管理制度等，维护了农工商和广大消费者的合法权益，促进了纺织服装和丝绸等浙江传统产业的发展。

一、纤维质量监督管理

纤维质量监督管理主要包括对棉、麻、毛、茧、丝等纤维产品的公证检验、质量监督检查和收购加工资格认定。

（一）公证检验

纤维公证检验制度是国家对纤维产品实施质量监督和对纺织原料进行宏观调控的一项重要制度，它是由专业纤维检验机构按照国家标准和技术规范，对纤维的质量、数量进行检验并出具公证检验证书的活动。

1. 山羊绒公证检验

1998 年 3 月，中国纤维检验局（以下简称中纤局）印发《成包山羊绒国家检验试点工作意见》，决定开展山羊绒国家公证检验试点工作。4 月，省计经委明确，凡流入浙江省的山羊绒由省技监局所属省纤维检验所（后改为浙江省纤维检验局）承担公证检验。5 月，中纤局批复同意省纤维检验所为首批承担山羊绒国家公证检验工作的试点单位。6 月，省纤维检验所召开全省山羊绒公证检验工作座谈会，并与有关毛纺织厂、羊绒制品生产企业签订《山羊绒国家公证检验协议》。2000 年 5 月，中纤局将浙江博熙纺织有限公司列为山羊绒国家公证检验试点单位。至年底，全省共有 3 家企业被列为山羊绒国家公证检验试点单位。2001 年 4 月，中纤局对山羊绒国家公证检验试点单位进行调整，浙江省畜产进出口公司、浙江博熙纺织有限公司、浙江华通纺织有限公司、杭州万丰服装有限公司、浙江嘉春毛纺有限公司被列为山羊绒国家公证检验试点单位，并明确由省纤维检验所承担这 5 家试点单位的山羊绒国家公证检验工作。至年底，省纤维检验所对 379 吨山羊绒进行公证检验。2002 年，中纤局决定暂停山羊绒国家公证检验试点工作。

2004 年 4 月，中纤局决定对山羊原绒和分梳山羊绒实施公证检验试点工作，浙江被列为试点地区之一。同月，省质监局印发《关于开展山羊绒公证检验试点工作的通知》，明确浙江省的山羊绒公证检验工作统一由省纤维检验所组织实施。5 月，中纤局将嘉兴华源羊绒制品有限公司、嘉兴市兔皇羊绒有限公司、浙江日通实业集团股份有限公司和湖州珍贝羊绒制品有限公司列为分梳山羊绒国家公证检验试点企业。2007 年 1 月，浙江省纤维检验局（以下简称省纤维检验局）召开分梳山羊绒国家公证检验试点企业负责人座谈会，听取试点企业对分梳山羊绒国家公证检验的意见建议。3—5 月，省纤维检验局组织开展分梳山羊绒国家公证检验质量跟踪检查，重点检查试点企业按公证检验证书进行结价的情况。同年，浙江省的分梳山羊绒国家公证检验试点单位调整为嘉兴华源羊绒制品有限公司、浙江日通实业集团股份有限公司、湖州珍贝羊绒制品有限公司。2009 年 6 月，中纤局将湖州百姓羊绒制品有限公司列为分梳山羊绒国家公证检验试点单位。据统计，2004—2010 年，省纤维检验局累计对 4675 批计 4178.7 吨分梳山羊绒进行公证检验。

2. 棉花公证检验

1998 年 11 月，国务院印发《关于深化棉花流通体制改革的决定》，确立棉花公证检验制度。1999 年 1 月，中纤局将宁波维科集团浙东棉纺厂、浙江金威集团公司、慈溪第二棉纺厂列为全国实施经营性棉花公证检验试点单位，并由省纤维检验所承担其经营性棉花公证检验工作。2000 年 4 月，中纤局将浙江金威集团公司、杭州中兴纺织厂、宁波维科集团浙东棉纺厂列为 2000 年度国家经营性棉花公证检验试点单位。同年，省纤维检验所对 14455 吨国家储备棉进行公证检验。2001 年 3 月，中纤局将浙江金威集团公司、杭州中兴纺织厂、余姚华联纺织有限公司、浙江春江轻纺集团有限责任公司、宁波维科集团浙东棉纺厂、慈溪第一棉纺织有限公司、慈溪第二棉纺织厂、宁海华联纺织有限公司列为 2001 年度全国第一批经营性棉花公证检验试点单位。9 月，中纤局将浙江华孚集团有限公司、杭州一棉有限公司列为 2001 年度全国第二批经营性棉花公证检验试点单位。至年底，省纤维检验所共完成经营性棉花公证检验 745 批，计 22451 吨，为企业挽回经济损失 150 余万元。

2002 年 4 月，中纤局明确由省纤维检验所承担浙江金威集团公司、杭州中汇棉纺织有限公司、余姚华联纺织有限公司、浙江春江轻纺集团有限责任公司、上虞市华孚纤维染色有限公司、杭州一棉有限公司、杭州富力纺织有限公司、嘉兴洋帅纺织有限公司、平湖市金瓶纺织有限公司 9 家企业经营性棉花的公证检验；宁波市纤维检验所（以下简称宁波纤维检验所）负责宁波维科集团浙东棉纺厂、慈溪第一棉纺织有限公司、慈溪第二棉纺织厂、宁海华联纺织有限公司、宁波中汇纺织有限公司、宁波百隆贸易有限公司、舟山弘生纺织有限公司、宁海第二棉纺织厂 8 家企业经营性棉花的公证检验。2003 年 1 月和 7 月，中纤局分 2 批公布实施 2003 年经营性棉花公证检验的企业名单，其中新增的湖州联峰棉纺织有限公司、海盐广大纺织有限责任公司、杭州萧山万盛纺织有限公司、浙江胜达集团化纺有限公司、杭州永翔纺织有限公司、绍兴县旺家纺织有限公司 6 家企业经营性棉花的公证检验由省纤维检验所承担。至年底，省纤维检验所共对 15 家棉纺企业的 60205.9 吨经营性棉花开展公证检验，涉及交易金额 90.3 亿元，为企业挽回直接经济损失 2748.9 万元；宁波纤维检验所共对 8 家棉纺企业的 47380 吨经营性棉花开展公证检验。同年，省纤维检验所完成 1998 年以前老商品棉出库公证检验 18382 吨。

2004 年以后，全省经营性棉花公证检验作为纤维质量监督的主要形式，每年都由省纤维检验所（局）和宁波纤维检验所承担。2009 年，国家棉花仪器化公证检验杭州实验室（临安）投入使用。同年，省纤维检验局对杭州临安棉花贸易有限公司加工的 13158 包，计 2988 吨棉花开展仪器化公证检验。2010 年 8 月，省纤维检验局与上海市纤维检验所共同承担绍兴华通色纺有限公司仓库内的国家储备棉出库公证检验，共检验 316 批，计 12293.9 吨。9 月，省纤维检验局承担绍兴华通色纺有限公司仓库和绍兴直属库国家储备棉出库公证检验，共检验180批，计7207.2吨，并与福建省纤维检验所共同承担国家储备棉安徽阜阳直属库的出库棉公证检验，共检验355批，计12943.8吨。

表35-4-5-1 1999—2010年浙江省经营性棉花及国家储备棉公证检验情况一览表

年份（年）	承检单位	经营性棉花公证检验			国家储备棉公证检验	
		企业数（家）	批次数（批）	检验量（吨）	批次数（批）	检验量（吨）
1999	省纤维检验所	3	116	5120	12	2008
2000	省纤维检验所	3		7581		14455
2001	省纤维检验所	6	745	22451		4356
2002	省纤维检验所	9	1383	47102	941	7367
2003	省纤维检验所	15	1519	60206	58	18382
	宁波纤维检验所	8	974	47380	0	0
2004	省纤维检验所	16	2102	85818	0	0
	宁波纤维检验所	9	1645	65336	0	0
2005	省纤维检验所	16	2731	94828	0	0
	宁波纤维检验所	9	1860	71764	0	0
2006	省纤维检验局	16	3034	100270	0	0
	宁波纤维检验所	9	2235	79827	0	0
2007	省纤维检验局	16	2550	94300	0	0
	宁波纤维检验所	9	1942	74129	0	0
2008	省纤维检验局	14	2095	73824	0	0
	宁波纤维检验所	9	1385	53133	1050	59566
2009	省纤维检验局	14	887	29958	0	0
	宁波纤维检验所	9	702	30128	1096	29126
2010	省纤维检验局	14	463	17477	316	19827
	宁波纤维检验所	9	689	30927	1048	26965
合计	—	—	29057	1091558	4521	182052

资料来源：根据省纤维检验局档案资料整理编制。

3. 茧丝公证检验

1999—2001年，根据中纤局要求，省纤维检验所分4期对全省取得生丝生产准产证的187家缫丝企业生产的1038批生丝进行公证检验，检验结果作为全国缫丝企业生产准产证换发的主要考核依据之一。

2004年5月，中纤局决定开展全国生丝公证检验试点工作，浙江为试点地区之一。6月，中纤局批准同意省纤维检验所、浙江省第三茧质检定所（后改为湖州市纤维检验所）为全国生丝公证检验首批承检机构；中国茧丝绸交易市场、桐乡春雷丝绸股份有限公司、湖州迅达丝织厂、湖州凤凰丝织厂、湖州德申丝织有限公司、湖州重兆昌恒丝织有限公司、湖州东立丝绸有限公司、湖州顺昌丝绸织造有限公司、湖州华源冠亚丝绸有限公司为国家第一批生丝公证检验试点单位。至年底，省纤维检验所对424批生丝进行公证检验。2005年4月，中纤局对全国生丝公证检验试点单位进行调整。其中，浙江新增杭州丝联实业有限公司、杭州红雷丝绸有限公司、湖州永昌丝绸有限公司、湖州锦山海龙丝织有限公司4家试点单位。至年底，省纤维检验所对1070批生丝进行公证检验。2006年4月，杭州经纬捻线有限公司、湖州恒泰纺织品有限公司、湖州富良丝绸有限公司新增为生丝公证检验试点企业。至年底，省纤维检验局对1337批生丝进行公证检验。

2007年1月，中纤局决定从2007年起，开展桑蚕干茧国家公证检验试点工作。10月，中纤局决定由湖州市纤维检验所（以下简称湖州纤维检验所）承担中国茧丝绸交易市场、浙江中维丝绸集团有限公司、浙江花神丝绸集团有限公司3家试点单位桑蚕干茧公证检验任务。同年，省纤维检验局、湖州纤维检验所对887批生丝和1149批桑蚕干茧进行公证检验。2008年，省纤维检验局承担杭州丝联实业有限公司、杭州红雷丝绸有限公司、杭州经纬捻线有限公司、广西大宗茧丝交易市场4家试点单位生丝公证检验任务；湖州纤维检验所承担湖州华源冠亚丝绸有限公司等4家企业的生丝公证检验和浙江中维丝绸集团有限公司等3家企业的桑蚕干茧公证检验任务。至年底，省纤维检验局、湖州纤维检验所对646批生丝和1652批桑蚕干茧进行公证检验。

2009—2010年，省纤维检验局、湖州纤维检验所共完成生丝公证检验1433批、桑蚕干茧公证检验1592批。

（二）监督检查

纤维质量监督检查是在纤维收购、加工、销售、承储环节对纤维质量实施监督检查，查处掺杂使假、混等混级、压级压重、抬级抬重等质量违法行为，保护农、工、商各方合法利益，维护农副产品正常收购、加工秩序。

1. 棉花质量监督检查

民国18年（1929年）1月，省建设厅设省立棉花检验所，开展棉花质量检验。民国27年，浙江省农业改进所于宁波设置棉花检验处，恢复棉花出口检验。之后，又在余姚周巷、浒山，绍兴安昌及慈溪观海卫分别设置办事处，进行棉花产地检验。民国29年春，萧山战况紧张，棉花贸易停顿，检验工作随之结束。民国36年，国民政府农林部棉产改进处在浙江成立棉花检验所,实行棉花分级制度,取缔棉花掺水掺杂。

中华人民共和国成立初期,浙江省棉业公司(后改名为浙江省花纱布公司)负责全省棉花收购检验工作。1952 年,华东区纺织纤维检验所浙江分所承担工商、农商棉花交接检验。1954 年,华东区纺织纤维检验所浙江分所改为华东区纺织纤维检验局浙江分局,并在杭州、宁波、慈溪、萧山、平湖等 9 个市(县)设棉花检验站(组),负责棉花签证检验工作,由华东区纺织纤维检验局浙江分局签发检验证书,在交接点执行一次检验有效,拨交纱厂凭此结账,除水分外,品级、长度、杂质不再重验。1956 年,华东区纺织纤维检验局浙江分局改为浙江省纺织纤维检验局,归属省工业厅领导。1957 年 10 月,根据农业部、纺织部、全国供销合作总社要求,全省供销系统建立 15 个棉花检验站(组),负责按照国家规定的检验标准和方法,执行产地棉花分级检验并签发证书。同年,浙江省纺织纤维检验局被裁撤,并入纺织工业部门。1965 年,全省供销系统的棉花检验站(组)增加到 22 个,其中 10 个棉花检验站(组)还建立棉短绒化验室,负责全省棉短绒的检验(化验)工作。据统计,自 1972 年执行棉花新国家标准起至 1985 年止,全省共报验签证皮棉 657538.2 吨,品级检验相符率为 98.5%,长度检验相符率为 98.5%。

1986 年,省政府决定设立省纤维检验所,开始对包括签证检验在内的棉花收购加工质量进行监督检查。1987 年 9 月,省纤维检验所、省特产公司组成联合检查组,对全省棉花签证检验工作进行检查。检查组通过看实样、查单证等方法,抽查报验签证棉样 119 批,计 1500 余只小样(占报验总数的 18.4%),抽查棉站考核保留小样 116 只。经检查,品级、长度相符率分别为 100%和 96.6%。1989 年 10 月 23 日至 11 月 3 日,省纤维检验所对慈溪、余姚、上虞、平湖、海盐 5 个重点产棉市(县)开展农商交接棉花监督检查,共检查 7 个收棉站 32 个大仓的籽棉、5 个签证检验站(组)的签证检验留样棉 53 批、站厂交接考核棉样 122 批。经检查,品级相符率为 97.3%,长度相符率为 98.1%。同年,省纤维检验所对 7 家棉纺厂的 37 批进厂原棉进行抽查。经检验,品级相符率为 52.1%,长度相符率为 83.3%。

1990 年 9—12 月,省纤维检验所在慈溪、余姚、上虞 3 市(县)开展产地棉花质量监督检验试点工作,共监督检验棉花 18413 吨,占 3 市(县)棉花收购总量的 52%。经检验,品级相符率为 99.4%,长度相符率为 99.9%。1991 年 8 月,省纤维检验所新增平湖市、萧山市为产地棉花质量监督检验试点地区。1993 年,又增加宁海县为产地棉花质量监督检验试点地区。此后,产地棉花质量监督检验每年在这 6 个市(县)进行。

1994 年 9 月 22—28 日,省标准计量管理局派出技术人员参加省政府棉花检查工作组,到临海、三门、黄岩、金华等地检查棉花收购加工情况。同年,省纤维检验所组织开展“百万担棉花大检查”和棉花专项打假行动,对杭州、嘉兴、宁波等地 10 家大中型棉纺企业进行监督抽查,共抽查棉纺企业购进的 616.1 吨棉花,查获掺杂使假棉花 11 批,计 519 吨,为企业挽回直接经济损失 72 万元。1995 年 9 月,省纤维检验所对农商交接、工商交接的棉花质量进行突击检查。在农商交接环节,抽查门庄大仓样 120 只。经检验,品级相符率为 82%,长度相符率为 96%。10 月 20 日至 11 月 3 日,省纤维检验所抽查 16 个棉花收购站和 7 家棉花加工厂,涉及 8 个毗邻市(县)的 55 只籽棉大仓样。经检验,品级相符率为 87%,长度相符率为 100%。

12月，省纤维检验所对11家大中型棉纺企业进行检查，共抽查11批，计750吨棉花。经检验，品级相符率为82%，长度相符率为92%。

1996年6—8月，省纤维检验所对慈溪、余姚、宁海、上虞、萧山、平湖、海盐7个市(县)的棉花收购、加工企业执行棉花国家标准情况进行年终大检查，共检查19家棉花加工厂、12个棉花收购站，立案查处棉花加工厂1家，现场处罚棉花加工厂8家、棉花收购站1个。1997年3—4月，省纤维检验所开展1996棉花年度调拨棉质量大检查，对杭州、嘉兴、宁波、金华、绍兴、舟山6个市18家大中型棉纺企业的棉花等级、货证相符情况和包装标识(唛头)进行监督检查，共抽查89批，计1600吨棉花。6月6日，省计经委、省技监局通报1996年全省棉花质量大检查情况，并对浙江省轻纺协作公司凭证不符、货证不同行问题进行通报批评。7—8月，省纤维检验所对海宁、余杭、江山、龙游、金华、浦江、镇海、象山、萧山、上虞等地16家棉花加工厂进行检查，共立案查处抬级、抬长、唛头不全、擅自升级等棉花质量违法案件6起，涉案金额970万元。

1998年3—7月，省纤维检验所对各地特产公司、棉花加工厂、收购站及棉纺织厂开展棉花质量年度大检查。9—12月，省纤维检验所对萧山、绍兴、慈溪、余姚、上虞、宁海、平湖、海盐等主要产棉市(县)开展棉花收购、加工质量监督检查，共检查棉花9800吨。同年，省纤维检验所还对42个收棉站进行检查，抽查棉样151个。1999年，国家推行棉花公证检验制度，全省不再开展产地棉花监督检验工作。

2000年新棉上市期间，省纤维检验所对慈溪、余姚、金华、衢州、上虞、宁海、象山、椒江、临海、温岭、兰溪、江山、平湖、海盐14个市(县)的135个棉花收购站和45家棉花加工厂进行检查。12月，省质监局、省经贸委、省工商局、省公安厅、省供销社印发《关于立即开展棉花打假专项行动的紧急通知》，要求各地迅速开展棉花打假专项行动。12月12日起，省纤维检验所对宁波浙东棉纺织厂、宁海华联纺织有限公司、浙江金威集团公司、萧山中兴纺织厂等棉纺生产企业使用的原棉质量进行检查，主要检查棉纺企业进厂原棉的质量、企业检验棉花的日常记录、废棉定向销售情况等。12月14日，省质监局、省经贸委、省工商局、省公安厅、省供销社组成棉花专项打假检查组，对上虞、萧山等地开展棉花专项打假行动进行检查。在当地质监、工商、公安、供销部门配合下，检查组检查了上虞市沥海镇南汇粮站、沥海联谊综合加工厂、萧山市益农镇五六二村个体户李某某棉花加工点等8个棉花非法收购、加工点，并对非法收购、加工的棉花及加工设备进行查扣。据统计，在专项打假行动中，全省质监部门共出动检查人员近500人次，检查棉花收购点87个、棉花加工厂(场)38家、大中型棉纺企业7家，查处非法收购、加工点12个。

2001年2月，省质监局、浙江省发展计划委员会(以下简称省发展计划委员会)、省经贸委、省工商局、省供销社要求各地开展棉花质量和市场管理检查，取缔非法棉花交易市场，并对棉花非法加工设备进行集中封存、收缴和销毁。全省质监部门出动检查人员近千人次，检查已取得棉花收购、加工资格的收购站136个、棉花加工厂(场)23家，取缔非法收购、加工点50余个，封存、收缴、销毁小轧花机、土打包机34台。9—11月，省纤维检验所对萧山、绍兴、平湖、海盐、金华、上虞、慈溪7个市(县、区)的44个棉花收购、加工站(厂)收购加工的棉花质量进行监督检查。同年，省纤维检验所对萧山、绍兴、上虞、余姚、平湖、海盐、海宁、象山、宁海、龙游、金华、兰溪、江山、三门、椒江、温岭、玉环、路桥等地加工、仓储的棉花进行检查，对存在标实不符以及标识不规范问题的棉花加工企业下达“责令改正通知书”16 份。2002 年 6 月 10 日至 7 月 20 日，省纤维检验所对全省未经公证检验的棉花开展监督检查。9 月，省纤维检验所对萧山、绍兴、平湖、海盐、金华、上虞、慈溪、余姚、浦江等市(县、区)的 35 个收购、加工站(厂)收购加工的棉花进行监督检查，共抽查籽棉大垛 72 个，计 5272 吨籽棉。经检验，品级相符率为 75.7%，长度相符率为 93.5%。2003 年新棉上市期间，省纤维检验所对棉花收购加工质量进行监督检查，共检查棉花 127 批。2004 年，省纤维检验所对全省 10 余个重点产棉市(县、区)的 16 家棉花加工厂和 67 个棉花收购站(点)进行监督检查，抽查籽棉 6358 吨，对 5 个棉花收购站(点)进行行政处罚，并在当地工商行政管理部门配合下，取缔棉花收购站 3 个，没收小皮辊机 23 台、土打包机 3 台。

2007 年新棉上市后，省纤维检验局对慈溪、余姚、上虞、绍兴、萧山、平湖、海盐、金华、兰溪、衢州等主要产棉区的棉花收购加工企业进行监督检查，共检查棉花收购站 61 个、棉花加工厂 11 家，检查籽棉大垛 116 个，计 2422 吨籽棉。2008 年，省纤维检验局对棉花收购加工企业进行监督检查，共检查棉花收购企业 64 家，抽查籽棉大垛 190 个，计 2150 吨籽棉；检查棉花加工企业 13 家，抽查成包皮棉 945 余包，计 1465 吨，查处棉花质量违法案件 2 起。2009 年 9 月，省纤维检验局对绍兴、海盐、平湖、慈溪、余姚、金华、兰溪等地 23 家棉花收购加工企业进行执法检查，共检查成包皮棉 16 批，计 167.1 吨；籽棉 49 批，计 21.5 吨，并对存在协商定级、收购统花、不按标准进行标注标识或标识不全等质量违法行为的企业下达“责令改正通知书”，责令其限期改正。2010 年，省纤维检验局对慈溪、余姚、上虞、绍兴、萧山、平湖、海盐、金华、兰溪、衢州等地棉花收购加工质量进行监督检查，共检查成包皮棉 54 批，计 1704 吨。

2. 麻类纤维质量监督检查

20 世纪 50 年代至 80 年代中期，麻类纤维的收购和质量管理主要由商业系统、供销系统负责。1986 年，省纤维检验所开始对麻类纤维进行监督管理。1987 年 10 月，省纤维检验所、省特产公司、省物价局对全省黄红麻收购站执行质量标准情况进行检查，共检查萧山、绍兴、海宁、桐乡等 7 市(县)12 个麻站。考核门庄散麻 500 绞，相符率为 93.8%；检验成件麻 1500 绞，相符率为 97.9%。1988 年 8—11 月，省纤维检验所对武义、嵊县、浦江、新昌、仙居等地的苎麻收购质量进行监督检查。

1989 年 10 月，省政府办公厅牵头组成省黄红麻收购检查组，对萧山、海宁、余杭、绍兴、桐乡、德清 6 个市(县)12 个麻站执行黄红麻收购质量标准、价格标准情况进行检查，共抽查 12 个麻站的散麻和成件麻 870 绞。经检验，符合原等级的 756 绞，相符率为 86.9%。11 月初，省纤维检验所、省特产公司对萧山市、绍兴县黄红麻收购质量进行突击抽查，并对部分麻站抬级收购、超水分收购等问题进行通报批评。12 月初，省纤维检验所对工商交接的 189.6 吨黄红麻质量开展监督检查，共抽验外观品质样 225 绞，相符率为 54.2%。1990 年，省政府办公厅牵头组成省黄红麻收购检查组，对萧山、绍兴、桐乡、海宁、余杭、德清 6 个县(市)16 个麻站贯彻质量标准和价格政策情况进行检查。同年，省纤维检验所对 5 个产麻县收购的

238.9吨黄红麻进行检查，抽验3553绞，相符率为96.3%。1991年，省政府办公厅组成省黄红麻收购检查组，对萧山、海宁、余杭、上虞、绍兴、桐乡等地收购黄红麻情况进行检查，抽验25批，相符率为89%。

1992年以后，全省黄红麻种植面积和产量逐年减少，麻类质量监督检查工作不再开展。

3.蚕茧质量监督检查

清同治元年(1862年)左右，浙江即设有茧行，并以手估目测鲜上茧的烘折和缫折，作为评茧分级的依据。民国20年(1931)秋，浙江省蚕丝统制会订定统制收茧办法，由省建设厅负责统一收购秋蚕。民国22年，省建设厅设管理改良蚕桑事业委员会，对蚕业改良事业进行统一管理，订颁统制茧行及管理收茧办法。民国23年春，由民国省政府公布管理收茧及统制茧行各种暂行办法，明确规定凡混有双宫薄皮穿头及毛脚蚕之鲜茧一律不得收购。

中华人民共和国成立后，蚕茧收烘质量管理主要由丝绸系统、供销系统负责。1968—1972年，浙江在嘉兴、海宁、余杭3县53个茧站107个公社试行桑蚕茧收购以茧层干壳量分级定价的新标准。1972年起，全省桑蚕鲜茧收购由原来的以鲜茧茧层率为标准改为以茧层无水干壳量为评茧的依据。1986年2月26日，省标准计量管理局、省物价局、浙江省丝绸联合公司印发《关于修订桑蚕评茧标准补充规定的通知》，在桑蚕鲜茧分级定价主要项目及基准价均不变的基础上，对桑蚕鲜茧评茧标准的补充规定进行了部分修订。1987年2月，由省计经委牵头，省标准计量管理局、省科委、浙江丝绸科学研究院、浙江省丝绸联合公司等单位参加的浙江省筹建茧质检定所工作组成立，负责海宁、湖州、桐乡、嘉兴4个茧质检定所的筹建工作。

1987—1991年，省纤维检验所每年在蚕茧收购季节到杭州、嘉兴、湖州等蚕茧主产区进行检查，督促各地茧站贯彻蚕茧收购国家标准，实施仪评检验。1991年，浙江省第三茧质检定所筹建完成后，开始“组合售茧、缫丝计价”(以下简称“组缫”)试点工作。1995年，全省技监部门分春、夏、秋3期对鲜茧收烘质量进行监督检查，共抽取“组缫”交易茧15385个，受检茧量5172吨。其中，春期共抽取样号10566个，代表10411个组合体的4079.2吨蚕茧，经检验，平均上车茧率为88.0%，茧丝长1129.9米，解舒丝长561.2米，解舒率为49.7%，鲜茧出丝率为15.9%；夏期共抽取样号2446个，受检茧量537.8吨；早秋期共抽取样号2373个，受检茧量555吨。同年，省政府蚕茧收烘联合工作组(第六组)由省技监局牵头，对80余个茧站的蚕茧收烘质量进行检查。

1996年，省政府蚕茧收烘联合工作组(第五组)由省技监局牵头，对嘉兴、桐乡、海宁、湖州、德清5个市(县)104个茧站的蚕茧收购质量进行检查，督促收购部门严格执行蚕茧收购质量标准，实行干壳量仪评检验，杜绝手估目测评茧。同时抽取干壳量样茧98批进行复验。1997年，省技监局组织对桐乡、德清、湖州、海宁的45个茧站的蚕茧收烘质量进行检查，并重点对干壳量样茧进行抽样复查。检查结束后，省技监局向省政府提出加强茧站计量器具的检定配备、推广方格蔟和“组缫”工作、改善收烘工作环境和设备等建议。1998年6月，省政府蚕茧收烘联合工作组(第六组)由省技监局牵头，对湖州、德清、桐乡等地春茧收烘质量进行检查，并对12个茧站的评茧仪、台秤、磅秤、电子秤等计量器具的完好率、配备率、周检率情况进行检查。同时，对茧站的干壳量样茧进行复验，共抽取干壳量样茧 63 批，相符率为 68.3%。9 月，省纤维检验所对海宁市、海盐县 7 个茧站进行监督检查，重点检查茧站的计量器具和仪评情况，并在海宁市的金鸡茧站、谈桥茧站、中三茧站、马桥茧站及海盐县的长山河茧站、倪王庙茧站、官堂茧站抽取 30 批干壳量样茧进行复验，相符率为 80%。

1999 年 5 月 19 日，省技监局印发《关于加强蚕茧收烘质量监督检查工作的通知》，对蚕茧收烘质量的监督检查工作进行部署。春茧收购期间，省纤维检验所对全省蚕茧收烘重点地区进行监督检查，督促各地严格实行仪评，积极推行"组缫"。8 月，省技监局组织对全省流通领域的干茧质量开展监督检查。2000 年，省政府蚕茧收烘检查工作组(第六组)由省质监局牵头，对上虞、新昌、嵊州、德清、湖州、桐乡、海宁等地蚕茧收烘质量进行检查。其中春茧收购期间，共检查茧站 19 个，检查仪评仪器 127 台，责令 8 个茧站限期更换超过检定周期的仪评仪器；抽取干壳量样茧 90 批，鲜茧样 46 批。经检查，干壳量样茧复验相符率为 71.1%。2001 年 6 月初，省政府春茧收烘检查工作组(第六组)由省质监局牵头，对德清、湖州、桐乡、海宁等地 13 个茧站进行检查，共检查仪评仪器 76 台，抽取干壳量样茧 22 批。2003 年，省纤维检验所对蚕茧收烘质量进行监督检查，共检查鲜茧 85 批。

2004 年 2 月，省纤维检验所印发《关于加强蚕茧质量管理工作的通知》，并成立茧丝质量监督领导小组。春茧收购期间，省纤维检验所对湖州、嘉兴、桐乡、德清、海宁、海盐、上虞、嵊州、新昌、淳安 10 个市(县)107 个茧站进行检查，复验干壳量样茧 690 批。2005 年 6 月初，省纤维检验所对杭州、嘉兴、湖州、绍兴等 9 个市(县)34 个茧站进行检查，抽查干壳量样茧 641 批、干茧 40 批。2006 年、2007 年，省纤维检验局对湖州、德清、嘉兴、海宁、海盐、桐乡、新昌、嵊州、上虞、缙云、淳安等市(县)的春茧收烘质量进行检查。2008 年 5 月，省纤维检验局对湖州、德清、嘉兴、海宁、海盐、桐乡、新昌、嵊州、上虞、缙云、淳安 11 个市(县)55 个茧站的春茧收烘质量进行检查。2009 年，省纤维检验局、浙江省茧丝生产和经营管理领导小组办公室(以下简称省茧丝办)印发《关于加强蚕茧收购质量管理工作的通知》，并对湖州、嘉兴、海宁、海盐、桐乡、绍兴、上虞、嵊州、新昌、丽水、淳安等市(县)17 个茧站的蚕茧收烘质量进行检查，重点检查收购中是否存在收购毛脚茧、过潮茧，不分类分等置放，掺杂掺假，以次充好等质量违法行为。

2010 年，省纤维检验局对湖州、德清、桐乡、海宁、海盐、上虞、新昌、嵊州、缙云、淳安 10 个市(县)29 个茧站的蚕茧收烘质量进行检查。

4. 羊毛质量监督管理

20 世纪 50—70 年代，省供销社畜产部门负责羊毛的收购质量管理。1980 年 1 月 20 日，省农业局、省一轻局、省供销社、省标准计量管理局等印发《关于贯彻国家绵羊毛标准和价格方案的通知》，明确保留净毛率指标，并要求绵羊毛在投售时要做到"三个拉净"(即拉净污块毛、拉净短毛、拉净土种毛)。1987 年 5 月，国家计委、国家经委印发《绵羊毛市场管理暂行办法》，同时要求开展羊毛"净毛计价"试点工作。同年，省级有关部门明确在发生羊毛质量争议时由省纤维检验所负责仲裁。

1989 年 9 月，省计经委、省标准计量管理局、省供销社、省轻工业厅、省工商局、省物价局、浙江省农业银行印发《关于加强绵羊毛市场管理和加快推行净毛计价的通知》，决定从1990年春羊毛上市起，在工商交接中全面推行“净毛计价”，并明确供货单位在出售羊毛前向省纤维检验所报验，由省纤维检验所签发“净毛计价”检验证书，作为购销双方结算凭证。12月8—14日，省纤维检验所、浙江省畜产品公司、省轻工业厅在嘉兴举办第一期羊毛检验培训班，聘请专家讲授“净毛计价”的测试方法及相关国家标准。经理论考试和操作考核，有27名学员和5名实习指导老师取得省标准计量管理局颁发的“羊毛检验员证”。1990年2—3月，全国绵羊毛国家标准宣传贯彻会暨浙江省绵羊毛国家标准宣传贯彻会议在杭州召开，来自全国各专业纤维检验机构及全省毛纺企业的检验人员参加培训。4月，省标准计量管理局印发《浙江省绵羊毛检验暂行办法》和《一九九〇年浙江省绵羊毛检验组织实施意见》，并在嘉兴市南堰设立省纤维检验所羊毛检验站，开展“净毛计价”工作。至年底，共检验羊毛12批，计112.9吨。7月，全省“净毛计价”推行工作座谈会在嘉兴召开。会议就进一步推广“净毛计价”工作提出意见和建议。1991年4月，省纤维检验所印发《关于一九九一年春羊毛收购交接质量监督管理问题的通知》，进一步推广“净毛计价”工作。1994年，省纤维检验所组织召开全省绵羊毛检验工作会议，宣传贯彻《绵羊毛》国家标准。

1995年以后，羊毛购销市场逐步放开，省内羊毛产量逐年减少，全省羊毛质量监督管理工作不再开展。

（三）收购加工资格认定

棉花、蚕茧收购加工资格认定是指资格认定机关依据国家有关规定，对申请从事棉花、蚕茧收购、加工经营活动的主体的资质和条件进行审查，并对符合规定的经营者颁发资格证书，准予其从事相应收购、加工经营的管理活动。

1. 棉花收购加工资格认定

1999年1月27日，省政府印发《关于深化棉花流通体制改革的通知》，明确棉花收购、加工实行资格认定制度。8月18日，省工商局、省技监局印发《浙江省棉花收购、加工资格认定实施管理试行办法》，明确棉花收购、加工单位质量条件和人员资格的认定统一由省技监局负责考核，工商行政管理部门凭省技监局《棉花收购、加工企业资格认定（质量）通知单》对企业进行其他项目的考核，并发放营业执照。8月22日，省技监局印发《浙江省棉花收购、加工资格（质量）认定审核实施细则》，明确考核工作由省纤维检验所组织实施。8月23日至9月26日，省纤维检验所分3组对全省28个市（县）的260余家棉花收购、加工单位进行棉花质量保证能力现场审核，同时培训棉花检验人员518人。经考核，154家单位取得棉花收购、加工（质量保证能力）资格证书。其中，取得棉花收购资格的116家，取得棉花加工资格的19家，同时取得收购和加工资格的19家。11月18日，省质监局印发《浙江省棉花收购、加工资格（质量部分）认定通过企业名单》，公布海盐县特产公司等154家取得棉花收购、加工资格的单位名单。

2001年8月，省质监局印发《关于进一步加强棉花质量监督管理的通知》，对已取得棉花收购、加工资格的单位进行重新认定。同时规定，凡使用国家明确规定应当销毁的80片以下小轧花机和压力吨位200吨以下土打包机的企业，要首先对这些设备予以集中销毁，再根据有关规定申请认定。9月17日，省政府办公厅印发《浙江省棉花收购加工企业资格认定实施细则》，对棉花收购、加工单位必须具备的条件及资格认定程序、要求等进行规定，同时明确棉花收购、加工单位的资格认定，由省工商局会同省质监局负责；资格认定部门每2年对棉花收购、加工单位的必备条件进行复查；对复查不合格的单位，取消其棉花收购、加工资格。至2002年底，全省通过资格认定的棉花收购单位21家、棉花加工单位2家。2004年，省纤维检验所对2003年度以前通过棉花收购、加工（质量保证能力）资格认定的单位进行复审，并公布53家通过棉花收购、加工（质量保证能力）资格认定复审的单位名单。其中，取得棉花收购资格的42家，取得棉花收购加工资格的11家。2006年，省纤维检验所对已取得棉花收购、加工资格的81家单位进行复查，取消了部分单位的棉花收购、加工资格，并对通过复查的单位建立质量跟踪档案，实行分类管理。

2007年起，根据新修订的《棉花质量监督管理条例》规定，棉花收购资格认定工作不再进行。截至2010年底，全省具有棉花加工资格的企业1家。

2. 鲜茧收烘资格认定

2001年10月，省经贸委、省质监局、省工商局印发《浙江省鲜茧收烘资格认定实施细则》，对鲜茧收烘单位的必备条件及资格认定程序、要求等进行规定。2002年2月20日，省质监局印发《关于做好鲜茧收烘质量保证能力资格认定工作的通知》，要求各地质监部门做好本地区鲜茧收烘单位的质量保证能力资格认定的申报、审查工作。2—3月，省纤维检验所、省茧丝办举办6期茧质检验人员资质考核培训班，并组织12场（次）茧质检验人员资质考试。通过培训考核，全省共有1179人取得浙江省茧质检验人员资质证书。至2002年底，全省共有499家鲜茧收烘单位取得鲜茧收烘许可证。

2004年，省纤维检验所、省茧丝办在湖州、嘉兴、桐乡、海宁、杭州、绍兴等地分别召开《桑蚕鲜茧分级（干壳量法）》（GB/T 19113—2003）国家标准宣传贯彻会议，为鲜茧收烘单位的900余名检验人员进行资质培训。同年，省经贸委印发《关于开展浙江省鲜茧收烘资格复审工作的通知》，组织各市、县茧丝绸主管部门对当地鲜茧收烘单位的收烘资格进行初审。省质监局、省经贸委对各地上报的488家具有收烘资格的单位进行复审。经审核，取消13家已丧失收烘条件单位的收烘资格，并新受理12家单位的收烘资格认定申请。截至2010年底，全省共有422家鲜茧收烘单位通过质量保证能力审核，取得鲜茧收烘许可证。

（四）再加工纤维质量监管

再加工纤维是指纤维制品或纤维制品下脚经开松等方式再加工而形成的纤维。20世纪90年代末，随着进城务工人员的不断增多，一些不法分子开始将再加工纤维用于生产生活用絮用纤维制品，给人民群众身体健康造成危害。

2002年12月，中央电视台记者对温州市苍南县再加工纤维生产过程进行暗访拍摄，并于2003年1月4日在中央电视台《新闻联播》栏目中播出，引起较大社会反响。当晚，苍南县委、县政府组织质监、工商、公安等部门分3组对苍南宜山镇、龙港镇再加工纤维生产场所进行突击检查。至次日凌晨 4 时，执法人员检查 10 余家企业，捣毁“黑心棉”加工点 3 个，没收用再加工纤维制作的棉被 720 条、棉胎半成品 850 千克，封存弹棉机 2 台，并依法对 2 名再加工纤维制品加工厂主进行传讯。1 月 5—6 日，中纤局、省质监局到苍南县对再加工纤维整治工作进行督查。其间，苍南县人民政府成立再加工纤维整治工作领导小组，对宜山镇、龙港镇等地再加工纤维生产企业进行拉网式检查，查获用再加工纤维制成的棉胎 2640 条。2004 年 6 月，苍南县人民政府向省质监局报告了该县整治规范再加工纤维行业的情况。7 月，省质监局将温州苍南县、宁波慈溪市胜山镇确定为纤维制品打假重点区域。9 月，省纤维检验所、宁波纤维检验所、慈溪市质量技术监督局对慈溪胜山综合布料市场的再加工纤维进行集中整治。2005 年 12 月，省纤维检验所对苍南县龙港镇生产的再加工纤维存在未按规定标注标识警示语等问题进行整治和规范。2006 年 11 月，省纤维检验局、温州市质量技术监督局、苍南县质量技术监督局对苍南县再加工纤维制品进行检查。12 月，全省质监部门根据省质监局《关于加大对再加工纤维重点区域执法检查力度的紧急通知》精神，对辖区内再加工纤维生产重点区域展开执法检查。

2007 年，省纤维检验局先后 7 次对温州市苍南县的再加工纤维加工点、再加工纤维制品生产企业及交易市场进行巡查，并协助当地政府开展集中整治工作。同时组织召开再加工纤维循环利用座谈会，听取当地政府和再加工纤维生产企业对再加工纤维质量管理的意见和建议。在此基础上，联合苍南县质量技术监督局、浙江省疾病预防控制中心(以下简称省疾病预防控制中心)等单位共同制定《再加工纤维制品通用安全技术要求》地方标准，破解再加工纤维及其制品行业无相关产品质量检验标准的难题。2008 年，省质监局将苍南县、慈溪市、浦江县确定为全省再加工纤维专项治理重点地区，并编印《絮用纤维制品质量安全手册》，在再加工纤维专项治理重点地区开展法治宣传和培训活动。同时，不定期派出执法人员督促当地开展再加工纤维的集中整治。2009 年 10 月，省质监局印发《浙江省絮用纤维制品、再加工纤维质量监管方案》(以下简称《监管方案》)，将絮用纤维制品及再加工纤维质量监管工作列入各地质监部门年度考核内容。各地质监部门根据《监管方案》要求，进一步落实再加工纤维质量监督工作的责任分工，建立监管企业名录，组织开展法治教育和专项检查，规范再加工纤维生产秩序。

2010 年 12 月，省质监局印发《浙江省絮用纤维制品和再加工纤维质量管理信息收集和通报制度(试行)》，对再加工纤维质量管理信息的收集、上报、考核等进行规定。同时，明确省纤维检验局负责全省再加工纤维质量监督管理信息的收集汇总、整理分析和情况通报等工作；各市质监部门负责辖区内再加工纤维质量监督管理信息收集汇总、整理分析和上报工作。

二、纤维制品质量监督

纤维制品是人民群众日常消费品，其质量问题历来受到社会的关注。改革开放后，全省质监部门开展纤维制品纤维含量打假，推行纯天然纤维标志认证制度，加强学生服装质量监管，形成了具有浙江特色的纤维制品质量监管模式。

(一)纤维含量专项打假

1995 年 9 月，根据国家技监局《关于加强纤维制品质量监督及开展纤维含量专项“打假”工作的通知》精神，省标准计量管理局成立纤维含量专项“打假”工作领导小组，并组织开展纤维含量专项打假工作。至翌年 2 月 15 日，省纤维检验所对杭州解百、杭州百货大楼等 13 家销售额 1 亿元以上的商场及杭州外滩羊毛衫市场、桐乡濮院羊毛衫市场销售的纤维制品开展了纤维含量专项打假活动，抽查 55 批次的羊毛衫、领带、服装。经检验，纤维含量标实相符的有 4 批次，批次合格率为 7.3%。1996 年，根据省技监局《关于开展纤维制品标识及纤维含量专项质量检查的通知》要求，省纤维检验所开展纤维含量专项执法检查，共检查杭州、萧山、富阳、临安等 6 个市(县)的 68 家商场、2 个专业市场，抽样检查羊毛、羊绒制品 247 批次，现场处罚 50 起，下达“责令改正通知书”72 份。1997 年，省纤维检验所开展纤维含量专项打假行动，对杭州市的 20 家商场、4 家专卖店、3 个专业市场销售的羊绒衫、牦牛绒衫、羊毛衫进行检查，对标实不符、以次充好、以假充真等质量违法行为进行查处。1998 年 2 月，省纤维检验所对萧山二轻大厦等 10 家商店销售的纯天然纤维制品开展专项打假活动。3 月，对桐乡濮院羊毛衫市场的 220 个摊位销售的羊毛衫进行纤维含量专项检查。4—5 月，省技监局将桐乡濮院羊毛衫市场列为区域性质量问题整治对象，开展为期半个多月的检查和整治，对以假充真等质量违法行为进行了集中查处。7 月，省技监局组织对桐乡濮院羊毛衫市场整治情况进行检查。

2000 年，省纤维检验所对杭州各大商场、专业市场销售的纤维制品进行纤维含量专项检查，共检查 290 家经销商的上千批次服装产品，下达“责令改正通知书”230 份。2002 年，省纤维检验所对杭州中国针织城市场、桐乡濮院羊毛衫市场、杭州汽车北站小商品市场、杭州四季青杭派服饰城、杭州武林服饰城等专业市场及杭州市区内的部门超市、服装专卖店进行检查，抽样检验近 400 批次，其中 250 批次产品被判为不合格品。

2003 年以后，随着纤维含量打假工作的深入开展，纤维制品假冒伪劣状况得到有效遏制，全省性的纤维含量专项打假活动不再开展。

(二)纯天然纤维标志管理

1998 年 4 月，中纤局决定在省纤维检验所设立中国纤维产品质量认证浙江工作站，作为全国首批 13 个工作站之一，开展纯天然纤维产品质量认证管理工作。1999 年，全省通过纯天然纤维产品质量体系认证的企业 20 余家，发放纯天然纤维含量标志 70 万张。2000 年 7 月，省纤维检验所在杭州桐庐县召开全省纯天然纤维含量标志工作会议，进一步推行纯天然纤维含量标志认证工作。至年底，全省通过纯天然纤维产品质量体系认证的企业 60 余家，发放纯天然纤维含量标志 212 万张。2001 年 6 月，全省第二次纯天然纤维含量标志工作会议在温州召开，会议对纯天然纤维含量标志的使用管理等提出具体要求。至年底，全省通过纯天然纤维产品质量体系认证的企业 100 余家，发放纯天然纤维含量标志 400 万张。2002 年 5 月，全省第三次纯天然纤维含量标志工作会议和纤维产品质量认证工作站负责人座谈会在淳安县召开。10月,省纤维检验所对纯天然纤维含量标志挂牌企业的产品开展日常监督检查,抽样检验纯天然纤维含量标志产品的含量、外观、标识、松弛和毡化收缩(机可洗产品)、耐水色牢度、耐汗渍色牢度等质量指标。2004—2008年,全省发放天然纤维产品/生态纤维制品标志分别为205.9万张、313.3万张、448万张、478万张和400万张。为表彰浙江在纯天然纤维产品质量认证推广工作中的突出贡献,中纤局多次授予中国纤维产品质量认证浙江工作站"纯标推广先进单位"称号。

2009年6月,中国纤维产品质量认证浙江工作站更名为天然纤维产品/生态纤维制品标志浙江工作站。同年,全省发放天然纤维产品/生态纤维制品标志347.8万张。2010年,省纤维检验局组织对天然纤维产品/生态纤维制品标志挂牌企业使用标志的合法性、规范性、正确性和质量稳定性进行检查。同年,全省共发放天然纤维产品/生态纤维制品标志310万张。

(三)絮用纤维制品质量监管

絮用纤维制品是指以天然纤维、化学纤维或其加工成的絮片、垫毡等作为填充物、铺垫物的制品,包括生活用絮用纤维制品和非生活用絮用纤维制品。絮用纤维制品质量监管主要包括对生产、经销絮用纤维制品场所的专项检查和对学校、医疗、宾馆、民政等集团采购絮用纤维的质量监管。

1. 絮用纤维制品专项检查

2001年12月,省质监局印发《关于进一步开展"黑心棉"专项整治工作的紧急通知》,组织开展对"黑心棉"的专项整治。2002年6月,省纤维检验所设立热线电话,受理絮用纤维制品免费质量检验和"黑心棉"的举报投诉。同年,全省质监部门对集贸市场销售的絮用纤维制品开展质量整治。2003年,省纤维检验所开展"查市场、端窝点"絮用纤维制品专项检查活动,共检查商场15家、专业市场6个、学校87所、生产企业16家,查获劣质棉被8000余条,端掉"黑心棉"加工窝点2个。2004年3月,省质监局组织开展春季絮用纤维制品集中打假专项行动。10月,省纤维检验所、杭州市质量技术监督局对西湖区、江干区、拱墅区的多家"黑心棉"加工窝点进行检查,并在位于杭州半山镇金牛村的"黑心棉"加工窝点查获劣质棉胎932条,"黑心"枕头、靠垫203只,各种制假原材料近3吨。

2005年12月,省质监局要求各地质监部门对絮用纤维制品生产企业进行拉网式检查,并对温州市苍南县、宁波市慈溪市、湖州市长兴县及杭州火车东站小商品市场等絮用纤维制品问题较为突出的地区和场所进行重点整治。同年,省纤维检验所对杭州市11家超市销售的絮用纤维制品质量进行检查,共抽查床上用品323批次,并对抽查不合格的生产企业依法进行了查处。2006年1月,省纤维检验所、省质量技术监督稽查总队对位于杭州市半山镇金牛村的5个"黑心棉"加工窝点进行检查,共查封"黑心"棉胎1810条、"黑心"枕头465只、制假原材料2.5吨及部分加工设备。

2007年11月23日,中央电视台曝光金华市浦江县白马镇少数服装生产企业生产销售劣质棉制品后,省质量技术监督稽查总队、省纤维检验局立即赶赴浦江,并于当晚联合金华市质量技术监督稽查支队、浦江县质量技术监督局、浦江县白马镇人民政府对白马镇塘角村的4

家服装生产企业进行执法检查，查封了被中央电视台曝光的浦江县白马镇俊杰针织厂、浦江塘角东东针织厂用于生产“黑心棉裤”的设备及原料。同年，全省质监部门开展絮用纤维制品专项执法行动，共出动执法人员1448人次，检查企业670家，立案查处39起，扣押、封存涉嫌质量问题的棉胎(棉被)4461条、原料4.9吨。2008年3月，中纤局将温州市苍南县确定为全国絮用纤维制品重点监管区域。2009年元旦、春节期间，全省质监部门对各地农村集贸市场、城乡接合部的超市商场销售的絮用纤维制品质量进行检查。5月，省纤维检验局面向进城务工人员开展絮用纤维制品质量消费警示宣传活动，并对杭州市地铁建设工地等大型建筑工地工人使用的絮用纤维制品进行检查。10—11月，全省质监部门开展絮用纤维制品执法检查，重点查处使用禁用原料生产絮用纤维制品、使用限用原料生产生活用絮用纤维制品以及以非生活用絮用纤维制品冒充生活用絮用纤维制品等质量违法行为。

2010年2月，省纤维检验局对杭州市10个专业市场销售的絮用纤维制品进行检查。3月，各地质监部门对絮用纤维制品进行监督检查，确保全国“两会”期间不发生制售“黑心棉”等质量违法事件。

2.学生床上用纤维制品质量监管

1997年10月，省纤维检验所对杭州大中专院校新生棉胎质量进行专项监督检查，发现江苏太仓梦鹿床上用品厂等多家企业生产销售的学生棉胎存在严重的掺杂使假、以假充真、以次充好问题。1998年2月，省技监局印发《关于加强大中专学校学生床上用纤维制品质量监督的通知》，对学生床上用纤维制品的生产、检验、验收等环节的质量管理提出具体要求。10—12月，省纤维检验所对全省61所大中专院校的新生床上用纤维制品进行检查，抽查55条新生棉胎，涉及生产企业24家。经检验，有7家企业生产的棉胎质量低劣。1999年3月起，省纤维检验所对学生床上用纤维制品生产企业实行产品质量公证检验制度，并会同浙江省教育委员会(以下简称省教委)有关部门对全省37家学生床上用纤维制品生产企业进行考核。经考核，全省共有15家床上用纤维制品生产企业通过考核，取得“学生床上用纤维制品生产企业质量审核报告”。2000年6—10月，省纤维检验所对杭州、湖州、嘉兴、宁波、金华、丽水、温州等地68所大中专院校订购的学生床上用纤维制品进行质量抽查。

2001年，省纤维检验所对学生床上用纤维制品生产企业实施产品质量跟踪制度，并公布实施产品质量跟踪的企业名单。同年，省纤维检验所对杭州、湖州、嘉兴、宁波、金华、丽水、温州等地65所大中专院校订购的学生床上用纤维制品进行质量抽查。2002年3月，省纤维检验所会同省教育厅有关部门对全省学生床上用纤维制品生产企业进行质量审核，并将15家企业列入2002年度质量跟踪企业名单。9—12月，省纤维检验所对杭州、湖州、嘉兴、宁波、金华、丽水、温州、绍兴、衢州、台州等地41所大中专院校、中小学校订购的学生床上用纤维制品进行质量抽查，并对存在掺杂使假、以次充好等质量违法行为的生产企业依法进行查处。2003年5月，省纤维检验所公布学生床上用纤维制品质量跟踪企业名单，共17家。9—11月，省纤维检验所开展新生床上用纤维制品质量检查工作，共抽查237批次，查处不合格产品生产企业5家，封存不合格床上用纤维制品8453条和一批制假原料。

2004年3月，省纤维检验所对学生床上用纤维制品生产企业开展质量保证能力资格审核,并决定对17家企业实行质量跟踪。9—11月,省纤维检验所对67家学校的新生床上用纤维制品进行检查,共抽查232批次,查处不合格产品生产企业2家,封存不合格床上用纤维制品1280条。2005年3月,省纤维检验所将16家企业列入2005年度学生床上用纤维制品质量跟踪企业名单。9月,省纤维检验所对64所学校进行检查,抽查新生床上用纤维制品192批次,没收劣质棉胎1500余条。同时,与有关院校及当地教育主管部门联系,妥善解决学生自行采购絮用纤维制品过程中存在的供货渠道不规范、质量难以保证等问题。2006年3月,省质监局、省教育厅印发《关于进一步加强学生服装和床上用品管理工作的通知》,进一步完善学生床上用纤维制品审核备案制度,并对学生床上用纤维制品招标工作加以规范。9—11月,省纤维检验局对全省学生床上用纤维制品开展专项质量检查,共抽查52家大中专院校、中小学校学生使用的198批次床上用纤维制品。2007年3月,省纤维检验局确定2007年度实施学生床上用纤维制品质量跟踪的企业名单。9—11月,省纤维检验局对杭州、宁波、温州、嘉兴、湖州、金华、台州、衢州、舟山、丽水等地65家大中专院校和中小学校进行检查,抽样检查学生床上用纤维制品239批次。

2008年5月16日,省质监局、省教育厅转发国家质检总局、教育部《关于加强高校学生床上用品质量监督管理工作的通知》,要求各地进一步加强对学生床上用纤维制品生产企业的质量监督和管理。6月起,省纤维检验局按照企业的生产规模、质量控制能力、质量水平等情况,对学生床上用纤维制品生产企业进行质量监督分类管理。9—11月,省纤维检验局对全省63家大中专院校、中小学校、幼儿园新生使用的8万余套床上用纤维制品进行监督检查,抽样检查198批次。经检验,批次合格率为73.2%。2009年4月,省纤维检验局对全省幼儿园的床上用纤维制品开展质量专项检查。9月起,对大专院校新生使用的床上用纤维制品进行检查,共检查全省25所大学、43所中专(中学)和17家幼儿园,涉及26家生产企业的9.3万余套学生床上用纤维制品。2010年4月,省纤维检验局确定2010年度实施学生床上用纤维制品质量跟踪的企业名单,并组织开展幼儿园床上用纤维制品专项检查,共检查幼儿园24家。8月17日,省纤维检验局、浙江省教育技术中心联合召开全省学生用纤维制品质量监督工作会议,宣传贯彻《浙江省学生用纤维制品质量评价办法(试行)》《浙江省学生用纤维制品质量评价实施细则(试行)》,并对加强全省学生床上用纤维制品质量监督管理工作提出要求。9月,省纤维检验局组织开展学生床上用纤维制品质量消费警示宣传活动。10月,省纤维检验局对全省新生使用的床上用纤维制品进行检查。

3.医疗、民政用絮用纤维制品质量监管

2004年3—4月,省纤维检验所对杭州、富阳、建德、临安、桐庐等地24家医院使用的絮用纤维制品进行专项检查,抽查絮用纤维制品34批次。经检验,梳棉胎类21批次全部不合格,被芯类6批次不合格。5月,省质监局、省卫生厅组织对医疗系统使用的絮用纤维制品开展监督检查。各地质监部门对医院使用的絮用纤维制品进行检查登记,并抽取150批次医院使用的絮用纤维制品进行质量检验。7月,根据省质监局、省卫生厅《关于做好医院絮用纤维制品监督管理工作的通知》精神,全省各大医院相继建立絮用纤维制品进货验收制度,并按照国家质检总局等五部委《关于印发〈关于加强集团购买絮用纤维制品质量监督工作的意见〉的通

知》要求，开始向具有絮用纤维制品质量保证能力条件的生产加工企业采购絮用纤维制品。

2007年9月，省质监局、省民政厅明确由省纤维检验局负责对救灾救济用絮用纤维制品生产企业进行质量保证能力考核，省民政厅救灾救济处负责对要求参与救灾救济用絮用纤维制品生产的企业进行登记备案。同时规定，救灾救济用絮用纤维制品生产企业生产的产品必须经省级以上产品质量检验机构检验合格后，方能作为救灾救济物资进入各地救灾物资仓库；各级民政部门要严格履行产品质量验收制度，在接受救灾救济用絮用纤维制品时，必须要求供货方提供省级以上产品质量检验机构出具的检验报告。2008年5月，省质监局、省民政厅要求加强对汶川特大地震抗震赈灾衣被质量的监督，防止劣质衣被流入灾区。同年，省纤维检验局成立赈灾物资质量监督工作领导小组和技术保障工作小组，协助民政部门做好抗震救灾衣被的质量监督工作，并对运往灾区的17万件絮用纤维制品及43万顶救灾蚊帐、帐篷进行抽样检验和质量把关。

2009年4月，省质监局、省卫生厅要求各地医疗卫生机构在采购医疗用絮用纤维制品时必须购买具有质量保证能力证明的生产加工企业的絮用纤维制品，并在采购合同中明确约定质量指标要求。同时明确省纤维检验局和省卫生厅有关部门负责对全省医疗用絮用纤维制品的质量进行监督检查。2010年，省纤维检验局对用于青海玉树地震救灾的絮用纤维制品进行检测，并重点检查了一批赈灾絮用纤维制品生产企业。

（四）学生服装质量监管

学生服装（校服）质量的好坏直接关系到广大青少年学生的健康成长。浙江是最早对学生服装实行质量监管的省份，并在管理中形成了对学生服装产前、产中、产后的全程监管模式。

2000年7月5日，省质监局、省教委印发《关于进一步加强统一学生服装管理工作的通知》，确立学生服装生产企业的备案登记制度和质量检查制度。5月，省质监局明确由省纤维检验所对学校和从事校服生产的企业进行质量检查。9月起，省纤维检验所对全省123家校服生产企业生产的学生服装进行质量抽查。2001年，省纤维检验所组织制定《针织学生服》《学生服》2项地方标准，并由省质监局发布。同年，省纤维检验所共抽查133批次学生服装。2002年10月，省质监局、省教育厅印发《关于提高我省统一学生服装品质要求的通知》，加强校服质量的验收管理，推动校服品质提升。同年，省纤维检验所共检查102家学生服装生产企业。经抽样检验，批次合格率为58.6%。2003年1月，省纤维检验所向各有关学校和企业通报2002年学生服装质量抽查结果，并公布51家抽检合格企业名单。同时对抽检不合格的企业提出整改要求。4—12月，省纤维检验所依据《浙江省学生服装产品监督抽查检验细则》对全省学生服装进行质量监督检查，共检查97家校服生产企业。经抽样检验，批次合格率为60.3%。2004年4—12月，省纤维检验所对全省学生服装进行质量监督检查，共检查98家校服生产企业。经抽样检验，批次合格率为52.2%。

2005年7月，省纤维检验所对经省教育厅备案登记的学生服装生产企业实行分类管理。8—12月，省纤维检验所分4批公布学生服装质量监督分类管理企业名单。其中，A类批检企业 6 家，A 类企业 5 家，B 类企业 7 家，C 类企业 36 家。同年，省纤维检验所共检查 101 家学生服装生产企业。经抽样检验，批次合格率为 72.2%。2006 年 5 月，省纤维检验局公布 2006 年度全省学生服装质量监督分类管理企业名单。其中，A 类批检企业 12 家，A 类企业 6 家，B 类企业 13 家，C 类企业 62 家。6 月至 2007 年 1 月，省纤维检验局检查 86 家企业生产的 155 批次学生服装。经检验，批次合格率为 80.7%。2007 年 2 月，省纤维检验局公布 2007 年度全省学生服装质量监督分类管理企业名单。其中，A 类批检企业 15 家，A 类企业 5 家，B 类企业 14 家，C 类企业 52 家。同年，省纤维检验局检查 76 家企业生产的 130 批次学生服装。经检验，批次合格率为 84.6%。2008 年，省纤维检验局检查 79 家企业生产的 127 批次学生服装。经检验，批次合格率为 91.3%。2009 年，省纤维检验局检查 79 家企业生产的 131 批次学生服装。经检验，批次合格率为 94.7%。

2010 年 3 月，省纤维检验局向有关学校和企业通报 2009 年学生服装质量抽查结果，并对抽检不合格企业提出整改要求。9 月，省质监局组织对全省学生服装进行专项监督抽查，共抽查学生服装 83 批次。经检验，批次合格率为 89.6%。

第五章　食品生产监督管理

国以民为本，民以食为天，食以安为先。《礼记·王制第五》有“五谷不时，果实不熟，不鬻于市”的记载。汉代《二年律令》规定：“诸食脯肉，脯肉毒杀、伤、病人者，亟尽孰(熟)燔其余。其县官脯肉也，亦燔之。当燔弗燔，及吏主者，皆坐脯肉臧(赃)，与盗同法。”意思是如果有肉类因腐坏等因素可能导致中毒的，应尽快将变质的食品焚毁，否则将处罚肇事者及相关官员。唐代的《唐律疏议》、宋代的《宋刑统》等也都有类似的规定。明清时期的食品生产管理更精细，法规更严谨，对违法商贩依情节轻重，比照杀人、伤人等罪处理，其中不乏被斩首者。即使无意使顾客食物中毒，若后果严重，生产者也难免一死。民国时期，浙江先后由浙江省民政厅第五科、浙江省政府卫生处(以下简称省卫生处)兼管食品卫生，并设浙江省卫生试验所等机构，对饮用水、冷饮、肉制品等的卫生质量进行检验。绝大多数市、县也设有食品卫生管理组织，由卫生警察、监察员等对食品进行卫生检查，并制定有相关的经营规则。但从整体看，对食品生产的管理还十分薄弱，尤其在穷乡僻壤出售劣质食品的事件屡见不鲜。

中华人民共和国成立后，食品企业进行社会主义改造，公私合营、政企合一，行业主管部门对食品生产企业进行直接管理，并在食品生产加工质量管理工作中起着重要作用。1953年，省、市、县卫生部门相继成立卫生防疫站，负责食品卫生监督管理。此后，全省食品卫生管理工作主要由卫生部门会同轻工、商业、化工等行业主管部门共同负责。1982年7月，省标准计量管理局授权浙江省食品质量监督检验站(以下简称省食品质量监督检验站)开展食品质量监督检验工作。1984年，各级标准计量部门相继设立产品质量监督检验机构，并逐步开始对食品生产企业进行监督抽查。白酒、食品添加剂、婴幼儿配方乳粉等相继纳入工业产品生产许可证管理范围，实行审查发证管理。1987年7月25日，浙江省第六届人大常委会第二十六次会议审议通过《浙江省食品卫生管理实施办法》，明确隶属于卫生行政部门的县以上卫生防疫站和食品卫生监督检验所为食品卫生监督机构，负责管辖范围内的食品卫生监督工作。1993年，在政府机构改革中撤销了轻工部门，食品生产企业在体制上与轻工业主管部门分离，食品质量监督工作得到进一步加强。1999年12月30日，省卫生防疫站撤销，组建浙江省卫生监督所和省疾病预防控制中心，前者承担食品监督执法等职责，后者承担食品监督检验等职责。

2002年，国家对小麦粉等5类食品实行食品质量安全市场准入制度，全省质监部门逐步开始履行食品生产加工环节的质量安全监管职能。2004年9月，国务院印发《关于进一步加强食品安全工作的决定》，全省开始实行“分段监管为主、品种监管为辅”的食品安全分段监管体制。12月，省政府印发《关于切实加强食品安全工作的实施意见》，明确质监部门负责食品生产加工环节的监管，并划入原由卫生部门承担的食品生产加工环节的卫生监管职能。2005年，全省质监部门对食品生产加工单位进行普查，并在普查的基础上，建立健全“目录管理、细则配套、技术审查、证后抽查”的食品质量安全市场准入体系和“日常巡查、监督抽查、风险监测、飞行检查”的日常监管机制。至2010年，浙江先后开展“十小”整治、小企业小作坊整治、食品添加剂整治等一系列专项整治工作，确保全省食品质量安全。

第一节　食品及食品相关产品质量安全市场准入

食品是一种特殊商品，它直接关系到每个消费者的身体健康和生命安全。2002年下半年起，浙江开始对食品生产企业实行质量安全市场准入制度，主要包括3个方面内容：一是对食品生产实施生产许可，即食品企业只有取得食品生产许可证（以下简称QS证）才能生产；二是对企业生产的食品实施强制检验，不经检验或检验不合格的不准出厂销售；三是经许可生产的食品必须在外包装上加贴或加印QS标志。2006年下半年起，浙江开展食品相关产品质量安全市场准入工作，食品用塑料包装、容器、工具和食品添加剂等相继纳入质量安全市场准入管理。截至2010年底，全省累计共有8244家企业取得食品生产许可证，1845家企业取得食品相关产品生产许可证。

一、食品质量安全市场准入

2002年5月，国家对小麦粉、大米、食用植物油、酱油、食醋5类食品实行质量安全市场准入制度。8月，省质监局对省、市、县三级质监部门实施食品生产许可证管理的工作分工、工作步骤和工作措施等进行明确。10月9日，省质监局印发《关于对5类食品的生产加工企业实施生产许可证管理有关事项的通知》，规定了小麦粉、大米、食用植物油、酱油、食醋5类食品的发证范围和要求，并对食品生产许可证的申请、受理、审查、发证等进行明确。11月，省质监局印发《食品生产许可证受理审查工作暂行规定》，开始受理食品生产许可证的申请，并组织审查企业的生产必备条件。

2003年1—2月，国家质检总局分3期公布取得食品生产许可证的企业名单。其中，浙江有88家企业取得食品生产许可证，包括小麦粉生产企业7家、大米生产企业14家、食用植物油生产企业10家、酱油生产企业30家、食醋生产企业27家。3月24日，省质监局印发《食品生产许可证受理审查工作规定》，对每个申证单元需提供的书面材料内容作出规定。同时，对材料审查和受理、企业现场审查、抽样、产品发证检验、材料审核和汇总、审核批准、核准、发证、统一公告、工作纪律等进行明确。6月30日，省质监局成立食品质量安全市场准入领导小组，负责对全省质监系统食品质量安全市场准入工作进行指导和协调。9月25日，省质监局对做好肉制品、乳制品、饮料、调味品（糖、味精）、方便面、饼干、罐头、冷冻饮品、速冻面米食品、膨化食品10类食品生产许可证管理有关工作进行部署。11月，省质监局首先在规模较大、产品质量稳定的食品生产企业中开展肉制品等10类食品生产许可证的申请受理工作，并开展企业必备生产条件的审查和产品的发证检验工作。12 月，省质监局将审查合格的企业名单及相关材料上报国家质检总局。至年底，全省共有 355 家企业取得国家质检总局颁发的食品生产许可证。其中，小麦粉生产企业 20 家、大米生产企业 107 家、食用植物油生产企业 33 家、酱油生产企业 106 家、食醋生产企业 89 家。2004 年 4 月 5 日，国家质检总局公布取得肉制品等 10 类食品生产许可证企业名单，杭州市新安味精厂等 8 家企业名列其中。4 月 13 日，省质监局印发《食品生产许可证工作过错责任追究暂行办法》，进一步规范食品生产许可证的管理。6 月 19 日，省质监局召开全省食品质量安全市场准入工作会议，总结阜阳奶粉事件的深刻教训，并对进一步开展食品质量安全市场准入工作提出具体要求。7 月 1 日起，省质监局调整食品生产许可证受理审查工作程序，将原省质监局受理和审查权限调整为由各市质监部门受理和审查。8 月 9 日，省质监局印发《浙江省食品生产许可抽查复审办法》，对各市质监部门受理并审查合格的食品生产许可申请材料实行抽查复审制度。至年底，全省基本完成小麦粉等 5 类食品（米、面、油、酱油、醋）质量安全市场准入工作，有 460 家企业取得 550 张食品生产许可证。

2005 年，按照“责权一致、层级负责”的原则，国家质检总局确定小麦粉、大米、食用植物油、糖果制品、茶叶、黄酒、酱腌菜、蜜饯、炒货食品、蛋制品、可可制品、焙炒咖啡、水产加工品、淀粉及淀粉制品 14 类食品为首批由省级质监部门负责发放食品生产许可证的产品。9 月 1 日起，省质监局开展省级食品生产许可证的核发工作。至年底，全省共有 1456 家小麦粉、肉制品等 15 类食品生产加工企业取得国家质检总局颁发的 1609 张食品生产许可证，取证率为 40.2%。同年，浙江开展茶叶等 13 类食品质量安全市场准入工作。截至 2006 年 5 月 31 日，全省累计有 2289 家企业取得 2418 张食品生产许可证。其中，750 家企业取得小麦粉等 5 类食品的 776 张食品生产许可证（包括换证），1428 家企业取得肉制品等 10 类食品的 1531 张食品生产许可证，111 家企业取得茶叶等 13 类食品的 111 张食品生产许可证。

表 35-5-1-1　　浙江省各市取得食品生产许可证数量一览表

地区	取证数量（张）	地区	取证数量（张）	地区	取证数量（张）	地区	取证数量（张）
杭州	376	嘉兴	206	金华	431	台州	161
宁波	325	湖州	159	衢州	115	丽水	52
温州	365	绍兴	154	舟山	74	—	—

资料来源：根据省质监局档案资料整理编制。

说明：时间截至 2006 年 5 月底。

2006 年 10 月 16 日，省质监局转发国家质检总局《关于印发糕点等 7 类食品生产许可证审查细则的通知》，开始对糕点、豆制品、蜂产品、果冻、挂面、鸡精调味料、酱类食品实施质量安全市场准入制度。12 月 26 日，省质监局转发国家质检总局《关于做好白酒产品生产许可证期满换证工作的通知》，明确白酒由工业产品生产许可证管理调整为食品生产许可证管理，并实行两级发证，即国家质检总局授权省质监局负责组织对年销售额500万元以下的白酒生产企业实施食品生产许可证管理；国家质检总局负责对年销售额500万元以上的白酒生产企业实施食品生产许可证管理，并委托省质监局承担申请受理、实地核查或材料初审、材料汇总等工作。至年底，28个大类525种食品全部纳入质量安全市场准入管理。全省累计共发放食品生产许可证3604张。

2007年1月29日，省质监局转发国家质检总局《食用植物油等26个食品生产许可证审查细则》。2008年，全省共有1379家企业取得2110张食品生产许可证。其中，国家质检总局批准469家企业，计761张食品生产许可证；省质监局批准910家企业，计1349张食品生产许可证。2009年，全省新增取证食品生产企业1240家，其中国家质检总局批准201家，省质监局批准1039家。全省新发放食品生产许可证1639张，其中国家质检总局批准发放266张，省质监局批准发放1373张。至年底，全省累计有7223家企业取得8949张食品生产许可证(有效期内)。

2010年8月10日，根据国家质检总局《关于省级质量技术监督部门调整食品生产许可审批发证权限的指导意见》等文件要求，省质监局决定按照“统一管理、分级发证”原则，对全省食品生产许可工作进行调整，即除部分重点食品仍由省质监局审批发证外，绝大部分食品生产许可审批发证具体工作下放给各市质监部门组织实施。12月16日，省质监局印发《浙江省食品生产许可受理工作规范》《浙江省食品生产许可现场核查工作规范》《浙江省食品生产许可发证检验工作规范》和《浙江省食品生产许可档案管理工作规范》，进一步加强食品质量安全市场准入管理。同时决定自2011年1月1日起，全省粮食加工品、豆制品2大类食品生产许可审批工作由市级质监部门组织实施，具体包括申请受理、现场核查、发证检验、许可审批。

二、食品相关产品质量安全市场准入

2006年7月，国家质检总局印发《食品用包装、容器、工具等制品生产许可通则》和《食品用塑料包装、容器、工具等制品生产许可审查细则》，对食品用包装、容器、工具等食品相关产品实施质量安全市场准入制度。省质监局随即开展食品相关产品生产许可证的受理审查工作。2007年2月，浙江大东南集团有限公司、杭州顶正包材有限公司、海宁长海包装印刷有限公司、台州市日康婴儿用品有限公司通过食品相关产品质量安全市场准入审查，取得食品相关产品生产许可证。3月，省质监局组织专业人员依据《食品用包装、容器、工具等制品生产许可通则》等规定，对杭州、嘉兴、温州等地申报食品用塑料包装、容器、工具等食品相关产品生产许可证的8家企业进行实地核查。至8月31日，全国取得食品用塑料包装容器工具生产许可证的企业共298家，其中浙江41家，主要产品有食品包装用各种材质的塑料袋(如牛奶袋、黄酒袋、榨菜袋、茶叶袋、耐高温袋、方便面袋、零售用包装袋)、保鲜膜、一次性塑料饮水杯、一次性塑料餐盒、奶瓶、饮用水桶、饮用水杯(壶)、饮料瓶和盖等25个品种。至年底，全省累计发放食品相关产品生产许可证130张，数量位居全国第二。

2008年1月，省质监局在台州和杭州分2期召开《食品用纸包装、容器等制品生产许可实施细则》宣传贯彻会议，启动食品用纸包装、容器等制品市场准入工作。至月底，全省共有448家食品用塑料包装、容器生产企业申请生产许可证，374家企业通过实地核查，166家企业取得食品相关产品生产许可证。2009年，省质监局共向国家质检总局上报食品相关产品生产许可证申报材料105批，发放食品相关产品生产许可证468张。至年底，全省累计有1558家食品相关产品生产企业取得1668张生产许可证。2010年，全省共有287家企业取得307张食品相关产品生产许可证。

第二节 食品生产环节监督管理

食品生产质量监督管理是食品质量安全监管的重要组成部分。中华人民共和国成立后，卫生管理部门和食品生产行业主管部门对食品生产企业的食品卫生质量进行监督管理。20世纪80—90年代，全省标准计量部门开始对食品生产企业的食品质量进行监督抽查，查处了生产、销售假冒劣质婴儿配方乳粉等一批食品质量违法行为。进入21世纪，根据国家质检总局统一部署，全省质监部门对食品生产企业实行质量安全市场准入制度，并逐步对食品生产环节进行全面监督管理。在监管工作中，浙江建立起“企业自律、市场引导、行政监管、群众监督”四位一体的食品生产质量监管模式，从源头上保障食品生产加工质量安全。同时，加强食品及食品相关产品生产许可证证后监管，严厉打击无证生产加工食品行为。

一、食品质量日常监管

民国18年(1929年)7月，浙江省民政厅设第五科负责食品卫生检查工作。民国29年9月，民国省政府设省卫生处，兼管食品卫生工作。绝大多数市、县也都设立食品卫生管理组织，由卫生警察、监察员等对食品卫生进行检查。

中华人民共和国成立后，食品行业主管部门直接管理食品生产企业，并负责行业内食品质量的监督管理。1953年，省、市、县卫生部门相继成立卫生防疫站，负责食品卫生监督管理。“文化大革命”期间，食品卫生质量监督管理工作受到一定的冲击。1982年7月，省标准计量管理局授权省食品质量监督检验站开展食品质量监督检验工作。1985年6月1日，省标准计量管理局、省卫生厅组织召开由省工商局、省商业厅、省供销社、省轻工业厅、浙江省食品工业协会(以下简称省食品工业协会)、省卫生防疫站、杭州市标准计量局、杭州市卫生防疫站等单位参加的联席会议，讨论加强全省夏季冷饮制品监督管理的具体办法和措施。6月7日，省标准计量管理局、省卫生厅印发《贯彻“关于加强冷饮制品监督管理的联合通知”的通知》，明确由省标准计量管理局和省卫生厅防疫处组织、协调夏季冷饮制品的监督管理工作，并由省标准计量管理局、省卫生厅、省工商局、省供销社、省轻工业厅、省食品工业协会组成联合检查组，对部分市(地)的冷饮制品质量进行检查。10月3日，省标准计量管理局印发《关于加强内销糖水罐头和鲜橘原汁产品质量管理的通知》，要求各生产企业必须建立健全检验机构和配备专职的质量检验人员，加强产品质量检验，严禁不合格产品出厂。1986年5月，省标准计量管理局向省政府办公厅呈递《关于我省部分产品质量下降，必须采取有效措施提高产品质量的报告》，分析食品等产品存在的质量问题及原因，提出提高食品质量的措施建议。7月31日，省计经委、省标准计量管理局、省卫生厅、省商业厅、省供销社、省乡镇企业局联合对杭州、宁波、金华、绍兴、台州等地的酱油质量问题进行通报，并责令氨基酸态氮、大肠菌群等理化、卫生指标超标不太严重的78家企业(127个产品)限期整顿；责令氨基酸态氮低于0.2g/100ml或大肠菌群严重超标的28家企业(30个产品)停产整顿。12月，省标准计量管理局对罐头产品统检结果不合格的生产企业作出处理决定：责成当地标准计量部门对椒江市水产食品罐头厂生产的已发臭变质的五香鱼块罐头、普陀县桃花鱼品厂和普陀水产食品厂生产的五香狮鱼罐头予以查封，并建议企业主管部门对其进行停产整顿。

1987年1月，省标准计量管理局对糖果等食品统检不合格的生产企业作出处理决定：责成萧山县标准计量所对萧山糖果厂生产的大肠菌群超标8倍的双喜酥心糖进行查封；对强化麦乳精重金属超标的湖州牛奶公司乳品一厂作出罚款700元的行政处罚，同时责成湖州市标准计量局对该厂库存强化麦乳精进行查封。2月17日，省标准计量管理局对生产、销售存在严重质量问题红葡萄酒的余杭三墩酒厂作出行政处罚决定：库存的红葡萄酒由余杭县标准计量所予以查封；已投放市场的红葡萄酒，由该厂在余杭县标准计量所监督下予以追回或跟踪处理；没收其违法所得4000元，并处以4000元罚款。5月30日，省标准计量管理局对湖州酒厂、湖州双林酒厂、湖州织里酒厂生产、销售不合格产品作出处理决定：分别处以1.5万元、0.5万元和0.5万元的罚款，并建议湖州市经济委员会、湖州市郊区经济委员会对这3家企业的负责人和主要责任人予以经济处罚。8月，省标准计量管理局对全脂奶粉等统检食品复检不合格的生产企业作出处理决定：建议长兴县经济委员会责令产品屡检不合格的湖州牛奶公司乳品一厂停产整顿；对糖水无核橘罐头铅含量超过国家标准最大允许值1.5倍的临海副食品厂处以700元罚款；对奶粉重金属或细菌超标的湖州牛奶公司乳品一厂、余姚乳品一厂、新安江乳品厂、永嘉县乳品厂分别处以1000元罚款。1988年11月3日，省标准计量管理局公布酒类产品省级经常性监督检验结果，并对余杭县酿酒厂等29家企业的32个批次不合格产品作出严禁销售的决定。

1993年5—9月，针对消费者反映省内市场上出现大量劣质婴儿配方乳粉(原称母乳化奶粉)，婴幼儿食用后出现腹泻、呕吐、高烧等症状的情况，省标准计量管理局、省卫生厅对慈溪、奉化、义乌等地流通领域的婴儿配方乳粉质量进行抽查，并根据有关标准对样品的主要特性指标进行检验分析，判定杭州天香食品厂、杭州凤凰食品厂、上海井岗食品厂、上海乳品四厂、上海申光乳品饮料厂生产的婴儿配方乳粉，其卫生质量指标不符合国家标准要求，为非婴儿配方乳粉的劣质品。经核实，上述产品的制造地均在温州苍南、乐清。10月中旬，省标准计量管理局、省卫生厅、浙江省食品卫生监督检验所组成联合调查组对苍南活力乳品公司、温州康乐乳品工业公司、苍南县乳品厂、乐清县虹桥乳品厂进行检查。检查发现，这些企业的生产条件、工艺设备、投料技术和质量控制不符合国家有关规定，产品质量达不到国家标准要求。11月3日，省标准计量管理局、省卫生厅发布《关于查禁流通领域中假冒劣质婴儿配方乳粉的通告》，禁止杭州天香食品厂(联营厂为苍南活力乳品公司)、杭州凤凰食品厂和上海井岗食品厂(联营厂为温州康乐乳品工业公司)、上海乳品四厂(联营厂为苍南县乳品厂)、上海申光乳品饮料厂(联营厂为乐清县虹桥乳品厂)生产经销婴儿配方乳粉。同时,对市场上销售上述企业生产的婴儿配方乳粉一律查禁,查封的产品在当地执法部门监督下进行技术处理。1994—2000年,全省标准计量(技术监督)部门、卫生监督部门每年都组织食品质量监督检查,并对发现的食品质量违法行为进行查处。

2000年12月,根据国家质监局统一部署,省质监局组织开展"有毒大米"的查处工作。2001年6月12日,省质监局、浙江出入境检验检疫局印发《关于实施对肉品冷库进行全面检查的紧急通知》,组织对肉品冷库进行检查,共出动1735人次,检查肉品冷库685个,查获来自境外的不合格肉品1588箱、300袋、40盒,总计81465.9千克。9月下旬开始,全省质监部门对小麦粉等5类食品质量开展国家监督专项抽查,并对5类食品生产企业的产品质量保证基本条件进行调查,共检查956家企业,其中,小麦粉生产企业43家,大米生产企业368家,食用植物油生产企业155家,酱油生产企业236家,食醋生产企业154家。2002年10月9日,省质监局转发国家质检总局《关于对肉制品等5类食品生产企业开展保证产品质量必备条件专项调查的通知》,部署开展肉制品(熏煮火腿制品、熏煮香肠制品)、乳制品(巴氏杀菌乳、灭菌乳、酸牛乳)、茶叶(绿茶、茉莉花茶)、饮料(瓶装饮用水、果汁饮料)、调味品(味精、白糖)等5类食品生产企业质量保证必备条件的调查摸底工作。

2003年9月25日,省质监局要求在浙江行政区域内从事食品生产加工的企业(含个体经营者)必须按照国家实行食品质量安全市场准入制度的要求,具备保证食品质量安全必备的生产条件,按规定程序取得食品生产许可证,所生产加工的食品必须经检验合格并加印(贴)食品质量安全市场准入标志后,方可出厂销售。2004年9月15—16日,省质监局组织召开苏、浙、沪三地食品质量安全研讨会,研究制定《关于实施食品质量安全长效管理的意见》,确定长三角地区食品、农产品质量合格评定结果互认规则,促进食品、农产品市场一体化。同月,省质监局印发《关于实施食品质量安全长效监管的意见(试行)》,从全面推进食品质量安全市场准入制度、加强食品生产企业日常监管工作、建立食品质量监督检验预警机制、建立食品质量安全突发事件应急预案、加快食品质量安全信用体系建设5个方面对构建食品质量安全长效监管机制提出要求。12月,省政府印发《关于切实加强食品安全工作的实施意见》,对大力整顿食品生产加工业,严厉打击滥用添加剂、使用非食品原料生产加工食品、保健食品添加违禁药物等违法行为,严格实施食品质量安全市场准入制度,加强食品生产加工企业监管,实行生产企业巡查、回访、年审、监督抽查等监管制度等提出明确要求。同时,成立浙江省食品安全委员会,统一领导、协调全省食品安全工作。12月13日,省质监局要求各市质监部门成立食品安全监督管理机构(办公室),具体负责本辖区食品安全监管工作。12月17日,省质监局印发《浙江省食品生产加工环节质量安全监督管理办法(试行)》,对食品生产加工企业的普查建档,食品质量安全市场准入,食品安全标准、检验规则及监督检查,食品质量安全预警机制,食品生产加工企业的巡查、回访,企业责任制与承诺制,食品生产加工违法行为的查处等作出规定。12月30日,省质监局成立食品安全监督管理办公室,并明确相关职能。

2005年1月1日起,全省质监部门开始承担原由卫生部门负责的食品生产加工环节的卫生监管职能。1月24日，省政府办公厅印发《关于加强当前食品安全工作的通知》。2月，省政府办公厅印发《浙江省重点产品质量预警实施方案》，以食品质量安全为重点的预警机制开始建立。同年，省质监局成立食品质量安全专家咨询委员会，省、市两级质监部门均设立食品安全监督管理处，并在全省1586个乡镇（街道）配备909名专职质监员、1211名兼职质监员、1.8万名村（居）协管员、8973名企业质检（信息）员，全省食品生产加工环节监管网络基本形成。2006年4月，全省质监部门开展食品用包装、容器和工具生产企业基本情况专项调查。2008年7月15日，根据省级监督抽查情况，省质监局发出德清县天然水产品质量黄色预警。德清县人民政府随即成立天然水产品质量整治工作领导小组，制定《德清县桶装天然水产品质量再提升专项整治实施方案》，组织开展3个月的集中整治工作。11月25日，省质监局对德清县天然水产品质量整治工作进行考核，检查了工作台账、企业档案等，并对4家桶装天然水生产企业进行现场检查。12月25日，根据《浙江省重点产品质量预警实施方案》有关规定，省质监局同意解除对德清县天然水产品质量黄色预警。同年，省委书记赵洪祝到临安考察调研食品质量安全工作，要求企业一定要建立一套食品安全追溯制度，严格把好食品加工每个环节、每道工序的质量安全关，一旦出现质量问题，必须立刻追查到问题的根源，绝对不能让有问题的产品流向市场。

2009年6月9日，省质监局对食品监督检验样品购买工作进行明确，确保检验样品购买程序的合法性和检验样品的真实性、客观性。9月，全省质监部门结合节日食品安全工作特点和地区实际，以国庆、中秋热销食品为重点，有针对性地开展专项监督抽查和执法检查，打击惩处违法添加非食用物质和使用回收食品作为原料生产加工食品的行为，消除食品质量安全隐患。2010年2月，省质监局印发《关于组织开展生产环节彻查销毁2008年问题乳粉专项行动的紧急通知》，并组织3个专项行动督查组赴杭州、宁波、金华等地对专项行动进行督查指导。专项行动中，全省质监部门共出动2838人次，检查乳粉及以乳粉为原料生产食品的企业、小作坊1180家次，没有发现2008年未被销毁的问题乳粉以及2008年9月14日前未经三聚氰胺检验的乳粉。12月，为确保元旦、春节期间市场热销产品的质量安全，全省质监部门开展“打假保两节”专项执法行动。重点查处未经食品生产许可从事食品生产加工的违法行为及生产加工产品质量不符合相关法律规定的食品等违法行为。

二、食品质量监督抽查

民国时期，食品卫生质量检查主要集中于饮用水、夏季冷饮、肉制品等为数不多的几个产品。

20世纪50—70年代，食品质量监督抽查工作主要由卫生部门会同轻工、商业、内贸、化工等行业主管部门共同进行，重点检查食品的卫生指标。1985年4月，省标准计量管理局、省卫生防疫站决定对全省酒类生产企业的部分产品进行卫生和质量指标的监督抽查。抽查产品有瓶装黄酒、瓶装和散装（蒸馏）白酒、配制酒（不包括药酒）、瓶装啤酒，共381件，合格291件，合格率为76.4%。6月初，省标准计量管理局、省卫生厅、省工商局、省商业厅、省供销社、省轻工业厅、省食品工业协会联合组成检查组，对部分市（地）冷饮制品质量管理工作进行检查。同时，突击检查杭州市 7 个软包装饮料生产厂和 14 个风景区饮料销售点。同年，杭州市卫生防疫站从 14 家软包装饮料厂和 48 家零售店中抽取冷饮制品 83 件，合格 73 件，合格率为 88%。8 月 12 日，省标准计量管理局决定对全省企业生产的罐头食品、糖果、饼干、麦乳精、甜炼乳 5 种产品进行统检，检查工作由省食品质量监督检验站负责。10 月，省标准计量管理局组织对酒类不合格生产企业的产品进行复查，共复查 68 批次，合格 52 批次，批次合格率为 76.5%。11 月 8 日起，省标准计量管理局组织对杭州、宁波、绍兴、金华、台州 5 市(地)的酱油产品开展监督检查，共抽检 118 家企业的 171 批次酱油，合格 14 批次，批次合格率为 8.2%。其中，杭州市 36 批次，批次合格率 2.8%；宁波市 62 批次，批次合格率 14.5%；绍兴市 26 批次，批次合格率 11.5%；台州地区 39 批次，批次合格率 2.6%；金华市 8 批次，无一合格。12 月 28 日，省标准计量管理局公布 1985 年罐头食品等 5 种产品统检结果，共抽查 301 家企业的 522 批次产品，各项指标全部合格的 302 批次，批次合格率为 57.9%。同年，国家监督抽查浙江 6 家罐头食品生产企业的 7 批次产品，合格 5 批次，批次合格率为 71.4%。

表 35-5-2-1　　1985 年浙江省食品质量统检情况一览表

产品名称	抽查企业数（家）	抽查批次数（批）	批次合格率（%）	产品名称	抽查企业数（家）	抽查批次数（批）	批次合格率（%）
罐头食品	149	329	51.8	麦乳精	17	17	11.8
糖果	66	94	71.3	甜炼乳	2	2	0
饼干	67	80	86.3				

资料来源：根据省质监局档案资料整理编制。

1986 年 1 月 17 日，省标准计量管理局公布 1985 年汽水、橘子原汁、味精、白砂糖监督检查结果：抽查汽水 266 批次，批次合格率为 15.4%，主要问题是汽水中的含糖量、二氧化碳含量不足及卫生指标不合格；抽查鲜橘原汁 76 批次，批次合格率为 52.6%，主要问题是鲜橘原汁配料名不符实，绝大多数并非橘子原汁，而是糖精钠、橘油、色素配以少量橘汁(或根本没有橘汁)；抽查味精 29 批次，批次合格率为 82.8%，主要问题是水分偏高；抽查白砂糖 5 批，批次合格率为 80%。1986 年，全省食品质量省级监督检验及统检共抽查 915 批次产品。

表 35-5-2-2　　1986 年浙江省食品质量省级监督检查及统检情况一览表

产品名称	抽查企业数（家）	抽查批次数（批）	批次合格率（%）	产品名称	抽查企业数（家）	抽查批次数（批）	批次合格率（%）
食用油	—	64	85.9	汽水	172	207	79.3
奶粉	—	13	38.5	酒类	147	317	72.9
蛋卷	—	13	76.9	食用油(复检)	52	52	96.2

续表

产品名称	抽查企业数（家）	抽查批次数（批）	批次合格率（%）	产品名称	抽查企业数（家）	抽查批次数（批）	批次合格率（%）
罐头食品	42	74	66.2	饼干	20	20	80.0
糖果	25	32	71.9	糕点	6	12	75.0
麦乳精	10	10	60.0	茶叶	79	101	61.4

资料来源：根据省质监局档案资料整理编制。

1987 年 3 月，省标准计量管理局、省工商局、省消费者协会首次组织对流通领域中的省外商品开展质量监督检查，其中抽查罐头食品 10 批次，批次合格率为 50%。8 月，省标准计量管理局公布全脂加糖奶粉、罐头食品等统检及复检结果，主要问题有蔗糖超标、细菌或重金属含量大于国家标准规定的最高允许值。

表 35-5-2-3　　1987 年浙江省食品质量统检情况一览表

产品名称	抽查企业数（家）	抽查批次数（批）	批次合格率（%）
全脂加糖奶粉（复检）	17	17	41.2
罐头食品	42	48	66.7
麦乳精、糕点	30	38	71.1

资料来源：根据省质监局档案资料整理编制。

1988 年 5 月 15 日，省标准计量管理局公布酒类产品质量监督检验结果：共抽查白酒、黄酒、配制酒、啤酒、食用酒精 5 类产品，计 151 家生产企业的 287 批次产品，合格 249 个批次，批次合格率为 86.8%。5—7 月，省产品质量监督检验所受省标准计量管理局、省消费者协会委托，对全省汽水产品进行经常性监督检验，共抽查 205 家企业的 316 批次产品，合格 129 批次，批次合格率为 40.8%。不合格产品中，二氧化碳含量不足 173 批次，糖精钠指标不合格 12 批次，总酸、苯甲酸指标不合格 9 批次，菌落总数超标 10 批次，感官检查不合格 5 批次。8 月 1 日，省标准计量管理局公布啤酒用麦芽经常性监督检验结果：共抽查 68 家企业的 70 批次产品，经检验，合格 33 批次，批次合格率为 47.1%。11 月 3 日，省标准计量管理局公布 1988 年酒类产品省级经常性监督检验结果：共抽检 160 家企业的 404 批次产品，经检验，合格 328 批次，批次合格率为 81.2%。在 76 批次不合格产品中，感官质量品评不合格的 44 批次，杂醇油指标不合格的 14 批次，金属锰含量超出标准最大允许值的 11 批次。

1991 年 1—2 月，省标准计量管理局分别公布 1990 年第三季度和第四季度经常性监督检查情况，共抽样检验 333 批次食品。

表 35-5-2-4　1990 年第三、第四季度浙江省食品质量省级经常性监督检查情况一览表

产品名称	抽查企业数（家）	抽查批次数（批）	批次合格率（%）	产品名称	抽查企业数（家）	抽查批次数（批）	批次合格率（%）
食用盐	33	34	97.1	茶叶	120	174	70.7
啤酒	19	28	96.4	罐头食品	53	61	93.4
水果罐头	31	32	87.5	麦乳糖	3	4	0

资料来源：根据省质监局档案资料整理编制。

1991 年 5—6 月，省标准计量管理局、省工商局、省消费者协会在全省流通领域抽查 33 家企业的 38 批次啤酒和 21 家企业的 21 批次碳酸饮料。经检验，酒精含量等 8 个项目均符合要求的啤酒有 25 批次，批次合格率为 65.8%。在被判为不合格的 13 批次啤酒中，喷泉现象严重和其他感官不合格 9 批次，双乙酰超标 5 批次，原麦汁浓度偏低 3 批次，细菌总数超标 2 批次。碳酸饮料主要检验可溶性固形物等 5 项指标。经检验，所有项目均符合要求的有 10 批次，批次合格率为 47.6%。在被判为不合格的 11 批次碳酸饮料中，有 6 批次是理化指标不合格。8 月，省标准计量管理局公布 1991 年上半年省级经常性监督检验结果：抽查 12 家企业的 22 批次糖果，批次合格率为 100%；抽查 23 家企业的 30 批次茶叶，批次合格率为 63.3%；抽查 51 家企业的 65 个批次罐头食品，批次合格率为 80.0%；抽查 12 家企业的 12 批次乳黄瓜，批次合格率为 66.7%。1991—1992 年，全省食品质量省级定期监督检查共抽查 337 批次产品。

表 35-5-2-5　1991—1992 年浙江省食品质量省级定期监督检查情况一览表

产品名称	抽查企业数（家）	抽查批次数（批）	批次合格率（%）	产品名称	抽查企业数（家）	抽查批次数（批）	批次合格率（%）
食用盐	1	1	100	白酒	58	70	50.0
甜炼乳	2	2	100	大米	—	21	85.7
食用酒精	24	24	100	小麦粉	—	11	63.6
冰淇淋	10	22	50.0	全脂加糖奶粉	11	11	81.8
罐头食品	6	7	85.7	麦乳精	6	6	16.6
茶叶	123	162	72.8				

资料来源：根据省质监局档案资料整理编制。

1993 年 2 月 8 日，省标准计量管理局公布 1992 年冬季杭州市场商品质量监督抽查结果。其中，抽查 7 家商店经销的 22 家企业生产的 23 批次滋补营养食品，经检验，合格 10 批次，批次合格率 43.5%；抽查 6 家商店经销的 10 家企业生产的 10 批次罐装饮料，经检验，全部合格;抽查8家商店经销的10家企业生产的10批次矿泉水,经检验,全部合格。同年,省标准计量管理局组织开展食品质量省级定期监督检查,共抽查515批次产品。

表35-5-2-6　　1993年浙江省食品质量省级定期监督检查情况一览表

产品名称	抽查企业数(家)	抽查批次数(批)	批次合格率(%)	产品名称	抽查企业数(家)	抽查批次数(批)	批次合格率(%)
糖果、巧克力	—	25	84.0	茶叶(第三季度)	72	102	75.5
饼干	—	14	85.7	藕粉	—	4	75.0
蜜饯(第一季度)	14	27	44.4	果奶	11	11	90.9
大米	—	19	73.7	榨菜	6	6	33.3
小麦粉(第二季度)	—	13	61.5	蜜饯(第四季度)	9	15	46.7
食用油脂	—	20	90.0	小麦粉(第四季度)	15	15	60.0
啤酒	33	46	84.8	挂面	10	11	40.0
饮料	15	17	70.6	白酒	12	12	66.7
味精	21	31	96.8	黄酒	42	48	87.5
茶叶(第二季度)	28	41	63.4	奶粉	8	8	62.5
食用酒精	10	10	90.0	食用油	19	20	65.0

资料来源:根据省质监局档案资料整理编制。

1994年8月16日,省标准计量管理局通报市场销售的部分矿泉水质量监督抽查结果:共抽查杭州、温州、义乌3个地区的12家经销单位销售的15批次矿泉水,合格7批次,批次合格率为46.7%。其中,抽取省外企业生产的矿泉水7批次,批次合格率为71.4%;抽取省内企业生产的矿泉水8批次,批次合格率为25.0%。主要问题是细菌超标、标签不合格、矿物质实测含量与标签上明示值不符。同年,省标准计量管理局组织开展食品质量省级定期监督检查。

表35-5-2-7　　1994年浙江省食品质量省级定期监督检查情况一览表

产品名称	抽查企业数(家)	抽查批次数(批)	批次合格率(%)	产品名称	抽查企业数(家)	抽查批次数(批)	批次合格率(%)
大米(第二季度)	—	20	75.0	酱菜	32	35	34.3
小麦粉(第二季度)	—	11	81.8	蜜饯	16	18	44.4
挂面	—	10	100	茶叶(第二季度)	59	59	76.3
食用油脂(第二季度)	—	17	76.5	糖果、巧克力	9	12	100

续表

产品名称	抽查企业数(家)	抽查批次数(批)	批次合格率(%)	产品名称	抽查企业数(家)	抽查批次数(批)	批次合格率(%)
营养滋补品	13	13	46.2	茶叶(第三季度)	—	59	74.6
矿泉水、饮用水	23	23	82.6	藕粉	—	5	80.0
果味奶、发酵奶	10	10	70.0	方便罐装食品	—	7	85.7
固体饮料	—	18	50.0	大米(第四季度)	—	20	85.0
黄酒	—	25	56.0	小麦粉(第四季度)	—	10	100
白酒	—	—	60.0	食用油脂(第四季度)	—	20	90.0
食用酒精	—	—	85.7	瓶装酱油	15	20	60.0
食盐(第三季度)	—	35	51.4	食盐(第四季度)	—	40	87.5

资料来源:根据省质监局档案资料整理编制。

1995年1月,省标准计量管理局通报蜜饯等5种市场商品质量监督检验结果:共抽查66家经销企业销售的96批次食品,合格33批次,批次合格率为34.4%。其中,抽查26家经销企业的50批次蜜饯,批次合格率为28.0%;抽查10家经销企业的13批次酱油,批次合格率为69.2%;抽查9家经销企业的11批次香肠,批次合格率为9.1%;抽查11家经销企业的11批次大米,批次合格率为27.3%;抽查10家经销企业的11批次食用油,批次合格率为54.5%。7月,省标准计量管理局通报1995年全省瓶装饮用天然矿泉水全国统检结果:共抽查48家企业生产的48批次,经理化、卫生等检验和感官评定,合格27批次,批次合格率为56.3%。不合格项目主要是菌落总数超标。9月,省标准计量管理局通报1995年碳酸饮料全省统检结果:在全省313家碳酸饮料生产企业中,共抽查292家企业,统检覆盖率为93.3%;抽查产品307批次,合格124批次,批次合格率为40.4%。同年,省标准计量管理局组织开展食品质量省级定期监督检查。

表35-5-2-8　　1995年浙江省食品质量省级定期监督检查情况一览表

产品名称	抽查企业数(家)	抽查批次数(批)	批次合格率(%)	产品名称	抽查企业数(家)	抽查批次数(批)	批次合格率(%)
婴幼儿食品	5	7	85.7	小麦粉	—	—	70.0
膨化食品	7	11	81.8	食用油脂	—	—	100
蜜饯	20	28	50.0	饮料、含乳饮料	—	15	100
茶叶	—	42	78.6	固体饮料	—	17	70.6
大米	—	—	90.0				

资料来源:根据省质监局档案资料整理编制。

1996年2月，省技监局通报“打假保春节”行动部分商品质量监督检验结果：抽查37家商店经销的72批次白酒，合格61批次，批次合格率为84.7%；抽查70批次黄酒，经检验，合格36批次，批次合格率为51.4%。3月，省技监局通报部分市场销售的食用加碘盐质量检查结果：共抽查杭州、金华、衢州3个地区15个市、县(市、区)24个食盐供应点的25批次食用加碘盐，合格19批次，批次合格率为76%。7月，省技监局公布1996年碳酸饮料全省统检结果：共抽查357家企业生产的385批次，合格168批次，批次合格率为43.6%；其中被判为劣质品的有139批次，占总批次数的38.9%。8月，省技监局通报1996年全省瓶装饮用天然矿泉水全国统检结果：共检查61家企业生产的61批次，合格39批次，批次合格率为63.9%。9月，省技监局公布1996年夏季啤酒质量省级监督检查结果：共检查62家企业生产的91批次啤酒以及5家商店经销的8批次进口或省外啤酒，合格75批次，批次合格率为75.8%。同年，省技监局组织开展食品质量省级定期监督检查，共抽查433批次产品。

表35-5-2-9　　1996年浙江省食品质量省级定期监督检查情况一览表

产品名称	抽查企业数(家)	抽查批次数(批)	批次合格率(%)	产品名称	抽查企业数(家)	抽查批次数(批)	批次合格率(%)
大米	—	50	84.0	纯净饮用水	25	25	72.0
小麦粉	—	30	63.3	食品添加剂	58	69	88.4
茶叶	44	60	81.7	食用油、挂面	47	50	82.0
方便食品	7	7	85.7	酱油	34	34	58.8
果蔬罐头	21	21	95.2	米醋	—	24	54.2
啤酒	21	22	86.4	味精	16	21	90.5
果汁、含乳饮料	—	20	85.0				

资料来源：根据省质监局档案资料整理编制。

1997年7月，省技监局通报“蓝箭健康卫士”行动监督检查加碘盐等6种商品情况：共抽查36家经销单位销售的46批次加碘盐，合格30批次，批次合格率为65.2%；抽查含乳饮料、果汁饮料25批次，合格14批次，批次合格率为56%；抽查饮用水31批次，合格22批次，批次合格率为71%。同年，省技监局组织开展食品质量省级定期监督检查，共抽查396批次产品。

表 35-5-2-10　　1997 年浙江省食品质量省级定期监督检查情况一览表

产品名称	抽查企业数(家)	抽查批次数(批)	批次合格率(%)	产品名称	抽查企业数(家)	抽查批次数(批)	批次合格率(%)
蜜饯	16	21	52.4	果蔬罐头	43	44	97.7
营养滋补品	12	12	83.3	饮用水	47	48	81.2
大米(第二季度)	—	21	81.0	挂面	—	20	50.0
大米(第四季度)	—	40	92.5	食用油	—	38	81.6
小麦粉	—	30	93.3	酱油	39	39	76.9
春茶	52	64	90.6	米醋	19	19	68.4

资料来源:根据省质监局档案资料整理编制。

1998 年 3 月,省技监局通报全省“打假保节日”蓝箭行动监督抽查情况:抽查 12 批次黄酒,批次合格率为 33.3%;抽查杭州、绍兴 16 家经销单位经销的 16 批次营养配方食品,合格 9 批次,批次合格率为 56.3%。4—6 月,省卫生厅组织全省卫生部门对熟肉制品、瓶(桶)装饮用水、白酒、含乳饮料、冷冻食品、保健食品、蜜饯、酱腌食品 8 类食品的卫生质量进行抽样检测,共抽检 1574 件,合格 1104 件,合格率为 70.1%。8 月,省技监局通报 1998 年纯净水全省统检结果:共检查全省 128 家生产企业的 128 批次纯净水,合格 76 批次,批次合格率为 59.4%。10 月,省技监局通报市场销售的食用植物油质量监督检查结果:共抽查杭州、嘉兴、绍兴 3 个地区 25 家经销单位销售的 25 批次产品,合格 14 批次,批次合格率为 56%。其中,抽查芝麻油 13 批次,批次合格率为 23.1%;抽查精制油(包括大豆油、菜籽油、玉米油、调和油)12 批次,批次合格率为 91.7%。12 月,省技监局通报市场销售的酱腌菜中食品添加剂含量监督检查结果:共抽查 22 家经销单位销售的 30 家企业生产的 40 批次酱腌菜,合格 9 批次,批次合格率为 22.5%。存在的主要问题是防腐剂、甜味剂超标。同年,省技监局组织开展食品质量省级定期监督检查,共抽查 370 批次产品。

表 35-5-2-11　　1998 年浙江省食品质量省级定期监督检查情况一览表

产品名称	抽查批次数(批)	批次合格率(%)	产品名称	抽查批次数(批)	批次合格率(%)
蜜饯	23	65.2	挂面	20	75.0
大米(第二季度)	40	87.5	食用油(第二季度)	24	87.5
大米(第四季度)	30	83.3	食用油(第四季度)	25	84.0
小麦粉	30	93.3	茶叶	69	95.7

续表

产品名称	抽查批次数（批）	批次合格率（%）	产品名称	抽查批次数（批）	批次合格率（%）
营养乳饮料	13	53.9	米醋	19	73.7
天然矿泉水	45	71.1	酱腌菜	19	78.9
方便面	4	75.0	糖果、饼干	9	100

资料来源：根据省质监局档案资料整理编制。

1999年10月，省技监局通报“打假保健康”蓝箭行动监督抽查情况：共抽查54家经销单位销售的46家企业生产的55批次食用植物油，合格13批次，批次合格率为23.6%；抽查25家经销单位销售的25批次方便面、挂面，合格10批次，批次合格率为40.0%；抽查36家经销单位销售的41批次袋装黄酒，合格12批次，批次合格率为29.3%；抽查17家经销单位销售的20批次茶叶，合格13批次，批次合格率为65.0%；抽查5家经销单位销售的22批次酱腌菜，合格14批次，批次合格率为63.6%；抽查5家经销单位销售的26批次蜜饯，合格4批次，批次合格率为15.4%；抽查12家经销单位销售的20批次藕粉，合格10批次，批次合格率为50.0%；抽查含乳饮料10批次，全部合格；抽查冷冻饮品13批次，合格7批次，批次合格率为53.8%。12月，省技监局通报酱油、食醋质量监督检查情况：共抽查8家商场销售的16批次酱油和9批次食醋，批次合格率分别为81.3%、88.9%。同年，省技监局组织开展食品质量省级定期监督检查，共抽查729批次产品。

表35-5-2-12　　1999年浙江省食品质量省级定期监督检查情况一览表

产品名称	抽查企业数（家）	抽查批次数（批）	批次合格率（%）	产品名称	抽查企业数（家）	抽查批次数（批）	批次合格率（%）
蜜饯	22	29	44.8	食品添加剂（第三季度）	55	72	94.4
藕粉	11	13	61.5	味精	17	23	95.7
大米（第二季度）	25	25	84.0	挂面	15	16	81.3
小麦粉	25	25	88.0	方便面	4	4	25.0
食用油（第二季度）	15	15	93.3	食用植物油（第四季度）	20	20	85.0
茶叶	81	92	69.6	酱油	43	43	86.1
营养乳饮料	15	15	40.0	米醋	27	27	92.6
天然矿泉水	38	38	65.9	酱菜	16	18	72.2
纯净水、泉水	163	165	70.9	杭白菊	16	17	64.7

续表

产品名称	抽查企业数(家)	抽查批次数(批)	批次合格率(%)	产品名称	抽查企业数(家)	抽查批次数(批)	批次合格率(%)
大米(第四季度)	38	38	100	黄酒	16	16	81.3
食品添加剂(第四季度)	7	8	100	白酒	10	10	90.0

资料来源:根据省质监局档案资料整理编制。

2000年、2001年,省质监局组织开展食品质量省级定期监督检查,共抽查398批次产品。

表35-5-2-13　　2000年、2001年浙江省食品质量省级定期监督检查情况一览表

产品名称	抽查企业数(家)	抽查批次数(批)	批次合格率(%)	产品名称	抽查企业数(家)	抽查批次数(批)	批次合格率(%)
矿泉水	32	33	90.9	蜜饯	21	31	77.4
饮用水、泉水	57	57	57.9	方便食品	14	18	72.2
茶叶	113	123	69.1	食品添加剂	32	37	97.3
大米	19	20	90.0	香精香料	9	16	100
小麦粉	20	23	78.3	味精	15	20	95.0
食用植物油	20	20	100				

资料来源:根据省质监局档案资料整理编制。

2002年8月,省质监局通报食品质量日常监督检查结果:共抽查177批次酱油、食醋,经理化、卫生指标检验和感官评定及食品标签检查,被判为不合格的52批次。其中,抽查酱油119批次,批次合格率为78.9%;抽查食醋58批次,批次合格率为53.5%。同年,省质监局组织开展食品质量省级定期监督检查,共抽查611批次产品。

表35-5-2-14　　2002年浙江省食品质量省级定期监督检查情况一览表

产品名称	抽查批次数(批)	批次合格率(%)	产品名称	抽查批次数(批)	批次合格率(%)
茶叶	132	93.9	碳酸饮料	146	63.0
饮用水(含矿泉水、泉水、纯净水)	333	64.7			

资料来源:根据省质监局档案资料整理编制。

2003年第四季度,全省质监部门组织开展食品质量定期监督检查,共抽查5类423批次食品,经检验,已取得食品生产许可证企业生产的308批次产品中有9批次被判为不合格,批次合格率为97.1%;115批次无证产品中有49批次被判为不合格,批次合格率为57.4%。

2004 年 5 月 10 日，省质监局决定对省内企业生产的大桶饮用水进行产品质量国家监督专项抽查。同年，省质监局组织开展食品质量省级定期监督检查，共抽查 1334 批次产品。

表 35-5-2-15　　2004 年浙江省食品质量省级定期监督检查情况一览表

产品名称	抽查批次数(批)	批次合格率(%)	产品名称	抽查批次数(批)	批次合格率(%)
饮用水	647	68.0	月饼	280	78.2
蜜饯	33	57.6	碳酸饮料	63	58.7
冷冻饮品	43	72.1	速冻食品	11	54.6
方便榨菜	144	65.3	酱油	89	94.4
酱腌菜	24	80.0			

资料来源：根据省质监局档案资料整理编制。

2005 年，省质监局组织开展食品质量省级定期监督检查，共抽查 3297 批次产品。

表 35-5-2-16　　2005 年浙江省食品质量省级定期监督检查情况一览表

产品名称	抽查批次数(批)	批次合格率(%)	产品名称	抽查批次数(批)	批次合格率(%)
白酒	228	83.8	冷冻饮品	68	58.8
面包	156	89.7	啤酒	35	97.1
鱼片干	16	93.8	纯净水	341	76.5
黄酒	338	68.3	矿泉水	32	84.4
蛋糕	228	76.8	天然水	228	68.0
小麦粉	12	75.0	茶叶	385	96.9
大米	211	98.6	酱腌菜	62	66.1
腐乳	17	41.2	月饼	461	84.4
水果冻	9	100	碳酸饮料	51	54.9
糖果	6	83.3	杭白菊	20	85.0
蜜饯	45	66.7	含乳饮料	39	92.3
液体乳	8	87.5	味精	12	91.7
蔬菜罐头	29	100	食用植物油	45	97.8
水果罐头	29	93.1	方便榨菜	135	83.0

资料来源：根据省质监局档案资料整理编制。

2006年，省质监局对桶装饮用水等8类食品进行专项监督抽查，共抽查1176家企业生产的1178批次产品，合格932批次，批次合格率为79.1%。其中，膨化食品、小麦粉、婴幼儿配方奶粉和婴幼儿米粉批次合格率均为100%；罐头食品、含乳饮料批次合格率分别为98.3%和97.6%；桶装饮用水批次合格率为80.7%，主要问题是菌落总数、霉菌超标；白酒批次合格率为63.8%，主要问题是固形物、糖精钠、总酯、酒精度等指标不符合国家标准要求。同年，国家质检总局监督抽查浙江379家企业生产的440批次食品，其中315家企业生产的372批次产品合格，批次合格率为84.5%。

2007年，国家监督抽查浙江食品545批次，合格453批次，批次合格率为83.1%，比全国平均批次合格率高0.7个百分点。在抽查的食品中，质量较好的有熟肉制品、月饼、灭菌乳、食用盐、食醋等，批次合格率为100%；抽查合格率较低的产品为烤鱼片、干坚果、果(蔬)汁饮料、冷冻饮品，批次合格率分别为42.9%、53.8%、55.6%、55.6%。其中，烤鱼片存在食品添加剂、(焦)亚硫酸盐、菌落总数、大肠菌群等涉及健康的指标中1项或2项不合格的问题，冷冻饮品除标签问题外，还存在食品添加剂超标等问题。同年，省质监局组织开展食品质量省级定期监督检查，共抽查3844批次产品。

2009年第三季度，全省质监部门共抽查1119家食品生产企业的1284批产品，批次合格率为94.6%。2010年，省质监局组织开展省级产品专项监督抽查，共抽查饮用水、熟肉制品、含乳饮料、糖果、固体饮料、蜂蜜等10余种产品，计1589批次，批次合格率为80.2%。同年，省质监局组织开展食品质量省级定期监督检查，共抽查7308批次产品。

表35-5-2-17　　2007—2010年浙江省食品质量省级定期监督抽查情况一览表

年份	品类(种)	抽查企业数(家)	抽查批次数(批)	批次合格率(%)
2007	45	—	3844	87.4
2008	91	5042	8081	90.8
2009	88	4752	7422	93.0
2010	98	4545	7308	94.1

资料来源：根据省质监局档案资料整理编制。

三、食品及食品相关产品证后监管

2002年5月，国家开始对食品实行质量安全市场准入制度。2003年12月22日，省质监局转发国家质检总局《关于查处无证生产小麦粉等5类食品的通知》，对小麦粉等5类食品无证生产的查处工作进行部署。2004年4月，质监部门对小麦粉等5类食品质量安全市场准入工作开展市际互查，共检查42家食品生产企业。经检查，符合(基本符合)要求的企业有33家，不符合要求的企业有9家(其中限期整改3家、退回重审6家)。4月20日，国家质检总局对杭州、绍兴的4家食品生产企业进行省际互查。11月30日，根据国家质检总局发布的第

167号公告，省质监局要求台州市、杭州市质量技术监督局做好温岭市富市米业有限公司、天台县桥南面粉厂、萧山兴隆植物油厂、杭州萧山新湾镇东海小车油加工场、建德市梅城粮管所粮油综合经营部的食品生产许可证撤回、吊销工作。2005年5月25日至6月10日，省质监局组织对小麦粉等15类食品的市场准入工作进行市际互查，互查的对象是全省已取得食品生产许可证的企业和经现场核查合格、正在报批的食品生产加工企业。11个互查组对食品生产企业原料进货把关、生产工艺流程、生产过程质量控制、产品出厂检验等各环节逐一进行检查，共检查食品生产加工企业44家，涉及48个申证单元，其中，获证企业33家37个申证单元，占全省已获证企业的3.6%；正在报批的食品生产加工企业11家11个申证单元。经互查组综合评定，符合要求的企业43家。

2006年3月6日，省质监局印发《浙江省获得食品生产许可证企业年度报告及审查工作管理规定》(以下简称《规定》)，明确获证企业年度报告采取企业自查申报，企业所在地质监部门对企业自查材料进行审核和实地抽查相结合的方式进行。《规定》同时对获证企业年度报告及其审查工作的分工、获证企业提交年度报告的内容及须附的资料、受理和审查的时限及结论的出具等进行明确。12月18日，省质监局决定注销富阳市粮食加工厂等25家企业的25张食品生产许可证。2007年4月，省质监局在海宁市召开全省食品生产加工业全面整治现场会，对食品无证生产查处工作进行部署。同时明确，应当取得食品生产许可证而未取得仍在生产的食品企业，一律责令其停止生产，已经生产的食品一律不得包装销售。7月12日，因有效期满未延续等原因，省质监局建议国家质检总局依法注销宁海县罗兰矿泉饮品有限公司等12家企业的食品生产许可证，同时决定注销宁海县东部海洋经济开发有限公司等17家企业的18张食品生产许可证。9月19日，因企业倒闭等原因，省质监局建议国家质检总局依法注销温岭市太湖纯净水有限公司等6家企业食品生产许可证。同年，根据国家质检总局《关于开展糖果制品等13类食品无证生产查处工作的通知》，全省质监部门开展对糖果制品、茶叶(含边销茶)、葡萄酒及果酒、啤酒、黄酒、酱腌菜、蜜饯、炒货、蛋制品、可可制品、焙炒咖啡、水产加工品、淀粉及淀粉制品13类食品的无证生产查处工作，重点查处了一批未取得食品生产许可证仍然从事生产销售的企业。

2008年，全省质监部门对28大类食品和3大类39种食品用塑料包装、容器产品的无证生产开展专项查处行动。行动分2个阶段进行：4月1日前，主要对28大类食品中的糕点、豆制品等新纳入食品质量市场准入管理的食品质量进行检查；4月1日后，主要对28大类食品中的糕点、豆制品等新纳入食品质量市场准入管理的食品生产加工企业进行检查，并对存在无证生产销售、制假售劣、伪造冒用食品生产许可证证书和QS标志或食品生产许可证编号等违法行为的企业进行查处。5月13日，因停产等原因，省质监局建议国家质检总局依法注销浙江黄岩王林酒厂等34家企业的食品生产许可证，并决定注销宁波市镇海区骆驼街道农家园轧米厂等25家企业的25张食品生产许可证。10月16日，因停产等原因，省质监局建议国家质检总局依法注销温州市龙湾富氧纯水厂等35家企业食品及相关产品生产许可证。12月10日，省质监局决定注销富阳市场口油厂等25家企业的27张食品生产许可证。12月15日，因停产等原因，省质监局建议国家质检总局依法注销宁波谊丰食品有限公司等28家企业的食品生产许可证。

2009年4月27日，省质监局决定注销富阳市场口镇娄国顺油厂等16家企业的17张食品生产许可证。4月30日，因停产等原因，省质监局建议国家质检总局依法注销嘉兴市荣盛饮用水有限公司等27家企业的食品及相关产品生产许可证，同时建议国家质检总局尽快吊销违法添加非食用物质“皮革水解蛋白粉”的金华市晨园乳业有限公司乳制品（巴氏杀菌乳、酸乳）和饮料类（含乳饮料）食品生产许可证。7月14日，因有效期届满未延续等原因，省质监局建议国家质检总局依法注销嵊州市百丈飞瀑饮水有限公司等27家企业的食品及相关产品生产许可证。7月22日，省质监局决定注销遂昌县黄沙腰烤薯专业合作社等12家企业的15张食品生产许可证。9月4日，因有效期届满未延续等原因，省质监局建议国家质检总局依法注销绍兴县山娃子纯净水厂等111家企业的食品及相关产品生产许可证。同时，建议国家质检总局依法吊销因生产不合格产品而受到行政处罚的衢州柯城九华山仙泉厂食品生产许可证。同日，省质监局决定对玉环县渔夫海洋食品厂等62家企业的71张食品生产许可证予以注销。10月16日，因产品质量不合格等原因，省质监局建议国家质检总局依法吊销诸暨市龙门马剑山泉厂、诸暨市应店街新云山清泉饮料厂的瓶（桶）装饮用水食品生产许可证。11月5日，因停产等原因，省质监局建议国家质检总局依法注销浙江金牧牛乳业有限公司等23家企业的食品及相关产品生产许可证，并决定对杭州丹林食品有限公司等6家企业的6张食品生产许可证予以注销。12月22日，因停产等原因，省质监局建议国家质检总局依法注销台州市黄岩云峰饮用水厂等35家企业的食品及相关产品生产许可证，并决定对浙江黄岩宁溪酒厂等8家企业的8张食品生产许可证予以注销。至年底，全省注销食品生产许可证315张。其中，国家质检总局批准注销186张，省质监局批准注销129张。

2010年1月18日，因停产等原因，省质监局建议国家质检总局依法注销青田县安吉尔饮用水有限公司等28家企业的食品及相关产品生产许可证。1月26日，省质监局决定对金华市粮食收储有限公司白龙桥米厂等7家企业的8张食品生产许可证予以注销。2月4日，因停产等原因，省质监局建议国家质检总局依法注销常山县多旺食品饮料厂等20家企业的食品及相关产品生产许可证，并决定对浙江东海岸实业有限公司等9家企业的10张食品生产许可证予以注销。3月5日，省质监局建议国家质检总局依法注销金华金东区东方饮用水开发有限公司等15家企业的食品及相关产品生产许可证。3月16日，省质监局决定对仙居县括苍山茶油开发有限公司等13家企业的13张食品生产许可证予以注销。4月13日，因有效期届满未延续等原因，省质监局建议国家质检总局依法注销建德市新安江山里人天然饮用水有限公司等8家企业的食品生产许可证，并决定对绍兴市绍乡古道酒业有限公司等26家企业的27张食品生产许可证予以注销。4月28日，因有效期届满未延续等原因，省质监局建议国家质检总局依法注销海宁市丁桥镇海华食品厂等34家企业的食品及相关产品生产许可证。因连续2次在省级监督抽查中不符合安全卫生等强制性标准规定，省质监局同时建议国家质检总局尽快吊销庆元县石龙山泉水厂等3家企业的饮料[瓶（桶）装饮用水类（其他饮用水）]食品生产许可证。6月7日，省质监局决定注销湖州市南浔佳禾粮油有限公司等18家企业的19张食品生产许可证。6月8日，因已不具备食品生产许可证持证条件，省质监局建议国家质检总局注销建德市青峰山泉有限公司等13家企业食品生产许可证。7月2日，因有效期届满未延续，省质监局建议国家质检总局依法注销杭州冷泉食品饮料厂等32家企业的食品及相关产品生产许可证，并决定注销杭州瑞麦食品有限公司等39家企业的45张食品生产许可证。8月31日，因有效期届满未延续等原因，省质监局建议国家质检总局依法注销兰溪市华兴肉类加工厂等191家企业食品生产许可证，并决定注销金华市曹宅寿生酒厂等43家企业的47张食品生产许可证。9月28日，因有效期满未延续等原因，省质监局建议国家质检总局依法注销舟山市定海光泉食品有限公司等15家企业的食品生产许可证，并决定注销临安恒运炒货食品厂等41家企业的44张食品生产许可证。11月16日，因有效期届满未延续或不再生产许可范围内产品，省质监局建议国家质检总局依法注销舟山市舟丰海洋食品有限公司等6家企业食品及食品添加剂生产许可证，并决定注销绍兴市小店王酿造有限公司等23家企业的23张食品生产许可证。12月29日，因有效期届满未延续或不再生产许可范围内产品，省质监局建议国家质检总局依法注销杭州五丰联合肉类有限公司等6家企业的食品生产许可证，并决定注销绍兴市袍江应大食品炒货厂等14家企业的16张食品生产许可证。至年底，全省共注销食品生产许可证621张。其中，国家质检总局批准注销337张，省质监局批准注销284张。

第三节　食品质量检测体系建设与风险监测

食品质量安全关系人身健康、生命安全及社会稳定。民国时期，浙江没有专门的食品质量检验机构。中华人民共和国成立后，全省逐步建立起食品卫生检测体系。20世纪80年代，随着浙江食品工业的发展，全省食品质量检测体系开始建立。至2010年底，全省基本形成相对独立的省、市、县三级食品质量检验检测体系，其中，省级机构10家，市级机构50家，县级机构167家。食品质量安全风险监测工作在全省普遍开展。

一、食品质量检测体系建设

1953年，省、市、县卫生行政管理部门相继成立卫生防疫站，并逐步形成了以各级卫生防疫站为主体的食品卫生检验检测体系。1982年7月，省标准计量管理局授权省食品质量监督检验站开展食品质量监督检验工作。1984年，省编委批复同意设立省产品质量监督检验所，负责对包括食品在内的产品质量进行监督检验。同年，部分市(地)标准计量部门也相继开始设立产品质量监督检验机构，开展食品质量监督检验。1985年，省标准计量管理局同意在省轻工业厅盐业公司内设立浙江省盐业产品质量检验站，并委托其开展盐类产品质量监督检验。1988年1月，省标准计量管理局决定在浙江省粮食科学研究所内设浙江省粮油产品质量检验站，委托其开展粮油及相关食品的监督检验工作。1999年12月30日，省卫生防疫站撤销，组建省疾病预防控制中心，承担食品卫生监督检验等工作。

2002年，省质监局对全省承担食品生产许可证相应检验工作的检验机构进行审定，并将审定情况报国家质检总局。2003 年 12 月 8 日，省质监局就指定检验机构承担肉制品等 10 类食品质量安全检验工作进行明确。同时要求承担肉制品等 10 类食品质量安全相应检验工作的产品质量检验机构应当具备以下条件：依法成立，能独立承担法律责任；具有承担相关产品质量安全检验工作的检验设备，并经省级以上质监部门计量认证、审查认可或实验室认可合格；在省质监局组织的肉制品等 10 类食品检验比对试验中，比对数据在允许偏差范围内；有完善的检验工作管理制度；从事相关食品质量安全检验工作的人员必须经过专业技能培训。按照上述条件，经对申请承担肉制品等 10 类食品质量安全检验工作的检验机构进行全面审核，省质监局指定温州市质量技术监督检测院、省食品质量监督检验站承担肉制品等 10 类食品生产许可证发证检验工作，指定温州市质量技术监督检测院等 32 家产品质量检验机构承担肉制品等 10 类食品生产许可证企业委托检验工作。同年，国家质检总局指定浙江方圆检测股份有限公司、宁波市产品质量监督检验所、杭州市质量技术监督检测院承担肉制品等 10 类食品生产许可证发证检验和企业委托检验工作。2004 年 9 月，浙江工商大学、浙江出入境检验检疫局、省疾病预防控制中心、省农业科学院、浙江方圆检测集团股份有限公司、省食品质量监督检验站等省内主要食品安全研究及检测单位共同组建浙江省食品安全重点实验室。

2005 年 7 月，省质监局决定对全省质监系统从事食品检测的人员实行持证上岗制度，即全省质监系统各类技术机构从事食品检测采样、制样、分析、判断、报告审核的工作人员，必须取得相应的检测资格，方能独立上岗。10 月，质监部门对全省食品检验机构开展计量认证专项监督检查。重点检查食品检验机构的组织机构、管理体系、仪器设备和环境、检验人员以及检验地位公正性等方面情况，并对从事食品微生物、非食用蛋白水解液、胭脂红、苯甲酸、苏丹红、工业盐、对羟基苯甲酸酯、工业冰醋酸、香精香料、甜味剂、孔雀石绿等项目检验的实验室进行技术能力核查。9 月 19 日，省质监局印发《浙江省质量技术监督系统检测项目发展规划(2005—2007 年)》，对建立健全以国家级食品实验室为龙头，省级食品重点实验室为骨干，县(市)省级食品专业实验室为基础，食品生产园区实验室和社会检测资源为补充，结构完善、功能齐全、技术先进的食品检验检测体系建设总体目标等进行明确。同年，省质监局印发《浙江省质量技术监督食品检验检测体系建设的意见》。2006 年 1 月，全省质监系统有 57 家食品检验机构的 359 人申请食品检验人员上岗考核，涉及化学分析、仪器分析(色谱质谱类)、仪器分析(光谱类)和微生物检验 4 类岗位。通过理论考试和实际操作考核，共有 55 家食品检验机构的 325 人取得上岗资格。9 月 29 日，浙江省食品质量安全检测院(以下简称省食品质量安全检测院)揭牌成立，成为全国质检系统首家省级食品质量专业检测机构，主要承担食品及相关产品的检测、研究及技术服务。2007 年 4 月，温州市质量技术监督检测院、绍兴市质量技术监督检测院、嘉兴市产品质量监督检测所、台州市质量技术监督检测研究院、金华市质量技术监督检测院、湖州市质量技术监督检测院、衢州市质量技术监督检测中心、丽水市质量技术监督检测院、舟山市质量技术监督检测中心分别增挂市食品质量安全检测中心牌子。5 月，省质监局实行省级农产品安全质量检验信息结果共享制度，要求省级农产品检验机构对其所承担的蔬菜、畜禽肉、水产品、粮油、茶叶、食用菌、蜂产品等产品的检验情况进行汇总上报。11 月，质监部门对全省 202 家涉及食品、药品等产品质量检验检测的机构进行专项监督检查，主要检查各检验机构的仪器设备配备、仪器设备使用和维护、仪器设备检定/校准及检测规范性、公正性等方面的情况。2008年6月，经中国合格评定国家认可委员会（以下简称国家认可委）现场评审和盲样测试，浙江省农业部农产品质量安全监督检验测试中心、农业部农产品质量监督检验测试中心（杭州）、省质量技术监督检测研究院、农业部畜禽产品质量安全监督检验测试中心（杭州）取得奥运食品违禁药物控制检测资质。同年，省质监局印发《关于加强全省质监系统县级食品检验检测体系建设的意见》，加快县级食品检测实验室建设。

2010年，根据国家质检总局《关于加强质检系统食品检验机构接受委托检验工作管理的意见（试行）的通知》要求，全省质监部门加强食品检验机构接受委托检验工作的监督管理，督促食品检验机构建立健全自律机制，规范检验行为，提高工作质量。至年底，全省共有食品质量检验机构227家，分别隶属于卫生（95家）、质监（63家）、农业（32家）、检验检疫（18家）、食药（12家）、粮食（5家）、其他部门（2家）。有206家食品检验机构取得实验室资质认定（计量认证）证书。全省从事食品检验的人员有3164人，其中1386人为专职食品检验人员。全省用于食品检验的仪器设备原值160097.6万元。

二、食品质量安全风险监测

2005年4月，省质监局在全国率先发布《食品及食品用产品质量安全分级目录（试行）》，按风险程度，把食品及食品用产品分为高风险、中风险和低风险。其中属高风险的有肉制品、乳制品、食品添加剂、婴幼儿食品等7类食品；属中风险的有饮料、禽蛋、蜂产品等15类食品和编制物品、木制品、食品用纸制品等9类食品用产品；属低风险的有加工或保藏的蔬菜、水果、坚果等4类食品，铁、钢或铝等金属的罐、桶、容器3类食品用产品。2006年底，国家质检总局确定全国15家食品检验机构为国家食品安全快速预警与快速反应系统（以下简称RARSFS系统）直报点首批试点单位，省食品质量安全检测院名列其中。2007年，省食品质量安全检测院向国家质检总局RARSFS系统上报7个批次共336项食品检测数据，涉及酒类、水果制品、饮料、茶叶及相关制品、粮食加工品5大类加工食品，为国家质检总局RARSFS系统数据分析及全省食品安全风险监控提供信息支持。同年，由省质量技术监督检测研究院组织开展的“食品微生物安全性风险预警和控制技术研究项目”通过验收，为有效控制食源性致病菌危害，保证食品质量安全提供了便捷实用的控制技术。

2009年9月，省质监局制定《食品及相关产品生产许可风险监测和信息报送工作制度》等风险监测制度，启动全省食品质量安全风险监测工作。通过定期搜索新闻媒体食品安全信息、收集分析生产许可实地核查工作中发现的风险因子等手段，对影响食品安全的潜规则、标准和审查细则未提及的风险因子、食品原辅材料、添加剂和加工助剂及食品相关产品安全问题等进行动态监测。12月，国家质检总局将省质量技术监督检测研究院列为全国2010年食品生产加工环节风险监测检验机构之一。同年，省质量技术监督检测研究院组织编制豆制品、葡萄酒、染发剂和食品用塑料制品4个产品的质量安全风险监测分析报告，并向监管部门提供“奶粉中检出高氯酸盐”等质量安全预警信息。

2010年2月，“浙江省食品质量安全检测数据信息管理与风险预警系统研发项目”通过鉴定验收。该项目针对中国食品安全检测数据管理和风险监测信息化水平较低的状况，研发了功能完善且可动态更新的风险预警系统软件，并与浙江省标准信息与质量安全公共创新服务平台系统实现动态链接，为全省食品安全风险自动预警提供技术支撑。4月28日，省质监局组织开展对提供世博会食品的专项风险监测工作。监测的食品种类有饮料、方便面、膨化食品等11种。监测对象为提供世博会食品的17家生产企业。6月9日，省质监局决定对提供世博会使用的食品开展专项监督抽查和风险监测。同时根据《中国2010年上海世博会食品安全检验方案》要求，对直接入口的食品增加致病菌项目的风险监测，对糕点产品增加致病菌、铝、山梨酸项目的风险监测。6月18日，省质监局组织省质量技术监督检测研究院、杭州市质量技术监督检测院、宁波市产品质量监督检验研究院、温州市质量技术监督检测院、嘉兴市产品质量监督检验所、绍兴市质量技术监督检测院、舟山市质量技术监督检测院开展2010年度全省食品生产加工环节常规风险监测。7月1日至8月30日、9月1日至11月30日，检验机构按照省质监局常规风险监测采样计划的要求，开展常规风险监测工作。重点监测2010年食品生产加工环节常规风险监测产品及产品原辅料，涉及16类22种，包括对生命健康存在较大危害的非食用物质和致病性微生物、易被滥用的食品添加剂等15类21种食品52个风险因素。11月8日，省质监局决定开展食品生产质量安全风险分级监管试点工作。分级监管对象为省内部分肉制品和酱油生产企业，其中肉制品企业28家、酿造酱油企业25家。

第四节　食品质量专项整治及食品质量安全事件处置

食品质量专项整治是针对特定区域、特定行业或特定问题而组织开展的食品质量阶段性集中整治活动。其整治范围、整治对象主要依据监督检查、举报投诉、产品质量抽查等日常监管过程中获得的可能导致发生系统性食品质量安全问题的信息来确定。进入21世纪，随着食品质量重大安全事件的不断发生，食品质量安全引起社会广泛关注。为及时控制和消除区域性、行业性食品质量安全隐患，全省质监部门开展食品质量专项整治，制定突发事件应急预案，严厉打击食品质量违法行为。2006年，国家质检总局将浙江确定为全国食品加工小企业、小作坊整治示范工程建设试点省份，并在全国推广浙江“政府主导、部门主抓，重打基础、重抓源头、重在长效”的食品质量安全监管模式。2008年，浙江果断处置“三鹿”牌婴幼儿奶粉事件，实行乳制品驻厂检验制度，确保全省乳制品质量安全。至2010年底，全省食品生产加工业得到全面整治，“十小”行业规范率达98%以上，违法添加非食品物质和滥用食品添加剂等违法行为得到有效遏制。

一、食品质量专项整治

浙江食品加工企业众多，区域性、行业性食品质量安全问题时有发生。为确保生产加工领域食品质量安全，全省质监部门先后开展食品生产加工业专项整治、“十小”行业专项整治、食品添加剂专项整治等集中整治工作，消除食品质量安全隐患。

(一)食品生产加工业专项整治

2003年11月、12月,中央电视台《每周质量报告》栏目报道金华的永泰火腿厂、旭春火腿厂在生产过程中,用农药“敌敌畏”浸泡猪腿以防虫腐,生产反季节火腿的恶性事件和苍南县新世界食品厂等企业在卤制品中添加“酸性橙”①着色问题,引起社会广泛关注。

2004年3月8日,省质监局印发《关于在全省开展肉制品行业性质量整治工作的通知》,决定对火腿、香肠、畜类肉松制品及苍南县的卤制品等产品进行重点整治。4—5月,全省质监部门对火腿、香肠、畜类肉松制品生产企业进行调查摸底,并按《浙江省肉制品生产企业生产条件考核细则》要求,对企业进行分类和抽查检验,在此基础上开展综合治理。在整治过程中,各地质监部门坚持“疏导、扶持、帮助、规范”工作方针,对具有较大生产规模、产品质量稳定的A类企业,进行扶优扶强;对规模尚可,但在管理和生产条件方面存在缺陷的B类企业,帮助其进行整改,督促其完善提高;对无证、无照及不具备生产合格产品能力的C类企业,建议当地政府予以关停并转。9月起,省质监局委托省质协对整治情况进行综合评价,并对火腿、香肠、畜类肉松制品生产企业开展定期监督抽查和考核验收,共抽查66家企业的68批次产品,企业抽查覆盖率为91.7%,合格66批次,批次合格率为97.1%。12月,省质监局对全省肉制品行业性整治验收情况进行通报。同年,全省质监部门开展“治源头、保平安”食品专项整治行动,共检查食品生产企业8173家,抽查食品1331批次,查处质量违法案件1393起,移送公安机关2起,捣毁制假售劣窝点140个。

2005年1月24日,省质监局印发《关于大力整顿我省食品生产加工业确保食品质量安全的通知》,组织开展食品生产加工业普查整顿工作。4月11日,省质监局召开全省食品生产加工业整治工作现场会,确定2005年重点整治的产品是《国务院办公厅关于印发2005年全国食品药品专项整治工作安排的通知》中确定的粮、肉、蔬菜、奶制品、豆制品、水产品、酒、饮料、儿童食品等,以及浙江省自行确定的金华乳制品、台州水产品、苍南卤制品、余杭蜜饯、余姚榨菜、兰溪饮品、萧山炒货等。4月25日,省政府办公厅转发省质监局《关于全省食品生产加工业整治活动的实施方案》,决定从2005年起,在全省开展为期3年的食品生产加工业整治活动。同时确定40种区域性重点产品(其中省质监局确定的7种、各市质监部门确定的33种)作为2005年整治重点。在专项整治中,全省质监部门普查食品生产加工单位(包括小作坊)48717家,对已建档的14344家食品生产加工企业进行ABCD分类,关停1190家D类企业。同时,对食品生产加工企业实行以“定人、定责、定区域、定企业”为主要内容的分片定责制管理,并通过建立“三员四图”②工作机制,形成纵向到底、横向到边、不留死角、不余盲点的食品质量安全监管网络。

2006年5月,国家质检总局将浙江省确定为全国食品加工小企业、小作坊整治示范工程

---

① “酸性橙”:是国家明令禁止作为食品添加剂使用的一种化工染料。

② “三员四图”:“三员”即质监部门的食品安全专业监管员、乡镇质监协管员、群众监督员;“四图”即食品加工企业的总体动态图、行业分布图、监管责任图、食品监管预警图。

建设试点省份，在全国推广浙江探索建立的小企业、小作坊治理“五种模式”。同月，省质监局印发《浙江省食品加工小企业小作坊监管指导意见》，明确食品加工小企业、小作坊监管的主要工作任务和措施，即制定产品目录，实施目录监管；实施登记管理，完善监管档案；实行开业歇业申报制度，落实审查措施；实行责任制和承诺制相结合的监管方式，明确相关责任；严格食品生产许可，防止规避市场准入行为发生；严格执法，取缔非法生产加工食品的小企业、小作坊；创新机制，整合提升，实行“五集中”①。6 月 29 日，全省食品加工小企业、小作坊全面治理动员大会在杭州市萧山区召开，食品加工小企业、小作坊治理整顿工作全面启动。

2007 年 4 月，省质监局在海宁市召开全省食品生产加工业全面治理现场会，要求各地质监部门依法严打重罚，推进全面治理，构建全省食品生产加工新秩序。7 月 17 日，省质监局会同卫生、农业、工商、经贸、食药等部门在玉环县召开全省豆制品、豆芽产品专项整治工作会议。8 月 18—20 日，省质监局、国家质检总局浙江工作组召开会议，传达学习国务院《关于加强产品质量和食品安全工作的通知》《全国产品质量和食品安全专项整治行动方案》等文件精神和国家质检总局领导指示精神，研究制定《浙江省产品质量和食品安全专项整治行动实施方案》。同时，成立全省质监系统产品质量和食品安全专项整治行动工作领导小组。8 月 24 日，省质监局、省政府新闻办公室在省人民大会堂召开全省产品质量和食品安全专项整治行动新闻发布会，通报全省产品质量和食品安全工作基本情况及全省质监系统产品质量和食品安全专项整治行动方案。8 月 25 日，浙江省产品质量和食品安全专项整治行动誓师大会在省人民大会堂广场举行，国家质检总局、省政府有关领导及质监、检验检疫、农业、卫生、工商、食药等省级有关部门负责人出席誓师大会。8 月 27 日，省政府成立浙江省产品质量和食品安全工作领导小组。9 月 3 日，浙江省产品质量和食品安全工作领导小组第一次会议确定全省专项整治的重点是农村和城乡接合部以及食品生产比较集中的重点区域，并要求各地按照属地管理和“谁主管、谁负责”的原则，形成“地方政府对产品质量和食品安全负总责、监管部门各负其责、企业作为第一责任人”的专项整治责任体系。9 月 5 日，浙江省产品质量和食品安全工作领导小组办公室召开第一次会议。各整治组牵头单位分别介绍前一阶段专项整治工作进展及方案制订情况，商讨下一阶段开展联合执法、组织督查等工作。至 9 月 6 日，全省质监部门共出动执法人员 24235 人次，检查经营单位 941 个，检查生产企业 9032 家，涉及酱腌菜、饮用水、月饼、豆制品、米面、笋干、植物油、酒类等 16 类食品生产加工企业（作坊），立案查处 764 起，现场处罚 89 起，涉案货值 976.8 万元，建议吊销生产许可证 58 起，建议吊销营业执照 22 起，移送公安机关 1 起，移送其他部门 197 起。

9 月 26 日，国务院副总理吴仪、国家质检总局局长李长江等对浙江部分市县食品生产小企业、小作坊和小商店、小餐馆进行检查。到浙江参加全国产品质量和食品安全专项整治工作现场会的各地代表分 10 个组，采取随机选择线路、地点和单位的方法，检查了绍兴、萧山、德清、桐乡、安吉、临安、桐庐、海宁等 10 个市、县、区、乡镇的 70 个小商店、小作坊、小企业的食品卫生与产品质量情况。9 月 27 日，国务院产品质量和食品安全工作领导小组在浙江召

---

① “五集中”：即集中建房、集中生产、集中排污、集中管理、集中检测。

开全国产品质量和食品安全专项整治工作现场会，中共中央政治局委员、国务院副总理吴仪出席会议并讲话，国务院产品质量和食品安全工作领导小组副组长、国家质检总局局长李长江向大会汇报全国开展产品质量和食品安全专项整治工作情况及在浙江的检查情况，省委书记赵洪祝出席会议并致辞，省长吕祖善代表省政府作了大会交流发言。10月24日，省质监局在宁波慈溪市召开全省质监系统产品质量和食品安全专项整治现场会。至11月8日，在专项整治工作中，全省共出动执法人员28万人次，整治重点区域4218个，检查生产经营单位41万余家，查处案件5700起，涉案货值8500万元，取缔无证照企业8770家，吊销171家企业的证照。

2008年1月23日，省质监局通报表彰全省质监系统产品质量和食品安全专项整治工作先进集体和先进个人。

(二)"十小"行业专项整治

2008年1月，全省质量技术监督工作会议确定开展"十小"行业专项整治。3月，省质监局多次到食品加工小作坊比较集中的台州、金华、温州等地进行调研，了解掌握食品加工小作坊行业的状况及存在的主要问题，听取基层一线对食品加工小作坊行业整治工作的意见建议，并对开展食品加工小作坊的普查建档工作进行部署。4月25日，省政府第6次常务会议审议通过《浙江省开展农村"十小"行业整治与规范促进新农村建设的实施意见》，决定从2008年开始，在全省开展为期3年以农村为重点的"十小"行业质量安全整治，促进各行业的健康发展。至5月底，全省质监部门基本摸清39.2万家"十小"生产经营单位的证照情况和基本质量安全状况，并逐户登记建档。8月，全省"十小"行业质量安全整治和规范工作现场会在温岭市召开，浙江省"十小"行业质量安全整治和规范工作领导小组组长、副省长王建满到会并讲话，省委宣传部、省经贸委、省公安厅、省交通厅、省建设厅、省质监局等22个"十小"行业质量安全整治和规范工作领导小组成员单位的负责人和联络员，以及全省11个市分管市长和各整治牵头单位、试点单位的负责人参加会议。同年，省质监局印发《浙江省食品加工小作坊整治和规范工作实施方案》《浙江省食品加工小作坊质量安全基本规范(试行)》，按照"层层有试点，条条抓标准，行行促提升"的要求和"减存量、限增量"的原则，运用专业合作、龙头带动、协会推动、股份联合、区域集中等整合提升模式，推进食品加工小作坊的整治和规范工作。同时，按照"百镇试点、千家示范"的要求，确定了126个试点镇(乡、街道)、1367个示范点。在整治中，全省质监部门对整治对象实行ABC分类，采取逐家倒排整治规范计划的办法，确保目标任务的全面完成。经过整治，全省纳入整治规范的2653家食品加工小作坊中，有808家通过政策扶持、加大投入，取得食品生产许可证，445家达不到整治规范条件的小作坊进行了关停取缔。至2009年底，全省有1496个乡镇基本完成整治和规范工作，完成率为97.6%；482498家"十小"经营单位，符合规范的有43.3万家，总体规范率为89.7%。

2010年，按照省政府"全面规范、长效巩固、转型发展"的要求，省质监局以长效机制建设为主旨召开杭州现场会，以"百镇百街"创建工作为重点召开东阳现场会。同时针对"十小"行业易反复、易反弹的特点，组织全省质监部门开展"整规工作回头看"，突出重点区域、重点行业、重点环节和重点生产经营单位，查找整改薄弱环节。至年底，全省“十小”行业的整治规范覆盖面达100%，乡镇（街道）整治规范完成率达100%，辖区内“十小”行业规范率达98%以上。

（三）违法添加非食用物质和滥用食品添加剂专项整治

非食用物质是指制作食品时加入国家法律允许使用的食品添加剂等以外的其他物质。食品中可能违法添加的非食用物质有吊白块、苏丹红、孔雀石绿、蛋白精、三聚氰胺、罂粟壳、革皮水解物等。食品添加剂是为改善食品色、香、味等品质，以及为防腐和加工工艺的需要而加入食品中的人工合成或天然物质。食品加工过程中易滥用的食品添加剂有着色剂、防腐剂、甜味剂、膨松剂、乳化剂、漂白剂、增稠剂、胭脂红、柠檬黄等。

2008年12月19日，省政府召开打击非法添加非食品物质和滥用食品添加剂专项整治行动工作会议，部署开展为期4个月非食品物质和食品添加剂生产、流通、使用环节的整治工作。12月24日，省质监局召开打击违法添加非食用物质和滥用食品添加剂专项整治工作会议，贯彻落实省政府办公厅《关于印发〈浙江省打击违法添加非食用物质和滥用食品添加剂专项整治行动方案〉的通知》和省政府召开的专项整治工作协调会议精神。同时制定《全省质监系统打击违法添加非食用物质和滥用食品添加剂专项整治行动方案》，明确整治目标、整治重点和整治措施。

2009年1—4月，全省质监部门开展违法添加非食用物质和滥用食品添加剂专项整治工作。一方面，督促企业自查，排摸问题和隐患，清理相关标准；另一方面，建立联动机制，落实添加剂申报制度，组织监督抽查，严厉打击违法行为。12月，全省质监部门开展食品添加剂生产企业普查工作，并建立食品添加剂生产企业档案库。至年底，全省质监部门共检查食品生产企业3667家，立案查处非法添加非食用物质和滥用食用添加剂案件17起。

2010年8月，根据国家质检总局、卫生部等部门印发的《2010年加强整顿违法添加非食用物质和滥用食品添加剂工作实施方案》要求，全省质监部门采取明察暗访形式，重点检查食品生产场所和库房是否有使用或存放可能违法添加的非食用物质情况，共检查食品企业12674家次、食品添加剂企业425家次，抽查6大类16个品种1489批次食品、食品添加剂，综合合格率为99.7%。同时，对4起涉嫌超范围添加食品添加剂的案件进行了查处。

二、食品质量安全事件处置

食品质量安全直接关系广大人民群众身体健康和社会稳定发展。为有效预防、及时控制和消除生产环节食品质量安全突发事件可能造成的危害，全省质监部门制定了《食品质量安全风险预防和应急处置预案》，处置了一批影响较大的食品质量安全突发事件及三鹿奶粉事件。

（一）突发事件处置

2003年12月14日，中央电视台《每周质量报告》栏目对温州苍南县部分卤制品生产企业存在的食品质量安全问题进行曝光。节目播出后，苍南县委、县政府立即召开紧急会议，研究部署卤制品行业检查和整顿工作，并抽调工商、卫生、质监、环保、公安、经贸等有关部门及乡镇工作人员100余人，分4个小组对全县卤制品生产企业进行检查，共抽查26家企业26批次涉嫌质量问题的卤制品，查扣不合格产品4267箱。同时依法查封被曝光的3家卤制品生产企业和“酸性橙”销售点，查扣不合格产品4839箱，“酸性橙”1千克，并传唤了企业负责人。12月17日，由省质监局、省卫生厅、浙江省药品监督管理局（以下简称省药监局）、省工商局组成的督查组到苍南县对卤制品行业整治工作进行督查。12月18日，督查组听取苍南县人民政府对卤制品业整治工作的情况汇报，并实地检查苍南县灵溪镇华都食品加工厂、苍南县香巴佬食品有限公司、苍南县新世界食品厂等8家企业。同日，苍南县委、县政府召开卤制品整治工作动员大会，并制定《苍南县卤制品食品整治月工作方案》，开展为期1个月的集中整治。至22日，共查封涉嫌质量问题卤制品5331箱，追回外流的不合格产品2000余箱，责令18家企业限期整改。同年，由质监部门牵头的质量整治小组按照《苍南县卤制食品生产企业整顿考核办法》，对该县所有卤制品企业进行检查考核，严把食品质量安全市场准入关。经过整治，苍南卤制品企业从整顿前的200余家减少至32家。

2004年4月21日，安徽阜阳劣质奶粉“黑名单”曝光后，省质监局立即召开会议，部署对全省奶粉行业进行调查摸底和对奶粉产品质量开展专项监督抽查。同时责成温州市、绍兴市质监部门做好劣质奶粉的清查工作。4月22日，省质监局印发《关于对我省奶粉生产企业开展“两查”的紧急通知》《关于开展乳粉质量专项整治工作的通知》，组织各地质监部门对辖区内的奶粉生产企业进行调查摸底，严厉查处生产、销售劣质、无证婴幼儿奶粉违法行为，追查劣质奶粉的流向。4月24—30日，省质监局到温州苍南、泰顺、乐清等县（市）对劣质奶粉查处工作进行督查。至5月底，全省质监部门共出动执法人员5955人次，检查生产企业63家，查处违法案件43起，端掉劣质奶粉生产窝点5个。对流向省外的劣质奶粉，及时报告国家质检总局或直接向流入地所在的省级质监部门发出协查函58封，协查召回涉嫌不合格的奶粉27吨。通过专项整治，严厉打击乳粉业制假售劣等违法行为，15家企业的相关人员被移送公安机关处理，其中，苍南7家，泰顺5家，嵊州1家，乐清2家。6月16日晚，中央电视台《焦点访谈》栏目对温州苍南县劣质奶粉生产企业的监管问题进行曝光。省质监局连夜召开党委会，对苍南县、泰顺县质量技术监督局在工作中出现的监管不力问题作出处理决定：苍南县、泰顺县质量技术监督局局长等6人受到责成辞职、免去党内外职务等处分，并进行立案查处。

2004年10月28日晚，中央电视台《焦点访谈》栏目曝光金华兰溪市部分企业生产假冒燕窝、蜂蜜等饮品的节目播出后，省质监局立即派出执法人员赶赴兰溪市进行检查。当晚，省、市、县三级质监部门会同当地卫生、工商、公安等部门组成联合执法检查组对兰溪康越食品厂、兰溪好运来食品厂2家被曝光企业进行检查，责令其停业整顿，并对企业库存产品进行封存和抽样检验，对已售产品由兰溪市质量技术监督局发出协查函，进行追缴。同日，省质量技术监督稽查总队、省药监局、省卫生厅与当地质监、卫生、工商等部门一起，分6个小组对该市27家液体饮料生产企业进行检查，并对企业生产的产品进行抽样检测。在连续15天的执法行动中，共检查液体饮料企业27家，固体饮料等其他食品生产企业214家次，责令不符合基本生产条件和质量保证要求的27家营养配方食品生产企业停业整顿，并送达“责令追回不合格产品通知书”，依法封存液体饮料产品229068瓶、固体饮料产品6122盒(袋)、各类包装物251包(计11950只)。11月5日，兰溪市人民政府组织当地质监、工商、卫生等部门集中销毁被查封的7.3万瓶经抽样检测不合格的假冒伪劣液体饮料。同年，省质监局要求各地质监部门以阜阳奶粉和兰溪部分企业生产假冒燕窝、蜂蜜等饮品事件为戒，重点对本辖区内有区域性、苗头性质量问题的食品(如营养配方食品、饮用水、饮料、酱腌菜、烤鱼片、蜜饯等)生产企业进行“回头看”检查，彻底摸清企业基本情况及产品质量状况。

2004年11月14日，中央电视台报道了杭州未来营养食品有限公司生产的婴幼儿配方米粉在2004年第三季度国家监督抽查中不合格的情况。11月15日，省质监局、杭州市质量技术监督局、富阳县质量技术监督局对杭州未来营养食品有限公司进行检查，并对该公司生产不合格婴幼儿配方米粉进行立案查处。同时下达“责令改正通知书”，要求该公司立即停止该种不合格产品的生产、销售，对已销售产品立即予以召回。据调查，杭州未来营养食品有限公司是一家专业生产婴幼儿配方米粉的外商独资企业，此次被曝光的不合格产品是该公司于2004年6月14日生产的AD钙奶米粉，其不合格项目为烟酸、大肠菌群指标不合格。该公司共生产该批产品195件，其中，销往重庆永川鹏程副食经营部100件，销往江西南昌市洪城大市场祥达副食经营部50件，销往桂林市弘大贸易有限责任公司45件。11月18日，富阳市人民政府就杭州未来营养食品有限公司产品质量问题召开专题会议，要求迅速将其已销售的产品全部追回。11月29日，富阳市质量技术监督局依法对该公司作出责令停止生产、销售及处以该批产品货值2倍罚款的行政处罚。

2005年4月，省质监局印发《浙江省质量技术监督系统处置产品质量违法突发案件应急预案》，对产品质量违法突发案件处置机构的设置与职责、现场应急处理、应急救援和日常应对措施等作出明确的规定和具体要求。2006年2月，省质监局印发《浙江省生产加工环节食品安全突发事件应急预案》，对食品突发事件应急处置的组织领导等作出规定。5月28日，中央电视台《每周质量报告》栏目报道金华义乌等地的一些企业用回收的废旧光盘经硫黄浸泡漂白后，非法生产婴儿奶瓶，并销往河北、河南、山东等10余个省的事件后，省质监局立即组织对被曝光企业的查处工作，共封存塑料回料763包(25千克/包)、用回收塑料生产的奶瓶1273箱(120只/箱)。宁波市、义乌市、台州市质监部门也开展了包括奶瓶在内的食品用塑料包装容器的监督抽查。省质监局还向“有毒奶瓶”主要流入地的质监部门发出协查函，追查“有毒奶瓶”流向。6月9日，省质监局召开全省食品安全监管工作会议，通报中央电视台曝光“有毒奶瓶”事件的后续处理情况。会后，各地质监部门开展食品包装容器等食品相关产品的普查整治工作，彻查底数，建立相关企业的档案。同时建立区域监管责任制，将监管网络延伸到乡、镇，并建立食品质量安全监管工作站，组织协管员对食品质量安全进行巡查。

(二)“三鹿”牌婴幼儿奶粉事件处置

2008年9月8日，甘肃省岷县14名婴儿同时患上肾结石病症，引起外界关注。至9月11日，甘肃省共发现59例肾结石患儿，部分患儿发展为肾功能不全，并有1人死亡，这些婴儿均食用了“三鹿”牌18元左右价位的婴幼儿配方奶粉。与此同时，其他一些省也相继发现类似事件。卫生部高度怀疑“三鹿”牌婴幼儿配方奶粉受到三聚氰胺污染。9月11日，省质监局紧急部署开展全省奶粉生产企业的专项检查。16日，省质监局成立乳品生产监管工作领导小组，同时派出由15人组成的5个工作组到省内所有乳品生产企业开展督查。各市质监部门也连夜确定由86人组成的工作组，于17日晨进驻所辖区域的所有乳品生产企业，进行驻厂监管。17日，省质监局召开全省乳品生产监管工作紧急会议，对加强乳品生产环节监管工作进行部署。18日，省长吕祖善主持召开“三鹿”牌婴幼儿奶粉安全事故应急处置工作电视电话会议，强调各地各部门要本着对人民高度负责的态度，认真贯彻中共中央、国务院的决策和部署，全面落实应急处置措施，切实维护社会稳定，最大限度地减小事件所带来的危害和影响。19日，省政府召开“三鹿”牌婴幼儿奶粉重大食品安全事故应急处置工作汇报会，要求各地各部门深刻认识事件的严重性和紧迫性，严格按照中共中央、国务院和省委、省政府的统一部署，全面严格监管奶制品生产企业，对全省所有乳品生产企业实施驻厂监管，全面整顿奶制品行业。22日，浙江省“三鹿”牌婴幼儿奶粉事件应急指挥部召开全省“三鹿”牌婴幼儿奶粉事件应急处置工作视频会议，对“三鹿”牌婴幼儿奶粉事件应急处置工作提出“认识必须到位、查治必须到位、监管必须到位、责任必须到位、保障必须到位、宣传必须到位”的要求。同日，省政府办公厅印发《关于进一步做好婴幼儿奶粉事件处置工作的通知》，组织开展奶制品行业整顿。23日，省质监局明确各级质监部门按每厂驻厂人员不少于2人的规定，对全省所有乳品生产企业实施驻厂监管。监管人员重点监督企业检验进厂原料，不合格不得投入生产；监督企业加强生产过程控制，确保按标准组织生产；监督企业把好产品出厂关，对每一个批次出厂产品进行严格检验，确保生产环节乳品质量安全。28日，省政府办公厅要求各级政府、各有关部门做好国庆假日期间婴幼儿奶粉事件应急处置工作，做到思想不放松、领导不放松、措施不放松、工作不放松、维稳不放松，使全省人民过上祥和、喜庆、安全的节日。为此，全省质监部门进一步加强乳品生产企业监管力量，严把原料关、生产关、出厂关，严格监管新产奶制品。至年底，全省质监部门派出的驻厂监管组实施24小时驻厂监管，累计检测原料奶1563批次，计11456.1吨；婴幼儿奶粉678批次，计1685.9吨；普通奶粉66批次，计91.1吨；液态奶2513批次，计19827.1吨。所有批次均未检出三聚氰胺。

第六章　特种设备安全监察

特种设备是指在生产和生活中广泛使用，对人身和财产安全有较大危险性的锅炉、压力容器（含气瓶）、压力管道、电梯、起重机械、客运索道、大型游乐设施、场（厂）内专用机动车辆，以及法律、行政法规规定适用《特种设备安全监察条例》的其他特种设备。由于特种设备在使用过程中具有高温、高压、高空、高速等特性，具有潜在危险性，如果设计、制造、安装、改造、维修、使用或管理不当，一旦发生事故，不仅会造成严重的人身伤亡及重大财产损失，甚至严重影响社会生产和生活秩序。因此，特种设备安全问题历来受到政府的高度重视，并以强制性措施给予专门的安全监察管理。浙江特种设备安全监察工作可以追溯至民国时期，全省约有蒸汽锅炉100余台，分布在发电、缫丝、棉纺、火柴、造纸、食品等行业，主要由省建设厅负责工厂安全检查。

1950年8月23日，省政府通令设立浙江省劳动局（以下简称省劳动局），负责锅炉安全管理等工作。1958年，全省实行锅炉使用登记制度，并逐步建立起锅炉设计图纸备案审查制度。"文化大革命"期间，特种设备安全监察工作受到冲击。1980年3月，省劳动局设立锅炉安全监察处，全省特种设备安全监察机制开始逐步恢复。1982年2月，国务院颁布《锅炉压力容器安全监察暂行条例》，杭州市、宁波市、温州市相继建立锅炉安全监察科，其他各市（地）也相应配备了安全监察人员。1983年8月，省政府批转省经委、省劳动局、省总工会、省卫生厅发布的《关于加强安全生产和劳动安全监察工作的意见》（以下简称《意见》），对实施劳动安全监察制度、建立和健全劳动安全管理机构等提出要求。为贯彻落实《意见》精神，全省劳动部门加强特种设备设计、制造、安装、改造、维修、使用的登记、许可管理，开展特种设备隐患治理和监督检验工作，初步形成了具有浙江特色的特种设备安全监察体系。2000年，锅炉、压力容器、压力管道、电梯等特种设备安全监察职能从劳动部门划入质监部门后，全省质监部门从强化特种设备源头管理入手，对特种设备的设计、制造、安装、改造、维修、使用、检验等环节实行以行政许可为主要手段的全过程安全监察管理，确保全省特种设备的生产、使用安全。同时，注重加强特种设备安全监察制度体系建设、监督检验体系建设、隐患治理和应急处置体系建设，加大特种设备安全检查和综合治理力度，遏制特种设备恶性事故的发生。

2003年6月，省人大常委会主任习近平主持召开浙江省第十届人大常委会第四次会议，审议通过《浙江省特种设备安全管理条例》。2004年8月，省政府办公厅转发省质监局发布的《关于加强特种设备安全工作意见》，对加强全省特种设备安全监察工作提出具体要求。2006年12月，省质监局发布《浙江省特种设备安全状况白皮书》，这是全国第一部关于特种设备安全状况的白皮书。至2010年底，全省共有特种设备安全监察机构109个，安全监察员

416 名;特种设备综合检验机构 16 家,实际在检验岗位的持证检验人员 1835 人;全省 11 个市在乡镇(街道)、大企业都建立了特种设备安全监管机构,配备了监管员、协管员和联络员。由专职安全监察员、区域监管员、协管员、联络员组成的省、市、县监管区域三层四级特种设备安全监管网络覆盖全省所有行政区域。

第一节　行政许可

行政许可是特种设备安全监察工作的重要组成部分。1961 年 10 月,省劳动局开始对锅炉设计图纸实行审批制度。1982 年 2 月,国务院颁布《锅炉压力容器安全监察暂行条例》,全省劳动部门对锅炉、压力容器设计、制造、安装、改造、维修、使用单位的资格实行审批制度。2003 年,国务院颁布《特种设备安全监察条例》,全省质监部门进一步完善特种设备行政许可制度,对特种设备设计、制造、安装、改造、维修、检验、使用实行全过程安全监察,确保特种设备安全。截至 2010 年底,全省共有持证特种设备生产(含设计、制造、安装、改造、维修)单位 2097 家。其中,锅炉生产单位 174 家,压力容器生产单位 336 家,压力管道生产单位 906 家,电梯生产单位 315 家,起重机械生产单位 340 家,游乐设施生产单位 5 家和场(厂)内专用机动车辆生产单位 21 家;另有持证气瓶检验单位 122 家和气瓶充装单位 664 家。

一、设计行政许可

设计行政许可是指对压力容器、压力管道设计单位实行资质许可和对锅炉、气瓶、氧舱、客运索道、大型游乐设施实行设计文件鉴定的一种行政许可制度。

1950—1961 年,锅炉图纸的设计审批一般由锅炉制造厂自行负责。1961 年 10 月,省劳动局印发《关于贯彻执行“蒸汽锅炉安全规程”的通知》,明确锅炉设计图纸和技术资料须报主管部门批准,劳动部门备案。1963 年 7 月,省人委批转省劳动局《关于加强对制造蒸汽锅炉和受压容器的安全管理工作的报告》,明确锅炉设计图纸报主管部门批准,并报当地劳动部门和省劳动局备案。此后,杭州锅炉厂的锅炉设计图纸一般由其主管部门通过召开锅炉设计审查会议,劳动部门派员参加的形式审定。1981 年 12 月至 1982 年 1 月,省劳动局、省机械厅组织召开全省锅炉图纸审查会议。审查的重点是锅炉的安全问题,审查的依据是《蒸汽锅炉安全监察规程》以及国家有关锅炉制造的专业标准等。会议拟订《浙江省锅炉产品图纸审查要点》,并据此对杭州锅炉厂、宁波锅炉厂、温州锅炉厂、嘉兴锅炉厂、武义锅炉厂、杭州胜利锅炉厂的 43 套图纸进行审查。对审查中发现的问题,由各锅炉制造厂加以修改,并报省机械厅授权单位——杭州余热锅炉研究所审批后,送省劳动局审查备案。6 月,省劳动局对报送的锅炉图纸、技术资料进行复审,对其中符合要求的 42 套图纸予以批准备案。1983 年起,省劳动人事厅配合省机械厅、省石化厅对所属的压力容器设计单位开展设计资质审查。审查的重点是设计单位的技术力量,设计人员资格、专业知识和设计水平以及管理制度的执行情况。同时抽查已完成的压力容器设计资料,并根据审查情况,对照设计单位所具备的条件,确定设计单位的设计类别、品种、范围。1984 年 11 月至 1986 年 2 月，省劳动人事厅批准备案的一、二类压力容器设计单位有杭州化工机械一厂、宁波镇海机械厂、温州化工厂设计室、温州市化工研究设计所、省化工研究所化学工程设计研究室、杭州市化工公司设计室、宁波市化工研究设计院、杭州汽轮机厂。

1987 年 6 月，省劳动人事厅印发《浙江省 E 级蒸汽锅炉设计图纸审查要点》，要求各 E 级锅炉制造厂，对照审查要点整理好图纸，以便办理审批手续。12 月，省劳动人事厅会同省级主管部门，组织有关市(地)、县劳动部门的工程技术人员对全省 11 家 E 级锅炉制造厂的 28 套图纸进行审查，并印发《E 级锅炉设计图纸中存在的问题及改进意见》，对审查中发现的带有共性的 26 个问题，提出整改要求。1988 年 5 月，省劳动人事厅组织工程技术人员对 11 家 E 级锅炉厂设计的 E 级锅炉设计图样进行审查，并公布 E 级蒸汽锅炉设计图样审批结果。同时明确，新产品须将设计图样报省劳动人事厅审查同意并在蓝图上盖上审批专用章后，方可试制 1～2 台。1991 年 2 月，省劳动人事厅印发《浙江省锅炉房设计图样审查要点》，对新建锅炉房中有关安全方面的问题作出明确规定。1992 年 6—7 月，省劳动厅对全省 17 家锅炉制造厂的 292 套图纸进行审查，共发现问题 2900 余条。经锅炉制造厂修正改进后，办理了审批手续。1993 年 3 月，省劳动厅转发劳动部《压力容器设计单位资格管理与监督规则》(以下简称《规则》)，要求劳动部门对不符合《规则》要求的换证单位进行重新审查或部分复查，主管部门对申请和审查工作准备不充分、不具备条件的取证申请单位不予受理。1998 年 12 月，省劳动厅决定对锅炉设计图样进行全面审查。1999 年 4 月，省劳动厅会同省级主管部门对全省锅炉设计图样进行审查。12 月，针对审查中存在的问题，省劳动厅在征求锅炉压力容器检验单位、锅炉安装单位及锅炉房设计单位意见的基础上，对原省劳动人事厅印发的《浙江省锅炉房设计图样审查要点》进行修订，增加了燃油锅炉房设计图样审查的特殊要求。截至 2000 年底，全省劳动部门累计对 51 家锅炉制造厂申报的 1600 余套锅炉设计图纸办理了审批手续。

2001 年 7 月，省质监局在调查研究的基础上，组织锅炉设计方面的专家对原省机械厅、省劳动人事厅印发的《浙江省蒸汽锅炉产品图样审批要点》和原省劳动人事厅印发的《浙江省 E 级蒸汽锅炉设计图样审查要点》进行修改，并将这两个要点合并，印发《浙江省锅炉设计图样及资料审查要点》。2002 年 6 月，省质监局对完善锅炉设计图样集中会审工作提出意见，明确由浙江省特种设备检验中心(以下简称省特种设备检验中心)具体组织每个月的图样集中会审工作，审图人员从聘请的审图专家中选取，审图工作实行回避制，审图结果报省质监局锅炉压力容器安全监察处审核后予以公布。10 月，省质监局转发国家质检总局《压力容器、压力管道设计单位资格许可与管理规则》，同时明确原由各主管部门核发的压力容器设计许可证，在其有效期内继续有效。D 类压力容器设计单位向省质监局锅炉压力容器安全监察处提交《更换设计单位设计许可证申请报告》，A 类、C 类和 SAD 类压力容器设计单位向国家质检总局锅炉压力容器安全监察局提交《更换设计单位设计许可证申请报告》，发证部门组织审查，合格者予以换证；D 类压力容器和 GB 级、GC 级压力管道的设计申请单位向省质监局锅炉压力容器安全监察处提交《设计资格申请书》，A 类、C 类、SAD 类压力容器和 GA 级、GC1 级压力管道的设计申请单位向国家质检总局锅炉压力容器安全监察局提交《设计资格申请书》。2003年，省质监局对15家符合申请条件的压力管道设计单位进行资质审查，并向国家质检总局转报4家建议受理GA级和GC级压力管道设计单位的申请材料。

2005年10月12日，省质监局印发《浙江省小型锅炉房建造设计方案核准管理规定》，明确新建或扩建、改建依法不需要向建设行政主管部门申领施工许可证的小型锅炉房，其设计方案应符合安全技术规范的要求，并报经市或县质监部门核准后，方可施工。至年底，全省共有持证压力容器设计单位42家、压力管道设计单位30家。2009年11月，省质监局对宁波市化工研究设计院有限公司违规开展压力容器设计工作等问题进行通报批评，并责令其在1个月内完成整改。2010年，宁波明欣化工机械有限公司、浙江工程设计有限公司、林德工程（杭州）有限公司取得压力管道相应类别的设计许可证，浙江省东阳化工机械有限公司、浙江美阳国际工程设计有限公司、镇海石化建安工程有限公司取得压力容器相应类别的设计许可证。至年底，全省持证的压力容器、压力管道设计单位共有69家。

二、制造行政许可

制造行政许可是指对锅炉、压力容器、电梯、起重机械、客运索道、大型游乐设施、场（厂）内专用机动车辆及其安全附件、安全保护装置和压力管道元件制造单位实行资质许可的制度。

（一）锅炉制造行政许可

1980年8月，省经委、省计委、省机械局、省劳动局就开展工业锅炉制造厂整顿工作进行研究和部署，是年底，从全省申报的30余家锅炉制造厂中选择条件较好的8家，组织专业人员进行重点检查。经检查，杭州锅炉厂、宁波锅炉厂、温州锅炉厂、武义锅炉厂、杭州胜利锅炉厂和嘉兴锅炉厂被确定为浙江省工业锅炉定点生产企业，并将有关申报材料于1981年4月上报第一机械工业部、国家劳动总局锅炉生产厂整顿联合办公室审批。1982年6—7月，劳动人事部、机械工业部锅炉制造厂定点复查组对上述6家锅炉制造厂进行定点复查。经复查，除嘉兴锅炉厂须限期整改以外，其余5家定点企业均符合条件。

1982年8月，劳动人事部印发《关于颁发试行〈锅炉压力容器安全监察暂行条例〉实施细则的通知》，规定制造锅炉压力容器的单位，须经省级主管部门和锅炉压力容器安全监察处审查同意。1984年3月，杭州锅炉厂、宁波锅炉厂、温州锅炉厂、武义锅炉厂、杭州胜利锅炉厂和嘉兴锅炉厂取得劳动人事部签发的工业锅炉制造许可证。其中，杭州锅炉厂获B级锅炉制造许可证，其余5家获D级锅炉制造许可证。1986年2月，省劳动人事厅印发《浙江省E级蒸汽锅炉安全管理暂行规定》，对E级蒸汽锅炉制造厂应具备的基本条件以及审批程序等作出规定。4月起，省劳动人事厅组织专业技术人员对各市（地）申报的12家E级锅炉制造厂进行检查。10月，省劳动人事厅对经检查符合条件的浙江省军区后勤部环保节能设备试验场等7家单位签发第一批E级蒸汽锅炉制造许可证。1987年3月，省劳动人事厅、省乡镇企业局组织工程技术人员对申请制造E级蒸汽锅炉的4家制造厂进行复查，并对复查符合条件的鄞县燃器设备厂等4家单位签发第二批E级蒸汽锅炉制造许可证。4月，省劳动人事厅转发劳动人事部《关于劳动人事部门不得从事锅炉、压力容器制造和安装工作的通知》，要求全省劳动人事部门的下属单位一律停止制造锅炉和压力容器。

1992 年 1 月，劳动部修改了《〈锅炉压力容器安全监察暂行条例〉实施细则》中的锅炉制造许可证级别划分标准，并规定 E_1 级以上（含 E_1 级）的锅炉制造许可证由劳动部签发。1995 年 4 月，经劳动部审查，杭州前线锅炉厂（原浙江省军区后勤部环保节能设备试验场）、兰溪市锅炉厂（原兰溪市环保设备厂）、浙江衢州锅炉厂（原衢州通用机械厂）、绍兴市锅炉厂（原绍兴市锅炉辅机厂）和杭州振兴锅炉容器设备安装公司取得劳动部签发的 E_1 级蒸汽锅炉制造许可证，并同意浙江省嘉善生活锅炉厂和杭州铁路分局铁路机务段生活锅炉厂继续试制 E_1 级蒸汽锅炉，待整改后再发证。1996 年，省劳动厅印发《浙江省 E_2 级锅炉制造许可证条件》《浙江省 E_2 级锅炉制造许可证审查评定表》《浙江省微压锅炉制造许可证条件（试行）》，并对有关市（地）劳动部门上报的 E_2 级锅炉制造厂和微压锅炉制造厂有关资料进行审查。经审查，同意金华市锅炉厂试制 E_2 级锅炉，杭州江南燃油热水炉厂、宁波市贝思特节能环保设备厂、温州市鹿城奔马燃油锅炉厂、湖州赛玛机械厂、衢州市工业设备安装公司试制微压锅炉。1997 年 9 月，省劳动厅印发《浙江省微压锅炉制造许可证审查评定表》，并在有关部门配合下，组织专业技术人员对各申报单位开展审查。对符合条件的单位，一般先同意试制，满 1 年后，经再次审查合格后发放相应级别的锅炉制造许可证。1999 年 7 月，省劳动厅同意发给台州市美洲热能设备制造有限公司、宁波锅炉厂一分厂 E_2 级锅炉制造许可证；同意发给丽水市星火节能锅炉有限公司微压锅炉制造许可证；同意湖州电站锅炉部件厂、龙游县工业机械安装有限公司试制 E_2 级锅炉；同意嵊州市蒸汽多用灶厂试制微压锅炉；同意宁波锅炉厂的 BR1 级压力容器制造许可证、BR2 级锅炉修理改造许可证持有者名称变更为宁波嘉泰热能设备有限公司；同意宁波食品设备制造总厂的 BR2 级压力容器制造许可证持有者名称变更为宁波市乐惠食品制造有限公司。2000 年 12 月 25 日，经省质监局审查，武义县热能机械工程有限公司、嵊州市天成节能设备厂、嵊州市双马蒸汽多用灶厂取得 E_2 级（微压锅炉）制造许可证。截至 2000 年，全省有 51 家企业按照额定蒸汽压力的大小，取得相应级别的锅炉制造许可证。

2001 年 4 月，省质监局在对原《浙江省 E_2 级锅炉制造许可证条件》《浙江省微压锅炉制造许可证条件》《浙江省锅炉压力容器封头制造许可证条件》进行修订的基础上，印发《浙江省 D 级锅炉制造许可证条件》《浙江省常压热水锅炉制造许可证条件》《浙江省锅炉压力容器封头制造许可证条件》及审查评审表。同年，经省质监局审查，浙江联丰股份有限公司上虞联丰制冷机厂、天台宏达机械设备安装有限公司、长兴县爱立茶炉厂取得常压锅炉制造许可证。同时，省质监局批准同意台州市路桥地中海热能设备制造有限公司、安吉生活锅炉厂、湖州市锅炉压力容器安装有限公司、缙云县壶镇无压锅炉厂、缙云县壶镇勇强炉具厂试制常压锅炉。2002 年 1 月，省质监局印发《关于鼓励开发研制和使用安全经济型小锅炉的若干意见》，要求各市质监部门在办理安全经济型小锅炉制造许可事宜时，要简化手续、减少环节、节省费用、降低锅炉结构附件的制造成本。同时，对于《小型和常压热水锅炉安全监察规定》适用范围内的锅炉，准许在提供安装竣工照片和用户不改装保证书后，集中在当地质监部门锅炉压力容器安全监察机构办理使用登记手续。至 10 月底，全省共有持证的锅炉制造厂 67 家。

2003年1月,《锅炉压力容器制造监督管理办法》施行,质监部门开始按照《锅炉压力容器制造许可条件》对D级锅炉的制造进行行政许可。2004年12月,省质监局印发《浙江省D级微压锅炉制造许可实施规则》,对D级微压锅炉制造单位应具备的条件等进行明确。2005年4月,省质监局转发国家质检总局《关于锅炉压力容器制造许可管理工作有关问题的意见》,并结合浙江实际,对A级锅炉部件、锅炉本体内管道(元件)、铸铁省煤器、其他锅炉部件的制造许可管理事项作出明确规定。至年底,全省共有持证锅炉制造单位66家。截至2010年底,全省共有持证的各类锅炉制造单位174家。

(二)压力容器、压力管道制造行政许可

1980年7月,省政府批转省劳动局《关于连续发生压力容器爆炸事故的情况和今后意见的报告》,要求加强对压力容器制造单位的管理,除杭州、宁波、温州、嘉兴、武义等5家锅炉制造厂以外,未经批准,一律禁止制造压力容器,包括自制自用压力容器。1982年8月,劳动人事部印发《〈锅炉压力容器安全监察暂行条例〉实施细则》,明确制造一类、二类压力容器的单位,由省级锅炉压力容器安全监察机构会同省级主管部门进行审查,经审查合格的,由省级劳动部门签发压力容器制造许可证;制造三类压力容器的单位由劳动人事部锅炉压力容器安全监察局会同国务院主管部门进行审查,经审查合格的,由劳动人事部签发压力容器制造许可证,许可证有效期为4年。12月,省劳动局、省经委印发《浙江省压力容器设计制造单位检查验收细则》,并要求各制造单位认真做好准备,创造条件,迎接审查。1983年3月,各地劳动部门选择一些条件较好的单位进行压力容器制造资格许可审查试点。1984年初,省劳动人事厅会同省机械厅等主管部门,对压力容器制造厂的生产条件等进行逐一审查。10月,鄞县煤气用具厂取得全省首张一类、二类压力容器制造许可证。1987年开始,省劳动人事厅对已取证的压力容器制造厂加强日常监督检查工作,每满4年进行一次复审、换证。同时,对新增的压力容器制造厂按规定要求进行审查发证。截至1987年6月,全省共签发一类、二类压力容器制造许可证47本,三类压力容器制造许可证6本。

1988—1995年,劳动部门对湖州化工总厂、德清化工总厂、杭州华东制药厂、杭州民生制药厂、杭州华惠阀门有限公司、杭州通达换热器厂等单位的压力容器制造资质进行复审。1996年3月,省劳动厅、浙江省石油化工机械设备材料公司在绍兴市召开化工行业压力容器制造单位许可证工作会议,学习贯彻劳动部职业安全卫生与锅炉压力容器监察局印发的《压力容器制造单位资格认可与管理规则》(以下简称《规则》),并对化工行业压力容器制造单位和自制自用转为压力容器制造单位的质量管理工作提出要求。4月,省劳动厅根据《规则》,结合浙江实际,决定对全省原颁发的一类、二类压力容器制造许可证进行更换新证工作,同时要求各制造单位填写压力容器制造申请书,于1996年5月10日前上报省劳动厅锅炉压力容器安全监察处;各市、地劳动部门锅炉压力容器安全监察机构对已取得压力容器制造许可证,但尚未达到规定条件的单位要加强监督检查。凡新申请制造压力容器或申请增加许可证级别的单位,必须按规定的条件严格掌握,不符合条件的不得受理。同年,省劳动厅对压力管道元件制造单位实行安全注册认可制度。截至1997年底,全省共有91家企业持有一类、二类压力容器制造许可证，11 家企业持有三类压力容器制造许可证。1998 年 2 月，省劳动厅通报全省压力容器制造单位许可证的换证情况，并针对换证审查中存在的问题，要求各地劳动部门加强对压力容器制造质量的安全监察，督促有关单位自查整改。

2000 年 8 月 22 日，省质监局同意向杭州如宝钢瓶有限公司、浙江嘉兴压力容器厂、杭州鼎力容器厂核发液化石油气瓶制造许可证。2002 年，全省压力管道元件制造行政许可工作启动。同年，慈溪海路管件有限公司、宁波市江北华东电力石化管件有限公司取得压力管道元件制造许可证。至 10 月底，全省共有持证的压力容器制造厂 100 家。2003 年 1 月 1 日起，D 级压力容器制造行政许可按国家质检总局《锅炉压力容器制造许可条件》执行。至 2005 年底，全省共有持证压力容器制造单位 165 家、压力管道元件制造单位 158 家。2009 年 10 月，省质监局印发《浙江省压力管道元件制造许可若干问题的意见》，按照既保安全又促发展的原则，适当调整压力管道元件制造行政许可条件，解决了生产单位申领制造许可证的瓶颈。同年，省质监局开展现场集中受理行政许可申请工作，现场受理符合受理条件的 167 家生产单位的申请。截至 2010 年底，全省共有 906 家压力管道元件制造单位取得行政许可资质。

（三）电梯等机电类特种设备制造行政许可

1987 年 9 月，省劳动人事厅印发《浙江省电梯制造、安装、使用安全管理办法（试行）》，对电梯制造、安装（维修）单位实行安全认可证制度。1990 年，省劳动人事厅对全省电梯制造、安装重点单位开展认证和复审换证工作。至 1991 年，省劳动厅公布 27 家已取得安全认可证的电梯制造、安装单位名单。1994 年，省劳动厅对杭州凯达电梯工程公司等起重机械制造、安装单位进行安全认可审查。2000 年，省质监局组织开展电梯、起重机械制造单位安全认可取（换）证工作。2003—2008 年，省质监局共受理 247 家单位的机电类特种设备制造资质申请，批准 226 家，其中，取证单位 24 家，换证单位 157 家，增项单位 19 家，其他（包括更名、迁址）单位 26 家，并对 3 家单位的资质申请作出不予批准的决定，对 1 家单位的资质申请作出不予受理的决定。另外，还报请国家质检总局注销 3 家机电类特种设备生产单位的行政许可资质。截至 2010 年底，全省共有 681 家机电类特种设备制造单位取得行政许可资质。其中，电梯制造单位 315 家，起重机械制造单位 340 家，大型游乐设施制造单位 5 家，场（厂）内专用机动车辆制造单位 21 家。

三、安装、改造、维修行政许可

安装、改造、维修行政许可是指对锅炉、压力容器、电梯、起重机械、客运索道、大型游乐设施及其安全附件、安全保护装置的安装、改造、维修单位实行资质许可的制度。

（一）锅炉安装、改造、维修行政许可

1963 年 11 月，省人委转发省劳动局《关于吴兴嘉兴两起锅炉爆炸事故的报告》，要求对全省锅炉设备进行安全大检查。在安全大检查中，省劳动局发现约有 40％的锅炉需要修理，其中部分损坏严重的需作报废处理。为统一报废标准，1964 年 5 月，省劳动局印发《关于蒸

汽锅炉报废条件和审批手续的暂行规定》，要求按照既要保证锅炉设备符合安全要求，又要防止浪费国家资产的原则，由企业主管部门会同当地劳动部门和企业单位对要报废的锅炉进行技术鉴定，并由当地劳动部门报省劳动局审批后才能报废。通过1964年、1965年的修理及报废处理，锅炉设备安全状况有所好转。“文化大革命”开始后，锅炉修理、报废等相关工作基本停滞。

1974年2月，省革委会印发《关于锅炉更新几点具体办法的通知》，组织开展锅炉更新工作，对无改造价值的工业锅炉进行分批更新。1978年7月，针对部分蒸汽锅炉“带病”运行，事故不断，严重威胁人民群众生命、财产安全的情况，省劳动局重申《关于蒸汽锅炉报废条件和审批手续的暂行规定》，要求各级劳动部门做好蒸汽锅炉的安全监督检查工作。对有严重缺陷而又无修理价值的锅炉，组织力量做好报废的技术鉴定工作。1982年7—8月，省劳动局对提出申请的锅炉专业安装单位有重点地进行审查，并批准浙江省工业安装公司等9家单位为全省第一批锅炉专业安装单位。1984年3月，省劳动人事厅批准公布第二批锅炉专业安装单位名单，共3家。1985年、1986年省劳动人事厅相继批准公布第三批、第四批锅炉专业安装单位名单，共9家。1986年6月，省劳动人事厅印发《浙江省蒸汽锅炉安装单位审批暂行办法》，对安装单位审批程序，安装许可证的发放、更换，安装单位必须具备的条件等进行明确，并根据锅炉压力高低和蒸发量的大小，将安装许可证分为1～5级。11—12月，省劳动人事厅组织部分市（地）劳动部门和检验机构的工程技术人员对提出申请的锅炉安装单位进行审查。1987年1月，省劳动人事厅对审查合格的中国石油化工总公司第三工程公司等16家单位签发第一批蒸汽锅炉安装许可证。6月，省劳动人事厅对审查合格的浙江省火电建设公司等37家单位签发第二批蒸汽锅炉安装许可证。1987—1990年，省劳动人事厅除对新提出申请的舟山市电力安装公司等6家锅炉安装单位按规定进行审批试装外，重点对已取得锅炉安装许可证的单位加强监督检查。1991年3月，省劳动人事厅按《浙江省锅炉安装单位换证审查评分细则》要求，组织开展锅炉安装单位的换证复审工作。11月，省劳动厅公布经审查合格的锅炉安装单位名单，共71家，并签发浙江省锅炉安装许可证。1992年4月，针对取（换）证审查中发现的一些共性问题，省劳动厅印发《关于锅炉安装有关问题的通知》，要求各锅炉安装单位进行整改，切实提高锅炉安装质量。1994—1995年，省劳动厅组织开展锅炉安装许可证换（发）证复查工作。经审查，有91家锅炉安装单位符合要求，省劳动厅分别于1995年4月、7月、12月分3批签发浙江省锅炉安装许可证。

1996年1月，省劳动厅印发《浙江省锅炉修理改造单位审批管理办法（试行）》《浙江省锅炉修理改造资格审查评分细则》，对锅炉修理改造单位的必备条件和审批办法等进行规定。6月，省劳动厅组织专业技术人员对锅炉修理改造申报单位的从业人员、仪器设备、质保体系、施工质量、环境条件等进行审查评分。对审查合格的单位，由各市（地）劳动部门审批后报省劳动厅核发“浙江省锅炉修理改造许可证”。12月，省劳动厅对浙江省工业设备安装公司等48家锅炉修理改造单位签发浙江省锅炉修理改造许可证。1997年3月，省劳动厅对《浙江省蒸汽锅炉安装单位审批暂行办法》进行修订，并印发《浙江省锅炉安装单位审批办法》，增加了试装审批，调整了安装级别，同时对技术力量、工装设备、检测手段、质保手册及技术文件等作了具体规定。同年，省劳动厅对浙江省火电建设公司等51家锅炉修理改造单位签发浙江省锅炉修理改造许可证。1999年，省劳动厅组织开展第三次锅炉安装许可证换证复查。经审查合格的锅炉安装单位有79家，省劳动厅分别于3月、7月、9月、12月分4批签发浙江省锅炉安装许可证。

2001年4月，省质监局对原省劳动厅印发的《浙江省立式锅炉安装质量证明书》《浙江省卧式整(组)装锅炉安装质量证明书》《浙江省有机热载体炉安装质量证明书》和《浙江省锅炉修理改造质量证明书》进行修订。8月，省质监局明确，凡对额定蒸汽压力不小于5.3MPa的电站锅炉进行重大修理、改造，有关施工单位或业主单位应事先将修理、改造方案分别报省、市质监部门审查，锅炉安全监察机构应在组织专家会审后给出书面审查意见和结论。2002年4月，省质监局印发《关于全省锅炉安装及修理改造许可证并轨有关事项的通知》，将全省锅炉安装许可证与锅炉修理改造许可证合并，统称锅炉安装维修许可证。9月，省质监局印发《浙江省锅炉安装及修理改造监督管理办法》，对锅炉安装及修理许可证级别及条件、许可证申请受理审查和发证程序、安装及修理改造过程管理、安装及修理改造质量的监督检验、监理等作出明确规定。至10月底，全省共有持证的锅炉安装维修单位222家。2003年6月，根据国家质检总局《特种设备行政许可实施办法(试行)》要求，省质监局将原来实施的锅炉等特种设备安装、改造、维修的施工审批改为施工告知。

2005年7月19日，省质监局印发《关于锅炉安装有关问题的意见》，明确持有锅炉安装许可证的单位可以从事锅炉安装许可压力等级范围内的蒸汽锅炉及热水管道安装工作，达到锅炉安装3级及以上级别的单位可以继续安装有机热载体炉管网系统的管道。10月，省质监局重申特种设备安装改造维修告知为非行政许可事项，告知后即可施工，强调各地不得以任何形式和理由将书面告知作为许可或变相许可。同时，要求各地质监部门进一步改进有关公开公示工作，方便企业告知。至年底，全省有持证锅炉安装维修单位95家。

2007年6月，省质监局根据国家质检总局《关于进一步完善锅炉压力容器压力管道安全监察工作的通知》精神，结合浙江实际，规定锅炉安装、改造和重大维修的方案应当提交实施监督检验的检验检测机构进行技术审查；锅炉维修改造中更换的承压部件应当由持相应锅炉(部件)制造许可证的制造单位制造，其设计文件需经检验检测机构鉴定，产品应当经制造过程监督检验；由于施工需要在现场进行锅炉元件弯管时，可由具有相应资质的锅炉维修改造单位进行；工业锅炉与用热设备之间的连接热力管道总长不超过200米，如管道长度超过200米时，与锅炉连接的热力管道必须由取得压力管道安装许可证的单位进行安装。截至2010年底，全省持证锅炉安装、改造、维修单位共有120家。

(二)压力管道、电梯、起重机械安装、改造、维修行政许可

1997年10月，省劳动厅印发《浙江省压力管道安装单位资格认可管理办法(试行)》，对压力管道安装单位必须具备的条件提出具体要求，包括单位和人员资格、仪器设备、质保体系、安装质量和环境条件等。1998年4月起，省劳动厅组织工程技术力量对申请压力管道安装资格的单位进行审查。2001年，省质监局对59家压力管道安装单位的安装资质进行了审

查认可。

2002年，省质监局印发《浙江省电梯起重机械制造安装维修保养资格认可办法》，加强电梯、起重机械制造、安装、维修保养、改造单位的资质认可管理，规范资质认可的申请、审查、发证工作。至10月底，全省共有持证的压力管道安装维修单位65家、机电类特种设备安装维修单位114家。2003年12月，省质监局印发《浙江省机电类特种设备安装改造维修条件鉴定评审细则(试行)》和《浙江省机电类特种设备安装改造维修许可评审指南(试行)》，对机电类特种设备安装、改造、维修等行政许可事项作出规定。2005年1月起，省质监局组织专业技术人员，对全省机电类特种设备安装、改造、维修单位进行为期半年的调查与评审。对具备相应资质的261家机电类特种设备安装、改造、维修单位予以确认发证。其中，电梯安装、改造、维修单位164家，起重机械安装、改造、维修单位95家，游乐设施安装、改造、维修单位2家。至2005年底，全省共有持证压力管道安装单位85家、电梯安装维修184家、起重机械安装维修单位125家、游乐设施安装维修单位3家。

2007年2月，省质监局印发《关于进一步加强电梯安装改造维修安全监察工作的通知》，要求各级质监部门把好电梯安装、改造、维修单位行政许可准入关，严格执行行政许可退出制度。2008年2月21日，省质监局印发《关于进一步规范机电类特种设备安装改造维修鉴定评审工作的通知》，对机电类特种设备试安装改造维修、申请单位人员条件、电梯维保单位分支机构设立、改造资质及终(中)止评审等进行细化明确。6月27日，省质监局明确不再受理简易升降机的制造、安装、改造、维修许可申请。已取得制造许可的企业，在许可证书有效期内在确保制造质量安全可靠的前提下，仍可从事相应活动，但有效期届满后一律不予换证。持有升降机安装、维修许可证的企业在许可有效期内仍可继续开展合法企业制造(改造)的简易升降机相关业务。截至2010年底，全省共有持证压力管道安装单位85家、机电类特种设备安装改造维修单位366家。

四、使用行政许可

使用行政许可是对特种设备在投入使用前或者投入使用后30日内，实行使用登记或注册的一种管理制度。

(一)锅炉使用行政许可

1.锅炉使用登记发证

1951年9月，杭州市劳动局开始建立蒸汽锅炉的管理和检查制度，对在用锅炉进行登记管理。1956年3月，省劳动局对全省蒸汽锅炉使用情况进行调查。同年，杭州市劳动局对全市81台锅炉进行全面登记，并印发《杭州市工厂企业蒸汽锅炉安全管理暂行办法》。1958年，省劳动局部署开展锅炉登记建档工作，并统一印发蒸汽锅炉安全技术登录簿、蒸汽锅炉登记表等。1962年11月，省劳动局转发劳动部《蒸汽锅炉使用登记试行办法》，并要求杭州市、宁波市、温州市、嘉兴市、吴兴县的蒸汽锅炉使用单位向当地劳动部门办理登记手续，其余地区由当地劳动部门审核编号后，将有关锅炉图纸资料等报省劳动局办理登记手续。至1963

年 5 月，由杭州市、宁波市、温州市、嘉兴市、吴兴县办理登记建档并发放锅炉使用登记证的锅炉有 561 台，占 5 市、县锅炉总数的 74%。1964 年 2 月，杭州市劳动局向杭州市人民委员会上报《关于本市蒸汽锅炉登记情况和今后意见的报告》，经杭州市人民委员会批转各有关部门贯彻执行，推动了全省锅炉登记建档工作的开展。截至 1965 年，全省已办理登记建档并取得锅炉使用登记证的锅炉有 800 余台。“文化大革命”期间，锅炉使用登记工作受到影响。

1981 年 9 月，省劳动局印发《浙江省蒸汽锅炉使用登记建档暂行规定》，要求从 1981 年第四季度开始，全省开展锅炉登记建档发证工作，力争在一年半到两年内完成。同时明确，在杭州市的中央和省属单位锅炉，由省级主管部门负责，向省劳动局办理登记手续；在各市（地）的中央和省属单位锅炉，由省级主管部门负责，统一向所在市（地）劳动部门办理登记手续；市（地）属单位的锅炉，由市（地）主管部门负责，统一向市（地）劳动部门办理登记手续；中国人民解放军驻浙部队的锅炉，由部队团以上领导机关负责；县及县以下单位的锅炉，由县主管部门负责，将有关资料报送当地县（市）劳动部门，县（市）劳动部门审查合格后，报市（地）劳动部门办理登记手续。各市（地）劳动部门对报送的登记资料经审查符合登记要求的，发给锅炉使用登记证。锅炉使用登记证每年验证一次。1982 年 11 月，省劳动局在萧山县召开全省锅炉压力容器安全监察工作会议，重点交流了开展锅炉登记工作的经验和进度。至 1983 年底，全省办理登记建档发证的锅炉有 5600 余台，占全省锅炉总数的 89.5%。

随着生产的发展，锅炉数量不断增加，锅炉登记建档发证成为一项经常性的工作。1995 年 6 月，省劳动厅印发《浙江省有机热载体炉使用登记办法》，对有机热载体炉使用登记进行规定。至 2010 年底，全省办理使用登记的锅炉有 57002 台。

2. 锅炉水处理及资格认可

20 世纪 50 年代，全省除少数大型企业和电厂外，大部分锅炉用水没有经过处理，炉管结垢较为严重，一般厚度在 2～5 毫米，严重的达 10 毫米以上，有的炉管甚至完全被水垢堵塞，既浪费燃料，又危及锅炉的安全运行。1958 年，杭州市劳动局开始在小型锅炉上推行炉内加药软化法为主的锅炉水处理方法，并取得明显效果。至 1959 年 9 月，杭州市有 150 台锅炉进行水处理，普及率达 80%。11 月，为推广杭州市的先进经验，省劳动局委托杭州市劳动局举办杭州市蒸汽锅炉水质处理展览会，4000 余人前来参观学习。展览会采用文字、图表、实物、模型等形式，重点介绍水处理的重要性及水垢生成后的危害。同时，展出各种水处理设备的实物和模型、水处理软水剂、水质化验用的仪器设备和药品等，并将各种水处理方法和经验汇编成册，发给参观者。“文化大革命”期间，锅炉水处理工作受到很大影响。

1978 年 9 月，省劳动局对杭州、宁波、温州的 1250 台锅炉进行调查，进行水处理的锅炉占 30%左右。同年，省财政局、省劳动局先后 2 次下拨给省劳动局锅炉检修队及杭州市、宁波市、温州市、东阳县劳动局水处理经费 9 万元、钢材 20 吨，用于建立水质化验室，监督锅炉水质。1979—1981 年，省劳动局先后举办 13 期锅炉水处理培训班，培训 500 余人，并将离子交换逆流再生水处理的新工艺和新方法总结推广到省内 100 余家单位。同时，省劳动局还组织指导杭州、宁波、温州、定海、湖州、慈溪、东阳 7 市县相继建立水处理服务站，为用户化验水质，提供软水药剂和设备。经过 3 年努力，全省 4886 台锅炉中有 2708 台进行水处理，水处理普及率由1979年的30%提高至1981年的55%。1984年5月，省计经委、省劳动人事厅、省商业厅印发《浙江省低压锅炉水处理管理暂行办法（试行）》，加强对锅炉水处理的管理。至1987年7月，全省8307台锅炉中有7035台锅炉进行水处理，普及率达84.7%。1988年，全省开展锅炉房综合治理，其中水处理工作被列为一项重要的考核项目。1991年9月，省劳动厅印发《浙江省低压锅炉化学清洗单位资格认可审批办法》，对清洗单位的基本条件，包括工作场所、技术力量、仪器设备、管理制度等进行规定。同时明确，凡审查合格的由省劳动厅发给浙江省低压锅炉化学清洗资格认可证书，有效期为4年。1996年7月，省劳动厅印发《浙江省〈锅炉水处理管理规则（试行）〉实施细则》，对锅炉水处理设备生产厂和药剂生产厂的备案审批程序、锅炉水质监测单位的资格审查和审批授权、锅炉水处理人员和锅炉水处理检验员培训考核发证等提出明确要求。1998年4月，省劳动厅对《浙江省低压锅炉化学清洗单位资格认可审批办法》作了修改，并印发《浙江省锅炉化学清洗单位审批管理办法》。至2001年底，经省劳动厅审查合格签发资质证书的锅炉化学清洗单位有21家。2003年7月，省质监局在《关于停止锅炉化学清洗单位资格审批的通知》中明确，锅炉化学清洗资质审批发证不属于《特种设备安全监察条例》规定的要求。此后，锅炉水处理资格认可工作不再进行。

（二）压力容器、压力管道使用行政许可

1986年12月，省劳动人事厅、省计经委印发《浙江省压力容器登记发证若干规定》，明确自1987年1月1日起，凡在省内新投入使用的压力容器，必须办理使用登记手续后方准使用。登记发证机关原则上按隶属关系，即省属（含中央部属、部队属）单位的压力容器由省劳动人事厅登记发证，地、市属单位的压力容器由地、市级劳动部门登记发证，县以下（含县级）单位的压力容器由县级劳动部门登记发证；全省31辆液化气槽车和26个50立方米以上（含50立方米）的贮罐由省劳动人事厅登记发证。至1990年底，全省在用压力容器总数为46289台，其中符合安全要求并由劳动部门发放压力容器使用登记证的压力容器有31099台。

1991年5月，省劳动人事厅印发《浙江省气瓶充装单位注册登记审查办法》（以下简称《办法》），明确由省劳动人事厅对经审查符合条件的充装单位，予以办理注册登记，发给气瓶充装站注册登记证。《办法》适用于永久气体、液化气体、溶解乙炔气体和液化石油气体4个类别的充装单位。1992年1月，气瓶充装单位注册登记工作全面展开。1994年5月，省劳动厅明确，市（地）属单位的压力容器由市（地）劳动部门登记发证，县以下（含县级）单位的压力容器由县级劳动部门登记发证，在杭的省属（含中央部属、部队属）单位的压力容器由省劳动厅登记发证，非在杭的省属（含中央部属、部队属）单位的压力容器由负责其统计的市（地）、县劳动部门登记发证。至1997年12月底，全省办理注册登记的气瓶充装单位共345家。其中，杭州市66家，宁波市46家，温州市30家，嘉兴市59家，湖州市35家，绍兴市24家，台州市7家，金华市31家，衢州市16家，丽水市17家，舟山市14家。

2000年，全省质监部门开展在用压力容器使用登记与检验发证清查工作。至年底，全省已发证的在用压力容器总数为77068台。其中，反应容器11740台，换热容器28148台，分离容器24294台，储存容器8579台，其他4307台。2001年11月16日，省质监局印发《浙江省

气瓶充装单位注册登记审查管理规则》，对气瓶充装单位注册登记的依据和范围、注册登记申请的条件和程序、注册登记审查程序、发（换）证申请和审查等进行规定。2002年3月，省质监局明确，从5月1日起，将原由省质监局履行的气瓶充装单位注册登记职责权限授予各市质监部门。至10月底，全省共有持证的气瓶充装单位577家。

2003年9月，全省质监部门开始开展在用压力管道使用登记工作。2005年12月，省质监局明确，对于国家大型发电公司所属电站的压力容器，其设备注册代码、使用登记证编号等信息由省特种设备检验中心统一录入数据库，并以电子版或书面形式报送设备所在地的市质监部门，由各市质监部门编制设备注册代码、使用登记证编号后颁发使用登记证；对于按省质监局《关于确定省特种设备检验中心检验业务范围的通知》规定由省特种设备检验中心承担检验任务的承压设备，除移动式压力容器由省质监局登记发证外，其余设备的注册代码、使用登记证编号等信息可以由省特种设备检验中心录入数据库，并以电子版或书面形式报送所在地的市质监部门，由各市质监部门编制设备注册代码、使用登记证编号后颁发使用登记证。

2006年5月，省质监局、上海铁路局印发《关于浙江省境内特种设备使用登记工作有关事项的通知》，对浙江省铁路系统锅炉压力容器的安装告知和使用登记等相关工作进行适当调整。7月，省质监局印发《关于做好气瓶使用登记工作通知》，要求各地质监部门力争在12月底前将在用气瓶的使用登记率达到80%以上。同时规定，无论是自有产权或托管的气瓶一律由充装单位负责向登记机关办理使用登记，领取气瓶使用登记证。同年，省质监局对浙江省境内铁路系统锅炉压力容器使用登记和安装告知工作进行督查。经核查，全省境内铁路系统共有1460台压力容器，其中1105台压力容器符合条件，取得使用登记证。截至2010年底，全省共有已办理使用登记的压力容器223500台、压力管道2.4万千米、气瓶1908万只。

（三）电梯等机电类特种设备使用行政许可

1991年8月，省劳动厅印发《浙江省起重机械安全监察规定实施细则》，决定将电梯安全监察纳入起重机械类设备进行统一管理。同时，对起重机械类设备的设计、制造、安装、修理、使用、管理及监督检验等作出具体规定。1995年12月起，省劳动厅将厂内机动车辆纳入安全监察工作范围，并对厂内机动车辆进行检验，对检验合格的发给全国统一的厂内机动车辆牌照。至此，全省起重机械、电梯、厂内机动车辆等机电类特种设备全部纳入安全监察工作范围，并建立和实施起重机械、电梯、厂内机动车辆登记注册制度。1997年，省劳动厅印发《关于进一步加强电梯安全管理与检验工作的通知》，要求各市（地）劳动部门对电梯状况进行调查，填写“电梯状况一览表”，开展电梯使用登记工作。

2000年12月7日，省质监局印发《关于电梯注册登记和发放安全检验合格标志的通知》，对申领电梯安全检验合格标志的基本条件、程序和方法等进行规定。同时，要求对检验合格的电梯进行注册登记，统一换发国家质监局规定的电梯安全检验合格标志。2001年4月起，全省质监部门开展在用电梯、起重机械、客运索道、大型游乐设施、厂内机动车辆的普查和使用登记工作，并开始建立市级在用机电类特种设备数据库。2010年2月，省质监局明确，经安装监督检验和首检合格的起重机械、电梯，使用单位应按照国家质检总局《起重机械使用管理规则》和《电梯监督检验和定期检验规则—曳引与强制驱动电梯》的要求，办理使用登记手续，并赋予设备新的注册代码和使用登记编号。截至2010年底，全省已办理使用登记的电梯161219台、起重机械164248台、场(厂)内专用机动车辆30994辆、客运索道25条、游乐设施714台。

五、检验检测行政许可

特种设备检验检测行政许可是指对从事特种设备监督检验、定期检验、型式试验的特种设备检验检测机构，按照有关规定进行核准，授权其开展相关领域的检验检测活动的一种行政许可制度。

1982年8月，劳动人事部印发《关于颁发试行〈锅炉压力容器安全监察暂行条例〉实施细则的通知》，明确锅炉制造单位产品质量的监督检验，由当地劳动部门或其授权的检验所进行；压力容器产品制造质量的监督，由各级锅炉压力容器安全监察机构或其授权的锅炉压力容器检验单位进行。1984年，杭州、宁波、温州、嘉兴、金华等地劳动部门授权当地锅炉压力容器检验所，开展监督检验工作。

1988年2月，省劳动人事厅印发《浙江省液化石油气钢瓶检验资格审定暂行规定》，同时要求，各市(地)劳动部门根据合理规划、择优定点的原则，提出本地区建立液化石油气钢瓶检验站的规划报省劳动人事厅统一平衡后批复。10月，劳动部颁发《劳动部门锅炉压力容器检验机构资格认可规则》(以下简称《规则》)，对锅炉压力容器检验机构必须具备的基本条件进行明确，同时规定，检验机构资格认可工作由省级以上劳动部门组织进行，省级劳动部门所属的检验机构的资格认可，由劳动部锅炉压力容器安全监察局负责审批。经考核合格的检验机构，报劳动部予以注册编号并发给锅炉压力容器检验许可证，有效期为5年。1989年3月，根据《规则》要求，省劳动人事厅制定《浙江省锅炉压力容器检验机构资格认可审查细则》(以下简称《审查细则》)。各锅炉压力容器检验所，根据《规则》和《审查细则》的各项要求，充实技术力量，完善内部管理，为检验资格认可工作创造条件。6月，省劳动人事厅首先对宁波市锅炉压力容器检验所进行检验资格认可的审查试点工作，并在此基础上，逐步在全省范围内开展锅炉压力容器检验机构的资格认可工作。

1990年11月，劳动部锅炉压力容器安全监察局派出审查组对浙江省锅炉压力容器检验所(以下简称省锅炉压力容器检验所)的锅炉压力容器检验资格进行审查。至年底，杭州、温州、绍兴、金华、嘉兴的5家市(地)锅炉压力容器检验所通过压力容器检验资格审查认可。为理顺部分县(市)劳动部门建立的锅炉压力容器检验所(站)与市(地)级锅炉压力容器检验所的关系，经协调，镇海、慈溪、余姚、宁海、上虞、桐乡、平湖、德清、开化、江山等县(市)级检验所(站)以挂靠市(地)级锅炉压力容器检验所的方式开展工作，不再单独进行资格认可。1991年2月，省锅炉压力容器检验所取得由劳动部颁发的锅炉压力容器检验许可证。4月，省劳动人事厅印发《锅炉压力容器安全质量监督检验审批授权办法》，规定市(地)劳动部门检验机构负责对当地劳动部门所管辖范围的锅炉、压力容器制造单位实行产品监督检验工作；省内的部属、省属和部队属制造单位的产品监督检验工作由省劳动人事厅锅炉压力容器安全监察处统一安排；监督检验单位填报的“产品监检授权申请书”等有关申请资料经市(地)劳动部门审核后报省劳动人事厅锅炉压力容器安全监察处，由省劳动人事厅审批同意后予以授权，并发放监督检验钢印；监督检验授权的有效期为5年；未办理审批手续的，从当年8月1日起停止监督检验工作。5月，省劳动人事厅转发劳动部《关于一九九一年气瓶充装站、检验站整顿治理工作的通知》，对气瓶定期检验站的资格审查等工作提出具体要求。8月，省劳动厅授权省锅炉压力容器检验所和杭州市、宁波市、绍兴市、嘉兴市、金华市、衢州市等地7家锅炉压力容器检验所为实施锅炉、压力容器产品安全质量监督检验的机构。至年底，全省除舟山市以外的10个市、地级锅炉压力容器检验所均进行了资格认可，并报经劳动部注册编号后，由省劳动厅发放锅炉压力容器检验许可证。

1992年4月，省劳动厅印发《浙江省液化石油气钢瓶检验站资格认可规则》，对液化石油气钢瓶检验单位应具备的基本条件和审查办法进行重新规定。同时明确，对审查合格的检验单位由省劳动厅发给气瓶检验许可证和检验钢印，并报劳动部锅炉压力容器安全监察局备案，统一编发检验站号。9月，省劳动厅印发《浙江省气瓶检验站资格认可审查办法》，对无缝气瓶、焊接气瓶和溶解乙炔气瓶检验单位应具备的基本条件和审查办法等作出规定。1995年，省劳动厅组织审查组按照《浙江省气瓶检验站资格认可审查办法》规定，对气瓶检验站资格申报单位逐个进行审查，并公布经审查合格的杭州制氧机厂等53家无缝气瓶定期检验站、省石化厅石油化工设备检测中心站等36家液化石油气钢瓶定期检验站、杭州电化总厂等15家焊接气瓶定期检验站以及省锅炉压力容器检验所等9家溶解乙炔气瓶检验站名单。1996年7月，省劳动厅印发《浙江省气瓶检验站监督考评办法》，加强对全省各类气瓶检验站的监督检查，推动检验站的规范化建设。同年，省劳动厅对检验资格已满5年的锅炉压力容器检验所进行换证复审。

2002年8月13日，省质监局印发《浙江省气瓶检验单位资格认可审查管理规则》。截至10月底，全省共有持证的气瓶检验单位144家。2004年12月，国家质检总局印发《特种设备检验检测机构核准规则》(以下简称《规则》)，明确国家质检总局负责特种设备综合检验机构、企业自检机构和无损检测机构的核准，以及气瓶检验机构核准证的颁发；省级质监机构负责本行政区域内气瓶检验机构核准中的受理和审批。2005年8月，省质监局将经鉴定评审(包括补充鉴定评审)确认人员资格、检验检测设备、检验责任和质量保证体系等符合《规则》要求的气瓶检验机构报请国家质检总局特种设备安全监察局核准发证，共计64家。其中，补充鉴定评审的50家，直接按照《规则》要求鉴定评审的14家。另外，因改制、发展需要等更名换证的气瓶检验机构3家。

至2010年底，省质监局共授权12家特种设备检验机构对348家锅炉、压力容器、压力管道元件(PE管、螺旋焊管)制造企业实施产品安全性能监督检验工作。

第二节　普查整治与隐患治理

特种设备普查整治与隐患治理是特种设备安全监察工作的主要内容。通过特种设备普查整治与隐患治理,可以全面、及时地掌握全省特种设备基本情况,消除安全隐患,确保人民群众生命财产安全。20 世纪 50—60 年代,省劳动局在锅炉使用较为集中的市(地)组织开展锅炉及锅炉房普查整治工作。改革开放后,随着浙江经济的快速发展,全省锅炉、压力容器和电梯等特种设备数量逐年增加,劳动部门、质监部门先后对全省特种设备的数量、分布、检验情况等进行多次普查,并对存在的隐患进行排查,对检查中发现的问题进行整治。同时,建立隐患排查治理动态工作台账、重点监控设备工作台账、超期未检设备工作台账,构建企业、监管机构和检验单位"三方责任"落实体系,确保特种设备安全。

一、普查整治

特种设备普查建档是特种设备安全监察的一项基础性工作,也是开展检查整治,实现对特种设备安全长效动态管理的重要手段。在普查建档工作中开展检查治理,在治理整顿中进一步完善建档登记是特种设备安全监察工作的一个重要特点。

(一)普查建档

1956 年,省劳动局对蒸汽锅炉使用情况进行普查。经调查,全省共有工作压力在 0.07MPa 以上的各种蒸汽锅炉 188 台。其中,杭州市 81 台,宁波市 39 台,温州市 14 台,湖州市 12 台,海宁县 10 台,嘉兴市 8 台,余杭县 7 台,吴兴县 5 台,舟山专区 4 台,绍兴市 3 台,萧山县 2 台,金华市、富阳县和鄞县各 1 台。1958 年,全省劳动部门开展蒸汽锅炉登记建档工作。至 1965 年,全省登记建档锅炉有 800 余台。"文化大革命"期间,普查建档工作处于停滞状态。

1983 年,省劳动局在绍兴市、嘉兴市的化肥厂和制药厂开展压力容器登记建档试点工作。同年,杭州市劳动局在龙山化工厂、杭州电化厂、民生药厂、杭州制氧机厂及杭州市机械局系统进行压力容器登记建档试点工作。经过一年多的工作,基本摸清全省压力容器的情况。据统计,全省在用压力容器共有 41368 台。其中,反应容器 7040 台,换热容器 12440 台,贮存容器 6002 台,分离容器 15762 台,液化气汽车槽车 80 辆,球罐 44 只。另有各类气瓶约 60 万只。1984 年 10 月,省计经委、省劳动人事厅印发《关于开展在用压力容器普查建档工作的若干意见》,明确了在用压力容器的普查目的和依据、普查建档的范围、普查建档工作的任务和程序、普查建档工作的要求。至 1986 年 2 月,全省基本完成压力容器普查建档工作。全省共有在用压力容器 41244 台。其中,一类压力容器 29480 台,二类压力容器 6977 台,三类压力容器 4787 台。

1994 年,省劳动厅对全省起重机械情况进行普查。1998 年 3 月,省劳动厅确定上虞市为全面清查在用压力容器使用登记、检验发证工作情况的试点地区。经清查，发现仍有51％的在用压力容器未纳入正常的监察管理范围，事故隐患较多。1999年2月，省劳动厅要求各市（地）劳动部门先选择1～2个县（市、区）进行在用压力容器全面清查试点。至2000年，全省33个县（市、区）完成压力容器清查整顿工作。

2001年9月12日，省政府办公厅转发省质监局、省经贸委《关于开展锅炉压力容器压力管道及特种设备整顿工作实施意见》，明确在2年内完成在用锅容管特普查登记工作，并实施计算机动态管理。9月中旬，全省质监部门、经贸部门开始联合开展锅炉、压力容器、压力管道等普查整顿工作。至年底，全省普查锅容管特设备85698台（套），对其中19665台（套）设备进行了重新登记注册。同年，质监部门对全省游乐设施的数量、事故发生情况、管理状况、使用情况进行检查摸底。2002年8月，省质监局、省经贸委印发《浙江省锅炉压力容器特种设备普查整顿工作验收办法》，对普查整顿验收工作的组织、验收办法、验收内容等进行明确。11月，国家质检总局组织验收组对全省锅炉、压力容器等特种设备普查整顿工作进行验收。普查验收情况显示，截至2002年10月底，全省共有特种设备251493台，其中，锅炉47310台，压力容器116625台，电梯26071台，起重机械44674台，厂内机动车辆16296辆，游乐设施501项，客运索道16条。普查整顿中，查出存在安全隐患的设备26220台（套）。

2003年6月，省质监局印发《浙江省气瓶普查整治工作实施意见》，决定在全省开展气瓶普查整治工作。在普查整治工作中，全省质监部门共出动检查人员9827人次，查明全省共有气瓶充装单位499家，其中，液化石油气瓶充装单位310家，无缝气瓶充装单位140家，溶解乙炔气瓶充装单位13家，焊接气瓶充装单位36家。普查登记各类气瓶13211446只，其中，液化石油气钢瓶12395557只，无缝气瓶620027只，焊接气瓶59097只，溶解乙炔气瓶136765只。同时，对普查整治的气瓶全部进行标识建档，普查登记率达100％；完成产权改革气瓶12671207只，托管气瓶459729只，气瓶产权转移率为96.4％；普查数据录入数为12103219只，录入率为91.6％。通过气瓶普查整治，摸清了气瓶数量和安全状况，建立了气瓶档案，基本理顺了气瓶产权关系，明确了气瓶的安全责任主体。12月，省质监局决定开展全省工业压力管道普查工作。截至2004年11月5日，全省质监部门共出动人员40644人次，普查压力管道使用单位12445家，累计普查长度11374.0千米，检验长度11289.2千米。通过普查，基本摸清了全省在用工业管道的数量、分布、种类，掌握了部分压力管道安全状况，消除了事故隐患，同时落实了使用单位安全管理责任，促进了压力管道安装监督检验工作，从源头上规范了压力管道的设计、制造、安装工作。同年，省质监局对全省11个市级质监部门开展工业压力管道普查工作进行验收，并抽查了28个县（市、区）255家企业的5696根工业压力管道。经考核验收，10个市的验收结论为合格，1个市的验收结论为基本合格。市、县两级普遍建立普查数据库，普查数据录入数为11374.0千米，录入率达100％。

（二）检查整治

20世纪50年代开始，全省劳动部门加强特种设备的日常安全监督，经常性地开展检查整治活动，督促制造、安装、改造、维修、使用单位做好特种设备安全管理，确保特种设备安全。

1. 气瓶充装站、检验站的检查整治

1979年1月，省劳动局召开全省制氧单位负责人会议，研究氧气瓶的安全管理和技术检验问题。会议明确，全省制氧单位按地域划分成杭州片区，嘉兴、绍兴、宁波、舟山片区，金华、丽水、台州、温州片区3个区域，建立气瓶安全互检组，对组内各单位开展互相检查。互查结束后，由组长单位写出书面小结，分送组内各成员单位并上报省劳动局，由省劳动局定期将各组检查情况及需要解决的问题及时通报给各制氧单位。1980年10月，省劳动局召开气瓶安全管理组长单位会议，听取各组检查情况汇报。1983年8月，省劳动局组织开展气瓶安全管理互查活动。一方面，检查各气瓶充装单位贯彻执行《气瓶安全监察规程》《压力容器安全监察规程》的情况；另一方面，对气瓶操作人员进行考核，交流气瓶安全管理技术经验。

1991年5月，省劳动厅转发劳动部《关于一九九一年气瓶充装站、检验站整顿治理工作的通知》，组织开展气瓶充装站、检验站的整顿治理工作，并对气瓶充装站的注册登记、气瓶检验站的布点规划等提出具体要求。1994年3月，省劳动厅、省公安厅印发《关于加强液化石油气充装安全管理的通知》，决定对液化石油气充装安全管理工作进行为期3个月的专项整治。专项整治中，各地劳动、公安及有关主管部门联合对液化石油气充装、使用单位进行安全检查，督促和指导各液化石油气充装单位完善安全管理制度、改善充装安全条件。同时对违规用槽车直接灌装气瓶的单位和个人进行了查处。至1995年，全省247家注册登记的气瓶充装单位基本达到GB 13591、GB 14193、GB 14194等国家标准规定的要求。

1996年4月，省建设厅转发建设部《关于采取措施加强燃气安全管理的紧急通知》(以下简称《通知》)后，建设部门对各地落实《通知》精神情况进行检查，禁止水煤气、半水煤气等不符合国家标准规定的气体作为城市燃气，取缔违章建设的液化气储灌站。同年，省建设厅、省劳动厅、省公安厅、省工商局等部门开展“取缔违章建站，禁止劣质煤气”专项安全检查。1997年3月，省劳动厅开展钢瓶安全管理专项检查。6月，省劳动厅要求各市(地)劳动部门按照《浙江省气瓶检验站监督考评办法》要求，对各气瓶检验站的检验质量进行监督考评，督导各检验站严格按有关检验标准、程序检验钢瓶，从源头上把好钢瓶安全质量关。

2000年4月，省质监局、省劳动厅转发国家质监局《关于开展气瓶质量安全大检查的通知》，并对开展气瓶质量安全大检查工作进行部署。5—6月，各地质监、劳动部门对液化石油气瓶和无缝气瓶的质量安全进行检查。检查对象除所有气瓶充装站外，绍兴、湖州等市还有针对性地开展了对气体经营单位的安全检查，对检查发现有泄漏、变形、损坏、超期未检等安全隐患的气瓶一律予以收缴报废或强制送检。安全检查中，湖州市分17个检查小组，出动133人次，检查56个充装站和211个经营单位，检查各类气瓶9097只，当场报废6只，收缴563只，并对12个违章充装的单位进行警告、责令整改和行政罚款的处理。2001年7月，省质监局印发《关于开展液化气体汽车罐车安全使用专项检查的通知》，组织各地质监部门开展为期3个月的液化气体汽车罐车安全使用专项检查。同年，针对全省液化石油气钢瓶数量多，分布广，管理难度大等情况，全省质监部门围绕气瓶的充装和检验环节开展安全执法检查，共检查290家液化石油气充装单位、1930家经销单位，查出不合格钢瓶17073只，并对311家充装及经销单位进行行政处罚。

2005年6月，全省质监部门对液化石油气钢瓶、钢质无缝气瓶、钢质焊接气瓶和溶解乙炔气瓶(不含车用气瓶、灭火用气瓶、工业用非重复充装气瓶、呼吸用气瓶)的充装、检验、经销单位开展专项安全检查。7月，为汲取上海市南汇区惠南镇发生因气瓶受暴晒破裂而使瓶内氨气泄漏，导致近百人中毒的事故教训，省质监局加强夏季特种设备安全监察工作。重点对气瓶、罐车等移动式压力容器的充装、运输、使用、储存、检验环节进行安全监察。2009年，全省质监部门开展特种设备安全"三项行动"①，共出动检查人员1947人次，检查充装单位378家、检验单位35家、气瓶35867只，下达《安全监察指令书》78份，立案查处36起。通过检查整治，充装超期钢瓶、检验缺项漏项等违法行为大为减少，气瓶定期检验率得到提高，并推动了"螺丝瓶"②的报废工作。

2010年3月22日至4月10日，全省质监部门对全省液化石油气充装单位开展专项执法检查，集中查处液化石油气充装单位不按安全技术规范要求充装液化石油气、无证充装、充装超期瓶等违法行为。4月22日，省质监局印发《关于进一步加强全省液化石油气钢瓶检验和充装工作的通知》(以下简称《通知》)，对液化石油气钢瓶检验范围和责任，充装单位安全主体责任的落实，加大"螺丝瓶"的报废力度等提出明确要求。《通知》印发后，各地质监部门开展对检验单位和充装单位的年度监督检查，依法查处各类违法违规行为。9月，省质监局、省住房和城乡建设厅对液化石油气钢瓶充装站、检验站、供应站(点)开展为期1个月的执法检查，重点打击充装非自有产权瓶、超期未检瓶、报废瓶和修理改造报废瓶等违法违规行为。至年底，全省质监部门共出动检查人员2192人次，检查充装站404家、检验站37家、供应站(点)276家，下达《安全监察指令书》36份，立案查处41起，执行罚款59万余元，累计报废"螺丝瓶"2486981只，更新气瓶2746688只。

2.锅炉和锅炉房的检查整治

20世纪50年代，全省锅炉房安全管理比较薄弱，不少单位规章制度不健全，锅炉房内阴暗潮湿，"跑冒滴漏"现象较为普遍。有的单位甚至在兰开夏锅炉③上部搭建房间，供司炉人员睡觉、休息，严重危及人身财产安全和锅炉的正常运行。1953年，省劳动局在湖州市劳动局配合下，对湖州市11台锅炉进行安全检查。1954年，温州市劳动局对全市14台锅炉进行安全检查，对其中7台损坏严重的锅炉作出停炉检修的处理。1960年12月，劳动部印发《蒸汽锅炉安全规程》(以下简称《锅规》)后，各地劳动部门组织开展《锅规》的宣传贯彻，督促企业进行整改。同时，加强对司炉人员锅炉安全知识及操作技术的培训，锅炉房面貌有了一定的改观。

1987年，湖州市、绍兴市劳动部门率先开展锅炉运行状态下的监督检查工作。湖州市劳动局还印发《锅炉运行状态监督检查办法》，从锅炉设备到锅炉房，从管理制度到操作水平，逐项进行评分，好的单位给予表扬奖励，差的单位给予批评教育，责令限期整改。1988年1月，

① "三项行动"：即质监部门组织开展的特种设备安全执法行动、治理行动和宣传教育行动，旨在促进特种设备安全形势持续稳定好转。

② "螺丝瓶"：是指护罩(即常见的钢瓶"把手")用螺丝连接到瓶体的液化石油气钢瓶。

③ 兰开夏锅炉：是一种老式结构的锅炉。

各地劳动部门配合主管部门对所属单位的锅炉房进行检查评比，地区之间开展对口检查。1989年2月，省劳动人事厅印发《关于一九八九年开展锅炉房综合治理工作的意见》。各地劳动部门制定锅炉房综合治理工作计划，并确定锅炉房综合治理工作负责人。同年，在全省锅炉使用单位自查整改的基础上，各地主管部门和市（地）劳动部门组织开展锅炉房现场检查、定期安全检查和锅炉房综合治理的年度检查、评比工作。经过综合治理，全省蒸发量1t/h及以上和蒸发量不足1t/h的锅炉房合格率分别达60%和70%以上。1990年，省劳动人事厅组织对锅炉房综合治理工作进行督查，共检查验收锅炉房3293座，其中验收合格2913座。

1991年，省劳动人事厅组织开展以D级锅炉房为重点的锅炉房综合整治工作，综合整治D级锅炉房6639座，验收合格4106座，占治理数的61.85%，达到劳动部关于D级锅炉房综合整治的目标要求。1993年7月，省劳动厅委托省锅炉压力容器检验所对省、部属单位中一批综合整治效果较好的锅炉房进行安全检查验收，共检查验收24座锅炉房。根据验收评分结果，省劳动厅授予浙江省对外经济贸易委员会等16家单位的锅炉房"安全合格锅炉房"称号。11月，根据劳动部《关于锅炉使用环节安全监察工作的若干意见的通知》精神，全省劳动部门开展以巩固锅炉房安全合格率和锅炉水处理有效率为重点内容的锅炉使用环节治理工作。

1995年6月，省劳动厅、省机械厅重申任何单位和个人一律不得销售、安装和使用土锅炉。1997年2月，省劳动厅转发劳动部《关于加强对承压锅炉制造和使用的监督管理的通知》，明确任何单位和个人不得以常压锅炉、懒汉锅炉为名非法制造承压锅炉，同时要求各地劳动部门会同公安、工商、总工会等部门，开展土锅炉的查禁工作。同年，根据浙江省安全生产委员会、省打假治劣协调小组《关于查禁无证伪劣锅炉的通知》精神，全省劳动部门开展无证伪劣锅炉查禁整治工作，出动检查人员3.6万人次，取缔包括土锅炉在内的各类无证伪劣锅炉12551台，捣毁非法制造窝点113个。1998—1999年，全省劳动部门多次开展土锅炉的查禁行动，累计查禁土锅炉7083台。

2000年4月，省劳动厅、省质监局转发《关于开展旧锅炉压力容器交易市场安全检查治理整顿的通知》后，各地质监、劳动部门对本地区的旧锅炉、旧压力容器交易市场从事旧锅炉、旧压力容器买卖的中间商进行摸底排查，并对旧锅炉、旧压力容器交易市场进行治理整顿。11月，省质监局印发《关于开展无证劣质锅炉冬季整治活动的通知》，组织开展无证劣质锅炉整治工作。12月下旬，省质监局、省质量技术监督稽查队联合当地质监、劳动部门在东阳、义乌查处2家特种设备非法制造厂和1个非法经销点，现场没收无证小型蒸汽锅炉449只。温州市质监部门查处特种设备非法制造厂1家，没收小型蒸汽锅炉333只。

2001年4月19—21日，根据省长柴松岳在《无证锅炉流入中小学校对师生安全构成重大威胁》（专报信息第338期）上的批示精神，省质监局组织杭州市、宁波市质监部门对萧山、临安、鄞县、嵊州、衢州、富阳、宁海等地无证伪劣锅炉的生产、销售和使用单位进行检查，查封萧山坎山华尔厨房节能设备厂、临安玲珑节能蒸汽灶厂、衢州天信节能灶具厂、嵊州市鹿山厨房节能设备厂和鄞县兆东节能灶具厂5家涉嫌违法生产锅炉的企业。4月26日，省质监局、省教育厅印发《关于开展中小学校锅炉安全大检查的紧急通知》。5月15日起，省质监局在杭州、宁波、嘉兴、湖州、绍兴、金华、衢州、温州8个市20多个县(市、区)督查各地开展学校锅炉安全大检查和查处无证伪劣锅炉生产、使用情况。检查发现,全省中小学校共有各类锅炉3345台,其中无证企业生产的无证伪劣锅炉385台,占总台数的11.5%;有证企业生产但违法安装和使用的锅炉824台,占总台数的24.6%。这些在用的无证锅炉存在着严重的安全隐患,主要问题有锅炉的安全装置人为加荷,造成锅炉压力无法控制;锅炉安装不符合要求,有些邻近学生教室或生活区;绝大部分在用锅炉上的压力表、温度计等都未按周期检定,显示的安全参数无法正确反映锅炉安全使用情况,容易造成超压、超温等问题。对检查中发现的问题,质监部门根据不同情况分别作出立即报废和限期更新的处理决定。至5月31日,全省质监部门共出动检查人员5064人次,查出各类问题和安全隐患1422项,无证企业生产的385台无证伪劣锅炉全部报废更新,有证企业生产但违法安装和使用的锅炉有430台经整改合格,补办了使用登记手续,另有394台也采取相应的安全防范措施。同时,对丽水南方节能热水器厂等4家涉嫌违法生产的企业进行查封;对江西省广昌县节能热水器厂等5家省外生产企业,由省质监局提交有关省、市质监部门协助查处。8月,省质监局、省电力局组织开展电站锅炉安全检查和整治工作。

2002年,省质监局组织开展全省中小学校锅炉安全使用“回头看”行动,共检查中小学校锅炉3053台,取缔新增无证伪劣锅炉19台,整治违法安装使用锅炉37台,取缔土锅炉4010台。2003年10月,全省质监部门开展中小学锅炉安全专项检查整治工作,共出动检查人员3600余人次,检查中小学校2442所,锅炉2634台,查获有证企业生产但未办使用登记的锅炉261台、无证伪劣锅炉12台、非法安装锅炉18台、超过定期检验有效期锅炉327台。针对检查中发现的问题,各级质监部门逐一督促有关单位落实整改。

2004年12月,省质监局、省电力局明确电力企业使用的锅炉、压力容器等特种设备由质监部门依法监管。2005年6月,省质监局印发《关于做好电力企业特种设备安全监察工作的通知》,并会同省电力主管部门开展电力企业锅炉、压力容器安全大检查、大整治。同年,省质监局加强对电站锅炉、压力容器的安全监管,地方所属电站锅炉使用登记率达93%。2006年1—2月,省质监局对全省部分电站企业锅炉安装质量进行监督抽查,检查的主要内容有人员及基本条件、锅炉部件材料、焊接质量等。

2007年1—2月,全省质监部门对年糕、米粉、豆腐、粉丝、饲料等加工作坊及小浴室是否存在使用土锅炉、是否存在常压锅炉非法承压和锅炉超压运行等情况进行专项检查,共出动检查人员7338人次,检查特种设备使用单位4579家、设备12261台(套),整治隐患619处,下达《安全监察指令书》610份,立案查处25起。2009年7月起,省质监局组织开展为期半年的农村小锅炉安全检查整治工作,提高农村小锅炉的定检率和使用管理的规范性。2010年,质监部门对全省174家锅炉生产企业进行安全检查,并检查了32106台锅炉的安全使用情况,抽查率占全省57002台持证在用锅炉的56.3%,督促生产和使用单位处理安全问题4.8万余个。

3.压力容器、压力管道的检查整治

1962年4月,省劳动局等部门转发劳动部、化工部、轻工业部、石油工业部《关于开展受压容器安全检查的联合通知》，并于下半年起，在压力容器比较集中的杭州市、宁波市、温州市及部分省属企业开展安全大检查，督促有关企业建立健全必要的安全管理制度。1964 年 4 月，省人委批转省劳动局《关于全省劳动保护工作会议的报告》，要求杭州市、宁波市、温州市及省化工系统对压力容器开展一次安全检查，以达到加强管理，消除隐患的目的。

1980 年 7 月，省政府批转省劳动局《关于连续发生压力容器爆炸事故的情况和今后意见的报告》，要求各级生产主管部门和劳动部门对在用压力容器开展检查。通过检查，建立安全技术档案，建立健全各项安全管理制度。1987 年 9 月，劳动人事部、国家经委印发《关于开展在用压力容器整顿治理工作的通知》(以下简称《通知》)，要求用 3 年左右的时间，在全国范围内开展压力容器整顿治理工作。根据《通知》精神，省劳动人事厅认真做好检验单位资质认可工作，增加检验力量，加快推进全省压力容器整顿治理工作。1989 年 9 月，省劳动人事厅对加强液化石油气槽车安全管理工作提出要求。1991 年，省劳动厅组织开展压力容器安全检查和专项整治工作，现场判废 366 台，指令降压使用 300 台，限期修理 154 台。

1996 年 9 月，省劳动厅转发劳动部《关于进一步加强压力容器压力管道安全监察工作的几点意见》，并组织各地劳动部门开展锅炉、压力容器使用环节的安全大检查。重点对未办理使用登记、未按规定要求进行安全性能定期检验而仍在使用的锅炉、压力容器及各类气瓶进行处理。同时，组织专业人员对各地新建、扩建、改建的压力管道施工作业质量进行监督检查和现场抽查。2002 年 1 月，针对缙云、余姚、永嘉相继发生的大吨位液化石油气汽车罐车翻车事故，省质监局印发《关于液化石油气汽车罐车安全使用专项整治的紧急通知》，组织各级质监部门开展液化石油气汽车罐车安全使用专项整治工作。10 月，省质监局组织对镇海炼化至萧山国际机场 153 千米成品油长输管道、洞头小门岛至乐清液化石油气海底管道设计安装工作开展安全监察。

2004 年 7 月，根据省委书记习近平及省政府有关领导批示①精神，省质监局、上海铁路局杭州铁路分局、省公安厅、省交通厅、省安监局联合印发《浙江省危险化学品罐车专项检查整治实施意见》，并由省质监局牵头，组织开展危险化学品罐车安全隐患的专项检查整治工作。专项整治工作历时 3 个月，共出动 1249 人次，检查企业 331 家，查明在用承压罐车 445 辆、在用常压罐车 3500 辆、上海铁路局杭州铁路分局管内自备危险化学品铁路罐车 684 辆。通过专项检查整治，摸清了全省危险化学品罐车的数量、分布情况及安全状况和检验维修情况，并建立罐车档案，进一步明确罐车使用单位作为罐车安全运行的主体责任，提高了罐车驾驶、押运、装卸、检验维修等从业人员的安全生产意识，消除了事故隐患。12 月 13 日，省质监局印发《关于加强压力管道安全监察工作的意见》，进一步加强对输送可燃、易爆、强腐蚀性或有毒介质压力管道的安全监察工作。同时明确由检验机构实施全面检验，使用单位制订定期检验计划、事故预防方案、巡线检查制度，并建立抢险队伍，定期开展应急演练。

2006 年 3 月 15—17 日，按照危化品气瓶安全专项检查整治工作要求，国家质检总局、国

① 时任省委书记习近平批示："危险化学品罐车专项检查整治要真抓实干，我省事故率非常高，后果很严重，早应下功夫整治。这次整治活动务必取得实效，推进'平安浙江'建设。"

家安全生产监督管理总局和国家环境保护总局对浙江危化品气瓶安全整治工作情况开展联合检查。联合检查组以听取汇报、查阅资料、现场核对以及提问等形式，重点检查瓶装危险化学品气体生产、充装、经营和使用单位及其充装人员执行法规、标准的情况，并随机抽查了杭州市、嘉兴市的5家液氯、溶解乙炔、氧气、氢气和液化石油气气体充装单位。4—12月，省质监局对烘缸、搪玻璃反应锅、冷库用压力容器等承压类特种设备安全开展专项整治。全省质监部门共出动检查人员10243人次，检查企业2716家，发放使用登记证36370张，停用和报废设备2771台，发现和整治事故隐患5447处，下达《安全监察指令书》795份，立案查处21起。9月至2007年4月，省质监局、省安监局对全省承压汽车罐车充装站进行专项整治，基本摸清全省承压汽车罐车充装站的情况。据统计，全省共有液化气体充装站39家、永久气体充装站9家、液化气体和永久气体均充装的充装站4家。5月，省质监局组织对锅炉、压力容器和压力管道等承压类特种设备安全阀开展专项整治，重点检查：在承压设备或承压系统上是否按照相关安全技术规范的规定安装安全阀；已经安装安全阀的开启压力是否适当，是否有足够的排放能力；使用单位是否及时送检或自行校验安全阀，检验机构在进行特种设备定期检验时是否真正落实安全阀的校验工作。

2008年7月，省质监局印发《浙江省压力管道元件的专项整治工作方案》，组织开展压力管道元件专项整治工作。各地质监部门发挥乡镇质监站和相关行业协会的作用，对辖区内压力管道元件制造企业进行全面调查，基本掌握了各类压力管道元件制造企业的分布、数量、规模、资质等情况，并分别建立了企业档案。检查结果显示，全省共有1210家压力管道元件制造单位。其中，持有压力管道元件制造许可证的单位458家，已申请受理尚未发证的单位92家，尚未申请的单位660家。

4.电梯、起重机械的检查整治

1987年9月，省劳动人事厅印发《浙江省电梯制造、安装、使用安全管理办法(试行)》。同年，省劳动人事厅等转发建设部等单位《关于电梯产业情况进行普查的通知》，并组织对湖州、宁波等地电梯企业生产的电梯进行安全性能检查。

1995年8月，省劳动厅开展电梯安全管理检查，重点检查电梯安装施工现场和在用电梯安全管理情况。1999年，省质监局组织对电梯、起重机安装质量进行抽查。2000年，省质监局联合劳动保障部门开展电梯、起重机安装质量的第二次抽查，共抽查56家单位，对查出的问题督促企业进行整顿。2001年，全省质监部门对建筑起重机械开展安全监察工作。2002年3月，省质监局印发《浙江省在用固定式简易升降机安全质量整治暂行办法》，对在用固定式简易升降机安全质量整治工作提出具体要求。2003年7月，省质监局、省建设厅转发国家质检总局、建设部《关于开展起重机械安全专项整治的通知》，要求各地质监部门、建设行政管理部门把交通、铁路、水利、电力、房屋建筑和市政工程施工用起重机械作为整治工作的重点。同年，全省质监部门对固定式简易升降机开展专项整治，并把义乌市简易升降机整治工作列入省政府整顿和规范市场经济秩序的重点内容之一，在义乌市大陈镇进行试点。

2005年5月，省质监局印发《关于对机电类特种设备安装改造维修单位进行年度监督检查的通知》，对机电类特种设备安装、改造、维修单位证后监督检查和年度业绩考核工作进行部署。监督检查历时3个月，分企业自查、市质监局抽查和总结、省质监局抽查和总结3个阶段。9月，省质监局对全省机电类特种设备安装、改造、维修单位年度监督检查情况进行通报。2006年5月起，全省质监部门对固定式简易升降机和码头吊机进行历时半年的专项整治。通过全面排查和掌握辖区内两类设备使用、注册登记、检验检测情况，打击无证生产、使用两类设备的违法行为，遏制固定式简易升降机和码头吊事故多发势头。7月，全省质监部门对起重机械和杂物电梯开展专项检查，共出动安全监察人员1137人次，检查使用单位1280家、起重机械和杂物电梯7443台，发现事故隐患272项，下达《安全监察指令书》161份，立案查处6起。同月，省质监局转发国家质检总局《关于加强起重机械等特种设备安全监察工作的紧急通知》，要求各级质监部门结合全省固定式简易升降机和码头吊机专项整治工作以及起重机械专项检查后续整改工作的要求，加强起重机械等特种设备安全监察工作。

2007年3月起，全省质监部门开展起重机械执法保安全、承压类安全阀整治两大专项执法整治行动。6月，省质监局印发《关于开展电梯安装改造维修单位自查和监督检查的通知》，要求各市质监部门在电梯安装维保企业自查自纠的基础上，围绕企业是否满足开展业务所需要的资质条件、是否信守《浙江省电梯安装改造维修单位电梯维保自律宣言》等，开展为期3个月的监督检查工作。截至12月中旬，在以起重机械专项治理为重点的专项执法整治行动中，全省质监部门共出动执法人员36090人次，检查起重机械使用单位25830家、起重机械77273台(套)，发现安全隐患1682项，下达《安全监察指令书》6985份，立案查处1154起，移送公安6起。2008年6月，省质监局印发《关于进一步做好简易升降机安全监管工作的通知》，要求全省质监部门按照“加强引导、治旧限新、压缩空间、逐步淘汰”的基本原则，开展简易升降机规范和整治工作。

2010年3月，省质监局印发《关于进一步做好场(厂)内专用机动车辆安全监察工作的通知》，组织各市质监部门开展场(厂)内专用机动车辆安全管理的专项检查整治工作。经过专项整治，全省持证在用的30994辆场(厂)内专用机动车辆安全状况得到改善。

5.大型游乐设施、客运索道的检查整治

1999年11月9日，省质监局、省劳动厅、省建设厅、省旅游局转发《关于加强客运架空索道安全质量监督检查的紧急通知》。同年，各地质监部门开展客运架空索道监督检查工作，督促客运索道设计、建造、安装单位严格按照原劳动部颁发的《客运架空索道安全运营与监察规定》要求，办理审查批准手续。2000年3月，省质监局会同省旅游局对索道站进行专项抽查。8月4日，省质监局印发《关于进一步做好烟花爆竹、锅容管特、“太空船”类游艺机质量监督、安全检查工作的通知》，组织开展对游艺机制造企业和游艺场所“太空船”类游艺机的专项安全检查，并指定国家游艺机质量监督检验中心进行审核和检验。10月，全省质监部门开展游乐设施安全大检查。

2004年9月，省质监局决定对全省大型游乐设施的安全状况实行定期通报制度。11月，省质监局印发《关于进一步加强客运索道安全监察工作的通知》，要求各客运索道使用单位立即开展在用客运索道安全状态的自查工作，重点检查受力部件和安全装置。2005年1月，针对杭州未来世界公园自旋滑车设备在运行中发生的伤人事故，省质监局印发《关于进一步加强大型游乐设施安全监察工作的通知》,要求各市质监部门及大型游乐设施使用单位、生产单位、检验检测机构严格依法办事,各负其责,切实加强大型游乐设施安全工作。5月,全省质监部门开展机电类特种设备安装、改造、维修单位证后监督抽查和年度考核工作,历时3个月。

2007年1月,省质监局印发《关于做好客运索道安全管理和安全监察有关工作的通知》,要求进一步规范客运索道安全管理和安全监察工作。3月,全省质监部门开展以客运索道、大型游乐设施和客梯等为重点的特种设备安全大检查,对全省在用的489台大型游乐设施和17条客运索道逐一进行现场安全监察,发现并督导使用单位现场处置安全隐患。2008年,省质监局印发《关于进一步做好客运索道和大型游乐设施安全保障工作的通知》,对客运索道、大型游乐设施运营使用单位的义务和责任及应当采取的安全保障措施等进一步加以明确。

2010年7月,省质监局转发国家质检总局《关于开展大型游乐设施安全检查的紧急通知》,同时组织各地质监部门开展以落实使用单位安全主体责任为重点的大型游乐设施安全检查工作。10月,省质监局组织专业技术人员对大型游乐设施安全检查工作进行现场抽查。

二、隐患治理

特种设备隐患排查治理主要是指特种设备安全监察机构、特种设备使用单位和检验单位等对特种设备安全使用状况进行日常检查,以发现并消除事故隐患的安全监察手段。

1985年3月,省劳动人事厅、省计经委、省总工会转发劳动人事部、国家经委、全国总工会《关于防止发生毒气泄漏和爆炸事故的通知》,要求各地吸取杭州塑料化工一厂因液态光气泄漏而造成29人受到光气侵袭的事故教训,迅速对生产危险性大、毒害严重和易燃易爆产品的企业进行安全生产隐患排查,采取有效防范措施,禁止将受压部件扩散到未经审查批准或没有生产许可证的企业单位生产,采取有效措施消除隐患,保证锅炉和压力容器的制造质量。1992年8月,省劳动厅加强对乡镇企业和偏僻地区企业压力容器的隐患治理工作,同时组织各地开展压力容器操作人员和管理人员的安全技术培训工作,明确安全责任。

1994年4月,省劳动厅转发劳动部《关于城市燃气管道事故的通报》后,各地劳动部门主动与城建、消防部门联系,对本辖区内燃气管道及小区气化站管道进行隐患排查,并对查出的事故隐患,以书面形式通知有关单位限期进行整改。1999年5月,全省技监部门会同城建(园林管理)、共青团、妇联等单位对本地区主要游乐场所的游乐设施进行安全质量大检查,重点检查载人、危险性大的游乐设施是否存在安全隐患。2004年9—10月,各地质监部门在中秋、国庆期间,加强对公众聚集场所的锅炉、电梯、客运索道、大型游乐设施、城市燃气管道等特种设备的安全隐患排查,并责令使用单位对发现的隐患立即进行整改。12月,省质监局组织开展冬季特种设备安全检查。在检查中,各地质监部门督促有关企业对锅炉、压力容器、压力管道、起重机械、客运索道和大型游乐设施等特种设备的安全隐患进行自查自纠,并对可能造成群死群伤的特种设备,特别是人口密集区的锅炉、压力容器、压力管道、客运索道和大型游乐设施等进行重点检查。至2005年2月初,全省质监部门共出动检查人员11824人次,检查单位8247家、特种设备18329台(套),整治事故隐患501项,下达《安全监察指令书》

892份。

2005年5月,省质监局部署“六一”期间大型游乐设施安全监察工作,要求各地质监部门督促使用单位落实大型游乐设施等特种设备安全管理的主体责任和检验机构技术把关的责任。各级质监部门在使用单位自查的基础上,重点检查了游客集中、社会影响大的游乐场所的大型游乐设施,排查安全隐患,纠正和查处违法行为。11月起,全省质监部门针对冬季特种设备事故多发易发的特点,开展特种设备安全专项检查行动,共出动检查人员12419人次,检查单位8307家、设备22564台(套),整治安全隐患1435项,下达《安全监察指令书》1660份。同年,省质监局印发《浙江省机电类特种设备严重事故隐患处理原则意见(试行)》,对自动扶梯及自动人行道、电梯、起重机械、客运索道、大型游乐设施等特种设备的严重事故隐患界定参考原则、报告和处理等进行明确。2006年4月,省质监局派出4个督查组对全省“五一”黄金周特种设备安全监察工作进行检查。重点对2006年杭州国际休闲博览会期间杭州休博园的大型游乐设施和“嘉年华”活动的安全监察工作进行督查。8月,省质监局通报了2006年7月30日21时,发生在温州市鹿城区仰义乡沿江工业区鹿城泰豪制革厂的锅炉爆炸事故情况。同时,按照省政府领导的批示精神,在温州召开全省推进落实特种设备安全监管三方责任工作现场会,组织各地质监部门开展特种设备事故隐患排查和整治工作,集中检查了中小企业的锅炉使用情况。对检查中发现存在事故隐患的锅炉,当场责令停止使用,依法落实生产和使用、检验检测、安全监察三方责任。9月,省质监局派出4个检查组对各地贯彻全省推进落实特种设备安全监管三方责任工作现场会精神和“十一”黄金周特种设备安全监察工作的落实情况进行督查。至年底,全省质监部门在重大节日安全大检查中,共排除事故隐患2500余项。

2007年春节前夕,省质监局、杭州市质量技术监督局对杭州北高峰索道、杭州少年儿童公园大型游乐设施等进行隐患排查。6月,全省质监部门开展以完善落实特种设备安全大监管、大排查、大预防机制为主要内容的特种设备安全隐患排查和执法整治行动,对安全隐患实行从发现、登记、治理到销号的闭环管理制度。9月,为保障“十一”黄金周特种设备的安全运行,全省质监部门开展特种设备安全大检查。同时,针对第13号超强台风“韦帕”给全省大型游乐设施和客运索道安全运行带来隐患的实际,质监部门在台风过后再次督促在用的17条客运索道和500余套大型游乐设施的使用单位加强隐患排查,做到100%检查到位。至10月8日,全省质监部门共出动检查人员2566人次,检查1352家单位的3498台特种设备,发现安全隐患496项,下达《安全监察指令书》165份,发现无证作业人员185人和无证设备187台,立案查处21起,移送公安机关1起。

2008年3月12日,省质监局要求各地质监部门围绕“建体系、保安全、促发展”的特种设备安全监察工作总要求,开展特种设备“隐患排查年”活动,着力整治安全隐患。3月中旬起,全省质监部门对无证制造、安装、使用特种设备情况进行排查,并对超期未检的设备和事故发生率相对较高的起重机械、简易升降机进行重点检查。至5月30日,全省质监部门共出动检查人员10107人次,检查单位5784家、设备13785台(套),发现隐患4230项,督促完成整改3066项,立案查处246起。6月中下旬,省质监局对台州、温州、金华、丽水等地开展特种设备隐患排查治理工作情况进行督查，并随机抽查11家使用单位重点监控设备的安全状况和安全隐患的整改情况。8月，省质监局、省卫生厅印发《关于加强我省医疗卫生单位特种设备安全工作的通知》，组织开展高压氧舱等医用特种设备隐患排查整治工作。在各医疗卫生单位自查自纠的基础上，省质监局、省卫生厅联合进行隐患排查，共出动检查人员1185人次，抽查458家医疗卫生单位的2536台特种设备，发现隐患426项，下达《安全监察指令书》210份，并督导医疗卫生单位限期进行整改。11月21日，省质监局对发生在浙江国镜药业有限公司、温州市特球阀门有限公司的2起特种设备安全事故进行通报，同时要求各地质监部门开展特种设备安全检查，深化隐患排查治理，落实安全管理责任制，防止事故发生。同年，省质监局决定对缙云县石材加工行业在用起重机械存在的安全隐患问题进行挂牌督办。丽水市质量技术监督局向缙云县人民政府通报该县石材加工行业在用起重机械的总体安全状况，提请当地政府在1个月内成立综合治理工作领导机构，制订综合治理工作方案，协调解决综合治理过程中出现的重大问题，确保在2008年底前消除重大安全隐患。

2009年3月，省质监局印发《浙江省深化特种设备隐患排查治理工作的指导意见》，组织开展隐患排查治理深化行动。重点对2008年未完成治理的隐患，在打击非法制造、非法安装、非法使用起重机械和违法充装气瓶、违法检验气瓶等违法行为中发现的隐患，压力管道元件和起重机械专项整治工作中发现的隐患，安全监察检查中发现的、检验上报和群众举报的隐患以及超期未检设备存在的隐患进行治理。全省质监部门共检查特种设备生产企业304家、使用单位15625家，检查重点监控特种设备6455台(套)，排查一般隐患12052项，督促完成整改10582项，整改率为87.8%；排查治理重大隐患81项，督促完成整改79项，对另外2项也采取了有效的监控措施。2010年，省质监局建立完善以监察发现、检验上报和群众举报为重点排查途径，以跟踪督查制、法人约谈制、通报批评制和挂牌督办制等为主要督促手段的特种设备安全监察闭环管理制度，加大特种设备隐患排查治理力度。全年累计检查特种设备生产使用单位16331家，发现一般隐患14543项，督促完成整改13733项，整改率为94.4%；发现重大隐患56项，督促完成整改55项，整改率为98.2%；其他重大隐患均列入治理计划。

第三节　监督检验

特种设备监督检验是指在特种设备的制造、安装、改造、重大维修等过程中，在企业自检合格的基础上，由特种设备安全监察部门核准的检验机构派出具有相应资格的检验人员，按照安全技术规范的要求，对特种设备制造、安装、改造、重大维修过程进行现场检查、现场监督、现场确认，以评价特种设备的生产、安装、改造、维修过程是否符合安全技术规范要求的活动。20世纪50—60年代，浙江组建锅炉检修队，对在用锅炉进行检验、维修。1982年，国务院颁布《锅炉压力容器安全监察暂行条例》，明确对锅炉压力容器实行出厂监督检验。90年代，浙江开始对锅炉等安装质量开展监督检验，并逐步建立起分工明确、职责清晰的监督检验工作机制。至2010年，全省特种设备定期检验率达97%，特种设备监督检验实现全过程覆盖。

一、制造监督检验

制造监督检验是指特种设备制造过程中，在企业自检合格的基础上，由特种设备安全监察部门核准的检验机构对制造单位的制造过程进行验证性检验。

1982 年 2 月，国务院颁布《锅炉压力容器安全监察暂行条例》，明确锅炉制造厂的锅炉产品实行出厂监督检验制度。监督检验工作由当地锅炉压力容器安全监察机构或其授权的锅炉压力容器检验所进行。1984 年，全省劳动部门逐步展开制造监督检验工作。杭州市锅炉压力容器检验所对杭州锅炉厂、杭州胜利锅炉厂实行驻厂监督检验。宁波、温州、嘉兴、金华等地锅炉压力容器检验所分别进驻宁波锅炉厂、温州锅炉厂、嘉兴锅炉厂和武义锅炉厂，对锅炉产品实行监督检验。至 1990 年底，各地锅炉压力容器检验所对全省 15 家锅炉制造厂的 1083 台锅炉产品，以及 49 家压力容器制造厂的 4945 台固定式压力容器、8.4 万只无缝气瓶、7 万只溶解乙炔气瓶和 23 万余只液化石油气钢瓶进行监督检验。

1991 年 10 月，省劳动厅印发《关于认真贯彻执行〈压力容器产品安全质量监督检验规则〉和〈气瓶产品安全质量监督检验规则〉几点意见的通知》，要求各地承担监督检验工作的检验机构认真把握监督检验标准，对受检制造单位质量管理体系运转情况进行经常性检查，切实提高监督检验质量。同年，省劳动厅授权有资质的检验机构委派驻厂检验员对锅炉、压力容器、气瓶制造全过程进行监督检验，对监督检验合格的产品逐台（气瓶产品以批为单位）签发监督检验证书，并在产品铭牌打上监督检验钢印。1992 年 4 月，根据劳动部《关于在 C、D 级锅炉制造厂换证工作中考查监检质量的通知》要求，省劳动厅结合 C、D 级锅炉制造厂换证审查工作，对监督检验单位的监督检验工作质量进行考核检查，并向劳动部呈报《浙江省 C、D 级锅炉制造厂监检工作质量考查情况》。1995 年 6 月，省劳动厅授权宁波市锅炉压力容器检验所对宁波市化工设备制造厂、宁波市高压氧舱总厂生产的压力容器实施安全质量监督检验，授权嘉兴市锅炉压力容器检验所对平湖市油脂设备厂生产的压力容器实施安全质量监督检验，授权金华市锅炉压力容器检验所对武义锅炉厂生产的压力容器实施安全质量监督检验，授权丽水地区锅炉压力容器检验所对丽水市设备安装公司生产的压力容器实施安全质量监督检验。1997 年，省劳动厅公布重新授权的 12 家检验单位和 88 家监督检验企业名单。2000 年，全省共监督检验蒸汽锅炉 9067 台、固定式压力容器 69913 台、各种气瓶 1460313 只。

2001 年 9 月 29 日，省质监局规定从 10 月 1 日起，全省锅炉制造厂包括小型和常压热水锅炉，必须实行产品安全质量监督检验。2002 年 2 月，省质监局转发国家质检总局《关于印发〈电梯监督检验规程〉的通知》，明确由各特种设备检验机构根据《电梯监督检验规程》制定电梯检验实施细则和原始记录表，并在 2002 年 3 月 1 日前发布执行。2005 年 4 月，省质监局授权省特种设备检验中心等 11 家特种设备检验机构对 136 家制造企业的锅炉、压力容器实施监督检验。2006 年 12 月，省质监局授权省特种设备检验中心对许可等级为 A 的起重机械实施制造监督检验，授权各市特种设备检验机构对辖区内许可等级为 B、C 和外地制造单位在本辖区使用现场制造的起重机械实施制造监督检验。2007 年 9 月，省质监局对做好起重机制造监督检验工作提出要求，确保监督检验力量切实到位，避免重复检验和要求不一。

2010年，全省特种设备检验机构对9864621台(只)特种设备进行制造过程监督检验。其中，检验锅炉11154台，压力容器960889台，起重机械12356台，气瓶8880222只。发现并督促企业处理质量安全问题3061个。另外，监督检验压力管道(PE管、螺旋焊管)2663.5千米。

二、安装监督检验

安装监督检验是指检验机构在锅炉、现场组焊的压力容器、压力管道、电梯、起重机械等特种设备安装过程中和安装结束后，按照特种设备安全技术规范规定，对特种设备进行检查、测量、检测、试验并最终评定其安全性能是否符合要求的活动。

1990年1月，省劳动人事厅印发《浙江省散装锅炉安装质量全过程监督检验规则》，明确额定蒸发量高于35t/h散装锅炉安装质量的全过程监督检验工作由锅炉使用单位所在地的市(地)以上锅炉检验所起草监督检验大纲，经市(地)劳动部门审核后报省劳动人事厅审批；在杭州的部、省属单位散装锅炉安装质量全过程监督检验工作由省锅炉压力容器检验所负责起草监督检验大纲，报省劳动人事厅审批。7月，省劳动人事厅组织开展压力容器安装监督检验。监督检验工作由工程所在地经省劳动人事厅授权的市(地)级劳动部门锅炉压力容器检验所负责进行。1991年6月，省劳动人事厅同意省锅炉压力容器检验所、嘉兴市锅炉压力容器检验所组成联合监督检验组，对嘉兴热电厂2台65t/h锅炉的安装质量实行全过程监督检验。同时印发《嘉兴热电厂65t/h锅炉安装质量全过程监督检验大纲》，要求嘉兴市劳动局督促浙江省工业设备安装公司第三工程处、嘉兴热电厂及联合监督检验组贯彻执行。12月，省劳动厅同意由省锅炉压力容器检验所、湖州市锅炉压力容器检验所组成联合监督检验组，对长广煤矿发电厂130t/h锅炉的安装质量实行全过程监督检验。同时印发《长广煤矿发电厂130t/h锅炉安装质量全过程监督检验大纲》，要求湖州市劳动局督促浙江省工业设备安装公司第四工程处、长广煤矿发电厂及联合监督检验组贯彻执行。

1994年10月，省劳动厅印发《浙江省电站锅炉安装质量全过程监督检验规则》，明确规定锅炉安装质量监督检验工作应在安装现场进行；监督检验工作必须在安装单位自检合格，并在建设单位验收合格的基础上进行；安装单位对锅炉的安装质量负责，建设单位对安装质量验收项目的正确性负责，监督检验单位对监督检验工作质量负责。1995年7月，省劳动厅会同杭州市劳动局对杭州热电厂二期扩建工程的锅炉安装质量监督检验工作进行现场检查，并授权杭州市锅炉压力容器检验所对此安装工程实施现场监督检验。1996年7月，省劳动厅在部分市(地)开展液化石油气小区气化站安装监督检验试点工作的基础上，制定印发《浙江省液化石油气小区气化工程安装安全质量监检规则(试行)》。

2000年，全省锅炉压力容器检验机构对新安装的压力管道开展安全质量监督检验。2002年2月，省质监局明确要求电梯、起重机械在安装结束后必须进行整体验收检验，由检验机构出具安装监督检验报告；检验合格的电梯、起重机械由检验机构发给安全检验合格标志后方可使用；安装监督检验由取得相应资质的检验机构负责实施；使用单位在设备使用前，持检验机构出具的安装监督检验报告，到当地特种设备安全监察机构办理注册登记，并将安全检验合格标志固定在设备的明显部位。3月，省质监局转发国家质检总局《关于印发〈厂内机动车辆监督检验规程〉的通知》，要求各地根据《厂内机动车辆监督检验规程》有关规定，制定检验实施细则等相关文件。同年，质监部门对全省游乐设施的501项安全性能进行监督检验，其中完成安全性能检验460项。

2006年8月，省质监局对浙江省能源集团公司所属电厂锅炉进行安装监督检验。同时，要求正在安装的电厂锅炉立即落实安装监督检验，监督检验工作必须由国家质检总局核准的检验机构承担；未经监督检验合格的电厂锅炉不得交付使用；凡未经监督检验合格已投入使用的电厂锅炉，由省质监局组织开展必要的复核检验，以确保锅炉安全稳定运行；即将开工安装的电厂锅炉，应落实安装监督检验工作后才能进行锅炉的安装施工。2009年2月，省质监局明确在浙大型发电企业的特种设备安装定期检验责任：额定蒸汽压力大于22MPa的发电机组电站锅炉的检验责任仍由中国特种设备检测研究院负责，省特种设备检验研究院配合中国特种设备检测研究院开展安装、改造和重大维修等监督检验工作，省特种设备检验研究院和浙江省电力锅炉压力容器检验所(以下简称省电力锅检所)配合中国特种设备检测研究院开展定期检验工作；额定蒸汽压力小于等于22MPa的发电机组电站锅炉的安装、改造和重大维修等监督检验责任由省特种设备检验研究院负责，定期检验责任分别由省特种设备检验研究院和省电力锅检所负责；电站锅炉附属压力容器的安装监督检验责任由省特种设备检验研究院负责，定期检验责任分别由省特种设备检验研究院和省电力锅检所负责。

2010年，全省特种设备检验机构对122422台(套)特种设备进行安装、改造、维修监督检验，其中，监督检验锅炉55671台，压力容器9825台，电梯27467台，起重机械24538台，游乐设施42台(套)，场(厂)内专用机动车辆4879辆，发现并督促企业处理质量安全问题14677个。另外，还对2701.7千米压力管道进行安装监督检验。

三、使用定期检验

特种设备使用定期检验是在特种设备投入使用后，按照特种设备安全技术规范规定的时间间隔、设备所处状态(停机或者在线)、检验人员、检验设备、检验项目、检验方法、检验程序、抽样比例等对特种设备进行检查、测量、检测、试验并最终评定其安全性能是否符合要求的活动。

中华人民共和国成立前，由于缺乏锅炉检验人员，对在用锅炉基本上不检验。仅有杭州、嘉兴、湖州地区的少数企业，有时聘请上海市的锅炉检验师来检验。1958年，省劳动局配备锅炉专业人员并创办省劳动局锅炉检修队，开展锅炉检验维修工作。同年，全省劳动部门共检验锅炉143台，约占全省锅炉总台数的30%。1960年，省劳动局协助有关部门举办锅炉检验人员培训班，为锅炉使用单位自行检验创造条件。1964年，杭州、宁波、温州、海宁、余姚、慈溪等10个市、县劳动部门共检验锅炉600台(次)以上，约占全省锅炉总数的50%。通过检验，对有缺陷的锅炉及时进行修理，从而确保了锅炉的安全运行。“文化大革命”期间，锅炉使用定期检验工作一度中断。

1979年12月，为防止类似温州电化厂液氯钢瓶爆炸事故的发生，省劳动局、省石油化学工业局要求组织力量对杭州化工机械二厂、衢州化工厂生产使用的液氯钢瓶，逐个进行检验。凡不符合《气瓶安全监察规程》要求的，一律停止使用。1980 年以后，随着各地锅炉检验所相继建立，在用锅炉的定期检验工作，基本做到每台锅炉每年进行 1 次内外部检验。1981 年，各气瓶使用单位都配备专职或兼职检验人员，对气瓶进行定期检验。1986 年，全省锅炉总台数为 8307 台，其中应检锅炉 7888 台，实际检验 5869 台，定期检验率为 74.4%。通过检验，修理 347 台，降压使用 284 台，报废 157 台。1987 年 9 月，省劳动人事厅印发《浙江省电梯制造、安装、使用管理办法(试行)》，对在用电梯进行安全检验，并实行年检年审考核制度。同年，为配合开展压力容器整顿治理工作，省劳动人事厅选择 49 家条件较好的单位作为压力容器临时检验单位，并明确规定临时检验单位检验资格仅限于在用压力容器整顿治理期间有效。10 月，省劳动人事厅印发《浙江省锅炉运行状态外部检验暂行规定》，要求各锅炉使用单位及其主管部门每年至少开展 2 次锅炉运行状态的外部检验，各级劳动部门及其锅炉检验所对所管辖范围内的锅炉每 2 年至少进行 1 次锅炉运行状态的外部检验。

1988 年 9 月，省劳动人事厅印发《关于开展电梯安全检验工作的通知》，对全省正在使用的电梯全面开展检验工作。同年，省劳动人事厅转发劳动部《关于颁发〈在用锅炉定期检验规则〉的通知》，明确从 1989 年 1 月 1 日起，锅炉定期检验工作由锅炉压力容器检验所中持有省劳动人事厅颁发的锅炉检验员证的人员担任；持有省劳动人事厅颁发的锅炉检验员证和监察员证的县(市)劳动部门锅炉监察人员，以锅炉、压力容器监察工作为主，在征得市(地)劳动部门同意后可以检验少量锅炉，同时将《锅炉定期检验报告书》和《锅炉检验意见书》及时抄送市(地)劳动部门；没有锅炉检验员证和监察员证的人员不得独立从事锅炉检验工作。至 1989 年底，全省劳动部门对 2.48 万台在用压力容器进行定期检验。其中，杭州市 6500 台，宁波市 4000 台，温州市 2500 台，嘉兴市 2000 台，湖州市 1200 台，绍兴市 1800 台，金华市 2000 台，衢州市 1200 台，舟山市 900 台，台州地区 2000 台，丽水地区 700 台。至 1990 年底，全省累计检验合格并发证的压力容器 31099 台，监控使用压力容器 7618 台，报废压力容器 1590 台。

1991 年 9 月，省石化厅、省劳动厅印发《关于我省石化系统在用压力容器定期检验工作的意见》。同年，全省应检容器 13337 台，实际检验 9477 台，定期检验率为 71.1%。经检验，修理 154 台，降压使用 300 台，判废 366 台。1994 年 4 月，省劳动厅转发劳动人事部办公厅《关于扩大锅炉外部检验试点工作的通知》，并指定杭州市、金华市锅炉压力容器检验所按要求有选择地在小范围内开展锅炉外部检验试点。1995 年，全省应检气瓶 964568 只，实际检验 648162 只，定期检验率为 67.2%。

2000 年，全省各类气瓶总量为 9041832 只，应检气瓶 1986330 只，实际检验 1831085 只，定期检验率为 92.1%，经检验，降压使用 641 只，判废 30283 只；应检压力容器 11587 台，实际检验 11007 台，定期检验率为 95.0%，经检验，修理 87 台，降压使用 7 台，判废 173 台。2001 年，全省质监部门开展以电梯、起重机械注册及定期检验为重点的普查整顿工作。经过 1 年多的普查整治，至 2002 年底，质监部门对全省 26071 台电梯、44674 起重机械进行在用定期检验和注册登记。2003 年，全省质监部门开始对在用压力管道进行定期检验工作。

2005 年，省质监局加强对电站锅炉、压力容器的安全监管，地方所属电站锅炉定期检验率达 91.8%。2006 年 6 月，省质监局将全省范围内发电企业在用锅炉、压力容器等特种设备的定期检验任务和责任分别落实到省特种设备检验中心和省电力锅检所。上半年，中国特种设备检测研究中心检验在浙大型游乐设施 46 台，合格 43 台；省特种设备检验中心检验大型游乐设施 296 台，合格 290 台，责令限期整改的 6 台。2008—2009 年，全省定期检验压力管道 782 千米。

图 35-6-3-1 2008 年 10 月，特种设备检验人员对球罐进行检验（省质监局档案室提供）

2010 年 9 月，省质监局印发《关于进一步落实高速铁路建设中起重机械检验责任的通知》，明确省内高速铁路建设中的起重机械监督检验和定期检验责任由省特种设备检验研究院负责。同年，全省特种设备检验机构共对 279294 台（套）在用特种设备进行定期检验，其中，检验工业锅炉 30865 台，定期检验率为 98.8%；检验电站锅炉 473 台，定期检验率为 96.1%；检验电梯 126106 台，定期检验率为 98.1%；检验起重机械 60686 台，定期检验率为 95.5%；检验游乐设施 404 台（套），定期检验率为 100%；检验场（厂）内专用机动车辆 16597 辆，定期检验率为 94.5%；检验客运索道 7 条，定期检验率为 100%。督促企业处理质量安全问题 109488 个，另检验压力管道 378.4 千米。

第四节　节能降耗与事故处置

浙江是锅炉、电梯等特种设备的制造、使用大省，做好特种设备节能降耗和事故预防处置工作对于促进浙江经济又好又快发展具有十分重要的意义。20 世纪 50—60 年代，浙江通过对老式锅炉的改造报废，开展节能降耗工作。改革开放后，劳动部门制定工业锅炉管理规定，开展锅炉节能竞赛，以链条炉、往复炉等替代手工加煤方式，提高了锅炉热效率。同时建立锅炉压力容器事故预防处置制度，加强对事故预防处置的管理。进入 21 世纪，质监部门制定锅炉、电梯节能减排省级地方标准，开展特种设备节能技术帮扶和能效测试，帮助、指导特种设备使用单位进行节能改造，并分批公布节能型锅炉产品，引导、鼓励广大用户选用节能型锅炉。同时，制定特种设备应急处置预案，开展应急救援演练，构建安全、节能、环保三位一体的特种设备监察工作机制。2010 年，省质监局被省政府评为浙江省节能工作先进单位。

一、节能降耗

1958—1960 年，省劳动局组织发动广大工程技术人员和司炉工人对锅炉进行技术改造。通过建造外砌炉膛，提高炉膛温度，进而推广水风反射炉，以达到节约钢材，节约能源，提高蒸发量,减轻劳动强度的目的。1960 年 1—9 月,杭州、宁波改造水风反射炉 106 台。1961 年,省劳动局组织推广外砌炉膛加水冷壁管、烟气余热利用、电磁软化炉水等先进经验,并对既费钢材又费燃料的老式炉型(如“兰开夏”“康尼许”等)进行改造或作报废处理,取而代之的是热效率较高的水火管混合型快装锅炉。“文化大革命”期间,锅炉改造工作受到影响。

1979 年 6 月,为节约能源,降低煤耗,省经委、省总工会、省劳动局、省商业局发动全省各行业锅炉房司炉工开展锅炉节能竞赛。全省有 1331 家企业的 10600 余名司炉工人参加,涉及锅炉 1908 台。1980 年,省经委、省总工会、省劳动局、省商业厅印发《关于在全省进一步开展锅炉节能竞赛的通知》,组织开展先进锅炉房、先进司炉工的评选活动。1981 年 3 月,华丰造纸厂等 69 家企业的锅炉房被评为省级先进锅炉房,80 名职工被评为省级先进司炉工。同年,省劳动局、省经委、省计委印发《浙江省工业锅炉管理暂行规定(试行)》,明确凡使用年限较长、热效率低(1t/h～2t/h 锅炉热效率低于 60%,4t/h 以上锅炉热效率低于 70%)、结构落后、腐蚀严重、影响安全、污染环境的锅炉必须予以更新;锅炉安全状况尚好,通过技术措施可以提高性能的,要进行改造;改造后的锅炉,要组织测试,验收合格后,方能投入运行。经过几年的更新改造,改变了部分锅炉手工加煤的方式,取而代之的是链条炉、往复炉等,达到了提高热效率、消烟除尘和减轻劳动强度的目的,锅炉设备的安全状况也有明显改进。

1982 年 5 月,省经委、省总工会、省劳动局、省商业厅在杭州召开先进锅炉房和司炉工表彰大会,省委副书记崔健等向 92 家获得先进锅炉房称号的企业和 96 名先进司炉工颁发锦旗和奖状。1984 年 5 月,省劳动人事厅、省计经委、省商业厅印发《浙江省低压锅炉水处理管理暂行办法(试行)》,推动节能工作开展。1986 年 5 月,省计经委印发《浙江省供热系统节能工作暂行规定》,对全省工业锅炉和供热系统的技术管理、节能措施及考核等进行规定。至 1990 年底,全省低效锅炉指令性全面更新改造工作基本结束,先后投入资金 2700 余万元,更新改造 1012 台、2667 蒸吨。改造后的锅炉比改前热效率平均提高 5%～10%,年节约标煤 18 万吨左右。其中,“六五”期间(1981—1985 年),以更新链条炉,改造平推往复炉排为主,更新改造 550 台、1302 蒸吨。经测试,热效率为 65%～70%,比改造前提高 10%左右;“七五”期间(1986—1990 年)以改造炉拱为主,共改造 462 台、1365 蒸吨,平均热效率比改造前提高 5%左右。

2004 年,在省质监局指导下,杭州市锅炉压力容器检测中心在全省率先开展工业锅炉的能效检测,并指导锅炉使用单位进行节能改造。2006 年 9 月,省质监局在全国率先部署开展节能型锅炉产品评选展示活动。一方面,委托省特种设备检验中心依据相关标准对各地推荐的节能型锅炉产品进行技术测试;另一方面,组织专家对测试结果进行评议,确定 11 家企业制造的 19 个型号的锅炉为浙江省首批节能型锅炉产品,并向社会公布,引导、鼓励广大用户选用节能型锅炉。2007 年,在省质监局指导下,温州市质量技术监督局在温州市鹿城区前京制革、洞桥制革和前陈电镀 3 个工业小区组织开展改造淘汰小锅炉、集中联片供热的试点工作。基本方式是在蒸汽使用单位相对集中的区域内,采用大容量的锅炉来生产蒸汽,并通过公用蒸汽管道供应相关单位使用,同步淘汰一批在用的低效高耗小锅炉。经过改造淘汰,3 个小区内 176 家企业的锅炉数量由 200 余台减少到 6 台,节能降耗效果明显,环境污染明显减少，安全生产得到更好保障。7月，省质监局印发《浙江省质量技术监督系统节能减排工作实施方案》，进一步推动全省特种设备节能降耗工作。

2008年1月11日，省质监局公布第二批节能型锅炉产品名单，全省7家企业制造的10个型号的锅炉名列其中。7月，省政府办公厅转发省质监局等部门《关于推进锅炉等高耗能特种设备节能减排工作的意见》，将能效指标列入特种设备监管的重要内容，建立特种设备设计制造节能源头把关和新增高耗能特种设备节能审查制度，并要求企业建立健全特种设备运行管理制度、锅炉水质管理制度、能源计量管理制度等日常管理制度，做好在用锅炉等高耗能特种设备的日常运行能效监控记录、节能技术改造记录，确保测量调控装置和有关附属仪器仪表配备率、完好率达100%。同时规定，相关企业不得制造、安装和使用不符合节能指标的特种设备。9月，省质监局印发《关于推进节能降耗工作的实施意见》，同时成立省质监局节能降耗工作领导小组，开展工业锅炉能效状况调查，对在用锅炉的能耗实施监督，推进锅炉集中联片供热。11月21日，省质监局设立浙江省高耗能特种设备节能减排推进工作办公室，组织协调、督促检查全省质监系统高耗能特种设备节能减排推进工作。同年，省质监局组织制定锅炉、电梯节能减排方面的地方标准，编制并发布了引导使用单位选用节能型特种设备的导向目录，指导各地质监部门及锅炉设计文件鉴定机构在审核锅炉安全技术指标的同时，加强对锅炉的结构型式、能耗指标、额定出口压力等与节能有关性能指标的审核，组织开展对未经能效测试的锅炉和2000年以前投入使用的换热容器、电梯、起重机械等特种设备的能效测试。同时，组织专家上门为企业能源计量“把脉”，帮助锅炉等高耗能特种设备使用单位分析能源利用和管理方面存在的问题，推广余热回收、冷凝水回收等实用节能技术，指导相关企业开展节能降耗工作。通过锅炉节能改造、集中供热和淘汰耗能严重锅炉等措施，全省共淘汰锅炉662台，节能改造921台，进行锅炉水处理9805台，节约能耗折合标煤100余万吨，节约用水169万吨，减少二氧化硫排放7.5万吨。

2009年4月，省质监局组织省特种设备检验研究院等单位对29家企业自荐的63种型号的锅炉产品进行能效测试，确认9家企业19种型号的锅炉产品热效率等性能指标符合GB/T 10094-2002《工业锅炉通用技术条件》要求，并向社会公布。11月，省质监局召开高耗能特种设备节能减排示范单位和推广技术审定会。通过专家现场考察、集体评审，最终择优选取4家单位作为全省首批高耗能特种设备节能减排示范单位，4项技术作为全省首批高耗能特种设备节能减排推广技术。同年，全省质监部门共推动改造在用锅炉837台，淘汰低能效锅炉933台，拆除自备锅炉138台，组织开展5000台锅炉水处理达标活动、3000个锅炉房节能管理提升活动和5000名司炉人员节能知识培训活动，完成1200台在用工业锅炉的免费能效测试工作，劝退45套能效不合格的锅炉设计文件，发布《电梯能源效率评价技术规范》省地方标准。通过这些节能举措，全省特种设备节能折合标煤121万吨，减少二氧化硫排放2.5万吨。

2010年5月，省质监局印发《关于做好2010年高耗能特种设备节能工作的通知》，对做好锅炉、电梯能效测试，加强锅炉水处理监督，开展低能效锅炉的淘汰改造及安全与节能管理标杆锅炉房建设，加大节能技术推广应用和技术指导工作力度等提出具体要求。10月25日，省质监局将5家企业8种型号的锅炉产品列入《2010年浙江省节能型锅炉导向目录》，并将浙江保尔力胶带有限公司等8家单位确定为全省第二批特种设备节能示范单位，杭州锅炉集团有限公司的双压干熄焦余热发电技术等11项技术（其中先进技术9项、实用技术2项）确定为全省第二批特种设备节能推广技术。11月，省质监局开展特种设备节能技术帮扶“三进三送两提升”①活动，推动全省64家锅炉制造单位、133家锅炉安装改造维修单位和1000家以上锅炉使用企业全面提升特种设备节能技术和管理水平。截至2010年底，省质监局累计公布4批57种型号的节能型锅炉导向目录，进入节能型锅炉名单的锅炉平均年销售量提高30%以上，与使用普通锅炉相比每年可节约标煤220万吨；累计改造锅炉2278台，因集中供热或能效测试等因素淘汰低能效锅炉2450台，年节约标煤175万吨。

二、事故处置分析

特种设备事故是指因特种设备的不安全状态或者相关人员的不安全行为，在特种设备制造、安装、改造、维修、使用、检验检测过程中造成人员伤亡、财产损失，特种设备产生严重损坏或者中断运行、人员滞留、人员转移等突发事件。

（一）事故处置和应急机制

1. 特种设备事故处置

1960年4月23日，省人委转发省劳动局《关于土制锅炉爆炸原因的分析和今后意见的报告》，要求各地做好土锅炉的安全工作，防止发生爆炸事故。1963年11月，省人委转发省劳动局《关于吴兴嘉兴两起锅炉爆炸事故的报告》，要求对全省锅炉设备进行安全大检查。1980年7月，省政府批转省劳动局《关于连续发生压力容器爆炸事故的情况和今后意见的报告》，要求对于发生爆炸事故的单位，必须查明原因，吸取教训，采取加强安全生产的有效措施；对于发生的重大伤亡事故，应追究单位领导和有关人员的责任，严肃处理，绝不应姑息迁就。1986年4月，省劳动人事厅明确，发生锅炉、压力容器爆炸事故或因设备损坏造成人员伤亡的单位，应立即将事故概况报当地劳动部门和主管部门，当地劳动部门和主管部门应在24小时内分别上报省、市两级劳动部门和主管部门。1997年12月，省劳动厅转发劳动部《关于认真贯彻〈锅炉压力容器压力管道设备事故处理规定〉的通知》，并提出如下具体实施意见：锅炉、压力容器和压力管道爆炸事故死亡超过2人或受伤（含急性中毒，下同）超过15人的，由省劳动厅组织调查并负责结案工作；死亡不超过2人或受伤不超过15人的，授权当地市（地）级劳动部门（在杭省、部属单位授权省锅炉压力容器检验所）组织调查及结案工作，并把《事故调查报告书》及时上报省劳动厅。发生爆炸事故或有人员伤亡的严重损坏事故时，事故发生单位应立即将事故简要情况用电话或传真方式向当地劳动部门报告，当地劳动部门应向上级劳动部门及省劳动厅报告。

---

① “三进三送两提升”：“三进”是指进锅炉制造单位、锅炉安装改造维修单位、锅炉使用企业，“三送”是指送政策、送技术、送服务，“两提升”是指全面提升锅炉制造单位和锅炉安装改造维修单位节能技术水平、全面提升锅炉使用企业节能管理和技术水平。

2001年4月，省质监局要求各市锅炉压力容器安全监察机构做好事故月报和年报工作，按要求对每起事故组织调查、结案，及时上报《事故调查报告书》。10月，省质监局转发国家质检总局《锅炉压力容器压力管道特种设备事故处理规定》，要求各市县质监部门必须及时了解本地区发生的特别重大事故、特大事故、重大事故和严重事故，并在接到事故报告后立即逐级上报；各市质监部门应落实锅容管特事故报告的人员，明确职责，于每季度的第1个月10日前将所辖区域上季度事故汇总表报省质监局，每年1月10日前将上年度事故汇总表报省质监局。11月23日，省质监局对仙居县朱溪镇“11·21”土锅炉爆炸事故进行通报。

2007年6月5日，针对宁波市第二医院电梯发生乘客坠落死亡等事故，省质监局召开全省电梯安装改造维修保养单位事故警示通报会，要求电梯维修保养单位对自身管理和维保质量进行全面检查，各检验机构要对电梯检验质量进行自查。全省196家电梯安装改造维修取证单位负责人、各地特种设备检验检测机构负责人等参加会议。2008年5月，省质监局明确将特种设备事故及事故信息分为特种设备事故、特种设备相关事故及特种设备涉险事故3类，并对3类事故的定义和上报信息内容、时间等作出规定。6月19日，省质监局会同杭州市质量技术监督局紧急处置乐清市宝乐能源实业有限公司一辆满载液化石油气的槽罐车在高速公路上起火燃烧事故，成功避免罐体内21吨液化石油气泄漏爆炸。2009年，省质监局先后转发国家质检总局《特种设备事故报告和调查处理规定》《特种设备事故调查处理导则》，要求各地质监部门贯彻执行。

2.特种设备事故应急机制

2003年7月，省质监局印发《浙江省质量技术监督系统特种设备重特大事故应急救援预案》，就事故预防的责任落实、事故指挥系统及救援队伍、事故报告制度、应急救援装备、应急响应、事故调查处理、事故的结案以及事故救援和调查组织领导等作出规定。2004年11月，省质监局对《浙江省特种设备重特大事故应急救援预案》进行修订完善。同年，全省质监部门普遍制定了特种设备安全事故应急预案，将867家重点企业的30563台特种设备(占总数的11.4%)列为重点监控对象，并对重点监控单位特种设备的使用登记率、定期检验率、事故隐患整治率和作业人员持证上岗率等主要安全指标实行定期通报制度。同时，组织开展电梯、液化石油气充装站特种设备事故应急演练。2005年6月，省质监局在杭州举办特种设备应急救援知识讲座，邀请专家对承压类特种设备应急救援中的消防、防毒知识和危化品生产企业事故应急救援预案的制定以及应急堵漏知识等进行讲解。7月30日，省质监局、杭州经济技术开发区管委会在杭州下沙经济技术开发区开展事故救援演练，消防、医疗和交

图35-6-4-1 2007年9月，省特种设备检验中心、杭州乐园有限公司开展摩天轮游乐设施应急救援演习(省质监局档案室提供)

警等多个部门协同参与。11月，省质监局印发《浙江省公路隧道内承压罐车等移动式压力容器重特大事故应急救援预案》。同年，全省质监部门组织开展电梯、客运索道、游乐设施、危化品运输槽罐车等特种设备事故应急救援演练10余次。

2006年12月，省质监局印发《浙江省特种设备事故应急预案》。2007年，全省质监部门开展特种设备突发事件应急处置演练58次，对省、市、县三级应急反应预案进行“实战”检验。2009年12月26日，省质监局在杭州龙山化工汽车运输有限公司举行全省槽罐车事故应急演练。省、市、县三级质监、安监、消防、道路运输、交警等部门协同参与。演练模拟了一辆危险化学品运输槽罐车与普通载货车发生碰撞，从业人员受伤，槽罐车阀门受损，所载液化石油气泄漏后，企业自救、消防救援、特种设备检验机构公共救援3个环节所涉及的报告、抢险、救人、泄漏液化石油气处置及车辆处理等应急响应过程。2010年11月，省质监局印发《关于进一步加强特种设备应急装备建设的通知》，对特种设备应急装备建设提出统一要求。同年，针对电梯困人事故日益多发的情况，省质监局、省公安厅建立健全电梯事故应急救援联动机制，将电梯事故应急救援纳入“110”社会联动体系，有效整合了质监、消防、安监等部门和电梯使用单位、维保单位的救援力量。据统计，全省共成立111支应急救援队伍，形成了覆盖11个市、68个县(市、区)的电梯应急救援联动机制。

(二)事故统计分析

1.特种设备事故统计

中华人民共和国成立前，由于管理不善，全省锅炉爆炸事故时有发生。如民国35年(1946年)，温州光明火柴厂发生锅炉爆炸，造成死亡1人、重伤8人、轻伤7人的特种设备伤亡事故。

1949—1957年，各地劳动部门多次开展锅炉安全检查，及时消除不安全因素，基本保持了锅炉的安全运行。1958—1960年，“全民大办工业”形势下，以土代洋，就地取材，将汽油桶、柴油桶、颜料桶、电石桶以及木桶等用来制作锅炉。这些土锅炉在使用中经常发生爆炸事故。据不完全统计，1960年全省共发生土锅炉爆炸事故40余起，伤亡123人，其中死亡16人。“文化大革命”时期，土锅炉爆炸等特种设备事故仍时有发生。

1976—1981年，全省共发生锅炉爆炸事故14起，重大事故19起；发生压力容器爆炸事故27起。事故造成96人死亡，832人受伤。仅1979年温州电化厂液氯钢瓶爆炸事故就造成59人死亡，779人受伤。1982年，全省每万台锅炉爆炸事故率为16.36。全年共发生锅炉爆炸事故3起，重大事故6起；发生压力容器爆炸事故2起。事故造成5人死亡、6人受伤。

1983—1991年，全省发生锅炉爆炸事故23起，重大事故214起；发生压力容器爆炸事故50起。事故造成52人死亡、128人受伤。

1992—2000年，全省共发生特种设备事故565起，其中锅炉事故487起、压力容器事故78起。事故造成93人死亡、202人受伤。2001年，全省在用特种设备每万台事故率为1.37，万台特种设备死亡率为0.58。特种设备事故共发生25起，其中，锅炉事故15起，压力容器事故6起，电梯事故1起，起重机械事故1起，厂内机动车辆事故2起。2002年，全省在用特种设备每万台事故率为1.06。特种设备事故共发生27起,其中,锅炉事故6起,压力容器事故2起,气瓶事故2起,电梯事故2起,起重机械事故13起,厂内机动车辆事故2起。

2003年,全省在用特种设备每万台事故率为0.89。特种设备事故共发生26起,其中,锅炉事故4起,压力容器事故3起,气瓶事故3起,电梯事故2起,起重机械事故13起,厂内机动车辆事故1起。2004年,全省在用特种设备每万台事故率为0.58。特种设备事故共发生18起,其中,锅炉事故2起,气瓶事故5起,电梯事故1起,起重机械事故10起。事故造成直接经济损失272.05万元、间接经济损失31.2万元。

2005年,全省在用特种设备每万台事故率和万台事故死亡率均为0.39。特种设备事故共发生14起,其中,锅炉事故2起,压力容器事故3起,压力管道事故1起,起重机械事故8起。事故造成直接经济损失248.7万元。2006年,全省在用特种设备万台事故率为0.34,万台事故死亡率为0.41。特种设备事故共发生14起,其中,锅炉事故2起,气瓶事故4起,电梯事故1起,起重机械事故7起(简易升降机事故6起)。事故造成直接经济损失349万元。2007年,全省在用特种设备万台事故率和万台事故死亡率均为0.29。特种设备事故共发生13起,其中,锅炉事故2起,压力容器事故2起,气瓶事故1起,电梯事故3起,起重机械事故5起。事故造成直接经济损失223万元。

2008年,全省在用特种设备万台事故率为0.19,万台特种设备事故死亡率为0.2。特种设备事故共发生9起,其中,锅炉事故2起,压力容器事故1起,压力管道事故1起,电梯事故2起,起重机械事故3起。事故造成直接经济损失208万元。2009年,全省在用特种设备万台事故率和万台事故死亡率均为0.2。特种设备事故共发生12起,其中,锅炉事故2起,压力容器事故2起,气瓶事故2起,电梯事故1起,起重机械事故1起,场(厂)内专用机动车辆事故4起。事故造成直接经济损失228万元。

2010年,全省在用特种设备万台事故率和万台事故死亡率分别为0.2和0.17。特种设备事故共发生12起,其中,锅炉事故4起,起重机械事故4起,电梯事故2起,场(厂)内专用机动车辆事故2起。事故造成直接经济损失244.2万元。

表35-6-4-1　　1976—2010年浙江省特种设备事故情况一览表

年份	事故总数(起)	其中		人员伤亡(人)	
		承压类(起)	机电类(起)	死亡	受伤
1976	2	2	0	0	0
1977	2	2	0	0	0
1978	13	13	0	12	6
1979	8	8	0	66	799
1980	15	15	0	14	20

续表 1

年份	事故总数（起）	其　中		人员伤亡（人）	
		承压类（起）	机电类（起）	死亡	受伤
1981	20	20	0	4	7
1982	11	11	0	5	6
1983	35	35	0	0	12
1984	22	22	0	6	7
1985	21	21	0	16	28
1986	39	39	0	4	20
1987	33	33	0	6	16
1988	37	37	0	5	10
1989	35	35	0	8	12
1990	31	31	0	0	12
1991	34	34	0	7	11
1992	69	69	0	2	6
1993	74	74	0	28	30
1994	75	75	0	5	26
1995	68	68	0	7	15
1996	75	75	0	11	19
1997	70	70	0	3	35
1998	62	62	0	8	18
1999	49	49	0	14	31
2000	23	23	0	15	22
2001	25	21	4	11	18
2002	27	11	16	23	20
2003	26	10	16	22	24
2004	18	7	11	18	5
2005	14	6	8	14	10
2006	14	6	8	16	15

续表 2

年份	事故总数(起)	其中		人员伤亡(人)	
		承压类(起)	机电类(起)	死亡	受伤
2007	13	5	8	13	3
2008	9	4	5	10	9
2009	12	6	6	12	26
2010	12	4	8	10	3

资料来源:根据省质监局档案资料整理编制。

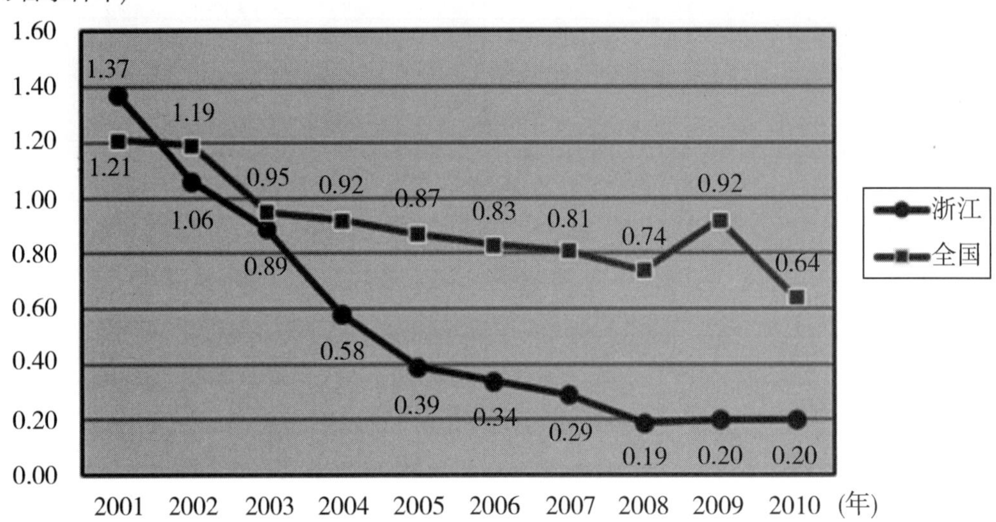

图 35-6-4-2 2001—2010 年浙江省在用特种设备万台事故率与全国平均水平比较图

(根据省质监局档案资料整理编制)

2. 事故案例分析

1966 年 8 月 8 日 0 时 48 分,衢州化学工业公司电化厂氯化车间液氯工段液化岗位 1 号热交换器突然发生猛烈爆炸,造成 8 人死亡、100 余人中毒,经济损失 140 万元。爆炸时先见弧光,接着一股白烟腾空而起,随后冒出一片黄烟(氯气)。爆炸同时造成厂房倒塌,1 号热交换器两端平封头钢板分别飞出 142 米、76 米,加热室的 2 个封头盖板分别飞出 15 米、21 米,有一段重 141 千克的弯管飞出 86 米。事故原因:1 号热交换器由于数月未进行排污,三氯化氮积累过多,当温度逐渐升高,三氯化氮浓缩而导致爆炸。

1978 年 1 月 20 日 21 时 52 分,平湖县橡胶一厂再生胶车间硫化岗位发生脱硫罐爆炸事故,造成 5 人死亡。该脱硫罐由旧硫化罐改装而成,规格为直径 1500 毫米、长度 4000 毫米,在没有经过严格检查的情况下,于 1 月 20 日 15 时开始用蒸汽试压。经多次调试后,于 21 时 10 分开始送汽,21 时 52 分发生爆炸。爆炸时锅炉蒸汽压力为 0.7MPa。脱硫罐盖重约 0.5 吨,击穿前方墙体后飞出 36.5 米,脱硫罐体后退 9.35 米,罐内胶体全部冲出,车间内部分设备被冲击后而发生移动，门窗玻璃破碎，1 名技术员和 4 名工人当场被炸死。事故原因：操作人员严重违章，冒险作业，该脱硫罐罐体与盖板之间原有 20 只紧固螺栓，为图拆卸方便，仅装上 10 只，致使紧固强度不够，螺栓被拉断而发生爆炸。另外，该罐的焊接质量差，也是引起爆炸的原因之一。

1979 年 9 月 7 日 13 时 55 分，温州电化厂液氯工段 1 只液氯钢瓶发生猛烈爆炸，导致附近的另外 4 只液氯钢瓶连环爆炸。爆炸产生黄绿色气体形成蘑菇云状上升高达 40 米左右，致使液氯车间 414 平方米厂房全部倒塌，并造成周围办公楼及厂区周围 280 余间民房不同程度损坏。爆炸后泄露的液氯达 10.2 吨，受影响的范围达 7.4 平方千米。此次爆炸及爆炸后散溢氯气的毒害共造成死亡 59 人、中毒住院 779 人、门诊治疗 429 人，直接经济损失 63 万余元。事故原因：9 月 3 日，从温州药物化工厂运回的一只 0.5 吨液氯钢瓶，由于用户单位使用不当，在钢瓶内倒吸入 113 千克液状石蜡。在充装液氯前，没有对该钢瓶进行全面检查和清理，致使充装后产生化学反应，温度、压力骤然升高而发生粉碎性爆炸，并引发其余钢瓶的爆炸或被击穿、变形。

1989 年 1 月 19 日 20 时 45 分，宁波鄞县大皎乡下严村年糕工场一台土锅炉发生爆炸，造成死亡 4 人、重伤 1 人、轻伤 4 人。该锅炉系慈溪市长河轻工机械厂 1981 年 1 月擅自加工制造，规格为直径 600 毫米、长度 1000 毫米、厚度 1.5 毫米卧式土锅炉。每年仅在春节前做年糕时使用 2～3 天，到这次爆炸时该锅炉累计使用时间不到 25 天。事故原因：该锅炉结构设计不合理，封头与筒体为搭接焊缝，且焊接质量差，又无安全附件，安装年久，使用前又没进行安全检查，致使使用时压力升高发生爆炸。

1991 年 9 月 14 日 13 时 45 分，黄岩市溪头劳保厂一台自制卧式土锅炉（长度 1530 毫米、高度 660 毫米、厚度 3 毫米，呈月牙形）在试生产过程中，发生爆炸，造成死亡 3 人、重伤 2 人，2 间简易厂房（约 30 平方米）被炸塌，炉体飞离原地 28.7 米，直接经济损失 2.5 万元。事故原因：该土制锅炉是用废旧钢板拼搭焊接而成，结构不合理，焊接质量差，根本不能当作承压设备使用。

1993 年 3 月 10 日 14 时 07 分，宁波北仑港发电厂 1 号机组锅炉炉膛发生特大爆炸，造成死亡 23 人、受伤 24 人（其中重伤 8 人），直接经济损失 778 万元，修复时间 132 天，少发电近 14 亿千瓦时。该锅炉是美国 ABB—CE 公司（美国燃烧工程公司）制造的亚临界一次再热强制循环汽包锅炉，额定主蒸汽压力为 17.3MPa，主蒸汽流量为 2008t/h。3 月 6 日起，锅炉运行出现异常。事故发生时，集中控制室值班人员听到一声闷响，控制室备用控制盘上发出声光报警："炉膛运力'高高'""MFT"（主燃料切断保护）"汽机跳闸""旁路快开"等光字牌亮。汽包水位急剧下降，运行人员立即就地紧急停运两组送引风机。经检查，发现炉底冷灰斗严重损坏，呈开放性破口。21 米层以下损坏情况自上而下趋于严重，冷灰斗向炉后侧倒呈开放性破口，侧墙与冷灰斗交界处撕裂水冷壁管 31 根。立柱不同程度扭曲，刚性梁拉裂，水冷壁管严重损坏，有 66 根拉断，炉右侧 21 米层以下刚性梁严重变形。0 米层炉后侧基本被热焦堵至冷灰斗，3 台碎渣机及喷射水泵等全部埋没在内。事故后，清除灰渣 934 立方米。事故原因：锅炉严重结渣。该起锅炉特大事故极为罕见，事故最初的突发性过程是多种因素综合作用造成的，主要是制造厂锅炉炉膛设计、布置不完善及运行指挥失当。

1993年6月14日8时30分，瑞安化工厂反应釜发生爆炸，造成死亡3人、重伤9人、轻伤15人，经济损失200余万元。该厂是生产有机颜料、乳化剂、轻纺助剂等化工产品的国有企业。为解决生产过程中产生大量废硫酸难以处理的问题，该厂与复旦大学退休教师管理委员会签订“改进三甲基苯中硝化技术”合同，对工艺路线进行改造。任务由该校一名退休教授和一名副教授承担。1993年4月，2名退休教授完成实验室工作，并于6月初偕同1名退休高级工程师一起到厂，对生产设备进行改装，经教授确认改装符合要求后，于6月14日上午8时15分开始投料，8时30分反应釜发生强烈爆炸。釜体从3楼震落到底楼，釜盖飞出11米，搅拌器电动机飞出22米，厂房倒塌。事故原因：违反技术改造的基本程序，将未经小试鉴定、未经中试的不成熟技术用于企业的工艺改造；对改造后的工艺路线本身存在的危险性认识不足；对设备没有认真验证，釜内液面距温度计底部还有40多厘米，温度计示数反映出的是气相温度，误将气相温度当成液相温度来控制操作，从而导致事故发生。

1994年3月27日15时58分，浙江染料助剂总厂助剂工段搪玻璃反应釜发生爆炸，造成死亡4人、重伤8人，504平方米厂房倒塌，经济损失100万元。事故原因：主要是操作不当。当氮气去置换釜内空气时，由于氮气瓶内压力不足，且置换时间又较短，致使釜内的空气未能完全被氮气置换出去。在此情况下，充入环氧乙烷后，使反应釜内形成空气、氮气以及环氧乙烷的混合气体，进而发生剧烈的氧化反应，致使反应釜内温度、压力急剧上升，2个安全泄放装置又难以迅速排放泄压，从而发生爆炸。

1999年1月30日13时30分，天台县雷锋乡潘香杨村村民杨某经营的临时年糕作坊使用由油桶改制的土锅炉加工年糕。在杨某给锅筒加了半桶水后点火离开，半小时后该土锅炉发生爆炸，造成4间平房倒塌以及在房内避雨的20余人中死亡5人、重伤2人、轻伤11人，直接经济损失17万元。天台县人民法院以重大事故责任罪判处杨某有期徒刑6年。事故原因：村民杨某严重违反国家有关规定，擅自将不能承压的柴油桶进行焊接安装当作锅炉使用，且使用环节严重错误，致使油桶承受不住蒸汽压力的持续上升而发生爆炸。

2000年2月28日2时30分左右，建德市三都镇和村村民王某的豆腐作坊开始点火加热土锅炉，并将顶部出汽阀关死，导致筒体内承受的蒸汽压力不断升高。4时30分发生爆炸，土锅炉筒体飞离地面62米，平端盖反向飞出约20米，造成2名雇工当场死亡。事故原因：土锅炉的筒体是王某从铁铺购入的无盖废旧筒体，委托无证焊工加工焊接而成，筒体材质不清，结构不合理（两端采用平端盖和角焊缝连接形式），且焊缝质量差，筒体未安装任何安全附件。这是一起个体工商户无视国家法规，擅自加工制作无证伪劣锅炉，并承压使用造成的爆炸事故。

2006年7月30日21时，温州鹿城区仰义乡沿江工业区泰豪皮革厂1台型号为LHC0.5-0.39-AII的锅炉发生超压爆炸。爆炸产生的巨大冲击波推倒部分厂房和厂区东侧围墙，并压塌围墙外3间简易房，倒塌面积近400平方米，简易房内16人被埋，锅壳部分炸飞10米，炉胆部分飞出15米，封头飞出300米。此次爆炸造成5人死亡、9人受伤。事故原因：锅炉运行过程中，2只出汽阀中的1只被关闭，另1只被基本关闭，且锅炉超压时安全阀未正常启跳，导致超压爆炸。另外，工厂有关人员安全意识淡薄，管理混乱，操作人员无证司炉上岗也是造成事故的一个原因。

2008 年 11 月 25 日 12 时 30 分左右，浙江神洲船业有限公司塔式起重机司机刘某等 4 人在实施 3 号塔机加节作业过程中，错误地将塔机第 11 标准节与第 10 标准节之间的连接螺栓拆除，致使在塔机顶升过程中失稳坍塌，造成司机刘某等 4 人死亡（其中 1 人当场死亡、3 人送医院后抢救无效死亡），1 名路过的清洁工受轻伤。事故原因：由于塔机加节作业人员缺乏必要的专业知识，违反使用说明书中关于“塔身标准节加节时的安装方法”规定，错误地将第 11 与第 10 标准节之间的连接螺栓拆除。塔机在顶升过程中，顶升套架脱离塔身约束，在塔机上部结构不平衡力矩的作用下，发生侧倾，进而整机坍塌导致事故发生。

2009 年 12 月 9 日 16 时，在台州市永翔医药化工有限公司内，操作工在用气割拆除废旧钢结构平台过程中违章操作，造成氧气瓶突然发生爆炸，气瓶碎片击穿和击扁氧气瓶各 1 只，并引起被击穿的氧气瓶燃烧，造成 4 人死亡、1 人重伤、1 人轻伤。事故原因：施工人员安全意识淡薄，在快速开启气瓶阀门时违章操作，致使摩擦产生热或静电火花，从而导致氧气瓶发生化学性爆炸。此外，切割现场的氧气瓶未按规定保持相应的距离安放，造成事故的伤亡人数增加。

2010 年 7 月 13 日 6 时左右，湖州南浔香得来樟木集成板厂司炉工孙某点火启动锅炉。7 时左右，孙某发现锅炉水位表出现异常，水位表显示“满水并溢流出来”，孙某询问该厂职工叶某，得到答复是正常现象后，没有采取任何措施并继续烧锅炉。7 时 30 分左右，李某从外面回来，发现锅炉运行情况异常，压力表已走至刻度底，马上叫孙某逃离，同时自己上前旋转分汽缸阀门，此时锅炉发生爆炸，造成 1 人死亡、3 人受伤。事故原因：企业未配备司炉专业人员，锅炉燃烧运行时，实际使用压力超过额定压力，且超压后安全阀未正常起跳，导致险情发生时，未及时采取有效应对措施，丧失了排除险情的机会，致使锅炉最终超压爆炸。

第七章　法治建设

质量技术监督法治工作主要包括质量技术监督地方法规、规章的起草修订，相关法律法规的宣传贯彻，质量技术监督相关行政执法活动的监督管理以及有关规范性文件的审查清理、行政审批和行政许可行为的规范等。

民国时期，为加强对棉花、茶叶等农副产品的管理和推行度量衡的划一，民国省政府颁布《浙江省棉花检验规则》《浙江省茶叶检验违章处罚规则》和《浙江省转发各市县机关团体厂所度量衡器运输办法》等规章。但因战事连连，不少规章难以实行。

中华人民共和国成立后，标准计量相关规章的制定工作提到了重要议事日程，省标准计量管理处组织起草了《浙江省计量管理暂行办法(试行草案)》。改革开放后，浙江加强质量技术监督法治建设，先后颁布《浙江省产品质量监督条例》等 5 部地方性法规和《浙江省计量管理试行办法》等 9 部地方政府规章，涉及产品质量监督、标准化、计量、特种设备安全监察、检验机构管理、组织机构代码管理、商品条码管理等质量技术监督领域，初步形成具有浙江特色的质量技术监督地方法规规章体系，为依法行政奠定了坚实基础。与此同时，各级质监部门加强法制监督工作，建立健全质量技术监督行政执法案件审理规则，开展行政执法案件层级监督审核，推行行政执法大要案报告和督查制度；严格质量技术监督行政执法证件管理，实行行政执法人员资格管理制度；严格行政执法办案程序，规范行政执法案件管辖及涉案物品处置，推行首查整改告知和说理式执法模式，依法保障行政相对人、利害关系人的知情权、参与权和救济权；开展以行政执法和行政许可为重点的专项监督检查，实行行政执法百分制量化考核评议制度，建立行政执法投诉举报制度和行政执法过错责任追究机制；加强行政复议和应诉规范化建设，强化对行政行为的监督；开展规范性文件的审查与清理，推动行政审批制度改革，减少行政许可项目，规范行政许可行为，改革行政许可方式，推进“三图一网”①建设，严格执行行政许可公开办事制度。

在法治宣传教育方面，全省质监部门深入开展普法工作，不断增强干部职工学法、知法、用法、护法、宣法的自觉性和坚定性。同时，采取多种形式，加强法治宣传，增强全民法律素质。2006 年，省委办公厅、省政府办公厅授予省质监局“2001—2005 年浙江省法制宣传教育先进集体”称号。2007—2010 年，省质监局连续 4 年被省政府评为浙江省法治政府建设(依法行政)先进单位。

① “三图一网”：“三图”是指许可流程图、岗位责任图、后续监管图；“一网”即网上许可审批。

第一节　专业法规建设

加强质监法治建设，实行依法行政，有法可依是前提。1979年9月，省革委会印发《浙江省计量管理试行办法》，这是中华人民共和国成立后浙江颁布的第一部质量技术监督地方政府规章。1992年11月，省人大常委会审议通过《浙江省查处生产和经销假冒伪劣商品行为条例》，对浙江整治和规范社会主义市场经济工作起到十分重要的作用。2002年，浙江颁布实施全国第一部专门规范检验机构的地方政府规章《浙江省检验机构管理办法》。2003年，省人大常委会主任习近平主持召开浙江省第十届人大常委会第四次会议，审议通过《浙江省特种设备安全管理条例》。此后，根据《行政许可法》等国家法律颁行实施的要求以及部分上位法变动等新情况，浙江对《浙江省产品质量监督条例》等多部地方性法规、地方政府规章进行修正。至2010年，浙江先后颁布5部质量技术监督地方性法规和9部地方政府规章，初步构建起具有浙江特色的质量技术监督地方法规规章体系。

一、地方性法规

改革开放后，随着社会主义民主与法治建设的不断完善，省人大常委会先后审议通过《浙江省查处生产和经销假冒伪劣商品行为条例》《浙江省产品质量监督条例》《浙江省标准化管理条例》《浙江省特种设备安全管理条例》《浙江省检验机构管理条例》5部地方性法规，涉及产品质量监督、标准化、特种设备安全管理、检验机构管理等质量技术监督领域，促进了浙江经济的持续、稳定、健康发展。

（一）《浙江省查处生产和经销假冒伪劣商品行为条例》

1992年11月15日，浙江省第七届人大常委会第三十一次会议审议通过由省人大常委会组织、省标准计量管理局参与起草的《浙江省查处生产和经销假冒伪劣商品行为条例》（以下简称《条例》）。11月17日，浙江省第七届人大常委会发布第37号公告，公布《条例》。《条例》自公布之日起施行。

《条例》是一部用以规范在浙江省行政区域内查处生产、销售假冒伪劣商品行为的地方性法规，共5章45条，分总则、查处范围、监督检查、法律责任、附则。1997年11月12日，浙江省第八届人大常委会第四十次会议审议通过《浙江省人民代表大会常务委员会关于修改〈浙江省查处生产和经销假冒伪劣商品行为条例〉的决定》。2005年9月30日，浙江省第十届人大常委会第二十次会议审议通过《浙江省产品质量监督条例》，自2005年12月1日起施行，《条例》同时废止。

（二）《浙江省产品质量监督条例》

1993年，为贯彻落实省委、省政府“质量是浙江经济赖以生存和发展的命脉”战略思想，推进《产品质量法》在浙江的全面实施，经省人大常委会、省政府讨论研究，决定制定一部产品质量监督方面的地方性法规，由省标准计量管理局具体负责起草。同年 12 月 8 日，省标准计量管理局向省政府法制局建议将《浙江省产品质量监督管理实施条例》列入 1994 年省人大常委会立法项目计划。1994 年，省标准计量管理局组成起草小组，开展《浙江省产品质量监督管理实施条例》立法调研、起草和论证工作。9 月 9 日，省计经委、省标准计量管理局向省人大常委会呈递《关于请求制定〈浙江省产品质量监督管理条例〉的报告》。1995 年 5 月，省计经委、省标准计量管理局向省政府报送《浙江省产品质量监督管理条例(草案)》(以下简称《条例(草案)》)。5—7 月，省政府法制局将《条例(草案)》(征求意见稿)印发各市(地)政府和省级有关部门征求意见。在此基础上，省政府法制局、省技监局对《条例(草案)》(征求意见稿)逐条逐句进行研究、论证和修改。10 月，《条例(草案)》提交浙江省第八届人大常委会第二十三次会议审议。会后，省人大法制委将《条例(草案)》印发省有关部门、省人大代表和各市、县人大常委会征求意见，并召开座谈会，征求产品生产者、销售者、监制者以及有关部门的意见。在对《条例(草案)》中的一些重要问题进行多次讨论研究后，形成《条例(草案)》(修改稿)。12 月 26 日，浙江省第八届人大常委会第二十五次会议审议通过《浙江省产品质量监督管理条例》(以下简称《条例》)。12 月 31 日，浙江第八届人大常委会发布第 45 号公告，公布《条例》。《条例》自公布之日起施行。

《条例》是一部用以规范在浙江省行政区域内从事产品生产、销售活动和对产品质量实施监督管理的地方性法规，共 5 章 40 条，分总则，产品质量监督检查，生产者、销售者的产品质量责任和义务，法律责任，附则。1997 年 1 月，省技监局向省人大法制委报送《条例》(修改意见)。11 月 12 日，浙江省第八届人大常委会第四十次会议审议通过对《条例》的修正。《行政许可法》颁布后，根据全省产品质量监督工作中出现的新情况和新问题，省质监局在对《浙江省查处生产和经销假冒伪劣商品行为条例》和《浙江省产品质量监督管理条例》进行修订、合并的基础上，起草了《浙江省产品质量监督条例》。2005 年 9 月 30 日，浙江省第十届人大常委会第二十次会议审议通过《浙江省产品质量监督条例》，自 2005 年 12 月 1 日起施行，《条例》同时废止。

(三)《浙江省标准化管理条例》

1997 年 11 月，省技监局向省人大法制委、财经委报送《浙江省标准化管理条例》(以下简称《条例》)立法项目。1998 年初，根据省人大常委会、省政府的立法计划，省技监局成立《条例》起草小组，着手开展调研、起草工作。1999 年 2 月，省技监局将《条例(草案)》(送审稿)报送省政府。省政府法制局按照立法程序，征求省政府有关部门及市(地)政府的意见，并多次召开座谈会、协调会，对《条例(草案)》(送审稿)进行讨论、论证、修改。12 月 1 日，省长柴松岳主持召开省政府第 31 次常务会议，听取省政府法制局关于《条例(草案)》的审核说明，讨论并原则通过《条例(草案)》。2000 年 6 月 12 日，省质监局向省人大法制委呈递《条例(草案)》(修改稿)。6 月 29 日，浙江省第九届人大常委会第二十一次会议审议通过《条例》。7 月 11 日，浙江省第九届人大常委会发布第 25 号公告，公布《条例》。《条例》自 2000 年 10 月 1 日起施行。

《条例》是一部用以规范在浙江省行政区域内从事标准制定、实施和监督活动的地方性法规，共5章40条，分总则、地方标准的制定、标准的实施与监督、法律责任、附则。2009年11月27日，浙江省第十一届人大常委会第十四次会议审议通过对《条例》的修正。

（四）《浙江省特种设备安全管理条例》

2000年，省质监局开始特种设备安全管理的立法调研工作，并召开由特种设备设计、制造、销售、安装、使用、检验、维修、改造单位参加的座谈会及专家论证会，研究特种设备安全管理立法工作。2001年10月9日，省质监局向省政府报送《浙江省锅炉压力容器压力管道及特种设备安全监察条例(草案)》。2002年6月，省质监局向各市质监部门征求对《浙江省特种设备安全管理条例(草案)》(以下简称《条例(草案)》)的意见。7月，省质监局在宁波、台州、绍兴等地召开相关企业和部门座谈会，征求对《条例(草案)》的意见。8月21日，省质监局召开立法座谈会，听取省经贸委、省建设厅、浙江省工业设备安装公司、杭州钢铁集团公司等15家单位对《条例(草案)》的意见和建议。10月初，根据征集到的意见和建议，省质监局对《条例(草案)》进行修改，形成《条例(草案)》(送审稿)，报送省政府法制办。省政府法制办按规定程序向各市政府、省级各有关部门和相关企业征求意见，并组织调研组到上海、重庆、湖北等省、市进行立法调研。同时，在杭州、宁波、台州等地召开立法座谈会，组织部分省人大代表、政协委员和有关专家学者进行立法论证。11月11日，代省长习近平主持省政府第76次常务会议，听取省政府法制办关于《条例(草案)》的审核说明，讨论并原则通过《条例(草案)》。2003年4月29日，省质监局受省政府委托，就《条例(草案)》的起草向省人大常委会作说明。6月27日，浙江省第十届人大常委会第四次会议审议通过《条例》，自2003年9月1日起施行。

《条例》是一部用以规范在浙江省行政区域内从事特种设备生产(设计、制造、安装、改造、维修)、销售、使用、检验检测和监督管理活动的地方性法规，共27条。2009年11月27日，浙江省第十一届人大常委会第十四次会议审议通过对《条例》的修正。

（五）《浙江省检验机构管理条例》

2005年9月，省质监局报请省人大常委会将《浙江省检验机构监督管理条例》列入2006年一类立法项目计划。同年，省质监局向省政府报送《浙江省检验机构管理条例》(以下简称《条例》)(送审稿)。省政府法制办按规定程序围绕《条例》展开立法调研，并多次召开座谈会，征求各有关方面的意见。在此基础上，省政府法制办对《条例》(送审稿)作了修改，形成《条例(草案)》。2007年3月30日，省政府常务会议审议通过《条例(草案)》。7月，浙江省第十届人大常委会第三十三次会议对《条例(草案)》进行审议。会后，省人大法制委将《条例(草案)》印发各市(县、区)人大常委会、省人大代表、省有关部门和部分地方立法专家库成员，并在省人大地方立法网上公布《条例(草案)》，征求各方面意见。9月5日，省人大法制委召开省有关部门座谈会，进一步听取各方面意见、建议。9月13日，省人大法制委召开会议，对《条例

（草案）》（修改稿）进行审议。9月28日，浙江省第十届人大常委会第三十四次会议审议通过《条例》，自2007年12月1日施行。

《条例》是一部用以规范在浙江省行政区域内从事检验机构计量认证、检验服务、监督检验以及相关管理活动的地方性法规，共7章58条，分总则、计量认证、检验服务、监督检验、监督检查、法律责任、附则。2009年11月27日，浙江省第十一届人大常委会第十四次会议审议通过对《条例》的修正。

二、省政府规章

中华人民共和国成立后，省政府先后颁布《浙江省计量管理试行办法》等9部政府规章，涉及计量、标准化、产品质量监督、检验机构管理、组织机构代码管理、商品条码管理等质量技术监督领域。这些规章的制定实施，为解决浙江经济社会发展中的突出问题，推进质监部门依法行政、全面履职提供了较为完善的法律保障。

（一）《浙江省计量管理试行办法》

20世纪60年代初，全省没有制定统一的计量管理办法和必要的规章制度，一些市、县虽制定了本地区的计量管理办法，却自成体系，互不一致；大部分地区因没有统一规定，在工作中缺乏依据，计量管理工作始终抓不起来，严重影响量值统一和国际公制的推行。在这种情况下，省标准计量管理处根据国务院《关于统一我国计量制度的命令》，结合浙江实际，并借鉴兄弟省市的经验，对国家科委在全国计量工作会议上印发的《计量管理暂行办法（草案）》进行了必要的修改、补充，形成《浙江省计量管理暂行办法（试行草案）》。1963年1月3日，省标准计量管理处向中共浙江省科学技术委员会党组（以下简称省科委党组）提交报告，要求将《浙江省计量管理暂行办法（试行草案）》报送省人委批准后公布试行。“文化大革命”开始后，立法工作受到冲击。1979年6月21日，省标准计量管理局向省科委呈递《关于要求发布〈浙江省计量管理办法〉（试行）的报告》。9月15日，省革委会印发《浙江省计量管理试行办法》（以下简称《办法》），自颁发之日起施行。

《办法》是一部用以规范在浙江省行政区域内从事计量基准器具、计量标准器具建立，计量检定，制造、修理、销售、使用计量器具等活动的地方政府规章，共16条。2004年6月25日，省政府办公厅印发《关于废止部分文件的通知》，决定废止《办法》。

（二）《浙江省衡器管理办法》

20世纪80年代，全省衡器管理工作在各级政府计量管理部门和有关部门的共同努力下，取得了一些成绩。但也存在不少问题，如有的生产厂和个体户不按照产品技术标准和国家计量检定规程的要求生产、修理衡器；不少质量低劣或不合格的衡器，仍然在市场上销售和使用；一些不法分子伪造公安机关与政府计量管理部门的介绍信和证件，非法制造和销售质量低劣的“黑心秤”；不少地方的商业部门和城乡集贸市场上使用的衡器失准、失修情况严重，缺斤短两现象时有发生；一些不法分子利用衡器克扣斤两，牟取不义之财。为解决这些问题，打击不法分子的违法行为，保护国家和消费者利益，省标准计量管理局于1985年初组织起草了《浙江省衡器管理办法》。3月7日，省标准计量管理局将《关于要求颁布〈浙江省衡器管理办法〉的请示报告》报请省计经委转呈省政府。7月27日，省标准计量管理局向省政府呈报《关于要求颁布〈浙江省衡器管理办法〉的请示》。9月19日，省政府印发《浙江省衡器管理办法》(以下简称《办法》)，自发布之日起施行。

《办法》是一部用以规范在浙江省行政区域内从事衡器制造、修改、销售、使用、检定及管理的地方政府规章，共5章33条，分总则，制造、修理、销售、进口衡器的管理，使用衡器的管理，罚则，附则。1993年11月26日，省标准计量管理局向省政府法制局提交《办法》(修改草案)。1997年9月4日，省技监局提请省政府废止《办法》。1999年11月25日，省政府办公厅印发《关于废止部分规范性文件的通知》，决定废止《办法》。

(三)《浙江省工业产品质量监督实施办法(试行)》

1985年5月17日，省标准计量管理局将《关于请求以省人民政府名义颁发〈浙江省产品质量监督实施办法〉的报告》报请省计经委转呈省政府。1986年9月19日，省计经委向省政府呈递《关于要求颁发〈浙江省产品质量监督实施办法(试行)〉的报告》。1987年2月10日，省政府印发《浙江省工业产品质量监督实施办法(试行)》(以下简称《办法(试行)》)，共20条，自3月1日起施行。

《办法(试行)》确定了各级标准化管理部门、行业主管部门和企业主管部门质量监督的主要任务，明确了产品质量监督检验的重点、形式及产品质量监督检验机构的设立，同时对违反《办法(试行)》所应承担的相应法律责任等进行规定。

(四)《浙江省标准化管理实施办法》

1991年，省标准计量管理局开始《浙江省标准化管理实施办法》(以下简称《办法》)起草工作。1993年12月8日，省标准计量管理局建议省政府法制局将《办法》列入1994年立法计划。1994年12月19日，省政府以省政府令(第54号)形式发布《办法》，共22条，自发布之日起施行。

《办法》确定了标准化行政管理部门、有关行政主管部门及企业标准化工作的分工、职责，明确了地方标准、企业标准的制定范围、分类、编号以及编制、制定、审查 、审批、发布、备案、出版、发行等，同时对违反《办法》所应承担的法律责任进行了规定。2000年6月29日，浙江省第九届人大常委会第二十一次会议审议通过《浙江省标准化管理条例》，自10月1日起施行，《办法》同时废止。

(五)《浙江省贸易结算计量监督管理办法》

1995年1月，根据省政府立法计划，省技监局成立《浙江省贸易结算计量监督管理办法》(以下简称《办法》)起草小组，并着手开展起草工作。《办法》初稿完成后，省技监局征求各市(地)、县标准计量(技术监督)部门对《办法》的修改意见，并在市(地)分管计量工作科长会议上对《办法》进行讨论修改。1996 年 2 月，省技监局向省政府报送《办法(草案)》(送审稿)。1997 年 5 月 9 日，省政府召开第 76 次常务会议，听取省政府法制局关于《办法(草案)》的审核说明，讨论并原则通过《办法》。5 月 13 日，省政府以省政府令(第 84 号)形式发布《办法》，自 6 月 1 日起施行。

《办法》是一部用于规范在浙江省行政区域内使用计量单位、计量器具进行贸易结算活动的地方政府规章，共 29 条。2010 年 12 月 21 日，省政府印发《关于修改〈浙江省企业工资支付管理办法〉等 18 件规章的决定》，对《办法》第 21 条、第 26 条作出修改。

(六)《浙江省组织机构代码管理办法》

1995 年，省技监局开始《浙江省组织机构代码管理办法》(以下简称《办法》)起草工作。在起草过程中，省技监局对全省组织机构代码管理工作及存在的主要问题进行调研和分析，搜集研究国家以及上海、深圳、沈阳等市有关组织机构代码工作的规范性文件，并听取各有关部门的意见。《办法》初稿完成后，省技监局听取部分市(地)、县技监部门对《办法》的修改意见，并向国家技监局进行汇报。在此基础上，多次召开专门会议，数易其稿，形成《办法(草案)》。1996 年，省技监局报请省政府将《办法》列为 1996 年度省政府规章计划二类项目。同年，省技监局向省政府报送《办法(草案)》(送审稿)。1997 年，《办法》列为 1997 年度省政府规章计划一类项目。1998 年 1 月 6 日，省政府召开第 84 次常务会议，讨论并原则通过《办法》。2 月 4 日，省政府以省政府令(第 93 号)形式发布《办法》，共 26 条，自 3 月 1 日起施行。

《办法》确定了省、市(地)、县(市、区)技术监督部门管理组织机构代码的职责，并对组织机构代码的申领范围、代码码段的分配以及组织机构代码的审核、登记、变更、注销等进行明确，同时对违反《办法》所应承担的相应法律责任进行规定。

(七)《浙江省商品条码管理办法》

1996 年，省技监局成立《浙江省商品条码管理办法》(以下简称《办法》)起草小组，并开始调研、起草工作。起草过程中，起草小组对全省商品条码管理工作状况、存在的主要问题及解决办法等进行调研，先后 2 次发文征求省级有关部门、市(地)及部分县级技监部门的意见，并召开由商品生产者、销售者和商品条码印刷企业代表参加的座谈会。同时收集研究国际物品编码组织、国家技监局和兄弟省市的有关规范性文件。1997 年，省技监局报请省政府将《办法》列为 1997 年度省政府规章计划二类项目。同年 7 月，省技监局向各市技监部门征求对《办法》的修改意见。1998 年，省技监局报请省政府将《办法》列为省政府规章计划一类项目。同年 7 月，省技监局向省政府报送《办法(草案)》(送审稿)。2001 年 9 月 21 日，省政府召开第 59 次常务会议，讨论并原则通过《办法》。10 月 8 日，省政府以省政府令(第 134 号)形式发布《办法》，自 2002 年 1 月 1 日起施行。

《办法》是一部用以规范在浙江省行政区域内从事商品条码注册、编码、印刷、使用及其管理活动的地方政府规章，共 36 条。2006 年 6 月，省质监局召开《办法》修订座谈会，对《办法(修正案)》(送审稿)进行讨论。2007 年 4 月 29 日，省政府第 91 次常务会议审议通过《办法

(修正案)》。修正后的《办法》明确规定，在食品、化妆品、药品 3 类产品标识中必须标注商品条码。

(八)《浙江省检验机构管理办法》

检验机构是指从事检验、检测活动的技术性服务组织。它通过对外提供具有证明作用的数据或者结果，为促进市场交易、规范市场秩序、推动科技创新、加强社会管理等提供重要的技术保障。2002 年 4 月 11 日，省政府第 66 次常务会议审议通过《浙江省检验机构管理办法》(以下简称《办法》)。4 月 26 日，省政府以省政府令(第 142 号)形式发布《办法》，自 7 月 1 日起施行。

《办法》是一部用以规范在浙江省行政区域内从事检验机构计量认证和监督检验认可、从业规范活动以及对检验机构进行监督管理的地方政府规章，共 30 条，是全国第一部专门规范检验机构的地方政府规章。2007 年 9 月 28 日，浙江省第十届人大常委会第三十四次会议审议通过《浙江省检验机构管理条例》，自 2007 年 12 月 1 日施行，《办法》同时废止。

(九)《浙江省地方标准管理办法》

2003 年，省质监局印发《浙江省地方标准制(修)订暂行办法》。此后，随着地方标准涉及领域不断扩大，参与地方标准制(修)订的部门越来越多，各地不同程度存在重制定、轻实施的问题，标准的实施主体参与程度不够，标准制定的公开性、透明度不高以及制定程序不够规范等问题日益显现，迫切需要改革地方标准制(修)订工作机制，加强对地方标准立项、起草、审查、批准发布的管理。

2005 年，省质监局开始《浙江省地方标准管理办法》(以下简称《办法》)立法调研工作，并听取有关厅局和各市质监部门的意见。2006 年初，省质监局在《浙江省地方标准制(修)订暂行办法》基础上，起草了《办法》(征求意见稿)，并书面征求各市县质监部门、浙江省农产品质量安全监督检测协调会议办公室成员单位和各专业标准化技术委员会的意见。5 月 29 日，省质监局召开由 24 个省级有关行政主管部门、33 个行业协会参加的座谈会，征求对《办法》的意见和建议。2007 年 6 月 28 日，在对《办法》(征求意见稿)反复修改后，省质监局印发《办法(试行)》，原《浙江省地方标准制(修)订暂行办法》同时废止。同年，省质监局报请省政府将《办法》列为 2007 年度省政府规章计划二类项目。

经过一年多的调研、论证，并在总结、评估《办法(试行)》实施情况的基础上，省质监局于 2008 年决定将《办法》申报为 2008 年度省政府规章计划一类项目。2010 年 7 月 2 日，省政府第 54 次常务会议审议通过《办法》。7 月 19 日，省政府以省政府令(第 273 号)形式发布《办法》，自 9 月 1 日起施行。

《办法》是一部用以规范浙江省行政区域内从事地方标准制定、实施和监督管理活动的地方政府规章，共 7 章 35 条，分总则、制定范围、立项与起草、评审与批准、实施与监督、法律责任、附则。

第二节 法制监督

法制监督作为行政监督体系的重要组成部分，对规范和督促行政机关依法行使职权、保护行政管理相对人合法权益、化解社会矛盾起着十分重要的作用。全省质量技术监督法制监督工作主要包括全面推行行政执法责任制、清理审查行政规范性文件、开展行政执法监督、加强行政复议工作、深化行政审批制度改革等方面。20 世纪 90 年代起，随着改革开放的深入和依法行政的推行，全省质监部门开始对行政规范性文件进行清理、备案，并对执法职能、法律依据等进行梳理、公告。同时加快行政审批制度改革，加强行政执法监督，推进行政执法责任制，率先开展行政处罚裁量权试点，并将调解措施引入行政复议，建立起较为完善的质量技术监督法制监督体系。

一、行政执法责任制与执法依据

行政执法责任制是规范和监督行政机关行政执法活动的一项重要制度。1998 年，全省技监部门开始全面推行行政执法责任制。同时，加强对行政执法依据的梳理，并及时向社会公告。

（一）行政执法责任制

1998 年，根据省政府《关于全面推行行政执法责任制工作的通知》要求，省技监局成立推行行政执法责任制工作领导小组，并制定《浙江省技术监督局行政执法责任制实施方案》。1999 年 5 月 7 日，省政府批准《浙江省技术监督局行政执法责任制实施方案》。该实施方案明确了省技监局 11 项法定职责、8 项行政执法管理目标，并对行政执法责任的分解落实、保障措施和具体制度等进行明确。8 月 11 日，省技监局召开推行行政执法责任制动员大会。

2001 年 2 月 21 日，省质监局转发省监察厅驻省质监局监察专员办公室《关于对县级局落实行政执法责任制情况进行执法监察的实施意见》。3—4 月，各县（市、区）质监部门对本单位贯彻落实行政执法责任制的情况进行自查。5—6 月，省监察厅驻省质监局监察专员办公室和省质监局组成检查组，对部分县级质监部门落实上级和本地行政执法责任制的工作情况进行检查。重点检查 2000 年以来各县（市、区）质监部门在贯彻落实行政执法责任制过程中履行法定职责、完成工作任务、落实具体制度方面的情况。2006 年 7 月 4 日，省质监局印发《全省质监系统深入推行行政执法责任制的实施意见》，明确推行行政执法责任制的总体要求、工作目标、具体工作步骤和要求，依法界定执法职责，建立健全行政执法评议考核机制。11 月 28 日，省质监局印发《2006 年度省局本级依法行政工作考核任务分解表》，分解任务，落实责任，进一步推进依法行政和行政执法责任制工作。12 月，省质监局印发《关于对全省质监系统依法行政工作进行监督检查的通知》，对各地质监部门贯彻落实国务院《全面推进依法行政实施纲要》和国务院办公厅《关于推行行政执法责任制的若干意见》情况进行监督检查。

2007年5月25日，省质监局决定开展以依法行政和行政执法责任制工作为重点的专项监督检查。重点检查市、县质监部门2006年以来贯彻落实依法行政和行政执法责任制情况，尤其对在履行法定职权方面是否存在不作为、超越职权或者运用职权乱作为等方面的情况进行检查；对各级技术机构主要检查其在按法律授权、委托的行政事项开展检验检测、技术评审工作中，是否存在法治意识淡薄、制度不健全、监督不到位、出具虚假数据或报告等违法违规行为的情况。5—7月，各市、县质监部门按照专项监督检查确定的内容，研究制定实施方案，并进行了自查。7—8月，各市质监部门组织对所属县(市、区)质监部门及技术机构的自查整改情况进行专项检查，对检查中发现的问题及时督促整改和复查。9—10月，省质监局组织开展对各市质监局及省质监局本级相关单位的专项监督检查，同时抽查各市质监局所辖的县级局。重点检查行政处罚案卷、行政许可案卷、规范性文件报备记录、依法决策制度和落实记录、履行行政监管和行政执法职权的记录、行政许可(包括非行政许可审批)事项的对外公开情况和许可(审批)后的监管记录等。2008年4月24日，省质监局部署开展对依法行政及行政执法责任制落实情况的专项监督检查。5月，省质监局组织省纤维检验局和11个市级质监部门，对各地依法行政及行政执法责任制落实情况进行对口监督检查。9月3日，省质监局对依法行政及行政执法责任制对口监督检查情况进行通报。

2010年12月，省质监局印发《浙江省质量技术监督局行政执法责任制实施方案》(以下简称《实施方案》)，对梳理、分解执法职责，落实执法责任，健全执法评议考核机制，加强内部责任追究等提出具体要求。《实施方案》印发后，省质监局一方面梳理执法主体、行政执法职能及法律依据，做到工作不缺位、不越位；另一方面，根据“三定”方案明确的机构和岗位配置，把法定执法职权分解到具体机构，明确到具体岗位，确定相应的责任，做到权限法定、流程清晰、责任明确。同年，全省质监部门建立健全执法责任教育警示预防机制和奖惩机制，推进行政执法责任制信息化建设，建立内外结合的法制监督机制。

(二)执法依据

2005年12月，根据省政府办公厅《关于进一步深化完善和全面推行行政执法责任制的实施意见》精神，省质监局部署开展对省本级行政执法职责、权限和依据等的清理工作。各市质监部门也同时组织开展相关清理工作。2006年3—5月，省质监局深化行政执法责任制工作领导小组对省本级行政执法依据、行政执法职能开展梳理工作。6月1日，省质监局向省政府法制办报送行政执法依据、行政执法职权的梳理结果。经梳理，省质监局本级共有行政执法资格的单位7个，其中，法定行政机关1个，法律、法规授权的组织4个，依法受委托行使行政执法权的组织2个；行政执法主体执行的法律、法规、规章共86部，其中，由质监部门为主实施的法律3部、法规13部、规章57部，配合其他部门实施的法律4部、法规8部、规章1部；具体行政执法职权共307项，其中，行政许可18项，行政监管10项，行政处罚233项，行政强制15项，行政裁决1项，其他具体行政执法职权30项。

2007年1月15日，经省政府法制办审核同意，省质监局发布《关于行政执法资格、行政执法职权及法律依据的公告》(公告〔2007〕28号，以下简称《第28号公告》)，向社会公告省质监局本级的行政执法资格、行政执法职权及法律依据。其中,行政许可 28 项,行政监管 14 项,行政处罚 230 项,行政强制 15 项,行政裁决 1 项,其他具体行政执法职权 27 项。2008 年,根据省政府依法行政工作要求和国家法律、法规、规章制(修)订情况,省质监局对《第 28 号公告》内容进行了梳理和修订,增加了执法依据 27 项、相关职权 52 项,并对部分执法主体及 30 余项职权的名称或依据进行调整。12 月 22 日,省质监局发布《关于行政执法资格、行政执法职权及法律依据(修订)的公告》(公告〔2008〕15 号,以下简称《第 15 号公告》),向社会公告调整后的行政执法资格、行政执法职权及法律依据:省质监局本级具有行政执法资格的单位 6 个,其中,法定行政机关 1 个,法律、法规授权的组织 2 个,依法受委托行使行政执法权的组织 3 个;执行的法律、法规、规章 140 部,其中,规范共同行政行为的 25 部,质监部门为主实施的 94 部,配合其他部门实施的 21 部;具体行政执法职权 367 项,其中,行政许可 28 项,行政监管 18 项,行政处罚 276 项,行政强制 17 项,行政裁决 1 项,其他具体行政执法职权 27 项。

2010 年 12 月 17 日,根据省政府关于进一步落实行政执法责任制工作的要求和国家法律、法规、规章制(修)订情况,省质监局对《第 15 号公告》作了修订,并发布《关于发布浙江省质量技术监督局行政执法资格、行政执法职权及法律依据(第二次修订)的公告》(公告〔2010〕12 号)。截至 2010 年底,全省质监部门共有行政执法职能 6 类 388 项,其中,行政许可 22 项,行政监管 26 项,行政处罚 293 项,行政强制 19 项,行政裁决 1 项,其他具体行政执法职权 27 项。

二、行政规范性文件清理与备案

行政规范性文件的清理与备案是实现依法行政,提高行政效率的重要手段。

(一)行政规范性文件清理

1993 年 11 月,省标准计量管理局对职能范围内与《全民所有制工业企业转换经营机制条例》《浙江省全民所有制工业企业转换经营机制实施办法》有关的地方性法规、规章和政策性文件进行清理,并向省政府法制局、省计经委、浙江省经济体制改革委员会呈报《关于地方性法规、规章和政策性文件清理结果的报告》,建议废止《关于颁发〈二级计量考核评审规定〉(试行)的通知》等 12 件规范性文件。1996 年 10 月,省技监局对 1979 年以来制定的 53 件技术监督规范性文件进行清理,决定废止 20 件,修改后重新发布 1 件。1999 年 9 月,省技监局印发《关于抓紧做好规范性文件清理工作的通知》后,各级技监部门对本部门的规范性文件开展进一步清理。9 月 17 日,省技监局对 1985 年以来省政府、省政府办公厅所发 6 个关于计量管理的文件进行清理,并向省政府办公厅建议废止其中的 4 个。

2001 年 12 月,省质监局印发《关于适应我国加入世贸组织进程,清理地方性法规、规章和政策措施实施方案的通知》,组织全省质监部门开展地方性法规、规章和政策措施的专项清理工作。同时,成立清理地方性法规规章和政策措施工作领导小组。2002 年 1 月 24 日,省质监局明确,凡 1995 年机构改革以前,以省标准计量管理局名义单独或联合发文的,原则上全部废止;凡 1996 年以来,以省技监局或省质监局名义单独或联合发文的,由各责任处室对文件具体内容逐一审查后提出保留、修改或废止的清理意见，报省质监局清理地方性法规、规章和政策措施工作领导小组审查。3—4 月，省质监局分 3 批废止本部门政策措施文件 169 件。2005 年 3 月 14 日，省质监局决定对省本级印发并仍在执行的规范性文件进行全面清理。同时明确，自 2001 年以来省质监局印发并仍在执行的所有规范性文件，凡是与《行政许可法》等法律法规的规定和要求相抵触或不一致的，都在清理和重新确认的范围之内。5 月 13 日，省质监局公布规范性文件清理结果，决定对《关于下发 2001 年全省日常监督检查重点产品目录和实施方案的通知》等 10 个规范性文件予以废止。

2006 年 6 月 13 日，根据国家质检总局《关于深化行政审批制度改革加强行政许可监管工作的意见》和省政府法制办、省发改委、省经贸委《关于清理限制非公有制经济发展规定的通知》精神，省质监局决定对全省质监部门规范性文件以及其他文件进行清理。清理范围：由行政部门制定的规范性文件及其他文件（包括函件、会议纪要等），凡涉及公民、法人和其他组织的权利、义务，有明确的法律责任，在一定时期内反复适用，在本行政管辖区域内具有普遍约束力的行政文件。重点清理与《行政许可法》等法律法规不一致的；在市场准入、社会服务、权益保护和政府监管等方面与《国务院关于鼓励支持和引导个体私营等非公有制经济发展的若干意见》《浙江省人民政府关于鼓励支持和引导个体私营等非公有制经济发展的实施意见》不一致的规范性文件以及其他文件。12 月 13 日，省质监局公布清理结果：《关于加强特种设备行政许可监督工作的若干意见（试行）》等 12 个文件，经审核，符合规范性文件内容要求，依据《浙江省行政规范性文件备案审查规定》要求补报备案；《关于加强我省日常监督检查工作的通知》等 21 个文件，经审核，有的文件内容不符合《行政许可法》等法律法规规定，有的不适应工作实际，有的因国家新规定出台等原因，决定予以废止。2007 年 8 月，根据省政府办公厅《关于开展规章和行政规范性文件清理工作的通知》，省质监局对进一步做好全省质监系统行政规范性文件清理和修订工作进行部署。清理的范围主要是省质监局本级自 2006 年清理确认并已备案的规范性文件和 2006 年 6 月以来发布的行政文件，由各级质监部门制定的涉及公民权利和义务，并作为行政管理依据的行政文件。12 月 19 日，省质监局公布省本级规范性文件清理结果，决定保留规范性文件 21 件、废止 9 件、修订 4 件。

2009 年 2 月，省质监局部署开展全省质监系统行政规范性文件评估自查和清理工作。清理范围为 2004 年以来由省质监局、各市质监部门起草发布，文件内容涉及公民、法人和其他组织的权利和义务，有明确的法律责任，在一定时期内作为行政管理依据的行政性文件（包括函件、会议纪要等）。11 月，省质监局在全省质监系统开展法制监督检查，并对规范性文件清理情况作了重点检查。2010 年 1 月 13 日，省质监局对 2009 年全省规范性文件评估自查情况及清理结果进行通报。经清理，省质监局本级规范性文件保留 13 件、修订 6 件、废止 10 件，涉及规范性文件内容的行政性文件需补报备案 6 件、停止执行 1 件；杭州市、湖州市、舟山市质监部门无现行规范性文件，其他市质监部门保留 17 件、修订 9 件、废止 14 件，涉及规范性文件内容的行政性文件需补报备案的 18 件。12 月 6 日，省质监局在 2009 年全省质监系统行政规范性文件清理评估工作的基础上，再次公布对行政规范性文件的清理结果，决定保留 20 件、废止 1 件。

(二)行政规范性文件备案

1994年9月16日,省标准计量管理局印发《关于建立市(地)规范性文件备案制度的通知》,对规范性文件的备案范围、备案时间和方式、备案审查和处理等进行规定。1996年3月20日,省技监局印发《关于做好本局规范性文件向省政府备案工作的通知》,明确凡以省标准计量管理局名义(包括本局会同其他党政机关、社会团体)制定的对技术监督行政相对人具有普遍约束力,并在一定时期内可以反复适用的规定、办法、细则等规范性文件均属于备案范围。同时规定,凡属备案范围的文件,由省技监局政策法规处进行登记并在文件首页加盖省技监局文件备案专用章后,向省政府法制局办理备案手续。2000年12月21日,省质监局向省政府法制办报送《浙江省产品质量监督检验机构授权管理办法(试行)》的备案材料。

2001年3月27日,省质监局向省政府法制办报送《浙江省质量技术监督系统没收物品管理规定(试行)》《浙江省质量技术监督行政执法工作规范(试行)》《浙江省产品质量监督检查管理办法(试行)》《浙江省举报制售假冒伪劣产品违法行为有功人员奖励办法(试行)》等规范性文件的备案材料。4月,省质监局印发《关于进一步做好行政规范性文件的备案工作有关事项的通知》,对制定规范性文件的范围、起草要求以及规范性文件会办程序等作了进一步的规范。4月13日,省质监局向国家质监局报送《浙江省质量技术监督系统没收物品管理规定(试行)》《浙江省质量技术监督行政执法工作规范(试行)》《浙江省产品质量监督检查管理办法(试行)》《浙江省举报制售假冒伪劣产品违法行为有功人员奖励办法(试行)》《浙江省D级锅炉、常压锅炉及锅炉压力容器封头制造许可证条件》的备案材料。7月16日,省质监局向国家质检总局报送《浙江省锅炉设计图样及资料审查要点》的备案材料。同年,各市、县(市、区)质监部门共制定规范性文件16件,其中经审查及时备案的9件、补报备案7件。2002年,省质监局向国家质检总局、省政府法制办报送《浙江省在用固定式简易升降机安全质量整治暂行办法》《浙江省电梯起重机械制造安装维修保养资格认可办法》《浙江省气瓶检验单位资格认可审查管理规则》《浙江省锅炉安装及修理改造监督管理办法》的备案材料。2003年6月25日,省质监局向省政府法制办报送《浙江省地方标准制(修)订暂行办法》的备案材料。

2004年4月19日,省质监局向省政府法制办报送《浙江省二手特种设备交易监督管理办法》的备案材料。7月13日,省质监局向省政府法制办报送《浙江省质量技术监督行政许可工作规则(试行)》的备案材料。同年,向省政府法制办和国家质检总局报送《浙江省机电类特种设备安装改造维修鉴定评审细则及许可评审指南》的备案材料。2005年,省质监局向省政府法制办报送《浙江省食品生产加工环节质量安全监督管理办法(试行)》《浙江省专业标准化技术委员会管理办法》和《浙江省锅炉维修单位监督管理规则》《浙江省小型锅炉房建造设计方案核准管理规定》的备案材料。2006年,省质监局向省政府法制办报送《关于加强我省固定式简易升降机安全监察工作的意见》的备案材料。

2007年1月18日,省质监局根据2006年对省局行政规范性文件的清理结果,将14件(其中2件为新报备案)规范性文件报省政府法制办备案。5月,省质监局印发《浙江省质量技术监督系统行政规范性文件管理办法(试行)》,明确行政规范性文件应于签发时向上一级质监部门的法制工作部门和同级政府法制部门报送备案。6月8日，省质监局向省政府法制办报送《浙江省质量技术监督局规范性文件管理办法(试行)》的备案材料。2008年，省质监局向省政府法制办报送《“苏、浙、沪”质量技术监督行政处罚裁量规则》《浙江省品牌企业质量诚信制度建设核查细则》《浙江省质量技术监督系统行政案件审理工作规则》等规范性文件的备案材料。2009年，省质监局向省政府法制办报送《浙江省产品质量监督抽查工作规程(2009版)》《关于公布〈在线浊度计〉等十五项浙江省地方计量技术规范的通知》《关于公布〈汽油车简易瞬态工况排放检测系统〉等四项浙江省地方计量技术规范的通知》《关于推进节能降耗工作的意见》等规范性文件的备案材料。

2010年，省质监局向省政府法制办报送《关于印发〈浙江省电子计价秤产品防护要求〉的通知》《进一步加强制造计量器具产品监督管理工作的若干意见(试行)》《关于印发〈浙江省产品质量鉴定管理办法〉的通知》等规范性文件的备案材料。

三、行政执法监督

1987年8月1日，省标准计量管理局印发《关于启用统一格式计量监督文书的通知》，决定在全省县级以上政府计量管理部门中试用统一格式的计量监督文书，包括《立案审批表》《调查笔录》《送达回证》等25种。1993年，省标准计量管理局设立政策法规处，负责行政执法的监督管理。1994年5—6月，由省政府、省标准计量管理局、省政府法制局等单位组成的检查组(共15人)到杭州市、湖州市、温州市及所辖的余杭、安吉、永嘉3县(市)，对标准计量(技术监督)行政执法工作进行检查。检查组除听取当地标准计量(技术监督)部门代表政府作的执法检查情况汇报外，还分别召开由43家各类企业代表参加的座谈会，对9家工厂、8家商店、5个农贸市场和专业市场进行现场检查，向150余名生产者、销售者、消费者进行书面问卷调查，并抽查技术监督行政执法案卷60余件。8月10日，省标准计量管理局、省政府法制局向国家技监局、国务院法制局报送《关于技术监督行政执法检查情况的报告》。11月16日，省标准计量管理局印发《关于切实做好技术监督行政执法备案工作的通知》(以下简称《通知》)，对重大行政案件(罚款额1万元以上及经新闻媒体报道，发生重大社会影响的案件)和涉外案件(相对人为“三资企业”①或有其他涉外因素的案件)、向司法机关移送的案件和跨县以上行政区域的行政案件、行政复议案件、行政诉讼案件实行备案制度。《通知》同时对行政执法备案的文书、备案的办法和时间、备案工作要求等进行规定。1996年9月20日，省技监局印发《浙江省技术监督局关于本局执法文书文号及预用印等事项的暂行规定》，加强对技术监督行政执法文书文号及预用印的使用管理。1997年6月27日，省技监局印发《浙江省技术监督局行政案件审理规则》，对省技监局本级行政案件审查工作进行规定。7月10日，省技监局转发省政府法制局《关于确定技术监督等系统适用听证程序的较大数额罚款标准的复函》，明确对经营性活动处以3万元及以上罚款的、对非经营性活动处以2000元及以上罚款

① “三资企业”：即在中国境内设立的中外合资经营企业、中外合作经营企业、外商独资经营企业3类外商投资企业。

的，应当告知当事人有要求听证的权利。至年底，全省共有 7 个市(地)技监部门设立政策法规处，负责对行政执法的监督管理。

1999 年 2 月 9 日，省技监局印发《浙江省技术监督行政执法工作大要案报告和督查制度实施细则》，明确有下列情形之一的，必须上报省技监局：各级技监部门查获的假冒伪劣产(商)品货值金额 30 万元以上(含 30 万元)的案件；各级技监部门查获的或其他执法部门查获，各级技监部门作为主要部门参与处理的假冒伪劣商品已造成消费者致重度中毒、致残、致死等伤害，或造成用户、消费者财产损失涉及面广等性质恶劣、危害严重的案件；因不法分子围攻造成暴力抗拒执法或地方保护主义阻挠、妨碍而使各级技监部门难以查处的案件。7 月，省技监局对各市技监部门实施《浙江省行政执法证件管理办法》情况进行检查。11 月 4 日，省质监局印发《关于严禁在质量技术监督行政执法中“以收代罚”的若干规定》，加强对行政执法行为的监督管理。

2000 年 4 月 17 日，省人大常委会、省政府联合召开全省《产品质量法》执法检查电视电话会议。4—6 月，省人大常委会对各地贯彻执行《产品质量法》及《计量法》《标准化法》情况进行执法检查。重点检查各级政府尤其是政府领导对产品质量工作重要性的认识和重视程度及在经济工作中的体现情况，各级政府及有关行政主管部门执法情况和执法力度，执法体系和队伍建设情况。2001 年 1 月 5 日，省质监局印发《浙江省质量技术监督系统没收物品管理规定(试行)》，对合法处置没收物品等作出规定。2 月 12 日，省质监局印发《浙江省技术监督行政执法工作规范(试行)》，作为对全省质监部门行政执法人员的工作守则和考核依据，强化行政执法全过程管理和监督。6 月，省质监局开展《产品质量法》及相关法律执法情况“回头看”工作，主要针对浙江省第九届人大常委会第二十一次会议《关于检查全省产品质量法及相关的标准化法、计量法实施情况的报告》中所指出的产品质量总体水平不高、假冒伪劣产品屡禁不止、质量监督管理工作薄弱 3 个问题，重点检查产品质量法律法规的宣传工作开展情况，质量责任制的落实情况，行政执法工作的开展情况，质量监督管理方式、方法、方面的情况，加强行政执法队伍建设情况。2002 年 3—5 月，按照国家质检总局统一部署，省质监局对全省质监系统行政执法工作进行检查。6 月，国家质检总局对全省质监系统行政执法工作进行抽查。7 月 19 日，省质监局印发《浙江省质量技术监督局行政执法若干补充规定》，进一步明确行政责任，规范执法行为。8 月 20 日，省质监局印发《浙江省质量技术监督局关于对行政执法工作中若干问题的意见》，对行政执法案件的管辖及处理、行政执法办案程序、监督检查的后处理及涉案物品的处理等作出规定。

2004 年 2 月 17 日，省质监局转发国家质检总局《质量监督检验检疫行政执法监督与行政执法过错责任追究办法》，强化对行政执法工作的监督。8—9 月，根据国家质检总局、国家认监委要求，全省质监部门就开展强制性产品认证行政执法监督工作进行自查。10 月 27 日，省质监局印发《浙江省质量技术监督大数额行政案件层级监督审核工作规则(试行)》，明确县(市)质监部门拟处 5 万元以上罚款的行政案件，应向市级质监部门报送审核；各市质监部门对拟处 15 万元以上罚款的行政处罚案件，向省质监局报送审核。2005 年 4 月 29 日，省质监局决定在全省质监系统开展以行政许可和行政执法工作为重点的专项监督检查。5 月，各市质监部门按照专项监督检查确定的内容和重点进行自查,并对所属县(市、区)质监部门的自查情况进行检查。7—8月,省质监局组成4个检查组,对11个市级质监部门的行政许可和行政执法工作开展专项监督检查,并抽查萧山、鄞州、瑞安、长兴、海宁、新昌、磐安、常山、临海、缙云、普陀等县(市、区)质监部门的行政许可和行政执法工作情况。检查中,检查组召开专项汇报会22场次,与100余人次进行座谈,并走访当地政府法制办、监察局、效能办、行政许可(审批)中心等40余个部门,直接走访或电话听取行政相对人的意见100余人次,查阅2004年7月以来的行政执法案卷160余件。9月14日,省质监局对行政许可和行政执法工作专项监督检查中发现的问题进行通报。12月25日,省质监局印发《关于加强质量技术监督行政执法证件管理的通知》,规定除国家法律、法规授权和依法委托的行政执法工作外,其他技术机构从业人员不得使用质量技术监督行政执法证开展技术检定或协议服务等工作,其原有的质量技术监督行政执法证,由各市质监部门负责收回后集中保存,并将收回情况报省质监局备案。同年,省质监局组织衢州、舟山、宁波等地质监部门开展规范行政处罚裁量权试点工作,对一些重要和常用法律、法规中的罚则进行细化、量化,并制定相应的裁量细则,作为指导行政处罚案件办理的重要依据。

2007年,省质监局在全省质监系统开展以依法行政和行政执法责任制工作为重点的专项监督检查。2008年5月26日,省质监局印发《浙江省质量技术监督系统行政执法评议考核实施办法》,对行政执法工作实行百分制量化考核,规范质监系统行政执法评议考核工作。7月,由省质监局为主起草的《苏、浙、沪质量技术监督系统行政处罚裁量规则》发布,统一了江苏、浙江、上海三地质量技术监督行政处罚裁量幅度。9月23—24日,全省质监部门推进行政处罚裁量规则工作会议在义乌市召开。会议对全面推行行政处罚裁量规则工作进行部署。12月9日,省质监局印发《浙江省质量技术监督系统行政执法投诉举报制度》,明确质监部门行政执法投诉举报统一通过全省质监系统"12365"举报电话受理。根据层级管理原则,市级"12365"负责接受公民、法人对县级质监部门的投诉举报;省级"12365"负责接受公民、法人对省、市两级质监部门的投诉举报。行政执法的投诉举报范围是:做出的查封、扣押、冻结财产等行政强制措施不适当的;做出的有关许可证等证书变更、中止、撤销的决定不适当的;公民、法人或者其他组织认为符合法定条件、申请颁发许可证等证书,或者申请行政机关审核、登记的有关事项,行政机关没有依法办理的;公民、法人或者其他组织申请行政机关履行法定职责而没有依法履行的;不按有关规定的期限查处违法行为的;以行政执法权为本单位谋取私利的;在行政执法工作中泄露国家机密或者其他商业、技术秘密或者个人隐私的;其他适用法律、法规、规章错误,或者违反法定程序,造成不良后果的。12月16日,省质监局印发《浙江省质量技术监督行政案件审理工作规则》《浙江省质量技术监督行政执法涉案物品管理和处置规定》,进一步规范行政处罚案件的审理工作,加强对行政执法涉案物品的管理和处置。2009年4月,省质监局印发《浙江省质量技术监督行政执法评议考核细则》,并组织开展行政执法专项监督检查,进一步加强对行政执法工作的监督,推进"法治质监"建设。11月下旬,省质监局对11个市级质监部门及省纤维检验局的行政执法工作进行评议考核。

2010年1月18日,省质监局通报全省质监系统行政执法评议考核情况,并通报表扬在

2009年度行政执法评议考核中获得优秀的宁波市质量技术监督局等6家单位。7月9日，省质监局印发《关于进一步做好2010年行政执法监督工作的通知》，总结推广首查整改告知和说理式执法模式，强化评议考核，落实执法监督工作。7—9月，各级质监部门随机抽取10个2010年办结归档的连号行政处罚案卷进行自查。重点检查说理式执法文书运用情况和规范行政处罚裁量权情况。10月，省质监局对各市质监部门及其所辖县级质监部门的行政处罚情况进行评查。11月，各地质监部门对2008年以来已办结以及正在办理的重大行政违法案件，特别是涉案货值金额较大、恶性制假等违法情节严重、人民群众及社会舆论反映强烈的违法案件，按照《中华人民共和国刑法》规定的刑事追诉标准进行自查。12月17日，省质监局印发《浙江省质量技术监督局行政执法责任制实施方案》(以下简称《实施方案》)，对健全执法评议考核机制提出具体要求，即严格按照《浙江省质量技术监督系统行政处罚案件评查办法》每年开展行政处罚案卷的评查工作；每年至少开展一次针对行政执法活动的专项监督检查，检查结果作为行政执法评议考核的重要依据之一；严格按照《浙江省质量技术监督系统行政执法评议考核办法》进行日常考核，年终考核结合年度工作目标责任制考核一并进行。《实施方案》同时对行政执法内部责任追究的情形、方式和程序进行明确。

四、行政复议

1994年，省标准计量管理局受浙江省高级人民法院行政庭和省政府法制局委托，在杭州举办行政复议应诉人员培训班，全省52个市(地)、县(市、区)标准计量(技术监督)部门的70名工作人员参加，并经考核取得行政复议应诉人员资格。1996年1月5日，省技监局转发国家技监局《技术监督行政案件现场处罚规定》，同时要求各级技监部门在现场处罚时，必须告知被处罚人如不服处罚决定，可以依法申请行政复议或提起行政诉讼，并在《现场处罚决定书》中写明复议机关的名称；对依据《浙江省查处生产和经销假冒伪劣商品行为条例》作出的处罚决定，应当先申请行政复议。

1998年3月5日，省技监局要求各级技监部门严格执行法律法规，在作出行政处罚决定时应当告知被处罚人依法享有申请行政复议或者提起行政诉讼的权利，明确被处罚人不服市(地)、县(市、区)技监部门依据《计量法》或者《计量法实施细则》中与《计量法》罚则相对应的条文作出的罚款在1万元以下(含1万元)的处罚决定的，可以在收到行政处罚决定书之日起15日内申请行政复议或提起行政诉讼。行政复议的受理机关为作出行政处罚决定的技监部门所隶属的本级人民政府(行政公署)或者上一级技监部门，行政诉讼的受理法院为作出处罚决定的技监部门所在地的基层人民法院。被处罚人不服市(地)、县(市、区)技监部门依据《计量法》或者《计量法实施细则》中与《计量法》罚则相对应的条文作出的罚款在1万元以上的处罚决定的，可以在收到行政处罚决定书之日起15日内申请行政复议或提起行政诉讼。行政复议的受理机关为省技监局，行政诉讼的受理法院为作出处罚决定的技监部门所在地的基层人民法院。被处罚人不服省技监局依据《计量法》或者《计量法实施细则》中与《计量法》罚则相对应的条文作出的处罚决定的，可以在收到行政处罚决定书之日起15日内申请行政复议或提起行政诉讼。行政复议的受理机关为省政府或国家技监局，行政诉讼的受理法院为杭州市西湖区人民法院。

1999年10月18日，省技监局、省政府法制局就垂直领导管理体制改革前后技术监督行政复议管辖问题作出规定：当事人不服省技监局的具体行政行为的，由当事人选择，可以向国家质监局申请行政复议，也可直接向省政府申请行政复议；不服温州市各区技术监督分局的具体行政行为的，向温州市技术监督局申请行政复议；不服省、市（地）技术监督局所属专业纤维检验机构依法以自己名义作出行政行为的，可直接向管理该纤维检验机构的省技监局或者市（地）技术监督局申请行政复议。当事人不服各市（地）技术监督局和温州市各区技术监督分局以外的其他各县（市、区）技术监督局（所）的具体行政行为的，在垂直领导管理体制改革到位前，由当事人选择，可以向该技术监督局（所）的上一级技术监督局申请行政复议，也可以向该技术监督局（所）的本级人民政府申请行政复议；在垂直领导管理体制改革到位以后，不服各市（地）、县（市）技术监督局的具体行政行为的，向该技术监督局的上一级技术监督局申请行政复议；不服市区技术监督分局依法以自己名义作出的具体行政行为的，向市技术监督局申请行政复议。11月10日，省质监局印发《浙江省质量技术监督局行政复议实施办法》，对质监部门行政复议的范围、申请、受理、决定、监督等进行规范。2000年6月，省质监局将省政府法制办拟制的《行政复议法律文书格式（试行）》印发各市质监部门。各地质监部门在此后的行政复议工作中统一参照使用了此文书。11月10日，省质监局对各地质监部门填报行政复议案件统计报表工作提出明确的时间要求。

2008年，省质监局将调解措施引入行政复议工作，化解矛盾争议。2010年8月后，全省质监部门统一参照使用国家质检总局拟制的《质量监督检验检疫行政复议文书示范文本》。同年，全省质监部门收到行政复议申请5件，受理5件，其中因行政机关不作为而申请行政复议的3件。经复议，予以维持1件，其他4件因申请人自愿撤回申请而终止行政复议。

表35-7-2-1　　1991—2010年浙江省质监部门行政复议情况一览表

单位：件

年份	受理	维持	撤销	撤回申请	变更	调解或其他
1991	3	2	1	0	0	0
1992	5	3	2	0	0	0
1993	4	4	0	0	0	0
1994	12	10	0	2	0	0
1995	7	2	4	1	0	0
1996	12	7	0	0	5	0
1997	11	11	0	0	0	0
1998	32	22	0	7	3	—

续表

年份	受理	维持	撤销	撤回申请	变更	调解或其他
1999	22	14	2	5	1	—
2000	22	11	2	7	0	2
2001	35	21	4	8	1	1
2002	15	9	1	5	0	0
2003	4	2	0	2	0	0
2004	19	3	0	16	0	0
2005	10	6	0	3	0	1
2006	10	7	0	2	0	1
2007	8	4	0	1	0	3
2008	4	1	0	2	0	1
2009	5	3	0	2	0	0
2010	5	1	0	4	0	0

资料来源:根据省质监局档案资料整理编制。

五、行政审批制度改革

1999年11月3日,省质监局成立行政审批制度改革领导小组,组织开展行政审批制度改革工作。11月17日,省质监局向浙江省政府审批制度改革领导小组办公室(以下简称省审改办)报送《浙江省质量技术监督局审批制度改革实施方案》,对14项审批项目,建议取消1项、合并1项、转移4项、下放1项、转核准3项、保留4项;对2项审核事项,建议予以保留;对9项核准事项,建议转移2项、保留7项;对5项备案事项,建议予以保留。2000年9月,省质监局向省审改办提出省质监局职能调整后审批事项修改意见,建议恢复原在省劳动厅取消的审批事项2项,增加机构改革后职能划入的保留事项,包括审批事项2项、核准事项4项,同时要求增加核准项目1项、备案项目1项。11月,省政府印发《关于公布省级执法部门审批事项减少和保留目录的通知》,明确省质监局保留事项33项,其中,审批事项9项,审核事项2项,核准事项15项,备案事项7项;减少事项9项,其中取消1项、转移8项。

2001年4月16日,省质监局向省政府呈报《浙江省质量技术监督局深化审批制度改革实施方案》(以下简称《方案》)。6月6日,省质监局印发《方案》,对审批的内容、对象、条件、程序、期限、依据、责任处室、收费及批准文号等进行明确。2002年4月18日,根据《浙江省人民政府关于深化省级行政审批制度改革的意见》,省质监局向省审改办报送《浙江省质量技术监督局关于深化行政审批制度改革自查清理建议的报告》,对第一轮行政审批制度改革中省政府公布省质监局保留的33项行政审批，拟减少11项，其中取消6项、转移3项、合并2项。6月10日，根据省审改办《关于省质量技术监督局审改方案的初步审查意见》，省质监局向省审改办报送《浙江省质量技术监督局关于深化行政审批制度改革再次自查清理的报告》，对第一轮行政审批制度改革中省政府公布的26项省质监局保留事项（审批、审核、核准），拟减少10项，其中审批事项3项、核准事项7项。8月16日，省审改办印发《关于省质量技术监督局审改方案的审核意见》，明确省质监局拟保留事项24项，其中，审批事项6项，审核事项2项，核准事项9项，备案事项6项，合并1项；拟削减事项9项，其中取消2项、转移2项、转备案5项。2003年3月28日，省质监局印发《浙江省质量技术监督局关于印发深化行政审批制度改革实施方案的通知》，明确省质监局行政审批保留事项27项、减少事项9项。同时，印发《浙江省质量技术监督局行政审批工作管理（暂行）规定》和《浙江省质量技术监督局行政审批事项操作程序》，规范行政审批行为。12月9日，省质监局将《行政审批事项对照调整的建议》报省审改办审查。对照调整后的行政许可事项为：特许1项、普通许可9项、认可7项、校准2项、登记7项。

2004年2月17日，省质监局印发《浙江省质量技术监督局贯彻实施行政许可法工作方案》，并成立贯彻实施《行政许可法》工作领导小组，开展对行政许可项目、规定、实施机构和收费依据的清理工作。3月，省质监局对涉及质监职能的《浙江省组织机构代码管理办法》《浙江省贸易结算计量监督管理办法》《浙江省商品条码管理办法》《浙江省检验机构管理办法》进行对照检查。经对照检查，《浙江省贸易结算计量监督管理办法》《浙江省商品条码管理办法》未涉及行政许可事项；《浙江省检验机构管理办法》规定的“检验机构计量认证认可”涉及行政许可；省政府前二轮公布的“申领组织机构代码登记”行政许可事项涉及《浙江省组织机构代码管理办法》的条款规定。6月23日，省质监局印发《浙江省质量技术监督部门行政许可工作规则（试行）》，对行政许可的申请与受理、实质审查与决定、检验检测评审与考试、期限、公开公示、监督检查、责任追究等作出规定。2006年6月13日，省质监局印发《关于深化我省系统行政审批制度改革加强行政许可监管工作的意见》，全面推进“三图一网”建设。

2007年上半年，省质监局组织对行政许可专项工作落实情况进行监督检查。9月，省质监局发布《关于质量技术监督系统执行行政许可项目公告》，公布全省质监部门在全省范围内负责实施的行政许可项目，共38项。其中，省质监局执行的行政许可事项19项，省特种设备检验中心执行的行政许可事项1项，设区市一级质监部门执行的行政许可事项11项，设区市一级特种设备检验中心执行的行政许可事项1项，县（市、区）一级质监部门执行的行政许可事项6项。2008年4月21日，根据全省“扩权强县”①改革工作会议精神和省委办公厅、省政府办公厅《关于扩大县（市）部分经济社会管理权限的通知》要求，省质监局明确涉及省质监局本级放权事项13项，其中减少层级的事项3项、直接交办的事项10项。8月11日，省质监局印发《关于义乌市扩权改革试点有关事项意见的函》。2009年4月，省质监局印发《关于做好

① “扩权强县”：就是通过扩大县一级政府的相关权力，以使县一级政府具有更大的自主权，从而实现县级经济发展和社会管理的进步。

特种设备使用登记(含二手设备)权限下放有关工作的通知》(以下简称《通知》)。根据《通知》要求,各市质监部门采取委托办理的形式,将特种设备使用登记(含二手设备)权限下放给各县(市)质监部门。10月,按照国家质检总局《关于开展质检系统行政许可检查工作的通知》要求,省质监局组织各市质监部门进行自查,重点检查实施行政许可行为的主体、依据、程序、期限、条件以及收费是否合理;应当公开的内容是否及时公开,是否做到"审查、批准、监督"三分离;行政许可文书及档案的规范管理情况;行政许可后续监管工作实施情况和实施效果;集中办理、网上审批、行政办事大厅建设等便民工作进展情况;各部门相关负责人及办理行政许可事项的人员学习与行政许可工作相关的法律法规情况。

2010年6月28日,省质监局向省政府全面推进依法行政工作领导小组办公室报送《关于调整确认行政许可实施主体和行政许可项目的函》,明确省质监局本级依法具有行政许可实施主体资格的单位共有3个,即省质监局(法定行政机关)、省特种设备检验研究院和省计量科学研究院(均为法规授权单位);关于行政许可项目调整情况(相对于2007年公告项目):取消棉花收购加工单位质量保证能力资格认定和场(厂)内机动车辆的制造、安装、改造、维修、使用、检验许可等行政许可项目2项,增加D级压力容器设计单位资格许可、特种设备制造单位资格许可、特种设备安装改造单位资格许可、气瓶检验站资格许可4项;将2007年公告的"计量器具型式批准(样机试验)"项目名称调整为"计量器具型式批准";调整实施主体的行政许可项目:"二手特种设备销售、转让前检验检测(安全技术鉴定)"项目的实施主体由市级质监部门调整为特种设备检验检测机构;"计量器具强制检定"项目的实施主体由各级质监部门调整为各级法定计量检定机构;调整依据的行政许可项目:"食品生产许可证(省级)核发"项目的法律依据由《工业产品生产许可证管理条例》调整为《食品安全法》。

第三节　普法宣传

1985年11月,第六届全国人大常委会第三十三次会议审议通过《关于在公民中基本普及法律常识的决议》,全省质监系统普法宣传工作由此渐次展开,主要包括面向全社会的质量技术监督相关法律、法规的宣传教育和针对质监系统人员的普法教育。

1986年5月,省标准计量管理局会同省司法厅开展《计量法》宣传活动,并印发有关《计量法》和《浙江省衡器管理办法》的布告各2万份,编印《计量法》等法律文件汇编2万本,还出动宣传车,设立宣传站,放映幻灯片,举办学习班,广泛宣传《计量法》。宣传的主要内容有:计量立法的重要意义,计量立法的宗旨和调整范围,采用国际单位制和推行国家法定计量单位的意义,计量器具的监督管理,各级政府、各有关主管部门及企业、事业单位实施《计量法》的责任,政府计量部门的监督职能和计量检定机构的任务,计量授权的方式和管理原则,中国实行计量认证制度的依据和意义,计量纠纷的调解和计量仲裁检定,违反《计量法》应承担的责任等。6月25日,浙江省暨杭州市实施《计量法》大会召开,副省长李德葆出席大会并讲话。会议对各级政府部门、各企事业单位深入组织宣传和学习《计量法》提出要求。据不完全统计，至 7 月底，全省标准计量部门共印发各类计量法治宣传资料 50 余万份，放映幻灯片 2300 余场次，举办宣传贯彻培训班 300 余期。

1989 年 3 月 31 日，省标准计量管理局、省政府法制局、省司法厅联合召开《标准化法》宣传工作会议。会后，各地采取灵活多样的形式，开展学习宣传《标准化法》活动。至年底，全省标准计量部门共印发《标准化法》学习宣传资料 5 万余份，宣传画 2 万余套，举办宣传贯彻学习班 120 余期，并通过放映幻灯片、设立宣传橱窗、举办有线广播讲话等多种形式，宣传标准化工作。同年，省政府办公厅转发国务院法制局、司法部、国家技监局《关于学习宣传、贯彻〈中华人民共和国标准化法〉的通知》，要求全省各级政府、省直各部门、各直属单位学习和宣传《标准化法》，保证《标准化法》在浙江顺利实施。

1991 年，根据省委、省政府“二五”普法的部署，省标准计量管理局进行了“二五”普法的发动和准备工作。1992 年，全省标准计量（技术监督）部门开展以宪法为核心，以专业法为重点的学习宣传活动。同时，成立由分管副局长任组长的“二五”普法领导小组。各市（地）标准计量（技术监督）部门也都成立相应的普法领导小组。1993 年，《产品质量法》颁布实施，省政府召开电话会议，对贯彻学习《产品质量法》进行部署，省人大常委会副主任杨彬就《产品质量法》的实施发表了电视讲话。同年，省标准计量管理局、省司法厅将《产品质量法》作为“二五”普法的一项重要内容，并共同编印《产品质量法》宣传资料 3 万册。据不完全统计，1993 年 9 月 1 日前后，全省有 40 余个市（县）召开《产品质量法》实施动员大会，60 余名市（县）人大和政府领导发表电视、广播讲话；各市（地）标准计量（技术监督）部门举办《产品质量法》专题宣传晚会和质量知识竞赛 28 场次，发放宣传资料 10 万余份，举办知识讲座 500 余次，编发宣传报道 726 篇，举办宣传贯彻学习班 378 期。1995 年 6 月，省标准计量管理局组织各地标准计量（技术监督）部门开展“二五”普法的自查。8 月，省标准计量管理局组织干部职工进行“二五”普法考试。据统计，“二五”普法期间，省标准计量管理局组织干部职工收看有关专业法的录像 10 余次，组织有关讲座 10 余次，90％以上的职工得到辅导，参加“两本书”（即《中华人民共和国宪法讲话》《社会主义法制建设若干问题讲话》）考试的职工达 93％；举办宣传《产品质量法》大型文艺晚会 1 台，开展《产品质量法》《中华人民共和国消费者权益保护法》宣传咨询活动 9 次，组织《中华人民共和国劳动法》《中华人民共和国工会法》知识竞赛 2 次，举办有关宣传贯彻培训班 100 余次。

1996 年 9 月，省技监局印发《浙江省技术监督法制宣传教育第三个五年规划》，明确“三五”普法的指导思想、目标与任务、内容与要求、实施步骤、实施方法、组织领导等。1997 年 1 月，省技监局成立普法领导小组，并在省技监局各直属单位建立兼职普法联络员制度。4 月 11 日，省技监局成立法治宣传教育工作领导小组，由分管副局长任组长。4 月 29 日，省技监局印发《1997 年局机关和直属事业单位普法工作实施计划》，明确 1997 年度普法重点、实施办法和基本要求。12 月，省技监局就学习贯彻修改后的《浙江省查处生产和经销假冒伪劣商品行为条例》和《浙江省产品质量监督管理条例》发出通知，要求各地技监部门结合实际，加大宣传贯彻力度，严厉打击制售假冒伪劣商品行为。同年，全省技监部门干部职工参加了普法考试及浙江省普法教育领导小组办公室（以下简称省普法办）举办的普法知识竞赛。

1998年2月23日，省技监局对宣传贯彻《浙江省组织机构代码管理办法》进行部署。同年，各地技监部门通过举办学习班、宣贯会、法律咨询、知识竞赛等形式，宣传贯彻《浙江省组织机构代码管理办法》。1999年2月9日，省技监局表彰了1998年度普法工作先进个人。3月25日，省技监局印发《一九九九年全省技术监督系统普法计划》，明确普法的内容、对象、方法和保障措施。6月2日，省技监局决定将《中华人民共和国宪法修正案》作为“三五”普法的重要内容。7月8日，省技监局统一发放《中华人民共和国宪法修正案》《中华人民共和国行政复议法》《节约能源法》《农药管理条例》《锅炉压力容器安全监察暂行条例》等普法教材。9月27日，省技监局印发《省局法律法规规章学习制度》，对法律法规规章学习的指导思想、学习对象、学习方法、组织领导、考核保障等进行明确。2000年4月12日，省质监局印发《2000年全省质量技术监督系统普法工作的安排》《浙江省质量技术监督系统三五普法考核验收评分标准》。7月，省质监局机关和直属事业单位开展“三五”普法的自查工作。

2001年8月30日，省质监局印发《关于在全省质量技术监督系统开展法治宣传教育的第四个五年规划》，对“四五”普法的指导思想、目标与任务、教育对象、基本要求、工作方法、实施步骤、组织领导及保障措施等进行明确。同年，省质监局转发国家质检总局《关于认真学习、宣传贯彻〈棉花质量监督管理条例〉的通知》。各地质监部门普遍开展《棉花质量监督管理条例》宣传贯彻活动。2002年，省质监局成立“四五”普法工作领导小组，由分管副局长任组长。领导小组下设普法办公室，负责普法日常工作，并指导各市(地)质监部门开展普法工作。同时，建立《干部学法档案》，将省质监局机关干部每次学法、参加考试成绩等情况归入档案，与干部晋升等挂钩。同年，省质监局印发《关于进一步贯彻落实〈浙江省商品条码管理办法〉的意见》。2003年4月，省质监局召开《特种设备安全监察条例》宣传贯彻大会。6月1日，全省质监部门开展“全国特种设备安全监察宣传日”活动，在车站、码头、公园、商场、体育场馆、展览馆等场所进行特种设备安全宣传教育活动。6月27日，省质监局召开宣传贯彻《浙江省特种设备安全管理条例》新闻发布会，并向全省特种设备生产、经营、使用单位发出《公开信》，要求加强特种设备安全法律法规和知识的宣传教育工作。

2004年，省质监局对各市质监部门的法制人员、省质监局机关处室负责人以及行政办事大厅人员进行《行政许可法》培训，并选派近40名普法骨干参加国家质检总局和省政府举办的《行政许可法》培训班。同时，举办《行政许可法》专题讲座，邀请省政府法制办的行政法学专家进行宣讲，并发放《公务员行政许可法读本》《行政许可法释义》等学习材料，组织编印《行政许可法》100个思考题和参考答案，作为干部职工普法辅导材料。同年，省质监局干部职工参加全省《行政许可法》知识考试，参考率为98％，考试合格率为100％。2005年4月25日，省质监局印发《关于做好“四五”普法依法治理总结验收工作的通知》，明确验收的主要内容为《关于在全省质量技术监督系统开展法制宣传教育的第四个五年规划》的落实情况，组织干部职工开展共同法宣传教育的情况，组织开展质量技术监督专业法宣传教育的情况。6月，省质监局对各直属事业单位落实普法工作情况进行检查验收。同年，为做好全省乡镇(街道)质监队伍建设，省质监局编印了一本介绍质量技术监督各项工作及相关法律法规知识的培训教材，分发至全省各个乡镇(街道)，并由各市(地)质监部门负责进行了专门的法律法规培训。

2006年4月，省委办公厅、省政府办公厅授予省质监局“2001—2005年浙江省法制宣传教育先进集体”称号。8月21日，省质监局召开全省质监系统法治工作会议，对“五五”普法工作进行动员部署。8月25日，省质监局印发《全省质量技术监督法制宣传教育第五个五年规划》，明确全省质监系统“五五”普法的指导思想、总体目标、主要任务、工作步骤、工作保障措施等。同时，成立“五五”普法工作领导小组。各市(县)质监部门根据全省“五五”普法的总体要求，制定了本地区本单位的普法规划和普法实施计划。2007年3月，省质监局印发《2007年度省质量技术监督局普法教育重点工作计划》。8月，省质监局就宣传贯彻《国务院关于加强食品等产品安全监督管理的特别规定》(以下简称《特别规定》)作出部署，并召开视频会议，组织全省质监系统干部职工学习贯彻《特别规定》。9月6日，省质监局选派15名普法骨干参加国家质检总局举办的《特别规定》学习研讨班。11月24日，省人大法制委、财经委、省政府法制办和省质监局在省人民大会堂就宣传贯彻《浙江省检验机构管理条例》召开新闻发布会。同年，省质监局组织安排“以宪法为核心的基本法律法规”“和谐社会中的法制”“行政程序”“行政复议在化解社会矛盾中的作用”4次法治专题学习，并编印2万册《特别规定》，发给全省质监系统干部职工、乡镇质监员和食品生产企业，还与省普法办联合制作《特别规定》普法宣传挂图，在每个行政村、社区的普法宣传栏进行张贴宣传。各地质监部门以恳谈会、宣贯会、培训班等形式，分期分批对全省食品生产企业进行《特别规定》宣传教育，重点宣传《特别规定》中设定的生产经营者必须承担的各项法定义务，增强生产企业的法律意识和责任意识。宁波、温州、湖州、丽水缙云等地质监部门还在当地党委机关报上全文刊登《特别规定》；衢州市、嘉兴市质监部门在当地电视台或党委机关报上开设专栏，宣传《特别规定》。

2008年，全省质监部门重点对《节约能源法》《乳品质量安全监督管理条例》进行宣传贯彻，并开展质量安全法治宣传教育“万人培训工程”，把质量安全法治宣传教育融入质量监督、标准化、计量、合格评定、特种设备监察等日常工作中。2009年2月，省质监局成立《食品安全法》宣传培训领导小组，同时印发《关于抓紧做好〈食品安全法〉宣传培训工作的通知》，明确《食品安全法》宣传培训工作的指导思想、工作重点、实施步骤和工作要求，并将食品生产企业法定代表人的培训教育工作纳入“五五”普法和“万人培训工程”等活动的计划之中。各市、县(市、区)质监部门也落实相应的工作机构，制订《食品安全法》宣传教育实施方案和计划。至9月底，全省质监部门发放《食品安全法》宣传小册子5000余册，举办相关宣传贯彻培训班247期，6067家食品生产企业的12312人参加培训。同年，在开展特种设备安全执法行动、治理行动和宣传教育行动中，各地质监部门结合特种设备安全进企业、进校园、进社区“三进”活动，采取多种形式普及特种设备安全监察法律法规，营造全民关注特种设备安全的良好氛围。活动中，全省质监部门共走访特种设备生产企业、使用单位1000余家，发放特种设备安全招贴画等各类宣传资料1.5万份；走进学校100余所，发放宣传画册、张贴画、光盘等宣传资料1万余份；走进社区130余个，接受群众现场咨询6700余人次，活动现场悬挂或摆放大型横幅、宣传展板212条(块)，张贴宣传海报6400余份，现场向群众分发新修订的《特种设备安全监察条例》和有关安全使用常识等宣传资料1.5万份。

2010年4月，省质监局开始“五五”普法总结验收工作。普法验收的主要内容为“五五”

普法启动情况、普法依法治理工作的组织保障情况、干部职工学法用法情况、法治宣传活动开展情况、普法工作与法治实践结合情况等。5月，各市质监部门对所属各县(市、区)质监部门的“五五”普法工作进行检查验收。6—8月，各地质监部门组织开展普法情况互查。9月，省质监局按照《浙江省质监系统“五五”普法检查验收标准》要求，对全省质监系统普法工作进行抽查。12月，省质监局通过国家质检总局组织的“五五”普法验收，并被评为“全国质检系统五五普法先进单位”。据不完全统计，“五五”普法期间，全省质监系统领导干部参加各级党委理论中心组集体学法3620人次，参加法律知识考试2387人次。每年在“3·15”活动、“质量月”活动和“12·4法制宣传日”等时间节点，全省质监部门采取设立法律咨询台、发放各种普法宣传材料等形式进行法治宣传，向群众发放各类普法宣传材料117万余份，接待现场咨询53万余人次。

第八章 教育 科技

开展教育培训和科技活动是质量技术监督一项基础性工作，对提升质量技术监督管理能力和水平，推动质监职能的全面有效履行具有十分重要的意义。

民国时期，浙江为推行度量衡划一，开展了度量衡检定人员的集中培训工作。

20 世纪 60—70 年代，全省标准计量教育和科技工作有了一定的发展，并在计量科学研究方面取得了一些重要成果。80 年代，随着标准计量应用领域的不断扩大，全省标准计量部门在人才引进、科技研发、教育培训等方面不断加大投入，推动了全省标准计量教育和科技工作的进一步发展。1984 年，省标准计量管理局设立人事教育处和综合计划处，分别负责教育培训和科研计划的管理。1985 年，省标准计量管理局印发《关于加强科技管理工作若干规定》，加强对全省标准计量科技工作的领导，推动全省标准计量科技活动的规范发展。据统计，“六五”(1981—1985 年)期间，全省标准计量部门共取得科研成果 9 项，其中，8 项获省科技成果奖，3 项获国家计量局科技进步奖。

20 世纪 90 年代，全省标准计量(技术监督)教育和科技工作进一步加强。1990 年 12 月，省标准计量管理局设立科学技术处，负责科研项目的管理。1992 年 10 月，省标准计量管理局印发《浙江省标准计量局科技成果奖励办法》，建立以专家为主的科技成果评审委员会。1996 年 5 月，省技监局印发《浙江省技术监督科技进步奖励办法》，对科技进步奖项的评定内容、评定方法等进行明确。这些制度调动了科研人员的积极性，促进了全省标准计量(技术监督)科技工作的发展。与此同时，全省标准计量(技术监督)教育培训工作也得到加强，开展了标准计量(技术监督)专业法的宣传教育、执法人员培训、干部职工继续教育、质量专业技术人员职业资格培训、职业技能培训及计量检定人员、特种设备专业人员培训等，为全省标准计量(技术监督)事业的发展培养了一批业务技术骨干。

进入 21 世纪，全省质监系统技术机构实行“三项制度改革”①，开启以市场为导向的技术机构改革之路。2000 年 7 月，省质监局将科学技术处改设为规划财务处，加强国家质检中心、省级质检中心的规划和建设；同时设立认证评审处，加强对全省技术机构的监督管理。“十五”期间(2001—2005 年)，全省质监部门共承担科研项目 163 项，完成项目验收 124 项。其中，国家级项目 23 项，省级项目 92 项，市县级项目 48 项。2005 年 12 月 28 日，省质监局印发《浙江省质量技术监督系统科研计划项目管理办法(试行)》，加强对科研项目的计划管理。2007 年 5 月，省质监局编制《全省质量技术监督系统“十一五”科技发展规划》，对全省质监系

① “三项制度改革”：是指全省质监系统技术机构内部开展的人事制度、账务制度、分配制度改革。

统科技工作的发展提出具体要求和措施，推动了全省质监系统科技工作的新发展。据统计，"十一五"期间（2006—2010年），全省质监部门共承担科研项目590项，其中国家级项目6项、省（部）级项目113项、市县级项目471项；发表论文1770篇，其中国内期刊1611篇、国际期刊41篇、国际会议3篇；取得专利54项，国家知识产权局"中国专利优秀奖"1项；科研获奖118项，其中省（部）级项目41项、市县级项目77项。同时，制（修）订标准/规程444项，发布412项，其中以第一起草单位承担完成国家标准和计量技术规范制（修）订43项。

第一节　教育培训

全省质量技术监督教育培训工作主要包括专业法律法规的教育培训，计量、特种设备等专业知识教育培训，行政执法人员资质培训考核，继续教育，质量专业技术人员职业资格培训，质量技术监督职业技能培训鉴定等。中华人民共和国成立后，全省标准计量部门开展计量、标准化、特种设备等专业知识的教育培训，为浙江经济的恢复发展培养了一支专业化质监队伍。改革开放后，随着《计量法》《标准化法》等法律相继颁布实施，全省标准计量（技术监督）部门开展一系列专业法律法规的教育培训活动和行政执法人员的培训考核，推动全社会法治意识的不断提高。同时加强继续教育，不断提高干部职工的业务能力和素质。进入21世纪，全省质监部门开展质量专业技术人员职业资格培训、质量技术监督职业技能鉴定培训，为"质量强省"建设培养了一批优秀的质量专业技术人员。

一、质监专业法教育培训

1979年8月，省标准计量管理局转发国家标准总局《关于学习、宣传和贯彻〈中华人民共和国标准化管理条例〉的通知》，组织开展《标准化管理条例》的宣传教育活动。1981年，省标准计量管理局举办标准化知识学习班，对标准化有关法规和知识进行了宣讲，市（地）标准化部门和省级有关厅局主管标准化工作的人员参加了培训。

1985年9月，《计量法》颁布实施，各地普遍召开实施《计量法》动员会议，推动《计量法》宣传教育活动有序开展。各级计量部门与新闻单位配合，通过多种形式开展《计量法》的宣传教育工作。10月，副省长吴敏达就《计量法》的学习贯彻问题接受《浙江日报》社的采访，要求各行各业要认真学习《计量法》，提高计量法治观念。1986年，随着全省普法工作的全面展开，质监专业法的宣传与教育培训工作纳入"普法"教育活动中（详见第七章第三节）。

二、质监执法人员资质培训考核

1992年1月24日，国家技监局印发《技术监督行政执法人员管理办法》，规定技术监督行政执法人员必须首先经过培训、考核，取得行政执法的资格。省标准计量管理局随即组织开展行政执法人员培训工作，并统一参加了国家技监局组织的行政执法人员执法资格考试。至1993年底，全省标准计量（技术监督）部门取得行政执法资格的人员有996人。其中，700余人取得标准、计量、产品质量综合执法资格。1994 年，省标准计量管理局先后组织或委托市(地)标准计量(技术监督)部门举办 7 期技术监督行政执法人员培训班。经考试，成绩合格的有 469 人。1995 年，省技监局举办 3 期行政执法人员培训班。经考试，成绩合格的有 105 人。

1996 年，省技监局通过举办市(地)、县局长岗位轮训班、执法人员考核验证班等形式，组织市(地)县技术监督局局长和 1500 余名执法人员学习法学基础理论、技监法律法规和相关法制知识，并进行了行政执法人员执法资格考试。1997 年，全省技监部门有 11 人参加国家技监局举办的全国执法人员业务骨干培训班，435 人参加省技监局组织的法治和执法岗位培训。1998 年 6 月，省技监局组织部分市(地)、县(市、区)技监部门的 188 名拟从事技术监督行政执法工作的人员进行执法资格培训考试。7 月 7 日，省技监局公布经考试合格，取得技术监督综合行政执法资格的人员名单，共 187 人。1999 年 5 月，省技监局在杭州举办技术监督行政执法人员培训班。6 月，省技监局组织部分市、县(市、区)技监部门拟从事质量技术监督行政执法工作的人员进行执法资格培训考试。经考试合格，取得质量技术监督综合行政执法资格的人员有 71 人。至年底，全省技监部门共有 2310 人取得行政执法资格。其中，具有综合行政执法资格的 1801 人，计量执法资格的 175 人，标准化执法资格的 50 人，质量执法资格的 258 人，纤维检验执法资格的 26 人。

2001 年 2 月 23 日至 3 月 3 日、3 月 6—14 日，省质监局分 2 期组织部分市、县(市、区)质监部门拟从事质量技术监督行政执法工作的人员进行执法资格培训考试。3 月 28 日，省质监局公布质量技术监督行政执法资格考试结果，共有 131 人取得质量技术监督综合行政执法资格。2002 年 4 月，省质监局举办 4 期质量技术监督行政执法人员资格培训班，384 人参加培训。经考试合格，取得质量技术监督综合行政执法资格的人员有 383 人。2003 年 7 月，省质监局举办 2 期质量技术监督行政执法人员资格培训班。经考试合格，取得质量技术监督综合行政执法资格的人员有 190 人。2004 年 3 月，省质监局举办质量技术监督行政执法人员资格培训班。经考试合格，取得质量技术监督综合行政执法资格的人员有 101 人。

2005 年 5 月 17—24 日、5 月 26 日至 6 月 1 日，省质监局在杭州分 2 期举办质量技术监督行政执法人员资格培训班。经考试合格，取得质量技术监督综合行政执法资格的人员有 175 人。2006 年 5 月 9—16 日、5 月 16—23 日，省质监局在省委党校分 2 期举办质量技术监督行政执法人员资格培训班。经考试合格，取得质量技术监督综合行政执法资格的人员有 174 人。2007 年 6 月 5—12 日，省质监局在杭州举办质量技术监督行政执法人员资格培训班。经考试合格，取得质量技术监督综合行政执法资格的人员有 177 人。2008 年 5 月 27—29 日，根据国家质检总局《质量监督检验检疫行政执法证件管理办法》《关于开展全国质检系统行政执法证件换发考核工作的通知》要求，省质监局在杭州举办全省质监系统行政执法证换证考试师资培训班。6 月 2—6 日、6 月 10—14 日，省质监局分 2 期在杭州举办质量技术监督行政执法人员资格培训班。培训的主要内容有质量技术监督行政执法的主要程序及实务，《产品质量法》《计量法》《标准化法》及相关知识，特种设备法规及相关知识，食品生产许可证及相关知识，合格评定监督管理法规及相关知识，法理学，质监系统行政执法反腐倡廉机制建设，行政执法典型案例分析等。

2009年3月16—21日，省质监局在省委党校举办质量技术监督行政执法人员资格培训班。经考试合格，取得质量技术监督综合行政执法资格的人员有300余人。2010年8月23—27日，省质监局在省委党校举办全省质监系统行政执法人员资格培训班，170人参加培训并取得质量技术监督综合行政执法资格证。全省质监系统历年取得行政执法资格的人员数量详见表35-8-1-1。

表35-8-1-1　2001—2010年浙江省质监系统取得行政执法资格人员数量一览表

单位：人

年份	取得行政执法资格证人员	取得行政执法证件人员	年份	取得行政执法资格证人员	取得行政执法证件人员
2001	2389	2174	2006	3084	3040
2002	6559	5539	2007	3053	2973
2003	6559	5539	2008	3114	2966
2004	2196	1849	2009	3179	2888
2005	2405	2126	2010	3218	2965

资料来源：根据省质监局档案资料整理编制。

三、计量专业人员培训考核

计量专业人员的培训考核主要包括计量检定人员的资质培训考核和计量人员专业知识的培训。

（一）计量检定人员资质培训考核

民国14年（1925年），省实业厅为推行甲、乙制，设立权度检定传习所，招考学员百余名进行训练。

民国19年（1930年），国民政府工商部发布《度量衡检定人员任用规程》，规定检定人员分：一等检定员（大学或理工专科毕业）；二等检定员（高中毕业）；三等检定员（初中毕业）。其中，一、二等检定员需经全国度量衡局度量衡检定人员养成所培训，取得毕业证书后任用；三等检定员由省、市度量衡行政管理部门组织培训考核。同年4—7月，浙江选派人员参加第一期全国度量衡检定人员培训班，有一等检定员4人、二等检定员1人。8—12月，浙江选派人员参加第二期全国度量衡检定人员培训班，有一等检定员1人、二等检定员4人，均先后毕业，分别录用。民国20年4月21—22日，省建设厅举行三等检定员训练班入学测试，计录取各县选送学生71人，另录取备选学生7人，共计78人，于5月1日开始授课，训练期2个月。8月，经训练期满，举行毕业试验，准予毕业的77人。除各县选送47人，仍回原县服务外，自行考核各员依照毕业成绩，先后分派至各县，办理度量衡检定事务。民国21年10月，浙江举办第二期三等检定员训练班，招录备取学生 43 人。10 月 25 日开学，至 12 月 24 日训练期满，经考试及格准予毕业的共 31 人，分别派往各地办理度量衡检定事宜。民国 22 年 2—5 月，浙江派员参加全国度量衡局度量衡检定人员养成所举办的第五期培训班，有一等检定员 1 人、二等检定员 1 人。此后，随着全省度量衡划一工作逐步完成，度量衡检定人员资质培训考核不再进行。

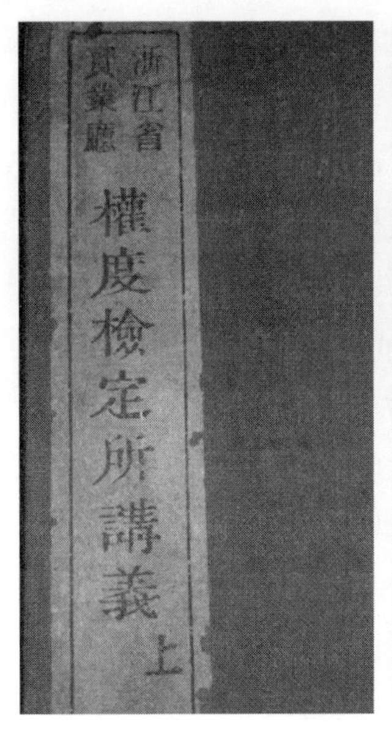

图 35-8-1-1　民国时期，浙江度量衡检定人员使用的培训教材（省质监局档案室提供）

20 世纪 50—70 年代，全省计量检定机构几经撤并，计量检定人员资质培训考核工作一直没有开展。1980 年 5 月 13 日，省标准计量管理局印发《计量人员技术考核计划》和《关于技术考核力量组织意见》，对市（地）、县计量管理部门、省级有关厅局计量机构和厂矿企业计量室计量人员的计量考核项目、考核工作分工、考核时间安排、考核办法等进行明确。6 月 5 日，省标准计量管理局确定计量检定人员考核科目、考核复习范围和各科目考核地点。9 月 2 日，省标准计量管理局对县计量管理部门和企事业单位计量人员的考核项目、考核内容、考核对象和报名问题等进行规定。12 月 29 日，省标准计量管理局印发《关于颁发〈浙江省计量技术考核证书〉的通知》，对《浙江省计量技术考核证书》的颁发对象、颁发条件等进行规定。至年底，全省共有 889 人通过计量技术理论考核。1985 年 7 月 31 日，省标准计量管理局公布浙江省计量检定人员技术考核委员会及所属办公室组成人员名单。8 月 12 日，省标准计量管理局印发《浙江省计量检定人员考核发证实施办法（试行）》，并要求各市（地）标准计量部门成立本市（地）计量检定人员考核领导小组。1986 年，全省标准计量部门为工矿企业培训计量人员 7360 余人次，并对包括企事业单位在内的 3149 名计量检定人员进行考核发证。1987 年，全省报名参加理论考试的计量检定人员逾 5000 人次，经实际操作考试合格的计量检定人员有 2200 余人次。

1988 年 12 月 20—21 日，全省计量检定人员考核工作会议在嘉兴召开，明确浙江省计量检定人员技术考核委员会负责全省计量检定人员考核工作的综合协调和监督检查，市（地）计量行政管理部门负责本地区市（地）、县级法定计量检定机构和授权单位的计量检定人员考核发证，省级厅、局、总公司负责本系统企事业单位计量检定人员的考核发证。1989 年，根据国家技监局要求，省标准计量管理局组织对全省计量监督员和国家法定计量检定机构的计量检定员进行复核换证工作。同时，组织 1500 余名计量检定人员参加全国计量检定人员统考。1990 年 4 月 28 日，省标准计量管理局印发《浙江省计量检定人员技术考核发证实施办法》。9 月 22 日，省标准计量管理局设立计量检定人员考核办公室（以下简称考核办），负责全省计量检定人员考核的组织领导和协调工作，浙江省计量检定人员技术考核委员会同时撤销。同年，省标准计量管理局组织开展工作压力表、机械衡器、三大量具、水表等12个计量检定项目的培训考核，有1200人次参加。1991年7月，全省计量检定人员考核工作会议决定，企事业单位计量检定人员考核发证，原则上由其省级行政主管部门负责；按规定由国务院有关主管部门或华东大区上级单位授权考核发证的专用计量器具项目，由省各有关行政主管部门报考核办备案；全省各计量器具生产厂的计量检定人员，由市（地）以上计量行政管理部门负责考核，省级主管部门负责发证。

1995年2月25日，考核办决定在11个市（地）标准计量（技术监督）部门设立计量检定人员考核点，并明确了11个市（地）所承担的考核项目。同时规定，各考核点可在规定的考核项目范围内，组织辖区内企事业单位的计量检定人员培训考核，也可通过考核办协调组织全省计量检定人员培训考核；经培训，理论、操作考核合格的，由组织考核的市（地）考核办公室把成绩汇总上报考核办；计量器具生产厂和委托考核办考核发证的企业检定人员由考核办直接发证，其他企业检定人员由其省级主管厅、局、总公司办理发证。1998年2月6日，省技监局调整考核办组成人员。至2003年底，全省取得计量检定员证的计量检定人员有8124人。其中，国家法定计量检定机构的计量检定人员958人，依法授权的计量检定机构的计量检定人员1025人，企事业单位的计量检定人员6141人。2005年6月23日，省质监局调整考核办组成人员，办公室设在省计量协会。截至2010年底，全省取得计量检定员证的计量检定人员有9252人。其中，国家法定计量检定机构的计量检定人员1633人，依法授权的计量检定机构的计量检定人员696人，企事业单位的计量检定人员6923人。

（二）计量专业知识培训

1960年2—3月，省科委举办计量干部训练班，专区、市、县科委及计量所、工厂的人员学习了天平、砝码、游标卡尺、分厘卡等10余种量具的计量原理、检定和维护保养知识。1961年，省标准计量管理处在杭州举办热工、电学计量训练班，128名来自各级计量管理部门及部分工厂的计量人员参加培训。同年，省标准计量管理处在宁波、温州等地举办长度等计量训练班。至年底，全省标准计量部门共举办14期计量训练班，培训长度、热工、力学、电工等方面的计量技术人员。1962年，省标准计量管理处举办长度、电学、测力、热工、度量衡等计量训练班5期，培训计量技术人员250人。宁波市计量检定所也配合有关部门举办长度、电学等计量训练班5期，培训计量技术人员200余名。1963年，省标准计量管理处举办长度、力学培训班2期，为计量管理部门、大专院校、大中型厂矿企业、科研单位培训计量技术人员75名。

1972—1973年，全省标准计量部门共举办各类计量训练班20期，培训计量技术人员900余人。1974年，省科技局计量所举办电表检定装置辅助设备维修等培训班4期，共培训计量技术人员207人。1975年，省科技局标准计量所举办信号源、天平、精测、压力等培训班。1979年，省标准计量管理局举办由市（地）及部分县计量所负责人参加的业务学习班，30余人参加。同年，省计量检定所举办天平砝码、测力硬度、血压计和自准直仪等计量培训班5期，231人参加。至1979年底，全省标准计量部门共为厂矿企业培训量修、压力、电表、密度计等方面的计量技术人员2000余人。1980年以后，全省计量专业知识培训工作由省标准计量管理局委托省计量测试学会开展（详见第十章第二节）。

四、特种设备专业人员培训考核

1953年，杭州、宁波劳动部门开展司炉人员培训工作。至1957年底，共举办5期培训班，参加培训的司炉人员有208人。经考试合格后，发给安全操作合格证。1959年3月，省劳动局编印《蒸汽锅炉司炉学习讲义》，作为各地司炉人员培训教材。6—8月，省劳动局协助宁波、温州劳动部门开展司炉人员培训工作，共培训司炉人员257人。1960年10—11月，省劳动局、省轻工业厅联合举办2期锅炉检验人员培训班，110名来自全省各级劳动部门和有关企业从事锅炉安全工作的人员参加培训。培训人员学习了锅炉结构、锅炉检验、锅炉受压元件强度计算等锅炉专业知识，基本掌握锅炉检验技术。至1963年，全省劳动部门共举办30余期司炉人员培训班，培训司炉人员1200余人。“文化大革命”期间，锅炉专业人员培训工作受到冲击。

1978年，全省劳动部门开始恢复司炉人员培训工作。1979年，省革委会印发浙革〔1979〕116号文件，要求在1979—1980年，对现有正式司炉人员普遍轮训一次，经考试合格的司炉人员，由劳动部门发给安全操作证。从1981年起，无操作证者，不得独立操作锅炉。至1979年底，全省劳动部门共举办31期司炉人员培训班，约1500人参加。同年，各地劳动部门还举办多期水质化验人员培训考核班。1980年2—3月，省劳动局、省总工会联合举办全省锅炉司炉师资训练班，参加人员除部分是劳动部门和省总工会的人员外，大部分是企业的工程技术人员或工作满5年以上有实际经验的司炉人员。3月，省劳动局印发《关于做好司炉培训发证和锅炉登记建档工作的通知》，对司炉人员轮训的师资、方法、教材、教学大纲、考核、发证等作出具体规定。至1980年底，全省劳动部门累计培训锅炉司炉人员1万余人。1981年2月，省经委、省计委、省劳动局印发《浙江省工业锅炉管理暂行规定》，要求各级主管部门对本系统的司炉工、水质化验人员分期分批进行技术培训，并会同当地劳动部门进行培训考核，合格后由当地劳动部门发给操作许可证。至1981年底，经培训考核，全省取得水质化验操作证的人员有500余人。1982年3月，省经委、省劳动局印发《关于我省锅炉水处理情况和今后意见的通知》，要求各主管部门和使用单位对水质化验人员进行一次轮训，经考核合格者，由地市以上劳动部门发给水处理操作证。同时规定，从1983年起，凡没有领到操作证的化验人员，一律不得承担水质化验工作。同年，全省劳动部门共培训水质化验人员1213人，有1196人取得水处理操作证。

1983年5月，省劳动局成立浙江省锅炉压力容器无损检测人员资格鉴定考核委员会（以下简称考委会），负责全省Ⅱ级无损检测人员的资格鉴定培训考核。5—6月，省劳动局举办第一期锅炉压力容器Ⅱ级射线检测人员培训考核班，历时40天，讲解锅炉压力容器的基本知识和无损检测基本原理。学员们还进行实际操作训练，熟悉和掌握了无损检测的操作步骤、方法，评判的标准，暗室处理的有关事项和散射线遮蔽等业务知识。在参加学习的73人中，理论考试和实际操作考核均合格的有60人，取得由考委会签发的资格证书。8—9月，省劳动局在宁波奉化举办全省锅炉压力容器技术报告会，来自全省劳动人事部门和浙江省石油化工设计院、杭州锅炉厂、宁波化机一厂等单位的13名高级工程师、工程师讲授锅炉受压元件强度计算、锅炉检验、锅炉热工测试、锅炉水质处理、锅炉压力容器制造工艺、无损探伤等专业知识。同年，省劳动局举办水质化验人员培训班49期，培训2647人，有2598人取得水处理操作证。至1983年底，全省劳动部门累计举办司炉人员培训班297期，培训考核司炉人员17313人，16287人经考核合格取得操作许可证。另有1570名焊工经培训考核取得操作人员证书。

1984年上半年，省劳动人事厅组织举办2期锅炉压力容器检验人员培训考核班。至1987年底，全省劳动部门先后举办锅炉压力容器检验员培训考核班8期，培训检验人员518人。1988年12月，省劳动人事厅成立浙江省锅炉压力容器检验员资格鉴定考核委员会，负责全省锅炉压力容器检验员的资格鉴定考核工作。同年，省劳动人事厅举办20余期检验员培训班、考核班、复考班。培训内容有流体力学、传热学、燃烧学、金属材料、焊接、强度计算、制造质量控制与检验、安装检验、在用设备检验与缺陷处理、国内外锅炉压力容器发展动态、ISO9000质量体系、国内外锅炉压力容器检验规程等。1996年10—11月，省劳动厅在余杭市临平镇举办2期锅炉压力容器安全监察员知识更新培训考核班，200人参加培训和考试。

2002年2月，省质监局印发《浙江省特种设备作业人员安全技术培训机构管理办法》。8月，经考核，省质监局批准同意省特种设备检验中心、杭州市特种设备检测中心、宁波市特种设备监督检验所、温州市特种设备安全监测站、台州市特种设备检测中心、嘉兴市劳动安全卫生检测站、湖州市特种设备监督检验所、金华市劳动安全卫生检测站、绍兴市特种设备检测院、丽水市特种设备检验中心、舟山市劳动安全卫生检测站、衢州市方圆科技服务中心为特种设备作业人员安全技术培训机构。同年，省质监局、省旅游局组织对游乐设施的操作人员、管理人员进行安全知识培训，543名游乐设施操作人员和106名管理人员通过上岗培训。2004年7月，省质监局印发《关于加强全省特种设备作业人员培训考核工作的通知》，要求加强全省特种设备作业人员培训考核工作，确保培训考核质量。同年，省质监局印发《浙江省特种设备作业人员培训考核大纲(试行)》，建立统一的特种设备作业人员考试题库。2007年，省质监局组织开展企业特种设备安全管理万人培训工程。至年底，共培训特种设备企业负责人和安全管理员3.4万人次，其中企业负责人1万余人次。2008年，全省质监部门继续开展企业特种设备安全管理万人培训工程，加强特种设备安全监察员培训考核，全年共培训企业负责人和管理人员1.9万人次。2009—2010年，全省质监部门实施企业特种设备安全管理万人培训工程，累计培训特种设备企业负责人和管理人员3.9万人次。

截至2010年底，全省共有经过培训持证的特种设备焊接人员11418人、电梯作业人员18068人、起重机械作业人员75880人、客运索道作业人员94人、大型游乐设施作业人员1053人、场(厂)内机动车辆作业人员27972人。

五、继续教育

质量技术监督继续教育主要是通过举办学历教育班、函授班、培训班、轮训班等，帮助质监系统干部职工提高计量、标准化、质量管理、特种设备、法律等方面的理论水平和专业技能。

（一）学历教育

1985年，省劳动人事厅委托浙江工学院举办锅炉压力容器安全技术管理干部专修班，学制2年。招生对象主要是劳动部门和锅炉压力容器检验所在职人员。由于生源不足，随即扩大到省内外从事锅炉压力容器设计、制造、安装、使用、修理、改造等有关企业。招生方法主要通过全省成人高校统一招生考试。1986—1988年，省劳动人事厅又举办3期锅炉压力容器安全技术管理干部专修班。4期共计培训学员159人。1989年，省标准计量管理局开始委托中国计量学院开办大专（计量测试技术与管理）专业证书班，学制一年半。1994年，省标准计量管理局委托中国计量学院开办技术监督管理专业中专函授班。1995年，省标准计量管理局委托杭州大学举办学制2年的大专（法律）专业证书班，来自省、市（地）、县标准计量（技术监督）部门的62名干部职工参加学习。1996年，省技监局继续委托杭州大学举办大专（法律）专业证书班，80名技监部门干部职工参加学习。同年，浙江省技术监督干部培训中心（以下简称省技术监督干部培训中心）与四川省技术监督学校联合举办“技术监督管理”中专函授班，学制3年。1997年，省技术监督干部培训中心与中国计量学院联合举办大专专业证书班，包括计量、质量、标准化专业和法律专业，学制一年半。

1998年，省劳动厅委托浙江大学举办机械制造工程及自动化（机电一体化）专业研究生课程进修班，50余名来自特种设备监察检验与生产使用一线的专业人员参加学习。1999年，省技术监督干部培训中心举办大专（标准、计量与质量管理）专业证书班、工商管理（质量管理工程）专升本学历教育班等培训班。2001—2004年，省质监局每年印发年度教育培训计划，并由浙江省质量技术监督干部培训中心（以下简称省质量技术监督干部培训中心）举办大专（标准、计量与质量管理）专业证书班、工商管理（质量管理工程）专升本学历教育班等培训班。2005年5月，省质监局与中国计量学院、河北工业大学联合举办领导干部工程硕士研究生班，全省质监系统有20名干部职工通过考试参加研究生班的学习。2007年3月，省质监局印发《关于印发2007年度教育培训工作计划的通知》，鼓励和支持干部职工参加在职学历学位教育，并要求把教育培训工作纳入本单位工作的总体规划，列入重要议事日程。2009年7月，省质监局《关于印发2009年度系统干部教育培训工作方案的通知》，鼓励干部职工参加以公共管理硕士（MPA）、工商管理硕士（MBA）为重点的在职教育；鼓励干部职工到国内相关高校攻读硕士以上学位，并对参加在职学历教育的经费、学习时间等方面予以政策支持。2010年，省质量技术监督干部培训中心与河北工业大学合作举办在职研究生班，学制一年半。

（二）短期培训

1981年，天台、仙居、岱山等地建立县级标准计量行政管理机构，一些地方标准计量部门的领导干部也进行调整。为提高各地标准计量部门领导的业务水平，省标准计量管理局举办为期40天的学习班，对市（地）、县计量部门的领导干部进行培训，系统讲解有关标准计量方面的知识和管理要求。1990年，省标准计量管理局组织举办3期县级局局长培训班，共有78

人学习了标准、计量、质量监督方面的理论知识，取得岗位培训合格证书。1997 年 3 月，省技监局组织举办县(市)技监局局长上岗培训班。

2001 年 6—8 月，省质监局举办 2 期市县质监局局长岗位培训班，每期半个月，共培训市县质监局局长 90 名。2002 年，省质监局举办 4 期市县质监局局长岗位培训班，每期半个月，共培训市县质监局局长 150 余名。2004 年 11 月 2—7 日，省质监局、省委组织部联合举办第 1 期副县(市、区)长质量监督专题研讨班。2005 年 6 月 20 日至 7 月 4 日，省质监局举办 3 期以执政能力建设、公共管理、依法行政为主要学习内容的领导干部学习班，全省质监系统 128 名处级领导干部参加学习。2006 年 7 月 3—5 日，省委组织部会同省质监局举办质量技术监督管理研究班，11 个市分管质监工作的市政府副秘书长、45 名分管质监工作的副县(市、区)长及各市质监局局长、省质监局直属各单位主要负责人参加学习。7 月 10—15 日，省质监局在省委党校举办全省质监系统市县局“一把手”行政能力建设培训班，104 名市县质监局主要负责人参加培训。7—9 月，省质量技术监督稽查总队在武警杭州指挥学院举办 5 期全省质监系统稽查人员知识更新培训班，487 名质监稽查人员参加培训。

2007 年 6 月中旬，省质监局与清华大学联合举办现代管理理论高级研讨班，省质监局机关处室、市级质监部门及省质监局直属单位的主要负责人共 51 人参加学习。培训内容包括宏观管理、执政能力、文化修养等。2009 年 6 月—7 月，省质监局在省委党校举办 2 期全省质监系统行政执法培训班，各市、县(市、区)质监部门的分管领导、法制及稽查业务骨干参加培训。培训内容涉及依法行政、质监法治建设、行政管理、说理式执法、危机干预、职务犯罪分析等。10—11 月，省质监局与北京大学联合举办领导干部管理创新研修班，省质监局机关处室、市级质监部门及省局直属单位的主要负责人参加学习。2010 年 5 月，省质监局在省委党校举办政工管理干部培训班，11 个市级质监部门机关党委书记、省质监局机关及省局直属单位支部书记、部分党务工作者共 46 人参加培训。培训内容有政工基本理论、宏观经济、综合素养等。10 月，省质监局与武汉大学联合举办质量发展战略高级研修班，省质监局机关处室、市级质监部门及省局直属单位的业务骨干共 52 人参加学习。培训内容有现代管理技术、宏观质量管理、质量文化体系、国内外质量管理发展比较等。

六、质量专业技术人员职业资格培训

2001 年 4 月 19 日，浙江省人事厅(以下简称省人事厅)、省质监局转发人事部、国家质监局《关于印发〈质量专业技术人员职业资格考试暂行规定〉和〈质量专业人员职业资格考试实施办法〉的通知》，明确省人事厅负责全省质量专业技术人员职业资格考试的组织实施、检查监督及考试结果公布和发证等工作，省质监局负责考试大纲和教材的发行，考试前培训及考试人员资格证书的定期登记工作。6 月 9 日，全国质量专业技术人员职业资格考试统一开考，浙江参考人数有 2000 余人。同年，省质量技术监督干部培训中心开始举办质量专业技术人员职业资格考前培训班。

2003 年 5 月，国家质检总局印发《质量专业技术人员职业资格注册登记管理暂行办法》，规定取得质量专业职业资格人员应按规定接受继续教育。同年，省质量技术监督干部培训中

心作为浙江省内唯一的质量专业技术人员职业资格注册机构，开始对全省质量专业技术职业资格人员进行注册管理，并开展相应的继续教育培训工作。继续教育培训采取自学和培训相结合的方式，培训内容包括质量专业新理论、新知识、新方法，国家有关质量方面的政策法规，WTO/TBT 有关技术规范等。2005 年 1 月，省质量技术监督干部培训中心印发《关于质量专业技术人员继续教育工作的实施意见》，明确质量专业技术人员继续教育实行学分制。3 月，省质量技术监督干部培训中心举办质量专业技术人员继续教育必修项目和选修项目培训班，培训对象是 2001 年、2002 年取得中级资格的质量专业技术人员。必修项目培训内容是供应商质量控制、顾客关系管理和质量改进，选修项目培训内容是六西格玛管理导入。2008 年，省质量技术监督干部培训中心举办质量专业技术人员职业资格考前培训班 4 期，135 人参加。2009 年，省质量技术监督干部培训中心继续开展质量专业技术人员职业资格考前培训和继续教育培训工作，参加考前培训的人员有 116 人，考试合格率为 70%，高出全国统考合格率 30 个百分点以上。2010 年，省质量技术监督干部培训中心共举办 4 期质量专业技术人员职业资格考前培训班，147 人参加，107 人通过考试，考试合格率为 73%。

七、相关职业技能培训鉴定

职业技能鉴定制度是在 1983 年劳动人事部颁布的《工人技术考核暂行条例》基础上，随着劳动制度的改革，逐步建立和发展起来的。1995 年，国家实行职业技能鉴定制度，全省技术监督相关专业职业技能的培训、鉴定工作随之逐步开展起来。2002 年初，省质量技术监督干部培训中心开始职业鉴定机构申报工作，编制了化学检验工等 11 个工种的教学大纲和教学计划，并与省内有关技术机构合作建立了实际操作考试鉴定基地。同时，聘请 30 余名检验、检定方面的专家作为兼职教师，开展质监相关专业职业鉴定的准备工作。12 月，浙江省劳动和社会保障厅(以下简称省劳动和社会保障厅)批准省质量技术监督干部培训中心设立浙江省质量技术监督国家职业技能鉴定所(以下简称省质量技术监督国家职业技能鉴定所)，职业鉴定的范围为化学检验工、食品检验工、纺织纤维检验工、衡器计量检定工、衡器操作工、产品可靠性能检验工、产品安全性能检验工，鉴定等级有初级、中级和高级。

2003 年，省质量技术监督国家职业技能鉴定所以食品检验工、化学检验工为主在杭州举办多批次的职业技能培训，并在实践中不断完善培训制度、培训流程、教学大纲、教学计划、教学模式。2004 年，经批准，省质量技术监督国家职业技能鉴定所增加眼镜验光员、眼镜定配工职业技能鉴定项目。2005 年起，省质量技术监督国家职业技能鉴定所改变以自主招生为主的模式，采用与各相关机构合作开展职业技能鉴定的方式，扩大了质监职业技能培训的影响面，培训内容有化学检验工、食品检验工、纺织纤维检验工、衡器计量检定工、衡器操作工、产品可靠性能检验工、产品安全性能检验工 7 个工种。截至 2010 年底，全省共有 1.9 万人参加质监相关专业的职业技术培训和鉴定。

第二节　科技活动

质量技术监督科技活动主要围绕计量、标准、检验检测、认证认可等领域的研究、开发、创新及应用而展开，具体包括检验检测技术研究与开发，检测原理和方法研究，检测结果诊断分析研究，计量器具及专用检测设备研究与开发，应对国外技术性贸易壁垒研究，国家、行业、地方标准及计量检定规程制(修)订，质量技术监督软课题研究，科技成果转化推广应用，国内外科技交流合作及信息化建设等。20世纪60年代，标准计量部门围绕计量标准的建设和计量检定测试工作开展科技活动。70年代末80年代初，计量科技活动取得了一批重要成果，科技管理工作也得到进一步加强。进入21世纪，全省质监部门科技活动日益深入，多项成果获国家质检总局"科技兴检奖"和"浙江省科技进步奖"。至2010年底，全省质监系统基本形成从科研项目申报、评审、立项到成果鉴定验收及推广应用的管理体系。同时，建立了较为完善的质监信息化网络体系，构建起多元化的科研合作与交流机制，搭建了多个科技创新公共服务平台，推动了质监科技水平的不断提高。

一、科技项目管理

科技项目管理是指质监部门对科技项目的申报、评审、立项、实施、验收、成果鉴定及奖励、推广应用的全过程管理。

(一)管理机制

20世纪60—70年代，全省标准计量部门围绕计量标准的建立、计量检定、计量器具的修理和技术测试、企业标准的制(修)订等开展相关科研活动。科研管理工作主要由省科委相关处室负责。1984年，省标准计量管理局工业计量处负责组织与管理计量科研工作，综合计划处负责编制全省标准计量部门的科研、基建、技改计划。1985年2月1日，省标准计量管理局印发《关于加强科技管理工作若干规定》，对科技项目的申报和审批，项目的实施和检查，项目经费的使用，项目成果的鉴定、奖励、转让等进行规定。同时明确，省标准计量管理局总工程师办公室负责对科技申报项目的技术审查，综合计划处负责科技项目的平衡和计划制订。1986年11月，省标准计量管理局印发《关于对专利职务发明创造的发明人或者设计人的奖励暂行办法》，明确专利权被授予后，专利权的持有单位对发明人或者设计人发给奖金，标准为：1项发明专利的奖金不低于300元，1项实用新型专利或者外观设计的奖金不低于75元；专利权的持有单位在专利权有效期限内，实施发明创造专利后，每年应当从实施发明或实用新型所得到的利润纳税后提取0.1%，或从实施外观设计专利所得利润纳税后提取0.05%作为报酬发给发明人或者设计人，或参照上述比例，发给发明人或者设计人一次性报酬。1987年12月5日，省标准计量管理局印发《科技档案工作实施细则(试行)》《科技档案管理制度》和《科技档案借阅利用制度》，加强对科技档案的规范管理。

1990年12月,省标准计量管理局设科学技术处,专门负责科技项目的管理。1992年10月20日,省标准计量管理局印发《浙江省标准计量局科技成果奖励办法》,对科技成果奖励范围、等级划分和奖金、评定等级标准、申报条件、申报程序等进行明确。同时建立以专家为主的科技进步评审委员会,负责科技项目成果评审工作。1996年5月,省技监局设计划科技处,负责全省技监系统科技发展的规划。同时印发《浙江省技术监督科技进步奖励办法》,对科技进步奖评定内容、奖金分配等进行规定,明确"浙江省技术监督科技进步奖"每年评定1次,奖励分一、二、三、四等奖。9月28日,省技监局印发《关于加强科研经费管理的意见》,明确科研经费采取有偿使用,按比例归还的方法,归还比例为70%,归还期为项目合同规定完成时间后1年。科研经费下达前,省技监局与项目承担单位签订科研项目合同书,项目要求、进度、经费使用、归还期限由合同规定,按合同执行。科研经费回收后,作为科技发展专项基金。

2000年7月3日,省质监局设规划财务处,负责编制和组织实施全省质监科技发展的规划、计划等。2005年12月28日,省质监局印发《浙江省质量技术监督系统科研计划项目管理办法(试行)》(以下简称《办法》),对科研项目立项、经费管理、实施和验收、科技奖励等进一步加以规范。《办法》明确,科研项目立项采取省质监局科技委专家委员会评审的方式进行;重大科研候选项目采取专家会议评审以及现场评审的方式进行立项评审;对重大科研课题在全省质监系统组织实施公开招投标,以增强科研项目管理的公正性和透明度。同年,省质监局设立"浙江省质量技术监督科技兴检奖",每两年组织评定一次。2006年9月8日,省财政厅、省质监局印发《浙江省质量技术监督系统科研经费管理暂行办法》,对科研经费的来源和使用方向、预算管理、支出管理、监督与检查等作出具体规定。2007年5月23日,省质监局印发《全省质量技术监督系统"十一五"科技发展规划》,对全省质监系统"十一五"科技工作进行规划,对科研项目的科学管理提出具体要求。

2009年,省质监局设科技处,负责管理全省质监系统科技工作,负责编制和组织实施全省质量技术监督科技发展的规划、计划;提出质监系统技术机构建设规划、计划和科研经费年度计划方案并监督执行;负责管理技术开发、成果推广、科研项目、信息服务、发明、专利、科技成果评审和奖励等工作;负责编制全省质监系统信息化建设规划、计划并组织实施;组织开展国内外技术合作、学术交流活动。截至2010年底,全省质监系统已建立以省、市质监部门科技工作管理处室为职能部门,以省质监局科技委专家委员会和各级技术机构科技委为科研项目评估决策机构的科研工作机制和以《浙江省质量技术监督系统科研计划项目管理办法(试行)》等一系列科研项目管理制度为主要内容的科研项目管理体系。

(二)科研项目立项

全省质监系统科研项目的立项实行专家评审与行政决策相结合的审批制度,一般包括组织申报、项目申请、专家评审、行政批准、签订合同5个基本环节。

1972年,"BD-1型高频电压标准校验装置"项目列入国家标准计量局科研项目计划。1981年9月9日,省财政厅、省标准计量管理局对"黏度计量检定恒温槽""电涡流式薄膜真空微压计”“无外壳传感器”等科研项目予以立项。1982年，省计量检定所的“电涡流式薄膜真空微压计”、省标准计量管理局传感器技术研究室的“桥式传感器”和“静力触探传感器”获省财政科研经费立项支持。1986年，省标准计量管理局直属事业单位共有8项科研项目列入科研项目计划，有4项完成计划进度。1990年11月16日，省标准计量管理局批准同意将省计量测试技术研究所申报的“高精度数字温度计”“交流电度表校验台改造”项目列入省标准计量管理局科研项目计划，每个项目由省标准计量管理局安排科研经费1万元，实行有偿使用。

1991年11月26日，省标准计量管理局批准同意将省计量测试技术研究所申报的“单氢火焰检测器气相色谱仪”“电子电压表综合检定装置”，省产品质量监督检验所申报的“电动工具耐久性试验自动控制装置”“AQ1电气安全性能检测装置”，省传感器电子称重研究所申报的“高精度轮重传感器”等项目列入省标准计量管理局科研项目计划，项目补助经费共7万元。1996年11月，“SQJ型数字测温电桥”“多用途老化试验箱”“电冰箱综合性能自动测试装置”“摩托车头盔测试装置”“数字式扭矩扳手”项目列入省技监局科研项目计划。1997年8月26日，省技术监督检测研究院的“微机控制电机特性自动测试系统项目”列入国家技监局科研项目计划。至1997年底，全省技监系统共有27项科研项目获批立项，投入资金64万元。其中，国家级项目3项，省级项目3项，市县级项目21项。1998年4月21日，省技监局确定1998年省技监局科研项目计划，浙江省称重技术研究所(以下简称省称重技术研究所)申报的“高温称重传感器制作工艺研究”等7项科研项目获批立项。6月1日，省技监局下达1998年第二批科研计划，省技术监督检测研究院申报的“电容薄膜真空计”等4项科研项目获准立项。1999年2月，省技监局组织科研项目申报工作。5月19日，省技监局下达1999年省技监局科研项目计划，“大吨位自定位式称重传感器”“500kN静重力式标准机技术改造”“精密可变衰减器”“时间继电器检测装置”“技术监督检测业务计算机管理系统”“防盗IC卡智能水表”“智能水表现场检定仪”“智能电磁流量计”“省技监局计算机管理信息系统”“浙江省组织机构代码证集成电路(IC卡)电子副本实施系统”等科研项目获准立项。

2000年6月23日，省质监局下达2000年科研计划，省物品编码中心申报的“条码标板(宽度标准器)研制”“计算机在条码检测工作中的应用”，省衡器管理所申报的“浙江省衡器行业多媒体信息管理系统”“全省定量包装生产企业的现状和对策”“300kN拉力测试台测控系统”，省技术监督检测研究院申报的“酱油、食醋掺杂鉴别系统”“黄酒的计算机勾兑”“淡水养殖珍珠质量评价及实物分级标样的研制”，浙江省技术监督情报研究所(以下简称省技术监督情报研究所)申报的“浙江省标准化管理系统”等科研项目获批立项。2001年12月17日，省纤维检验所申报的“环保新型再生纤维素纤维(天丝)与粘胶纤维的含量分析”，省质量技术监督检测研究院申报的“镜片表面耐磨性能试验装置”，省称重技术研究所申报的“预应力智能化检测分析系统”“传感器智能化变换器及其远程通信”等10个项目列入2001年全省质监系统科研项目省级专项经费补助计划。

2005年3月，按照国家质检总局要求，省质监局向科技部申报6项质检科研项目。9月19日，省质监局开始组织申报2005年度全省质监系统科研计划项目。同时要求申报的项目应具有技术水平先进性和成果可转化性，具有良好的应用前景，能够取得较好的经济效益和社会效益。11月22日，“食品微生物安全性风险预警和控制技术研究”等28个项目列入2005年全省质监系统科研项目计划及科研专项经费补助计划。2006年2月，省质监局组织2006年度全省质监系统科研计划项目申报工作。5月，在各单位申报的基础上，经省质监局初审，确定了一批重大科研候选项目，并采取专家会议评审的方式进行了立项评审。8月，在专家评审的基础上，确定2006年全省质监系统科研计划项目，共44项，分为重大科研计划项目和一般科研计划项目，科研总经费为1996.4万元，其中，安排省级科研专项补助374万元，承担单位自筹配套1622.4万元。同月，按照国家标准委《关于申报国家标准化科研计划项目的通知》要求，省质监局组织省内相关行业协会、企业、科研院校等单位进行标准化科研项目的申报。在各有关单位申报的基础上，经筛选汇总，将13个标准化科研计划项目上报国家标准委。12月，省质监局组织对“液态食品用包装塑料的安全性及有毒有害物质分析与检测技术研究项目”进行公开招标，招标对象为全省质监系统。

2007年1月，省质监局组织开展2007年度全省质监系统科研计划项目立项申报工作，并要求省级技术机构、国家质检中心切实发挥科技创新的龙头作用，在确定年度科研投入计划时，进一步突出重点，开展质监科技关键技术的超前研究和前沿性基础技术研究，积极申报国家级科研项目或省(部)级重大科研项目，努力提升质监科研的层次和水平。9月，省质监局组织对2007年度重大科研课题进行公开招标。招标课题的研究方向为“污水流量计量测试技术研究”，该课题研究主要包括以下领域：污水流量计量测试新技术研究、新型污水流量计研制、污水流量在线监控系统研究、其他关于污水流量计量测试方面亟须研究的课题。招标对象为全省质监系统。2008年1月，省质监局组织2008年度全省质监系统科研计划项目立项申报工作。5月，省质监局在全省质监系统内组织开展特种设备检验领域科研项目公开招标，招标课题的研究方向为特种设备事故规律分析研究，主要课题包括“中小锅炉爆炸事故规律分析与研究”“高温高速染色机事故规律分析与研究”。5月27—28日，省质监局对列入质监系统重大科研候选项目进行专家评审。评审按照项目研究领域分机电特检、化学分析、信息电子和纺织技术4个专业分别进行。项目评审由各项目负责人分别就立项必要性、技术先进性、技术路线可行性、研究成果应用前景和经费预算合理性进行介绍，并就专家的提问进行释疑；专家根据项目负责人的介绍、释疑情况，对项目的立项必要性、技术先进性等5个方面进行评分。8月，省质监局、省财政厅下达2008年全省质监系统科研项目及专项经费补助计划，确定全省质监系统科研计划项目69项，其中，重大科研计划、一般科研计划和青年科技创新计划项目67项，自主选题公开招投标科研计划项目2项。8月20日，省质监局在组织省内相关企业、科研院所、行业协会等单位进行申报的基础上，向国家标准委推荐9项标准化公益性行业科研专项项目。11月，省质监局在全省质监系统开展定向委托科研项目的申报工作。申报项目的科研方向为玩具技术性贸易壁垒应对相关检验检测技术的研究、《关于限制全氟辛基磺酸销售及使用的指令》(即PFOS指令)应对的相关检验检测技术研究。

2009年1月9日，省质量技术监督检测研究院申报的“应对国外玩具技术性贸易壁垒中重点检验方法的研究”“皮革中PFOS酰胺类物质检测技术研究”和国家日用小商品质量监督检验中心申报的"儿童玩具中26种环境雌激素的溶出行为研究"列入省财政厅、省质监局下达的2008年度全省质监系统质检领域定向委托科研项目计划。2月，省质监局组织2009年度科研计划项目立项申报工作。5月，省质监局组织开展特种设备检验领域科研项目招标，招标课题的研究方向为特种设备质量安全分析与研究，包括电动单梁起重机质量安全分析与研究、快开门式压力容器爆炸事故规律分析与研究。9月，省质监局组织开展2010年度科研计划项目立项申报工作。2010年6月，省质监局开展国家质检总局科研计划项目和全省质监系统科研计划项目(自筹)的申报及评审工作。8月，省质监局确定列入全省质监系统自筹经费科研计划项目，共18项。10月25日，省质监局组织开展2011年度科研计划项目申报工作。同时明确，对紧密结合质监科研方向、具有良好应用前景和联合开展科研攻关的项目给予重点支持。

(三)科研成果奖励

1978年，由省科技局计量所承担研制的"SJ-76宽频带失真度仪检定装置"和"BD-1型高频电压标准校验装置"获全国科学大会科技成果奖。其中，"SJ-76宽频带失真度仪检定装置"具有宽频带、宽量程、高精度的特点，填补了国内空白，技术指标达到国际先进水平，为检定各类通用失真度测量仪的省级最高计量标准装置；"BD-1型高频电压标准校验装置"采用薄膜热变电阻作为功率敏感元件，以功率替代法实现高频电压测量，开辟了建立高频电压标准的新途径，其技术性能达到国际先进水平，为高频电压国家标准(GDY-79)的建立奠定了基础。1980年5月，省计量检定所研制的"ZDW-100型自动控温低温槽"获浙江省1979年度优秀科学技术成果二等奖。1983年3月，省计量检定所研制的"容器稳压法水流量标准装置""SB-82型失真标准装置"获浙江省1983年度优秀科学技术成果二等奖。1985年7月，由省计量检定所研制的"容器稳压法水流量标准装置"获1984年度国家计量局计量科学技术进步奖三等奖。12月，省计量测试技术研究所研制的"HB-1型电涡流式薄膜真空微压计"获浙江省1984年度优秀科学技术成果三等奖。

图35-8-2-1　20世纪80年代，省计量检定所获得的科研成果奖励证书(省质监局档案室提供)

1991年4月，省传感器电子称重研究所研制的"20吨皮带秤实物校验装置"获能源部科学技术进步奖三等奖。7月17日，省标准计量管理局印发《关于申报1991年度国家技术监督局科技进步奖有关事项的通知》，明确1991年度国家技监局科技进步奖仍按标准、计量2个行业进行评选；申报奖励项目的资料由省标准计量管理局科学技术处进行初评，评审通过的项目由省标准计量管理局统一报国家技监局并通知申报单位。1992年，省计量测试技术研究所研制的"RTS-60制冷恒温槽"获国家技监局科技进步奖四等奖。1993年12月，省计量测试技术研究所研制的“DSJ-90A 低失真度测量仪检定装置”获国家技监局科技进步奖三等奖。该装置应用集成电路技术，技术指标达到20世纪80年代中后期国际先进水平，在国内居领先水平，填补了国内0.03%～0.003%低失真检定的空白。1998年6月1日，省技监局公布1998年“浙江省技术监督科技进步奖”获奖项目，共评选出一等奖1个、二等奖4个、三等奖4个、优秀奖3个，其中省称重技术研究所研制的“高精度吊秤传感器”获一等奖。1999年3月，省技术监督检测研究院承担完成的“WE系列液压万能材料试验机微机控制系统”获1998年度“浙江省科学技术进步奖”三等奖。5月，省称重技术研究所研制的“高精度力传感器标定设备”项目获国家质监局科学技术进步奖三等奖。

2000年2月28日，省质监局组织评选2000年“浙江省质量技术监督科技进步奖”，评选范围为1997—2000年期间完成并通过鉴定的科学技术研究成果和科技开发成果。6月14日，省质监局公布2000年“浙江省质量技术监督科技进步奖”获奖项目，共13项。省技术监督检测研究院研制的“名优白酒真伪鉴别系统”获一等奖，“覆膜电极溶解氧测定仪”等4项成果获二等奖，“大尺寸工件测量系统”等7项成果获三等奖，省称重技术研究所研制的“150kg电子吊秤”获优秀奖。2001年8月1日，省质监局表彰一批全省质监系统科技先进工作者，并分别授予“全省质监系统‘九五’科技创新突出贡献奖”“全省质监系统‘九五’科技创新贡献奖”等称号。2006年8月1日，省计量科学研究院获“全国质量监督检验检疫科技兴检先进集体”称号。2007年1月，省质监局印发《关于表彰全省质监系统“十五”科技工作先进集体和先进个人的决定》，对“十五”时期，认真贯彻落实“科技兴检”和“人才强检”战略，积极投身科技事业的先进集体和先进个人进行表彰。省特种设备检验中心等7个单位或部门被授予“全省质监系统‘十五’科技工作先进集体”称号，21人被评为全省质监系统“十五”科技工作先进个人。同年，省标准化研究院承担完成的《日本〈食品中农业化学品肯定列表制度〉体系研究》项目获国家质检总局“科技兴检奖”二等奖；省质监局、中国计量学院共同承担完成的《应对技术性贸易壁垒对策研究》和省计量科学研究院自主研制的LJQ型高精度钟罩式气体流量标准装置获浙江省科技进步奖三等奖。

2009年4月，省质监局开展“浙江省质量技术监督科技兴检奖”评选工作，重点推荐在质监领域科学技术取得突破或在科学技术发展中有重要成就的项目及在科技创新、成果转化和高新技术产业化中，为质监系统创造较大社会效益或经济效益的项目。2010年5月，“蚕茧缫丝检测仪研制”“聚乙烯管道电熔接头超声检测与缺陷安全评定技术研究”“纺织品智能检测仪器(紫外线透过、甲醛含量测定)的开发与产业化”等15个项目分获国家质检总局“科技兴检奖”一、二、三等奖(详见表35-8-2-1)。6月，经专家评审，“高档皮革环保安全测试关键技术研究”等17个科研项目获浙江省质量技术监督科技兴检奖。“高档皮革环保安全测试关键技术研究”同时还获浙江省科技进步奖三等奖。同年，省计量科学研究院承担完成的“面向蒸汽管网的热能损耗在线检测技术及分析系统研制”、杭州市质量技术监督检测院承担完成的“燃油加油机快速检测方法研究与设备研制”、宁波市计量测试研究院承担完成的“基于无线传输的桥箱梁称重装置”项目获第二届浙江省计量创新奖。

表 35-8-2-1　浙江省质监系统获国家质检总局 2009 年度“科技兴检奖”一览表

序号	奖励等级	项 目 名 称	主 要 完 成 单 位
1	一等奖	蚕茧缫丝检测仪研制	中纤局、杭州纺织机械有限公司、山东省纤维检验局、湖州纤维检验所
2	二等奖	关于浙江省应对贸易技术壁垒对策的研究	中国计量学院、省质监局
3	二等奖	应对国际壁垒水产品关键检测技术研究与应用	浙江省海洋水产品质量检验中心、浙江省海洋开发研究院、舟山三和水产品检测有限公司
4	二等奖	基于模型框架在线自动校准检测技术的应用研究	中国计量学院、省计量科学研究院
5	二等奖	聚乙烯管道电熔接头超声检测与缺陷安全评定技术研究	省特种设备检验研究院、浙江大学化工机械研究所、国家质检总局特种设备安全监察局、中国特种设备检测研究院、INDE SYSTEMS CO.,LTD
6	三等奖	智能化电梯检测集成系统	省特种设备检验研究院
7	三等奖	菌落计数质控样的研制及致病菌快速检验方法评价的研究	杭州市质量技术监督检测院、杭州致远医学检验所有限公司
8	三等奖	黄酒质量与安全保障技术集成研究与开发	国家黄酒产品质量监督检验中心(绍兴市质量技术监督检测院)
9	三等奖	应对欧盟 RoHS 指令检测技术平台	浙江方圆检测集团股份有限公司
10	三等奖	纺织品智能检测仪器(紫外线透过、甲醛含量测定)的开发与产业化	浙江省纺织测试中心(杭州赞成机电科技开发中心)、杭州星谱光电科技有限公司
11	三等奖	电梯能源效率的评价与检测技术研究	中国特种设备检验协会、衢州市特种设备检验中心、西子奥的斯电梯有限公司
12	三等奖	在用含缺陷压力管道安全评估技术研究	杭州市特种设备检测院
13	三等奖	混纺产品中新型纺织纤维含量检测方法的开发	浙江省羊毛衫质量检验中心
14	三等奖	气体流量标准装置自动检定系统研究	中国计量学院、省计量科学研究院
15	三等奖	三向力传感器计量装置的研制	省计量科学研究院

资料来源:根据省质监局档案资料整理编制。

(四)科研成果应用转化

1979年,由省科技局计量所研制的宽频带失真仪检定装置交付浙江电子仪器厂批量生产。同年,省计量检定所承担完成的"ZDW-100型自动控温低温槽"项目通过省科委组织的项目鉴定,并用于一等标准水银温度计的检定。1981年,省标准计量管理局传感器技术研究室为上海市航天局801研究所研制的高精度小量程传感器成功用于同步卫星的定位(即331工程)。1987年,省计量测试技术研究所研制的CB-80恒温槽、SCC-2型自动数显柴油机测试仪被直接应用于生产,其测试功能、精度均达到国内先进水平。1989年,省计量测试技术研究所研制的RTS-30型精密低温槽,性能指标达到国内先进水平,成为低温温度计量和测试的主要设备。1997年12月,省称重技术研究所承担完成的"数字式扭矩扳手"项目通过技术成果鉴定。样机经杭州汽车发动机厂和东风汽车公司杭州客车厂等单位试用,反映良好。1998—1999年,浙江省纺织测试中心(以下简称省纺织测试中心)先后完成标准光源箱、单纱强力机电子装置的研制,并投入批量生产。1999年12月,省称重技术研究所完成"提高计价秤传感器电气性能的工艺研究"和"宽称量段称重传感器"项目。研制的装置由浙江蓝箭称重技术有限公司转化为产品投入生产。2000年12月,省称重技术研究所完成"便携式建筑预应力测试仪"研制,由浙江蓝箭称重技术有限公司转化为产品投入生产。2001年6月,省称重技术研究所完成"300kN拉力测试台测控仪"研制,由浙江蓝箭称重技术有限公司转化为产品投入生产。9月,省称重技术研究所完成"3MN二等力标准机"研制,并在检测工作中使用。同年,省纺织测试中心完成"纺织品台式耐光试验机"研制,填补国内同类检验仪器的空白,并投入批量生产。

2002年1月,省质量技术监督检测研究院完成"频标时域稳定度分析系统"研究。该项目研制的装置在检测工作中使用,直接转化为检测能力。2003年1月,省质量技术监督检测研究院完成"镜片表面耐磨性能试验装置"的研制,并用于眼镜片的表面耐磨性试验。4月,省称重技术研究所完成"VZJ预应力张拉参数监控仪"研制,由浙江蓝箭称重技术有限公司转化为产品投入生产。10月,省衡器管理所完成"轴(轮)重仪无砝码检测装置"研制,并在检测工作中使用。12月,省质量技术监督检测研究院完成"高精度温度检定箱"研制,并在检测工作中使用。2004年6月,省称重技术研究所完成"传感器智能化变换器""电梯曳引钢丝绳张力测试仪"研制,由浙江蓝箭称重技术有限公司转化为产品投入生产。11月,省称重技术研究所完成"数字式称重传感器"研制,由浙江蓝箭称重技术有限公司转化为产品投入生产。12月,省质量技术监督检测研究院完成"动态容积法水表校验装置"和"高强度大六角头螺栓连接副扭矩系数测试仪"研制,并在检测工作中使用。2005年12月,省称重技术研究所完成"高空作业车工作斗限重控制系统"研制,由浙江蓝箭称重技术有限公司转化为产品投入生产。2006年1月,省质量技术监督检测研究院完成"压力变送器自动检测系统"研制,并在检测工作中使用。5月,省质量技术监督检测研究院完成"高精度钟罩式气体流量标准装置"研制,并在检测工作中使用。11月,省计量科学研究院完成"60kN气动式标准测力机"研制,用于浙江蓝箭称重技术有限公司电子吊秤的校准。12月,浙江省阀门水暖产品质量检验中心完成"陶瓷片密封水嘴寿命试验设备"研制，用于水嘴产品寿命、冷热疲劳2个项目的检测工作。

2007年1月，省计量科学研究院完成"二维视觉测量系统"研制，并直接用于检测工作。10月，省计量科学研究院完成"水表加速磨损试验装置"研制。该装置应用于水表型式评价，并转让给2家企业。2008年2月，舟山市质量技术监督检测院完成"立式金属浮顶罐带油容积检定方法的研究与应用"研究，其成果应用于大容量立式金属罐计量检定工作，确保了贸易计量交接的准确可靠，并为企业节约了清罐成本。3月，省计量科学研究院完成"三维力传感器标定系统"研制，并应用于日常检定校准。10月，省计量科学研究院完成"基于零平衡调节原理的活塞式气体流量校准器的研制"项目。在该项目基础上，经进一步深化，先后成功研制3种标准装置，取得不同形式的推广应用，产生较好经济和社会效益。其中，基于零平衡调节原理的活塞式气体流量校准器投入使用，累计检定临界流文丘喷嘴、标准湿式气体流量计等1000余台；HS-4活塞式临界流流量计检定装置在企业投入使用，提高了企业产品检测效率，每年为企业产生直接经济效益100万元，间接经济效益800万元。11月，省特种设备检验研究院完成"智能化电梯检测集成系统"研究，并在检测工作中应用。12月，省计量科学研究院完成"基于CFD的水流量标准装置流场扰动仿真及实验研究"项目。该研究成果应用于检测机构相关领域静态水流量自动检测控制系统中，实现水流量的实时、在线、高准确度的自动检测，提高了检测效率和效果。同年，绍兴市质量技术监督检测院完成"'电子卡口'测速校准装置——激光测速仪"的研制，投入生产近百台(套)，累计销售总额350余万元，主要应用于"电子卡口"校准、机动车现场测速，为交通管理部门提供了技术支撑，避免对机动车驾驶员的误判错罚。

2009年7月，宁波市计量测试研究院完成"基于无线传输的桥箱梁称重装置"研制，并在宁波市公正计量行及上海远东国际桥梁建设有限公司使用，主要用于大型工程预制件的称重，取得经济效益40余万元。8月，杭州市质量技术监督检测院完成"燃油加油机快速检测方法研究与设备研制"项目，所研制的设备投入批量生产；省计量科学研究院完成"面向蒸汽管网的热能损耗在线检测技术及分析系统研制"项目，并开发了一套具有实时监测、诊断及主要能耗点特征分析功能的管网能耗监测系统，应用于浙江钱江热电厂低压管网能耗监测，同时利用研制完成的蒸汽实流试验装置，与绍兴县质量技术监督局合作建设蒸汽流量实验基地，为绍兴县的热电和印染行业提供技术服务。12月，省计量科学研究院完成"电波暗室内电能表射频电磁场辐射抗扰度试验机理研究及自动测试系统研制"项目，其成果用于电能表型式试验；省纺织测试中心完成"第二代纺织品防紫外线透过检测装置"研制，并投入批量生产。同年，省计量科学研究院完成"基于双时间法原理的水表检定新方法研究及双时间法水表自动检定装置研制"项目，其成果除应用于研究单位的静态水流量标准装置外，还开发成功了应用于小口径家用水表串联检定的自动检定装置，并在浙江甬岭供水设备有限公司、宁波埃美柯水表有限公司、宁波金泉仪表有限公司、江西三川水表股份有限公司等单位推广应用。研究单位同时还将该项技术应用于"标准表法气体流量标准装置""活塞式液体流量标准装置"等流量计量标准装置中，在嘉兴市计量检定测试所、宁波东海仪表水道有限公司等单位推广应用。2010 年 12 月，国家标准件产品质量监督检验中心完成“新型螺纹精密测量分析设备研制”项目，所研制的装置用于替代传统螺纹量具；绍兴市质量技术监督检测院完成“牛奶蛋白质快速检测仪的开发研究”项目，所研制的装置在检测工作中应用。

二、科技创新平台建设

2005 年 11 月，省质监局印发《关于加强全省质量技术监督系统科技创新工作的若干意见》，确定了全省质监系统科技创新工作指导思想、总体目标、主要任务和措施等，明确用 3 年时间，通过政策、规划的引导和调控，加大科技投入，加快人才建设，加强科技创新，增强质监系统技术机构整体综合实力，构建适应全省经济和社会发展需要的检验检测新体系。2006 年，省质监局先后召开全省质监系统高级技术人才科技创新工作座谈会、标准化科技创新工作座谈会，研究科技创新工作机制建立、科技创新激励政策完善等方面的问题。2007 年 1 月，省质监局召开全省质监系统技术机构科技创新能力提升视频会议，围绕优化检验检测项目布局、加快检验检测能力建设、增强科技创新能力、推进创新型队伍建设、完善技术机构改革、强化软实力建设、落实保障措施 7 个方面进行任务分解。同年，浙江省轴承产品质量监督检验中心参与浙江省新昌轴承与专用装备科技创新服务平台的建设。

2008 年 8 月 11 日，省科技厅、省财政厅、省质监局印发《关于充分发挥检验检测机构作用推进公共科技条件平台建设的通知》（以下简称《通知》），就加快推进公共检验检测机构加入公共科技条件平台提出指导意见。《通知》要求将检测测试和标准化服务作为公共创新平台的一项重要功能，在行业专业和区域科技创新服务平台规划、可行性论证和建设方案中，由全省相关国家质检中心、省级检验检测机构以及其他优质公共检验检测机构作为平台的核心成员单位，负责公共创新平台检验检测和标准化等技术服务功能的建设和运行；对已建的行业专业和区域科技创新服务平台，各级科技部门要积极引进高水平的公共检验检测机构，充分发挥其装备、信息、技术和服务优势，进一步提升公共创新平台创新服务能力。至年底，全省质监系统技术机构有 1 家参与国家发展和改革委员会（以下简称国家发改委）、商务部公共服务平台建设；有 14 家参与各类省级科技创新平台建设，占已建平台总数的 42.4%；有 10 家参与市、县级科技创新平台或科创服务中心建设；有 40 余家进入产业园区服务点。这些技术机构积极为各类创新主体提供技术标准信息、标准制（修）订指导、产品中试、质量检测、计量量值溯源、生产工艺改进、应对国际贸易技术壁垒咨询、人员培训等方面的公益技术服务。

表 35-8-2-2　　浙江省质监系统技术机构参与建设的省级科技创新平台一览表

序号	平台名称	发起或参与单位	平台性质
1	浙江省标准信息与质量安全公共科技创新服务平台	省标准化研究院	基础条件平台
2	浙江省大型科学仪器设备协作共用平台	省计量科学研究院	

续表

序号	平台名称	发起或参与单位	平台性质
3	浙江省五金科技创新服务平台	浙江省五金和电动工具产品质量检验中心	行业创新服务平台
4	浙江省海洋科技创新服务平台	舟山市质量技术监督检测院(国家海洋食品质量监督检验中心)	
5	浙江省汽车及零部件产业科技创新服务平台	省质量技术监督检测研究院/浙江方圆检测集团股份有限公司	
6	浙江省皮革行业科技创新服务平台	温州市质量技术监督检测院、省质量技术监督检测研究院/国家皮革质量监督检验中心	
7	浙江省氟硅化学品科技创新服务平台	省质量技术监督检测研究院	
8	浙江省现代纺织技术及装备创新服务平台	绍兴市质量技术监督检测院	
9	浙江省木材加工产业科技创新服务平台	省质量技术监督检测研究院	
10	浙江省桑蚕茧产业科技创新服务平台	国家茧丝绸质量监督检验中心	区域创新服务平台
11	浙江省嘉兴毛衫产业科技创新服务平台	浙江省羊毛衫质量检验中心	
12	浙江省新昌轴承与专用装备科技创新服务平台	浙江省轴承产品质量监督检验中心	
13	浙江省湖州蚕桑科技创新服务平台	浙江省第三茧质检定所	
14	浙江省温州泵阀科技创新服务平台	浙江省泵阀产品质量监督检验中心	

资料来源:根据省质监局档案资料整理编制。

说明:时间截至2008年底。

2009年2月3日,省科技厅批复同意由省标准化研究院牵头建设浙江省标准信息与质量安全公共科技创新服务平台。至6月,全省质监部门已建和在建的基础条件平台,包括科技文献资源共建共享平台、大型科学仪器设备协作共用平台、标准化技术服务平台等5个公共科技基础条件平台,同时建立了浙江省上虞绿色精细化工科技创新服务平台、浙江省新昌轴承与专用装备科技创新服务平台、浙江省温州泵阀科技创新服务平台、浙江省嘉兴毛衫产业区域科技创新服务平台、浙江省湖州蚕桑科技创新服务平台5个区域创新平台,搭建了新药创制科技服务平台、集成电路设计公共平台、现代纺织技术及装备创新平台、环保装备科技创新服务平台、五金科技创新服务平台、机械装备制造技术创新服务平台、软件产业科技创新服务平台、服装产业科技创新服务平台、汽车及零部件产业科技创新服务平台、皮革行业科技创新服务平台、氟硅化学品科技创新服务平台、海洋科技创新服务平台、木材工程技术创新服务平台、水稻种业工程技术创新服务平台、茶产业工程技术创新服务平台、竹产业工程技术创新服务平台、渔业科技创新服务平台、畜牧产业科技创新服务平台、饲料行业科技创新服务平台、桑蚕茧产业科技创新服务平台、国境安全检验检疫科技创新服务平台、工业自动化科技创新服务平台、环境保护科技创新服务平台等23个行业专业创新平台。11月24日,省政府印发《浙江省光伏等新能源推广应用与产业发展规划》,明确由省质监局牵头负责全省光伏等新能源检验检测公共技术服务平台建设。

2010年1月,省质监局印发《关于充分发挥质监职能作用推动块状产业向现代产业集群转型升级的若干意见》,要求各市质监部门发挥质监职能优势,建设一批高水平的公共技术服务平台,提高服务块状产业转型升级的技术支撑能力。4月,省科技厅批复同意省特种设备检验研究院、省计量科学研究院牵头筹建浙江省特种设备与能源环保计量行业技术创新服务平台。至5月底,全省启动建设的44个省级科技创新平台中,由质监系统技术机构参与的有26个,检验检测平台与全省约60%的省级科技创新服务平台、中小企业公共服务平台联建共用,资源集聚度和服务开放性不断提高。省特种设备检验研究院、国家标准件产品质量监督检验中心、省高低压电器产品质量检验中心等多个技术机构为主或参与建设特种设备和节能环保、标准件、低压电器、经编、珍珠、泵与电机等12个省级行业或区域重大科技创新公共服务平台。同时,全省质监系统技术机构还参与一批市县级科技创新公共服务平台、省级科技创新服务中心以及中小企业服务平台的建设,为企业提供检验检测、标准创新、质量提升等第三方技术服务。10月,由长兴县质量技术监督检测中心、长兴科技有限公司牵头的浙江省长兴绿色动力能源技术创新服务平台成立。12月6日,浙江省特种设备与能源环保计量行业技术创新服务平台启动大会暨产业联盟会议在省人民大会堂召开,副省长金德水出席会议并讲话。该平台以“产、学、研”合作为基础,以“整合、共享、服务、创新”为宗旨,以服务企业为目的,创建锅炉及工业窑炉、承压设备、无损检测技术等5个创新研究中心和锅炉、起重机械、压力管道元件、电梯试验塔(高250米)4个试验基地,并整合全省特种设备行业的科研院所、高校、骨干企业的科技和创新资源,形成人力资源、安全检测、信息网络和咨询服务4个创新服务中心,为全省特种设备企业科技创新、节能减排提供技术支撑。

据统计,“十一五”期间,全省质监系统技术机构发起组建或参加的省级重大科技创新公共服务平台共30个,其中,牵头承担6个,核心共建14个,参与10个。

三、科技交流与合作

开展科技交流与合作,是提高全省质监系统技术机构服务水平的重要途径,也是提升全省质监部门履职能力的重要保证。

20世纪60—70年代,全省标准计量部门主要通过到兄弟省、市标准计量部门或省内大型骨干企业进行参观考察的形式,交流技术,学习经验,与企业开展计量检定方面的技术合作。1981年,省标准计量管理局接待由国家标准总局邀请来杭州参观访问的美国、英国、法国、联邦德国、加拿大等国家的标准化组织领导人、专家,共8批18人。1984年,省标准计量管理局接待国际标准化组织、美国国家标准局等负责人、专家13批。1986年,省标准计量管理局派员前往美国、日本进行失真计量测试技术、企业标准化和质量监督工作考察交流活动。

同年，省标准计量管理局接待国家标准局和国家计量局邀请来杭州参观访问的美国国家标准局、新西兰标准协会、加拿大标准理事会等负责人、专家，共11批24人。1987年，省标准计量管理局接待日本规格协会代表团等3批来杭参观访问的外国专家。1988年7月18—20日，联邦德国标准化协会商务会长、标准情报中心主任赖因霍茨·维利纳一行与省标准计量情报所技术人员进行座谈交流。1991年6月，省标准计量管理局选派省传感器电子称重研究所所长赴德国参加OIML衡量检定国际研讨会。同年，省标准计量管理局接待古巴标准化委员会等国外标准计量组织的专家2批。1992年，省标准计量管理局派员参加由国家技监局组织的澳大利亚条码应用技术考察交流活动。1993年7月，省标准计量管理局组织浙江丝绸科学研究院、浙江省第一茧质检定所等单位赴日本学习交流茧丝检定技术和管理经验。10月，应国际模型与仿真技术发展协会（AMSE）邀请，省技术监督检测研究院派员赴美国参加学术会议，并作了题为《流化床内粒子大小的测量模型》的学术报告。1996年，经省政府同意，省技监局组团赴美进行科技、质量考察交流活动。

1997年，省技术监督检测研究院与华立集团股份有限公司合作，共同筹建浙江省电能计量测试中心，并利用杭州溴化锂制冷机厂资金建立了溴化锂制冷机检测实验室；与杭州华元计算机系统工程有限公司合作，利用其美国FLUCK网络测试设备开展对新建智能大楼的PDS布线及网络测试。同年，省技术监督检测研究院派员参加在法国召开的国际计量大会和在美国召开的国际环保研讨会。1998年6月10日，省技监局与俄罗斯罗斯托夫标准计量认证中心签订《关于浙江省技术监督局、罗斯托夫标准计量认证中心在标准化、计量、质量、认证和节能领域的合作意向纪要》。9月，省技监局派代表参加国家质监局赴俄罗斯标准化计量和认证交流考察团。在俄罗斯期间，省技监局与俄罗斯罗斯托夫标准计量认证中心签订具体的合作协议。

2000年，省质监局先后派员赴德国菲斯曼锅炉集团和韩国、法国、意大利、日本等国的锅炉压力容器制造企业进行产品监造和考察，并组团赴美国Fulton公司进行锅炉制造与检验专题考察。2001年5月16日，省质量技术监督检测研究院、浙江大学机械与能源工程学院在浙江大学邵逸夫科学馆举行联合成立浙江省发动机检测中心签约仪式。8月31日，省质监局印发《关于质量检验机构对外合资合作有关事项的通知》，对质量检验机构对外合资合作等工作提出要求。2002年9月、10月，省质量技术监督检测研究院派员分别参加在法国召开的国际法制计量20年展望研讨会和在美国召开的2002年世界仪器仪表年会。12月，浙江方圆检测股份有限公司到英国BLC进行考察交流，并与其就分支机构的设立、检测数据互认等签订合作意向书。同年，应德国慕尼黑管理学院邀请，省质监局组织计量管理培训考察组一行18人，对德国进行为期21天的培训考察和交流。

2003年9月7日，中英合作BLC-方圆皮革检测中心在海宁挂牌成立。这是全省质监系统首家中英合作的检测机构。2005年，省质监局、省科协、浙江省质量合格评定协会共同举办海峡两岸农产品质量安全检测与控制技术研讨会，邀请澳大利亚专家作学术报告。同年，省质监局选派10余名技术人员赴澳大利亚进行农产品质量安全的培训考察与交流。2007年，省计量科学研究院与浙江大学合作设立全省质监系统首个博士后科研站。2009年5月，省质监局与省委政策研究室合作建立浙江省产业发展政策研究服务平台。同年,省计量科学研究院与中国计量科学研究院在北京签署合作协议,开展机动测速仪型式评价现场试验领域的合作。

2010年10月,绍兴市质量技术监督检测院院士专家工作站成立,这是全国质检系统第一个院士专家工作站。上虞籍中国科学院院士、北京航空材料研究院高级专家曹春晓进驻工作站,开展有色金属及其检测分析技术的指导工作,帮助推进成熟技术的转化与应用推广。

四、质监信息化建设

质监信息化建设是全省信息化建设的重要组成部分,是质监部门提升行政监管效率和水平,确保全面履行职能,有效服务社会的一项基础性工作。

(一)信息化工作机制建设

1998年12月,省政府印发《浙江省信息化建设规划纲要(1998—2010年)》(以下简称《纲要》),明确提出要着力建设包括技术监督信息应用工程在内的18项信息化建设重点应用工程。根据《纲要》要求,省技监局建立中国质量信息网(CQIN)浙江接点,成立中国质量信息网浙江分部,并在全省11个市(地)建立相应的工作站。1999年4月28日,省技监局印发《关于加强我省技术监督信息化系统建设和管理的通知》,明确全省技术监督信息化建设工作按照"统一规划、统一标准、统一进度、统一管理"的原则进行,各项业务和管理工作所需的应用软件,原则上由省技监局统一开发,管理人员由省技监局统一培训。2003年,省质监局成立信息化工作领导小组,统一负责全省质监系统信息化工作。同年,各地质监部门也成立相应的信息化建设领导小组。

2004年4月29日,省质监局在杭州市余杭区召开全省质监系统信息化工作会议,明确全省质监系统信息化建设的目标任务和工作要求,并对《关于加快全省质量技术监督系统信息化建设的若干意见》(征求意见稿)进行讨论。6月23日,省编委批准成立浙江省质量技术监督信息中心(以下简称省质量技术监督信息中心),主要职责是在省质监局信息化工作领导小组领导下,统一协调、组织质监系统信息化建设工作。7月30日,省质监局印发《浙江省质量技术监督系统计算机网络信息系统安全管理暂行办法》,加强对信息化系统安全管理。2009年7月29日,省质监局印发《浙江省质量技术监督局政务网管理和信息维护办法》,对网站策划与建设、网站信息发布、网站信息变更等作出规定。2010年9月,省质监局印发《关于抓紧做好"十一五"信息化工作总结和"十二五"信息化规划编制工作的通知》,要求各地质监部门认真总结"十一五"信息化建设的主要成绩和做法,分析存在问题和不足以及信息化发展面临的形势,提出"十二五"信息化建设规划的框架思路。11月19日,省质监局印发《关于全省质监系统信息化工作职责分工的意见》《省质量技术监督信息化工作运行有关制度》,进一步明确质监信息化工作职责,规范质监信息化建设工作。12月,省质监局组建省质监局信息化专家委员会,并建立了信息化工作会议制度、信息化项目管理制度、信息化检查督查及考核制度。

(二)“金质工程”建设

“金质工程”(即国家质检总局信息化工程)项目建设,是应用信息化技术促进全省质监事业发展的重要措施,对推进质监系统电子政务建设,提升全省质监部门行政管理水平,加强质量、标准化、计量、认证认可、食品与特种设备安全的动态监管,强化行政执法监督,构建和谐社会具有十分重要的意义。

2001年4月9日,国家质监局同意省质监局信息系统项目为国家质监局信息系统省级分系统,并下达项目建设计划书。2002年,省质监局印发《关于加快推进信息化建设及组织机构代码应用的通知》,要求各市质监部门根据“统一规划、分级负责、资源共享、分步实施”的原则,抽调专门人员,安排专门资金,全力加快推进局域网建设,并在此基础上,加快推进质量管理、标准化、计量、认证认可、锅容管特等各项业务数据库的建设。7月,省质监局实现与各市级质监部门局域网的物理联通。2004年3月,省财政厅向国家发改委呈递《关于投资建设“金质工程”(相关部分)的函》,同意落实浙江省“金质工程”地方配套资金。10月,全省11个市质监部门全部建成并开通由各地自主设计、制作并提供质监信息服务的政务门户网站。12月,省质监局开始在全省质监系统统一安装办公自动化(OA)软件系统。至2005年6月底,全省所有县(市、区)质监部门都统一安装了OA软件系统,基本实现网上办公自动化。2005年10月,浙江省“金质工程”(一期)项目获国家发改委批准。2006年12月1日,省质监局印发《浙江省“金质工程”一期建设计划(2006—2008年)》。12月18日,省质监局决定开展制造计量器具许可证(省本级)、食品生产许可证和特种设备维修单位资格许可证(省本级)3个项目的网上审批试点工作。相关项目的网上审批系统于2006年12月20日正式启用。同年,省、市两级质监视频会议系统建设全面完成并投入使用。2007年,全省质监系统“金质工程”建设主要围绕“一网一库四系统”展开。“一网”即通过省政府电子政务网络平台,建设一个覆盖全省各级质监部门及相关技术机构的质量专网及软硬件平台;“一库”即建设一个质监业务数据库群;“四系统”即建设质监综合业务管理系统、网上协同办事与服务系统、行政办公辅助系统及综合分析系统。

2008年3月,省质监局印发《关于做好2008年全省特种设备信息化工作的通知》,要求各市质监部门按照省质监局信息化工作的统一部署,加快特种设备信息化建设步伐,确保全省特种设备信息化系统软件投入正常运行,实现全省特种设备监察与检验数据全面交互。4月,省质监局印发《全省质量技术监督系统2008年信息化建设任务指导书》,要求开展信息化基础建设、网络安全建设、数据库建设、应用系统建设,全面完成“金质工程”(一期)建设。6月13日,省质监局转发国家质检总局《“金质工程”(一期)地方局建设部署指导意见》(以下简称《指导意见》),明确全省质监系统采用“二级数据集中部署”与“三级数据集中部署”相结合的业务系统部署方式。即对于信息化建设人才、经费保障条件较好或在当地已取得“金质工程”立项的地区,如杭州、宁波、温州等地,拟采用“三级数据集中部署”模式;对于信息化建设条件一般的其他地区,拟采用“二级数据集中部署”模式。《指导意见》同时要求全省质监部门采用国家质检总局“金质工程”统一开发的质监业务应用系统。对于部分已在全省质监系统推广应用且运行情况较好的质监业务系统，在总体满足国家质检总局上报数据要求的前提下，予以保留并继续运行，同时要按照“金质工程”传输数据总标准的要求，对原有应用系统应上报的数据进行转换。

2009年，省质监局按照“规划引领、重点突破、循序渐进”的指导思想，制定了《浙江省质监系统信息化建设发展规划(2009—2011年)》，与“金质工程”(一期)实现衔接。同时，结合“金质工程”建设要求，加大服务器、存储设备、网络系统等硬件基础设施建设。至2009年底，全省质监系统办公自动化OA系统和门户网站的改版工作全面完成，“12365”系统在11个市级质监部门建设完成，并在质监系统内正式使用；网上审批系统实现了全流程电子化管理，确保与省政府的网上实时监察系统实时联网；监督检查检验系统开发完成，实现了任务编制、产品质量抽查、产品质量风险预警等的综合管理。2010年，省质监局启动浙江省基本公共服务均等化行动计划全面健康工程中的“浙江省食品质量安全风险监测和百姓查询信息系统”建设，同时进一步推进质监业务应用系统建设，完成“浙江省块状产业质量状况调查系统”的开发。至年底，该系统涉及调查企业36719家，其中规模以上企业7070家，销售收入超亿元企业934家，为“质量强省“建设提供了决策分析数据。

(三)产品质量电子监管网建设

产品质量电子监管网是利用现代信息技术对企业产品赋码的平台。这个“码”是特定的，可以通过电话、手机、网络及商场设立的查询终端等随时随地查询产品质量状况、产品发源地及其他相关资料。企业入网后，通过申请密钥取得对应的信息码附在各个批次产品上，等于给每个产品附上“身份证”，随时随地供广大群众和消费者查询，接受社会监督。

2006年2月，杭州市、宁波市、温州市、台州市、绍兴市被国家质检总局列为中国产品质量电子监管网建设试点地区。4月25日，省质监局成立中国产品质量电子监管网推广工作小组。7月13日，省质监局决定从8月起建立电子监管网入网企业进展情况通报制度。2007年4月17日，省质监局印发《关于进一步加快我省产品质量电子监管网推进步伐的通知》，要求年底前全省范围内名优企业、名优产品60%以上入网，入网企业总数达到2000家以上。同时，成立产品质量电子监管网推进工作领导小组。4月25日，省质监局召开全省产品质量电子监管网推进动员会，进一步部署全省产品质量电子监管网的建设。会后，各市质监部门均制定了《产品质量电子监管网建设实施方案》，成立由一把手担任组长的领导小组，设立了领导小组办公室，明确任务，落实责任，并从重点企业、重点产品入手，围绕食品、建材、化妆品、农资4类100种产品，动员获名牌产品、国家免检产品、地理标志保护产品称号的企业入网。至12月31日，全省登记入网的企业达3170家，通过审核备案的企业2788家，等待密钥准备激活的企业1550家，激活上网的企业82家。与全国相比，全省登记入网企业数居全国第五位，已激活上网企业数居全国第六位。

2008年2月18日，省质监局印发《我省重点产品全面加入电子监管网的实施方案》，要求列入首批入网目录的9类69种重点产品在2008年全部加入电子监管网，并以100%的赋码激活率实现电子监管。7月，省质监局对各地开展电子监管网建设情况进行检查验收。检查验收内容分实体性和程序性。实体性检查包括企业实际入网情况、赋码激活情况等内容，程序性检查包括摸底、建档、管理等规范性事项。2009 年，国家质检总局停止对产品质量电子监管网的建设，全省产品质量电子监管网的建设工作也随之停止。

（四）电子监察系统建设

2006 年，省质监局被省政府列为“浙江省电子政务实时监察系统”项目建设省级首批试点单位。同年，省质监局对原网上申报审批系统进行改进，并进行试点应用。2007 年 11 月底，省质监局对涉及行政许可事项的单位进行网上申报审批系统操作培训。至 2008 年 4 月，省质监局网上申报审批系统已同省政府电子政务实时监察系统进行对接，所有数据都能实时进行传输，所有网上审批工作实现网上监督和电子监察。其中，省质监局 27 项行政许可审批项目纳入“浙江省电子政务实时监察系统”，占全部行政许可审批事项的 84.4%。行政许可事项的办理结果、文件依据、收费标准、办事指南、办事流程和办事制度等都在省质监局门户网站上进行公开。8 月，省质监局印发《关于推进省局电子监察系统建设工作的意见》，并对省质监局办事大厅的网上审批管理系统进行升级完善，按照统一数据接口标准，完成与电子监察系统的对接，相关业务数据实现实时传送。12 月底，省质监局基本完成所有在办事项（包括行政许可审批事项、非行政许可审批事项）的电子监察和监察数据联网，实现对行政审批业务的实时监控和处理。截至 2010 年底，省质监局 19 项行政许可项目中有 14 项实现网上申报受理，有 331 家企业通过网上审批系统注册，306 家企业通过网上审批系统进行事项申报。

（五）特种设备安全监察信息化网络建设

2000 年，针对压力容器使用登记、资料查询、统计汇总涉及面广、工作量大的实际，在有关锅炉压力容器检验机构的配合下，杭州市锅炉压力容器检验研究所开发了压力容器安全管理软件。2003 年，省质监局印发《浙江省建立特种设备动态监督管理机制的实施方案》，对特种设备信息化网络建设提出具体要求，并投入 50 余万元开发全省统一的特种设备安全监察检验信息管理软件。2005 年 6 月，全省特种设备安全监察与检验信息化管理系统通过国家质检总局的评审，正式运行。2007 年 8 月，省质监局印发《浙江省特种设备信息化网络管理体系建设实施意见》。同年，省质监局对特种设备信息化网络运行的硬件设施进行优化配置，建立起全省特种设备安全监察信息化网络管理系统，形成全省统一能与国家质检总局及时进行数据交换的操作平台。同时，建立信息网络的维护制度，培养计算机网络维护人员，建立完整、真实的数据采集渠道，使特种设备安全监管信息化网络基本具备事故隐患和重大危险源预警及电子政务等功能。2009 年 3 月，省质监局印发《浙江省特种设备监察检验系统软件运行管理制度》，对特种设备监察检验系统软件维护职责及分工、系统操作通用业务等作出规定，确保全省特种设备监察检验系统软件安全、可靠、稳定运行。2010 年，全省特种设备安全监察、检验系统进行软件同步升级和维护，省、市特种设备安全监察部门与检验机构之间实现了数据共享。

第三节 技术机构建设管理

技术机构是质监部门履行政府行政管理职能的重要支撑和保障。民国时期，浙江设立度量衡检定机构，在划一度量衡工作中发挥了重要作用。20 世纪 50—60 年代，浙江恢复建立计量检定机构。同时为加强食品卫生管理和解决锅炉检修问题，各地卫生部门、劳动部门相继建立卫生防疫站(所)、锅炉检修队。改革开放后，技术机构建设进一步加强，全省标准计量部门依法设置或授权设立了一批产品质量监督检验机构。至 2010 年底，全省质监系统基本形成以省质监局直属技术机构和国家质检中心为龙头，以市级技术机构和省级质检中心为骨干，以县级技术机构为基础，覆盖全省主要工农业产品的检定校准/检验检测体系及标准化研究体系，并建立了以认证认可为主要内容的技术机构监管体系。

一、技术机构设立与建设规划

民国时期，浙江设立度量衡检定机构和棉花、茶叶等产品质量检验机构。中华人民共和国成立后，全省度量衡检定机构得到恢复和建立，一些行业主管部门还建立起相应的产品质量检验机构，用于指导行业内部生产。“文化大革命”期间，计量检定机构和产品质量检验机构受到一定的冲击，不少技术机构相继被裁撤。改革开放后，全省计量检定机构、产品质量检验机构、特种设备检验机构得到较快的恢复和发展，并建立了一批国家质检中心和省级质检中心，推动了全省质监系统技术机构服务能力的不断提升。

(一)技术机构设立

民国 17 年(1928 年)，省建设厅接办会稽道属出产棉花验水所，并定名省立棉花检验所，开展棉花检验工作。民国 19 年 4 月，省建设厅设立省度量衡检定所，各地也设立度量衡检定分所，开展度量衡检定划一工作。

20 世纪 50—70 年代，浙江逐步建立了省、市、县三级计量检定机构，一些行业还建有产品质量检验机构。1980 年，省标准计量管理局对轻工、电子、冶金、纺织、丝绸、医药、粮食等 10 个行业检验机构的设备、人员、技术力量等情况进行调查了解，并向省科委、省经委提交《关于建立省产品质量监督检验网的专题报告》。1981 年 1 月，省劳动局锅炉检修队更名为浙江省劳动局锅炉检验所，工作重点也由原来的以锅炉检修为主转到对锅炉压力容器的检验上。全省 11 个市(地)和鄞县、兰溪、东阳 3 个锅炉压力容器比较集中的县级市也相继成立锅炉压力容器检验所。5 月 26 日，省标准计量管理局向省政府呈递《关于全国标准局局长会议情况和贯彻意见报告》，建议建立全省产品质量监督检验网。8 月 13 日，省标准计量管理局向省政府呈递《关于全国中小城市产品质量监督检验工作经验交流会的情况和贯彻意见的请示报告》，提出组建产品质量监督检验网，逐步开展产品质量监督检验工作的意见和建议。1982 年 3 月 2 日，省经委、省标准计量管理局向省政府呈递《贯彻落实国务院关于进一步加强产品质量监督检验工作的报告》，要求将省化工研究所、浙江省机械科学研究所、浙江省冶金研究所、省建材科学研究所、省纤维检验所、浙江省丝绸检验所、浙江省电子产品例行试验站、轻工业部杭州粮食检验站、宁波市二轻研究所等单位确定为法定监督检验机构，并发给监督检验证书和印章，承担部分产品的监督检验任务。3 月 29 日，省标准计量管理局、省石化厅明确在省化工研究所设浙江省化工产品质量监督检验站。同时明确浙江炼油厂为浙江省炼油产品质量检测点，杭州橡胶厂为浙江省橡胶制品质量检测点，杭州油墨油漆厂为浙江省涂料质量检测点，杭州永固橡胶厂为浙江省食用橡胶制品质量检测点，临安化工厂为浙江省染料质量检测点，衢州化工厂机械分厂为浙江省化工机械质量检测点。6 月 19 日，省标准计量管理局决定从 7 月 1 日起，启用省电子产品质检站、浙江省化工产品质量监督检验站、浙江省建材产品质量监督检验站、浙江省纺织纤维质量监督检验站、浙江省纺织产品质量监督检验站、浙江省丝绸产品质量监督检验站、浙江省纸张质量监督检验站、省食品质量监督检验站、浙江省低压电器质量监督检验站、省冶金产品质量监督检验站、浙江省铝制品质量监督检验站等 11 家单位的印章。8 月 27 日，省级第一批产品质量监督检验站工作座谈会在杭州召开，标志着产品质量监督检验网建设取得阶段性成果。

1984 年 7 月 12 日，省编委批复同意建立省产品质量监督检验所。同年，杭州、宁波、温州、绍兴、金华、舟山、台州 7 市（地）标准计量部门也相继开始建立产品质量监督检验所。1985 年 3 月 7 日，省计经委、省标准计量管理局批准建立浙江省家用电器产品质量检验站（设在浙江省家用电器研究所）、浙江省塑料产品质量检验站（设在浙江省塑料研究所）、浙江省皮革产品质量检验站（设在浙江省皮革制品研究所）、浙江省医疗器械产品质量检验站（设在浙江省医疗器械研究所）、浙江省盐业产品质量检验站（设在省轻工业厅盐业公司）。同时明确，省级产品质量检验站的印章和证书由省标准计量管理局统一发放，检验站的行政隶属关系不变，检验业务领导以省标准计量管理局为主，检验站的负责人由主管厅、局商得省标准计量管理局同意后任命。7 月 1 日，省标准计量管理局明确 17 家省级产品质量监督检验站的职责任务：承担指定产品质量监督检验和产品质量争议检验；对报审和获奖优质产品进行质量检验；承担新产品投产前的质量鉴定和产品质量认证检验；指导和帮助企业建立健全产品质量检验制度。11 月 23 日，省城乡建设厅、省标准计量管理局决定在浙江省建筑科学研究所设立浙江省建筑工程质量监督检验站。1986 年 11 月 20 日，省标准计量管理局批准同意原设在华丰造纸厂内的浙江省纸张质量监督检验站改设在浙江省造纸研究所。至 1986 年底，全省共有省、市产品质量监督检验所 13 家、省级产品质量检验站 19 家、市（地）级产品质量检验站 22 家，专职人员 600 余人。

1988 年 1 月 29 日，省标准计量管理局批准建立浙江省饲料质量监督检验站（设在浙江省饲料监察所）、浙江省包装产品监督检验站（设在省产品质量监督检验所）、浙江省水利水电工程质量监督检验站（设在浙江省水利水电科学研究所）、浙江省林业产品质量监督检验站（设在浙江省林业科学研究所）、浙江省家具产品质量监督检验站（设在浙江省家具研究所）、浙江省日用建筑五金产品质量监督检验站（设在浙江省家具研究所）、浙江省粮油产品质量监督检验站（设在省粮食科学研究所）、浙江省烟草质量监督检验站（设在浙江省烟草专卖局）、浙江省机械产品质量监督检验总站(按产品分别设在浙江省机械科学研究所等14个单位)。同时,将浙江省塑料产品质量检验站和浙江省皮革产品质量检验站合并为浙江省皮塑产品质量监督检验站,设在浙江省皮革塑料研究所内。5月26日,省编委批复同意建立4家茧质检定所,茧质检定所由省标准计量管理局与所在市县政府双重领导。其中,浙江省第一茧质检定所设在海宁市,浙江省第二茧质检定所设在桐乡县,浙江省第三茧质检定所设在湖州市,浙江省第四茧质检定所设在嘉兴市。1989年12月31日,省计经委、省标准计量管理局同意在浙江省劳动保护科学研究所内设立浙江省劳动保护用品质量监督检验站。至1990年底,省计经委、省标准计量管理局授权设立省级产品质量监督检验站累计达41家,11个市(地)和32个县(市)的标准计量(技术监督)部门设立了产品质量监督检验机构。全省产品质量检验机构达86家,各类检测仪器设备原值4763万元,职工1349人,其中具有高、中级技术职称的人员占35%。

1994年3月26日,省计经委、省标准计量管理局印发《关于建立省农药产品等四个省级产品质量监督检验站的通知》,明确浙江省农药质量监督检验站设在浙江省农药检定管理所,浙江省林木种苗质量监督检验站设在浙江省林木种苗站,浙江省医药包装材料质量监督检验站设在浙江省药品质量监测站,省条码印刷品质量监督检验站设在中国物品编码中心浙江分中心。10月25日,省计经委、省标准计量管理局同意在地质矿产部浙江省中心实验室内设立浙江省珠宝玉石质量监督检验站,在省锅炉压力容器检验所内设立浙江省锅炉压力容器质量监督检验站,在省技术监督检测研究院内设立浙江省黄金饰品质量监督检验站。1998年6月10日,省技监局批准省邮电管理局、省乡镇企业局分别设立浙江省邮电通信产品质量监督检验站、浙江省地方水泥质量监督检验站。1999年1月15日,省技监局批复同意在省衡器管理所内设立浙江省防伪产品质量监督检验站。5月14日,省技监局批复同意省农业厅建立浙江省肥料质量监督检验站、浙江省种子产品质量监督检验站。至年底,全省共有依法设置的省级产品质量监督检验机构3家、市(地)级产品质量监督检验机构12家、县(市)产品质量监督机构57家,依法授权的省级产品质量检验站60家,检验项目覆盖42大类近2000种产品,基本完成包括产品质量检验、计量检定校准、特种设备检验及相关标准化研究在内的质监技术机构的设立。2000年以后,质监部门深化质监系统技术机构改革,重点开展技术机构建设规划工作,着力构建质监系统检验检测体系。

(二)技术机构建设规划

2000年9月,省质监局在宁波市召开全省质监系统技术机构改革工作会议,要求各级质监部门和技术机构从体制创新、机制创新、技术创新入手,解决好技术机构发展中的统筹规划、运行机制、筹资渠道、经营管理、用人制度、分配制度等重点、难点问题。同时要求技术机构试行"一所两制",实行企业化经营,推进投资体制多元化和产权结构创新。10月18日,省质监局印发《关于深化改革加快技术机构发展的若干意见》(以下简称《意见》),明确技术机构发展规划的制订和实施必须坚持市场机制配置资源原则、区域特色原则和层级管理原则,要大胆运用股份制、合资、租赁等多种形式,以资产为纽带,充分利用社会资源,运用市场经济的分配杠杆，调节各方利益，建立优胜劣汰的竞争机制；要体现本区域经济建设的产业规模、产业结构和产品特点，充分反映区域经济特色；省、市、县三级技术机构在发展方向上要有层级差异和梯度变化：省级综合技术机构的发展方向是高新技术领域、技术含量高、公益性较强的项目，市级综合技术机构的发展方向主要是延伸覆盖本地区、体现较强综合实力的项目，县级技术机构的发展方向主要是符合当地块状经济特点的专业项目。《意见》还对技术机构深化体制改革，转换经营机制等提出明确要求。2001 年 8 月 20 日，省质监局印发《关于进一步深化技术机构改革的意见》，对探索技术机构运作模式和产权改革、推进劳动用工制度和分配制度改革、扩大技术机构自主权和落实院（所）长负责制、建立项目投资决策约束评价机制等提出要求。

2002 年 12 月 3 日，省质监局印发《关于加大投入加快技术机构发展的若干意见》，对加快技术机构项目建设的市场化进程、改革项目管理制度、加强项目投资管理和加快技术机构发展的政策支持等提出要求。同时提出，全省质监系统技术机构必须坚定地走市场化、规模化、集约化、专业化、连锁化道路，努力构建符合全省生产力布局，适应高新技术产业发展，满足检测需求和质量技术监督管理、行政执法需要，装备精良、门类齐全、技术装备总资产规模达 5 亿元以上，具有较强市场竞争力的技术机构新体系。2004 年 9 月，全省质监系统技术机构改革工作会议在杭州市萧山区召开。会议对加快技术机构改革工作进行研究部署。2005 年 7 月 18 日，省质监局召开全省质监系统技术机构改革工作座谈会，要求通过优化资源配置和能力提升，努力转变增长方式，切实提高技术机构综合实力。同年，省质监局按照统筹协调、合理布局、扶优扶强、重点突破、整合提升和适度超前的原则，对省级质检中心建设作出规划。9 月 19 日，省质监局印发《浙江省质量技术监督系统检测项目发展规划（2005—2007 年）》（以下简称《规划》），提出建设以国家质检中心和省级综合性检测机构为龙头，省级质检中心为骨干，中心城市综合机构、重点发展区域技术机构和县级专业实验室为基础的全省检验检测新体系，实现布局网络化、服务便捷化、装备智能化、效益最优化。同时明确，凡未列入《规划》及未纳入年度投资计划的项目，省质监局在有关财政专项资金安排、国家质检中心和省级质检中心培育、省级监督检验计划安排以及计量认证/审查认可受理和计量标准器的考核上，不予支持和受理。

2007 年 6 月，省质监局编制完成《浙江省质量技术监督系统检验检测体系》，明确全省质监系统检验检测体系包含质量检验、计量和特种设备检验 3 大领域，质量检验领域的基本构架是形成以国家产品质量监督检验中心和省级综合性检验检测研究机构为龙头，省级质量检验检测中心、中心城市和重点发展区域质量检验检测机构为骨干，县级专业实验室为基础的质量检验检测网络；计量领域的基本构架是以省级法定计量检定研究机构为核心，市级法定计量检定机构为骨干，县级法定计量检定机构为基础，高等院校、科研院所和其他企事业单位等计量授权机构为补充，形成技术层次分明、空间布局合理、资源配置优化、地方特色鲜明的完整的计量检定校准网络；特种设备检验领域的基本构架是按照区域覆盖的原则，在国家质检总局统一规划和核准的项目资质范围内，形成以省级特种设备检验机构为龙头，杭州、宁波特种设备检验机构为骨干，其他市级特种设备检验机构为主要基础，行业（企业）特种设备检验机构为必要补充的特种设备检验网络。2008年1月28日，省质监局印发《浙江省质量技术监督系统检测项目发展规划(2008—2010年)》(以下简称《规划》)，对质量检验、计量、特种设备检验的基本构架、重点建设项目、保障措施等作出规划。同时明确，对不符合《规划》要求的检测项目，省质监局原则上不予受理计量认证和审查认可的申请。

2009年9月，省质监局印发《关于省级技术机构深化改革加快发展充分发挥支撑保障作用的若干意见》(以下简称《意见》)，从加快技术机构转型升级，深化科技创新体系建设，提升公共服务水平，加快国内外市场开拓，发挥龙头引领作用等方面，明确了省级技术机构发展的任务。《意见》要求省级技术机构突出差异化优势，发挥在检验检测能力、科研学科建设以及内部管理等方面的引领作用；要加强技术机构间的交流与合作，推动技术机构以横向或纵向等方式联合申报科研项目，联合技术攻关，共享专家资源，共同解决疑难问题，形成优势互补、资源共享、相互促进、共同发展的新格局；要积极探索与地方质监技术机构建立战略合作，建立技术服务联盟，在块状经济所在地、产业集群区域以及专业市场集聚地合作建立检验检测公共技术服务平台，将省级技术机构能力下延，为服务平台提供技术支撑；要积极开展面向市县技术机构的人员培训、技术指导、技术比武、实验室比对或能力验证以及统一检测方法和评价规则等活动，带动质监系统技术机构能力水平的整体提升。2010年7月，省质监局在舟山召开全省质监系统技术机构发展工作会议，对“十二五”时期全省质监系统技术机构发展的主要工作进行全面规划和部署。

二、产品质量检验中心管理

产品质量检验中心的管理包括国家产品质量监督检验中心(以下简称国家质检中心)的管理和省级产品质量监督检验中心(以下简称省级质检中心)的管理。其中，国家质检中心的规划布局、批准筹建、验收成立、动态调整等由国家质检总局负责，省级质监部门主要负责国家质检中心的申报、筹建及其他日常管理工作。

(一)国家质检中心管理

1990年12月17日，省标准计量管理局报请国家技监局在省产品质量监督检验所基础上筹建鞋类产品、羽绒制品、特种电机和微型电机3个产品的国家质检中心。1991年，国家技监局印发《关于筹建13个国家级产品质量监督检验中心的通知》，省产品质量监督检验所被确定为全国鞋类产品质量监督检验中心的筹建单位。1994年5月26日，国家技监局批复同意省产品质量监督检验所筹建国家鞋类质量监督检验中心。1995年8月，国家鞋类质量监督检验中心(杭州)筹建完成，成为全省技监系统第一个国家质检中心。1999年10月，国家质监局批准浙江筹建国家塑料机械产品质量监督检验中心。

2001年4月24日，省质监局对宁波市擅自越级申报国家质检中心问题进行通报，并要求各市质监部门按照省以下垂直管理各项要求，统一申报国家质检中心。同年，国家质检总局批准浙江筹建国家化学建材质量监督检验中心、国家纺织服装产品质量监督检验中心(浙江)。2002年10月18日，国家认监委批复同意将国家鞋类质量监督检验中心(杭州)调整为国家鞋类质量监督检验中心(温州)。同年,国家化学建材质量监督检验中心、国家塑料机械产品质量监督检验中心完成筹建工作,获批挂牌成立。2003年,国家纺织服装产品质量监督检验中心完成筹建工作,获批挂牌成立。2005年9月,国家质检总局对杭州市质量技术监督检测院、浙江方圆检测集团股份有限公司筹建国家水产品及加工食品质量检验中心规划进行考核论证。同年,国家质检总局批复同意浙江筹建国家水产品及加工食品质量监督检验中心(杭州)、国家标准件产品质量监督检验中心、国家黄酒产品质量监督检验中心、国家电能表质量监督检验中心(浙江)。

2006年2月21日,省质监局召开国家质检中心筹建工作汇报会,对筹建皮革、电机、茧丝绸、羽绒、日用轻工产品等产品的国家质检中心工作进行部署。6月,国家质检总局组织专家对国家化学建材质量监督检验中心、国家纺织服装产品质量检验中心(浙江)、国家塑料机械产品质量监督检验中心、国家鞋类产品质量监督检验中心(温州)、国家水产品与加工食品质量监督检验中心(杭州)、国家标准件产品质量监督检验中心和国家黄酒产品质量监督检验中心进行现场调查评估,并根据调查评估实施细则和工作程序,从技术能力、科研水平、人才状况、运行业绩、建设发展5个方面提出了相关评估意见。同年,国家电机及机械零部件产品质量监督检验中心、国家文教用品质量监督检验中心、国家羽绒制品质量监督检验中心(萧山)、国家皮革质量监督检验中心(浙江)、国家建筑五金材料产品质量监督检验中心获国家质检总局批准筹建;国家黄酒产品质量监督检验中心、国家标准件产品质量监督检验中心完成筹建工作,获准挂牌成立。

图35-8-3-1　2006年4月,国家标准件产品质量监督检验中心举行挂牌仪式(省质监局档案室提供)

2007年3月,省质监局召开国家质检中心筹建工作会议。10月,副省长金德水、省科技厅厅长蒋泰维、省质监局局长瞿素芬等到海宁检查指导国家皮革质量监督检验中心(浙江)筹建工作。同年,国家电机及机械零部件产品质量监督检验中心、国家羽绒制品质量监督检验中心(萧山)、国家建筑五金材料产品质量监督检验中心、国家电能表质量监督检验中心(浙江)完成筹建工作,获准挂牌成立。至此,全省质监系统累计完成16个国家质检中心的筹建工作,其中正式挂牌运行的11个。2008年12月,省质监局组织对国家质检中心建设规划方案开展论证工作,并向国家质检总局申请筹建国家力学计量器具质量监督检验中心、国家食品质量安全监督检验中心(浙江)等20个国家质检中心。同年,国家水表产品质量监督检验中心(宁波)、国家气动产品质量监督检验中心、国家工业电器质量监督检验中心获准筹建。国家皮革质量监督检验中心(浙江)、国家日用小商品质量监督检验中心、国家海洋食品质量监督检验中心完成筹建,通过验收。至2008年底,全省质监系统累计完成19个国家质检中心的筹建工作,检测范围涉及食品、建筑材料、纺织服装、皮革及制品、五金机电、电器、机械零部件、日用小商品等全省重点区域产业和政府重点监管领域。2009年12月,省质监局组织对国家质检中心(包括正式运行的国家质检中心和已批准筹建的国家质检中心)进行年度考核。同年,国家质检总局批复同意浙江筹建国家电器安全质量监督检验中心(浙江)、国家食品添加剂及日用化工产品质量监督检验中心、国家金融设备及零配件质量监督检验中心。精细化工、泵阀、环保设备、船舶基础材料等多个项目列入国家质检中心建设规划。

2010年10月,国家质检总局批复同意在省特种设备检验研究院基础上筹建国家电梯产品质量监督检验中心(浙江),在舟山市质量技术监督检测院基础上筹建国家船舶舾装产品质量监督检验中心。12月,省质监局按照《国家质检中心能力建设与评估指南》《国家质检中心能力建设评价指标》要求,对全省质监系统国家质检中心进行年度考核,内容涉及技术能力、科研水平、人才状况、运行状况、工作业绩、建设情况和发展能力等方面。截至2010年底,全省质监系统共建有国家质检中心24家。

表35-8-3-1　　浙江省质监系统国家质检中心一览表

序号	名　　称	母体单位
1	国家化学建材质量监督检验中心	省质量技术监督检测研究院
2	国家纺织服装产品质量监督检验中心(浙江)	省纤维检验局
3	国家塑料机械产品质量监督检验中心	国家塑料机械产品质量监督检验中心
4	国家鞋类质量监督检验中心(温州)	温州市质量技术监督检测院
5	国家水产品及加工食品质量监督检验中心	杭州市质量技术监督检测院
6	国家标准件产品质量监督检验中心	国家标准件产品质量监督检验中心
7	国家黄酒产品质量监督检验中心	绍兴市质量技术监督检测院
8	国家电能表质量监督检验中心(浙江)	省计量科学研究院
9	国家电机及机械零部件产品质量监督检验中心	台州市质量技术监督检测研究院
10	国家羽绒制品质量监督检验中心(萧山)	杭州市萧山区质量计量监测中心
11	国家建筑五金材料产品质量监督检验中心	杭州市质量技术监督检测院
12	国家皮革质量监督检验中心(浙江)	国家皮革质量监督检验中心(浙江)
13	国家文教用品质量监督检验中心	国家文教用品质量监督检验中心
14	国家日用小商品质量监督检验中心	国家日用小商品质量监督检验中心
15	国家茧丝质量监督检验中心	浙江省第三茧质检定所
16	国家海洋食品质量监督检验中心	浙江省海洋水产品质量检验中心
17	国家水表产品质量监督检验中心(宁波)	宁波市计量测试研究院
18	国家气动产品质量监督检验中心	国家气动产品质量监督检验中心

续表

序号	名　　称	母体单位
19	国家工业电器质量监督检验中心(筹)	浙江省高低压电器产品质量检验中心
20	国家电器安全质量监督检验中心(浙江)	省质量技术监督检测研究院
21	国家金融设备及零配件质量监督检验中心	温州市质量技术监督检测院
22	国家食品添加剂及日用化工产品质量监督检验中心(筹)	杭州市质量技术监督检测院
23	国家电梯产品质量监督检验中心(浙江)(筹)	省特种设备检验研究院
24	国家船舶舾装产品质量监督检验中心(筹)	舟山市质量技术监督检测院

资料来源:根据省质监局档案资料整理编制。

说明:时间截至 2010 年底。

(二)省级质检中心管理

省级质检中心是省级质监部门为加强产品质量监管,促进产业发展而规划确认的产品质量检验机构,是全省检验检测体系的骨干力量。

1. 批准筹建

1999 年 10 月,浙江省摩托车质量检验中心、浙江省纽扣检测中心(永嘉)获批筹建。2000 年,浙江省木业产品质量检测中心、浙江省毛纺(针)织产品质量检测中心、浙江省电动工具产品质量检测中心、浙江省笔类产品质量检测中心、浙江省低压电器产品质量检测中心、浙江省纺织与染化料产品质量检测中心、浙江省海洋水产品质量检测中心、浙江省磁性产品质量检测中心、浙江省服装产品质量检测中心、浙江省信息产品质量检测中心获批筹建。2001 年,浙江省发动机检测中心、浙江省汽车摩托车配件产品质量检验中心、浙江省定量包装商品计量监督检测中心、浙江省纳米材料及其应用产品检测中心、浙江省标准件检测中心(海盐)、浙江省泵阀产品质量检验中心(永嘉)、浙江省电动自行车产品质量检验中心(杭州)获批筹建。2002 年 3 月 21 日,省质监局印发《关于设立浙江省产品质量检验中心的若干规定(试行)》,就省级质量检验中心的设立条件、审批、筹建和后续管理等作出规定。

2005 年 8 月,省质监局印发《浙江省产品质量检验中心管理办法(试行)》,明确新申请设立的省级质检中心应符合以下条件:质监系统内具有独立法人资格的技术机构,或由质监系统技术机构控股的与社会资源联合组成的具有独立法人资格的检验机构;具有相关专业领域高级技术人才和技术人员队伍,有 1 名与检测专业相适应的硕士学位和 2 名相应专业的高级工程师职称的专业技术人员,项目负责人具有高级工程师以上职称并从事本专业检测工作 3 年以上;检验项目具有良好的市场前景、较好的经济和社会效益,检测业务具有辐射全省的能力;综合检测能力在本专业领域内处于省内领先水平(其中,仪器设备的性能和精度符合国家及有关标准要求,并达到省内一流水平);设备资产原值一般不低于 100 万元;具备相关产品全项目检测能力；实验室用房面积一般不少于500平方米，实验室及配套环境设施完善，能满足项目发展的需要；具备完善的组织管理、质量保证体系和较高的管理水平，经营业绩良好，具有较强的持续发展能力；取得当地政府的有力支持。2006年，浙江省消防产品质量检验中心、浙江省测绘仪器质量检验中心获批筹建。2007年，浙江省童装质量检验中心、浙江省轴承产品质量检验中心、浙江省水晶玻璃饰品质量检验中心、浙江省烟花爆竹质量检验中心、浙江省橡胶制品质量检验中心(三门)获批筹建。

2008年，省质监局对《浙江省产品质量检验中心管理办法(试行)》进行修订，要求新申请设立的省级质检中心应具备以下条件：符合全省检验检测项目建设总体规划，与浙江省区域特色经济密切相关，涉及的领域有较好的产业发展水平和发展前景；能够独立公正开展第三方检验检测活动；具有必备的检验检测设施和环境条件，并有充足的发展空间；具有较好的检验检测设备基础；具有较强的专业技术人员队伍，检验检测项目负责人具有高级工程师以上职称并从事本专业检测工作3年以上；具备申请省级质检中心检验范围所对应领域的60%以上产品或项目(参数)的检验检测能力；具备较完善的质量保证体系，经营业绩较好，未发生违规违纪行为，具有较强的持续发展能力；能够取得当地政府的有力支持。同年，省质监局批复同意筹建浙江省经编产品质量检验中心、浙江省眼镜产品质量检验中心、浙江省小功率电机产品质量检验中心。

2009年，浙江省太阳能产品质量检验中心、浙江省船舶基础材料质量检验中心、浙江省特种设备节能检测中心、浙江省袜业产品质量检验中心、浙江省环保设备质量检验中心、浙江省有色金属及其加工产品质量检验中心、浙江省金融设备及零配件质量检验中心、浙江省绿色动力电源产品质量检验中心获批筹建。2010年，浙江省电子电声产品质量检验中心、浙江省木雕红木家具产品质量检验中心、浙江省半导体节能光源质量检验中心、浙江省纸张质量检验中心、浙江省椅业产品质量检验中心、浙江省棉纺织品质量检验中心获批筹建。截至2010年底，省质监局共批准建立省级质检中心71家。

表35-8-3-2　　浙江省省级产品质量检验中心一览表

序号	名　　称	母体单位
1	浙江省工程测力质量检验中心	省计量科学研究院
2	浙江省黄金珠宝饰品质量检验中心	浙江方圆检测集团股份有限公司
3	浙江省低压电器产品质量检验中心	浙江方圆检测集团股份有限公司
4	浙江省电动车辆产品质量检验中心	浙江方圆检测集团股份有限公司
5	浙江省智能技术质量检验中心	浙江方圆检测集团股份有限公司
6	浙江省安全技术质量检验中心	浙江方圆检测集团股份有限公司
7	浙江省特种设备节能检测中心	省特种设备检验研究院

续表 1

序号	名　　称	母体单位
8	浙江省图文标识质量检验中心	省物品编码中心
9	浙江省家具产品质量检验中心	浙江省家具与五金研究所
10	浙江省轻工与五金产品质量检验中心	浙江省家具与五金研究所
11	浙江省锁具产品质量检验中心	浙江省家具与五金研究所
12	浙江省半导体节能光源质量检验中心	杭州市质量技术监督检测院
13	浙江省电动自行车产品质量检验中心(杭州)	萧山区质量计量监测中心
14	浙江省电缆料产品质量检验中心(杭州)	余杭区质量计量监测中心
15	浙江省圆珠笔产品质量检验中心	桐庐县质量计量监测中心
16	浙江省饮用水质量检验中心	淳安县质量计量监测中心
17	浙江省纸张质量检验中心(筹)	富阳市质量计量监测中心
18	浙江省灯具产品质量监督检验中心	宁波市产品质量监督检验研究院
19	浙江省不锈钢产品质量检验中心	温州市龙湾区质量技术监督检验所
20	浙江省金融设备及零配件质量检验中心(筹)	温州市质量技术监督检测院
21	浙江省包装机械产品质量检验中心	瑞安市质量技术监督检测院
22	浙江省汽车摩托车配件产品质量检验中心(瑞安)	瑞安市质量技术监督检测院
23	浙江省印刷装潢制品质量检验中心	苍南县质量技术监督检测院
24	浙江省泵阀产品质量检验中心	永嘉县产品质量监督检验所
25	浙江省液化石油气产品质量检验中心	洞头县产品质量监督检验所
26	浙江省高低压电器产品质量检验中心	乐清市产品质量监督检验所
27	浙江省眼镜产品质量检验中心	温州瓯海区质量技术监督检测所
28	浙江省木业产品质量检测中心南浔检测所	湖州市产品质量监督检验所
29	浙江省木业产品质量检测中心德清检测所	德清县产品质量监督检验所
30	浙江省童装质量检验中心	湖州市吴兴区纺织品质量监督检测中心
31	浙江省绿色动力电源产品质量检验中心	长兴县质量技术监督检测中心
32	浙江省椅业产品质量检验中心(筹)	安吉县质量技术监督检测中心
33	浙江省毛纺(针)织产品质量检验中心	嘉兴市产品质量监督检验所
34	浙江省经编产品质量检验中心	海宁中天检测有限公司

续表 2

序号	名　　称	母体单位
35	浙江省羊毛衫质量检验中心	浙江经纬公证检验行有限公司
36	浙江省太阳能产品质量检验中心	海宁市产品质量监督检验所
37	浙江省工程结构与材料质量检验中心	海盐县标准件检测中心
38	浙江省电子电声产品质量检验中心	嘉善县产品质量监督检验所
39	浙江省制冷配件设备质量检验中心	绍兴市质量技术监督检测院
40	浙江省环保设备质量检验中心	绍兴市质量技术监督检测院
41	浙江省纺织机械产品质量检验中心	绍兴市质量技术监督检测院
42	浙江省有色金属及其加工产品质量检验中心	绍兴市质量技术监督检测院
43	浙江省纺织品与染化料质量检验中心	绍兴市质量技术监督检测院
44	浙江省淡水珍珠质量检验中心	诸暨市质量技术服务中心
45	浙江省袜业产品质量检验中心	诸暨市产品质量监督检验所
46	浙江省伞件产品质量检验中心	上虞市产品质量监督检验所
47	浙江省小功率电机产品质量检验中心	嵊州市产品质量监督检验所
48	浙江省轴承产品质量检验中心	新昌县产品质量监督检验所
49	浙江省金华火腿质量检验中心	金华市质量技术监督检测院
50	浙江省水晶玻璃饰品质量检验中心	浦江县质量技术监督检测中心
51	浙江省防盗门质量检验中心	永康市质量技术监督检测中心
52	浙江省五金和电动工具产品质量检验中心	永康市质量技术监督检测中心
53	浙江省木雕红木家具产品质量检验中心(筹)	东阳市产品质量监督检验所
54	浙江省棉纺织品质量检验中心(筹)	兰溪市质量技术监督检测中心
55	浙江省果品质量检验中心(常山)	常山县质量技术监督检测所
56	浙江省消防产品质量检验中心	江山市质量技术监督测试所
57	浙江省空压机及风动工具质量检验中心(衢州)	衢州市质量技术监督检测中心
58	浙江省海洋水产品质量检验中心	浙江省海洋水产品质量检验中心
59	浙江省微特电机质量检验中心	舟山市质量技术监督检测院
60	浙江省船舶基础材料质量检验中心	舟山市质量技术监督检测院
61	浙江省摩托车质量检验中心	台州市质量技术监督检测研究院

续表 3

序号	名　　称	母体单位
62	浙江省缝纫机质量检验中心	台州市质量技术监督检测研究院
63	浙江省塑料制品质量检验中心	台州市质量技术监督检测研究院
64	浙江省水泵产品质量检验中心	温岭市产品质量监督检验所
65	浙江省阀门水暖产品质量检验中心	玉环县质量技术监督检测中心
66	浙江省产业用布及橡塑制品质量检验中心	天台县产品质量监督检验所
67	浙江省变压器产品质量检验中心(三门)	三门县产品质量监督检验所
68	浙江省橡胶制品质量检验中心(三门)	三门县产品质量监督检验所
69	浙江省食用菌质量检验中心	丽水市质量技术监督检测院
70	浙江省木制玩具质量检验中心	丽水市质量技术监督检测院
71	浙江省烟花爆竹质量检验中心	丽水市质量技术监督检测院

资料来源:根据省质监局档案资料整理编制。

说明:时间截至 2010 年底。

2. 检查评估

省质监局在批准各地质监部门筹建省级质检中心的同时,加强对省级质检中心(包括正式运行和已批准筹建)的检查评估工作。2004 年 12 月,根据省级质检中心管理有关规定,省质监局加强对省级质检中心建设的考核检查,并要求已挂牌运行和筹建期的省级质检中心上报 2004 年度工作总结。2005 年 11 月,省质监局决定对全省质监系统省级质检中心开展专项整顿工作,并根据省级质检中心的能力和水平,将省级质检中心分为 4 类,即提升类、合并类、整改类和撤销类。明确同一产品(专业)领域的省级质检中心原则上设立 1～2 家;同一技术机构内,产品(专业)领域相近的省级质检中心原则上要求合并;对列入整改类的省级质检中心,经整改后仍达不到省级质检中心要求的,予以撤销;列入撤销类的省级质检中心,未正式成立的,各单位立即停止筹建;已通过计量认证和审查认可的,相关单位要将省级质检中心计量认证和审查认可证书及证书附表、印章上交省质监局或作相应变更,同时做好省级质检中心摘牌的善后工作。2006 年,省质监局对省级质检中心专项整顿提高工作进行通报。

2007 年,省质监局对浙江省制冷配件设备质量检验中心等 7 家列入限期整改类省级质检中心的整改工作进行验收,并印发《关于下达部分限期整改省级质检中心验收结果的通知》,决定对浙江省制冷配件设备质量检验中心、浙江省伞件产品质量检验中心、浙江省电缆料产品质量检验中心(杭州)、浙江省变压器产品质量检验中心(三门)、浙江省产业用布及橡塑制品质量检验中心、浙江省缝纫机质量检验中心予以保留,列入着力提高类省级质检中心。至 2007 年底,省级质检中心通过清理整顿,保留 60 家,其检测项目和参数基本覆盖全省传统产业领域,有相当部分检验检测机构开始介入区域和行业创新平台建设。2009 年 1 月,省质监局对省级质检中心2008年度总结工作进行部署。各省级质检中心围绕技术能力、科研水平、人才状况、运行情况和建设发展等方面进行了自我评价,并对2009年如何围绕全省经济“保增长、抓转型”的要求,优化服务,强化支撑,更好地发挥省级质检中心职能作用提出了具体工作思路。正在筹建的省级质检中心重点总结了筹建工作进展,并进一步明确筹建目标和具体筹建期限。5月,省质监局对部分着力提高类及限期整改类的省级质检中心进行检查评估,并根据现场检查评估结果,对12家省级质检中心作出如下处理意见:浙江省金华火腿质量检验中心等11家省级质检中心列为重点提高和整改提高类;撤销浙江省化学原料产品质量检验中心(台州)的省级质检中心资格。10月,省质监局决定对省级质检中心建设发展情况进行检查评估。12月,省质监局对省级质检中心(包括正式运行和已批准筹建)2009年度总结工作进行部署。至2009年底,省质监局对14家省级质检中心进行了检查。

2010年3月,省质监局根据2009年省级质检中心现场检查评估结果,决定撤销浙江省医疗仪器质量检验中心,同时要求浙江省水晶玻璃饰品质量检验中心(筹)应在6月30日前完成筹建任务,并申请验收,逾期将予撤销。12月,省质监局对省级质检中心进行年度考核。各省级质检中心围绕技术能力、科研水平、人才状况、运行情况、建设发展和作用发挥等方面进行对照检查,形成书面报告。同年,省质监局对部分省级质检中心进行检查评估,共抽查浙江省智能技术质量检验中心、浙江省饮用水质量检验中心等10家省级质检中心。根据评估结果,省质监局决定撤销浙江省日用轻工产品质量检验中心,同时要求浙江省眼镜产品质量检验中心(筹)应在2011年6月底前完成筹建任务,并申请验收,逾期将予撤销。

三、检验机构资质认定

检验机构资质认定包含计量认证和审查认可/验收。1986年,省标准计量管理局对检验机构开展计量认证试点工作,并逐步建立起检验机构计量认证、审查认可/验收工作机制。2002年4月,省政府审议通过《浙江省检验机构管理办法》,全省检验机构资质认定工作实现统一管理。2007年12月,《浙江省检验机构管理条例》施行,检验机构计量认证工作纳入法制化管理。至2010年底,全省质监系统检验机构通过计量认证项目53709项、审查认可项目51935项、检测实验室国家认可项目16025项,法定计量检定机构授权项目5642项,校准实验室国家认可项目2069项。

(一)资质认定制度

1987年8月14日,省标准计量管理局要求国家级(部级)产品质量检验机构或承担跨省产品质量监督检验任务的检验机构必须在9月底前提出计量认证申请,各省级产品质量检验机构必须在1988年6月底前提出计量认证申请。9月14日,省标准计量管理局印发《省级质检机构计量认证、审查认可实施细则》,对计量认证、审查认可的程序、方法、步骤、评定等作出规定。1991年9月17日,省标准计量管理局印发《浙江省质检机构计量认证工作的实施意见》,对计量认证考核内容和要求,申请考核程序,考核、评审与发证,计量认证的复查、监督检查等进行明确。1992年6月15日,省标准计量管理局印发《关于计量认证工作有关问题的意见》，明确为社会提供公证数据的质量检验机构必须进行计量认证；计量认证工作实行计划管理，按计划组织实施，其中省级及市(地)质量检验机构的计量认证计划，分别由省级有关主管部门和市(地)标准计量(技术监督)部门审核、提出；产品质量监督检验机构申请计量认证，其中部分项目系承担标准计量(技术监督)部门的产品质量监督检验任务而需要验收或审查认可的，两项考核一并安排进行，对考核合格的分别发证；计量认证考核评审实行评审员制度，评审员由省级有关部门和市(地)标准计量(技术监督)部门推荐，由省标准计量管理局考核合格后聘任发证；经计量认证合格的产品质量检验机构，由与其主管部门同级的标准计量(技术监督)部门进行日常监督，省标准计量管理局不定期组织监督检查，在计量认证证书有效期内至少监督检查 1 次；计量认证合格证书的有效期为 5 年。

1994 年 4 月 28 日，省标准计量管理局印发《关于加快全省产品质量监督检验机构验收和审查认可工作的通知》，对产品质量检验机构验收/审查认可的范围、依据、申请、组织实施、进度要求及现场评审等作出规定。同时明确，未通过验收或审查认可的产品质量检验机构不再批准其承担产品质量监督检验任务。1997 年 4 月，省技监局设立质量认证办公室，负责全省产品质量检验机构的计量认证、验收/审查认可及年检工作。12 月 8 日，省技监局对产品质量检验机构认可方式的调整作出补充规定，明确凡获得实验室认可的国家质检中心或含国家质检中心的科研院所，在申请国家质检中心审查认可、计量认证评审或复查时，如实验室认可项目与国家质检中心授权项目相同或多于授权项目，且实验室认可证书有效期长于审查认可、计量认证有效期 4 个月以上的，可只按审查认可、计量认证条款简化考核，合格者将审查认可证书、计量认证证书的有效期延长至实验室认可证书有效期。1999 年 4 月 15 日，省技监局对产品质量检验机构认可工作作出规定：(1)凡同时申请计量认证、审查认可/验收的产品质量检验机构，一律实行“二合一”评审，即由一个评审组按照统一评审依据进行评审。评审合格者，由省技监局同时颁发计量认证证书和审查/验收证书。凡单独申请计量认证的产品质量检验机构，由评审组按照统一评审依据进行评审。评审合格者，由省技监局颁发计量认证证书。(2)统一以国家认可委《实验室认可准则》作为评审依据。各产品质量检验机构应按《实验室认可准则》要求建立质量体系，编写质量手册。(3)产品质量检验机构认可工作统一按《浙江省质检机构认可程序》进行。(4)建立申请认可项目使用标准确认制度，委托省技术监督情报研究所负责标准确认工作。凡申请认可的产品质量检验机构应先到该所办理标准确认，在提交申请书的同时，提交经确认的标准目录清单。(5)申请认可产品项目的仪器设备自备率按国家有关规定执行，即依法设置的产品质量检验机构必须达到 80%以上，依法授权的产品质量检验机构必须达到 95%。不足部分可以由已获计量认证的检验机构分包。检验产品主要性能的仪器设备必须自备。

2000 年 1 月 25 日，省质监局印发《产品质量检验机构能力验证规定》，对能力验证活动的工作程序、参加对象及能力验证结果的使用等进行明确，进一步规范全省产品质量检验机构的能力验证活动(含计量认证、审查认可/验收有关的其他比对活动)。1 月 29 日，省质监局印发《浙江省产品质量监督检验机构授权管理办法(试行)》，明确产品质量监督检验机构必须取得计量认证和审查认可考核合格证书。8 月 7 日，省质监局明确省级产品质量检验机构的计量认证评审工作结合国家对省级产品质量检验机构的验收评审工作一起进行。12月26日，省质监局转发国家质监局《产品质量检验机构计量认证/审查认可(验收)评审准则(试行)》(以下简称《评审准则》)，明确从2001年1月1日起，质监部门依法设置和依法授权的检验机构的资格评审按《评审准则》要求进行；其他检验机构的计量认证，从2001年7月1日起按《评审准则》执行。2001年2月12日，省质监局印发《浙江省检验机构计量认证/审查认可(验收)评审程序》，对检验机构计量认证/审查认可(验收)的申请和受理、资料审查、现场评审、批准发证等程序作出规定。同时决定，统一更换使用由省质监局制作的计量认证/审查认可(验收)标志印章。10月22日，省质监局明确自2002年起，不再下达年度计量认证/审查认可评审计划。检验机构要求计量认证/审查认可(含复查换证)的，先向当地质监部门提出，由当地质监部门签署意见后逐级上报至省质监局。省质监局对符合计量认证/审查认可条件的机构下达《受理通知书》。接到《受理通知书》的机构，应在规定时间内向评审机构提交完整的资料，并配合做好评审准备工作。同时规定，检验机构申请计量认证/审查认可(验收)的项目必须具有现行有效的国家、行业或地方标准。

2002年4月26日，省政府第66次常务会议审议通过《浙江省检验机构管理办法》，明确规定省政府质量技术监督部门负责检验机构的计量认证工作。省政府质量技术监督、卫生、药品监督管理、环境保护、交通、建设、农业、公安等部门，依照有关法律、法规的规定，分别负责从事监督检验活动的检验机构的认可工作。检验机构向社会提供出具公证数据的检验服务，必须经省政府质量技术监督部门考核合格，取得计量认证合格证书；未取得计量认证合格证书的，不得向社会提供出具公证数据的检验服务。检验机构从事监督检验活动必须经有关省级监督管理部门依法认可，取得监督检验认可证书；未经认可，不得从事监督检验活动。6月11日，省质监局决定将检验机构计量认证申请资料的完整性审查委托各市质监部门负责(省级检验机构的计量认证申请直接报省质监局)。未经完整性审查或审查不符合要求的检验机构，省质监局不予受理。同时要求自7月1日起，启用新的《检验机构计量认证申请书》，各类检验机构的计量认证考核按照原国家质监局颁发的《产品质量检验机构计量认证/审查认可评审准则》执行。6月20日，省质监局明确各类装饰装修材料有害物质限量检测机构必须按规定经考核合格，才能向社会出具公证数据(检测报告)。2003年11月12日，省质监局明确各级法定计量检定机构开展计量器具和其他产品的质量检验工作，必须在申请办理计量认证合格证书后，方可在计量认证合格证书批准的范围内向社会提供计量器具和其他产品的质量检验服务。2005年5月25日，省质监局印发《浙江省计量认证/审查认可(验收)现场评审责任制》和《浙江省计量认证/审查认可(验收)评审程序》，进一步加强对计量认证/审查认可(验收)现场评审工作的管理和质量控制，提高评审工作的规范性、科学性和有效性。

2006年9月1日，省质监局决定调整全省检验机构计量认证/审查认可(验收)评审依据，逐步执行以ISO/IEC17025:2005《检测和校准实验室能力认可准则》为基础的《浙江省检验机构计量认证/审查认可(验收)评审准则》。2007年4月29日，省质监局印发《消防设施检验机构计量认证技术条件补充规定》，对消防设施检验机构的基本条件、相关人员必备条件、检测仪器设备要求等提出补充规定。9月28日，浙江省第十届人大常委会第三十四次会议审议通过《浙江省检验机构管理条例》，明确检验机构从事检验服务活动，应当经国家认证认可监督管理部门或者省质监部门计量认证合格；未经计量认证合格，不得从事检验服务活动。

（二）资质认定开展

1986年，省标准计量管理局开始对产品质量检验机构进行计量认证试点。1988年，全省共有15家省级产品质量检验所（站）通过计量认证。至1989年底，全省42家省级产品质量检验所（站）全部通过计量认证，杭州市、宁波市、温州市、绍兴市、永嘉县的产品质量监督检验所也相继通过计量认证。1990年，12家产品质量检验机构通过计量认证。全省累计共有43家省级产品质量检验所（站）、8家市级产品质量检验所、4家县级产品质量检验所和3家行业产品质量检验站取得为社会出具公证数据的资格。1991年，省标准计量管理局分2批下达1991年度计量认证考核工作计划，并对列入计划的各产品质量检验所（站）计量认证考核时间和有关要求进行明确。1992年，全省有39家产品质量检验机构通过计量认证。1993年起，全省计量认证的对象开始从产品质量检验机构向大专院校和科研单位的实验室延伸。

1994年4月26日，省标准计量管理局下达1994年度计量认证考核计划，同时明确凡申请验收或审查认可的，与计量认证一并安排进行，分别发证。9月10日，省标准计量管理局下达全省57家产品质量检验机构验收或审查认可工作计划。至1994年底，省标准计量管理局组织对51家产品质量检验机构进行计量认证，对16家产品质量检验机构进行复查换证，对3家已取证的产品质量检验机构进行抽查考核。1995年3月28日，省标准计量管理局下达1995年度计量认证考核计划，同时对初查、预审、正式评审工作提出具体要求。1996年，省技监局组织对84家单位进行计量认证，对38家已通过计量认证的单位进行监督检查。1997年1月8日，省技监局就申报1997年度计量认证计划有关事项发出通知，明确了申报条件、申报程序、申报时间等。4月10日，省技监局下达1997年度计量认证考核计划，全省列入计量认证计划的产品质量检验机构、测试实验室共195家。1998年3月5日，省技监局下达1998年度第一批质量检验机构认可（计量认证、验收/审查认可）计划，共42家。4月23日，省技监局公布1998年度产品质量监督检验机构通过认可检验项目名单（第一批），省技术监督检测研究院等18家单位的160项新增检验项目和228项到期复查项目通过认可。6月16日，省技监局下达1998年度第二批产品质量检验机构认可（计量认证、验收/审查认可）计划，共31家。7月30日，省技监局公布1998年度产品质量监督检验机构通过认可检验项目名单（第二批），浙江省建筑工程质量监督检验站等16家单位的300项新增检验项目和214项到期复查项目通过认可。10月19日，省技监局公布1998年度产品质量监督检验机构通过认可检验项目名单（第三批），浙江省纸张质量监督检验站等12家单位的150项新增检验项目和132项到期复查项目通过认可。12月4日，省技监局下达1999年度计量认证计划，同时明确省技监局会同有关部门负责列入计划的省级机构计量认证预审，各市（地）技监部门负责列入计划的市（地）县机构计量认证预审，正式评审由省技监局组织进行。

1999年2月1日，省技监局公布1998年度产品质量监督检验机构通过认可检验项目名单（第四批），省技术监督检测研究院等16家单位的95项新增检验项目和632项到期复查项目通过认可。4月7日，省技监局公布1999年度产品质量监督检验机构通过认可检验项目名单(第一批)，浙江省水泥产品质量监督检验站等15家单位的219项新增检验项目、160个新增参数和505项到期复查项目、56个到期复查参数通过认可。4月13日，省技监局下达1999年度第一批产品质量检验机构认可(计量认证、验收/审查认可)计划，共66家，同时明确从1999年6月起，产品质量检验机构计量认证和验收/审查认可考核的依据为CNACL201-95《实验室认可准则》。7月9日，省技监局公布1999年度产品质量监督检验机构通过认可检验项目名单(第二批)，浙江省建筑工程质量监督检验站等10家单位的352项新增检验项目、40个新增参数和247项到期复查项目通过认可。9月28日，省技监局同意对上虞市防雷检测所等14家防雷机构进行计量认证。10月10日，省技监局公布1999年度产品质量监督检验机构通过认可检验项目名单(第三批)，丽水市产品质量监督检验二所等8家单位的46项新增检验项目、48项到期复查项目及39个参数通过认可。2000年1月26日，省质监局公布1999年度产品质量监督检验机构通过认可检验项目名单(第四批)，浙江省丝绸产品质量监督检验站等9家单位的43项新增检验项目、180项到期复查项目及66个参数通过认可。2月21日，省质监局下达2000年度第一批产品质量检验机构认可(计量认证/审查认可(验收))计划，共48家。4月24日，省质监局公布2000年度产品质量监督检验机构通过认可检验项目名单(第一批)，浙江省烟草质量监督检验站等14家单位的219项新增检验项目、177项到期复查项目及66个参数通过认可。8月10日，省质监局公布2000年度产品质量监督检验机构通过认可检验项目名单(第二批)，浙江省种子产品质量监督检验站等10家单位的208项新增检验项目、126项到期复查项目及64个参数通过认可。12月26日，省质监局公布2000年度产品质量监督检验机构通过认可检验项目名单(第三批)，临海市产品质量监督检验所等8家单位的70项新增检验项目、141项到期复查项目及80个参数通过认可。

2001年2月13日，省质监局下达2001年度第一批检验机构计量认证/审查认可(验收)计划，其中计量认证/审查认可(验收)25家、计量认证25家。至2001年底，全省有22家检验机构通过国家实验室认可，161家检验机构通过单项计量认证，159家检验机构通过计量认证和审查认可。2002年6月20日，省质监局印发《关于进一步加强室内装饰装修材料有害物质限量标准检测机构资质管理的通知》，公布浙江方圆检测股份有限公司等8家室内装饰装修材料有害物质限量标准检测机构名单。9月16日，省交通厅、省质监局决定从2002年下半年开始，对交通建设工程检测机构开展计量认证工作。9月17日，省建设厅、省质监局决定对建设工程检测机构开展计量认证工作。同年，全省质监部门共受理229家检验机构计量认证申请，安排计量认证140家、计量认证和审查认可69家。至2002年底，全省共有203家检验机构通过计量认证，167家检验机构通过计量认证/审查认可。2003年，全省质监部门对446家检验机构进行计量认证/审查认可。至2003年底，全省累计有613家检验机构通过计量认证，42家检验机构通过国家实验室认可。2004年，全省质监部门对589家(次)检验机构开展计量认证/审查认可。至2004年底，全省累计有826家检验机构通过计量认证，83家检验机构通过国家实验室认可，基础工业品、农产品、环境监测、卫生疾控、工程建设、气象等领域的检验检测服务体系得到完善和加强。2005年，全省质监部门共受理395家检验机构计量认证/审查认可申请,完成现场评审619家、书面确认110家、监督评审343家。至2005年底,全省累计有956家检验机构通过计量认证。2006年,省质监局对359家检验机构进行计量认证评审。至2006年底,全省累计有1033家检验机构通过计量认证/审查认可。2007年,全省质监部门共安排现场评审603家,批准530家,不予批准项目663项。截至2008年10月27日,全省累计有1078家检验机构通过计量认证,涉及安全卫生、疾病控制、供水供电、农林渔业、化工建材、冶金机械、气象水文、交通运输、环境资源、测绘测量等领域。

2009年,全省质监部门依法受理640家检验机构的计量认证/审查认可申请,通过考核批准751家。其中,首次69家,扩项97家,复查277家,书面确认308家。不予批准项目1862项,现场不予通过6家,现场复查检验机构34家。2010年3月,衢州天恒司法鉴定所取得计量认证资质,成为全省首家取得计量认证资质的司法鉴定机构,填补了浙江省法医物证类司法鉴定领域的空白。

四、检验机构监管

20世纪90年代,全省标准计量(技术监督)部门开展对检验机构的监督管理,并逐步建立起"以认证认可监管机构为主导,以专职执法机构为主力,以法治工作机构为监督"的监督检查工作机制,推动全省检验检测市场健康发展。

(一)监管制度

1990年,省标准计量管理局印发《浙江省省级质检所、站管理考核办法》《浙江省产品质量检测机构承检产品审查认可管理办法》,加强对产品质量检验机构的管理。1991年6月20日,省标准计量管理局转发国家技监局《关于加强产品质量监督检验机构专用检验仪器设备管理的若干规定(试行)实施细则》。1995年5月28日,省标准计量管理局明确未经标准计量(技术监督)部门批准或安排,任何产品质量检验机构不得以产品质量监督检验所(站)的名义到生产或经销企业进行产(商)品质量监督检查;未经批准,各产品质量检验机构不得以任何形式向外泄露检验结果;各产品质量检验机构没有对企业给予某一产品免检优惠的职权。1996年9月25日,省技监局印发《关于加强产品质量监督检验机构管理的意见》(以下简称《意见》),明确各级检验机构必须具备相应的检测条件和能力,经省技监局按国家有关规定进行考核合格后,才能承担产品质量监督检验工作,并接受上级和同级技监部门的日常监督管理。《意见》同时对检验机构的主要任务、年度考核等进行明确。1997年,省技监局对产品质量检验机构在工作中租用企业检测设备开展检验活动等作出规定。1999年1月11日,省技监局印发《关于依法设置的质检机构利用企业设备建立实验室的有关规定》,对利用企业设备建立实验室的产品质量检验机构条件进行明确。2月5日,省技监局明确承担计划性监督检验任务的产品质量检验机构,其检验能力必须按所承检产品标准要求通过全项目计量认证和审查认可/验收,否则在监督检查计划中不予安排。6月22日,省技监局明确未经考核合格或超过考核有效期的产品质量检验机构不得从事产品质量监督检验。

2000年1月29日,省质监局印发《浙江省产品质量监督检验机构授权管理办法(试行)》,

规定产品质量监督检验机构应具备以下条件和能力：符合《校准和检测实验室能力的通用要求》(GB/T 15481-1995)的规定；具有第三方公正地位，坚持公平、公正、科学、求实的原则；在国家规定实行执业资格制度的专业岗位上，配备足够的具有执业资格的工作人员；仪器设备的工作性能、工作环境和人员的操作技能符合规定要求；保证量值统一、准确和检测数据公正、科学；取得计量认证和审查认可考核合格证书。2001 年 8 月 21 日，省质监局、省发展计划委员会印发《浙江省特色工业园区产品质量检测技术机构管理办法(试行)》，明确省发展计划委员会负责特色工业园区产品质量检测技术机构项目的审查，省质监局或其授权的有关部门负责特色工业园区产品质量检测技术机构组建的评审。设立特色工业园区产品质量检测技术机构应当具备以下条件：属于省发展计划委员会批准的省级特色工业园区，形成集聚效应，具有明显的特色优势；园区所在特色工业产品的年销售额较大，在省内、全国占有较大的市场份额；园区内多数企业缺乏产品质量出厂检测能力或检测手段不足，愿意委托产品质量检测技术机构承担出厂检验工作。8 月 31 日，省质监局明确产品质量检验机构的对外合资合作工作由国家质监局依法审批和监督管理。

2002 年 4 月 26 日，省政府第 66 次常务会议审议通过《浙江省检验机构管理办法》，对检验机构的计量认证、监督检验认可、从业规范以及监督管理等进行规定，同时明确县级以上人民政府质量技术监督、卫生、药品监督管理、环境保护、交通、建设、农业、公安等部门，按照各自职责，负责有关检验活动的监督管理工作。2007 年 9 月 28 日，浙江省第十届人大常委会第三十四次会议审议通过《浙江省检验机构管理条例》(以下简称《条例》)，对检验机构计量认证、检验服务、监督检验以及相关管理活动等作出规定。同时明确监督管理部门在查处检验机构涉嫌违反《条例》规定的行为时，可以依法行使下列职权：对检验场所进行现场检查；向检验机构工作人员、委托人等有关单位和人员询问检验活动的有关情况；查阅、复制检验档案、合同、发票、账簿以及其他有关资料；必要时，可以依法予以登记保存。2010 年 3 月，省质监局转发国家质检总局《关于加强质检系统食品检验机构接受委托检验工作管理的意见(试行)》，规定食品检验机构必须在资质范围内接受委托检验，初检发现敏感食品重要指标阳性的，要严格内部复检；对在食品委托检验工作中发现的带有区域性、普遍性及社会关注的重大风险信息，食品中重要安全性指标不符合要求，有严重质量问题的，以及食品中含有非食品添加剂等安全信息要按照程序及时向省级质监部门报告。9 月，省质监局转发国家质检总局《委托检验行为规范(试行)》，对委托检验的实施、监督等作出规定。

(二)监督管理

1985 年 10 月，省标准计量管理局对浙江省家用电器产品质量监督检验站擅自扩大受检产品提出处理意见。1991 年 6 月，省标准计量管理局就省产品质量监督检验所对瑞安市电动工具厂手电钻泄漏电流检验项目发生误判事故进行通报。10 月 10 日。省标准计量管理局转发国家技监局《关于认真做好地方产品质量监督检验机构“整顿、充实、提高”工作的通知》(以下简称《通知》)，决定暂停与《通知》精神不符的有关产品质量检验机构的计量认证和审查认可工作。1997 年 5 月，根据国家技监局的统一要求，省技监局对开展产品质量检验机构监督检查工作进行部署。6—7月,各级产品质量检验机构开展自查工作。8—9月,省技监局组织对46家产品质量检验机构进行检查,其中,设在省级产品质量检验所内的国家质量检验中心1家,省级产品质量检验所(站)17家,市(地)级产品质量检验所(站)14家,县级产品质量检验所14家。共抽查抽样单4600份,发现存在问题的3782份;抽查原始记录4000份,发现存在问题的407份;抽查检验数据4000份,发现存在问题的223份;抽查检验结论4000份,发现存在问题的161份;抽查仪器设备记录2300份,发现存在问题的224份。检查同时发现,有20家检验机构存在超授权范围开展检验的项目95项。

1998年6月3日,省技监局召开会议,部署对产品质量检验机构开展监督检查,同时明确省技监局负责对省、市(地)两级产品质量检验机构的检查,市(地)技监部门负责对县(市)产品质量检验机构的检查。7—10月,省技监局组织有关部门和专家对80家产品质量检验机构进行监督检查,其中,省级产品质量检验机构22家,市(地)级产品质量检验机构22家,县(市)级产品质量检验机构36家。共检查抽样记录7084份,发现有问题的5645份,占抽查总数的79.7%;抽查原始记录6895份,发现有问题的2931份,占抽查总数的42.5%;抽查检验结论6372份,发现有问题的1036份,占抽查总数的16.3%,核查仪器设备1424台(件),发现有问题的194台(件),占抽查总数的13.6%。检查同时发现,有20家产品质量检验机构不同程度存在超授权范围开展监督检验的问题,个别产品质量检验机构存在不经检验出具检验报告或随意更改检验数据的问题。1999年7月15日,省技监局对瑞安市汽配质量检测中心违反有关规定出具监督检验报告问题进行通报。8月13日,省技监局部署对全省技监部门依法设置和授权的产品质量检验机构进行监督检查。至10月底,全省175家产品质量检验机构中有156家产品质量检验机构上报自查材料。杭州、宁波、绍兴、嘉兴、金华5个市技监部门对本地区所属产品质量检验机构进行检查。11月,省质监局组织对省、市、县27家产品质量检验机构进行抽查,共抽查抽样单4206份、原始记录4488份、检验报告4856份,核查检测设备976台(件)。检查发现有11家检验机构不同程度存在超授权范围开展监督检验问题,占被检查机构总数的40.0%;21家检验机构未按标准要求进行全项目检验就出具定期监督检验报告,占被检查机构总数的77.8%;6家检验机构存在随意变更检验数据的问题;18家检验机构存在检验报告方面的问题;21家检验机构存在检测设备方面的问题;16家检验机构存在检验收费方面的问题。12月27日,省质监局对1999年度全省产品质量检验机构监督检查情况进行通报,并对违规的产品质量检验机构作出相应的处理决定。

2000年3月,省质监局对全省已取得计量认证证书的产品质量检验机构(不包括质监系统内设置的产品质量检验机构及授权机构)开展监督检查。8月10日,省质监局转发国家质监局《关于对国家茶叶质量监督检验中心违反规定处理情况的通知》,并组织检验机构进行自查。2001年4月27日,省质监局对浙江省服装质量监督检验站作出取消授权检验项目的认可资格和限期整改、暂停向社会出具公证数据3个月的处理决定,并在全省范围内对该站违规问题进行通报。4—6月,省质监局组织对全省40家检验机构进行监督检查,共抽查抽样单2120份、原始记录2721份、检验报告2721份,核查仪器设备1002台(件)。8月13日,省质监局对检查中发现的问题进行通报。同年,全省质监部门对156家通过计量认证和审查认可的检验机构开展年度监督检查。同时，根据企业和群众举报，对义乌市黄金检测站未经计量认证向社会出具公证数据以及宁波建材产品质量监督检验站出具虚假检验报告的违法行为进行了查处。2002 年 2 月 1 日，省质监局就宁波市建材产品质量监督检验站严重违规行为作出取消其审查认可资格，对单位罚款 5 万元，对直接责任人罚款 1 万元，没收违法所得 2000 元和责令该站在 3 个月内对违规行为进行整顿，在整改期内不得向社会出具公证数据的处罚决定。4—6 月，全省质监部门对检验机构开展监督检查，涉及全省已通过计量认证/审查认可(验收)的 320 余家检验机构。其中，省质监局抽查 31 家检验机构，抽查抽样单 1254 份、原始记录 2105 份、检验报告 2105 份，核查仪器设备 821 台(件)。7 月 16 日，省质监局就 2002 年全省检验机构监督检查情况进行通报，对舟山市疾病预防控制中心超认证范围向社会提供加盖 CMA 印章的检测服务问题进行通报批评，同时要求舟山市质量技术监督局责令舟山市疾病预防控制中心收回加盖 CMA 印章的检验报告。10 月，根据群众举报，省质监局组织对嘉兴市药品检验所计量认证有关问题进行调查，确认该所存在未经计量认证复查合格，对外出具加盖计量认证印章的检验报告以及检验样品管理混乱、原始记录涂改不符合规定等问题，并要求嘉兴市质量技术监督局依法对该所作出行政处罚。

2003 年，质监部门对全省检验机构进行计量认证专项执法检查，共查处 182 家未经计量认证向社会提供检验服务的机构。2004 年 4 月起，质监部门对 134 家检验机构进行监督评审。8 月 27 日，省质监局对浙江省粮油产品质量监督检验站违规签订食品质量安全检验协议等问题进行通报，并暂停其承担小麦粉、大米、食品植物油三大类食品出厂委托检验的资格。9 月 8 日，省质监局决定取消浙江省建设工程质量检验站有限公司的特种设备检验项目。11 月 22 日，省质监局对在监督评审中发现存在问题的杭州华意电力检测工程技术有限公司、永康市疾病预防控制中心、台州市黄岩区疾病预防控制中心、嘉善县环境监测站进行通报批评，并作出限期整顿的处理决定。2005 年 9—11 月，质监部门对全省 186 家食品检验机构(嘉兴地区 14 家检验机构进行自查)开展计量认证专项监督检查。检查内容包括机构的组织与管理、仪器设备和环境、人员、检验报告和计量认证标志、公正性地位和行为、日常管理等 6 个方面。经检查，满足计量认证要求的 20 家，占 11.6%；基本满足计量认证要求，个别项目需要改进的 138 家，占 80.2%；不能完全满足计量认证要求，需要整改的 8 家，占 4.7%；存在严重问题，不能满足计量认证要求，建议暂停计量认证资格的 2 家，占 1.2%；主动要求取消白酒项目的 1 家，占 0.6%；因搬迁等原因未做检查结论的 3 家，占 1.7%。12 月 13 日，省质监局对 2005 年全省食品检验机构计量认证监督检查情况进行通报，并责令不能完全满足计量认证要求的中国农业科学院茶叶研究所农产品质量安全检测室等 8 家检验机构限期整改。

2006 年 8—10 月，质监部门对全省建工、交通行业的 307 家检验机构开展计量认证监督检查。经检查，171 家检验机构满足或基本满足(现场可以整改)计量认证要求，占总数的 55.7%；120 家检验机构基本满足(需要后续整改)计量认证要求，占总数的 39.1%；11 家检验机构存在严重问题，不能满足计量认证要求，占总数的 3.6%；另有 5 家检验机构已停止对外开展检测服务，占总数的 1.6%。11 月 1 日，省质监局对建工、交通行业检验机构计量认证监督检查情况进行通报，并责令浙江汉宇安全技术有限公司等 16 家检验机构在 3 个月内对存在的问题进行整改，整改期间不得对外出具公证数据和检验报告。同时决定，注销宁波市宁乐幕墙门窗检测服务有限公司的计量认证资质。2007年5—6月，省质监局对34家产品质量检验机构进行监督抽查，共抽查检验报告457份及相应的原始记录、人员技术档案451份，核查仪器设备357台(件)。重点检查检验机构的公正性、仪器设备和环境、人员资质、检验报告和计量认证标志、检验标准和依据、质量管理体系和实验室日常管理等方面的情况。6—7月，省质监局对省特种设备检验中心、杭州市特种设备检测院、绍兴市特种设备检测院、金华市特种设备检验中心和台州市特种设备监督检验中心进行监督抽查，共抽查401份检验报告及相应的原始记录，并对47家特种设备使用单位的47台在用特种设备检验质量进行现场核查。9—12月，质监部门对全省131家环境、气象行业检验机构开展计量认证资质专项监督检查，涉及环境监测机构75家、防雷气象检测机构56家，共抽查检验报告及原始记录1240份，核查仪器设备1860台(套、件)。重点对检验机构的公正性、仪器设备、检验报告、检验标准、检验人员、日常管理、整改落实7个方面情况进行检查。检查发现嘉兴市防雷设施检测所等6家检验机构存在未取得计量认证资质，仍向社会提供检验服务的问题。12月19日，省质监局对2007年度全省环境、气象行业检验机构计量认证监督检查情况进行通报，同时责令嘉兴市防雷设施检测所等6家检验机构在未取得计量认证资质前，立即停止向社会提供检验服务；责令不能完全满足计量认证条件的宁波市防雷中心等4家检验机构在2个月内进行整改。整改合格前，不得从事检验服务活动。

2008年7—8月，质监部门对全省通过计量认证的119家消防设施、车辆综合性能检验机构开展专项监督检查，涉及消防设施检验机构47家、车辆综合性能检验机构70家。重点检查检验机构的公正性、仪器设备、检验人员、检测报告、检验标准、日常管理等方面情况。共抽查检验报告及原始记录2380份、人员技术档案3250份，核查仪器设备1810台(套、件)。检查发现，除2家检验机构因取证后没有开展消防设施项目检测而未下检查结论外，117家受检的检验机构中，满足计量认证要求的8家，占6.8%；基本满足计量认证要求，个别项目需要改进的97家，占82.9%；不能完全满足计量认证要求，需要暂停整改的12家，占10.3%。存在的主要问题：一是日常管理工作松懈，管理体系运行不到位。有33家检验机构内审或管理评审存在问题。二是仪器设备使用和维护管理不规范。主要表现在仪器设备的使用、维护记录不完整，设备档案管理混乱，仪器设备的运行检查制度未有效实施，设备未检定或超检定周期以及检定不合格仍开展检验工作。三是检验机构人员、标准变更后未及时上报备案和确认。9月28日，省质监局对全省消防设施、车辆综合性能检验机构专项监督检查情况进行通报，责令存在问题较多的浙江警正消防检测有限公司等12家检验机构在3个月内进行整改。10月16日，根据国家认监委统一要求，省质监局部署开展2008年度资质认定获证实验室专项监督检查，并明确专项监督检查的重点是承担食品、家具、玩具、油漆涂料、洗涤用品、纺织品、汽车配件、建材、低压电器、建筑工程与室内空气检验任务的检验机构，以及历年监督检查发现问题较多的检验机构。12月23日，省质监局组织开展对全省计量授权检定机构的监督检查。重点检查计量授权机构的组织管理、资源配置和管理、检定的实施与监督、公正性等方面情况。至2008年底，全省质监部门共依法注销7家检验机构计量认证资质，对715家获证的检验机构进行能力验证，暂停15家检验机构计量认证资质2个月，取消9家检验机构的计量认证资质。

2009年1月，各市质监部门对辖区内计量授权检定机构开展监督检查。9—10月，质监部门对全省83家机动车安全检验机构开展计量认证和资格许可专项监督检查。重点检查检验机构的法律地位、公正性、检验人员、技术档案、检验仪器设备、检测线情况、年度报告制度、检验标准有效性和相关制度的完备性、计算机联网9个方面情况。共抽查4200份检验报告以及相对应的原始记录、设备、人员档案。检查发现的主要问题有：检验机构法律责任主体不明确，未按规定制定和提交年度工作报告，检验项目标准执行较差，仪器设备配置不全或使用维护管理不规范等。10—11月，省质监局组织对全省100家取得计量认证或审查认可资质的消防设施(或项目)检验机构、2009年承担监督检验任务的产品质量检验机构以及部分未按照要求开展自查的检验机构进行监督检查。重点检查组织机构、检测过程管理、检测报告、检验行为4个方面情况。共抽查检验报告497份及相应的原始记录、人员技术档案789份，核查仪器设备1210台(套、件)。2010年1月，省质监局对2009年资质认定获证检验机构监督检查情况进行通报，决定依法注销桐乡市展明交通工程检测试验有限公司的计量认证资质，并责令出具虚假检验数据的嘉兴市卓越消防检测有限公司和获证后质量管理体系未运行的绍兴市正邦工程检测有限公司等4家单位停止向社会出具具有证明作用的检验数据和结果4个月。同时，对存在较严重问题的浙江警正消防检测有限公司、浙江科捷安全科技有限公司进行通报批评。9月，省质监局、省公安厅印发《浙江省机动车安全技术检验工作专项整治方案》，在全省范围集中开展为期4个月的机动车安全技术检验工作专项整治。其间，共出动执法人员358人次，检查机动车安全技术检验机构91家，发现存在问题的有86家(其中无证开展检验的23家)，督促整改65家。同年，省质监局在全省质监系统开展检测工作大整顿，并成立检测工作整顿领导小组，召开全省质监系统检测工作整顿动员会，加强对147家直属检验机构、授权检验机构工作质量的监督管理。整顿期间，省质监局组织16个检查组对10余个市、县质监部门开展检测整顿工作进行督查，对25家省级检验机构和按30%比例抽查的32家市、县级检验机构开展专项监督检查。重点检查检验机构的思想建设、组织建设、职能履行、制度建设、制度落实、人员管理和检测规范。共抽查检验报告及对应的原始记录1720份、人员技术档案970份，核查仪器设备700余台(件)。

第九章　机构　人员

在中国，早在西周时期就设有专门管理度量衡的官职。据《周礼》记载，“内宰”负责定度量，颁发度量衡标准；“大行人”负责向各诸侯国发放标准器，统一度量衡器；“合方氏”负责监督检查全国度量衡器。秦统一中国后，颁布诏书统一度量衡。此后，历代封建统治者都视“同律度量衡为经国宜民之要务”，在中央和地方均设有专司度量衡的机构和官职。清宣统元年(1909年)，浙江设立省度量权衡局，专司度量衡管理。北洋政府时期，度量衡管理工作先后由省实业司、省实业厅负责。民国16年(1927年)，省建设厅主管度量衡工作。民国19年，省建设厅设省度量衡检定所，各县相继设立度量衡检定分所。至民国22年，全省先后设立分所73处，人员百余名。民国26年，民国省政府决定省度量衡检定所兼管“有关工作标准之调查及推行事项”。“七七”事变后，省度量衡检定所遭裁撤，各分所或解散或处于停顿状态。民国35年8月，民国省政府明确由省建设厅第二科度政股兼办度量衡管理工作，各县度量衡检定事宜由各县政府建设科兼办。

中华人民共和国成立初期，全省度量衡管理工作由省商业厅负责，杭州、宁波等地度量衡检定机构也有所恢复。至1957年，全省有12个市、县建立度量衡检定所(站)，人员34人。1960年，省人委批准省科委建立省标准计量管理处，并同意全省平均每3个县建立1个计量管理机构。至1966年，除省计量标准管理局外，全省设有计量管理机构26个。“文化大革命”开始后，各地计量管理机构相继被撤销。1970年，省计量标准管理局被撤销，在省革委会生产指挥组科学技术局下设计量所。1972年10月11日，省革委会生产指挥组转发省科技局《关于加强计量工作的报告》，要求各地、市、县建立健全计量管理机构，并配备一定数量的人员。1977年，省委决定将省科技局标准计量所改称浙江省标准计量管理局，作为省革委会的职能机构，由省科委和省计委负责管理。1979年后，全省标准计量部门的管理职能与技术保障职能逐步分离。至1982年5月，全省有63个地、市、县建立标准计量管理部门，人员780人。1984年，省标准计量管理局加快全省产品质量监督检验网的建设，产品质量监督检验机构等技术机构得到快速发展。至1994年底，全省标准计量(技术监督)部门共有机构104个，其中省级机构6个、市级机构21个、县级机构77个，人员2607人。1995年4月，浙江省标准计量管理局改称浙江省技术监督局，由省计经委管理。1999年9月，省政府决定省以下质监系统实行垂直管理体制，浙江省技术监督局更名为浙江省质量技术监督局，为省政府的工作部门。2000年，省质监局升格为正厅级，并增加锅炉压力容器安全监察和宏观质量管理相关职能。同年，原劳动部门所属的锅炉压力容器检验机构成建制划转质监部门。2005年，食品生产环节质量监管职能划入质监部门。随着职能的扩大，全省质监部门的机构和人员也相应增加。至2010年底，全省质监系统共有机构254个。其中，省级机构15个，市级机构52个，县级机构187个。全省质监系统实际在职人员为5915人。其中，行政机构人员1912人，事业机构人员4003人。

第一节 管理体制

行政管理体制是由行政管理机构、管理权限、管理制度、管理工作、管理人员等有机构成的管理系统。民国时期，省度量衡检定所附设在省建设厅内。1960年2月，省标准计量管理处设立，为省科委直属事业单位。1964年6月，省标准计量管理处更名为省计量标准管理局，为省科委下属二级局。1977年10月，省标准计量管理局作为省革委会的职能机构，由省科委和省计委管理，各地标准计量部门由当地科技局或经委管理。1985年7月，省政府明确省标准计量管理局机构规格为副厅级。1999年9月，全省质监行政管理体制实行省以下垂直管理，省质监局为省政府工作部门。2000年7月，省质监局升格为正厅级。至2010年底，省质监局对温州等9个市及所属县(市、区)实行省以下垂直管理，宁波市质监系统实行市以下垂直管理，杭州市质监系统的编制、干部人事等实行市以下垂直管理。

一、双重管理体制

清宣统元年(1909年)，浙江在劝业道内设省度量权衡局。北洋政府时期，省实业司、省实业厅先后负责度量衡管理。民国16年(1927年)，省建设厅主管度量衡工作。民国19年，省建设厅设省度量衡检定所，负责划一全省度量衡。各县也相继设立度量衡检定分所，开展检定划一工作。至民国22年，全省所辖75县及杭州市，除南田县与象山县、永康县与缙云县系2县合并设1分所，杭州市由省度量衡检定所兼办外，其他每县设1分所。分所附设于各县建设局，其县没有建设局的，则附设于县政府的建设科内。附建设局(科)的，由局长或科长兼任分所主任，每个分所由省建设厅委派三等检定员1人。各分所每年经费600元～900元，由建设费项下开支。省度量衡检定所主要依据《浙江省各县度量衡检定分所人员考绩规则》《浙江省各县度量衡检定分所人员奖惩规则》《浙江省度量衡检定所视察各县划一度量衡办法》《浙江省度量衡检定所考核各县度量衡检定分所主任检定员及检定员奖惩规则》等，对各县度量衡检定分所进行管理和指导。民国35年8月，民国省政府颁布《浙江省统一度政组织办法》，明确由省建设厅第二科度政股兼办度量衡管理工作。省会度量衡检定事宜交还杭州市政府自办，由市政府社会科增设度政股或度量衡检定室办理。各县度量衡检定事宜由各县政府建设科兼办，暂不另设度量衡检定分所。一等县以上及全县境内度量衡制造厂在10家以上的，县政府设度量衡检定员2名，在建设科筹置度政股附设检定室受理检定，其余各县一律暂定度量衡检定员1名，经办检定检查事务。

1951年5月7日，省政府主席办公会议研究确定，为便于掌握全省有关度量衡检定等问题，决定在未正式成立该项组织机构前，暂先在省商业厅行政室下设一个3人小组专司其事。

各地度量衡检定机构由当地商业局或工商局管理。1957年，省商业厅向省人委呈递《关于建立浙江省计量管理局的报告》。1959年6月18日，省科委、省商业厅向省人委呈递《关于改变各级计量机构领导关系的报告》，对全省计量机构的领导和业务上的指导提出以下调整意见：将原属省、专区、市县商业部门领导的计量检定所（站）转由各级科委领导，省商业厅掌管的计量工作，自上级批转即日起全部移交省科委负责，各地的移交工作在经过当地科委和商业部门双方商妥报当地人委批准后实施。7月7日，省人委批复同意全省计量工作划归省科委领导。同时明确，设有计量检定所（站）的区和县（市），经专署和县（市）人委研究决定，亦将计量工作划归科委系统领导。1960年2月，省标准计量管理处设立，为省科委直属事业单位。1963年6月19日，省人委转发省科委《关于进一步加强度量衡管理工作的报告》，明确对于现有计量机构，当地有科委的，由科委领导；当地没有科委的，由商业局领导。1964年6月，省人委同意将省标准计量管理处改称浙江省计量标准管理局，为省科委下属二级局，由省科委代管。1965年，省计量标准管理局划归省计经委管理。1966年，省计量标准管理局划归省人委办公厅管理。1970年，省计量标准管理局被撤销，在省革委会生产指挥组科学技术局下设计量所。1974年12月30日，省科技局计量所更名为浙江省科技局标准计量所。1977年10月，省科技局标准计量所改称省标准计量管理局，作为省革委会的职能机构，由省科委、省计委负责管理。1983年，省标准计量管理局由省计经委负责管理。1984年10月16日，省标准计量管理局向省计经委递交《关于市（地）、县标准计量机构性质和隶属关系的报告》，建议各级标准计量机构归口当地经委；仍归口科委的，要根据当地具体情况抓紧完成过渡。1990年4月19日，经省政府同意，省编办印发《关于县标准计量所增挂标准计量管理局牌子的批复》，明确未设局的县（市）标准计量所可增挂标准计量管理局的牌子，依法行使质量监督、计量和标准化等行政执法职能。1995年4月，省标准计量管理局改称浙江省技术监督局。1996年5月16日，省政府办公厅印发《关于印发浙江省技术监督局职能配置、内设机构和人员编制方案的通知》，明确省技监局为省计经委管理的机构（副厅级），承担全省技术监督和行政执法职能。

二、省以下垂直管理体制

1999年9月24日，省政府印发《关于我省省以下质量技术监督系统实行垂直管理体制的实施意见》，全省质监系统开始实行垂直管理体制，即省质监局对温州等9个市及所属县（市、区）局实行省以下垂直管理；宁波市质量技术监督系统实行市以下垂直管理；杭州市质量技术监督系统的编制、干部人事等实行市以下垂直管理，萧山、余杭和其他县（市）的财务由省质监局直接管理。2000年4月20日，省委印发《中共浙江省委关于省政府机构调整部门党委（党组）设置的通知》，决定撤销省技监局党组，建立中共浙江省质量技术监督局委员会（以下简称省质监局党委）。6月7日，省委组织部同意将全省市（地）、县（市、区）质监部门党组改为党委。2010年10月，省编办印发《浙江省机构编制委员会办公室关于市县质量技术监督局“三定”规定有关问题的函》，同意省质监局提出的各市、县（市、区）质量技术监督局（分局）的主要职能、机构设置、人员编制、领导职位等。

(一)机构管理

1. 行政机构的设置与管理

各级质量技术监督行政机构统一名称、统一性质、独立建制。省质量技术监督行政机构名称为浙江省质量技术监督局,是省政府的工作部门。主要职责是:领导省以下质量技术监督部门正确执行国家有关质量技术监督的法律法规和方针政策,履行法定职责规定的质量技术监督职能。市(地)质量技术监督行政机构名称为××市(地区)质量技术监督局,是省质监局的直属机构。主要职责是:在省质监局的领导下,负责管理本行政辖区内的质量技术监督和行政执法工作,领导下级质量技术监督局。地级市质量技术监督局可设置稽查队,名称为××市质量技术监督局稽查队,是同级质量技术监督局的直属机构。县(市)质量技术监督行政机构名称为××县(市)质量技术监督局,并增挂稽查队牌子,是上一级质量技术监督局的直属机构。主要职责是:在市(地)质量技术监督局的领导下,负责管理本行政辖区内的质量技术监督和行政执法工作。市辖县级区可设置质量技术监督行政机构(含开发区),名称为××市质量技术监督局××区分局,并增挂稽查队牌子,是市质量技术监督局的派出机构,由市质量技术监督局统一领导、统一管理。

省和省以下质监局及其内设机构和稽查队的设置、变更、撤销,由省质监局提出意见,省编办审核、报批。各级质量技术监督局的级别与同级政府工作部门的级别相同,其内设机构的级别,参照当地政府所设同级机构的有关规定执行。

2. 技术机构的设置与管理

全省质量技术监督技术机构的设置,由省质监局结合全省经济发展水平和产业结构特点,按照精简效能的原则,统一规划、合理布局。在同一城市,同一门类的技术机构只设一个。已经多重设置的,要从实际出发,逐步归并合一。省与杭州市质量技术监督技术机构的设置,由省质监局会同杭州市人民政府协商落实。市(地)质量技术监督局设立一个实力较强的综合性技术机构。县(市)质量技术监督局根据经济发展的需要,可设立一个带有地域特色的综合性技术机构。市所辖区的质量技术监督分局不再设置技术机构。各级专业纤维检验机构予以保留。

省质监局所属技术机构的设置、变更和撤销,在征得国家质监局同意后,由省质监局报省编办审核、报批。省以下质量技术监督局所属技术机构的设置、变更和撤销,由省质监局提出意见,经省编办审批后实施。

(二)编制管理

省质监局及其所属技术机构的有关人员编制及领导职数,由省编办核定和管理;省以下质量技术监督局及其所属技术机构的有关人员编制及领导职数,由省编办会同省质监局统一核定和管理。省以下质量技术监督局根据核定的编制,制订年度增人计划,报省质监局审核。省质监局根据工作需要和编制空缺情况,经省人事厅、省编办同意后,逐级下达增人计划和指标,经严格考试、考核后录用。省质监局、省编办对省以下质量技术监督局的编制使用情况进行监督检查。省质监局根据工作需要和编制空缺情况，提出所需有关人员编制的具体意见，经省编办审核、报批后，会同省质监局统一下达。

全省质量技术监督系统有关人员编制的管理权限上收到省一级。省以下质量技术监督部门的编制数上划，其中行政局按核定的行政编制数上划；实际从事行政管理工作的事业局和从事行政执法工作的稽查队，按实有人数上划，以后视情况逐步予以核定行政编制。

省以下质量技术监督部门中从事行政管理工作的事业局和从事行政执法工作的稽查队，依照国家公务员制度进行管理。

（三）干部管理

各市（地）、县（市、区）质量技术监督局正、副局长（包括同级非领导职务，下同），征求当地同级干部管理部门意见后，由上一级质量技术监督局作出决定并办理任免手续。其中县（市、区）质量技术监督局（分局）局长的任免，需经省质监局审批同意。

省质监局协助杭州、宁波市管理两市局领导班子。两市所属的县（市、区）质量技术监督局（分局）局长的任免，需经省质监局审核。

（四）财务经费管理

省质监局对全省质量技术监督系统行政经费实行统一管理。省以下质量技术监督部门行政经费按省编委核定的行政编制和依照公务员管理的编制数相应上划到省财政，统一纳入省财政支出预算。省以下各级质量技术监督部门所属技术机构的事业经费，委托当地财政、质量技术监督部门管理。

全省质量技术监督系统实行垂直管理后，原各级质量技术监督局及其所属技术机构占用、使用的资产，纳入省级国有资产管理，由省质监局统一监管。

杭州市质量技术监督局本级、宁波市质量技术监督局（含所属市、县、区质量技术监督局）的财务经费和固定资产按原财政体制进行管理。

第二节　行政机构

清代末年，浙江设立省度量权衡局，这是浙江最早专司度量衡的省级地方机构。民国时期，省实业司、省实业厅、省建设厅先后管理度量衡和标准化工作，并设有权度检定传习所、省度量衡检定所。中华人民共和国成立后，质监管理体制多有变化，机构名称几经变更。至2010年底，全省质量技术监督行政管理机构设省、市、县（市、区）三级。其中，省级行政机构1个，编制80名（含10名工勤编制）；市级行政机构11个，编制418名（含54名工勤编制）；县级行政机构102个，编制1230名（含133名工勤编制）。

一、省级行政机构

清末，浙江设立专司度量衡的省级机构——省度量权衡局。此后，质量技术监督行政管理机构几经撤并，机构名称、职能等也随之变化。

（一）省度量权衡局

清光绪三十四年（1908年），清政府颁布《推行划一度量权衡制度暂行章程》。同年，省农工商矿局在调查全省度量衡器具使用状况后，在杭州购地，“以便附建劝业公所暨度量权衡局”①。宣统元年（1909年）3月，省农工商矿局改设为劝业道。同年，浙江在劝业道设立省度量权衡局，负责全省度量衡划一事宜，这是浙江最早专司度量衡的省级机构。辛亥革命爆发后，清政府被推翻，省度量权衡局也随之不复存在。

（二）浙江省度量衡检定所

民国3年（1914年）5月，巡按使公署下设实业司，负责度量衡管理。民国6年7月，省长公署下设实业厅，负责度量衡管理。民国14年，省实业厅设权度检定传习所，招考学员百余名进行训练，后因北洋政府垮台而未果。民国16年9月，省建设厅及各市、县建设科（局）主管度量衡，并成立度政筹备委员会，筹划度量衡划一方案。民国19年4月16日，根据民国省政府委员会第302次会议之议决案，设立省度量衡检定所，分总务股、检定股。总务股负责文书、庶务、会计、宣传、注册等事项；检定股负责调查、检定、检查、錾印、给证、指导、推行及保管副原器、标准器等事项。所长兼检定股主任1人，总务股主任1人，检定员5人，事务员及书记员若干人。同年，将浙江省国货陈列馆余屋设为省度量衡检定所办公处所，并制定了《浙江省度量衡检定所规程》。民国21年，省度量衡检定所共有职员18人。民国25年7月，《修正浙江省政府建设厅办事细则》明确省度量衡检定所掌理关于度量衡器具的制造检定查验推行事项，关于各县市检定分所的指导监督事项，关于度量衡器具的营业登记事项。民国26年，民国省政府决定省度量衡检定所兼管“有关工作标准之调查及推行事项”。“七七”事变后，省度量衡检定所遭裁撤。民国33年，省建设厅第二科标准股负责国家标准的推行及建议，各种品质及尺度标准的研究实施，适合标准的产品及方法的审查标记，度量衡标准制的推行，地方标准器及检定用器的复检颁发，民用度量衡器具的检定检查及营业登记，各县市度量衡人员的登记指导和中外度量衡的换算与折合等工作。民国35年8月，民国省政府委员会会议通过《浙江省统一度政组织办法》，明确省度量衡检定所暂缓设置，其所属事务由省建设厅第二科度政股兼办；省会度量衡检定事宜交还杭州市政府自办。

（三）浙江省标准计量管理处

1958年，国家计量局将3名计量技术人员分派到浙江，最初安排在省计委，进行全省计

---

① 《请建劝业道衙署核准》，《申报》1909年8月31日第2张第4版。

量工作状况调研工作。1959年6月，经省人委批准，在省科委内设计量组，这3名计量技术人员随即调入省科委，成为计量组最初的成员。1960年1月19日，省科委向省人委呈递《关于成立标准计量机构的请示报告》。2月25日，省人委批复同意设立省标准计量管理处，为省科委领导下的事业单位，统一领导全省标准化和计量工作，内设办公室、长力组、热电组、标准化组。4月，省标准计量管理处开始在杭州市孤山路1号办公。1962年6月25日，省委整编精简委员会决定，将杭州市计量检定所并入省标准计量管理处，杭州地区工业企业的标准计量检定工作由省标准计量管理处直接负责；省标准计量管理处的人员编制，在原14名的基础上增加10名，列入行政经费开支。7月，杭州市计量检定所的人员、设备并入省标准计量管理处。同年，省标准计量管理处由杭州市孤山路1号迁到杭州市外西湖18号(原中央美术学院华东分院址)，主要开展长度、热工、力学、电学4大类14种量值传递和检定工作，设有长度、力学、热电和标准化4个专业组。其中，长度组5人，力学组4人，热电组5人，标准化组2人。1963年1月10日，省委整编精简委员会同意将原属杭州市商业部门管理的度量衡检定工作从省标准计量管理处划归杭州市领导，杭州市的工业计量工作仍由省标准计量管理处直接管理，行政编制由原来的24人减至20人。6月，省标准计量管理处将原省农业展览馆改建成480平方米的计量检定室，其中恒温实验室2间(长度、电学各1间，计16平方米)。8月，杭州市商业局再建杭州市度量衡检定所，原并入省标准计量管理处的杭州市计量检定所的大部分人员划归杭州市商业局。

(四)浙江省计量标准管理局

1964年6月11日，经省人委批准同意，省标准计量管理处更名为浙江省计量标准管理局，为省科委下属二级局，核定事业编制35名，原20名行政编制收回。核定的35名事业编制，从科委系统内部调整解决15名，省编委增拨20名。1965年，省计量标准管理局划归省计经委领导。1966年，省计量标准管理局划归省人委办公厅领导，设监督管理组、长力组、精测组、热电组、标准化组。

(五)浙江省科学技术局标准计量所

1970年4月，省计量标准管理局被撤销，在省革委会生产指挥组科学技术局下设计量所，名称为浙江省革命委员会生产指挥组科学技术局计量所。9月，省革委会生产指挥组下达15个局编制方案，暂定省科技局计量所编制64名。1971年4月，省科技局计量所内设机构调整为所部、一组(电学、无线电)、二组(长度、测力、硬度)、三组(温度、化学、压力、质量、容量、密度、流量)、四组(金工车间)。6月2日，省革委会生产指挥组科学技术局批复同意省科技局计量所在杭州市黄龙洞白沙泉新建实验室及附属用房，建筑面积2600平方米。1972年1月27日，省革委会生产指挥组科学技术局批复同意建立省科技局计量所实验工厂。1974年9月，省科技局计量所由杭州市外西湖18号迁入杭州市曙光路38号(现浙江图书馆址)，总建筑面积3600平方米，其中恒温实验室面积200平方米。12月30日，省科技局计量所改称浙江省科学技术局标准计量所。

（六）浙江省标准计量管理局

1977 年 10 月 17 日，省委印发《中共浙江省委关于成立省科学技术委员会的决定》，将省科技局标准计量所改为浙江省标准计量管理局，作为省革委会的职能机构，由省科委和省计委负责管理。省标准计量管理局成立后，计量行政管理机构与计量检定技术机构开始分设。局机关设立计量处负责计量管理工作，量值传递和计量测试工作由计量检定实验室承担。1979 年 7 月 2 日，省科委印发《关于将原省科技局计量所实验室部分改为省计量检定所的批复》，同意将原省科技局计量所的计量检定实验室部分改为省计量检定所，为省标准计量管理局直属事业单位，主要开展量值传递和测试工作。从此，省标准计量管理局结束行政管理与技术保障两项职能合为一体的状态。1984 年 7 月，省编委同意省标准计量管理局对外分别挂浙江省标准管理局、浙江省计量管理局牌子，统一管理全省标准、计量和质量监督工作。8 月 1 日，经省计经委党组同意，省标准计量管理局内设办公室、总工程师室、人事教育处、标准处、质量监督处、工业计量处、民生计量处、综合计划处，均为科级。1985 年 5 月 23 日，省标准计量管理局民生计量处更名为法制计量处。7 月 24 日，省政府明确省标准计量管理局机构规格为副厅级。1989 年 3 月 7 日，省标准计量管理局决定撤销工业计量处和法制计量处，设计量处，原两处工作职能统一由计量处负责。1993 年 7 月 20 日，省编委批复同意在省标准计量管理局计量管理处增挂省计量、分析测试网络办公室牌子。省标准计量管理局的主要职能为：(1)贯彻执行国家有关技术监督工作的方针、政策、法律和法规，并及时向省政府反映情况、报告工作，提出建议。(2)研究和制定标准、计量、质量监督管理工作的地方政策、法规和制度，并组织实施。(3)负责管理全省标准化工作。积极推行国际标准，组织制定浙江省地方标准，管理企业标准，监督标准的实施。(4)负责全省计量工作。推行法定计量单位，建立社会公用计量标准，组织和管理量值传递、强制检定工作；对计量器具的制造、修理、进口、销售和使用依法进行监督管理；对工业、商贸、医疗卫生等企事业单位的计量工作进行宏观指导。(5)负责管理全省质量监督工作。通过监督抽查和经常性监督检验等形式组织对重点产(商)品质量的监督检查，负责质量监督信息工作，配合国家有关部门开展质量认证工作，对带区域性的质量问题提出治理意见和建议。(6)参与全省质量管理工作。推行先进的质量管理标准，参与推荐名牌产品活动，负责协调全省生产许可证审查、监督和管理工作。(7)负责管理全省纤维检验工作，并对茧质检定工作进行业务指导。(8)组织建立全省技术监督工作体系。制定和组织实施省技术监督的事业发展规划，负责全省质量监督检验网、计量检定网的规划，负责对全省质量监督检验机构的计量认证和审查认可。负责指导和协调各部门和企事业单位的技术监督工作，负责指导和协调市、县的技术监督工作。(9)负责管理全省技术监督宣传、教育、科研情况和出版发行工作。(10)代表浙江省参加有关技术监督的国际交流和合作活动。(11)领导和管理直属单位，指导有关协会、学会工作。(12)承办省政府交办和国家技监局下达的其他任务。

(七)浙江省技术监督局

1995年4月,省标准计量管理局更名为浙江省技术监督局,由省计经委管理。1996年5月16日,省政府明确省技监局为省计经委管理的副厅级机构,承担全省技术监督和行政执法职能,内设办公室、人教处、计划科技处、政策法规处、财务行政处、计量处、标准化处、质量监督处(挂省质量认证办公室牌子)、稽查处、机关党委。核定行政编制66名,其中,局长1名,副局长3名,正副处长21名。主要职责是:宣传、贯彻国家有关技术监督工作的方针、政策,负责《计量法》《标准化法》《产品质量法》《中华人民共和国产品质量认证管理条例》在省内的组织实施和行政执法工作;拟订标准化、计量和质量监督管理的地方性法规、规章草案;推进技术监督工作与国际惯例接轨;综合管理全省质量监督工作,参与全省质量管理工作的宏观指导;制定年度质量监督检验计划;组织对重点产(商)品质量实施国家监督,依法查处质量违法行为,管理和考核全省质量检验机构;参与生产许可证的管理;负责管理全省标准化工作,依法统一管理全省计量工作。

(八)浙江省质量技术监督局

1999年9月24日,省政府决定省以下质监系统实行垂直管理体制,省质量技术监督行政机构名称为浙江省质量技术监督局,为省政府的工作部门。主要职责是:领导省以下质监部门正确执行国家有关质量技术监督的法律法规和方针政策,履行法定职责规定的质量技术监督职能。2000年4月,省委决定撤销省技监局党组,建立省质监局党委。7月3日,省质监局升格为正厅级,并增加锅炉压力容器安全监察和宏观质量管理相关职能。同时明确省质监局是省政府管理质量、标准化、计量工作并行使执法监督职能的直属机构,内设办公室、人事处、规划财务处、政策法规处、质量处、监督稽查处、标准化处、计量处、认证评审处、锅炉压力容器安全监察处,机关编制为60名(含后勤服务人员编制8名),其中,局长1名,副局长3名,总工程师1名,处级领导职数24名(含机关党委专职副书记1名)。2002年9月,省编委同意省质监局标准化处增挂应对技术性贸易壁垒处牌子,同意认证评审处更名为合格评定监督管理处。2003年1月,经省编办同意,省质监局规划财务处增挂审计室牌子。2004年7月,经省编办批准,省、市、县三级锅炉压力容器安全监察机构分别更名为特种设备安全监察处、科、股。2005年1月,省编委明确省质监局负责食品生产加工环节的监管。6月13日,省编委批复同意省质监局设立食品安全监督管理处,同时核增行政编制5名,其中处级领导职数2名。7月25日,省质监局对机关部分处室职能进行调整:将工业产品生产许可证、食品生产许可证的管理及行政办事大厅的日常管理职能划入省工业产品生产许可证办公室,独立运行;质量指数分析职能划入质量处;新闻宣传职能划入政策法规处;成立国有资产监督管理办公室、科技规划办公室,设在规划财务处;监督稽查处(举报投诉中心)与省质量技术监督稽查总队实行处队分开。

2009年10月,《浙江省人民政府办公厅关于印发浙江省质量技术监督局主要职责、内设机构和人员编制规定的通知》明确省质监局是管理质量、标准化、计量、认证认可、特种设备安全监察工作并行使执法监督职能的省政府直属机构。同时,对其职责作相应调整:取消已由国务院、省政府公布取消的行政审批事项和扩权强县改革中省政府规定应当交由县(市)质监局具体实施的事项;将工业产品生产许可有关技术性评审及事务性工作交给符合法定条件的技术机构或相关事业单位承担;将食品安全地方标准的制定和食品安全企业标准备案工作划归省卫生厅;划入省安监局承担的场(厂)内专用机动车辆安全监察职能;增加监督管理能效标识和监督检查高耗能特种设备节能标准的执行情况职责。内设办公室、政策法规处、科技处、质量处、标准化处(挂应对技术性贸易壁垒处牌子)、计量处、合格评定监督管理处、产品质量监督稽查处(省质量技术监督举报投诉中心与其合署办公)、食品生产监督管理处、特种设备安全监察处、计划财务处(挂审计室牌子)、基层工作处、人事处和机关党委。核定行政编制70名,其中局长1名,副局长5名,总工程师1名,处级领导职数32名(含机关党委专职副书记1名);后勤服务人员编制10名。其主要职责为:(1)统一管理和指导全省质量工作。承担产品质量诚信体系建设责任,负责质量宏观管理工作;组织推进质量振兴工作;推进名牌发展战略;组织实施国家和省质量奖励制度;研究分析全省产品质量状况;会同有关部门组织实施重大工程设备质量监理制度。(2)统一管理全省标准化工作。组织协调和指导推动各部门、各行业的标准化工作;依法组织制定地方标准;监督标准的实施;按照规定承担应对《技术性贸易壁垒协定》有关工作;组织地理标志产品地方标准的制定和日常监督管理工作。(3)统一管理全省计量工作。组织推行法定计量单位和国家计量制度;依法管理全省计量器具及量值传递和比对工作,规范和监督全省商品计量和市场计量行为。(4)统一管理全省合格评定工作。依法对检验机构的资质资格进行认定和监督管理;负责计量认证工作,依法对认证机构的资质和行为进行监督和管理。(5)负责产品质量监督工作。制定并组织实施全省产品质量监督相关政策、措施;组织开展产品质量预警、监测工作;管理产品质量监督检查和产品质量仲裁检验、鉴定工作;负责全省纤维质量监督检查工作;组织协调重大产品质量事故的调查处理;实施缺陷产品召回制度;监督管理产品防伪工作。(6)承担食品、食品添加剂和食品相关产品生产加工环节的质量安全监督管理责任。配合开展风险监测工作;组织不安全食品召回工作;按照职责分工做好食品安全事故的处理。(7)承担综合管理特种设备安全监察、监督工作的责任。依法对特种设备的设计、制造、安装、改造、维修、使用、检验检测等环节进行行政许可和监督检查;负责特种设备检验检测、作业人员资格考核工作;按规定权限组织特种设备事故的调查处理。(8)依法查处质量违法行为;按照分工打击假冒伪劣产品违法活动;负责全省质量技术监督投诉、申诉和举报工作。(9)负责本行政区域内的工业产品生产许可证和能效标识的监督管理,监督检查高耗能特种设备节能标准的执行情况,推进实施国家相关产业政策。(10)组织协调行业和专业的质量技术监督工作;制订并组织实施质量技术监督事业发展规划和技术机构建设规划;组织开展国内外技术合作、学术交流活动。(11)对省以下质量技术监督系统实行垂直管理;指导挂靠的学会、协会。(12)承办省政府交办的其他事项。

表 35-9-2-1　　浙江省级质监行政机构主要领导一览表

浙江省标准计量管理局			
姓　名	行政职务	党内职务	任职时间
柳占魁	副局长(主持工作)	党组副书记	1980 年 3 月至 1984 年 6 月
周庆云	局长	—	1984 年 6 月至 1995 年 11 月
	局长	党组书记	1987 年 2 月至 1995 年 10 月
浙江省技术监督局			
姓　名	行政职务	党内职务	任职时间
戴备军	—	党组书记	1995 年 10 月至 1995 年 11 月
	局长	党组书记	1995 年 11 月至 2000 年 4 月
浙江省质量技术监督局			
姓　名	行政职务	党内职务	任职时间
戴备军	局长	党委书记	2000 年 4 月至 2004 年 10 月
	局长	—	2004 年 10 月至 2004 年 11 月
瞿素芬	—	党委书记	2004 年 10 月至 2004 年 11 月
	局长	党委书记	2004 年 11 月至今

资料来源:根据省质监局档案资料整理编制。

说明:时间截至 2010 年底。

二、市级行政机构

中华人民共和国成立初期,全省行政辖区几经调整和撤并,质量技术监督市级行政机构随之撤建,机构名称多次变更。至 2010 年,全省质监部门市级行政机构按行政区域划分,共设 11 个,其中温州等 9 个市质量技术监督局为省质监局直属机构。

(一)杭州市质量技术监督局

1949 年 6 月 15 日,杭州市军事管制委员会接管杭州市度量衡检定所,恢复度量衡检定管理工作。8 月,杭州市度量衡检定所划归杭州市商业局。1957 年 1 月,杭州市度量衡检定所改称杭州市计量检定所,定编 10 名。1959 年 6 月,杭州市计量检定所由杭州市商业局划归杭州市科委。1962 年 8 月,杭州市计量检定所被精简,人员并入省标准计量管理处。1963 年 8 月,杭州市商业局再建杭州市度量衡检定所,对商用度量衡器具进行管理。1968 年 9 月,杭州市工商行政管理局设度量衡检定组,对外称杭州市工商行政管理局度量衡检定所。

1973年11月，杭州市科技局下设杭州市计量所，定编20名，与杭州市工商行政管理局度量衡检定所并存。1977年10月29日，杭州市工商行政管理局度量衡检定所被撤销，成建制并入杭州市计量所，定编25名。1978年7月，杭州市计量所改称杭州市标准计量管理所，设长度、力学、热工、电学和标准计量管理5个组，承担杭州市（含七县）的计量、标准化管理职能。1983年10月17日，杭州市标准计量局成立，设办公室、标准化、计量、组宣、行政等科室。1996年1月，杭州市标准计量局更名为杭州市技术监督局。2000年9月，杭州市技术监督局更名为杭州市质量技术监督局，对县（市）、区质监部门实行垂直管理，主要承担标准化、计量、特种设备的综合管理和生产加工领域的产品质量、食品安全监管等职能，行政编制48名，内设办公室、政治处、规划财务处、政策法规处、质量处、监督稽查处、标准化处、计量（合格评定）处、特种设备安全监察处、食品生产监督管理处、监察室。

截至2010年底，杭州市质量技术监督局下辖上城区、下城区、江干区、西湖区、拱墅区、高新技术产业开发区（滨江）、经济技术开发区、萧山区、余杭区9个质监分局和建德市、富阳市、临安市、桐庐县、淳安县5个县（市）质监局，管理杭州市质量技术监督稽查支队、杭州市质量技术监督检测院、杭州市特种设备检测院、杭州市标准化研究院、杭州市特种设备应急处置中心、杭州市计量检定修理站6个直属事业单位。全市质监系统共有人员编制847名，其中行政编制277名、事业编制570名。

（二）宁波市质量技术监督局

1949年7月，宁波市人民政府工商局设立宁波市度量衡检定所，负责度量衡管理工作。1957年4月，宁波市度量衡检定所划归宁波市商业局领导。1959年11月，宁波市度量衡检定所改隶宁波市科委，并更名为宁波市计量检定所。1965年9月，宁波市计量检定所更名为宁波市标准计量检定所，改隶宁波市计委。

1978年7月，宁波地区标准计量管理所成立。8月，宁波市标准计量检定所改称宁波市标准计量管理所。1983年7月，宁波地区标准计量管理所撤销，人员、设备并入宁波市标准计量管理所。1984年5月，宁波市标准计量局成立。1996年1月，宁波市标准计量局更名为宁波市技术监督局，升格为行政一级局。2000年12月20日，宁波市技术监督局更名为宁波市质量技术监督局，负责全市质量、标准化、计量、特种设备安全监察和食品生产加工环节监管等工作，对县（市）、区质监部门实行垂直管理，内设办公室、政治处、规划财务处、政策法规处、质量处、监督稽查处、标准化处、计量处、特种设备安全监察处、食品生产监督管理处、监察室。

截至2010年底，宁波市质量技术监督局下辖海曙、江北、江东、镇海、北仑、鄞州6个质监分局和奉化市、宁海县、象山县、慈溪市、余姚市5个县（市）质监局，管理宁波市质量技术监督稽查支队、宁波市产品质量监督检验研究院、宁波市计量测试研究院、宁波市标准化研究院、宁波纤维检验所、宁波市特种设备检验检测中心6个直属事业单位。全市质监系统共有人员编制827名，其中行政编制228名、事业编制599名。

(三)温州市质量技术监督局

1950年3月,温州市设度量衡检定所,由温州市工商局划出2人组成,并归其行政科代管,主要负责商贸流通领域度量衡的检查,并对制造、修理的度量衡进行检定。1951年7月,温州市度量衡检定所增挂温州专署度量衡检定所牌子,主管温州市及各县的度量衡工作。1953年,温州市(专署)度量衡检定所归温州市商业局行政科代管。1958年2月,温州专署度量衡检定所改称温州专署计量管理处。6月,温州市度量衡检定所改称温州市计量检定管理所。1959年11月,温州市计量检定管理所隶属温州市科委,并设永强、三溪、藤桥3个计量站。1962年,温州市计量检定管理所改称温州市标准计量管理所。

1977年10月,温州地区标准计量管理所成立,隶属温州地区科委。1980年6月,温州市标准计量管理局成立,与温州地区标准计量管理所合署办公,隶属温州市科委。1981年11月,温州地区标准计量管理所与温州市标准计量管理局合并,称温州市标准计量管理局。1984年2月,温州市标准计量管理局改称温州市标准计量管理处。1985年1月,温州市标准计量管理处归属温州市经济委员会。4月,温州市标准计量管理处与温州市计量测试检定所分开设置。1986年4月,温州市标准计量管理处改称温州市标准计量局,机构级别及隶属关系不变。1990年10月,温州市标准计量局更名为温州市技术监督局。1991年5月,温州市技术监督局内设办公室、综合信息处、标准化管理处、计量管理处、质量监督管理处,并在办公室增挂法制处牌子。2000年6月,温州市技术监督局更名为温州市质量技术监督局,为省质监局直属机构。2002年2月25日,省质监局印发《关于明确温州市及所辖县(市、区)质量技术监督局"三定"规定有关问题的通知》,明确温州市质量技术监督局内设7个处室(科级),核定编制35名。

截至2010年底,温州市质量技术监督局下辖鹿城区、龙湾区、瓯海区、开发区4个质监分局和瑞安市、乐清市、永嘉县、洞头县、平阳县、苍南县、文成县、泰顺县8个县(市)质监局,管理温州市质量技术监督稽查支队、温州市质量技术监督检测院、温州市计量技术研究院、温州市特种设备检测中心(温州市气瓶安全管理站)4个直属事业单位。全市质监系统共有人员编制1047名,其中行政编制187名、事业编制860名。

(四)湖州市质量技术监督局

中华人民共和国成立初期,度量衡管理工作由专区、县(市)政府工商科负责。1960年5月,吴兴县、湖州市建立标准计量检定所,隶属县(市)科委,与工业科学研究所合署办公,两块牌子,一套班子。1963年5月后,其机构几度撤建。其间,专区(地区)和其他各县计量管理工作由商业局或工商局管理。

1973年10月,吴兴县计量管理所成立。1979年1月,湖州地区标准计量管理所建立,隶属湖州地区科委。1981年6月,吴兴县计量管理所更名为湖州市标准计量所。1983年12月,湖州地区标准计量管理所、湖州市标准计量所同时撤销,建立湖州市标准计量管理所,隶属湖州市经济委员会。1986年4月18日,湖州市标准计量管理所改称湖州市标准计量局,内设办公室、计量科、标准质监科，机构规格为副县级。1996年1月，湖州市标准计量局更名为湖州市技术监督局。2001年8月，湖州市技术监督局更名为湖州市质量技术监督局，为省质监局直属机构。2001年12月12日，省质监局印发《关于明确湖州市及所辖县(市、区)质量技术监督局“三定”规定有关问题的通知》，明确湖州市质量技术监督局内设6个处室(科级)，核定编制35名。

截至2010年底，湖州市质量技术监督局下辖吴兴区、南浔区2个质监分局和德清、长兴、安吉3个县质监局，管理湖州市质量技术监督稽查支队、湖州市质量监督检验所(湖州市食品质量安全检测中心)、湖州市计量检定测试研究所、湖州市特种设备检测中心、湖州纤维检验所(浙江省第三茧质检定所)、湖州市质量技术监督事务所6个直属事业单位。全市质监系统共有人员编制287名，其中行政编制93名、事业编制194名。

(五)嘉兴市质量技术监督局

1956年11月，嘉兴县成立嘉兴县商业局计量检定组，开展计量检定工作。1959年9月，嘉兴县标准计量管理所成立，先后隶属嘉兴县科委、嘉兴县文化局。1964年，嘉兴县标准计量管理所更名为嘉兴县计量检定所。1966年，嘉兴县计量检定所更名为嘉兴市计量管理所。1976年，嘉兴市计量管理所更名为嘉兴市标准计量管理所。

1984年1月，嘉兴市标准计量管理所成立，由嘉兴市经济委员会领导，承担嘉兴市标准化、计量管理工作。1985年2月27日，嘉兴市标准计量管理局成立，由嘉兴市经济委员会领导。1987年8月5日，省编委批复同意设立嘉兴市标准计量局。1988年8月6日，嘉兴市标准计量管理局更名为嘉兴市标准计量局，升格为一级局，负责管理全市标准化、计量、质量监督工作。1991年3月1日，嘉兴市标准计量局更名为嘉兴市技术监督局。2000年7月21日，嘉兴市技术监督局更名为嘉兴市质量技术监督局，为省质监局直属机构。2001年12月12日，省质监局印发《关于明确嘉兴市及所辖县(市、区)质量技术监督局“三定”规定有关问题的通知》，明确嘉兴市质量技术监督局内设6个处室(科级)，核定编制35名。

截至2010年底，嘉兴市质量技术监督局下辖南湖区、秀洲区、经济开发区、港区4个质监分局(其中经济开发区分局与秀洲区分局合署办公)和平湖市、海宁市、桐乡市、嘉善县、海盐县5个县(市)质监局，管理嘉兴市质量技术监督稽查支队、嘉兴市产品质量监督检验所、嘉兴市农产品监测中心、嘉兴市计量检定测试所、嘉兴市度量衡管理所、嘉兴市特种设备检测院、嘉兴市技术监督事务所7个直属事业单位。全市质监系统共有人员编制496名，其中行政编制131名、事业编制365名。

(六)绍兴市质量技术监督局

1952年，绍兴县成立度量衡检定所，隶属绍兴县商业局，统一管理辖区内度量衡器具。1959年，绍兴县度量衡检定所改称绍兴县计量检定所。1972年10月22日，绍兴地区计量所成立，为财政拨款事业单位。1982年10月，经绍兴地区行政公署批准，绍兴地区计量所更名为绍兴地区标准计量管理所。

1983年10月25日，绍兴地区标准计量管理所被撤销，成立绍兴市标准计量管理所，由绍兴市经济委员会领导，为事业编制机构。1986年7月30日，绍兴市标准计量局成立，为行政一级局。1995年12月7日，绍兴市标准计量局更名为绍兴市技术监督局。1996年7月19日，绍兴市编委明确绍兴市技术监督局为统一管理和组织全市技术监督工作的政府职能部门，行政编制18名，内设办公室（纪检监察室）、法制监督处、质监处、计量处、标准化处。2000年7月6日，绍兴市技术监督局更名为绍兴市质量技术监督局，为省质监局直属机构。2001年12月12日，省质监局印发《关于明确绍兴市及所辖县（市、区）质量技术监督局“三定”规定有关问题的通知》，明确绍兴市质量技术监督局内设6个处室（科级），核定编制33名。

截至2010年底，绍兴市质量技术监督局下辖越城区、袍江新区、镜湖新区3个质监分局和诸暨市、上虞市、嵊州市、绍兴县、新昌县5个县（市）质监局，管理绍兴市质量技术监督稽查支队、绍兴市质量技术监督检测院、绍兴市特种设备检测院、绍兴市标准计量情报所（绍兴市标准质量事务所）4个直属事业单位。全市质监系统共有人员编制475名，其中行政编制130名、事业编制345名。

（七）金华市质量技术监督局

中华人民共和国成立初期，金华专员公署工商科负责度量衡管理工作。1963年9月，金华专署计量所成立，与金华专署工科所合署办公，两块牌子，一套班子。1968年4月，金华专署计量所更名为金华地区计量所。1969年5月，金华地区计量所、金华地区工科所被撤销。1971年8月，金华地区计量管理所成立，与金华地区医疗器械修理所合署办公，两块牌子，一套班子。1977年12月，金华地区计量管理所与金华地区医疗器械修理所分设。1978年3月，金华地区计量管理所更名为金华地区标准计量管理所。

1985年8月，金华地区标准计量管理所更名为金华市标准计量管理局，为承担标准计量行政管理事务的二级局。1995年10月，金华市标准计量管理局更名为金华市技术监督局，升格为行政一级局。1996年1月，金华市委批复金华市技术监督局“三定”方案，核定行政编制20名，内设办公室、标准化管理科、计量管理科、质量监督管理科。2000年6月，金华市技术监督局更名为金华市质量技术监督局，为省质监局直属机构。2001年12月12日，省质监局印发《关于明确金华市及所辖县（市、区）质量技术监督局“三定”规定有关问题的通知》，明确金华市质量技术监督局内设6个处室（科级），核定编制36名。

截至2010年底，金华市质量技术监督局下辖婺城区、金东区、开发区3个质监分局和义乌市、兰溪市、东阳市、永康市、浦江县、武义县、磐安县7个县（市）质监局，管理金华市质量技术监督稽查支队、金华市质量技术监督检测院、金华市特种设备检测中心3个直属事业单位。全市质监系统共有人员编制558名，其中行政编制155名、事业编制403名。

（八）衢州市质量技术监督局

1950年6月，衢县人民政府设立工商科，负责全县标准计量等工作。1964年，衢县计量管理所成立，隶属衢县商业局，负责度量衡管理。1981年4月，衢县计量管理所更名为衢州市计量管理所。1984 年 10 月 3 日,衢州市计量管理所更名为衢州市标准计量管理所。

1985 年 10 月,在衢州市标准计量管理所基础上建立衢州市标准计量管理局,为行政二级局,由衢州市经济委员会领导,内设标准计量管理科、行政科。1987 年 5 月 30 日,省编委同意设立衢州市标准计量局。1995 年 8 月,衢州市标准计量局改称衢州市技术监督局。2000 年 6 月,衢州市技术监督局更名为衢州市质量技术监督局,为省质监局直属机构。2001 年 12 月 12 日,省质监局印发《关于明确衢州市及所辖县(市、区)质量技术监督局“三定”规定有关问题的通知》,明确衢州市质量技术监督局内设 6 个处室(科级),核定编制 27 名。

截至 2010 年底,衢州市质量技术监督局下辖柯城区、衢江区 2 个质监分局和江山市、龙游县、常山县、开化县 4 个县(市)质监局,管理衢州市质量技术监督稽查支队、衢州市质量技术监督检测中心、衢州市特种设备检验中心 3 个直属事业单位。全市质监系统共有人员编制 295 名,其中行政编制 102 名、事业编制 193 名。

(九)舟山市质量技术监督局

1963 年 11 月 1 日,经舟山专区公署批准,舟山专区计量管理所成立,负责全区计量管理工作,由舟山专区科委管理,编制 3 名。1972 年,舟山专区计量管理所更名为舟山地区科技局计量管理所。1979 年 4 月,经舟山地区行署办公会议同意,舟山地区科技局计量管理所更名为舟山地区计量管理所。1984 年 4 月,舟山地区计量管理所更名为舟山地区标准计量管理所。1987 年 6 月 11 日,省编委批复同意设立舟山市标准计量局。

1994 年 7 月 22 日,定海区标准计量局并入舟山市标准计量局,实行市、区合署办公。1995 年 9 月 12 日,舟山市标准计量局更名为舟山市技监局。1996 年 7 月,舟山市人民政府办公室核定舟山市技监局行政编制 17 名,内设办公室、计量处、标准质量处。2000 年 9 月 9 日,舟山市质量技术监督局正式挂牌,为省质监局直属机构。2001 年 12 月 12 日,省质监局印发《关于明确舟山市及所辖县(市、区)质量技术监督局“三定”规定有关问题的通知》,明确舟山市质量技术监督局内设 6 个处室(科级),核定编制 27 名。

截至 2010 年底,舟山市质量技术监督局下辖定海区、普陀区 2 个质监分局和岱山县、嵊泗县 2 个县质监局,管理舟山市质量技术监督稽查支队、舟山市质量技术监督检测院、浙江省海洋水产品检测中心、舟山市特种设备检测院、舟山市计量质量公证行、舟山市质量技术监督事务所 6 个直属事业单位。全市质监系统共有人员编制 150 名,其中行政编制 66 名、事业编制 84 名。

(十)台州市质量技术监督局

中华人民共和国成立初期,台州专员公署工商科负责度量衡管理。1960 年,临海县计量研究所成立,隶属县科委,兼管商贸流通领域度量衡的检查,其他县仍由工商或商业部门兼管度量衡。1971 年 9 月 7 日,经台州地区革命委员会生产指挥组批准,设立台州地区计量标准站,隶属台州地区革命委员会生产指挥组计划科技办公室领导,委托临海机械厂承担地区计量标准站和全区计量测试工作。1973 年,台州地区计量标准站更名为台州地区标准计量所,隶属台州地区科技局。

1986 年 4 月 20 日，台州地区行署授权台州地区标准计量所行使计量行政部门和标准化管理部门的职能，对全区标准化与计量工作实施监督管理并承担执法任务，归台州地区计划经济委员会管理。1989 年 11 月 20 日，台州地区编委同意台州地区标准计量所增挂台州地区标准计量局牌子，仍为事业编制机构，行政级别为科级。1991 年 9 月 14 日，台州行署明确台州地区标准计量局行使质量、计量和标准化等管理职能。1994 年 9 月，台州撤地设市，台州地区标准计量局更名为台州市标准计量局。12 月 31 日，台州市技术监督局成立。1999 年 11 月 15 日，台州市技术监督局更名为台州市质量技术监督局。2000 年 6 月，台州市质量技术监督局成为省质监局直属机构。2001 年 12 月 12 日，省质监局印发《关于明确台州市及所辖县(市、区)质量技术监督局"三定"规定有关问题的通知》，明确台州市质量技术监督局内设 6 个处室(科级)，核定编制 35 名。

截至 2010 年底，台州市质量技术监督局下辖经济开发区、椒江区、黄岩区、路桥区 4 个质监分局和温岭市、临海市、玉环县、天台县、仙居县、三门县 6 个县(市)质监局，管理台州市质量技术监督稽查支队、台州市质量技术监督检测院、台州市特种设备检验中心、台州市名牌产品展示中心 4 个直属事业单位。全市质监系统共有人员编制 461 名，其中行政编制 156 名、事业编制 305 名。

(十一)丽水市质量技术监督局

中华人民共和国成立初期，丽水专区商业局工商科负责管理度量衡工作。各县由县政府或工商科主管度量衡行政事务。1952 年 1 月 19 日，丽水专区撤销，丽水、龙泉、云和、景宁和庆元等县的度量衡事务划归温州专区管理，松阳县、宣平县的度量衡事务划归衢州专区管理，缙云县的度量衡事务划归金华专区管理。1963 年 5 月 9 日，恢复丽水专区。1964 年 4 月 28 日，丽水计量检定所成立，负责丽水专区各县计量检定工作。同年，丽水计量检定所更名为丽水计量标准管理所。

1971 年 12 月，丽水地区计量管理所成立，隶属地区科委。1978 年 9 月，丽水地区计量管理所更名为丽水地区标准计量管理所。1988 年 4 月，丽水地区标准计量管理所更名为丽水地区标准计量管理局。1995 年 8 月，丽水地区技术监督局成立，负责全区标准化、计量、质量监督管理工作，行政编制 10 名。1999 年 9 月 24 日，丽水地区技术监督局更名为丽水地区质量技术监督局，为省质监局直属机构。2000 年 7 月，丽水地区撤地设市，丽水地区质量技术监督局随之更名为丽水市质量技术监督局。2001 年 12 月 12 日，省质监局印发《关于明确丽水市及所辖县(市、区)质量技术监督局"三定"规定有关问题的通知》，明确丽水市质量技术监督局内设 6 个处室(科级)，核定编制 27 名。

截至 2010 年底，丽水市质量技术监督局下辖莲都区质监分局和龙泉市、青田县、云和县、庆元县、缙云县、遂昌县、松阳县、景宁畲族自治县 8 个县(市)质监局，管理丽水市质量技术监督稽查支队、丽水市质量技术监督检测院、丽水市特种设备检测院 3 个直属事业单位。全市质监系统共有人员编制 353 名，其中行政编制 123 名、事业编制 230 名。

第三节　直属事业机构

20世纪70年代末，省科委同意将原省科技局计量所实验室部分改为省计量检定所，作为省标准计量管理局直属事业单位。80年代中期，为更好地发挥标准计量在推动经济社会发展中的作用，浙江又先后建立了省标准计量情报研究所、省产品质量监督检验所、省纤维检验所、浙江省传感器电子衡器所、浙江省标准计量干部培训中心等事业单位，隶属省标准计量管理局。进入21世纪，随着国家行政机构改革和职能调整，省锅炉压力容器检验所、浙江省家具研究所、省纺织测试中心等事业单位相继成建制划转省质监局。截至2010年底，省质监局共有直属事业单位13家。这些直属事业单位，多为专业技术机构，涉及计量检定校准、产品质量检验、纤维质量检验、特种设备检验、标准化研究、纺织服装检验、家具与五金检验、信息化服务、认证咨询服务等领域，主要履行技术支撑、技术保障、技术服务等职能。

一、浙江省质量技术监督稽查总队

1997年1月18日，省编委批复同意成立省技术监督稽查队，为省技监局直属事业单位，核定事业编制17名，机构规格相当于县处级。3月24日，省技监局印发《关于成立浙江省技术监督稽查队的通知》。4月25日，省技监局印发《关于委托浙江省技术监督稽查队实施行政处罚的决定》，明确省技术监督稽查队在浙江省行政区域内，以省技监局的名义，对公民、法人和其他组织遵守技术监督法律、法规、规章的情况进行监督检查，并实施行政处罚。2000年11月17日，省编委批复同意省技术监督稽查队更名为省质量技术监督稽查队。2003年8月11日，省编委批复同意省质量技术监督稽查队更名为省质量技术监督稽查总队。8月29日，省编委批复同意设立省质量技术监督举报投诉中心，与省质监局监督稽查处合署办公，增加行政编制8名，处级领导职数2名。12月16日，省编委批复同意省质量技术监督稽查总队为监督管理类事业单位。2005年7月25日，省质监局对局机关部分处室职能进行调整，省质监局监督稽查处(省质量技术监督举报投诉中心)、省质量技术监督稽查总队实行处队分离。10月31日，省质监局印发《关于调整浙江省质量技术监督局监督稽查处(举报投诉中心)职能的通知》，明确省质监局监督稽查处(省质量技术监督举报投诉中心)负责省本级产品质量申诉和举报工作，并对各地质量技术监督申诉和举报工作进行指导。2006年8月17日，省编委批复同意增加省质量技术监督稽查总队事业编制3名。

2007年6月25日，省人事厅同意省质量技术监督稽查总队参照公务员法管理。8月1日，省编委明确省质量技术监督稽查总队为省质监局所属监督管理类事业单位，机构规格相当于县处级，事业编制24名，领导职数为总队长1名、副总队长3名，所需经费由省财政适当补助。主要职责是制订质量技术监督行政执法工作的计划，组织开展质量技术监督稽查工作，并对全省稽查机构的执法工作进行业务指导；依法接受委托具体承担全省质监系统专项打假活动，协调跨部门、跨地区相关案件及大案要案和涉外案件的查处；依法接受委托具体承担对本辖区内生产领域产品质量(包括食品质量)、计量、标准化、特种设备、工业品和食品生产许可证、认证认可等行政违法行为进行综合执法,实施现场检查和执行行政处罚;依法接受委托具体承担受理群众质量投诉和举报案件的立案查处;承办省质监局交办的其他工作。2008年5月16日,省质监局同意省质量技术监督稽查总队内设综合科、法制科、稽查一科、稽查二科、稽查三科,科级领导数十名。6月6日,省质监局明确省质量技术监督举报投诉中心业务由省质量技术监督稽查总队归口管理。2010年6月11日,省编办明确省质量技术监督稽查总队由监督管理类事业单位对应为承担行政职能的事业单位。

二、浙江省纤维检验局

1986年2月,省政府决定建立省纤维检验所,作为全省专业的纤维检验机构,为省标准计量管理局下属县处级事业单位,核定编制30名,原省轻工业厅管辖的浙江省纤维检验所不再使用该名称。其主要职责为负责全省纤维质量监督检验、复验仲裁和进口化纤的质量检验,并对供销、纺织、丝绸等部门的行业纤维检验工作进行技术指导,1987年1月,省纤维检验所挂牌成立,设办公室、检验管理科、测试室。1988年6月,省纤维检验所由杭州市天目山路66号(现杭州市天目山路222号)省标准计量管理局大院搬迁至杭州市曙光路38号。1990年4月,省标准计量管理局印发《关于颁布〈浙江省绵羊毛检验管理暂行办法〉和〈一九九〇年浙江省绵羊毛检验组织实施意见〉的通知》,决定在嘉兴设立浙江省纤维检验所羊毛检验站,开展绵羊毛"净毛计价"工作。11月,省标准计量管理局批复同意省纤维检验所设立浙江省标准计量管理局纤维计量检定站,对外开展纤维专用计量器具的检定、检修服务。1992年9月4日,经省标准计量管理局局长办公会议研究,决定省纤维检验所与省计量测试技术研究所、省标准计量情报研究所合并,组建综合所,实行一套领导班子的管理体制,对外仍保留3个所的原有名称。11月,省纤维检验所迁回省标准计量管理局大院。1993年4月21日,省编委批复同意省纤维检验所与省产品质量监督检验所、省计量测试技术研究所合并,组建省技术监督检测研究院。1994年8月10日,省标准计量管理局印发《关于批转省纤维检验所承担全省纤维质量监督管理和行政执法工作报告的通知》,对省纤维检验所在纤维质量监督管理和检验工作中应履行的职责进行明确。

1995年8月23日,省编委批复同意恢复省纤维检验所独立建制,为省标准计量管理局下属县处级全额拨款事业单位,所需30名事业编制从省技术监督检测研究院划转。1996年2月28日,省技监局授权省纤维检验所对浙江省第一、第二、第三、第四茧质检定所的业务进行指导和协调。4月,省技监局同意在省纤维检验所设立浙江省纤维制品质量监督检验站。同时,委托省纤维检验所以省技监局的名义,在浙江省行政区域内开展纤维制品纤维含量的监督检查和对违法行为实施行政处罚,并在省技监局标准化处指导下,开展GB 5296.4-1987《消费品使用说明 纺织品和服装使用说明》的宣传贯彻和实施工作,对违反该标准的行为依法进行监督查处。2000年11月,省质监局同意将浙江省纤维制品质量监督检验站更名为浙江省纺织产品质量监督检验中心。2001年4月9日,国家质监局批复同意在浙江省纺织服装产品质量监督检验中心(杭州、宁波)基础上筹建国家纺织服装产品质量监督检验中心(浙江)。2002年9月,浙江省纺织产品质量监督检验中心义乌实验室成立,主要开展袜子、衬衫、棉针织内衣的检验工作,为义乌建设国际性商贸城提供质量检验平台。2003年6月,国家质检总局、国家认监委批复同意设立国家纺织服装产品质量监督检验中心(浙江)。7月,国家纺织服装产品质量监督检验中心(浙江)挂牌成立,对外开展检测业务,涉及制品、服装、纱线、棉花4大类47个产品。12月16日,省编委批复同意省纤维检验所为监督管理类事业单位。2005年5月,省质监局决定,省纤维检验所与省纺织测试中心进行业务整合,以国家纺织服装产品质量监督检验中心(浙江)名义,共同开展纺织服装检验业务。

2006年4月12日,省编委批复同意省纤维检验所更名为省纤维检验局。2007年6月25日,省人事厅印发《关于同意省质量技术监督系统稽查机构和省纤维检验局参照公务员法管理的函》,同意省纤维检验局参照公务员法管理。7月,省编委同意增加省纤维检验局事业编制4名。8月,省编委印发《浙江省纤维检验局机构编制方案》,明确省纤维检验局为省质监局所属监督管理类事业单位,机构规格相当于县处级,事业编制34名,领导职数为局长1名、副局长3名,所需经费由省财政适当补助。主要职责是负责对辖区范围内棉、毛、麻、丝的公证检验工作,负责查处纤维生产、经营、收购、加工、销售、仓储中的违法行为,负责棉花、蚕茧收购加工企业的资质认定审核;负责受理棉花、絮用纤维制品、毛绒、麻类纤维等纤维质量违法行为的举报,负责对供销、纺织、丝绸等部门的行业纤维检验工作进行业务指导及上级部门交办的其他工作。2009年8月,省质监局决定将全省絮用纤维制品和再加工纤维的质量监督工作委托省纤维检验局统一组织实施。2010年5月,省质监局决定将省纤维检验局原承担的纺织服装检验检测业务整体划转省纺织测试中心;国家纺织服装产品质量监督检验中心(浙江)的母体单位,报经国家质检总局同意后,也相应由省纤维检验局变更为省纺织测试中心。6月11日,省编办明确省纤维检验局由监督管理类事业单位对应为承担行政职能的事业单位。

截至2010年底,省纤维检验局共有工作人员33人,其中具有硕博士学位的6人;检测仪器设备320台(套),设备原值1533万元,其中10万元以上的仪器设备25台(套)。

三、浙江省计量科学研究院

1959年6月,省人委批准在省科委内设计量组,开展全省计量管理和计量检定的筹备工作。1962年,省人委批准设立省标准计量管理处,为省科委领导下的直属事业单位。至1977年,全省计量检定技术职能与计量行政管理职能一直是合二为一的(详见本章第一节)。1977年10月,省标准计量管理局成立,为省革委会的职能机构,计量行政管理机构与计量检定技术机构开始分设,即局机关设立计量处负责计量管理工作,计量检定实验室承担量传溯源和计量测试工作。1979年7月2日,省科委批复同意将原省科技局计量所的计量检定实验室部分改为省计量检定所,为省标准计量管理局直属事业单位。

1980年4月22日,中共浙江省标准计量管理局党组批复同意省计量检定所内设办公室和长度、力学、电学、无线电、温度化学5个专业室。1981年7月28日,省科委批准同意设立省标准计量管理局传感器技术研究室,人员由省标准计量管理局内部调整解决,不另增加编制。1984 年 10 月 20 日，省标准计量管理局明确，省标准计量管理局传感器技术研究室归属省计量检定所。12 月 28 日，经省计经委批准，省计量检定所更名为省计量测试技术研究所。1986 年 3 月，省标准计量管理局决定，省标准计量管理局传感器技术研究室更名为省标准计量管理局传感器称重技术研究所。1987 年 9 月 5 日，经省编委批准，省标准计量管理局实验工厂和省标准计量管理局传感器称重技术研究所合并，建立浙江省传感器电子衡器所(以下简称省传感器电子衡器所)，机构性质为事业单位，人员编制 67 名，经费按原渠道不再增加，并逐步实现自收自支、自负盈亏。1988 年 6 月，省计量测试技术研究所由杭州市曙光路 38 号迁入杭州市天目山路 222 号。1989 年 9 月 1 日，省科委批复同意省传感器电子衡器所列入省属科研机构序列，为技术开发类单位。11 月 6 日，经省科委批准，省传感器电子衡器所更名为省传感器电子称重研究所。

1991 年 5 月 25 日，省编办批复同意省计量测试技术研究所事业编制控制数为 146 名。1992 年 9 月 4 日，经省标准计量管理局局长办公会议研究，决定省计量测试技术研究所与省纤维检验所、省标准计量情报研究所合并，组建综合所，实行一套领导班子的管理体制，对外仍保留 3 个所的原有名称。1993 年 4 月 21 日，省编委批复同意省计量测试技术研究所与省产品质量监督检验所、省纤维检验所合并，组建省技术监督检测研究院。1996 年 5 月 9 日，经省编委批准，省传感器电子称重研究所更名为省称重技术研究所。1997 年 9 月 25 日，经省编委批准，省称重技术研究所增挂省衡器管理所牌子，不再从事除实验性试生产外的衡器生产、经营活动。10 月 5 日，省技监局明确省衡器管理所为省技监局直属的法定计量检定机构。1998 年 2 月 6 日，省技监局印发《关于委托浙江省衡器管理所实施行政处罚的决定》，委托省衡器管理所在浙江省行政区域内，以省技监局的名义，对公民、法人和其他组织在建立衡器(包括测力称重传感器)计量标准器具，进行衡器计量检定，制造、修理、进口、销售、使用衡器，以及从事商品交易或提供服务时，遵守《计量法》《计量法实施细则》《进口计量器具监督管理办法》《零售商品称重计量监督规定》《定量包装商品计量监督规定》《浙江省贸易结算计量监督管理办法》等计量法律、法规、规章的情况进行监督检查，并实施行政处罚。

2000 年 11 月 17 日，省编办批复同意省技术监督检测研究院更名为省质量技术监督检测研究院。2003 年 12 月 16 日，省编委批复同意省称重技术研究所(省衡器管理所)为社会公益类纯公益性事业单位，省质量技术监督检测研究院为社会公益类准公益性事业单位。2004 年 12 月 28 日，由省质量技术监督检测研究院、省称重技术研究所(省衡器管理所)等 16 家单位共同组建的浙江省方正校准集团有限公司在省人民大会堂举行揭牌仪式。2005 年 11 月 25 日，国家质检总局批复同意在省质量技术监督检测研究院基础上筹建国家电能表质量监督检验中心(浙江)。2006 年 4 月 12 日，经省编委批准，省称重技术研究所(省衡器管理所)更名为省计量科学研究院。9 月 29 日，省计量科学研究院举行挂牌仪式。11 月 20 日，省编办批复同意将省质量技术监督检测研究院原承担的计量测试和技术研究职能以及 146 名事业编制划归省计量科学研究院。编制调整后，省计量科学研究院共有事业编制 213 名。2007 年 5 月 8 日，经国家质检总局、国家认监委批准，国家电能表质量监督检验中心(浙江)成立。11 月，浙江省方正校准集团有限公司更名为浙江省方正校准有限公司，公司类型为一人有限责任公司(法人独资)。2009年4月10日,省编委明确省计量科学研究院为省质监局所属社会公益类纯公益性事业单位,机构规格相当于县处级,事业编制213名,领导职数为院长1名、副院长5名,所需经费由省财政适当补助。同时明确其主要职责:建立和维护全省最高社会公用计量标准,承担授权范围内的量值传递;开展计量技术的科学研究,制定计量技术规范;研究计量检定、校准、检测的新技术、新产品、新方法,为全省质量技术监督行政执法部门提供计量技术保证;承担法律规定的计量器具强制检定和其他检定、测试任务;负责全省计量器具的型式评价、计量产品的检测以及计量纠纷的仲裁检验、公正计量等工作;承办国家质检总局、省质监局及相关政府部门交办的其他任务。2010年6月11日,省编办明确省计量科学研究院由社会公益类事业单位对应为从事公益服务的事业单位,为公益一类。

截至2010年底,省计量科学研究院共有工作人员206人,其中,具有博士学位的8人,硕士学位的24人,高级技术职称的69人,中级技术职称的63人;检测仪器设备近3000台(套),设备原值约1亿元,其中50万元以上的仪器设备37台(套)。

四、浙江省质量技术监督检测研究院

1984年7月12日,省编委批复同意建立省产品质量监督检验所,为全额拨款事业单位,编制暂定75名,筹建期间按30名配备。1991年,省产品质量监督检验所被国家技监局列为全国鞋类产品质量监督检验中心的筹建单位。1992年8月21日,省编委批复同意省产品质量监督检验所编制数调整为90名,为差额拨款事业单位。1993年4月21日,省编委批复同意省产品质量监督检验所与省计量测试技术研究所、省纤维检验所合并,组建省技术监督检测研究院,为省标准计量管理局下属事业单位,核定人员编制266名,机构规格相当于县处级,原经费渠道不变。1994年,国家技监局批复同意在省技术监督检测研究院基础上筹建国家鞋类质量监督检验中心(杭州)。1995年8月,国家鞋类质量监督检验中心(杭州)筹建完成。8月23日,省编委批复同意省纤维检验所从省技术监督检测研究院剥离。

2000年11月17日,省编办批复同意省技术监督检测研究院更名为省质量技术监督检测研究院。2001年4月9日,国家质监局批复同意省质量技术监督检测研究院筹建国家化学建材质量监督检验中心。11月27日,省质量技术监督检测研究院、省称重技术研究所、绍兴市质量技术监督检测院、海宁市产品质量监督检验所、德清县质量技术监督检测中心、浙江省木业产品质量检测中心德清检测所共同发起设立全国质检系统首家股份制第三方检验机构——浙江方圆检测股份有限公司,注册资金1000万元。2002年2月28日,浙江方圆检测股份有限公司、国家化学建材质量监督检验中心在杭州新世纪大酒店举行揭牌仪式。4月17日,省质监局决定浙江省家具与五金研究所(以下简称省家具与五金研究所)由省质量技术监督检测研究院管理。10月,国家质检总局、国家认监委批复同意将国家鞋类质量监督检验中心(杭州)调整为国家鞋类质量监督检验中心(温州),原国家鞋类质量监督检验中心人员、设备等问题由省质监局商温州市质量技术监督局妥善处理。2003年9月30日,浙江方圆检测股份有限公司更名为浙江方圆检测集团股份有限公司,并增加注册资金至3000万元。12月16日,省编委批复同意省质量技术监督检测研究院为社会公益类准公益性事业单位。

2006年4月12日，省编办批复同意省质量技术监督检测研究院增挂省食品质量安全检测院牌子。11月20日，省编办批复同意将省质量技术监督检测研究院原承担的计量测试和技术研究职能以及146名事业编制划归省计量科学研究院。编制调整后，省质量技术监督检测研究院事业编制从236名核减为90名。12月21日，国家质检总局批复同意在省质量技术监督检测研究院基础上筹建国家皮革质量监督检验中心(浙江)。2008年1月21日，国家质检总局、国家认监委批准成立国家皮革质量监督检验中心(浙江)。2009年4月10日，省编委明确省质量技术监督检测研究院为省质监局所属社会公益类准公益性事业单位，机构规格相当于县处级，事业编制90名，领导职数为院长1名、副院长5名，所需经费由省财政适当补助。同时，明确其主要职责为：负责承担国家质检总局、省质监局及其他政府部门下达的产品(食品)质量监督检验任务；为全省质量技术监督行政执法部门提供技术保障；开展产品(食品)质量及安全检验检测技术、方法、装备等的科学研究，制定产品(食品)质量及安全检验检测技术方法，承担产品(商品)标准的起草与验证工作，负责产品(食品)生产许可证发证检验、强制性及自愿性产品(食品)认证检验及其他各类市场准入产品发证检验工作；负责产品(食品)质量仲裁检验、企业和消费者的委托检验及技术服务等工作；负责向社会提供科技成果(含新产品)鉴定与检验、质量鉴定、灾后评估、工程质量验收(评估)等检验测试工作；开展产品(食品)质量安全风险研究、监测、分析等相关工作；承办省质监局及相关政府部门委托的其他任务。11月20日，国家质检总局批复同意在省质量技术监督检测研究院的基础上筹建国家电器安全质量监督检验中心(浙江)。2010年4月，省质监局决定省家具与五金研究所恢复独立运行，单位性质不变。6月11日，省编办明确省质量技术监督检测研究院(省食品质量安全检测院)由社会公益类事业单位对应为从事公益服务的事业单位，为公益二类。

截至2010年底，省质量技术监督检测研究院与浙江方圆检测集团股份有限公司实行统一管理、分账运作，共有工作人员500余人，其中，具有博士学位的12人，硕士学位的66人，高级技术职称的54人，中级技术职称的85人；检测仪器设备2350台(套)，设备原值1.2亿元，其中10万元以上的仪器设备225台(套)。

五、浙江省标准化研究院

1981年4月24日，省科委党组批复同意省标准计量管理局成立省标准计量情报站。1985年4月，省标准计量管理局决定在省标准计量情报站设立省标准计量管理局资料发行站。12月29日，省编委批复同意省标准计量情报站改称省标准计量情报研究所，隶属省标准计量管理局领导，编制20名，主要承担全省标准计量情报提供、交流、研究和咨询服务工作。1996年5月9日，省标准计量情报研究所更名为省技术监督情报研究所。1997年，省编委批准同意增加省技术监督情报研究所人员编制10名。

2000年11月17日，省编办批复同意省技术监督情报研究所更名为省质量技术监督情报研究所。2002年2月，省质监局批复同意在省质量技术监督情报研究所设立地方标准技术审查部，负责地方标准报批稿的技术审查工作。5月，省质监局批复同意在省质量技术监督情报研究所设立浙江省WTO/TBT通报咨询中心，负责国外技术法规、技术标准和合格评定程序方面的通报发布与评议服务工作。7月，省质量技术监督情报研究所更名为省标准化研究院。8月，省标准化研究院从杭州市天目山路222号省质监局大院搬迁至杭州市环城北路305号耀江发展中心。2003年12月16日，省编委批复同意省标准化研究院为社会公益类纯公益性事业单位。

2005年1月，省质监局批复同意省标准化研究院等5家单位共同出资组建浙江省方大标准信息有限公司（以下简称省方大标准信息有限公司），注册资本600万元。2月，省质监局批复同意成立省方大标准信息有限公司董事会，成员11人。3月28日，省方大标准信息有限公司挂牌成立。8月，省方大标准信息有限公司按照现代企业经营体制组建完成，内设办公室、财务部、事业发展部、条码管理部、标准服务部、技术推动部、教育培训部、TBT-SPS中心、代码管理中心、技术审查部、宣传信息中心11个部门。2007年4月，省标准化研究院与浙江省农业科学院农产品质量标准研究所共同组建食品与农业标准化研究中心，主要任务是围绕食品安全与农业标准化发展的需要，联合开展食品安全问题及对策、国内外标准与应对措施等方面的研究。2008年9月，按照“事企分离、院管公司”的总要求，经省质监局批复同意，省质量技术监督干部培训中心等3家单位从省方大标准信息有限公司退出原持有的全部股份。省方大标准信息有限公司股东调整为省标准化研究院、省物品编码中心，注册资本由原600万元调整为390万元。在保留事业单位建制的基础上，省标准化研究院和省物品编码中心实行统一管理、合署办公，财务上独立核算。

2009年4月，省编委明确省标准化研究院为省质监局所属社会公益类纯公益性事业单位，机构规格相当于县处级，事业编制30名，领导职数为院长1名、副院长3名，所需经费由省财政适当补助。同时，明确其主要职责为：负责搜集、翻译、管理、分析研究国内外标准化信息资料，以及标准的水平评估和有效性确认；承担技术法规、标准、合格评定程序等技术文献的制（修）订、发行和技术服务工作；负责全省标准化方面的政策及技术研究和推广应用；受省质监局委托，承担省标准化技术管理、项目评估认证工作；负责WTO/TBT信息的通报与咨询、预警信息发布、国外技术性贸易措施通报的评议研究和技术服务；负责全省组织机构代码、公共信息IC卡、安全认证数字证书的发放与管理；负责组织机构代码信息数据库及其管理网络系统的开发、研究、维护及推广应用。2010年6月21日，省编办明确省标准化研究院由社会公益类事业单位对应为从事公益服务的事业单位，为公益一类。

截至2010年底，省标准化研究院共有工作人员42人，其中，具有硕士、博士学位的15人，高级技术职称的13人，中级技术职称的14人。

六、浙江省物品编码中心

1991年5月8日，中国物品编码中心批复同意省标准计量管理局设立中国物品编码中心浙江分中心，由省标准计量管理局领导，业务上接受中国物品编码中心的指导和管理。8月，省标准计量管理局印发《关于建立中国物品编码中心浙江分中心的通知》，明确中国物品编码中心浙江分中心的主要职责。1994年3月，省计经委、省标准计量管理局批复同意在中国物品编码中心浙江分中心内设立省条码印刷品质量监督检验站，负责全省条码印刷品的质量监督检验工作。6月7日，省编委批复同意成立省物品编码中心，为省标准计量管理局下属自收自支事业单位，核定人员编制16名。1997年9月8日，省技监局批复同意省物品编码中心内设管理推动部、质量检测部和技术开发部。

2002年9月，省物品编码中心由杭州市天目山路222号省质监局大院迁至杭州市环城北路305号耀江发展中心。2003年4月21日，省质监局批准同意省条码印刷品质量监督检验站更名为浙江省图文标识质量检验中心，主要开展条码印刷品的质量检测，检测范围在原条码检测的基础上，增加公共图文标识和产品标识的检测。12月16日，省编委批复同意省物品编码中心为社会公益类准公益性事业单位。2005年1月，省质监局批复同意省物品编码中心等5家单位共同出资组建省方大标准信息有限公司，注册资本600万元。2月，省质监局批复同意成立省方大标准信息有限公司董事会，成员11人。3月28日，省方大标准信息有限公司挂牌成立。8月，省方大标准信息有限公司按照现代企业经营体制组建完成，内设办公室、财务部、事业发展部、条码管理部、标准服务部、技术推动部、教育培训部、TBT-SPS中心、代码管理中心、技术审查部、宣传信息中心11个部门。2008年9月，按照"事企分离、院管公司"的总要求，省质量技术监督干部培训中心等3家单位从省方大标准信息有限公司退出原持有的全部股份。省方大标准信息有限公司股东调整为省物品编码中心、省标准化研究院，注册资本由原600万元调整为390万元。在保留事业单位建制的基础上，省物品编码中心和省标准化研究院实行统一管理、合署办公，财务上独立核算。

2009年4月，省编委明确省物品编码中心为省质监局所属社会公益类准公益性事业单位，机构规格相当于县处级，事业编制16名，领导职数为主任1名、副主任2名，所需经费自理。同时，明确其主要职责为：负责全省商品条码、物品编码的推广应用；负责商品条码、物品编码、自动识别、防伪技术的研究、开发、咨询、培训和技术服务；承担商品条码、物品编码印刷品、自动识别技术产品的监督检验、仲裁检验和委托检验等检验业务。2010年6月21日，省编办明确省物品编码中心由社会公益类事业单位对应为从事公益服务的事业单位，为公益二类。

截至2010年底，省物品编码中心共有工作人员32人，其中，具有硕士、博士学位的7人，高级技术职称的8人，中级技术职称的10人。

七、浙江省特种设备检验研究院

1958年5月，省劳动局锅炉检修队成立，为省劳动局直属事业单位，主要承担锅炉检修工作。1960年7月，省劳动局锅炉检修队撤销，人员调入江山铁路指挥部。1961年8月，省劳动局锅炉检修队恢复建制，大部分人员、设备从江山铁路指挥部调回。1970年1月，省劳动局锅炉检修队再次撤销，人员等调入杭州汽车制造厂。1973年4月，省劳动局锅炉检修队再次恢复建制，人员等从杭州汽车制造厂调回，并拨开办经费3万元。

1981年1月，省计委批复同意省劳动局锅炉检修队更名为省劳动局锅炉检验所，性质为事业单位，人员编制43名，实行企业化管理。1984年6月，经省劳动人事厅批准，省劳动局锅炉检验所更名为省劳动人事厅锅炉压力容器检验所。1985年10月，省编委批复同意成立浙江省劳动保护教育中心(以下简称省劳动保护教育中心)和浙江省劳动安全卫生检测中心站(以下简称省劳动安全卫生检测中心站),实行两块牌子一套班子,为事业单位,隶属省劳动人事厅,主要承担电梯、起重机械、厂(场)内机动车辆等特种设备检验工作。1989年12月,省劳动人事厅核定省劳动安全卫生检测中心站事业编制10名,经费自收自支,实行企业化管理。1990年1月,省编委批复同意省劳动人事厅锅炉压力容器检验所更名为省锅炉压力容器检验所。2月,省劳动人事厅批复同意省锅炉压力容器检验所在原定43名自收自支事业编制的基础上再增加编制7名,经费自收自支,实行企业化管理。1991年12月23日,省编委批复同意省劳动保护教育中心更名为浙江省劳动保护宣传教育中心,与省劳动安全卫生检测中心站实行两块牌子、一套班子,经费实行差额补贴,编制为15名,机构规格相当于副处级。同年,省编委批复同意省锅炉压力容器检验所为经费实行自收自支的事业单位,核定事业编制50名,机构规格相当于副处级。1995年9月,省编委批复同意省锅炉压力容器检验所和省劳动安全卫生检测中心站机构规格为相当于县处级。

2000年11月,省锅炉压力容器检验所、省劳动安全卫生检测中心站成建制划转省质监局。2001年6月25日,省编委批复同意省锅炉压力容器检验所和省劳动安全卫生检测中心站合并,组建省特种设备检验中心,为省质监局所属县处级事业单位,事业编制由原省锅炉压力容器检验所和省劳动安全卫生检测中心站划转,合计60名,经费按原渠道不变。2002年1月,省质监局明确省特种设备检验中心的工作职能主要为:特种设备的定期检验、监督检验、产品质量抽查检验和进出口检验工作;委托接受特种设备的制造、安装单位资格审查具体工作;承担特种设备事故的技术鉴定和咨询、服务工作;承担特种设备相关人员培训及有关资料发放工作;委托承担特种设备的质量稽查工作。6月17日,省质监局在省特种设备检验中心设立省质量技术监督稽查队特种设备稽查分队。11月2日,经省质监局批准,省特种设备检验中心、东阳市锅炉压力容器检验所与横店集团控股有限公司联合组建省特种设备检验中心(横店)。2003年1月17日,省质监局批复同意成立浙江万安特种设备监理公司,并明确其经营范围为特种设备的监理、安全评价、咨询、服务、培训等。12月16日,省编委批复同意省特种设备检验中心为社会公益类准公益性事业单位。2005年7月,由省特种设备检验中心等7家单位共同出资的浙江万宁特种设备检验检测有限公司完成工商注册,注册资本为3000万元。2006年5月,人事部、国家质检总局联合授予浙江省特种设备检验中心“全国质量监督检验检疫系统先进集体”称号。2008年1月14日,经省编办同意,省特种设备检验中心更名为省特种设备检验研究院。2009年4月,省编委明确省特种设备检验研究院为省质监局所属社会公益类准公益性事业单位,机构规格相当于县处级,事业编制60名,领导职数为院长1名、副院长4名,所需经费自理。主要职责是负责对锅炉等8大类特种设备的定期检验、监督检验、型式试验等工作,负责简单压力容器等6项国家授权的特种设备型式试验工作,负责特种设备生产(含设计、制造、安装、改造、维修)单位行政许可鉴定评审的服务工作,负责特种设备作业人员培训和考试工作,分析研究全省特种设备安全状况。2010年8月,省编办明确省特种设备检验研究院由社会公益类事业单位对应为从事公益服务的事业单位,为公益二类。10月21日,国家质检总局批复同意在省特种设备检验研究院基础上筹建国家电梯产品质量监督检验中心(浙江)。

截至2010年底,省特种设备检验研究院共有工作人员183人,其中,具有硕士、博士学位的38人,高级技术职称的57人,中级技术职称的47人;检测仪器设备913台(套),设备原值3439万元,其中50万元以上的仪器设备16台(套)。

八、浙江省纺织测试中心

1979年1月,省编委批复同意在省一轻局纺织公司所属纺织试验室基础上建立浙江省纤维检验所,隶属省一轻局,为事业单位,人员编制核定20名。1986年12月,省编委同意省轻工业厅在原浙江省纤维检验所、浙江省纺织工业公司的纺织测试中心基础上组建省轻工业厅纺织测试中心,承担本系统纺织产品检验、测试任务,同时承担省标准计量管理局委托的纺织产品质量监督检验任务,仍为处级事业单位,人员编制核定为24名。

1991年3月,省编委批准同意在省轻工业厅纺织测试中心内组建纺织计量站,为省轻工业厅纺织测试中心的内设机构,对外挂省轻工业厅纺织计量站牌子,增加事业编制10名。1992年8月,经省轻工业厅同意,省轻工业厅纺织测试中心成立省轻工业厅纺织测试中心经营部,注册资金30万元,为全民所有制企业。1996年10月,省编办批复同意省轻工业厅纺织测试中心更名为省纺织测试中心,同时挂浙江省纺织计量站牌子,隶属浙江省轻纺集团公司。1998年10月,省纺织测试中心由杭州市长明寺巷27号迁至杭州市长明寺巷2号。1999年8月,省轻工业厅纺织测试中心经营部更名为杭州赞成机电科技开发中心,注册资金从30万元增加到50万元。

2003年3月4日,省编办、省财政厅批复同意省纺织测试中心成建制划转省质监局,同时核销10名事业编制。12月,省编委批复同意省纺织测试中心为社会公益类准公益性事业单位。2005年5月,省质监局决定,省纤维检验局与省纺织测试中心进行业务整合,以国家纺织服装产品质量监督检验中心(浙江)名义,共同开展纺织服装检验业务。2009年4月,省编委明确省纺织测试中心为省质监局所属社会公益类准公益性事业单位,机构规格相当于县处级,事业编制24名,领导职数为主任1名、副主任2名,所需经费由省财政适当补助。主要职责是承担纱线、面料和各类服装的质量检验检测工作,负责纺织仪器鉴定、计量检定等工作。7月,国家商标局批准省纺织测试中心申请注册“TTJ”商标。2010年5月,省质监局调整省纤维检验局工作体制,明确省纤维检验局原承担的纺织服装检验检测业务整体划转省纺织测试中心。2010年6月,省编办明确省纺织测试中心由社会公益类事业单位对应为从事公益服务的事业单位,为公益二类。

截至2010年底,省纺织测试中心共有工作人员75人,其中,具有硕士学位的5人,高级技术职称的7人,中级技术职称的8人;检测仪器设备92台(套),设备原值343万元,其中,1万元以上的仪器设备27台(套)。

九、中国方圆标志认证委员会浙江审核中心

1995年11月1日,中国方圆标志认证委员会批复同意省标准计量管理局筹建中国方圆

标志认证委员会浙江办事处，挂靠在省标准计量管理局质量监督处。12 月 29 日，中国方圆标志认证委员会浙江办事处挂靠单位调整为省标准化协会。1996 年 7 月 23 日，中国方圆标志认证委员会批复同意成立中国方圆标志认证委员会浙江办事处，主要负责认证申请的代理和获证企业的年度监督，并参与认证审核活动。1998 年 3 月 12 日，省编委批复同意成立中国方圆标志认证委员会浙江审核中心，为省技监局下属事业单位，核定事业编制 10 名，所需经费自行解决。5 月，中国方圆标志认证委员会同意中国方圆标志认证委员会浙江审核中心开展认证业务。1999 年 9 月底，中国方圆标志认证委员会浙江审核中心通过国家认可委的认可，取得机械、电子、纺织、食品、汽车 5 大专业领域的认证资质，成为全国质监系统 15 个中国方圆标志认证委员会办事处中第一个通过国家认可委认可的审核中心。

2002 年 6 月，中国方圆标志认证委员会浙江审核中心组建浙江方圆标志认证审核中心。2003 年 3 月，方圆标志认证中心浙江分中心成立，并于 5 月获国家认监委批准，浙江方圆标志认证审核中心同时停止运作。12 月 16 日，省编委批复同意中国方圆标志认证委员会浙江审核中心为中介服务类事业单位。2004 年 4 月，经省质监局同意，方圆标志认证中心浙江分中心以资产为纽带，以双向控股的改制方式参股方圆标志认证（集团）有限公司。2006 年 12 月，经国家认监委批准，方圆标志认证中心浙江分中心更名为方圆标志认证集团浙江分公司。2008 年 5 月，已停止运作的浙江方圆标志认证审核中心更名为浙江方圆管理技术研究中心，主要从事技术评价咨询服务、企业管理服务、培训服务。2009 年 4 月，经省质监局同意，中国方圆标志认证委员会浙江审核中心设立省工业产品生产许可审查部，并受省质监局委托承担工业产品生产许可技术性、事务性工作，业务上接受省工业产品生产许可证办公室的指导。7 月 3 日，经省编办同意，中国方圆标志认证委员会浙江审核中心增挂省质量监督技术审查评价中心牌子。12 月，经省质监局同意，浙江方圆管理技术研究中心和方圆标志认证集团有限公司共同出资成立方圆标志认证集团浙江有限公司，方圆标志认证集团浙江分公司同时注销。2010 年 4 月，经国家认监委批准，方圆标志认证集团浙江有限公司承接方圆标志认证集团有限公司业务范围的工作。6 月，省编办明确中国方圆标志认证委员会浙江审核中心（省质量监督技术审查评价中心）由中介服务类事业单位对应为从事生产经营活动的事业单位。同年，省质量监督技术审查评价中心开始负责全省食品添加剂、化妆用品生产许可的技术审查工作，并开展 61 大类生产许可审查评价的管理工作。

截至 2010 年底，中国方圆标志认证委员会浙江审核中心（省质量监督技术审查评价中心）共有工作人员 57 人，其中，具有硕士学位的 1 人，高级技术职称的 9 人，中级职称的 10 人。

十、浙江省质量技术监督干部培训中心

1988 年 7 月 29 日，省编委批复同意成立浙江省标准计量干部培训中心（以下简称省标准计量干部培训中心），归省标准计量管理局领导，事业编制 14 名。主要职能是根据全省经济建设的中心任务和技术监督的主要任务，拟订全省标准计量部门干部培训的计划，并组织实施；接受国家技监局委托的代培任务；组织协调省标准计量管理局与其他行业、学术团体共同

承办的专业培训工作。同年，省标准计量干部培训中心与中国计量学院合作，设立中国计量学院杭州函授站，开展标准计量部门干部职工的学历教育。1991 年 12 月 23 日，省编委批复同意省标准计量干部培训中心为经费实行自收自支的事业单位，核定事业编制 14 名，机构规格相当于县处级。1993 年 5 月，省标准计量干部培训中心由杭州市曙光路 38 号迁至杭州市天目山路 222 号省标准计量管理局大院。1996 年 5 月，省编委批复同意省标准计量干部培训中心更名为省技术监督干部培训中心。同年，为适应技术监督行业技术工人等级考核的需要，省技术监督干部培训中心开始协助省劳动厅职业技能鉴定中心开展技术监督相关职业技能的培训工作。1997 年 6 月，省技监局各业务处室所需的培训业务开始由省技术监督干部培训中心承办。

2000 年 11 月 17 日，省编委批复同意省技术监督干部培训中心更名为省质量技术监督干部培训中心。2001 年 1 月，省质量技术监督干部培训中心被国家质监局确定为浙江省内唯一的质量专业技术人员职业资质考试定点培训机构，负责配合浙江省人事考试中心开展质量专业技术人员考试的报名审核、教材发行和培训等工作。2002 年 12 月 27 日，省劳动和社会保障厅批复同意省质量技术监督干部培训中心设立国家职业技能鉴定所，考核鉴定范围为化学检验工(试剂溶剂、日用化工、涂料染料 3 个类别)、食品检验工(所含的 10 个类别)、纺织纤维检验工(所含的 5 个纤维类别)、衡器计量检定工、衡器操作工、产品可靠性能检验工、产品安全性能检验工等专业的初级、中级、高级技能鉴定。2003 年 5 月，省质量技术监督干部培训中心被国家质检总局确定为浙江省内唯一的质量专业技术人员职业资格注册机构。12 月，省质量技术监督干部培训中心迁至杭州市环城北路 305 号耀江发展中心。12 月 16 日，省编委批复同意省质量技术监督干部培训中心为社会公益类准公益性事业单位。2005 年 1 月，省质监局批复同意省质量技术监督干部培训中心等 5 家单位共同出资组建省方大标准信息有限公司，注册资本 600 万元，其中省质量技术监督干部培训中心出资 72 万元，占总注册资本的 12%。省方大标准信息有限公司成立后，省质量技术监督干部培训中心仍保留独立法人资格，对外以省方大标准信息有限公司教育培训部的名义开展工作。2008 年 6 月，根据省质监局关于深化省级技术机构改革的总体原则，省质量技术监督干部培训中心恢复独立运行。9 月，按照“事企分离、院管公司”的总要求，经省质监局批复同意，省质量技术监督干部培训中心等 3 家单位从省方大标准信息有限公司退出原持有的全部股份。2009 年 4 月，省编委明确省质量技术监督干部培训中心为省质监局所属社会公益类准公益性事业单位，机构规格相当于县处级，事业编制 14 名，领导职数为主任 1 名、副主任 1 名，所需经费自理，主要职责是负责全省质监系统干部职工和企业相关人员的教育培训。2010 年 6 月，省编办明确省质量技术监督干部培训中心由社会公益类事业单位对应为从事公益服务的事业单位，为公益二类。

截至 2010 年底，省质量技术监督干部培训中心共有工作人员 16 人，其中，具有硕士学位的 3 人，高级技术职称的 1 人，中级职称的 4 人。

十一、浙江省家具与五金研究所

1981年11月，省二轻厅批准成立浙江省家具研究所（以下简称省家具研究所），属全民所有制事业单位，核定编制15名，由浙江省家具杂品工业公司（以下简称省家具公司）领导管理。1981—1985年，省家具研究所在杭州市西文村浙江省家具实验厂内办公。1986年5月，省编委批复同意省家具研究所划归省二轻总公司下属的省家具公司管理。同年，省家具研究所搬至杭州市文一路40号省家具公司内。1988年1月，省计经委、省标准计量管理局批准在省家具研究所内设立浙江省家具质量监督检验站和浙江省日用建筑五金产品质量监督检验站。1991年4月，省二轻总公司批准在省家具研究所内设立浙江省文体杂品产品质量检验站。1992年11月，省二轻总公司批复同意浙江省室内装饰成套用品公司（原省家具公司）设立浙江省五金研究所（以下简称省五金研究所），属全民所有制事业单位，核定编制15名。1996年11月，省家具研究所由事业非法人单位转为事业法人单位。2001年3月，省家具研究所、省五金研究所迁至杭州市莫干山路871号杭州西湖沙发厂内。

2002年4月11日，省编委批复同意省家具研究所、省五金研究所成建制划转省质监局。划转后，两所合并建立省家具与五金研究所，为省质监局所属经费自理的事业单位，事业编制由原两所30名核减为20名。4月17日，省质监局决定省家具与五金研究所由省质量技术监督检测研究院管理。2003年4月，省家具与五金研究所及下设3个省级产品质量监督检验站随省质量技术监督检测研究院检验部门划入浙江方圆检测股份有限公司。12月16日，省编委批复同意省家具与五金研究所为中介服务类事业单位。2004年1月，省质监局批复同意浙江省家具质量监督检验站、浙江省日用建筑五金产品质量监督检验站和浙江省文体杂品产品质量检验站分别更名为浙江省家具产品质量检验中心、浙江省日用建筑五金产品质量检验中心和浙江省文体产品质量检验中心。2006年12月，省质监局决定将浙江省日用建筑五金产品质量检验中心与浙江方圆检测集团股份有限公司下设的浙江省锁具产品质量检验中心合并，更名为浙江省五金及锁具产品质量检验中心，浙江省文体产品质量检验中心并入浙江方圆检测集团股份有限公司下设的浙江省轻工产品质量检验中心。2007年7月20日，省质监局批复同意浙江省五金及锁具产品质量检验中心更名为浙江省锁具产品质量检验中心，浙江省轻工产品质量检验中心更名为浙江省轻工及五金产品质量检验中心。12月5日，省编委同意省家具与五金研究所由中介服务类事业单位变更为社会公益类准公益性事业单位，事业编制由20名核减为15名。2008年6月，省家具与五金研究所迁至杭州市莫干山路1984号杭州和祥经贸有限公司内。2009年4月，省编委明确省家具与五金研究所为省质监局所属社会公益类准公益性事业单位，机构规格相当于县处级，事业编制15名，领导职数为所长1名、副所长1名，所需经费由单位自理。主要职能为承担家具、五金产品的研究设计、新产品开发、技术咨询等工作；受政府和有关部门委托，承担家具、五金行业产品质量检验、委托检验和仲裁检验；配合有关部门开展产品质量鉴定，组织专家进行技术鉴定，出具质量鉴定报告。

2010年4月，省质监局决定省家具与五金研究所恢复独立运行，单位性质不变。6月，省编办明确省家具与五金研究所由社会公益类事业单位对应为从事公益服务的事业单位，为公益二类。7月，省质监局决定将浙江省锁具产品质量检验中心、浙江省轻工及五金产品质量检验中心的母体单位由省质量技术监督检测研究院和浙江方圆检测集团股份有限公司变更为省家具与五金研究所。同年，浙江省锁具产品质量检验中心、浙江省轻工及五金产品质量检验中心迁至杭州市通运路66号。

截至2010年底，省家具与五金研究所共有工作人员26人，其中，具有硕士、博士学位的9人，高级技术职称的4人，中级技术职称的6人；检测仪器设备120台(套)，设备原值199万元，其中1万元以上的仪器设备22台(套)。

十二、浙江省质量技术监督信息中心

1986年11月，省标准计量管理局筹办标准计量与产品质量监督的综合性期刊。1987年2月，由省标准计量管理局办公室牵头，开始《标准·计量·质监》(暂定双月刊)筹备工作，并组织编写了《采用国际标准专辑》《计量定级升级专辑》《产品质量监督专辑》和《标准化函授专辑》。10—12月，《标准·计量·质监》(采用国际标准专辑、计量定级升级专辑、产品质量监督专辑)经省新闻出版局批准正式发行。1987年11月28日，《标准·计量·质监》编辑部成立。12月28日，省新闻出版局批准由省标准计量管理局、省标准化协会、省计量测试学会联合主办的《标准·计量·质监》(双月刊)自1988年1月1日起作为内部刊物出版[内部报刊准印证(浙)字第01-002号]。1988年2月5日，《标准·计量·质监》编辑委员会成立。

1991年6月，《标准·计量·质监》获准公开发行(国内统一刊号为CN33-1150/T)，为月刊，16开本，每册页码为40页，月发行量1.3万份，主要栏目有工作论坛、法制之窗、标准化、采用国际标准、计量管理、质量监督、质量检验、质量管理、质检公报、实用技术、知识走廊、消费指南、国外见闻等。1992年4月12日，省编委批复同意成立《标准·计量·质监》杂志社，为经费实行自收自支的事业单位，机构规格相当于副县处级，核定人员编制15名。7月28日，省标准计量管理局批复同意《标准·计量·质监》杂志社下设浙江推荐产品服务中心，为全民所有制企业，注册资金50万元。1994年4月，经省编委批复同意，《标准·计量·质监》杂志社更名为《质量时刊》杂志社。更名后，机构性质、规格和人员编制不变。1999年1月起，《质量时刊》杂志改版为大16开本，彩色印刷，每册页码为68页。2001年4月30日，经省编办同意，《质量时刊》杂志社的主管部门由省质监局变更为省质协。

2004年1月，《质量时刊》由外刊改为内刊(内刊号为浙内准字0031号)，每月1期，内部发行。6月23日，省编委批复同意设立省质量技术监督信息中心，为省质监局所属社会公益类纯公益性事业单位，核定事业编制10名，领导职数为主任1名、副主任1名，所需经费由省财政适当补助，机构规格相当于县处级。同时，撤销《质量时刊》杂志社，原《质量时刊》杂志社15名事业编制同时核销。8月25日，省质监局明确省质量技术监督信息中心主要职能。同月，省质量技术监督信息中心纳入省方大标准信息有限公司管理。2008年6月，根据省质监局关于深化省级技术机构改革的总体原则，省质量技术监督信息中心恢复独立运行。2009年4月，省编委明确省质量技术监督信息中心为社会公益类纯公益性事业单位，机构规格相当于县处级，事业编制10名，领导职数为主任1名、副主任1名，所需经费由省财政适当补

助，主要职责是受省质监局委托，负责全省质监系统的宣传和信息化建设工作。2010 年 6 月，省编办明确省质量技术监督信息中心由社会公益类事业单位对应为从事公益服务的事业单位，为公益一类。

截至 2010 年底，省质量技术监督信息中心共有工作人员 27 人，其中，具有硕士学位的 1 人，高级技术职称的 1 人，中级技术职称的 1 人。

十三、浙江省质量技术监督物业管理服务中心

1978 年，省标准计量管理局开始为全省标准计量部门进行物资器材代办、供应和服务工作。至 1987 年，共为全省标准计量部门代办仪器设备总价值 496 万元，调拨金属材料近 1000 吨。1987 年 9 月 14 日，省编委批复同意省标准计量管理局成立浙江省标准计量物资器材供应服务站（以下简称省标准计量物资器材供应服务站），人员编制在省标准计量管理局已核定的事业编制内调剂解决，不另增加，经费实行自收自支，独立核算，自负盈亏。12 月 23 日，省标准计量管理局印发《关于省标准计量物资器材供应服务站的性质、任务及岗位设置的通知》，明确省标准计量物资器材供应服务站为事业单位，人员编制暂定 15 名，由省标准计量管理局业务部门代管，经费实行自收自支，财务实行独立核算，自负盈亏。1988 年 9 月 29 日，省标准计量管理局同意省标准计量物资器材供应服务站开办综合经营部，实行独立核算，自负盈亏，核定注册资金 30 万元。1991 年 12 月 23 日，省编委批复同意省标准计量物资器材供应服务站为经费实行自收自支的事业单位，核定事业编制 10 名，机构规格相当于科级。1994 年 12 月 21 日，省标准计量物资器材供应服务站在温州、杭州、临平设立分站。各分站均为独立法人单位，集体所有制性质，独立核算，自负盈亏。1996 年 5 月 9 日，经省编委批准，省标准计量物资器材供应服务站更名为浙江省技术监督物资器材服务中心（以下简称省技术监督物资器材服务中心）。

2001 年 10 月 22 日，省编办批复同意省技术监督物资器材服务中心更名为浙江省质量技术监督物业管理服务中心（以下简称省质量技术监督物业管理服务中心）。更名后，人员编制、经费渠道均不变，工作职能由负责质监部门标准、计量、质量检测仪器设备等物资的供应调整为负责省质监局大院的安全保卫、环境卫生、绿化及办公楼的维修管理和食堂、职工宿舍的管理等。2003 年 12 月 16 日，省编委批复同意省质量技术监督物业管理中心为社会公益类准公益性事业单位。2009 年 4 月，省编委明确省质量技术监督物业管理服务中心为省质监局所属社会公益类准公益性事业单位，机构规格为副县处级，事业编制 10 名，领导职数为主任 1 名、副主任 1 名，所需经费由单位自理，主要职责是承担省质监局后勤服务保障工作。2010 年 6 月 11 日，省编办明确省质量技术监督物业管理服务中心由社会公益类事业单位对应为从事公益服务的事业单位，为公益二类。

第四节　人员结构与队伍建设

从清末设立省度量权衡局开展度量衡划一调查，到21世纪质监部门全面履行计量、标准化、质量管理、产品质量监督、特种设备安全监察、食品生产环节质量监管等职能，百余春秋。其间，质监机构几经撤建，人员新老交替。截至2010年底，全省质监部门共有在职人员5915人，其中具有大专以上学历的占93.4%。直属事业单位中具有中级以上技术职称的占45.6%。在队伍建设方面，全省质监部门开展思想教育活动、廉政教育活动、职业道德教育活动，组织教育培训、职业技能比武，推行领导干部公开竞聘制度和“一报告两评议”制度，不断推进质监干部队伍建设。

一、人员结构

清末，省农工商矿局、省度量权衡局先后开展度量衡划一的调查工作，人员不足10人。民国19年(1930年)，省建设厅设立省度量衡检定所，设有所长兼检定股主任1人、总务股主任1人、检定员5人、事务员及书记员各若干人。至民国20年4月，全省度量衡检验机构共有高级检定员5人，初级检定员5人，三等检定员108人，其学历大多为高中或初中，少数为大学或专科学历。民国21年，省度量衡检定所共有工作人员18人。“七七”事变爆发后，省度量衡检定所及各县度量衡检定分所相继遭裁撤或停止运行，人员被遣散。

民国31年(1942年)，浙江汪伪政府恢复度政。至民国33年，列入汪伪政府治区的34个县，有杭县、平湖、海盐、海宁、嘉善、嘉兴、崇德、德清、吴兴、长兴、绍兴、萧山、奉化、金华14个县设立度量衡检定分所，人员不足百人。

1951年5月7日，省政府主席办公会议研究决定在省商业厅行政室下设一个3人小组，负责度量衡管理工作。至1957年，杭州等6个市建立度量衡检定所，瑞安等6个县建立度量衡检定站，人员共34人。

1959年，全省度量衡管理工作开始由省科委管理。至年底，全省共有计量管理机构12个(其中市级3个、县级9个)，人员46人。1960年2月，省人委批准同意省科委设立省标准计量管理处。至年底，全省共有计量管理机构17个，人员66人。

表35-9-4-1　　1963年浙江省部分标准计量部门人员结构一览表

单位：人

机构名称	计量专业			
	长度	热学	力学	电学
省标准计量管理处	5	3	4	3
宁波市计量管理所	2	1	1	1

续表

机构名称	计量专业			
	长度	热学	力学	电学
温州市计量管理所	1	1	1	1
嘉兴县计量管理所	1	0	1	0
平湖县计量管理所	0	0	1	0
绍兴县计量管理所	1	0	2	0
奉化县计量管理所	0	0	1	0
宁海县计量管理所	0	0	2	0
临海县计量管理所	0	0	2	0
瑞安县计量管理所	0	0	1	0
金华县计量管理所	0	0	2	0
金华专区计量管理所	1	1	1	0
杭州市度量衡检定所	0	0	6	0
合　计	11	6	25	5

资料来源：根据省质监局档案资料整理编制。

“文化大革命”期间，不少地方的计量管理机构被裁撤。1979年底，全省标准计量部门共有机构65个，其中，省级机构4个，市(地)级机构11个，县级机构50个。实际在职人员688人，其中，行政人员138人，科技人员512人，工人38人。科技人员中，具有大专及以上学历的208人，占科技人员总数的40.6%；中专学历的45人，占科技人员总数的8.8%。1980年，全省标准计量部门共有人员734人。

表35-9-4-2　　1980年浙江省标准计量部门人员结构一览表

单位：人

单位或地区	职工数	学　历			技术职称	
		大专及以上	中专	其他	中级	初级
省标准计量管理局	49	14	1	34	9	3
省计量检定所	71	32	12	27	5	0
省标准计量管理局实验工厂	41	3	0	38	1	2
杭州市	78	24	5	49	13	12
宁波市	95	38	9	48	13	12

续表

单位或地区	职工数	学　历			技术职称	
		大专及以上	中专	其他	中级	初级
温州市	75	20	6	49	14	6
嘉兴市	52	16	6	30	6	3
湖州市	—	—	—	—	—	—
绍兴市	54	18	5	31	0	7
金华地区	120	21	13	86	8	15
丽水地区	49	13	1	35	3	13
台州地区	29	12	2	15	6	7
舟山地区	21	4	1	16	3	2
合　计	734	215	61	458	81	82

资料来源:根据省质监局档案资料整理编制。

1981年,省标准计量管理局开始筹划全省产品质量监督检验网的建设,产品质量监督检验机构逐步成为继计量检定机构之后的又一支重要的技术保障力量。至1984年底,全省标准计量部门共有机构64个,其中,省级机构2个,市(地)级机构10个,县级机构52个,在职人员828人。

表35-9-4-3　　1984年浙江省标准计量部门人员结构一览表

单位:人

单位或地区	职工数	学　历			技术职称	
		大专及以上	中专	其他	中级	初级
省标准计量管理局	49	22	3	24	5	1
省计量测试技术研究所	91	55	5	31	23	27
省标准计量管理局实验工厂	51	6	2	43	1	2
杭州市	103	28	10	65	9	14
宁波市	104	32	16	56	11	28
温州市	93	27	9	57	8	19
嘉兴市	37	10	5	22	1	9
湖州市	25	8	2	15	1	5

续表

单位或地区	职工数	学　历			技术职称	
		大专及以上	中专	其他	中级	初级
绍兴市	56	19	11	26	2	17
金华地区	114	15	8	91	3	13
丽水地区	40	10	3	27	0	7
台州地区	40	17	2	21	3	11
舟山地区	25	4	4	17	2	3
合　计	828	253	80	495	69	156

资料来源:根据省质监局档案资料整理编制。

1985年后,省产品质量监督检验所、省标准计量情报研究所、省纤维检验所等省级技术机构相继成立,全省标准计量部门的人员队伍进一步扩大。至1986年底,全省标准计量部门共有人员1402人,其中具有本科及以上学历的326人,占23.3%。

表35-9-4-4　　1986年浙江省标准计量部门人员结构一览表

单位:人

单位或地区	职工数	学　历				技术职称	
		本科及以上	大专	中专	其他	中级	初级
省标准计量管理局	58	20	11	8	19	15	6
省计量测试技术研究所	130	47	25	7	51	24	24
省产品质量监督检验所	58	17	11	1	29	5	23
省标准计量情报研究所	19	7	2	1	9	1	6
省纤维检验所	14	4	3	4	3	2	1
省标准计量管理局实验工厂	51	4	4	6	37	1	4
杭州市	190	41	25	18	106	18	31
宁波市	178	42	15	38	83	15	38
温州市	155	32	15	31	77	16	44
嘉兴市	78	15	9	9	45	7	27
湖州市	42	11	4	2	25	2	12
绍兴市	92	26	10	16	40	7	30

续表

单位或地区	职工数	学　历				技术职称	
		本科及以上	大专	中专	其他	中级	初级
金华市	122	17	11	11	83	6	20
衢州市	47	6	7	7	27	1	8
丽水地区	71	14	7	5	45	4	11
台州地区	56	16	10	4	26	7	15
舟山地区	41	7	6	5	23	4	6
合　计	1402	326	175	173	728	135	306

资料来源：根据省质监局档案资料整理编制。

1988年12月，第七届全国人大常委会第五次会议审议通过《标准化法》，进一步推动全省标准计量事业的发展。至1990年底，全省标准计量（技术监督）部门共有机构103个。其中，省级机构8个，市（地）级机构18个，县（区）级机构77个，职工总数2190人。

表35-9-4-5　　1990年浙江省标准计量（技术监督）部门人员结构一览表

单位：人

单位或地区	职工数	学　历				技术职称		
		本科及以上	大专	中专	其他	高级	中级	初级
省标准计量管理局	57	22	20	6	9	—	—	—
省计量测试技术研究所	142	45	46	10	41	8	36	69
省产品质量监督检验所	74	23	27	3	21	4	16	43
省标准计量情报研究所	22	8	4	1	9	1	4	9
省纤维检验所	31	7	3	9	12	1	5	18
省传感器电子称重研究所	59	16	9	4	30	5	6	19
省标准计量物资器材供应站	3	0	1	0	2	—	—	—
省标准计量干部培训中心	8	1	5	0	2	—	—	—
杭州市标准计量局	40	14	16	2	8	3	15	10
杭州市产品质量监督检验所	29	15	6	4	4	2	12	9
杭州市衡器所	20	5	7	2	6	1	5	10
杭州市计量测试研究所	71	18	16	6	31	2	11	43

续表

单位或地区	职工数	学　历				技术职称		
		本科及以上	大专	中专	其他	高级	中级	初级
杭州市标准计量情报资料站	21	3	5	0	13	0	0	5
宁波市标准计量局	52	21	8	12	11	3	12	24
宁波市计量所	58	13	12	12	21	0	10	30
温州市级机构	98	28	12	17	41	2	18	44
嘉兴市标准计量局	13	1	4	1	7	—	—	—
嘉兴市计量所	35	9	10	4	12	2	5	17
嘉兴市产品质量监督检验所	15	3	7	0	5	0	2	7
湖州市级机构	47	16	11	2	18	1	5	17
绍兴市级机构	79	25	10	14	30	3	19	33
金华市级机构	59	10	16	10	23	2	15	21
衢州市级机构	42	16	6	7	13	0	5	13
丽水地区级机构	28	7	6	4	11	2	6	12
台州地区级机构	28	11	5	2	10	1	9	14
舟山地区级机构	31	8	6	2	15	1	8	12
全省县级机构	1028	240	224	175	389	10	164	453
合　计	2190	585	502	309	794	54	388	932

资料来源:根据省质监局档案资料整理编制。

1995 年 4 月,省标准计量管理局更名为省技监局,行政执法工作开始成为技监部门主要职能之一。至 1999 年底,全省技监部门共有机构 184 个。其中,省级机构 11 个,市级机构 50 个,县级机构 123 个;行政机构 45 个,事业机构 139 个。编制人数 3813 人,实际在职人数 3669 人,其中,行政机构 754 人,事业机构 2915 人。在职人员中,具有硕士研究生学位的 27 人,占在职人数的 0.7%;具有大专、本科学历的 2261 人,占在职人数的 61.6%;高中及以下学历的 1381 人,占在职人数的 37.6%。

表 35-9-4-6　　1995—1999 年浙江省技监部门人员结构一览表

单位：人

年份	机构	行政机构				事业机构				
		职工数	学历			职工数	技术职称			
			大学及以上	大专	其他		高级	中级	初级	其他
1995	省级	56	44	4	8	372	44	101	104	123
	市级	169	123	23	23	639	45	179	278	137
	县级	164	95	47	22	1315	22	225	641	427
	合计	389	262	74	53	2326	111	505	1023	687
1996	省级	55	45	3	7	385	44	128	87	126
	市级	191	136	27	28	683	51	235	249	148
	县级	158	83	47	28	1465	27	256	647	535
	合计	404	264	77	63	2533	122	619	983	809
1997	省级	64	54	2	8	399	44	148	80	127
	市级	226	172	28	26	706	52	237	251	166
	县级	182	112	44	26	1670	29	296	677	668
	合计	472	338	74	60	2775	125	681	1008	961
1998	省级	61	55	0	6	407	41	155	79	132
	市级	244	190	28	26	801	67	268	265	201
	县级	291	211	50	30	1800	40	348	781	631
	合计	596	456	78	62	3008	148	771	1125	964
1999	省级	57	52		5	395	62	145	188	
	市级	235	187		48	810	81	268	461	
	县级	462	323		139	1710	35	338	1337	
	合计	754	562		192	2915	178	751	1986	

资料来源：根据省质监局档案资料整理编制。

1999 年 9 月，省政府决定省以下质监系统实行垂直管理。2000 年 7 月，省质监局列入省政府直属机构序列，并增加宏观质量管理、锅容管特安全监察等 8 项职能。2005 年 1 月起，省、市、县三级质监部门承担食品生产加工环节的质量安全监管职能。11 月，省编委核定全省质监系统稽查机构（杭州、宁波除外）编制 545 名，其中，省级 24 名，市级 129 名，县级 392 名。

截至2010年底,全省质监系统实际在职人员5915人,其中,行政机构1912人,事业机构4003人。在职人员中,具有博士研究生学位的37人、硕士研究生学位的462人,占在职人数的8.4%;具有大专、本科学历的5024人,占在职人数的84.9%;高中及以下学历的392人,占在职人数的6.6%。事业机构中,具有高级技术职称的502人,占事业机构在职人数的12.5%;具有中级技术职称的1324人,占事业机构在职人数的33.1%;初级职称和未评定职称的2177人,占事业机构在职人数的54.4%。

表35-9-4-7　　2000—2010年浙江省质监部门人员结构一览表

单位:人

年份	机构	行政机构				事业机构			
		职工数	学历			职工数	技术职称		
			大学及以上	大专	其他		高级	中级	初级及未评定
2000	省级	63	60	3		385	62	138	185
	市级	252	211	41		805	87	299	419
	县级	407	298	109		1732	32	365	1335
	合计	722	569	153		2922	181	802	1939
2001	省级	64	61	3		434	82	176	176
	市级	282	237	45		1038	118	390	530
	县级	569	421	148		1726	37	370	1319
	合计	915	719	196		3198	237	936	2025
2002	省级	66	63	3		445	84	163	198
	市级	401	350	51		1241	140	450	651
	县级	941	778	163		1460	23	347	1090
	合计	1408	1191	217		3146	247	960	1939
2003	省级	67	64	3		468	93	177	198
	市级	413	378	35		1216	138	467	611
	县级	949	827	122		1439	29	351	1059
	合计	1429	1269	160		3123	260	995	1868
2004	省级	73	63	9	1	547	109	232	206
	市级	456	267	153	36	1219	148	493	578
	县级	986	446	447	93	1480	49	371	1060
	合计	1515	776	609	130	3246	306	1096	1844

续表

年份	机构	行政机构				事业机构			
		职工数	学历			职工数	技术职称		
			大学及以上	大专	其他		高级	中级	初级及未评定
2005	省级	74	59	14	1	529	105	225	199
	市级	465	307	127	31	1305	150	525	630
	县级	996	490	422	84	1534	29	394	1111
	合计	1535	856	563	116	3368	284	1144	1940
2006	省级	78	62	16	0	599	119	199	281
	市级	470	329	119	22	1382	155	576	651
	县级	1049	585	382	82	1555	29	418	1108
	合计	1597	976	517	104	3536	303	1193	2040
2007	省级	77	61	16	0	642	125	216	301
	市级	487	354	113	20	1508	172	588	748
	县级	1057	651	351	55	1524	26	425	1073
	合计	1621	1066	480	75	3674	323	1229	2122
2008	省级	74	60	14	0	652	133	216	303
	市级	511	393	98	20	1698	206	654	838
	县级	1176	779	347	50	1636	35	497	1104
	合计	1761	1232	459	70	3986	374	1367	2245
2009	省级	76	67	9	0	572	146	207	219
	市级	562	454	93	15	1512	219	641	652
	县级	1236	838	353	45	1774	54	493	1227
	合计	1874	1359	455	60	3858	419	1341	2098
2010	省级	79	72	7	0	614	170	197	247
	市级	554	459	82	13	1596	253	666	677
	县级	1279	889	348	42	1793	79	461	1253
	合计	1912	1420	437	55	4003	502	1324	2177

资料来源:根据省质监局档案资料整理编制。

二、队伍建设

质量技术监督是一项政策性、法规性、技术性很强的工作。民国时期，浙江对度量衡检定等人员有严格的考核要求，并建有相应的奖惩规则。中华人民共和国成立后，全省质监部门在思想建设、行风建设、廉政建设、业务建设、干部队伍建设等方面建立健全一系列规章制度，开展多种形式的思想教育和学习培训活动，推行干部人事制度改革，组织职业技能竞赛，打造一支思想过硬、技术精湛、廉洁自律、勇于奉献的质监队伍，为全省质监事业稳步发展奠定了基础。

（一）思想建设

20 世纪 60—70 年代，全省标准计量部门每年都以理论报告会、学习讨论会、观看电影纪录片或幻灯片等形式，组织干部职工进行政治理论学习，提高干部职工思想认识。1982 年，省标准计量管理局先后举办 8 期《陈云同志文稿选编》和中共十二大精神学习班；开展"五讲四美"①"三热爱"②活动，深入学习蒋筑英、罗健夫等优秀人物的先进事迹。1983 年，省标准计量管理局组织 23 次干部学习会，举办或参加多期新党章学习班。1984—1995 年，省标准计量管理局进一步加强政治思想建设工作，每年举办各种学习会、报告会、座谈会、研讨会，组织干部职工学习中共十二大、十三大、十四大精神，统一思想，促进发展。

1996 年，全省技监部门开展"讲政治、明事理、讲原则、分是非、树正气"教育活动。1997 年 5 月，省技监局在余杭召开全省技监系统思想政治工作会议，对全面加强技监部门思想建设、组织建设、作风建设和干部队伍建设、行风建设等提出要求。12 月，省技监局会同省人事厅表彰 50 名"浙江省技术监督系统先进工作者"。1999 年 8 月，省技监局组织"先进集体（单位）及先进个人事迹巡回报告团"，到全省 11 个市（地）进行巡回演讲。同年，省技监局组织省局机关处级以上领导干部及市（地）技监部门领导班子成员集中开展以"三讲"（即讲学习、讲政治、讲正气）为主要内容的专题党性党风教育活动。

2000 年 5 月，省质监局在杭州召开全省质监系统思想政治工作会议，明确全省质监部门思想政治工作的主要目标和任务。同年，省质监局在县（市、区）质监部门领导班子中按"三讲"要求，开展了为期 3 个月的"思想、组织、作风"教育整顿活动。2001 年，全省质监部门组织"七一"讲话和"三个代表"重要思想学习会 510 余次，4600 余人次参加学习。省质监局举办 2 期由各市质监部门主要负责人、省质监局机关处级以上干部和直属事业单位负责人参加的领导干部学习会，着重围绕"如何按照'三个代表'要求推进质量技术监督工作"等进行学习讨论，并对全省质监系统评选出的 15 个"文明单位"、20 名"人民满意公务员"和 30 名"文明职工"进行表彰。2002 年 4 月，省质监局召开全省质监系统思想政治工作会议，明确全省质监系统思想政治工作的总体要求是：充分发挥思想政治工作统一思想、凝聚力量、化解矛盾、理顺情绪的重要作用，为推进全省的现代化建设和加快质监系统的改革发展提供强有力的思想

---

① "五讲四美"：是指讲文明、讲礼貌、讲卫生、讲秩序、讲道德和心灵美、语言美、行为美、环境美。

② "三热爱"：是指热爱祖国、热爱社会主义、热爱中国共产党。

保障和精神动力。同年，省质监局举办3期共120余人次参加的领导干部学习会。2003年8月，省质监局党委举办全省质监系统领导干部“三个代表”重要思想理论学习研讨班。8—12月，全省质监系统行政执法队伍开展为期5个月的以“公正执法、廉洁办案”为主题的思想作风教育整顿活动。2004年4月，省质监局在余杭召开全省质监系统思想政治工作会议。

图35-9-4-1　2007年，省质监局举办全省质监系统“五大十佳”先进事迹报告会(省质监局档案室提供)

2005年1月，省质监局召开保持共产党员先进性教育活动动员大会。2月，省质监局党委召开保持共产党员先进性教育活动专题报告会，明确提出要加强干部队伍和各级党组织建设，切实提高各级领导班子和党组织带领广大党员群众干事业的能力。3月10日，省质监局举办“‘三个代表’在浙江和树浙江质监系统共产党员先锋形象”演讲比赛。6月，省质监局在杭州举办2期保持共产党员先进性教育专题培训班。2006年，全省质监系统开展争创“五大十佳”活动，经过3个多月的检查、评比，评选出全省质监系统的“十佳公务员”“十佳执法标兵”“十佳技术标兵”“十佳文明窗口”和“十佳示范实验室”。2007年，省质监局组织开展“群众满意基层站所(办事窗口)”创建活动。同年，“五大十佳”先进事迹巡回报告活动在全省质监系统展开。

2008年1月，省质监局党委对全省质监系统开展中共十七大精神主题宣传教育活动的总体要求、主要内容、具体方法等进行明确。10月，省质监局党委成立深入学习实践科学发展观活动领导小组。10月20日，省质监局召开深入学习实践科学发展观活动动员大会，同时印发《省质量技术监督局机关和直属单位开展深入学习实践科学发展观活动实施方案》。在学习实践活动中，省质监局按照“规定动作不走样、自选动作有特色”要求，认真开展学习调研、检查分析和整改落实，形成了用科学发展观指导质监工作的共识。2010年3月，省质监局党委召开中心组理论学习扩大会，传达贯彻中央领导在“省部级主要领导干部深入贯彻落实科学发展观、加快经济发展方式转变专题研讨班”开班式上的重要讲话精神。同时印发《省质监局党委中心组2010年学习计划》，对思想理论学习活动进行部署。8月，省质监局组织开展全省质监系统第二届“五大十佳”争创活动。

(二)廉政建设和行风建设

1987年7月，省标准计量管理局制定《职业道德规范(试行)》《关于刹住请客送礼、吃请受礼歪风和查处严重违法乱纪行为的规定(试行)》，加强职业道德教育和廉政建设。1988年，省标准计量管理局要求各直属事业单位认真贯彻国务院《国家行政机关及其工作人员在国内公务活动中不得赠送和接受礼品的规定》，加强行风建设。同年，省标准计量管理局设专职行政监察员，负责行政监察和党内纪检工作。1989年4月，省标准计量管理局制定《浙江省标准计量部门加强廉政工作与搞活科研机构和科技人员活动政策界限的暂行规定》,对省标准计量管理局机关(含有管理职能的事业单位)工作人员、法定计量检定和产品质量监督检验机构工作人员、情报资料部门工作人员执行廉政纪律作出规定。

1993年11月30日,省标准计量管理局公布《申请制造计量器具许可证办事制度》等4项公开办事制度,接受社会监督。1995年,省技监局制定《省技监局领导干部约法三章》《关于不准接受可能影响公正执行公务的宴请,不准参加公款支付的营业性娱乐场所活动的具体规定》,加强对领导干部的日常管理和技监队伍廉政建设。1997年5月,省技监局成立行风建设领导小组。7月,省技监局对公务接待就餐标准作出规定。10月,省技监局印发《浙江省技术监督系统职业道德规范》及其实施意见,成立中共省技监局纪律检查组、省技监局监察室,负责全省技监部门的纪检、监察工作。省技监局所属各直属事业单位和各市(地)、县(市、区)技监部门也建立相应纪检监察机构,并建立工作报告制度。报告的主要内容有:纪检、监察队伍建设情况,信访办理情况,执法人员违纪违法情况和立案查处情况等。1998年6月起,针对牟山特种型钢厂生产劣质钢材案查处过程中暴露出来的问题,全省技监部门开展行风整顿活动,确定每月20日为全省技监部门"局长接待日"。省技监局制定19个公开办事制度,全面推行政务公开,并设立举报信箱,聘请1100余名行风监督员,形成省、市、县三级行风监督员工作网络。同时,在全省技监部门开展职业道德教育活动,以"五公开""十不准"等制度进一步规范技监干部职工的职业行为。至1998年底,全省技监部门取消77件(次)乱收费项目,清退违规收费18.9万元。

2000年9—12月,按照省政府纠正行业不正之风办公室的部署和要求,省质监局、杭州市质量技术监督局及其直属的20家事业单位开展行风评议活动。同年,省质监局印发《浙江省质量技术监督系统领导干部任期经济责任审计暂行办法》,加强对领导干部的审计管理。2001年4月,省质监局制定《浙江省质量技术监督局领导参加外事内事活动若干规定》,对领导干部职业行为进行规范。5—8月,全省质监部门在稽查队伍中开展以"讲大局、树正气、强素质"为主要内容的纪律作风教育整顿。同年,根据省委、省政府统一部署,省质监局开展机关作风建设年活动。2003年9月,省质监局组织召开全省质监系统党风廉政建设电视电话会议。同年,省市两级质监部门按干部管理权限,对622名领导干部建立了廉政档案;受理群众来信来访112件(次),立案查处党员干部违法违纪案件10件,涉案人员11人。其中,作出党纪政纪处分5人,移送司法机关处理7人。2004年,全省质监部门共受理群众信访举报145件,立案查处5件;受到党纪处分10人、政纪处分13人,移送和受到司法机关处理9人。

2005年,全省质监部门在稽查执法队伍中开展以"三无、三铁"(即无违纪、无违法、无错案,守铁纪、办铁案、树铁心)为主要内容的纪律作风教育活动。同年,省质监局党委对党风廉政责任制的落实情况进行检查。2006年4月,省质监局召开全省质监系统党风廉政建设和反腐败工作暨"两个年"活动①动员大会,对全省质监系统开展作风纪律教育整顿工作进行部署。同时制定《全省质监系统作风纪律教育整顿实施方案》《关于在全省质监系统深入开展队

① "两个年"活动:即在全省质监系统开展的队伍建设年、能力提升年活动。

伍建设年能力提升年活动的实施意见》，开展公务员队伍、稽查执法队伍和检验检测队伍的作风建设和能力建设。2007 年 9 月，省质监局党委制定《浙江省质量技术监督系统队伍建设体系》，从强化思想建设、组织建设、作风建设、文化建设和廉政建设的有机结合入手，进一步明确队伍建设的指导思想、基本原则、目标任务，健全长效机制，完善领导体制。2008 年 11 月，省质监局党委制定《浙江省质监系统党风廉政建设责任考核和责任追究办法》，建立廉政建设倒逼机制，推动廉政建设深入开展。2009 年 3 月中旬，省质监局在全省质监系统部署开展“质量和安全年”“企业服务年”两个年活动。2010 年 5 月，省质监局召开全省质监系统“深化作风建设年”和“质量提升”活动动员大会，开展以“提能增效、深化服务、规范行为、狠抓落实”为主题的“深化作风建设年”活动，深入实施服务企业的“六十百千万”工程。

（三）领导干部选拔任用

20 世纪 80 年代，标准计量部门机关中层干部、直属事业单位的负责人及中层干部主要由其所在的标准计量部门党组或党委讨论决定，并任命。

1996 年 7 月，省技监局制定《浙江省技术监督局干部选拔任用工作暂行办法》，对干部选拔条件、考察、任免决定、交流与回避、辞职与降职、任免工作的纪律与监督进行规范，明确选拔任用干部坚持党管干部原则，德才兼备、任人唯贤原则，群众认可、注重实绩原则，公平、平等、竞争、择优原则，民主集中制原则和依法办事原则。1997 年，省技监局结合国家公务员制度的推行，按照民主推荐与组织考察相结合的方式，择优配备了一批省局机关中层干部。2000 年 8 月，省质监局推出省局规划财务处副处长、政策法规处副处长、标准化处副处长、计量处副处长、认证评审处副处长和省质量技术监督干部培训中心副主任 6 个副处级领导职位，面向全省质监系统进行公开竞聘。全省质监系统共有 67 人参加竞聘笔试和面试。2005 年 8 月，省质监局推出合格评定监督管理处处长、办公室副主任、规划财务处副处长、食品安全监督管理处副处长、特种设备安全监察处副处长、省质量技术监督稽查总队副队长 6 个处级领导职位，面向全省质监系统进行公开竞聘。同年，省质监局对 15 名正处级干部、4 名副处级干部进行轮岗交流和调整。

2006 年 4 月 21 日，省质监局召开公开选拔后备干部动员大会，明确采取公开选拔与民主推荐相结合的方式，在全省质监系统选拔确定处级、县（市、区）局主要负责人和省、市两级技术机构后备干部 200 名。至 5 月 8 日，全省质监系统参加后备干部公开选拔的报名人数为 564 人。其中，省局本级 101 人，杭州 50 人，宁波 34 人，温州 89 人，湖州 31 人，嘉兴 47 人，绍兴 41 人，金华 47 人，衢州 32 人，舟山 23 人，台州 39 人，丽水 30 人。5 月 23 日，有 679 人次参加后备干部公开选拔的笔试。经笔试、面试和组织考察，共确定后备干部 209 人。2007 年，省质监局重点加强县级质监部门领导班子建设，对 30 个县（市、区）质监部门主要负责人进行调整，调整面达 40%。2008 年 5 月，省质监局印发《浙江省质量技术监督系统干部挂职锻炼实施意见》，进一步明确干部挂职锻炼选派原则、选派范围、选派任务、选派时限、选派人员条件，加强对干部挂职锻炼的组织管理，推进干部挂职锻炼的经常化、制度化、规范化。10 月，省质监局推出省计量科学研究院副院长、省特种设备检验研究院副院长、省标准化研究院副院长、省纺织测试中心副主任等职位，在全省质监系统进行公开竞聘。2009年3月，省质监局开展科级领导干部公开选任工作，其中省纤维检验局采取聘任制。12月，省质监局决定在市级质监部门(杭州、宁波市局除外)实行干部选拔任用工作“一报告两评议”制度，即在年度考核中，专题报告年度干部选拔任用工作情况，并组织对本单位干部选拔任用工作进行民主评议，对本级党委一年内新提拔的领导干部进行民主测评。报告的主要内容包括调整干部的总体情况、执行《党政领导干部选拔任用工作条例》和相关政策法规的情况、防止用人上不正之风工作的情况、深化干部人事制度改革的情况。2010年3月，省质监局推出合格评定监督管理处副处长、特种设备安全监察处副处长、省纤维检验局副局长、省计量科学研究院副院长等5个副处级领导职位，在全省质监系统进行公开竞聘。同年，干部选拔任用“一报告两评议”工作在温州等9个市级质监部门和省质监局各直属事业单位同时展开。

(四)业务培训

质量技术监督工作专业性强，技术要求高，加强干部职工的业务培训工作十分重要。中华人民共和国成立后，全省质监部门通过继续教育、短期培训等多种形式，开展业务培训活动，帮助干部职工提高专业水平和业务能力，促进了质监干部队伍素质的不断提高(详见第八章第一节)。

(五)技能竞赛

中华人民共和国成立后，全省标准计量部门开展了多种形式的技能竞赛活动。既有单位内部的技术比赛，也有单位与单位之间的技术比武。质监部门实行垂直管理后，技术竞赛活动开始在全系统展开。2006年7月，省质监局组织开展全省质监系统第一届技术交流、技能比武活动。11个市级质监部门和省质监局直属技术机构按质检、计量、特检3个专业组成12支参赛队伍进行技能大比武。9月26—28日，技能大比武决赛在杭州举行，12支参赛队伍的148名选手参加比赛。10月，省质监局对在技能大比武决赛中取得良好成绩的嘉兴市质量技术监督局代表队等进行表彰。11月，省质量技术监督稽查总队、11个市级质监部门参加全省质监系统稽查执法技能大比武。比赛的内容有质监行政执法基础知识、执法实务、案例分析和产品真假鉴别等。经过比赛，杭州市质量技术监督局、金华市质量技术监督局、嘉兴市质量技术监督局代表队分获团体一、二、三等奖。2008年6月，省质监局、团省委联合开展全省质监系统第二届技术机构技能大比武暨青工技能竞赛活动。12月，全省质监系统第二届技术机构技能大比武决赛在杭州举行。2009年1月，省质监局对在第二届技术机构技能大比武中取得良好成绩的温州市质量技术监督局代表队等7个优秀团体和28名个人进行表彰。同年，省质监局代表队获全国质检系统食品安全知识竞赛团体第一名。

2010年6月，省质监局组织开展全省质监系统人事干部业务技能比武和全省质监系统执法打假大比武活动。8月，省质监局转发国家质检总局《关于印发〈全国质检系统检测技能大比武活动工作方案〉的通知》，并与浙江出入境检验检疫局、宁波出入境检验检疫局共同组队参加全国质检系统检测技能大比武决赛。9月，省质监局在杭州举行全省质监系统第三届技术机构技能大比武暨青工技能竞赛决赛和全省质监系统执法打假大比武决赛。11 月,省质监局对在全省质监系统第三届技术机构技能大比武中取得良好成绩的舟山市质量技术监督局代表队等进行表彰。同年,省质监局代表队在全国质检系统执法大比武中获团体二等奖,并与浙江出入境检验检疫局、宁波出入境检验检疫局合作,在全国质检系统检测技能大比武中获团体三等奖。

第十章　学会　协会

学会、协会等社会团体在开展学术研究、创新社会管理、规范市场秩序、支撑产业发展等方面发挥着积极作用。改革开放后，浙江质监事业得到快速发展，以服务企业发展、推动质量提升为宗旨的社会团体不断涌现。

1978 年 9 月，省标准计量管理局党组向省科委党组递交《关于成立浙江省标准化与计量学会筹备委员会的报告》。1979 年 10 月，省计量测试学会在杭州成立。这是浙江成立的第一个关于计量测试方面的学术类社会团体。1981 年 6 月，省质量管理协会成立，挂靠省经委。1983 年 9 月，省科协第三届五次常委会批准成立省标准化协会，挂靠省标准计量管理局。2001 年 5 月，省民政厅批复同意成立浙江省质量合格评定协会。2003 年 3 月 28 日，省质协第七届理事会暨会员代表大会在杭州召开，省长吕祖善等到会并讲话。会议选举产生省质协第七届理事会，王永明、叶荣宝等省政府领导任名誉会长。此后，省计量协会、浙江省设备监理协会、浙江省产品质量评价协会、浙江省防伪行业协会、浙江省条码应用协会、浙江省质量技术监督局财务研究会、浙江省食品生产质量安全协会相继成立，初步形成一支门类齐全、覆盖广泛、具有质监特色的社团队伍。

截至 2010 年底，省质监局共有挂靠学(协)会 11 家。这些学(协)会围绕产业发展和技术进步，通过召开会议、举办论坛、组织培训、创办刊物等多种形式，开展计量、标准化、质量管理、合格评定等方面的宣传普及和技术服务，传播先进的质量管理理念、方法和技术，帮助企业提高产品质量意识，创新质量管理模式，解决企业生产管理中的实际困难和问题，成为政府联系企业的重要纽带和推动质量振兴的一支重要力量。

第一节　浙江省质量协会

1981 年 6 月 29 日，省质量管理协会成立，主要开展学术研究、质量宣传、质量咨询等活动，同时负责省质量管理奖评审、质量管理小组活动等组织指导工作。2001 年 11 月 6 日，经省民政厅批准，省质量管理协会更名为浙江省质量协会。2002 年 11 月 1 日，省质协设立省质协用户评价中心，为非营利性民办非企业单位，主要开展产品、工程和服务项目用户满意度的测评、咨询。截至 2010 年底，省质协有会员单位 600 余家；专职工作人员 12 人，其中具有高级技术职称的 4 人、中级技术职称的 3 人。

一、学术交流

1983 年，省质量管理协会组织会员撰写质量管理论文，共收到论文 20 余篇，从中选出 17 篇推荐到中质协。1987 年，省质量管理协会制定《省质协优秀学术论文评选办法》，并对企业申报的 40 余篇论文进行评选，共评选出二等奖 3 篇、三等奖 6 篇。1990 年，省质量管理协会征集学术论文 95 篇，从中评选出一等奖 5 篇、二等奖 16 篇、三等奖 37 篇。同年，省质量管理协会组织开展学术交流和研讨活动 18 次，548 人次参加。

1991 年，省质量管理协会组织有关企业参加由中质协学术委员会组织的“质量体系”课题研究，初步完成“质量体系审核计划”“质量改进计划”和“产品可靠性质量计划”3 个子项目的研究。1992 年，省质量管理协会组织召开质量管理体系研讨会，浙江、江苏、安徽等地质量协会的代表参加研讨。会上，浙江交流学术论文 3 篇。1995 年，省质量管理协会提出一批学术研究课题，鼓励质量管理工作者研讨，并撰写学术论文。同年，省质量管理协会评出优秀论文 9 篇。1996 年，省质量管理协会收到论文 40 余篇，其中 10 余篇被评为一、二、三等奖。

2001 年，省质协评选出质量管理方面的优秀论文 14 篇。2003 年，省质协收到论文 24 篇，评选出一等奖 2 篇、二等奖 3 篇、三等奖 8 篇。2004 年，省质协确定“质量经营与品牌战略”“诚信与企业经营”“卓越绩效模式”等 15 个课题，在全省征集学术论文，共收到 32 篇论文，从中评选出一等奖 2 篇、二等奖 5 篇、三等奖 10 篇。2008 年 11 月，省质协在湖州召开团体会员经验交流会。2009 年，省质协共征集论文 49 篇，评出二等奖 6 篇、三等奖 20 篇。

二、质量宣传

1982 年，省质量管理协会创办《质量管理通讯》，宣传质量方针，发布质量信息，报道企业质量动态。1984 年，省质量管理协会编印《质量管理通讯》《全面质量管理》等书刊 18 种，其中《质量管理通讯》12 期，每期发行量 800 余册。1987 年，省质量管理协会编印《质量管理通讯》12 期，发行 1.8 万册。1991 年，省质量管理协会协助省计经委、省人民广播电台举办“质量、品种、效益年”专题节目，共提供 40 篇专题稿，介绍质量管理先进经验和质量管理先进典型，宣传“质量是浙江经济的命脉”等质量管理理念，推动全省“质量、品种、效益年”活动的开展。1993—2010 年，协会每年在“3·15”活动、“质量月”活动期间，通过举办全省质量知识竞赛、设立现场咨询服务台、组织召开座谈会、分发《质量管理通讯》等多种形式，宣传《产品质量法》《质量振兴纲要》，传播先进的质量管理理念，推动全民质量意识的提高。

三、用户评价

1991 年，根据中质协用户委员会统一安排，省质量管理协会对杭州铁路分局南星桥站开展用户评价工作，共发出用户评价卡 210 份，收到用户反馈 203 份，反馈率为 96.7%。同年，省质量管理协会配合省优质产品评审小组对 21 种创优产品开展用户评价活动，并对其中 12 种产品采用质量跟踪展销形式，征求用户意见。1992 年，省质量管理协会举办全省电冰箱、空调器和部分名优新产品的质量跟踪展评活动 52 场次，发放质量跟踪卡 20362 份。经过质量跟踪和用户评价,"西湖"电视机等22种产品获"用户最满意产品"称号。1994年,省质量管理协会对第二批创"浙江名牌"的产品进行质量跟踪和用户评价活动。同年,经省质量管理协会推荐,全省共有4家企业获"全国用户满意企业"称号,9种产品获"全国用户满意产品"称号。

2001年,省质协开展用户满意度评价工作,对申报省质量管理奖企业所涉及的耐用消费品、一般生活用品、生产资料和软件类产品分别设计调查问卷,并发放问卷近4000份,调查用户涉及全国10余个省、市。同年,省质协受浙江名牌产品认定委员会办公室委托,向用户和消费者发放《用户意见评价表》2000余份,征求用户对申报"浙江名牌"的191种工业产品的评价意见,为"浙江名牌"产品认定提供依据。2003年,省质协开展"三满意"(用户满意企业、满意产品、满意服务)质量评选活动,评选出用户满意企业8家、用户满意产品(工程)14个、用户满意服务项目2个。同年,经省质协和有关部门推荐,星星集团有限公司等11家企业获"全国用户满意企业"称号,万向钱潮股份有限公司等14家企业的产品获"全国用户满意产品"称号,杭州萧山机场航站楼等7项建筑工程获"全国用户满意建筑工程"称号,杭州星都宾馆等4家单位的服务项目获"全国用户满意服务"称号。2009年,受企业委托,省质协向全国20余个省、市的用户发放问卷15700余份,并采用现场面谈、电话访问等辅助形式对51家企业开展第三方用户满意度指数测评。通过对调查数据的统计分析,对每家企业给出用户满意度指数,并提交用户满意度评价报告,使企业比较客观地了解市场对其产品和服务的评价,明确改进方向。2010年上半年,受企业委托,省质协对27家企业进行用户满意度指数测评,共发放问卷8300余份,调查用户覆盖全国20余个省、市,帮助企业提高用户满意度。

四、质量管理奖评选

1984年4月,省质量管理协会组织开展省质量管理奖的评选。通过检查评选,并报省计经委批准同意,嘉兴民丰造纸厂等6家企业获1984年度省质量管理奖。1985年、1986年,省质量管理协会先后评选出省质量管理奖企业4家和18家(包括到期重评3家)。1987年,省质量管理协会聘任质量管理咨询师9名、咨询人员32名,组建一支质量管理咨询队伍,对10家企业进行质量管理咨询诊断,并指导杭州橡胶厂、嘉兴民丰造纸厂、上虞风机厂争创国家质量管理奖。同年,省质量管理协会组织开展省质量管理奖的评选。经过资料审查、现场检查和评审小组评定,宁波水表厂等7家企业获省质量管理奖。1991年,省质量管理协会对《省质量管理奖评审管理办法》进行修改、补充,并制定《省质量管理奖工业企业评审细则》,组建省质量管理奖现场检查评审队伍。

2001年,省质协印发《浙江省质量管理奖评审管理办法》和《浙江省质量管理奖评审标准(2001年)》,同时成立省质量管理奖审定委员会,下设办公室,负责省质量管理奖的申报培训和评审工作。同年,全省有30家企业自愿申报参加2001年省质量管理奖的评选。省质量管理奖审定委员会办公室组织评审员对申报企业进行资料审查和现场评审。在综合评价的基础上,经省质量管理奖审定委员会审定,正泰集团股份有限公司等10家企业获2001年度省质量管理奖。2006年,全省有18家企业申报参加2006年省质量管理奖评选。经省质协组织专家进行资料评审，15 家企业进入现场评审。至 2010 年底，经省质协组织评选，全省共有 250 余家企业获“省质量管理奖”。

第二节　浙江省计量测试学会

1979 年 10 月 26 日，省计量测试学会成立，下设学术、组织、科普 3 个工作委员会和热工、几何量、力学、电学、无线电、化学 6 个专业委员会，主要开展学术交流、宣传服务、技术培训等活动。截至 2010 年底，省计量测试学会有团体会员 96 家，专职工作人员 4 人。

一、学术交流

1980 年 10 月，省计量测试学会热工专业委员会召开全省热工专业技术交流会。11 月，省计量测试学会电学专业委员会举办以“测量用直流电位差计元件检定”为主要内容的技术交流会。1983 年 4—10 月，省计量测试学会开展浙江省计量测试优秀科普文章评选活动，共征集科普文章 56 篇，评选出一等奖 2 篇、二等奖 7 篇。8 月，省计量测试学会召开化学专业学术交流会。11 月，省计量测试学会召开电子秤学术交流会。1984 年 3 月，省计量测试学会召开“关于二〇〇〇年我国计量测试学科发展的预测”专题讨论会，参加讨论的有省标准计量管理局、浙江大学、浙江省地矿局等单位的工程技术人员。1986 年 8 月，省计量测试学会召开计量测试科普研讨会。1987 年，省计量测试学会共征集 600 余篇学术论文。经评选，被省科协评为优秀学术论文一、二、三等奖的有 29 篇，被华东六省一市计量测试学会评为一、二、三等奖的优秀学术论文有 25 篇。

1990 年，省计量测试学会举办各类学术报告会 3 次，170 人次参加；举办学术交流会 4 次，320 人次参加；举办学术讲座 2 次，89 人次参加；举办茶话会与学术交流相结合的活动 19 次，700 余人次参加。在这些学术会议上，共交流学术论文 325 篇。1991—1992 年，省计量测试学会共征集 318 篇学术论文参加全省优秀学术论文评选活动。1993 年，省计量测试学会举行各类学术讲座、学术报告会、学术交流会等 11 次，413 人次参加。同年，省计量测试学会共收到学会会员撰写的学术论文 150 余篇，其中 53 篇编入《华东六省一市计量测试论文集》。1995 年，省计量测试学会征集到学会会员撰写的学术论文 99 篇。经省科协评选，获优秀论文一等奖 1 篇、二等奖 9 篇、三等奖 10 篇。1996 年，省计量测试学会举办学术讲座、学术报告、学术交流 5 次，122 人次参加。1997 年 11 月，台北计量工程学会、省计量测试学会在中国台湾联合举办第二届海峡两岸计量科学技术研讨会。1998 年 4 月，省计量测试学会与美国韦夫特克公司在杭州联合举办有关电子仪器性能新技术的讲座。12 月，省计量测试学会举办“视光学的现状与未来”学术报告会。至年底，省计量测试学会共举行学术报告、学术交流 6 次，265 人次参加。1999 年 3 月，省计量测试学会征集到学会会员撰写的论文 144 篇。经省科协评选，获优秀论文一等奖 1 篇、二等奖 1 篇、三等奖 6 篇。至年底，省计量测试学会共举行学术报告、学术讲座、学术交流 8 次，360 余人次参加。

2000年5月，省计量测试学会举办“加入WTO之后中国经济面临的机遇和挑战”报告会。6月，省计量测试学会、中国计量学院在杭州联合举办“计量与质量”学术研讨会。8月，省计量测试学会、浙江大学联合举办“计算机辅助公差设计与控制”专题学术研讨会。10月，省计量测试学会、中国计量学院在杭州联合举办“纳米技术与微机械”学术报告会。11月，省计量测试学会几何量专业委员会、中国计量学院联合举办“激光多普勒测量原理及其应用”学术报告会，共收到学术论文102篇。2001年9月，省计量测试学会邀请印度尼西亚、埃及、南非、马来西亚、蒙古、越南和泰国7个发展中国家的计量测试技术机构负责人在杭州进行学术交流。10月，省计量测试学会、中国计量学院联合举办第九届全国光电技术及系统学术会议，218名来自全国高等院校、科研院所的专家教授和企业的经理(厂长)参加。会上，交流学术论文256篇。至年底，省计量测试学会共举办学术交流会、学术报告会、学术讲座、学术研讨会等7次，756人次参加。2003年11月，省计量测试学会无线电专业委员会组织部分会员到宁波市无线电管理委员会监测站，与该站技术人员就基站、直放站检测方面存在的一些技术难题进行研讨。同年，省计量测试学会共举办学术报告会、学术讲座、学术交流会6次，500余人次参加，交流学术论文86篇；征集各类学术论文83篇，经省人事厅、省科技厅、省科协联合组成的省优秀学术论文评选委员会评选，有8篇获省级优秀论文一、二、三等奖。2004年，省计量测试学会共举办学术报告会、学术讲座、学术交流会、学术研讨会16次，参加人员864人次，交流学术论文45篇；邀请国外计量专家参加学术报告会、座谈会、研讨会3次，参加人员96人次。

2005年，省计量测试学会举办学术报告、学术讲座、学术交流13次，506人次参加，交流学术论文36篇。2006年6月，省计量测试学会、浙江师范大学在金华联合举办全省高校化学专业分析测试大比武，浙江大学等17所高校的58人参加比武交流。同年，省计量测试学会举办学术交流会15次，715人次参加，交流学术论文36篇。2008年10月，省计量测试学会、省计量协会组织企业计量管理人员参加在福建举办的华东计量测试学术交流会。2010年8月，省计量测试学会、日本静冈县矢崎总业(株)环境能源机器本部共同举办燃气仪表检测学术交流会。

二、宣传服务

1985年，省计量测试学会通过咨询服务，将省计量测试技术研究所研制的低温槽科研成果转让给桐乡机械厂，使该厂年增利润20万元；将水流量装置和黏度槽科研成果分别转让给宁波流量仪表厂、萧山仪器厂，使企业分别获得年利润15万元和5万元。1987年，省计量测试学会配合省标准计量管理局召开宣传贯彻《计量法》大会，并在报纸、电台等媒体上刊登、广播计量科普文章，普及计量知识。同年，省计量测试学会计量测试咨询服务部共完成计量咨询服务项目1450个。1989年，省计量测试学会组织40余名会员编写完成《计量检定人员考核培训教材》，计16册。1995年6月，由省计量测试学会承担编著的全国工人技术等级考核培训教材《法定计量单位和量值传递》《误差理论和数据处理》《光学基础知识》《电工与电子技术基础》，经国家技术监督行业工人考核教材编委会专家组审定通过，正式出版发行。1999

年，省计量测试学会举行科普讲座与科普宣传各1次。

2003年，省计量测试学会共完成各类科技咨询服务项目13项，组织科普宣传活动2次。2009年5月20日，省计量测试学会举办纪念“5・20”世界计量日暨计量创新奖颁奖大会，并在杭州翠苑社区免费为居民检测、维修血压计40余台、眼镜30余副，接受电子秤、水表、煤气表等计量知识咨询100余人次，发放宣传材料100余份。2010年5月20日，省计量测试学会举办纪念“5・20”世界计量日暨浙江省第二届计量创新奖颁奖大会，同时开展免费咨询服务活动。

三、技术培训

1981年7月，省计量测试学会无线电专业委员会举办微处理机学习班。9月，省计量测试学会热工专业委员会举办自动控温原理与ZWD100型低温槽使用学习班。1984年11月13日，省计量测试学会召开科普写作座谈会，邀请省、市报刊、电视台的编辑讲授科普创作的知识及技巧。1987年，省计量测试学会举办长度、热工、力学、电学、无线电、化学等专业的计量技术培训班16期，讲授计量基础知识和计量检定技术，1171名厂矿企业人员参加培训。

1988年，省标准计量管理局、省机械厅、省轻工业厅、省石化厅、省冶金工业总公司、省医药总公司、省二轻总公司、省乡镇企业局等部门决定举办全省计量管理函授培训班，重点培训中小企业及乡镇企业的计量管理人员。函授培训工作由省标准计量管理局、省计量测试学会承办。首期计量管理函授培训班于9月6日开学，全省共设69个函授点，定期对学员进行面授辅导。至1989年4月底结束，参加函授培训的学员有5796人。1989年，国家技监局决定在部分省、市试办计量管理函授培训班，省标准计量管理局随即成立浙江省计量管理函授培训领导小组，领导小组下设办公室和教学、组织2个组，办公室设在省计量测试学会。同年，省计量测试学会举办长度、热工、力学、无线电、计量管理等专业培训班11期，6148人次参加培训。1990年4月，省计量测试学会科普工作委员会与《标准・计量・质监》编辑部联合举办首期计量科普写作培训班。5月，浙江省第二期(暨全国第一期)计量管理函授培训班开学，全省共设立80个函授站，参加培训的学员有7564人。教学内容有计量管理概论、采用法定计量单位、计量标准考核、计量检定管理、工业企业计量定级和升级、计量器具产品管理、计量认证等。1991年，省计量测试学会举办计量专业技术人员培训班6期，培训学员7899人次(含计量管理函授)。1993年5—11月，省标准计量管理局、省计量测试学会以市、县(市)为单位设立28个函授培训站，开展计量管理人员函授培训工作，共招收函授学员1566人。

1995年7月12日，根据国家技监局、国内贸易部关于开展全国商贸计量函授培训工作的要求，省标准计量管理局、省商业厅、省粮食局、省供销社决定举办全省商贸计量函授培训班。10月至1996年3月，省标准计量管理局、省计量测试学会举办全省商贸计量函授培训班。1996年1—6月，省技监局、省计量测试学会举办全省第二期商贸计量函授培训班，936名来自商业供销系统的部门负责人、供销人员、计量员，燃油加油站、煤气液化石油气供应站、粮管所的管理人员参加函授培训。1997年，省技监局、省计量测试学会举办第3期全省商贸计量函授培训班，培训商贸计量人员2189人次。1998年5月，省计量测试学会在玉环县举办机械精密测试培训班。8 月，省计量测试学会在温州举办企业质量体系统计技术应用培训班。1998—2006 年，省计量测试学会每年举办计量专业培训班。

表 35-10-2-1 1998—2006 年省计量测试学会举办培训班一览表

年份	办班数（期）	培训人员（人次）	年份	办班数（期）	培训人员（人次）	年份	办班数（期）	培训人员（人次）
1998	4	266	2001	8	568	2004	75	8622
1999	7	400	2002	34	1022	2005	23	608
2000	9	608	2003	5	468	2006	12	407

资料来源：根据省质监局档案资料整理编制。

2008 年 8 月，省计量测试学会举办 JJG 162-2007《冷水水表检定规程》培训班和计量标准考评员培训班。2009 年，省计量测试学会举办计量检定员培训班 18 期，1600 余人次参加。2010 年 3 月，省计量测试学会举办通用卡尺、千分尺等通用量具类检定规程和技术规范培训班，近 100 人次参加。8 月，省计量测试学会举办 JJG 517-2009《出租车计价器检定规程》培训班，40 人次参加。9 月，省计量测试学会举办《食品和化妆品包装计量检验规则》培训班，40 人次参加；举办 JJG 82-2010《公法线千分尺检定规程》培训班，150 人次参加。11 月，省计量测试学会举办 JJG 157-2008《非金属拉力、压力和万能试验机检定规程》培训班，35 人次参加。同年，省计量测试学会还举办 3 期《制造计量器具许可考核通用规范》培训班，来自全省计量检定机构、水表、燃气表及电能表生产企业的近 400 名计量人员参加培训。

第三节 浙江省计量协会

2002 年 12 月 3 日，省计量协会成立，与省计量测试学会合署办公，两块牌子、一套班子。下设衡器、眼镜、水表与煤气表、电能表 4 个分会，主要开展学术交流、技术培训和测量管理体系审核等活动。截至 2010 年底，省计量协会有团体会员 119 家；专职工作人员 4 人，其中具有高级技术职称的 1 人、中级技术职称的 2 人。

一、学术交流

2003 年 10 月，省计量协会、中国计量协会组织取得制造计量器具许可证企业进行《中国计量器具》（浙江部分）组稿工作。2006 年，省计量协会组织全省眼镜行业负责人赴台州路桥眼镜市场考察，探讨如何加强眼镜产品的计量管理。2009 年，省计量协会举办测量管理体系与能源计量工作研讨会，就能耗 1000 吨标煤以上企业的能源计量审核要求等进行研讨。

二、技术培训

2005年,省计量协会举办JJF 1015-2002《计量器具型式评价和型式批准通用规范》等计量技术规范培训班5期,256人次参加。2006年,省计量协会举办计量行业管理人员培训班7期,302人次参加。2009年,省计量协会采用网上报名的方式,在培训人员相对集中的温州、台州、绍兴等地举办7期培训班,近700人次参加。2010年,省计量协会在杭州、温州、建德举办6期测量管理体系AAA级、AAAA级培训班,600余人参加。同年,在绍兴、台州、温州、杭州等地举办15期测量管理体系A级培训班,1000余人参加。

三、测量管理体系审核

2009年,省计量协会开始对全省测量管理体系审核工作进行调研,并完成AA级、AAA级测量管理体系认证现场审核60家,监督审核12家。同年,省计量协会与测量管理体系认证总部——中启计量体系认证中心多次沟通,并达成一致,即将原来省质监局发证的计量检测体系确认证书统一转换为测量管理体系审核证书,共涉及170家企业,减轻了企业的负担。2010年,省计量协会共完成AA级、AAA级测量管理体系认证现场审核42家,监督审核200余家,计量检测体系转换成测量管理体系监督审核160余家;完成A级测量管理体系认证现场审核174家,监督审核38家。

第四节　浙江省标准化协会

1984年9月6日,省标准化协会成立,下设组织、学术、科普、咨询、审计、编辑出版6个工作委员会和冶金、电子、化工、丝绸、纤检5个专业委员会,主要开展学术交流、宣传服务、技术培训及企业产品标准备案等活动。截至2010年底,省标准化协会有团体会员111家,专职工作人员8人。

一、学术交流

1988年,省标准化协会评选出标准化优秀论文20篇,并向省科协推荐标准化优秀论文7篇。1990年,省标准化协会组织举办标准化理论报告会、标准化体系研讨会。同时,开展标准化论文征集和评选活动,共收到论文102篇,从中评选出一等奖2篇、二等奖7篇、三等奖8篇、鼓励奖28篇。1993年,省标准化协会组织丝绸行业团体会员在湖州市交流企业标准化管理考核工作,并组织机械行业团体会员在玉环县研讨标准化工作。同年,省标准化协会学术委员会征集1991—1992年发表的标准化学术论文34篇,并评出二等奖2篇、三等奖5篇、四等奖4篇。1995年,省标准化协会组织团体会员到青岛参观考察海尔集团公司。1997年,为配合技监部门开展消灭无标生产活动,省标准化协会组织消灭无标生产试点县(市、区)标准化负责人员至辽宁、山东等地学习交流。1999年,省标准化协会举办21世纪企业标准化论坛，邀请中外标准化专家进行企业标准化管理专题讲座。

2002年5月，省标准化协会配合省质监局举办WTO/TBT高层论坛，省级有关部门和省标准化协会团体会员、有关企业以及市县质监部门的代表300余人参加。2004年，省标准化协会举办标准化与先进制造业高层研讨会，浙江省机械工业联合会、浙江省电力行业协会、浙江省化学试剂工业协会、浙江省包装技术协会、浙江省丝绸协会和浙江省家用电器协会等多个协会参加。2005年9月，省标准化协会组织标准化论文征集活动，共收到论文30余篇，评出优秀论文9篇。2007年，省标准化协会组织省内外企业进行点对点交流活动8次，150余人次参加。2008年12月5—6日，省标准化协会在东阳横店举办标准化论坛暨优秀论文评选会。2009年9月，受省质监局委托，省标准化协会组织开展"长三角标准化优秀论文"评选活动，评出一等奖1篇、二等奖2篇、三等奖3篇。2010年8月，省标准化协会开展"长三角标准化优秀论文"的征集评选活动。

图35-10-4-1 1999年，省标准化协会举办"21世纪企业标准化论坛"（省质监局档案室提供）

二、宣传服务

1985年8月，省标准化协会为省电视台、省人民广播电台撰写多篇科普文章，介绍生活中的标准化知识。1986年7月，省标准化协会丝绸专业委员会完成《丝绸标准手册》（上、下册）的编写工作。同年，省标准化协会编印由省标准化协会科普工作委员会编写的《工业企业标准化基本知识》。1987年10月14日，省标准化协会召开纪念"世界标准日"18周年暨省标准化协会第一届四次会员大会。副省长徐起超参加会议，并向5个质量监督检验先进单位和59名先进个人颁发证书。

1990年4月1日，省标准化协会举办纪念《标准化法》实施1周年座谈活动，邀请部分企事业单位标准化人员及新闻单位座谈《标准化法》实施以来所取得的成绩。杭州制氧机厂、嘉善县电声总厂、衢州化学工业公司、宁波市标准计量局等单位作了发言，《浙江日报》《杭州日报》《钱江晚报》及省人民广播电台等对活动进行宣传报道。10月20日，省标准化协会组织会员代表围绕"矗立在标准上的建筑"主题开展座谈，庆祝世界标准日。

2001年，省标准化协会组织汇编《种植业国家标准》《养殖业国家标准》《国外农产品安全标准》《浙江省农业地方标准》以及《农业环境标准》。2003年10月14日，省标准化协会配合省质监局举办第34届世界标准化日活动，300余人参加。同年，省标准化协会编印《原产地域产品保护文件汇编》《月饼标准化汇编》《企业标准化水平体系评价》等资料，进一步宣传标准化工作。2004年，省标准化协会编印《食品标签标准60问》《农业标准化百问百答》各2000册，食品标签宣传品1.8万套。2005年3月，省标准化协会向消费者宣传食品标签知识和节能知识，分发食品标签、节能降耗宣传资料5000份。2006年，省标准化协会配合省质监局举办长三角世界标准日论坛。同时，组织编写《标准化良好行为活动实施指南》，并由中国标准出版社出版发行。2007年后，省标准化协会每年在“世界标准日”和“质量月”活动期间，开展标准化宣传服务工作。

三、技术培训

1984年，省标准化协会举办GB/T 1957《光滑极限量规》、GB/T 3177《光滑工件尺寸的检验》等国家标准培训班。1986年，省标准化协会机械专业标准化委员会举办《机械制图》国家标准培训班。1989年，省标准化协会组织举办齿轮精度国家标准培训班，宣讲GB/T 10095《渐开线圆柱齿轮精度》、GB/T 10089《圆柱蜗杆、涡轮精度》、GB/T 11365《锥齿轮和准双曲面齿轮精度》等标准。

1990年，省标准化协会举办第一期商业企业标准化规范化管理函授培训班，1118人参加。同年，举办第二届乡镇企业、中小企业标准化函授培训班，2750人参加，其中2603人取得结业证书。1993年，省标准化协会举办《关贸总协定与国际标准化》函授培训班，2006人参加。同年，省标准化协会组织协会团体会员单位和大中型企业参加全国质量管理和质量保证电视培训班，264人参加。

2001年，省标准化协会举办《标准化工作导则 标准编写规则》培训班6期，420人次参加；举办《产品标准的编写规则》培训班3期，320人次参加；举办《饲料标签》培训班3期，190人次参加；举办《标准化法实施条例》培训班13期，3120人次参加。2002年，省标准化协会举办GB/T 18582《室内装饰装修材料内墙涂料中有害物质限量》、GB/T 1.1《标准化工作导则 第1部分：标准的结构和编写规则》等国家标准培训班6期，300余人参加。2003年，省标准化协会举办GB/T 1.1、GB/T 1.2《标准化工作导则》国家标准培训班，SB 10350《月饼馅料》行业标准培训班，GB/T 15496《企业标准体系、要求》、GB/T 15497《企业标准体系、技术标准体系》、GB/T 15498《企业标准体系、管理标准和工作标准体系》国家标准培训班等，300人参加。同年，省标准化协会配合省供销社举办茶叶、烟花爆竹、蔬菜、水果、畜牧、竹业等产品标准培训班，近200人参加。2004年，省标准化协会举办《企业标准体系》《标准化工作导则》《预包装食品标签通则》等国家标准培训班，1000余人次参加。其中，与浙江省水泥协会、省食品工业协会、浙江省涂料协会、浙江省机械联合会、浙江省企业家协会、浙江省妇女联合会等省级有关协会联合举办的培训班有30余期。2005年，省标准化协会举办培训班46期，2200人次参加。培训内容主要有《预包装食品标签通则》《企业标准体系》《标准化工作导则》和《烟花爆竹 安全与质量》等国家标准。

2007年，省标准化协会组织各类标准化培训班63期，5000余人次参加。2008年，省标准化协会举办“标准化基础知识及标准编写”“标准体系评审”等12期培训班，1200余人参加。同年，省标准化协会配合丽水市、义乌市、海盐县质监部门开展标准化、食品标签及化妆品标签等相关培训，并深入企业开展培训17次，培训企业员工1000余人次。2009年，省标准化协会举办“标准化基础知识及标准编写”“标准体系评审”等培训班10期，700余人参加。

同年，省标准化协会配合市（县）质监部门开展标准化培训工作，并深入企业开展培训 15 次，600 余人参加。2010 年 5 月，省标准化协会举办服务标准化培训班，对各地质监部门的标准化人员、服务标准化试点企业项目负责人及标准化人员进行培训。截至 2010 年底，省标准化协会累计举办各类标准化培训班 352 期，4 万余人次参加。

四、企业产品标准备案

进入 21 世纪，随着政府职能的转变，原省质监局负责的企业产品标准备案工作开始由省标准化协会承担。2002 年，省标准化协会共备案企业产品标准 1565 项。2003 年 4 月，省标准化协会配合省质监局做好《次氯酸消毒液》等近 10 个消毒卫生产品标准的备案工作。5 月起，省标准化协会配合省药品监督管理局开展对食品和保健食品标准的备案清理工作。至年底，省标准化协会共备案企业标准 1700 项。2008 年，省标准化协会共备案企业产品标准 1649 项。2009 年，受省质监局委托，省标准化协会对历年在省质监局备案的 1413 项有效期内的食品标准进行清理，并对全省食品标准的备案情况进行统计和汇总。

2010 年 10 月，省标准化协会开展食品企业标准清理工作，共清理食品企业标准 3000 余项，审查有疑义的企业标准 430 项，确保全省食品企业标准全部符合国家强制性要求。同年，省标准化协会配合省质监局制定《浙江省食品企业标准备案管理办法》。截至 2010 年底，省标准化协会累计备案企业产品标准 9305 项。

第五节　浙江省质量合格评定协会

2001 年 7 月 25 日，浙江省质量合格评定协会（以下简称省质量合格评定协会）成立，设有建筑工程、交通工程、环境保护、医药卫生、车辆检测、食品农产品、机械与安全、综合 8 个专业技术工作组，主要开展学术交流、能力验证、技术培训等活动。截至 2010 年底，省质量合格评定协会有团体会员 231 家；专职工作人员 9 人，其中具有高级技术职称的 1 人、中级技术职称的 2 人。

一、学术交流

2004 年 10 月，省质量合格评定协会举办认证与社会发展论坛，120 余人参加。2005 年 1 月，省质监局、省科协、省质量合格评定协会联合举办海峡两岸农产品质量安全检测与控制技术研讨会，相关检测机构专家 130 余人围绕农产品中农药残留、兽药和激素类残留、重金属、毒素以及添加剂等的检测技术进行交流。9 月，省质量合格评定协会举办农产品食品安全检测技术国际学术报告会。

2006 年 9 月，省质量合格评定协会举办第二届认证与社会发展论坛，并编印《第二届“认证与社会发展论坛”论文专辑》。2008 年 5 月，省质量合格评定协会、浙江省农产品质量监督检验测试中心在杭州举办农药残留检测技术交流会，70 余人参加。2010 年 4 月，省质量合格评定协会在杭州召开能力验证项目专业技术研讨会。8月,省质量合格评定协会协助省质监局在乐清市召开全省低压电器行业管理体系有效运行经验交流会,全省低压电器行业的120家企业参加。

二、能力验证

2001年10月,省质量合格评定协会配合省质监局开展水泥品质指标检验能力验证工作。12月,为配合食品质量安全市场准入制度的实施,省质量合格评定协会协助省质监局对全省33家检验机构的食品检验能力进行比对和验证。2003年8月,省质量合格评定协会协助省质监局对全省9家农产品检验机构进行蔬菜中有机磷农药残留检验能力验证工作。

2004年3月,省质量合格评定协会协助省质监局对全省178家检验机构进行水泥品质指标检验能力验证。经能力验证,检测项目全部满意的检验机构有83家,占46.6%;部分项目存在问题的检验机构有34家,占19.1%;部分项目出现不满意结果的检验机构有61家,占34.3%。9—12月,受省质监局委托,省质量合格评定协会组织开展水中重金属离子(铅、铜)分析、营养盐及有机污染综合指标测定的能力验证,全省11个市、74个县(市、区)的疾控、环保、城市供水等行业的152个实验室参加能力验证活动。经能力验证,平均结果满意率为74.5%,平均结果可疑率为13.1%,平均结果不满意率为12.4%。

2006年5—12月,省质量合格评定协会协助省质监局开展室内空气甲醛含量、纺织品中纤维含量、奶粉中蛋白质含量等13个项目70个检测参数的能力验证,全省质监、建工、交通、卫生、农业等行业的622家次检验机构参加能力验证活动。经能力验证,平均结果满意率为81.7%,平均结果可疑率为5.4%,平均结果不满意率12.9%。2007年5—12月,省质量合格评定协会协助省质监局开展纺织品耐洗色牢度、耐汗渍色牢度、pH值检测,植物源性农产品①中主要有害物质农药残留检测等7个项目19个检测参数的能力验证,全省质监、建工、交通、卫生、环保、农业等行业的750家次检验机构参加能力验证活动。

2008年,省质量合格评定协会协助省质监局开展植物源性农产品中主要有害物质农药残留的检测等7个项目30个检测参数的能力验证,全省质监、建设、交通、卫生、环保、农业等行业的744家次检验机构参加能力验证活动。2009年,省质量合格评定协会协助省质监局开展食品农产品中重金属含量等6个项目32个检测参数的能力验证,全省质监、建设、交通、卫生、环保、农业等行业的663家次检验机构参加能力验证活动。其中,参加食品农产品中重金属(铅、镉、汞)测定能力验证的检验机构有159家,经能力验证,铅测定结果满意的121家,占77.6%;镉测定结果满意的106家(131家检验机构参加),占80.9%;汞测定满意的88家(123家检验机构参加),占71.5%。2010年5—11月,省质量合格评定协会协助省质监局开展食品农产品中致病菌沙门氏菌等4个项目13个检测参数的能力验证,全省质监、建设、交

---

① 植物源性农产品:是指来源于植物体的农产品,包括粮食(稻谷、小麦、大麦、玉米、黑麦、大豆除外)、蔬菜及其制品(马铃薯、木薯除外)、油籽油料类(油菜籽除外)、中药材、干果和坚果与籽仁类(如核桃、各种瓜子等)、茶叶、水果等。

通、卫生、农业等行业的522家次检验机构参加能力验证活动。其中,参加食品农产品中致病菌沙门氏菌、志贺氏菌、金黄色葡萄球菌3个检测参数的能力验证的检验机构有172家。经能力验证,验证结果全部合格的170家,占98.8%。

三、技术培训

2001年12月,省质量合格评定协会在杭州举办质量认证咨询人员培训班。2002年1月,省质量合格评定协会举办检验机构内部质量体系审核员培训班。4月,举办测量不确定度培训班。6月,举办计量认证/审查认可内审员培训班。9—10月,受省质监局委托,省质量合格评定协会与浙江省化学会、浙江省农药产品质量检验站共同举办农产品农药残留检测技术培训班1期、色谱分离及检测技术培训班2期,162人参加。2003年6月,省质量合格评定协会举办GB/T 15481-2000《检测和校准实验室能力的通用要求》内审员培训班。8月,举办检验机构计量认证/审查认可评审员培训班。2004年4—5月,针对《砌墙砖试验方法》《烧结空心砖和空心砌块》《烧结普通砖》国家新标准替代老标准的情况,省质量合格评定协会分批组织相关检验人员进行培训,共有197人通过培训考核。

2005年4月,省质量合格评定协会在杭州举办农产品食品质量安全检测技术培训班、机动车安全技术检验机构计量认证培训班。7月,举办机动车安全技术检验机构计量认证评审员/技术专家培训班。2006年5月,省质量合格评定协会举办检验机构计量认证/审查认可(验收)评审准则培训班。8月,举办检验机构质量监督员培训班。2007年,省质量合格评定协会组织举办5期消防设施检测人员专业知识培训班。

2008年10—12月,省质量合格评定协会举办3期建筑电气安全检测人员培训班。2009年5—12月,针对《食品卫生微生物学检验》《弹性体改性沥青防水卷材》《家用和类似用途插头插座》等国家标准变更情况,省质量合格评定协会组织举办4期检验人员培训班,367人参加。

2010年8月,省质量合格评定协会举办GB 4789-2010《食品安全国家标准 食品微生物学检验》培训班,104名检验人员参加。截至2010年底,省质量合格评定协会累计举办各类技术规范和技术标准培训班208期。

第六节　浙江省产品质量评价协会

2006年12月1日,浙江省产品质量评价协会(以下简称省产品质量评价协会)成立,下设检验工作质量评价委员会、产品质量分析委员会、评价规则编制委员会,主要开展学术交流、技术培训等活动。

2007年3月,省产品质量评价协会召开水产品、蜜饯、安全帽、摩托车乘员头盔、皮鞋5类产品的质量分析会。6月,省产品质量评价协会、杭州轴承试验研究中心在温岭市召开全省滚动轴承产品质量技术分析会,通报2006年国家监督抽查和2006年3季度省级监督抽查情况，分析全省轴承产品存在的问题，并提出相应的解决方案。9月，省产品质量评价协会、省质量技术监督检测研究院在乐清市召开漏电断路器产品质量分析会，对全省漏电断路器产品存在的问题进行分析，并提出解决问题的建议和方法，102家漏电断路器生产企业的124名代表参加分析会。2010年，省产品质量评价协会举办保湿砂浆、漆包圆绕组线、防盗安全门、全玻璃真空太阳集热管、木门、细木工板、中小电机、木家具8类产品质量分析会，全省438家生产企业的440名代表参加。

截至2010年底，省产品质量评价协会有团体会员193家、个人会员25人；专职工作人员3人，其中具有高级技术职称的1人。

第七节　浙江省设备监理协会

2004年10月18日，浙江省设备监理协会(以下简称省设备监理协会)成立，主要开展技术培训、设备监理师注册登记、设备监理企业年度审核等工作。截至2010年底，省设备监理协会共有会员单位38家，专职工作人员2人。

一、技术培训

2005年，中国设备监理协会对省设备监理协会培训工作进行考察。2006年上半年，省设备监理协会通过培训资格审核，取得培训资质，成为全省唯一具有开展设备监理培训资质的机构。8月，省设备监理协会举办注册设备监理工程师考前培训班，22人参加。2008年，省设备监理协会举办2期注册设备监理师继续教育培训班，311名设备监理师参加。2009年，根据国家质检总局《关于印发〈注册设备监理师继续教育暂行规定〉的通知》精神，省设备监理协会组织举办2期注册设备监理师继续教育培训班，346名设备监理师参加。同年，省设备监理协会举办注册设备监理师考前培训班。2010年，省设备监理协会开展注册设备监理师继续教育培训，345名设备监理师参加。同时继续进行注册设备监理师考前培训，全省有95人参加全国注册设备监理师执业资格考试，通过考试的17人。

二、设备监理师注册登记

2005年3月2日，省质监局转发国家质检总局《注册设备监理师执业资格注册管理办法》，同时明确省内注册设备监理师执业资格注册登记工作由省设备监理协会负责。2006年6月起，省设备监理协会开始受理设备监理师执业资格注册登记。至12月20日，在省设备监理协会注册登记并取得注册卡的设备监理师有262人。2008年，省设备监理协会共受理设备监理师注册、变更、延续注册109人。2009年，省设备监理协会共受理设备监理师注册、变更、延续注册137人。2010年，省设备监理协会共受理设备监理师注册、变更、延续注册133人。

三、设备监理企业年度审核

2006年，省设备监理协会对全省19家取得省内工程设备监理资质的单位进行年度审核，同时鼓励取得省内工程设备监理资质证书的单位积极申报国家工程设备监理资质，尽快与国家工程设备监理资质管理体制接轨。至年底，有1家企业通过省设备监理协会申报国家工程设备监理资质。2008年，省设备监理协会在年度审核的基础上，动员会员单位申报国家工程设备监理资质。至年底，有1家单位申报国家工程设备监理乙级资质。2009年，全省有1家单位取得国家工程设备监理甲级资质，4家单位取得国家工程设备监理乙级资质，另有2家单位申报国家工程设备监理乙级资质。

第八节　浙江省条码应用协会

2004年6月18日，浙江省条码应用协会(以下简称省条码应用协会)成立，主要开展学术交流、技术培训、条码推广应用等活动。截至2010年底，省条码应用协会有会员单位150家。

一、学术交流

2008年11月12日，省条码应用协会组织射频技术考察团一行8人前往深圳市远望谷信息技术股份有限公司、深圳市标准化研究院学习交流。2010年9月，省条码应用协会参与组织举办全国医疗卫生工作组会议暨全球统一标识系统在医疗卫生领域的应用研讨会。8—10月，省条码应用协会与浙江省物流信息标准化技术委员会、浙江省防伪行业协会、浙江工业大学之江学院、中国计量学院、浙江电子科技大学等合作，为在校大学生征集实习基地及毕业设计课题，共征集到15个与物流标准、编码标准、RFID应用等有关的课题项目。同年，省条码应用协会开展“浙江条码应用优秀企业”评选活动，评出优秀企业13家、优秀个人会员7人。

二、技术培训

2007年，省条码应用协会举办条码知识培训班22期，1900家企业参加培训。2009年9月28—29日，省条码应用协会、省物品编码中心在杭州举办商品条码国家标准培训班。2010年，省条码应用协会在黄岩、嘉兴、温州、杭州、义乌、武义、苍南等地举办商品条码国家标准培训班，共26期，培训条码管理人员1000余人。

三、条码推广应用

2009年，省条码应用协会联合医药物流中心、药品生产厂家、软件开发商等有关单位，组成医药物流工作组，编写《浙江省医药产品编码及物流应用规范》，并引导医药行业及软件开发商参与 GS1 系统①的推广应用。同年，省条码应用协会协助省交通运输厅在小件快运、普通运输等物流信息交换地方标准中采用条码及自动识别技术。2010 年，省条码应用协会、省物品编码中心开展储运单元条码②的普及工作，指导生产厂家正确使用“箱码”，并在杭州华东医药集团有限公司、浙江珍诚医药在线股份有限公司等医药物流企业中开展浙江省医药物流条码应用推广项目的试点工作。

---

① GS1 系统：为在全球范围内标识货物、服务、资产和位置提供准确的编码，以便电子识读。

② 储运单元条码：是专门表示储运单元编码的一种条码。这种条码常用于搬运、仓储、订货和运输过程中，一般由消费单元组成的商品包装单元构成。

专 记

一、杭州计量学校筹建

1978年8月上旬，国家标准计量局局长李乐山同浙江省委书记陈伟达面商在杭州筹建计量学校事宜。8月26日，国家标准计量局致函省革委会，提出在杭州建立计量学校的意见。9月11日，省革委会函复国家标准计量局，同意在杭州建立计量学校，定名为杭州计量学校。10月5日，国务院批准筹建杭州计量学校。为加快筹建进度，国家计量总局决定，在筹建领导班子未建立、筹建人员未到位前，委托省标准计量管理局承担前期准备工作。11月3日，省标准计量管理局代拟《杭州计量学校工程计划任务书》，并上报国家计量总局。

1979年7月10日，根据国家计量总局指示精神，省标准计量管理局第2次代拟《杭州计量学校基本建设计划任务书》，并上报国家计量总局审批。7月27日，国家计量总局原则同意省标准计量管理局呈报的《杭州计量学校基本建设计划任务书》，主要内容有：杭州计量学校定为中等计量专业学校，暂先设置长度、热学、力学、电磁、无线电计量5个专业，学制4年，面向全国招生，毕业后全国分配，在校学生1200人，教职工300人；学校建筑面积31600平方米，总投资496万元；1979年征地、设计和施工准备，1980年开工，力争1982年建成并投入使用；学校直属国家计量总局，实行以国家计量总局领导为主的国家计量总局和浙江省双重领导体制；成立筹建处，定编35人，负责学校基建工作。8月25日，国家计量总局同意杭州计量学校筹建处启用印章，开始办公，由省标准计量管理局负责代办筹建处的各项业务及筹建物资购置、财务经费管理。9月，杭州计量学校教职工住宅区首先选定在西湖区古荡公社的庆丰新村，占地6267平方米。9月8日，国家计量总局致函省革委会，提出学校筹建处领导体制、教职工调配、土地征用、基本建设等方面的意见，请省革委会协调解决。12月25日，省政府致函国家计量总局，明确杭州计量学校是中等计量专业学校，直属国家计量总局，实行国家计量总局和浙江省双重领导，以国家计量总局为主的管理体制，除人事工作暂由省科委代管外，其他一切工作由省标准计量管理局代管。同时明确学校筹建处属处级（县、团级）机构，人员编制暂定35人；学校选址适当照顾学校教学方便，但须由杭州市按城市规划作具体安排。10月26日，国家计量总局决定调徐虹、余才、罗祖洪参加杭州计量学校的筹建工作。

1980年3月31日，国家计量总局致函省政府，要求尽快组建杭州计量学校筹建处领导班子。5月8日，国家计量总局副局长孙德芳等到杭州，与省科委党组商议组建杭州计量学校筹建处领导班子。7月，杭州市规划局同意杭州计量学校校址定在西湖区古荡公社区域内的俞家圩(现教工三路)，占地41733.33平方米，并开始办理审批手续。8月6日，国家计量总局原则同意杭州计量学校筹建处《关于杭州计量学校机构设置和人员编制方案》，即杭州计量学校为中等专业学校，属地师级单位，教职员工为300人，在校学生为1200人，设置5个专业，从全国招收高中毕业生，学制为3年。10月24日，国家计量总局局长李乐山到杭州，与省长薛驹商讨杭州计量学校的建设和发展问题。11月11日，省科委党组决定杭州计量学校筹建处主任由省标准计量管理局副局长柳占魁担任。11月30日，杭州计量学校庆丰村教职工宿舍破土动工。12月，杭州计量学校成立秘书总务组、基建器材组、教学教材组3个筹备工作小组，并确定了临时负责人。

1981年4月，国家计量总局局长李乐山到杭州，与副省长刘亦夫商议杭州计量学校干部配备及人事调配事宜。7月，杭州计量学校扩初设计审查会议在杭州新新饭店召开。会议建议对基建总面积和总投资作出调整，总面积由原来的31600平方米调整为33505平方米，总投资由原来的496万元调整为998.99万元。8月，国家计量总局批准杭州计量学校初步设计方案。

1982年2月1日，国家计量总局党组副书记孙德芳到杭州宣布成立杭州计量学校领导小组，负责学校筹建工作，尢德斐任组长，柳占魁任副组长。原学校筹建处在领导小组领导下继续行使职权，开展各项业务工作。原3个筹备工作组调整为基建组、教学组、办公室、后勤组及人事政工组5个筹备工作组。3月，杭州计量学校1号学生宿舍率先破土动工，教学图书大楼、实验楼、食堂、报告厅、2号学生宿舍等13个单项工程随后也陆续动工兴建。1984年8月，学校主体建设工程陆续竣工，并交付使用。

二、温州乐清无证伪劣低压电器整治

1978年7月，温州市乐清县柳市镇出现第一家低压电器门市部。至1981年，柳市镇的电器门市部增至300余家，并形成了颇具特色的块状经济。但由于柳市的低压电器产品质量低劣，使用寿命短，事故不断，各地反映强烈。

1989年10月，国家技监局、机械电子工业部、商业部、财政部、国家工商行政管理局、国家物价局6部门组成调查组到温州市乐清县调查该县柳市镇生产销售无证、伪劣产品情况。10月30日，省标准计量管理局向省政府呈递《关于对乐清县柳市生产、销售无证伪劣低压电器的调查和处理意见》。同年，省标准计量管理局联合当地工商、公安等8个部门，对乐清县生产销售无证、伪劣产品进行突击检查，查获大量伪劣低压电器。

1990年5月30日，国务院办公厅转发国家技监局、机械电子工业部、国家工商行政管理局、财政部、国家物价局、商业部《关于温州市乐清县生产和销售无证、伪劣产品的调查情况及处理建议》，指出“必须坚决打击制售无证、伪劣假冒产品的违法乱纪活动，对其责任者要从重给予处罚，要把这项工作作为当前治理整顿经济秩序中一项重要内容抓紧抓好”。6月11

日，中共乐清县委召开由县党政领导班子负责人参加的常委扩大会议，决定把坚决打击无证、伪劣、假冒电器作为县委、县政府的一项重点工作，采取严厉措施，抓出成效。会后，乐清县调整、充实县整顿低压电器市场领导小组，并组成工作队，进驻乐清县的柳市、北白象、翁垟等重点集镇，开展查处、整顿无证、伪劣产品工作。6 月 20 日，温州市委召开常委扩大会议，贯彻落实国务院办公厅文件精神。6 月 25 日，省政府印发《关于进一步治理整顿乐清县低压电器市场坚决打击生产销售无证、假冒伪劣产品活动的通知》，要求各地统一认识，采取有力措施，进一步治理整顿柳市低压电器市场。同时成立工作组，由省标准计量管理局等 12 个厅、局的 18 人组成，省政府办公厅副主任翁礼华任组长。7 月 5 日，省检查组到达乐清开展工作，并由乐清县人民政府发布《关于进一步查处生产销售无证、假冒、伪劣电器产品的通告》，于 6 日在乐清县特别是柳市的大街小巷张贴。乐清县人民政府还发出《致外出经营户的公开信》，要求经营户必须立即停止销售无证、假冒、伪劣低压电器产品。至 7 月 9 日，乐清县共查封清理柳市镇 708 家门市部，取缔 40 余家生产销售无证、伪劣产品的工场、作坊，查获无证、伪劣产品近 10 万件，并要求 90 余家个体货运点停业整顿。

7 月 12 日，省检查组在乐清县人民剧院召开全县打击查处制售无证伪劣产品动员大会。7 月 16 日，由 13 人组成的国务院七部局联合工作组由国家技监局质量监督司司长董述山带队到温州检查无证伪劣低压电器治理整顿工作，并与省检查组形成“真打真扶”的共识。7 月 20 日开始，按照“打击、堵截、疏导、扶持”的工作方针，省检查组一方面组织对无证伪劣产品查封，堵截无证伪劣产品偷运出县；另一方面，开展市场整顿，要求前店后厂的个体、手工作坊全部进入乐清柳市低压电器市场，以便亮证、集中监管。同时，对生产厂家进行分类指导。有条件生产成品的厂家保质量，防假冒，禁止无照无证生产；无制造成品条件的厂家可生产零部件，但质量须达标；连零部件生产条件都不具备的厂家限期关停并转。至 1990 年底，共查获无证伪劣低压电器产品 37644 箱(件)，标值 400 余万元；柳市 1267 家低压电器无证经营门市部全部关闭，1544 个家庭手工作坊全部歇业，359 个旧货电器经营执照全被吊销；公安、检察部门立案 43 件，涉及 52 人；行政执法立案查处 144 件，其中罚款 127 件，罚没金额 53.9 万元。乐清柳市大规模、公开生产和销售无证、伪劣低压电器等违法行为得到有效遏制。

1991 年 1 月 8 日，省标准计量管理局向省政府呈递《关于第二次全国工业产品生产许可证工作会议的情况报告》，对开展治理整顿乐清县制售无证、伪劣低压电器情况进行报告。1992 年 1 月，国家低压电器产品质量检测中心会同省机械厅、省标准计量管理局，对乐清县部分低压电器生产企业的质量体系进行审查。经检查，共有 22 家企业达到考核要求。温州乐清低压电器产业开始走上健康发展之路。

丛　录

一、诏谕典章

《宋会要辑稿》[①]食货六九

〔清〕徐　松

绍兴二年二月七日，诏榷货务取省仓见用官斗，依样制造一百只赴户部，颁降诸路，不得别置私量行使。先是，省仓斗斛增大于诸路，而州郡概量差小于省仓，出纳之际，例各折阅，纲官等有负欠系狱、破家竭产之苦。至是，仓部员外郎成大亨有请，故降是诏。

十月二十九日，诏户部支钱五百贯，令文思院依临安府秤斗务造成省样升斗秤尺等子，依条出卖，其钱循还作本。仍先次制造样制法则颁降诸路，漕司依式制造，分给州县货易行使。其民间见行使私置升斗秤尺等子，候官中出卖□，并行禁止。如或违犯，并依条施行。

《明会典》[②]卷三七

〔明〕申时行等

正德元年议准工部行宝源局，如法制造好铜砝子一样三十二副，每副大小十二个，俱錾"正德元年宝源局造"字号，送部印封，发浙江等布政司及各运司，并南直隶府州，各依式样支给官钱，一体改造，颁降用使。

---

① 《宋会要辑稿》，世界书局 1977 年版，第 6334 页。

② 《明会典》，中华书局 1989 年版，第 270 页。

二、政策法规

浙江省度量衡器具检查执行规则

〔民国20年(1931年)12月26日公布,民国21年2月23日及5月21日修正〕

第一条　凡本省政府机关公用,及民间营业用度量衡器具,除遵照部颁《度量衡器具检查执行规则》外,依照本规则实行检查。

第二条　本省度量衡器具之检查,每年定期施行一次;但遇有必要情事时,得施行临时检查。

第三条　本省检查区域及其日期,在杭州市,由浙江省度量衡检定所会同杭州市政府先期布告周知;省会以外之各县,由该管区域之度量衡检定分所会同就地公安局办理。

第四条　凡本省应检查之度量衡器具,由各该管区域之检定机关派检查人员,率同就地警士,按照规定期限,于每日业务时间内,前往该管区域内之各机关及各户检查。

第五条　本省各该区域内经检查后,新设或迁移之各机关及各户,应遵照公安主管机关之通知,将应用度量衡器具呈请检定所或分所补行检查或补验凭证。

第六条　本省实施检查度量衡器具时,检查人员应携带检查证明书,其格式另定之。

前项证明书,须贴有该检查员之二寸半身照像,在杭州市,由浙江省度量衡检定所颁发,在省会以外之各县,由各县度量衡检定分所颁发。

第七条　凡本省度量衡器具之检查,概不收费。

第八条　各县已受检查之度量衡器具,应由各该检定分所详细填表,呈报浙江省度量衡检定所查核。

第九条　各县检定分所应将每届检查情形及其结果,详报浙江省度量衡检定所,转呈浙江省建设厅暨实业部全国度量衡局备案。

第十条　本规则呈请浙江省建设厅核准后施行,并呈报实业部全国度量衡局备案。

浙江省计量管理试行办法

(浙革〔1979〕118号)

第一条　为了进一步统一国家的计量制度,健全计量体系,加强计量管理,使计量工作更好地适应社会主义建设和对外贸易发展的需要,根据《中华人民共和国计量管理条例(试行)》规定和我省具体情况,特制定本试行办法。

第二条　计量工作必须为四个现代化服务,加强计量管理,统一量值,实行专业队伍与群众运动相结合,计量测试与生产科研相结合,检定与修理相结合,普及与提高相结合。

第三条　全省继续采用基本计量制度——米制。在国家的统一规划下,逐步推行国际单位制。

目前保留的市制，要逐步改革。

英制，除因特殊需要，经当地计量部门审查，报省计量管理局批准外，一律不准使用。

旧杂制一律不准使用。

计量单位的中文名称、代号和采用方案按国家规定使用。

第四条　各级计量管理部门，负责贯彻执行国家计量法令，执行计量监督管理，建立各级计量标准器，组织量值传递，执行国家检定，开展计量测试工作，保证国家计量制度的统一和计量器具的一致、准确与正确使用。

第五条　各级计量部门应根据生产建设的需要，建立各级计量标准器。各级计量标准器的建立，应在国家统一计划下，按照条块结合、以块为主的原则，统筹规划，合理布局。

各企业、事业单位，应根据本单位生产和科研的需要，建立相应等级的计量标准器。

各级计量机构建立最高一级计量标准器，必须经上一级计量管理部门审查批准。

第六条　各级计量标准的量值，必须按量值传递系统，逐级传递到经济建设、国防建设和科学研究中使用的计量器具，以保证量值的统一。

量值传递必须按照就地就近的原则组织安排。

第七条　各级计量管理部门，要充分发挥本地区各单位计量机构的作用，组织建立计量测试协作网，开展计量工作的社会主义大协作，就地就近解决本地区能够解决的计量测试问题。

第八条　从事检定、修理、测试的计量人员，要钻研技术，熟悉业务，努力做到又红又专。

计量管理部门对计量人员要进行技术考核，考核办法按国家计量总局的规定执行。计量人员要相对稳定。

第九条　生产、修理计量器具的企业，必须经主管部门和同级计量管理部门审核同意后，向工商行政管理部门办理开业登记。

生产、修理计量器具的企业，必须严格执行计量检验制度，保证产品质量。生产、修理的计量器具，必须实行国家检定，国家检定由计量管理部门或由其批准的企业执行。不合格的产品不准出厂。

第十条　计量器具新产品，必须经技术鉴定合格后，方准投入生产。在国家具体办法制定前，由试制单位的主管部门会同计量管理部门组织有关单位进行技术鉴定。

第十一条　收购和销售计量器具的单位，对国家明令禁止使用或无合格印证的计量器具，一律不准收购和销售。

第十二条　本省进口计量器具，必须经省计量管理局组织检验合格后，方准销售和使用。经检验不合格，需向国外提出索赔的，由省计量管理局统一对外出证。

进口计量器具的计划，省外贸部门应会同省计量管理局审定。严禁进口违反我国计量制度和不合使用要求的计量器具。

第十三条　使用计量器具的单位，应建立和健全计量管理制度。对使用中的计量器具，必须进行周期检定，不合格的计量器具经修理重检合格后，方准继续使用。

第十四条　计量器具检定，必须按照国家计量总局颁发的检定规程进行。经检定合格的计量器具，由执行检定的计量机构发给检定合格证或盖合格印。

凡经检定的计量器具，送检单位应缴纳检定费，收费办法和收费标准按国家规定执行。

第十五条　凡生产、进口、销售、使用、修理计量器具的单位和个人，都必须遵守本办法的规定。对违反《中华人民共和国计量管理条例(试行)》和本办法，利用计量器具进行非法活动，破坏社会主义经济和公共利益的单位和个人，计量管理部门可会同有关部门给予处理，情节严重的交司法部门处理。

第十六条　本办法自颁发之日起施行。本办法的解释，由省计量管理局负责。

浙江省查处生产和经销假冒伪劣商品行为条例

(1992年11月15日浙江省第七届人民代表大会常务委员会第三十一次会议通过，1992年11月17日浙江省人民代表大会常务委员会公告第37号公布)

第一章　总　则

第一条　为维护社会主义经济秩序，严厉打击生产、经销假冒伪劣商品行为，保护国家、企业和其他生产、经销者及消费者的合法权益，发展社会主义市场经济，根据国家有关法律、法规规定，结合本省实际，制定本条例。

第二条　本条例适用于在本省行政区域内查处生产、经销假冒伪劣商品行为。

第三条　各级人民政府应当加强对查处生产、经销假冒伪劣商品的工作的领导，负责组织、监督本条例的实施。

工商行政管理、标准计量(技术监督)部门依照国家有关法律、法规和本条例规定，查处生产、经销假冒伪劣商品行为。

卫生部门有权依照国家有关法律、法规规定，查处生产、经销假冒伪劣食品、药品等商品的行为。

公安、监察、医药管理、税务、物价、财政、银行等有关部门应当各司其职，各负其责，密切配合和协助工商行政管理、标准计量(技术监督)部门，做好查处生产、经销假冒伪劣商品行为的工作。

消费者协会、质量管理协会、行业协会、个体劳动者协会等社会团体以及新闻单位，应当加强对生产、经销假冒伪劣商品行为的社会监督和舆论监督。

第四条　从事商品生产、经销的单位、个人，应当建立健全商品质量管理制度，并对其生产、经销的商品质量负责。禁止生产、经销假冒伪劣商品。

各企业主管部门应当督促企业严格按照有关规定生产、经销商品；发现企业生产、经销假冒伪劣商品的，应当及时予以制止，并积极配合有关机关做好查处工作。

第五条　各级人民政府应当鼓励和保护举报生产、经销假冒伪劣商品行为的单位和个人。对举报或协助查处生产、经销假冒伪劣商品行为有功的，有关主管部门应当给予奖励，并为其保密。奖励办法,由省人民政府规定。

第二章　查处范围

第六条　下列行为均属生产、经销假冒伪劣商品的行为:

(一)生产、经销假冒他人注册商标的商品的;

(二)生产、经销假冒他人商品的产地、企业名称或代号的商品的;

(三)生产、经销虚构、冒用许可证标志的商品的;

(四)生产、经销虚构、冒用认证标志的商品的;

(五)生产、经销虚构企业名称的商品的;

(六)生产、经销名称与质地不符、以假充真的商品的;

(七)生产、经销主要指标不符合标准的商品的;

(八)生产、经销掺杂使假、偷工减料的商品的;

(九)生产、经销用残次零部件组装,以次充好、以旧充新、所标明的指标与实际不符的商品的;

(十)经销过期、失效、变质的商品的;

(十一)生产、经销国家明令禁止生产、经销的商品的;

(十二)其他属于生产、经销假冒伪劣商品的。

第七条　下列行为,经工商行政管理、标准计量(技术监督)部门或有关业务主管部门明文指出不改正的,即视为生产、经销假冒伪劣商品的行为:

(一)生产、经销无标准、无检验合格证的商品的;

(二)生产、经销限期使用的商品而未标明或未如实标明生产日期和失效时间的;

(三) 生产、经销实施生产许可证管理而未标明许可证标志和编号的商品的;

(四)生产、经销未按有关规定标明规格、等级、主要技术指标或成分、含量的商品的;

(五)生产、经销处理商品(含次品、副品、等外品)而未在商品或其包装的显著部位标明"处理品"(或"次品""副品""等外品")字样的;

(六)生产、经销剧毒、易燃、易爆等危险品而未标明有关标识或未按规定提供使用说明的;

(七)生产、经销未按规定标明产地、企业名称、企业地址和其他项目的商品的。

第八条　任何单位和个人不得非法生产、经销他人注册商标标识。

任何单位和个人不得非法生产、经销商品的标牌、铭牌、包装物、说明书。

第九条　任何单位和个人不得为生产、经销假冒伪劣商品行为提供资金、原辅材料、场所、运输工具、生产设备等生产、经营条件或提供银行账户、发票、合同、证明等方便条件。

任何单位和个人不得为生产、经销假冒伪劣商品行为提供广告宣传服务。

第十条　任何单位和个人不得支持、包庇或纵容生产、经销假冒伪劣商品。

第三章 监督检查

第十一条 工商行政管理、标准计量(技术监督)部门在查处生产、经销假冒伪劣商品行为时,依法行使下列职权:

(一)受理对生产、经销假冒伪劣商品行为的投诉和举报;

(二)询问生产、经销假冒伪劣商品的单位或个人,对有关单位或个人进行调查;

(三)检查与生产、经销假冒伪劣商品行为有关的场所、财物,查扣或封存假冒伪劣商品及其原辅材料、生产工具;

(四)查阅、复制、扣留与生产、经销假冒伪劣商品行为有关的合同、发票、账册、文件、广告宣传品和其他资料;

(五)按规定程序向银行或其他金融机构查询与生产、经销假冒伪劣商品行为有关的往来款项,通知银行或其他金融机构冻结生产、经销假冒伪劣商品的单位或个人的相应存款;

(六)对假冒伪劣商品的销毁、技术处理或重新加工实施监督;

(七)发现生产、经销严重危及工农业生产、人身安全和健康的商品的,责令立即停止生产、经销;

(八)行使本条例规定的行政处罚权。

第十二条 工商行政管理、标准计量(技术监督)部门应当把生产、经销假冒伪劣农药、化肥、种子、饲料、电器、医疗器械、药品、食品等危及工农业生产、人身安全和健康的商品的行为,列为监督检查的重点。

第十三条 工商行政管理、标准计量(技术监督)部门的工作人员在查处生产、经销假冒伪劣商品行为时,应当出示有关证件,使用工商行政管理或标准计量(技术监督)部门的统一执法文书。

违反前款规定的,受检者有权拒绝检查。

第十四条 工商行政管理、标准计量(技术监督)部门在查处生产、经销假冒伪劣商品行为时,需要对有关商品质量进行抽样检验的,应当抽取样品及时送交法定的检验机构检验。必要时可对需要抽样检验的商品先行查扣或封存。检验机构应当在省标准计量(技术监督)部门规定的期限内检验并作出检验结论。

受检者应当如实提供有关资料,并为检查和检验工作提供方便。

抽取样品的数量和技术方法按有关规定执行。

第十五条 经检验属假冒伪劣商品的,商品检验费和样品损耗费由受检者承担;经检验不属假冒伪劣商品的,商品检验费和样品损耗费由送检者承担。国家另有规定的除外。

第十六条 对商品检验结论有异议的,可在接到检验结论报告之日起 15 日内,向作出检验结论的检验机构或其上一级部门申请复验。在申请复验期间,对有异议的商品不得擅自启封。经复验证明原检验结论正确的,由申请复验者承担商品检验费;经复验证明原检验结论错误的,由原检验机构负责更正,并承担商品检验费和样品损耗费;造成损失的,依法承担赔偿责任。

第十七条　生产者、经销者对依照本条例封存或查扣的商品在规定期限内不认领的，采取封存或查扣措施的机关有权作无主财产处理。

第十八条　对本条例所列的违法行为未明确规定查处机关的，由工商行政管理、标准计量(技术监督)部门依照谁发现谁查处的原则查处；对同一行为，不得重复处罚。

第十九条　工商行政管理、标准计量(技术监督)部门查处的生产、经销假冒伪劣商品案件，凡需要追究刑事责任的，应当依照《刑事诉讼法》有关规定，分别移送公安机关或检察机关依法处理。

第二十条　省、市(地)工商行政管理、标准计量(技术监督)部门应当对下级工商行政管理、标准计量(技术监督)部门查处生产、经销假冒伪劣商品行为的工作加强指导、监督和检查，发现下级部门行使职权不当的，应当及时予以纠正。

第二十一条　各级工商行政管理、标准计量(技术监督)、卫生部门查处生产、经销假冒伪劣商品行为的经费，由同级财政部门解决。

第四章　法律责任

第二十二条　有本条例第六条第(一)项行为的，由工商行政管理部门予以通报批评，责令停止生产、经销，责令消除假冒他人的注册商标，没收非法所得，没收商品，处非法所得2倍以下或经营额20%以下或50000元以下的罚款。

第二十三条　有本条例第六条第(二)、(六)项行为的，由工商行政管理部门依照《投机倒把行政处罚暂行条例》处罚。

第二十四条　有本条例第六条第(三)项行为的，责令停止生产、经销，责令消除虚构、冒用的许可证标志，没收非法所得，处非法所得3倍以下或50000元以下的罚款。

第二十五条　有本条例第六条第(四)项行为的，由标准计量(技术监督)部门责令停止生产、经销，责令消除虚构、冒用的认证标志，没收非法所得，处非法所得3倍以下或50000元以下的罚款。

第二十六条　有本条例第六条第(五)项行为的，由工商行政管理部门予以通报批评，责令停止生产、经销，责令消除虚构的企业名称，没收非法所得，处非法所得2倍以下或经营额20%以下或50000元以下的罚款。

第二十七条　有本条例第六条第(七)、(八)、(十)、(十一)项行为的，责令停止生产、经销，没收非法所得或销货款，没收商品，责令销毁或作必要的技术处理，处非法所得2倍以下或经营额20%以下或80000元以下的罚款。

有本条例第六条第(八)项行为，情节严重的，由工商行政管理部门依照《投机倒把行政处罚暂行条例》处罚。

第二十八条　有本条例第六条第(九)项行为的，责令停止生产、经销，没收非法所得，没收商品，责令销毁或作必要的技术处理，处非法所得2倍以下或经营额20%以下或50000元以下的罚款。

第二十九条　有本条例第六条第(十二)项行为的，经省工商行政管理、标准计量(技术监督)部门认定,比照第六条其他项所列的最相类似的行为处罚。

第三十条 有本条例第七条行为之一的,没收非法所得,没收商品,处非法所得2倍以下或经营额20%以下或50000元以下的罚款。

第三十一条 生产、经销假冒伪劣商品,有下列情形之一的,依照本条例有关规定从重处罚,并可按规定权限责令停业整顿,吊销营业执照;构成犯罪的,依法追究刑事责任:

(一)生产、经销假冒伪劣农药、化肥、种子、饲料、电器、医疗器械、药品、食品等危及工农业生产、人身安全和健康的商品的;

(二)以团伙等形式有组织地生产、经销假冒伪劣商品的;

(三)以生产、经销假冒伪劣商品为常业的;

(四)生产、经销假冒伪劣商品被查处后再犯的;

(五)以支付或收受"回扣""好处费"手段生产、经销假冒伪劣商品的;

(六)生产、经销假冒伪劣商品数额巨大或有其他严重情节的。

第三十二条 违反本条例第八条第一款规定的,由工商行政管理部门没收非法所得或销货款,并依照《商标法》处罚;用于非法生产注册商标标识的工具、印版,责令销毁或予以没收。

违反本条例第八条第二款规定的,由工商行政管理部门收缴非法生产、经销的标牌、铭牌、包装物、商品说明书,没收非法所得,处50000元以下的罚款;用于非法生产标牌、铭牌、包装物、商品说明书的工具、印版,责令销毁或予以没收。

第三十三条 违反本条例第九条第一款规定的,没收非法所得,收缴非法提供的合同、证明、发票,处50000元以下的罚款;情节严重的,并可没收非法提供的资金、原辅材料、运输工具、生产设备等财物;属投机倒把行为的,由工商行政管理部门依照《投机倒把行政处罚暂行条例》处罚。

违反本条例第九条第一款规定,为生产、经销假冒伪劣商品的单位和个人提供发票的,也可由税务机关依法处理。

违反本条例第九条第二款规定的,由工商行政管理部门对广告客户和广告经营者予以通报批评,责令公开更正,没收非法所得,处宣传费用5倍以下或30000元以下的罚款;情节严重的,并可责令停业整顿,吊销营业执照或广告经营许可证。

第三十四条 违反本条例第十条规定的,对有关责任人员处5000元以下罚款,并可由有关部门按规定权限给予行政处分;构成犯罪的,依法追究刑事责任。

第三十五条 单位有本条例第六条、第七条行为或违反本条例第八条、第九条规定的,除依照本条例有关规定处罚外,对单位负责人和直接责任人员,处5000元以下的罚款,并由有关部门按规定权限给予行政处分;构成犯罪的,依法追究刑事责任。

第三十六条 本条例第二十二条至第三十二条所规定的各项行政处罚,可单处也可并处。

第三十七条 生产、经销假冒伪劣商品,给他人造成损害的,应当依法承担赔偿损失等民事责任。

第三十八条 对举报或协助查处生产、经销假冒伪劣商品行为的单位和个人进行打击报复的，有关部门应当严肃处理；构成犯罪的，依法追究刑事责任。

第三十九条　对生产、经销假冒伪劣商品的单位和个人，在依法查处后3年内不得授予其荣誉称号；已经授予的，由授予部门予以撤销。

第四十条　被处罚的单位和个人，逾期未缴纳罚、没款的，作出处罚决定的机关应当责令其限期缴纳，并每日加收罚、没款总额1‰的滞纳金；拒绝缴纳罚、没款的，作出处罚决定的机关可依法变卖其等额财物抵缴罚、没款，并可按规定程序通知银行或其他金融机构从被处罚的单位和个人账户上直接划拨。

依照本条例收缴的罚、没款和没收物品变价款，全额上缴同级财政。

第四十一条　当事人对依照本条例作出的行政处罚决定不服的，可申请复议；对复议决定不服的，可提起诉讼。申请复议和提起诉讼的程序，依照《行政诉讼法》《行政复议条例》执行。

当事人对依照本条例作出的行政处罚决定在规定期限内不申请复议、不提起诉讼又不履行的，作出处罚决定的机关可申请人民法院强制执行。

第四十二条　拒绝、阻碍工商行政管理和标准计量（技术监督）部门工作人员依法执行职务的，由公安机关依照《治安管理处罚条例》处罚；以暴力、威胁方法阻碍工商行政管理和标准计量（技术监督）部门工作人员依法执行职务的，依法追究刑事责任。

第四十三条　工商行政管理、标准计量（技术监督）部门工作人员和检验人员，在执行职务中玩忽职守、滥用职权、徇私舞弊的，由有关部门按规定权限给予行政处分；构成犯罪的，依法追究刑事责任。

第五章　附　则

第四十四条　本条例具体应用中的问题由省人民政府法制局解释。

第四十五条　本条例自公布之日起施行。

浙江省产品质量监督管理条例

（1995年12月26日浙江省第八届人民代表大会常务委员会第二十五次会议通过，1995年12月31日浙江省第八届人民代表大会常务委员会公告第45号公布）

第一章　总　则

第一条　为了加强对产品质量的监督管理，明确产品质量责任，保护用户和消费者的合法权益，维护社会经济秩序，根据《中华人民共和国产品质量法》和其他有关法律、法规的规定，结合本省实际，制定本条例。

第二条　在本省行政区域内从事产品生产、销售活动和对产品质量实施监督管理，必须遵守本条例。

第三条　县级以上人民政府应当加强对产品质量监督管理工作的领导，协调有关部门做好产品质量监督管理工作。县级以上人民政府技术监督部门负责本行政区域内的产品质量监督管理工作,其他有关部门在各自的职责范围内负责产品质量监督管理工作。

第四条 县级以上人民政府及其有关部门应当采取切实有效的措施,加强对产品的质量管理,推行科学的质量管理办法和先进的科学技术,推行企业质量体系认证制度和产品质量认证制度,引导、促进企业提高产品质量。对产品质量管理先进和产品质量达到国内外先进水平、成绩显著的单位和个人,给予奖励。

第五条 鼓励、支持和保护一切组织和个人对产品质量进行社会监督和舆论监督。对举报属实和协助查处违反产品质量法律、法规行为有功的单位和个人,由县级以上人民政府或有关部门给予奖励。

第二章 产品质量监督检查

第六条 对产品质量实行监督检查制度。产品质量监督检查的重点是:可能危及人体健康和人身、财产安全的产品;影响国计民生的重要工业产品;用户、消费者、有关组织反映有质量问题的产品。

第七条 技术监督部门实施产品质量监督检查,可以采取下列方式:

(一)监督抽查,是指对重点产品质量进行的检查;

(二)统一监督检查,是指在全省范围内对生产某类产品的所有企业进行的检查;

(三)定期监督检查,是指按照确定的产品目录和检验周期进行的检查;

(四)日常监督检查,是指对日常监督中发现的以及用户、消费者和有关组织举报、反映质量问题较多的产品进行的检查。

第八条 监督抽查、统一监督检查和定期监督检查必须按计划进行;在同一检查周期内,对经检验认定为合格的产品,不得重复检查。检查周期除国家另有规定外为6个月。省技术监督部门应当制定全省性的产品质量监督检查计划,并组织实施;市(地)县(市)技术监督部门应当制定本行政区域内的监督抽查和定期监督检查计划,报省技术监督部门批准后组织实施。日常监督检查,由县级以上技术监督部门及其他有关部门按照各自的职责实施。

第九条 生产者生产的产品,经产品质量监督检查认定为不合格的,技术监督部门除责令其限期整改外,应当实行质量跟踪制度。整改后的首批产品,未经技术监督部门检验合格,不得出厂销售。

第十条 对可能导致严重危害人体健康和人身、财产安全后果的产品,以及用户、消费者反映强烈的有质量问题的产品,可以实行售前质量报验制度。实行售前质量报验的产品应当严格控制。实行售前质量报验产品的目录和实施办法,由省技术监督部门会同省有关部门制订,报省人民政府批准后实施。

第十一条 监督检查及检验产品质量的依据是:

(一)法律、法规的规定;

(二)国家标准、行业标准、地方标准和经依法备案的企业标准;

(三)产品标识中明示的内容、实物样品、产品说明和合同中的质量约定;

(四)国家和省技术监督部门批准的产品质量检验方法或质量评价规则。

第十二条　技术监督部门和工商行政管理部门在进行产品质量监督检查时,可以行使下列职权:

(一)询问被检查者、利害关系人、证人,并要求其提供证明材料和其他有关资料;

(二)进入产品生产、销售、存放场所进行检查,抽取检验样品;

(三)查阅、复制监督检查所需的合同、账册、单据、文件、记录、业务函电等资料;

(四)封存、扣押有关物证、书证;

(五)法律、法规规定的其他职权。

第十三条　技术监督部门和工商行政管理部门对法律、法规明令禁止生产、销售的产品和有严重质量问题、可能造成严重后果的产品,经县级以上技术监督部门或工商行政管理部门的行政负责人批准,可以采取封存、扣押的强制措施。封存、扣押产品的时间一般不超过30日。因检验有特殊时间要求的产品,可以顺延。

第十四条　技术监督部门和工商行政管理部门在进行监督检查时,必须有两人以上参加,佩戴或主动出示有关证件,使用规定的执法文书和罚没收据,遵守法定的程序。对不符合前款规定的监督检查,被检查者有权拒绝。监督检查人员不得泄露生产者、销售者的商业秘密。

第十五条　实施产品质量监督检查时,确需对产品进行检验的,技术监督部门或受技术监督部门委托的产品质量检验机构按照规定的方法和数量,从被检查产品中抽取样品。抽样人员在抽样时,应当按规定进行记录,妥善保管抽取的样品;被检查者应当如实提供情况,协助做好抽样、送样工作。用于检验的样品由被检查者按规定提供。检验完结留样期满后,除检验损耗部分或法律、法规规定不予退还的外,其余样品应当通知被检查者在30日内领回;逾期不领回的,由实施监督检查的技术监督部门按规定处理。

第十六条　产品质量检验机构必须具备相应的检测条件,并经省级以上技术监督部门或其授权的部门按照国家规定考核合格、并经认可后,方可承担产品质量检验工作。法律、行政法规对产品质量检验机构另有规定的,从其规定。

第十七条　承担产品质量检验任务的机构和人员,应当按照规定的程序和方法进行检验,保证检验数据和检验结论公正、准确,并对其出具的检验报告负有法律责任。不得伪造检验数据和检验结论。

第十八条　产品质量检验机构应当按照规定的期限,向技术监督部门报送检验结果。检验结果应当在7日内书面通知被检验者。被检验者对检验结果有异议的,可以在接到检验结果通知之日起15日内向下达检验任务的技术监督部门书面提出复验(查)申请。技术监督部门应当在接到复验(查)申请之日起30日内作出复验(查)结论。

第十九条　产品质量监督抽查的检验费用,按国家有关规定由同级财政拨款解决,不得向被检验者收取;统一监督检查、定期监督检查和日常监督检查的检验费用,按国家和省有关规定执行。

第三章　生产者、销售者的产品质量责任和义务

第二十条　生产者、销售者应当对其生产、销售的产品质量负责。生产、销售的产品质量、标识、包装，必须符合有关法律、法规的规定。

第二十一条　生产者生产产品，应当按照《中华人民共和国标准化法》的规定，采用有关的国家标准、行业标准、地方标准；没有国家标准、行业标准和地方标准的，应当制定企业标准，作为组织生产的依据。生产者自行制定的产品标准，应当依法报有关部门备案。

第二十二条　生产者、销售者不得生产、销售下列产品：

(一)不符合保障人体健康，人身、财产安全要求的；

(二)国家明令淘汰的；

(三)过期、失效、变质的；

(四)掺杂、掺假，以假充真、以次充好，以不合格冒充合格的；

(五)伪造产地，伪造或冒用他人的厂名、厂址的；

(六)伪造或冒用认证标志、名优标志等质量标志的；

(七)伪造或冒用合格证书、检验报告、质量保证书等质量证明的；

(八)伪造或冒用产品标准标志、国际标准产品标志、商品条码标志的。

第二十三条　实行售前质量报验的产品，销售前必须按规定报经检验合格，方可销售。

第二十四条　对质量不合格但仍具有使用价值并且符合安全、卫生要求的产品，必须以产品说明书或店堂、柜台告示等能为用户、消费者知悉的方式如实说明产品的实际质量状况，并在产品或其包装的明显部位标明“处理品”“残次品”“等外品”等字样后，方可出厂或销售。

第二十五条　产品的监制者应当与生产者共同对被监制产品的质量负责，保证被监制产品的质量符合规定要求。

第二十六条　为生产者提供产品出厂检验服务的单位及其检验人员，应当对产品质量的检验结论负责，不得伪造检验数据或伪造检验结论，不得为未经检验或检验不合格的产品签发合格证明。

第二十七条　承印人承接印制认证标志、名优标志等质量标志，产品标准标志、国际标准产品标志、商品条码标志，以及含有以上标志、标识的包装物和其他物品，应当查验有关证明文件，并复印留存。委托人不能提供证明文件的，不得承印。承印人印制的前款所列标志、标识、包装物和其他物品，不得提供给非委托人。

第四章　法律责任

第二十八条　生产者违反本条例第二十二条第(一)、(二)、(三)项规定的，责令停止生产，没收违法生产的产品和违法所得，并处违法所得1倍以上5倍以下的罚款；没有违法所得的，可以并处1万元以上10万元以下的罚款；情节严重的，吊销营业执照；构成犯罪的，依法追究刑事责任。生产者违反本条例第二十二条第(四)项规定的，责令停止生产，没收违法所

得，并处违法所得1倍以上5倍以下的罚款；没有违法所得的，可以并处5000元以上5万元以下的罚款；情节严重的，吊销营业执照；构成犯罪的，依法追究刑事责任。生产者违反本条例第二十二条第（五）项至第（八）项规定的，责令公开更正，没收违法所得，可以并处违法所得1倍以上5倍以下的罚款；没有违法所得的，可以并处5000元以上5万元以下的罚款。

第二十九条　销售者违反本条例第二十二条规定的，责令停止销售；销售本条例第二十二条第（一）、（二）、（三）项产品的，并处没收违法销售的产品。销售者违反本条例第二十二条规定，有下列情形之一的，依照本条例第二十八条的有关规定处罚：

（一）不能指明产品的生产者或供货者的；

（二）不能提供合法有效的进货票据、证明等凭证的；

（三）国家实行专营的产品，从非专营渠道购入的；

（四）法律、法规规定进货前应对产品的质量、标识、有关质量证明等进行检验、检查，未按照规定进行检验、检查或检验、检查不合格仍然进货销售的；

（五）被责令停止销售而继续销售的；

（六）有关部门以公告、通告、通知等形式明确告知不得销售而继续销售的；

（七）明知是禁止销售的产品而销售的其他情形。

第三十条　生产者、销售者违反本条例第二十二条第（四）项规定的，除依照前两条有关规定处罚外，尚未售出的产品，除责令销毁的外，按本条例第二十四条规定处理。生产者、销售者违反本条例第二十二条第（五）项至第（八）项规定的，除依照前两条有关规定处罚外，尚未售出的产品，责令标明真实的产地、厂名、厂址，改正或消除伪造、冒用的标志、标识、质量证明后，方可出厂或销售。

第三十一条　经营者有偿向用户、消费者提供服务时，使用本条例第二十二条禁止销售的产品的，责令停止使用；使用的产品具有本条例第二十二条第（一）、（二）、（三）项情形之一的，并处没收产品，可以并处1000元以上5万元以下的罚款；使用的产品具有本条例第二十九条第二款情形之一的，依照本条例第二十八条的有关规定处罚。

第三十二条　违反本条例第九条、第二十三条规定的，责令停止销售、补办有关手续，没收违法所得，可以并处1000元以上5万元以下的罚款；销售的产品具有本条例第二十二条情形之一的，依照本条例第二十八条的有关规定处罚。

第三十三条　监制的产品具有本条例第二十二条情形之一的，责令停止监制，没收违法所得，可以并处违法所得1倍以上5倍以下的罚款。对生产者按照本条例第二十八条的有关规定处罚。

第三十四条　违反本条例第十七条、第二十六条规定的，责令更正，没收所收检验费，可以并处所收检验费1倍以上3倍以下的罚款；对责任人员可以处1000元以上5000元以下的罚款；情节严重的，吊销营业执照；构成犯罪的，依法追究刑事责任。

第三十五条　违反本条例第二十七条规定的，没收违法承印的物品和违法所得，可以并处违法所得1倍以上3倍以下的罚款；没有违法所得的，可以并处5000元以上5万元以下的罚款；情节严重的，没收印制工具和原辅材料，直至吊销营业执照。

第三十六条　擅自销售、转移、隐匿、销毁被封存、扣押、责令停止销售的产品的，没收产品，可以并处被销售、转移、隐匿、销毁产品价款的1倍以上3倍以下或1万元以上10万元以下的罚款，直至吊销营业执照；对有关责任人员可以处1000元以上5000元以下的罚款。

第三十七条　产品的生产、销售单位违反本条例有关规定的，除依照本条例有关规定对单位处罚外，对单位负责人和直接责任人员可以处1000元以上5000元以下的罚款，并由有关部门给予行政处分。

第三十八条　技术监督部门违反本条例第八条第一款规定的，由上一级技术监督部门责令改正；拒不改正的，予以通报批评；对单位主要责任人员可以处1000元以上5000元以下的罚款，并由有关部门给予行政处分。

第三十九条　生产者、销售者违反本条例有关规定，给用户、消费者造成损失的，应当依法赔偿损失。因检验错误致使被检查者损失的，由委托检验的部门承担赔偿责任。委托检验的部门承担赔偿责任后，可以向检验机构追偿。

第四十条　技术监督部门和有关部门及其人员应当严格执法，秉公办案，认真履行职责。对滥用职权、徇私舞弊、玩忽职守的，依照有关规定予以行政处分；构成犯罪的，依法追究刑事责任。

第四十一条　本条例规定的吊销营业执照的行政处罚，由工商行政管理部门决定；其他行政处罚由技术监督部门或工商行政管理部门按照各自职权决定。法律、法规对行使行政处罚权的机关另有规定的，从其规定。

第四十二条　罚款和没收物品，应当出具财政部门统一印制的罚没收据。

第四十三条　当事人对依照本条例作出的行政处罚和强制措施的决定不服的，可以依法申请复议、提起诉讼。当事人逾期不申请复议，也不向人民法院起诉，又不履行处罚决定的，作出处罚决定的机关可以申请人民法院强制执行。

第五章　附　则

第四十四条　本条例具体应用中的问题，由省技术监督部门负责解释。

第四十五条　本条例自公布之日起施行。

浙江省标准化管理条例

（2000年6月29日浙江省第九届人民代表大会常务委员会第二十一次会议通过，2000年7月11日浙江省第九届人民代表大会常务委员会公告第25号公布）

第一章　总　则

第一条　为加强标准化管理，促进技术进步，确保产品、服务、建设工程质量，提高社会经济效益，维护市场经济秩序，根据《中华人民共和国标准化法》《中华人民共和国标准化法实施条例》及其他有关法律、行政法规，结合本省实际，制定本条例。

第二条　在本省行政区域内从事标准的制定、实施和监督活动，必须遵守本条例。

第三条　各级人民政府应当加强对标准化工作的领导。标准化工作应当纳入各级国民经济和社会发展计划。标准化工作所需经费，应当列入同级财政预算。

第四条　省质量技术监督行政主管部门统一管理全省的标准化工作，市、县、区质量技术监督行政主管部门统一管理本行政区域内的标准化工作。

县级以上人民政府有关行政主管部门按照各自职责分工，管理本部门、本行业的标准化工作。

行业协会、同业公会按照法律、法规和章程的规定，开展行业标准化工作。

第五条　鼓励研制和采用先进标准。

各级人民政府应当采取积极措施，有计划地引导和推动生产经营者研制和采用先进标准，并在科技投入经费中安排一定比例的资金用于支持生产经营者研制和采用先进标准；对研制和采用先进标准取得显著社会、经济效益的，应当给予表彰和奖励。

本条例所称先进标准，是指严于国家标准、行业标准、地方标准，与国际标准相衔接，接近或者达到国际先进水平的标准。

先进标准的评审和鼓励办法，由省质量技术监督行政主管部门会同省有关行政主管部门制定，报省人民政府批准后实施。

第六条　质量技术监督行政主管部门、有关行政主管部门以及行业协会、同业公会应当加强对生产经营者标准化工作的指导、培训和服务，帮助生产经营者提高企业标准化水平。

第七条　各级人民政府以及质量技术监督行政主管部门、有关行政主管部门和大众传播媒介，应当加强标准化法律、法规的宣传教育，普及标准化知识，提高全社会标准化法律意识。

第二章　地方标准的制定

第八条　对没有国家标准、行业标准而又需要在本省范围内统一的工业、农业（含林业、畜牧业、渔业，下同）、服务、工程建设等技术要求，或者需要在本省一定范围内统一的农业生产技术要求，可以制定地方标准。

第九条　制定地方标准，应当从本省社会经济发展的实际需要出发，坚持《中华人民共和国标准化法》规定的原则，有利于发展社会主义市场经济。

鼓励、支持生产经营者、行业协会、同业公会参与地方标准的制定活动。

第十条　地方标准分为强制性标准和推荐性标准。

下列地方标准是强制性标准：

（一）保障人体健康、人身、财产安全的标准；

（二）环境保护、食品卫生等法律、行政法规规定必须执行的标准。

其他地方标准是推荐性标准。

第十一条　制定地方标准的项目建议，一般由省有关行政主管部门、行业协会提出；制定有关农业生产技术地方标准的项目建议，可以由市、县、区质量技术监督行政主管部门或者农业、林业、渔业等有关行政主管部门提出。

省质量技术监督行政主管部门确定制定地方标准的项目后，应当编制地方标准制定计划，组织实施。地方标准制定计划应当报国家质量技术监督行政主管部门备案。

第十二条　地方标准一般由提出项目建议的单位负责组织起草；省质量技术监督行政主管部门也可以直接组织起草。

起草地方标准，应当充分听取用户、消费者、生产经营者和有关行政主管部门、行业协会、科研机构、学术团体的意见；强制性地方标准草案应当公开向社会征求意见。

第十三条　地方标准草案的技术审查工作，起草单位应当委托技术归口的专业标准化技术委员会进行；没有相应的专业标准化技术委员会的，起草单位应当组织生产、使用、经销、科研、学术团体等有关单位的专业技术人员以及有关行政主管部门、行业协会、消费者代表进行审查。

专业标准化技术委员会的设置规划，由省质量技术监督行政主管部门会同省有关行政主管部门确定。

第十四条　地方标准由省质量技术监督行政主管部门统一审批、编号和发布；有关农业生产技术的地方标准，可以由市、县、区质量技术监督行政主管部门会同农业、林业、渔业行政主管部门审批，报省质量技术监督行政主管部门编号、发布。

第十五条　地方标准发布后，省质量技术监督行政主管部门应当按国家规定报送备案。强制性地方标准应当在发布后30日内公告。

地方标准应当根据科学技术的发展和经济建设的需要适时进行复审。复审周期一般不超过3年。

第十六条　法律对环境保护、食品卫生等地方标准的制定有特别规定的，依照法律的规定执行。

第三章　标准的实施与监督

第十七条　从事生产、经营、服务、工程建设等活动的生产经营者，必须严格执行强制性标准和明示采用的标准。

推荐性标准，鼓励生产经营者自愿采用。

第十八条　产品应当有产品标准。不采用推荐性产品标准或者没有相应的推荐性产品标准的，产品生产者应当制定企业产品标准，作为组织生产的依据。禁止无标准生产。

产品生产者制定的企业产品标准，应当完整、正确地反映产品特征、特性指标和检验、试验方法；有相应的推荐性标准的，其主要技术项目的设置应当与推荐性标准一致。

第十九条　产品生产者应当严格按照所执行的产品标准组织生产。

受产品使用者委托加工、定做的产品，可以按照合同约定的技术要求或者样品实物标准执行；有强制性标准的，必须符合强制性标准的要求。

第二十条　产品生产者执行的产品标准应当按照省人民政府的规定，报质量技术监督行政主管部门备案。

产品生产者申报的备案材料符合备案规定的，质量技术监督行政主管部门应当即予备案，并将备案材料备份转送有关行政主管部门。发现备案的企业产品标准违反法律、法规和强制性标准的，质量技术监督行政主管部门应当责令限期改正、重新备案。

第二十一条　产品生产者应当在产品或者说明书、包装物上标注所执行的标准代号、编号和名称。

标识的标注应当符合国家、省的标识标准要求和标识标注规定。

第二十二条　产品生产者应当严格按照所执行的产品标准进行产品质量检验，保证产品质量和产品标准相符。

产品未经检验或者检验不合格的，不能使用产品合格证。

第二十三条　生产国家实行安全认证管理的产品，产品生产者必须按照国家有关规定取得安全认证证书，保证产品质量达到安全认证标准，并在产品或者说明书、包装物上标注安全认证标志。

第二十四条　禁止销售下列产品：

（一）不符合强制性标准的产品；

（二）不符合国家安全认证管理规定的产品；

（三）不符合强制性标识标准和标识标注规定的产品。

第二十五条　采用国家标准、行业标准生产的产品，产品生产者可以按照国家有关规定申请产品合格认证，使用产品合格认证标志。

采用国际标准、国外先进标准生产的产品，产品生产者可以按照国家有关规定申请使用采标标志。

政府采购应当优先采购获准使用产品合格认证标志、采标标志和采用先进标准生产的产品。

第二十六条　申请列入省重点产品目录、省重点新产品开发计划、授予科学技术进步奖励的产品，有国外先进标准或严于国家标准、行业标准、地方标准的国际标准的，产品生产者应当采用国外先进标准或国际标准。

第二十七条　产品生产者可以按照自愿原则，联合制定统一的企业产品标准和联合组建企业产品检验机构；行业协会、同业公会也可以按照自愿原则，组织产品生产者联合制定统一的企业产品标准和联合组建企业产品检验机构。

统一的企业产品标准和联合组建的企业产品检验机构由产品生产者自愿采用和送检。禁止强制或者以其他方法变相强制。

第二十八条　市、县、区质量技术监督行政主管部门和农业、林业、渔业等行政主管部门应当根据本地发展农业生产的需要，积极开展农业综合标准化工作。对尚未制定标准的农业生产技术要求，可以制定农业标准规范，由质量技术监督行政主管部门编号、发布，在本行政区域内推荐执行。

各类农业示范园区、农业企业应当按照农业标准、农业标准规范组织生产。

鼓励农民按照农业标准、农业标准规范进行农业生产。

第二十九条　从事交通运输、旅游、娱乐、餐饮等经营性服务的单位和个人，应当按照标准提供服务。没有相应的服务标准的,行业协会、同业公会按照自愿原则,组织经营者联合制定本行业的服务标准,作为提供服务的质量依据。

禁止使用不符合强制性标准的产品为消费者提供服务。

第三十条　从事建设工程勘察、设计、施工和监理的单位和个人,应当严格执行工程建设标准,保证工程质量符合国家规定的质量要求。

禁止使用不符合强制性标准的工程建筑材料。

第三十一条　公共场所和公用设施应当设置必要的公共信息图形符号。

禁止使用不符合强制性标准的公共信息图形符号。

第三十二条　质量技术监督行政主管部门负责对本行政区域内标准的实施情况进行检查。

有关行政主管部门依照法律、行政法规的规定,对本部门、本行业的标准实施情况进行监督检查。

第三十三条　质量技术监督行政主管部门在监督检查中发现不符合强制性标准、强制性标识标准和标识标注规定、国家安全认证管理规定的产品,经县级以上质量技术监督行政主管部门负责人批准,可以采取封存、扣押措施。

第三十四条　质量技术监督行政主管部门、有关行政主管部门进行标准化监督检查,应当有两名以上行政执法人员参加,并主动出示行政执法证件。对在监督检查中涉及的商业秘密不得泄露。

第四章　法律责任

第三十五条　违反本条例规定有下列行为之一的,由质量技术监督行政主管部门责令限期改正,并可以处1000元以下罚款;逾期不改正的,没收违法生产、销售的产品和违法所得,并处违法所得2倍以下或者1000元以上5万元以下罚款:

(一)未按照规定制定企业产品标准作为组织生产的依据的;

(二)按照未经备案的企业产品标准组织生产的;

(三)产品标识不符合强制性标识标准和标识标注规定的。

第三十六条　违反本条例规定有下列行为之一的,由质量技术监督行政主管部门或者工商行政管理部门按照国务院规定的职权责令停止生产、销售,没收违法生产、销售的产品和违法所得,并处违法所得2倍以下或者1000元以上5万元以下罚款;法律、法规另有规定的,从其规定:

(一)生产、销售不符合强制性标准的产品的;

(二)生产、销售不符合国家安全认证管理规定的产品的。

第三十七条　违反本条例规定,在生产、经营、服务、工程建设等过程中违反强制性标准的,由质量技术监督行政主管部门或者工商行政管理部门责令改正,并可以处1000元以下罚款;逾期不改正的,处1000元以上2万元以下罚款;情节严重的,责令停业整顿。法律、法规另有规定的,从其规定。

第三十八条　违反本条例规定，设置的公共信息图形符号不符合强制性标准的，由质量技术监督行政主管部门责令限期改正；逾期不改正的，处1000元以下罚款。

第三十九条　质量技术监督行政主管部门工作人员有下列行为之一的，由有关部门按照规定权限给予行政处分；构成犯罪的，依法追究刑事责任：

（一）不按照规定给予企业产品标准备案的；

（二）发现企业产品标准违反法律、法规和强制性标准不依法处理的；

（三）发现无标准生产的行为不依法处理的；

（四）发现违反强制性标准、强制性标识标准和标识标注规定、国家安全认证管理规定的行为不依法处理的；

（五）其他滥用职权、徇私舞弊、玩忽职守等违法行为。

第五章　附　则

第四十条　本条例自2000年10月1日起施行。省人民政府1994年12月19日发布的《浙江省标准化管理实施办法》同时废止。

浙江省特种设备安全管理条例

（2003年6月27日浙江省第十届人民代表大会常务委员会第四次会议通过，2003年6月27日浙江省第十届人民代表大会常务委员会公告第2号公布）

第一条　为了加强特种设备的安全管理，防止和减少事故，保障人民群众生命和财产安全，促进经济发展，根据《中华人民共和国安全生产法》《中华人民共和国产品质量法》《特种设备安全监察条例》等法律、行政法规的规定，结合本省实际，制定本条例。

第二条　本省行政区域内特种设备的生产（含设计、制造、安装、改造、维修，下同）、销售、使用、检验检测和监督管理，应当遵守本条例。

本条例所称特种设备，是指涉及生命安全、危险性较大的锅炉、压力容器（含气瓶，下同）、压力管道、电梯、起重机械、客运索道、大型游乐设施，包括特种设备附属的安全附件、安全保护装置和与安全保护装置相关的设施。

军事装备、核设施、航空航天器、铁路机车、海上设施和船舶以及煤矿矿井使用的特种设备的安全管理，房屋建筑工地和市政工程工地用起重机械的安装、使用的监督管理，压力管道设计、安装、使用的安全监督管理，依照有关法律、法规的规定执行。

第三条　县级以上人民政府应当加强对本行政区域内特种设备安全管理工作的领导，督促特种设备安全监督管理部门履行职责，保障特种设备安全监督管理必需的经费，对特种设备安全管理中存在的重大问题及时予以协调、解决。

乡（镇）人民政府、街道办事处应当配合、协助特种设备安全监督管理部门和其他有关部门做好特种设备安全监督管理工作。

第四条 县级以上质量技术监督部门是负责特种设备安全监督管理的部门(以下简称特种设备安全监督管理部门),负责本行政区域内特种设备安全监督管理工作。

安全生产监督管理、建设、财政、价格、工商行政、监察等有关部门按照各自职责,共同做好特种设备的安全监督管理工作。

第五条 有关行业协会应当加强对本行业内特种设备安全工作的自律管理,配合、协助特种设备安全监督管理部门和其他有关部门做好特种设备安全监督管理工作。

第六条 特种设备的生产单位,应当依法报经国务院或者省特种设备安全监督管理部门许可;特种设备的使用单位,应当依法向设区的市特种设备安全监督管理部门办理登记;特种设备的检验检测机构,应当依法报经国务院特种设备安全监督管理部门核准。

特种设备作业人员、检验检测人员,应当按照国家有关规定经特种设备安全监督管理部门考核合格,取得特种作业人员证书、检验检测人员证书。

第七条 特种设备的生产、使用单位,应当严格按照有关特种设备安全生产的法律、法规、规章的规定和安全技术规范的要求进行生产、使用,保证特种设备的产品质量和安全使用。

特种设备生产、使用单位的主要负责人,依法对本单位特种设备的安全全面负责。提倡特种设备使用单位办理第三者责任保险。

第八条 特种设备的销售者应当建立并执行进货检查验收制度,验明特种设备出厂时应当附有的符合安全技术规范要求的设计文件、产品质量检验合格证明、安装及使用维修说明、监督检验证明等文件。

第九条 销售、转让二手特种设备,应当向设区的市特种设备安全监督管理部门办理登记。

二手特种设备在销售、转让前,应当经检验检测机构检验检测或者安全技术鉴定合格,符合安全使用要求。

使用二手特种设备,使用单位应当在二手特种设备投入使用前向设区的市特种设备监督管理部门办理登记。

鼓励二手特种设备进入特种设备专业市场进行交易。

第十条 禁止销售、转让、出租、出借和使用下列特种设备:

(一)非法生产的特种设备;

(二)未附有本条例第八条规定相关文件的特种设备;

(三)未附有本条例第九条第二款规定相关文件的二手特种设备;

(四)国家明令淘汰的特种设备;

(五)依照国家规定应当报废的特种设备。

第十一条 气瓶充装单位、瓶装气体销售者在气体充装、销售前,应当按照安全技术规范的要求对气瓶进行安全检查。

禁止使用下列气瓶充装、销售气体:

(一) 没有检验检测标识的;

（二）超过定期检验周期的；

（三）经检验检测不合格的；

（四）超过安全使用年限的。

气瓶充装单位、瓶装气体销售者发现有前款第（一）、（二）项规定的气瓶，应当按规定送检验检测机构检验检测；发现有前款第（三）、（四）项规定的气瓶，应当作出回收处理。

气瓶的回收处理办法由省人民政府制定。

第十二条　锅炉房的建造设计方案，应当符合安全技术规范的要求。

依法不需要向建设行政主管部门申领施工许可证的小型锅炉房建筑工程，其锅炉房的建造设计方案应当报经市、县特种设备安全监督管理部门核准后，方可施工。

锅炉房的竣工验收报告及标明与相邻建筑距离的图纸，应当在锅炉安装前报市、县特种设备安全监督管理部门备案。

第十三条　锅炉用水的水质、锅炉的化学清洗和停炉保养，应当符合安全技术规范的要求。

锅炉停用一年以上重新启用的，应当经检验检测机构检验检测合格。

第十四条　特种设备生产、使用单位履行法定的检验检测义务时，有权自主选择委托有资质的特种设备检验检测机构。有关部门不得对其选择委托权进行限定。

特种设备使用单位应当在10日内将法定的检验检测结果、鉴定结论，报县（市、区）特种设备安全监督管理部门备案。

第十五条　特种设备检验检测机构进行检验检测，应当客观、公正，符合安全技术规范的要求。

特种设备检验检测机构，依法对检验检测结果、鉴定结论承担法律责任。

第十六条　禁止伪造、冒用、转让、出租和出借下列证书、文件或者标识：

（一）特种设备生产许可证书、使用登记证书、检验检测机构核准证书；

（二）特种作业人员证书、检验检测人员证书；

（三）检验检测机构的检验检测结果、鉴定结论、检验检测标识。

第十七条　禁止生产、销售和使用用油桶等容器改装或者采用其他类似材质卷制、焊接的可以输出蒸汽、产生压力的简易设备。

第十八条　特种设备安全监督管理部门应当建立健全投诉举报、执法责任等特种设备安全监督管理制度，加强特种设备安全监察执法队伍建设，切实履行特种设备安全监督管理职责。

第十九条　违反本条例规定的行为，《中华人民共和国安全生产法》《中华人民共和国产品质量法》《特种设备安全监察条例》等法律、行政法规已经有处罚规定的，从其规定。

第二十条　违反本条例第九条第一、三款、第十一条第一、三款、第十四条第二款规定的，由县级以上特种设备安全监督管理部门责令限期改正；逾期未改正的，处200元以上5000元以下罚款。

第二十一条　违反本条例第十条规定的，由县级以上特种设备安全监督管理部门按照下列规定予以处罚：

(一)违法销售的，责令改正，没收违法销售的特种设备，并处特种设备货值金额等值以上3倍以下罚款；有违法所得的，没收违法所得；

(二)违法转让、出租、出借、使用的，责令改正，没收违法转让、出租、出借、使用的特种设备，并可以处2000元以上2万元以下罚款；情节严重的，责令停产停业整顿，并处2万元以上20万元以下罚款；有违法所得的，没收违法所得。

第二十二条　违反本条例第十一条第二款规定的，由县级以上特种设备安全监督管理部门责令改正，没收气瓶充装单位、瓶装气体销售者的气瓶，并可以处2000元以上2万元以下罚款；情节严重的，责令停产停业整顿，并处2万元以上5万元以下罚款；有违法所得的，没收违法所得。

第二十三条　违反本条例第十二条、第十三条规定的，由县级以上特种设备安全监督管理部门责令限期改正；逾期未改正的，责令停止使用，并处2000元以上2万元以下罚款。

第二十四条　违反本条例第十六条第(一)、(三)项规定的，由县级以上特种设备安全监督管理部门责令改正，处2000元以上2万元以下罚款；有违法所得的，没收违法所得。

违反本条例第十六条第(二)项规定的，由县级以上特种设备安全监督管理部门责令改正，处200元以上2000元以下罚款。

第二十五条　违反本条例第十七条规定的，由县级以上特种设备安全监督管理部门按照下列规定予以处罚：

(一)违法生产、销售简易设备的，责令限期改正，没收违法生产、销售的简易设备，可以并处简易设备货值金额等值以上3倍以下罚款或者200元以上5000元以下罚款；逾期未改正的，处5000元以上1万元以下罚款；有违法所得的，没收违法所得；

(二)违法使用简易设备的，责令停止使用，限期拆除、销毁；逾期未改正的，予以没收或者强制拆除、销毁，并处200元以上5000元以下罚款。

第二十六条　特种设备安全监督管理部门及其工作人员在特种设备安全监督管理工作中玩忽职守、徇私舞弊、滥用职权的，依法追究行政、刑事等法律责任。

第二十七条　本条例自2003年9月1日起施行。

浙江省产品质量监督条例

(2005年9月30日浙江省第十届人民代表大会常务委员会第二十次会议通过，2005年9月30日浙江省第十届人民代表大会常务委员会公告第45号公布)

第一章　总　则

第一条　为了加强对产品质量的监督，保护消费者的合法权益，维护社会经济秩序，根据《中华人民共和国产品质量法》(以下简称《产品质量法》)和其他有关法律、法规的规定，结合本省实际，制定本条例。

第二条　在本省行政区域内从事产品生产、销售及相关活动和对产品质量实施监督，应当遵守本条例。

第三条　县级以上人民政府应当加强对产品质量监督工作的领导，组织、协调有关部门以及乡镇人民政府、街道办事处做好产品质量监督工作，保障本条例的施行。

县级以上质量技术监督部门、工商行政管理部门应当依照法律、法规和国家、省规定的职责，做好本行政区域内的产品质量监督工作。其他有关部门在各自的职责范围内负责产品质量监督工作。

法律、法规对产品质量的监督部门另有规定的，依照有关法律、法规的规定执行。

第四条　鼓励生产者采用先进的科学技术和科学的质量管理方法，提高产品质量，创建著名品牌。

县级以上人民政府应当加强产品质量工作的规划，建立健全产品质量奖励制度和著名品牌保护制度，积极实施名牌发展战略。

第五条　鼓励、支持和保护一切组织和个人对产品质量进行社会监督和舆论监督。

对举报属实和协助查处违反产品质量法律、法规行为有功的单位和个人，县级以上人民政府或者产品质量的监督部门应当按照有关规定给予表彰和奖励。

第二章　产品质量责任和义务

第六条　生产者应当建立健全产品质量管理制度，依法对其生产的产品质量负责。

第七条　销售者应当建立并执行进货检查验收制度，验明产品合格证明和其他标识，索取并保存能够证明进货来源的原始发票等单证。

销售者应当采取措施，保持销售产品的质量，依法对销售的产品承担产品质量责任。

第八条　禁止生产、销售下列产品：

（一）《产品质量法》等有关产品质量的法律、行政法规禁止生产、销售的产品；

（二）不符合保障人体健康和人身、财产安全的地方标准的产品；

（三）超过安全使用期或者失效日期的产品；

（四）虚假标注生产日期、安全使用期或者失效日期的产品；

（五）伪造、冒用产品质量检验检测证明的产品；

（六）没有中文标明的产品名称、生产厂厂名和厂址的产品，专供出口的产品除外。

第九条　禁止任何单位和个人为生产、销售本条例第八条规定的产品提供生产场地、运输、保管、仓储等便利条件。

第十条　禁止服务业经营者将本条例第八条规定的产品用于经营性服务。

第十一条　禁止生产者、销售者和服务业经营者将本条例第八条规定的产品作为奖品或者赠品。

第十二条　生产者、销售者未经规定程序认定，不得使用国家和省的著名品牌标志。

第十三条　承印人承接印制认证标志等质量标志，生产许可证编号、标志，商品条码，产品标准编号，产品质量检验检测证明，产品质量免检证书、标志，国家和省的著名品牌标志，以及含有以上标志的包装物和其他物品，应当查验有关证明文件，并复印留存。委托人不能提供证明文件的，不得承印。

承印人印制的前款所列标志、包装物和其他物品，不得提供给非委托人。

第十四条　对产品质量有瑕疵但符合保障人体健康和人身、财产安全的标准或者要求的产品，必须在产品或者包装的明显部位清晰标明“处理品”“残次品”“等外品”等字样，并以产品说明书或者店堂、柜台告示等能为消费者知悉的方式如实说明产品的瑕疵或者实际质量状况后，方可出厂或者销售。

第十五条　生产者、销售者发现销售的产品因设计、制造等方面的原因，在某一批次、型号或者类别中存在着危及人体健康和人身、财产安全的不合理危险的，应当立即停止销售，报告县级以上质量技术监督部门、工商行政管理部门和告知消费者；产品已经售出的，应当采取修理、更换、退货等有效措施消除该缺陷。

县级以上质量技术监督部门、工商行政管理部门发现产品存在前款规定的缺陷，并且生产者、销售者没有履行前款规定义务的，应当责令生产者、销售者停止销售并告知消费者；产品已经售出的，应当责令生产者、销售者在规定的时限内采取有效措施消除该缺陷；生产者、销售者拒不采取措施或者采取的措施不足以防止危害发生的，经省质量技术监督部门、工商行政管理部门批准，可以发布公告。

第三章　监督检查

第十六条　对产品质量实行以监督抽查为主要方式的监督检查制度。

监督抽查的重点是：

(一)可能危及人体健康和人身、财产安全的产品；

(二)影响国计民生的重要工业产品；

(三)消费者、有关组织反映有质量问题的产品；

(四)用于评价产品质量指数的代表性产品。监督抽查由县级以上质量技术监督部门根据法律和国家有关规定组织实施。法律对产品质量的监督抽查另有规定的，依照有关法律的规定执行。

监督抽查的结果省质量技术监督部门应当在省主要媒体上公告。县级以上质量技术监督部门应当根据监督抽查的结果，建立产品质量指数分析评价、产品质量安全预警与整治制度。

第十七条　县级以上工商行政管理部门根据产品质量监督工作的需要，可以按照国家有关规定对流通领域可能危及人体健康和人身、财产安全的产品，以及消费者、有关组织反映强烈的产品实施质量监测。

第十八条　产品质量监督抽查工作与质量监测工作应当相互协调，避免重复。

监督抽查和质量监测的检验工作应当委托有资质的检验机构进行，不得向被检验人收取检验费用。

第十九条　县级以上质量技术监督部门、工商行政管理部门查处涉嫌违反本条例规定行为时，需要对产品进行检验的，应当按照规定合理抽取样品，送有资质的检验机构进行检验；涉嫌冒用他人厂名、厂址的产品，也可以送被侵权者协助鉴别。经检验，生产、销售的产品不符合《产品质量法》和本条例规定的，检验（含复检）费用及样品损耗费用由被检验人承担；符合《产品质量法》和本条例规定的，检验（含复检）费用及样品损耗费用由送检机关承担。国家另有规定的除外。

第二十条　检验、判定产品质量的依据是：

（一）国家标准、行业标准、地方标准和经依法备案的企业标准；

（二）产品标识、产品说明中明示的内容或者以实物样品等方式表明的质量状况；

（三）国家、省质量技术监督部门批准的产品质量检验方法或者质量评价规则；

（四）法律、法规的其他规定。

第二十一条　产品质量检验机构应当依法按照标准和有关规定，客观、公正、及时地出具检验结果，并对检验结果的真实性负责。

生产者、销售者对检验结果有异议的，可以自收到检验结果之日起 15 日内向实施监督检查的机关或者其上级机关申请复检，由受理复检的机关作出复检结论。

第二十二条　县级以上质量技术监督部门、工商行政管理部门查处涉嫌违反本条例规定行为时，经本机关负责人批准，对有根据认为不符合保障人体健康和人身、财产安全的国家标准、行业标准、地方标准的产品或者有其他严重质量问题的产品，以及直接用于生产、销售该项产品的原辅材料、包装物、生产工具，可以予以查封、扣押。

查封、扣押的期限不得超过 30 日，但按规定检验的期间不计算在内。

被查封、扣押的物品易腐烂、变质的，经本机关负责人批准，可以在留存证据后，依照本条例第四十三条的规定先行作出处理。

第二十三条　查封、扣押期限届满或者经调查核实没有违法行为的，采取查封、扣押措施的机关应当及时解除查封、扣押，并通知当事人在规定的期限内认领。

前款规定的物品已经根据本条例规定先行拍卖或者变卖的，应当返还拍卖或者变卖所得价款；已经监督销毁或者捐赠给公益事业的，应当补偿损失。

第二十四条　被查封、扣押物品的当事人经通知不认领的，采取查封、扣押措施的机关应当发布财物认领公告。自公告之日起超过 3 个月仍不认领的，被查封、扣押的物品依照本条例第四十三条规定处理。

第二十五条　采取查封、扣押措施的机关应当妥善保管被查封、扣押的物品，不得使用或者损毁。

第四章　法律责任

第二十六条　违反本条例规定，《产品质量法》等法律、行政法规已有处罚规定的，依照法律、行政法规的规定处罚。

第二十七条　违反本条例第八条第（二）项规定的，责令停止生产、销售，没收违法生产、销售的产品，并处违法生产、销售产品（包括已售出和未售出的产品，下同）货值金额等值以上

3 倍以下的罚款;有违法所得的,并处没收违法所得。

第二十八条 违反本条例第八条第(三)项规定的,依照《产品质量法》关于销售失效、变质的产品的处罚规定处罚。

第二十九条 违反本条例第八条第(四)项、第(五)项规定的,责令停止生产、销售,没收违法生产、销售的产品,并处违法生产、销售产品货值金额等值以下的罚款;有违法所得的,并处没收违法所得。

第三十条 违反本条例第八条第(六)项规定的,责令改正;拒不改正的,处违法生产、销售产品货值金额 30%以下的罚款;有违法所得的,并处没收违法所得。

第三十一条 对生产者专门用于生产本条例第八条第(二)项规定的产品的原辅材料、包装物、生产工具,应当予以没收。

第三十二条 销售者销售本条例第八条规定的产品,有充分证据证明其不知道该产品为禁止销售的产品并提供证明其进货来源的原始发票等单证或者如实说明进货来源的,可以从轻或者减轻处罚。

第三十三条 知道或者应当知道属于本条例第八条规定的产品而为其提供生产场地、运输、保管、仓储等便利条件的,责令改正,没收全部提供生产场地、运输、保管、仓储等收入,并处违法收入 50%以上 3 倍以下的罚款。

第三十四条 服务业的经营者知道或者应当知道属于本条例第八条规定的产品而将其用于经营性服务的,按照违法使用的产品(包括已使用和尚未使用的产品)的货值金额,依照本条例第二十七条至第三十条对销售者的处罚规定处罚。

第三十五条 违反本条例第十一条规定的,责令改正,没收违法的奖品或者赠品,并处奖品或者赠品货值金额 50%以下的罚款。

第三十六条 违反本条例第十二条规定的,责令改正,没收违法所得;拒不改正的,处违法生产、销售产品货值金额等值以下的罚款。

第三十七条 违反本条例第十三条规定的,没收违法承印的物品,可以并处 5000 元以上 5 万元以下的罚款;有违法所得的,并处没收违法所得。

第三十八条 隐匿、转移、变卖、损毁被依法查封、扣押物品的,处被隐匿、转移、变卖、损毁物品货值金额等值以上 3 倍以下的罚款;有违法所得的,并处没收违法所得。

第三十九条 本条例规定的行政处罚由县级以上质量技术监督部门、工商行政管理部门依照法律、法规及国家与省规定的职责实施。法律、法规对行使行政处罚权的机关另有规定的,依照有关法律、法规的规定执行。

第四十条 质量技术监督部门、工商行政管理部门及其工作人员违反本条例规定有下列情形之一的,对直接负责的主管人员和其他直接责任人员依法给予行政处分:

(一)违反规定发布公告、公告失实或者向新闻媒体提供失实信息的;

(二)违反规定采取查封、扣押措施或者不及时解除查封、扣押措施的;

(三)使用或者损毁被查封、扣押的物品的;

(四)在产品质量监督抽查和质量监测中,向被检验人收取检验费用或者违反规定索取样品的；

（五）包庇、放纵产品生产、销售中违反本条例规定行为的；

（六）向违法嫌疑人通风报信，帮助其逃避查处的；

（七）其他滥用职权、玩忽职守、徇私舞弊行为。

质量技术监督部门、工商行政管理部门及其工作人员有前款第（一）项至第（四）项规定情形之一，造成当事人经济损失的，应当依法承担赔偿责任；有前款第（一）项、第（二）项规定情形之一，造成当事人名誉权、荣誉权损害的，应当消除影响，恢复名誉，赔礼道歉。

第四十一条　各级人民政府工作人员和其他国家工作人员有本条例第四十条第（五）项、第（六）项规定情形之一，或者阻挠、干预质量技术监督部门、工商行政管理部门依法对产品生产、销售中违反本条例规定的行为进行查处的，依法给予行政处分。

第四十二条　违反本条例规定，构成犯罪的，依法追究刑事责任。

第四十三条　依照本条例没收的物品，属于可能危及人体健康和人身、财产安全的产品的，应当由作出行政处罚的机关监督销毁，所需费用由当事人承担。属于可以使用的产品的，应当在消除违法状态后予以变卖或者拍卖，变卖、拍卖所得应当上缴国库；不宜变卖、拍卖或者变卖、拍卖未能成交的，经同级财政部门同意，可以捐赠给公益事业。

第五章　附　则

第四十四条　本条例自2005年12月1日起施行。1992年11月15日浙江省第七届人民代表大会常务委员会第三十一次会议通过的《浙江省查处生产和经销假冒伪劣商品行为条例》和1995年12月26日浙江省第八届人民代表大会常务委员会第二十五次会议通过的《浙江省产品质量监督管理条例》同时废止。

浙江省检验机构管理条例

（2007年9月28日浙江省第十届人民代表大会常务委员会第三十四次会议通过，浙江省人民代表大会常务委员会公告第76号公布）

第一章　总　则

第一条　为了加强对检验机构的管理，规范检验服务行为，维护检验各方当事人的合法权益，促进检验市场健康有序发展，根据《中华人民共和国计量法》《中华人民共和国标准化法》和其他有关法律、行政法规规定，结合本省实际，制定本条例。

第二条　本省行政区域内检验机构计量认证、检验服务、监督检验以及相关管理活动，应当遵守本条例。法律、行政法规另有规定的，从其规定。

第三条　本条例所称检验机构，是指向社会提供检验服务的技术服务组织及其分支机构。

本条例所称检验服务，是指按照有关标准、程序和技术方法，确定所给定产品、材料、设备、生物体、物理现象、工艺过程等的性能、状况或者其是否符合有关标准，并出具具有证明作用的检验数据和结果的活动。

本条例所称监督检验，是指检验机构根据法律、行政法规授权或者受依法履行行政管理职责的组织委托，所实施的为特定行政管理事项服务的检验活动。

第四条 从事检验服务活动，应当遵循独立、客观、公正、诚信的原则。

第五条 除依法履行行政管理职责的组织按照法律、行政法规规定设立检验机构外，依法履行行政管理职责的组织不得与检验机构存在隶属关系或者其他利益关系。

第六条 省质量技术监督部门依法负责本省行政区域内检验机构计量认证工作。

县级以上质量技术监督、卫生、食品药品监督管理、交通、建设、公安、环境保护、农业、水利、气象等部门(以下统称检验监督管理部门)按照各自职责，负责有关检验机构及其检验服务活动的监督管理工作。

第七条 鼓励检验机构开展国内外机构间的技术交流与合作。

第二章 计量认证

第八条 检验机构从事检验服务活动，应当经国家认证认可监督管理部门或者省质量技术监督部门计量认证合格；未经计量认证合格，不得从事检验服务活动。

第九条 检验机构符合下列条件的，应当予以计量认证合格：

(一)依法设立的法人组织或者其分支机构；

(二)有规范的名称；

(三)有明确的检验服务项目；

(四)有具备相应专业知识和技能的管理人员、检验人员；

(五)有检验服务活动所必需的场所、工作环境和设施、仪器设备；

(六)有与检验服务活动相适应的管理体系；

(七)法律、行政法规规定的其他条件。

第十条 检验机构申请计量认证的，应当向省质量技术监督部门提出书面申请，并按照本条例第九条规定的条件提交有关材料。

省质量技术监督部门应当自受理计量认证申请之日起 20 个工作日内组织评审；评审合格的，应当在评审报告完成后 10 个工作日内颁发计量认证合格证书；评审不合格的，应当书面通知申请人并说明理由。

法律、行政法规规定应当由国家认证认可监督管理部门实施计量认证的，检验机构应当直接向其提出申请。

第十一条 计量认证合格证书应当载明编号、检验机构的名称和住所、检验服务项目及有效期限。省质量技术监督部门应当将计量认证合格的检验机构名录向社会公告。

第十二条 检验机构新增检验服务项目或者其管理体系、适用的检验标准发生实质性变化的，应当就其新增检验服务项目申请计量认证，或者就其发生实质性变化的事项重新申请计量认证。

第十三条　检验机构从事没有国家标准、行业标准、地方标准和国际标准的新的检验服务项目，其检验能力及方法经省质量技术监督部门会同有关主管部门、专业机构或者人员评估和确认，符合通行技术规则并能够满足检验需要的，视为计量认证合格。

第十四条　检验机构的名称、住所、法定代表人或者负责人、授权签字人发生变更的，应当向省质量技术监督部门办理相应的变更手续。

第十五条　检验机构在本省行政区域内设立的代表处、办事处等机构，可以从事与其检验服务相关的推广活动，但不得直接开展检验服务活动。

第十六条　计量认证合格证书的有效期为 3 年。

检验机构应当在计量认证合格证书有效期届满前 6 个月内向省质量技术监督部门提出复查申请；逾期不提出申请的，由省质量技术监督部门注销计量认证合格证书。

第十七条　禁止伪造、涂改、转让、出租或者出借计量认证合格证书。

第十八条　计量认证评审应当遵守国家和省规定的计量认证基本规范、评审准则，确保评审公开、公平、公正。

第十九条　省质量技术监督部门应当建立计量认证评审专家库，其成员应当具有相应的专业知识和能力，并经省质量技术监督部门按照国家有关规定考核、聘任。

计量认证评审人员应当按照规定程序从专家库中产生。计量认证评审人员应当保持独立、客观和公正，不得参与对与其所在单位具有业务竞争关系或者其他利益关系的检验机构的评审；评审期间，不得与所评审的检验机构发生任何业务关系。

第三章　检验服务

第二十条　检验机构应当按照计量认证合格证书核定的检验服务项目从事检验服务活动，不得超越检验服务项目范围。

第二十一条　检验机构从事检验服务活动，应当符合有关标准、程序和技术方法。

检验机构与委托人可以对检验标准、程序和技术方法作出约定，但不得违反国家和省有关检验标准、程序和技术方法的强制性规定。

第二十二条　检验机构接受委托对送检样品检验的，其检验数据和结果只对送检样品负责，样品的代表性由委托人负责。

第二十三条　检验机构对检验结束后的样品应当按照与委托人的约定处理；未约定的，按照检验机构的规定处理，但不得与国家规定相抵触。

第二十四条　检验机构应当在与委托人约定的期限内完成检验，并出具检验报告。

检验机构应当对其出具的检验报告的真实性、准确性负责。出具检验报告，应当由授权签字人签署，并标注计量认证标志。

禁止伪造、变造检验报告或者其数据、结果。

第二十五条　经签署的检验报告不得更改。经发现确有差错和失误需要更改的，应当按照规定的程序和技术方法更改，并作出相应的标识或者说明。

第二十六条　未经委托人同意，检验机构不得将检验业务全部或者部分转委托给其他检验机构。

第二十七条　检验机构应当按照规定建立检验服务档案，记录和保存有关检验服务的完整的原始文件、资料。

第二十八条　检验机构收取检验费用不得违反国家和省有关价格管理的规定。

第二十九条　未经委托人同意，检验机构不得擅自公开检验报告或者其数据、结果。

检验机构及其工作人员应当依法保守在检验服务过程中知悉的国家秘密、商业秘密、技术秘密和个人隐私。

第三十条　检验机构不得向社会推荐或者参与推荐产品，不得以监制、监销等方式参与产品的生产经营活动。

第四章　监督检验

第三十一条　行政机关应当委托经计量认证合格的检验机构承担监督检验任务。

第三十二条　承担监督检验任务的检验机构，法律、行政法规规定应当事先经省有关检验监督管理部门确认（含考核、核准，下同）并取得监督检验确认证书的，依照其规定执行。

省有关检验监督管理部门应当将确认的条件和程序向社会公开，并应当自受理检验机构书面申请之日起 20 个工作日内作出确认与否的决定。

第三十三条　行政机关委托监督检验任务应当遵循公开、公平、公正原则。

第三十四条　行政机关委托监督检验，应当向受委托的检验机构出具委托检验任务书，明确检验事项、检验要求等内容。

第三十五条　监督检验的抽样工作应当由行政机关承担。确需委托检验机构抽样的，行政机关应当向受委托的检验机构出具委托抽样任务书，明确抽样数量、抽样要求等内容。

第三十六条　实施监督检验的抽样人员应当具备相应的专业知识和能力，不得少于 2 人。

抽样人员应当向被检验人出示抽样身份证明。受委托检验机构的抽样人员还应当出示委托抽样任务书。

抽样人员不得参与所抽样品的检验活动，但因现场抽检确需参与的除外。

第三十七条　监督检验的抽样技术方法应当符合国家有关标准和技术规范，抽取样品的数量不得超过检验的合理需要。

抽样单位应当自行承担样品的运送责任。

第三十八条　被检验人对监督检验结果有异议的，可以自收到监督检验报告之日起 15 日内，以书面形式向委托监督检验的行政机关或者其上一级主管机关申请复检。受理复检申请的行政机关应当自受理申请之日起 5 个工作日内指定其他检验机构复检，但因客观条件必须指定原检验机构复检的除外。不具备复检条件的，应当以书面形式向申请人说明理由。

被检验人因不可抗力或者其他正当理由不能在规定的期限内申请复检的，可以在障碍消除后 7 日内申请复检。

被检验人应当向复验机构预先支付检验费用。复验结论与原检验结论不一致的，复验检验费用由原检验机构承担。

第三十九条　检验机构实施监督检验，其检验费用由委托监督检验的行政机关承担，不得向被检验人收费，但法律、法规规定可以收费的除外。

检验机构及其工作人员不得向被检验人索取或者收受财物，不得谋取其他利益。

第四十条　检验机构实施监督检验，被检验人应当予以配合，不得拒绝、阻挠。

第五章　监督检查

第四十一条　检验监督管理部门应当按照各自职责，加强对检验机构的监督检查，及时制止和处理检验机构违反法律、法规规定的行为。

第四十二条　检验机构违法从事检验服务活动的，任何单位和个人有权向检验监督管理部门投诉、举报。

检验监督管理部门接到投诉、举报后，应当及时调查处理，并为举报人保密。调查处理结果应当告知投诉人、举报人。

对不属于本部门调查处理权限的投诉、举报，检验监督管理部门应当将投诉、举报直接移送有权机关处理或者告知投诉人、举报人向有权机关投诉、举报。

第四十三条　检验监督管理部门在查处涉嫌违反本条例规定的行为时，可以依法行使下列职权：

（一）对检验场所进行现场检查；

（二）向检验机构工作人员、委托人等有关单位和人员询问检验活动的有关情况；

（三）查阅、复制检验档案、合同、发票、账簿以及其他有关资料；必要时，可以依法予以登记保存。

第四十四条　在监督检查中发现检验机构已不符合计量认证条件的，省质量技术监督部门应当责令其整改。整改合格前，检验机构不得从事检验服务活动。

第四十五条　省质量技术监督部门应当会同省有关检验监督管理部门建立健全检验机构信用信息征集发布制度，并通过政府网站、大众传媒等向社会发布有关信用信息。公民、法人和其他组织可以查询检验机构信用信息。

第六章　法律责任

第四十六条　违反本条例规定的行为，法律、法规已有法律责任规定的，从其规定。

第四十七条　检验机构违反本条例第八条规定，未经计量认证合格从事检验服务活动的，由质量技术监督部门依法对检验机构处以罚款，并对其直接负责的主管人员处2万元以上5万元以下的罚款；直接负责的主管人员3年内不得从事检验服务活动。

第四十八条　检验机构有下列行为之一的，由质量技术监督部门责令改正，处3万元以上10万元以下的罚款；有违法所得的，并处没收违法所得；情节严重的，吊销计量认证合格证书：

（一）违反本条例第十二条规定，未就其新增检验服务项目申请计量认证，或者未就其发生实质性变化的事项重新申请计量认证的；

（二）违反本条例第十五条规定，在本省行政区域内设立的代表处、办事处等机构直接开展检验服务活动的；

（三）违反本条例第二十条规定，超越检验服务项目范围从事检验服务活动的；

（四）违反本条例第四十四条规定，未经整改合格从事检验服务活动的。

第四十九条　检验机构违反本条例第十四条规定，未办理相应变更手续的，由质量技术监督部门责令限期改正；逾期不改正的，处 3000 元以下的罚款。

第五十条　检验机构有下列行为之一的，由质量技术监督部门责令改正，对单位处 3 万元以上 10 万元以下的罚款，对直接负责的主管人员和其他直接责任人员分别处 2 万元以上 5 万元以下的罚款；有违法所得的，并处没收违法所得。情节严重的，对单位并处吊销计量认证合格证书；直接负责的主管人员和其他直接责任人员 3 年内不得从事检验服务活动：

（一）违反本条例第十七条规定，伪造、涂改、转让、出租或者出借计量认证合格证书的；

（二）违反本条例第二十一条规定，未按照有关标准、程序和技术方法从事检验服务活动的；

（三）违反本条例第二十四条规定，伪造、变造检验报告或者其数据、结果，或者检验报告有重大失误的。

第五十一条　计量认证评审人员违反本条例第十九条第二款规定，参与对与其所在单位具有业务竞争关系或者其他利益关系的检验机构的评审或者评审期间与所评审检验机构发生业务关系的，由省质量技术监督部门责令改正；情节严重的，解除聘任，并在 3 年内不得再被聘任。

第五十二条　检验机构有下列行为之一的，由质量技术监督部门责令改正，处 5000 元以上 3 万元以下的罚款；有违法所得的，并处没收违法所得；情节严重的，吊销计量认证合格证书：

（一）违反本条例第二十四条第二款规定，出具检验报告未经授权签字人签署的；

（二）违反本条例第二十五条规定，未按照规定程序和技术方法更改检验报告，或者更改后未作出相应的标识、说明的；

（三）违反本条例第二十六条规定，未经委托人同意将检验服务转委托给其他检验机构的；

（四）违反本条例第二十七条规定，未按照规定建立检验服务档案的；

（五）违反本条例第二十九条规定，擅自公开检验报告或者其数据、结果，或者泄露在检验服务过程中知悉的国家秘密、商业秘密、技术秘密和个人隐私的；

（六）违反本条例第三十条规定，向社会推荐或者参与推荐产品，或者以监制、监销等方式参与产品的生产经营活动的。

第五十三条　检验机构有下列行为之一的，由检验监督管理部门责令改正，处 5000 元以上 3 万元以下的罚款，并处吊销监督检验确认证书：

（一）违反本条例第三十六条规定，抽样人员人数不符合规定，未向被检验人出示抽样身份证明、委托抽样任务书，或者参与所抽样品检验活动的；

（二）违反本条例第三十七条第一款规定，抽样技术方法不符合国家有关标准和技术规范，抽取样品的数量超过检验合理需要的；

（三）违反本条例第三十九条规定，向被检验人收取检验费用，索取、收受财物，或者谋取其他利益的。

第五十四条　本条例规定的吊销计量认证合格证书、监督检验确认证书的行政处理，由核发证书的行政机关作出决定。

第五十五条　质量技术监督部门等有关行政机关有下列行为之一的，对直接负责的主管人员和其他直接责任人员依法给予行政处分：

（一）对符合条件的检验机构不予计量认证合格，或者对不符合条件的检验机构予以计量认证合格的；

（二）对依法应当吊销检验机构计量认证合格证书而不予吊销的；

（三）对符合条件的检验机构不予监督检验确认，或者对不符合条件的检验机构予以监督检验确认的；

（四）对依法应当吊销检验机构监督检验确认证书而不予吊销的；

（五）委托未经计量认证合格的检验机构承担监督检验任务的；

（六）未依法履行对检验机构的监督检查、调查处理等职责的；

（七）有其他违法行政行为的。

第五十六条　违反本条例规定，构成犯罪的，依法追究刑事责任；造成被检验人损失的，应当依法承担相应的赔偿责任。

第七章　附　则

第五十七条　在本省从事检验服务活动的外省及境外检验机构的检验服务及相关监督管理，适用本条例。

第五十八条　本条例自2007年12月1日起施行。2002年4月26日浙江省人民政府发布的《浙江省检验机构管理办法》同时废止。

三、著述碑文

《越绝书》[①]越绝卷第八

〔东汉〕袁 康 吴 平

昔者，越之先君无余，乃禹之世，别封于越，以守禹冢。问天地之道，万物之纪，莫失其本。神农尝百草、水土甘苦，黄帝造衣裳，后稷产穑，制器械，人事备矣。畴粪桑麻，播种五谷，必以手足。大越海滨之民，独以鸟田，小大有差，进退有行，莫将自使，其故何也？曰：禹始也，忧民救水，到大越，上茅山，大会计，爵有德，封有功，更名茅山曰会稽。及其王也，巡狩大越，见耆老，纳诗书，审铨衡，平斗斛。因病亡死，葬会稽。苇椁桐棺，穿圹七尺；上无漏泄，下无即水；坛高三尺，土阶三等，延袤一亩。尚以为居之者乐，为之者苦，无以报民功，教民鸟田，一盛一衰。当禹之时，舜死苍梧，象为民田也。禹至此者，亦有因矣，亦覆釜也。覆釜者，州土也，填德也。禹美而告至焉。禹知时晏岁暮，年加申酉，求书其下，祠白马禹井。井者，法也。以为禹葬以法度，不烦人众。

《吴越春秋》[②]越王无余外传第六

〔东汉〕赵 晔

三载考功，五年政定。周行天下，归还大越，登茅山以朝四方，群臣观示。中州诸侯，防风后至，斩以示众，示天下悉属禹也。乃大会计治国之道，内美釜山州慎之功，外演圣德以应天心。遂更名茅山曰会稽之山。因传国政，休养万民，国号曰夏后。封有功，爵有德，恶无细而不诛，功无微而不赏。天下喁喁，若儿思母，子归父，而留越。恐群臣不从，言曰："吾闻食其实者，不伤其枝，饮其水者，不浊其流。吾获覆釜之书，得以除天下之灾，令民归于里闾，其德彰彰，若斯岂可忘乎？"乃纳言听谏，安民治室居，靡山伐木为邑，画作印，横木为门。调权衡，平斗斛，造井示民，以为法度。凤凰栖于树，鸾鸟巢于侧，麒麟步于庭，百鸟佃于泽。

《梦溪笔谈》[③]卷三 辩证一

〔北宋〕沈 括

钧石之石，五权之名，石重百二十斤。后人以一斛为一石，自汉已如此，"饮酒一石不乱"是也。挽蹶弓弩，古人以钧石率之，今人乃以粳米一斛之重为一石。凡石者，以九十二斤半为法，乃汉秤三百四十一斤也。今之武卒蹶弩有及九石者，计其力乃古之二十五石，比魏之武

---

① 《越绝书》，上海古籍出版社 1985 年版，第 57 页。

② 《吴越春秋》，江苏古籍出版社 1986 年版，第 84—85 页。

③ 《梦溪笔谈》，中华书局 2017 年版，第 15—21 页。

卒，人当二人有余；弓有挽三石者，乃古之三十四钧，比颜高之弓，人当五人有余。此皆近岁教养所成，以至击刺驰射皆尽夷夏之术，器仗铠胄极今古之工巧，武备之盛，前世未有其比。

汉人有饮酒一石不乱，予以制酒法较之，每粗米二斛，酿成酒六斛六斗。今酒之至醨者，每秫一斛，不过成酒一斛五斗，若如汉法，则粗有酒气而已，能饮者饮多不乱，宜无足怪。然汉之一斛亦是今之二斗七升，人之腹中亦何容置二斗七升水邪？或谓石乃钧石之石，百二十斤，以今秤计之当三十二斤，亦今之三斗酒也。于定国食酒数石不乱，疑无此理。

予考乐律，及受诏改铸浑仪，求秦汉以前度量斗升，计六斗当今一斗七升九合，秤三斤当今十三两，一斤当今四两三分两之一，一两当今六铢半。为升中方，古尺二寸五分十分分之三，今尺一寸八分百分分之四十五强。

《泊宅编》①卷三

〔北宋〕方　勺

升斗古小而今大。量酒之升斗小，量谷之升斗大。昔人饮酒，有数硕不乱者。班固论一夫百亩，所收之粟，人食月一硕五斗。古之人亦今之人也，岂有一人能饮数硕，而日食五升米乎？无是理也。

"斤价求两价"歌诀②

〔南宋〕杨　辉

一求，隔位六二五；二求，退位一二五；
三求，一八七五记；四求，改曰二十五；
五求，三一二五是；六求，两价三七五；
七求，四三七五置；八求，转身变作五。
九求，五六二五；十求，六二五；
十一求，六八七五；十二求，七五；
十三求，八一二五；十四求，八七五；
十五求，九三七五。

续古摘奇算法③

〔南宋〕杨　辉

《夏侯阳》仓曹云：古者凿地，方一尺，深一尺六寸二分，受粟一斛。至汉王莽改铸铜斛，用深一尺九寸二分。至宋元嘉二年，徐受重铸，用二尺三寸九分。至梁大同元年，甄鸾校之，用二尺九寸二分。然异时事变，斗尺不同，以古就今，临时较定，始可行用。若欲审之，以掘地作

① 《泊宅编》，中华书局1985年版，第36—37页。

② 《李俨钱宝琮科学史全集》，辽宁教育出版社1998年版，第5卷第142页。

③ 《续古摘奇算法》，《中国科学技术典籍通汇·数学卷》（第一分册），河南教育出版社1993年版，第1103页。

穴，方广三尺已下。以今时斗，量米一斛，置诸穴中，概令平满，如有少剩，临时增减，取米遂平，然后出之，径量以知深浅，乃可为斛法定数。辉伏睹京城见用官斗号杭州百合，浙郡一体行用。未较积尺积寸者，盖斗势上阔下狭，维板凸突，又有提梁，难于取用。况栲栳藤斗，循习为之。今将官升与市尺较证，少补日用万一：每方三寸，谓四维各三寸，高三寸，积二十七寸，受粟一升；每方五寸，深五寸四分，积一百三十五寸，受粟五升；每方一尺，深二寸七分，积二百七十寸，受粟一斗；每方一尺，深一尺三寸五分，受粟五斗。

《至正直记》[①]卷三·半两钱

〔元〕孔　齐

半两钱，古者煅而酒服，可续折骨，五铢次之。浙东斗尺皆仍故宋遗制。斗谓之百合足，比之今官数八升也。（谓官数有二十合。）尺谓之百分，比今之官数八寸。吾乡绝无此样，皆用官样。至宜兴，则间有之。杭城人有七升斗、七寸尺者，谓之小百合、小百分也。考其此制，尚存古法，则是今之制差增大耳。鄞俗则有二样：二斗五升者曰料；五斗曰蒴。（料，音劳，去声。）

《何氏家规》[②]九·量度权衡之规

〔明〕何　伦

一人家之升斗尺等秤，皆所以量多少、度长短、称物平施而权轻重者也。此固外物耳，实系乎人之一心。心正而公，则制之惟准、用之惟平，使贸易输敛之间两无亏累，即为天理矣。若以私刻存心，专图利己，买人之物则用小等大秤，卖物与人则用小秤大等，或借人米谷原以大斗量入而以小斗偿还，取息于人则以小斗放出而以大斗收回，即此就为人欲。殊不知轻重大小之间所增几何？而所损大矣！盖幽暗之中鬼神在焉，人可欺而心不可欺，心可欺而天不可欺。吾人为学，欲辩理欲而下克己工夫者，先从此处用力，最为亲切。

《全唐文》[③]卷八百五十九·吴越文穆王钱元瓘碑铭

〔清〕董　诰等

王即武肃之第七子也，讳元瓘，字文宝，杭州安国县人也。龙章凤姿，金相玉振。五色露迴推温润，九天霞别是辉鲜。象弭宏开，射云鸿而中镝。金壶墨涌，书岩石以成文。智自神传，才由天纵。马郑将（阙一字）于学校，早洞礼经。孙吴未演於韬钤，已明兵法。萨孤延之沈勇，电爇虯须。豆卢绩之至诚，泉生马足。三时不害，六府孔修。理民则简静居怀，恤物则仁慈在念。铜斗铁尺，俾列肆以均平。鱼网兔□，试小民之游惰。五稼则分歧合穗，万民则弃戟捐矛。

---

① 《至正直记》，中华书局 1991 年版，第 79 页。

② 《四库全书存目丛书》，齐鲁书社 1997 年版，第 115 册第 667 页。

③ 《全唐文》，中华书局 1993 年版，第 9006 页。

《己亥杂诗》①二十

〔清〕龚自珍

消息闲凭曲艺看，考工古字太丛残。
五都黍尺无人校，抢攘廛间一饱难。

记现存历代尺度②

〔清〕王国维

一、刘歆铜斛尺(长工部营造尺七寸二分;九英寸又十二分之一)。

新莽嘉量，今藏坤宁宫。其斛铭曰:方尺而圜，其外深尺。斗铭云:方尺而圜，其外深寸。此尺即据斛之周径及深之所制也。《隋书·律历志》谓之刘歆铜斛尺，今从之。《隋·志》谓周尺、后汉建武铜尺、晋泰始十年荀勖律尺(即晋前尺)，并与此尺同。故列之第一种。其后复列自汉至隋十四种尺，并以第一种尺比较之，故此尺出，而《隋·志》之十五种尺，无一不可再制矣。

王复斋《钟鼎款识》中有晋前尺拓本，余曩已考定为宋高若讷摹制之品(见前《晋前尺跋》)。今原拓已亡，扬州阮氏及汉阳叶氏刊本均与此尺不合，然阮文达跋，谓建初六年尺较此晋尺长二分强(见复斋《款识》册及《积古斋钟鼎彝器款识》十)，则其拓本甚近此尺，但微弱耳。考高若讷造《隋·志》十五种尺，本用汉泉(实谓王莽钱布)尺寸，今用莽货布四积为一尺，亦与此尺甚近而微弱，然终不如此尺之得其正也。

二、汉牙尺(拓本。长工部营造尺七寸二分六厘;九英寸又五分之一)

原尺现在西充白氏，分寸用金错。

三、后汉建初铜尺(长工部营造尺七寸三分七厘;九英寸又二十四分之七)

原尺藏曲阜衍圣公府，今未知存亡。世所传拓本摹本及仿制品甚多，长短不同，均未可依据。癸亥年，鄞县马叔平(衡)见一铜尺，汉阳叶东卿(志诜)所仿以赠翁学士(方纲)者，其长如此。又上虞罗氏藏一未装裱旧拓本，长短亦同。(装裱后纸易伸展，恒较原器及原拓为长)原物既不可见，当以此本为最合矣。

四、无款识铜尺(拓本。长营造尺七寸三分五厘;九英寸又八分之七)

乌程蒋氏藏。比建初尺稍长，晋以前物也。

五、唐镂牙尺(拓本。长营造尺九寸四分弱;十一英寸又四十八分之三十九)

乌程蒋氏藏，刻镂精绝。《大唐六典》"中尚署令"注云:每年二月二日进镂牙尺，即此是也。中土素未闻有唐尺，余据日本奈良正仓院所藏红绿牙尺，定为唐开元以前之物。

六、唐红牙尺甲(摹本。长营造尺九寸三分弱;十一英寸又四十八分之三十一)

七、唐红牙尺乙(摹本。长营造尺九寸五分;十一英寸又十二分之十一)

---

① 《龚自珍己亥杂诗注》，中华书局1980年版，第21页。

② 《观堂集林》，中华书局1959年版，第939页。

八、唐绿牙尺甲(摹本。长营造尺九寸五分;十一英寸又十二分之十一)

九、唐绿牙尺乙(摹本。长营造尺九寸二分强;十一英寸又四十八分之二十九)

十、唐白牙尺甲(摹本。长营造尺九寸三分;十一英寸又四分之一)

十一、唐白牙尺乙(摹本。长同上)

右六尺,日本奈良正仓院藏,乃日本孝谦天皇天平胜宝八年(当唐至德二载),其皇太后献于东大寺者。原手书愿文及献物帐真迹,亦藏院中。帐中有红牙拨镂尺二,绿牙拨镂尺二,白牙尺二,今并完好。观其形制,必当时遣唐使所赍去也。此六尺曾影印于《东瀛珠光》第一册中,余从珠光摹出。

十二、无款铜尺(拓本。长营造尺九寸四分强;十一英寸又六分之五)

乌程蒋氏藏,宋以前物。

十三、宋木尺(甲)(拓本。长营造尺一尺零二分;十二英寸又四分之一)

十四、宋木尺(乙)(拓本。长同上)

十五、宋木尺(丙)(拓本。长营造尺九寸七分;十二英寸强)。

藏上虞罗氏。辛酉年夏出于宋钜鹿故城,同时所出瓷器,有大观政和纪年款,知此乃宋尺也。

十六、明嘉靖牙尺。(拓本。长营造尺一尺微弱;十二英寸又五分)

武进袁氏藏。侧有款曰大明嘉靖年制。

十七、工部营造尺(长十二英寸又十二分之七)

右所陈列之尺,合实物拓本、摹本共十七种。自汉讫近世之尺度,略具于是。案:尺之为物,不独为人生日用所必需,其大者如调钟律、测晷景,胥于尺度是赖。故历代制作,不能不求精密,且须参考古制。晋荀勖造泰始律尺(即晋前尺),实据古器七种参校定之;唐李淳风撰《隋书·律历志》,列自周至隋十五种尺,并以晋前尺校之,示其比例,其所据者大半实物也。宋仁宗时,高若讷等议钟律得失,乃用王莽钱币尺寸,依《隋书》定尺十五种,上之。元明学者,罕有讨论。大清康熙间,曲阜孔东堂(尚任)得汉建初尺及宋三司布帛尺,其拓本、摹本多传于世,后人得资以考订古物。又宋高若讷所造之晋前尺,其拓本尚存于王复斋《钟鼎款识》册中,沈果堂(彤)、程易畴(瑶田)等亦据以考古代礼制。光绪甲午,吴清卿(大澂)撰《权衡度量实验考》,复据古玉、古器、古钱以考历代尺度,然于唐以后之制颇略。近时所见,如刘歆铜斛尺、唐牙尺、宋木尺、明嘉靖尺,皆吴氏所未及见也。故尺度一事,比权量之研究,自为简易,然在十年或二十年以前,尚不能为此比较之研究也。

据前比较之结果,则尺度之制,由短而长,殆成定例。然其增率之速,莫剧于东晋、后魏之间,三百年间几增十分之三。今六朝之尺,虽无一存,然据《隋书·律历志》所载,则:

魏尺比晋前尺,一尺四分五厘(长营造尺七寸五分强;九英寸又二分之一弱);

晋后尺比晋前尺,一尺六分二厘(长营造尺七寸六分强;九英寸又二十四分之十五);

宋氏尺比晋前尺,一尺六分四厘(长营造尺七寸六分五厘;九英寸又二十四分之十五强);

梁朝俗间尺比晋前尺,一尺七分一厘(长营造尺七寸七分强;九英寸又四分之三);

后魏前尺比晋前尺,一尺二寸七厘(长营造尺八寸七分弱;十英寸又十二分之十一弱);

后魏中尺比晋前尺，一尺二寸一分一厘（长营造尺八寸七分强；十一英寸）；

后魏后尺（后周市尺、隋开皇宫尺同）比晋前尺，一尺二寸八分一厘（长营造尺九寸二分弱；十一英寸又四十八分之三十一）；

东魏尺比晋前尺，一尺五寸八毫（长营造尺一尺零八分强；十三英寸又二十四分之十五弱）。

此即自汉增至唐尺之径路，而自唐讫今，则所增甚微，宋后尤微。求其原因，实由魏晋以降，以绢布为调，而绢布之制，率以二尺二寸为幅，四丈为匹，官吏惧其短耗，又欲多取于民，故尺度代有增益，北朝尤甚。自金元以后，不课绢布。故八百年来，尺度犹仍唐宋之旧。案《隋书・律历志》，谓魏及周齐，贪布帛长度，故用土尺。今征之《魏书・高祖纪》，太和十九年，诏改长尺大斗。又《杨津传》，延昌末，津为华州刺史。先是受调绢匹尺特长，在事因缘，共相进退，百姓苦之。津乃令依公尺度。案自太和末至延昌，不及二十年，而其弊已如此，又《张普惠传》，神龟中，天下民调，幅度长广；尚书计奏，复征棉麻。普惠上疏曰：绢布匹有丈尺之羸一，犹不计其广；丝绵斤兼百铢之剩，未闻依律罪州郡。若一匹之滥，一斤之恶，则鞭户主连三长。此所谓教民以贪者也。今百官请俸，人乐长阔，并欲厚重，无复准极。得长阔厚重者，便云其州能调绢布，精阔且长，横发美誉，不闻嫌长恶广，求计还官者。此百官之所以仰负圣明也。云云。尺度之由短而长，全由于此。且当时不独增尺法，尺增匹法。《魏书・卢同传》，熙平初转尚书左丞。时相州刺史奚康生，征民岁调皆七八十尺，以要奉公之誉。部内患之，同于岁禄。官给长绢，同乃举案康生度外征调。书奏，诏科康生之罪。《北史・崔暹传》，齐天保调绢以七丈为匹，暹言之，乃依旧焉。合此数事观之，则尺度之骤增于后魏一代者，更不烦解说矣。

孔氏所藏宋三司布帛尺，未见有拓本传世。世所传仿制品，大率当工部营造尺之八寸七分许。其正确与否，所不敢知。要之短于唐尺，与上言尺度由短而长之定例不符。然细考唐宋尺制，则此尺不独不能外此例，且足为此例作一佳证也。何则？唐之尺法，本有二种。《大唐六典》金部郎中条云：凡度以北方秬黍中者，一黍之广为一分，十分为寸，十寸为尺，十二寸为大尺，十尺为丈。又云，凡积秬黍为度量权衡者，调钟律、测晷景、合汤药及冠冕之制则用之。内外官司悉用大者。案此制本出后周，而隋唐沿用之。宋仍唐制，亦用二种尺。其量布帛也，或用三司布帛尺，则以四十八尺为匹；或用淮尺，则以四十尺为匹。程大昌《演繁露》云：官尺者，与浙尺同。仅此淮尺十八，公私随事致用。予尝怪之，盖见唐制而知其由来久矣。金部定制，以北方秬黍中者为则，凡横度及百黍即为一尺；此尺既定，而尺加二寸，别名大尺。唐帛以四丈为匹，用大尺准之，盖秬尺四十八尺也。今官帛乃今官尺四十八尺，准以淮尺，正其四丈也。国朝事多本唐，岂今之省尺，即用唐秬尺为定耶？不然，何为官府通用省尺，而缯帛特用淮尺也？云云。案程氏所云官尺省尺，即三司布帛尺（赵与时《宾退录》云：省尺者，三司布帛尺也），虽较唐秬尺颇长，而宋人以之当唐秬尺，又以淮尺当唐大尺，其言固不诬也。而今传摹之布帛尺，长于唐秬尺者至今尺一寸许，则宋淮尺之大于唐大尺，又可见矣。故曰：此尺不足破尺度由短而长之定例，且足为此例之一佳证也。

新莽嘉量跋①

〔清〕王国维

右王莽嘉量,《西清古鉴》著录,今藏坤宁宫。五量及铭辞并完。涇阳端氏尚有一残量,仅存周围小半,广建初尺二尺三寸一分,高一尺一寸四分,上有后铭八十一字,海内未闻有第三器。至古籍所记,则魏晋武库曾藏一具,郑德注《汉书·律历志》、刘徽注《九章算术·商功篇》并著其事。苻坚于长安市上亦得一具,语见《高僧传》。唐初李淳风《九章算术注》载此量斛斗铭,出刘徽所记之外,疑出宋祖冲之所记。唐宋以后未见记录,此器不知何时入内府,又未知得自何所。盖又近代出土者矣。据铭辞云:龙在己巳,岁次实沈;初班天下,万国永遵。则王莽于始建国元年曾以此量班行天下。案汉末郡国之数,凡百有三,莽制承之。则此量当时所铸,必有百余,而今仅存二器,又惟此独完,真可谓旷世瑰宝矣。升、合、龠三铭,李淳风已惜其不传,而此器独完。又晋荀勖造晋前尺,所校古尺有七品,五曰刘歆铜斛,即据晋初武库所藏一器。而《隋书·律历志》校自周至隋十五种尺,并用晋前尺,而近世所传晋前尺,实宋时高若讷仿制,未得其真。今此器存,则晋前尺存,即《隋·志》之十五种尺无不具存,所裨于考古者大矣。古书记录此器,颇有违失,如《高僧传》言横梁昂者为升,低者为合,梁一头为龠,其所谓梁者,即谓左右两耳。今此器两耳平行,初无低昂,传语失之。《九章》李注言升居斛旁,合龠在斛耳上,区旁与耳为二,尤非。盖僧佑、李淳风均未见此器也。《九章注》录斗铭幂数,为后人臆改致误(武英殿聚珍版本已校正),《西清古鉴》据此器录铭,亦有误释,已于释文正之。兹不赘云。

诸书所记莽量事,并录于左:

《汉书·律历志》:量者,龠合升斗斛也。所以量多少也。本起于黄钟之龠,用度数审其容,以子谷秬黍中者千有二百实其龠,以井水准其概,合龠为合,十合为升,十升为斗,十斗为斛,而五量嘉矣。其法用铜方尺而圆其外,旁有庣焉。其上为斛,其下为斗,左耳为升,右耳为龠。其状似爵,以縻爵禄。上三下二,参天两地,圆而函方,左一右二,阴阳之象也。其圜象规,其重二钧,备气物之数,合万有一千五百二十(孟康曰:三十斤为钧,钧万一千五百二十铢)。声中黄钟,始于黄钟而反复焉,君制器之象也。龠者,黄钟律之实也,跃微动气而生物也。合者,合龠之量也。升者,登合之量也。斗者,聚升之量也。斛者,角斗平多少之量也。夫量者,跃于龠,合于合,登于升,聚于斗,角于斛也。职在太仓,大司农掌之。

刘徽《九章算术·商功篇》注:当今大司农斛,圆径一尺三寸五分五厘,深一尺积一千四百四十一寸十分之三。王莽铜斛,于今尺为深九寸五分厘,径一尺三寸六分八厘七毫(案刘徽注《九章算术》在魏景元二年,则当今云云者,谓魏也)。

《汉书·律历志》注引郑氏曰:今尚方有王莽时铜斛(案颜师古《汉书序例》云:郑氏晋灼《音义序》云不知其名,而臣瓒《集解》辄云郑德既无所据,今依晋灼但称郑氏。案:臣瓒、晋灼并西晋初人,已引郑氏说,则其人当在魏晋间矣)。

---

① 《观堂集林》,中华书局1959年版,第948页。

《高僧传》(五),苻坚遣丕南攻襄阳,道安与朱序俱获于坚。既至,往长安五重寺。时有一人持一铜斛于市卖之,其形正圆,下向为斗,横梁昂者为升,低者为合;梁一头为龠,龠同黄钟,容半合,边有篆铭。坚以问安,安云:此王莽自言出自舜皇,龙集戊辰,改正即真,以同律量,布之四方。欲大小器钧,令天下取平焉。其多闻广识如此。

《隋书·律历志》(王莽)斛铭曰:律嘉量斛,方尺而圜其外,庣旁九厘五毫,幂百六十二寸,深尺,积一千六百二十寸,容十斗。祖冲之以圆率考之,此斛当径一尺四寸三分六厘一毫九秒三忽,庣旁一分九毫有奇。刘歆庣旁少一厘四豪有奇,歆数术不精之所致也。

李淳风《九章算术注》,晋武库有汉时王莽所作铜斛,其篆书字题斛旁云:律嘉量斛,方一尺而圆其外。庣旁九厘五毫,幂一百六十二寸,深一尺,积一千六百二十寸,容十斗。及斛底云,律嘉量斗,方尺而圜其外,庣旁九厘五毫,幂一尺六寸二分(当作一百六十二寸),深一寸,积一百六十二寸,容十升。升、合、龠皆有文字,升居斛旁,合、龠在斛耳上,后有赞文,与今《律历志》同,亦魏晋所常用。今祖疏王莽铜斛文字,尺寸分数,然不尽得升、合、龠之文(案此条上虽无"淳风案"三字,然实李注。云后有赞文,与今《律历志》同者,谓此量后铭与淳风所撰《隋书·律历志》中莽权铭云同也。云今祖疏王莽铜斛文字、尺寸、分数者,祖盖谓祖冲之。《隋·志》载祖冲之以密率考此量,其证也。聚珍版本改祖为粗字,失之。云不尽得升、合、龠之文者,祖谓冲之,仅录斛、斗二铭及后铭,不录升、合、龠三铭也)。

《隋书·律历志》,后魏景明中,并州人王显达献古铜权一枚,上铭八十一字,其铭云:律权石,重四钧。又云,黄帝初祖,德币于虞;虞帝始祖,德币于辛。岁在大梁,龙集戊辰,直定天命。有人据土德,受正号即真,改正建丑。长寿隆崇,同律度量衡。稽当前人,龙在己巳,岁次实沉。初班天下,万国永遵;子子孙孙,享传亿年。亦王莽所制也。

走高效生态的新型农业现代化道路①

习近平

发展现代农业,走具有中国特色的农业现代化道路,是党中央作出的重大战略决策,是推进社会主义新农村建设的首要任务。浙江省应从农业发展进入新阶段的实际和农业自身的特点出发,坚持以科学发展观统领农业发展,以新型工业化理念引领农业、以新型工业化成果反哺农业、以新型城镇化带动农民转移,加快把传统农业改造成为有市场竞争力、能带动农民致富、可持续发展的高效生态农业,走新型农业现代化道路。

发展高效生态农业是发展现代农业的具体实践形式

当前,浙江已全面进入以工促农、以城带乡的发展新阶段,农业发展的宏观形势发生了重大变化,加快对传统农业的改造、发展现代农业显得越来越迫切。随着工业化、城镇化、市场化的快速推进,年轻力壮的农村劳动力大量转移到二、三产业就业,农业经营出现了副业化、

① 文章发表于《人民日报》2007 年 3 月 21 日 第 9 版,文中 8 次提到农业标准化。

兼业化、老龄化趋向;随着人们生活水平的提高和农产品国际国内市场竞争的加剧,农产品质量安全水平不高、农业组织化程度较低、市场主体竞争力不强的问题愈加突出。同时,农业土地资源逐年减少、水资源紧缺、基础设施薄弱、资金投入不足、生产能耗和成本不断上升等问题,困扰着浙江农业的发展。解决这些问题,要求加快转变农业增长方式,创新农业发展模式,探索一条既能发挥浙江比较优势又能克服传统农业发展难题、实现农业又好又快发展的道路。

我国农业人口多、耕地资源少、水资源紧缺、工业化城镇化水平不高的国情,决定了发展现代农业既不能照搬美国、加拿大等大规模经营、大机械作业的模式,也不能采取日本、韩国等依靠高补贴来维持小规模农户高收入和农产品高价格的做法,而必须探索一条具有中国特色的现代农业发展之路。在全面分析浙江资源禀赋、经济社会发展水平和农业发展新形势的基础上,我们作出了大力发展高效生态农业的战略决策,把高效生态农业作为浙江现代农业的目标模式,把发展高效生态农业作为浙江发展现代农业的具体实践形式。高效生态农业是以绿色消费需求为导向,以提高市场竞争力和可持续发展能力为核心,具有高投入、高产出、高效益与可持续发展的特性,集约化经营与生态化生产有机耦合的现代农业。高效生态农业既具有现代农业的一般特性,又反映了人多地少的经济较发达地区农业发展的特殊性。发展高效生态农业,既符合中央的要求,又紧密结合浙江的实际。概括起来,就是坚持以科学发展观为统领,走经济高效、产品安全、资源节约、环境友好、技术密集、凸显人力资源优势的新型农业现代化道路。

经济高效,就是做大做强有比较优势的农业主导产业,着力提升农业集约经营水平,开拓农业的多种功能,拉长农业产业链,提高农产品附加值,使农业成为能够带动农民致富的高效产业;产品安全,就是以绿色消费为导向,大力发展优质安全的农产品,形成从农田到餐桌全过程的农产品质量安全保障体系,以绿色安全来提升农产品的市场竞争力;资源节约,就是从浙江农业资源短缺的实际出发,注重农业资源的节约使用、循环利用、综合开发,积极推广资源节约型生产经营模式;环境友好,就是按照人与自然和谐发展的要求,推进农业标准化清洁生产,加强农业污染治理和生态环境建设,实现农业可持续发展;技术密集,就是使科技进步成为农业增长的主要动力,大幅度提高农业的科技含量和科技贡献率,充分运用生物技术、信息技术、新材料技术提升种子种苗、种植养殖和农产品精深加工水平;凸显人力资源优势,就是从人多地少的实际出发,充分发挥精耕细作的优良传统,着力提高农业劳动者的科技文化素质,大力发展劳动密集型与技术密集型相结合的特色优势产业,挖掘农业就业增收的潜力,促进农业向广度和深度进军,使农业发展真正走上依靠科技进步和提高劳动者素质的轨道。

加快建设高效生态农业的产业体系

发展高效生态农业,必须积极推动农业科技创新和体制创新,做优做强区域化、特色化、品牌化的主导产业,大力培育专业化、规模化、产业化的现代生产经营主体,积极推广集约化、标准化、生态化的生产模式,着力构建信息化、多元化、社会化的新型服务平台,全面推进农田园林化、水利化、机械化的现代农业基础建设和装备建设,形成具有高土地产出率、劳动生产率和市场竞争力的现代农业产业体系。

做强做大高附加值的农业主导产业。根据资源禀赋、产业基础和市场需求，选准若干拳头产品，按照区域化布局的农业块状经济和贸工农一体化的龙型经济要求，大力推进标准化、产业化的特色产业基地和特色农产品加工功能区建设，积极培育具有明显比较优势的主导产业。实施高效生态农业发展规划，着力打造一批有区域知名品牌、有相当市场知名度和市场份额、在当地农业产业中占有较大比重、拥有连片镇村基地的特色农业强县。积极拓展农业的多种功能，大力发展健康养殖业、农家乐休闲观光农业和农产品精深加工业。重视优质粮食生产，发展优质米、功能米、种子粮、高含油菜籽等特色产业。

培育高效益的现代农业生产经营主体。在稳定农村基本经营制度的基础上，把推进规模经营、集约经营的重点放到培育土地产出率高、产品附加值高的生产主体上来，鼓励专业大户、农场企业按照“依法、自愿、有偿”的原则，采取招标承包、长期租赁、股份合作等方式，以较高的土地租金和股份分红吸收农户的承包地，促进耕地、水面、山林的规模化、企业化经营。大力发展农业产业化经营组织，鼓励发展农民专业合作社和农产品行业协会，提高农业产业化、农户组织化水平，增强农业产业的市场竞争力。鼓励工商企业投资现代农业，加快实施农业“走出去”战略，培育一批竞争力强的外向型农业龙头企业和标准化农产品出口基地，鼓励农业龙头企业和有实力的专业合作社到省外建立基地、开拓市场。

构建高效率的现代农业服务体系。积极创新农业服务形式，大力推进以农民专业合作社为基础、供销合作社为依托、农村信用合作社为后盾的“三位一体”的服务联合体建设，努力构建以政府部门的服务和管理为保障的集技术、信息、金融、营销等服务于一体的新型农业服务平台。建立健全农产品市场物流体系，发展一批大型涉农商贸企业集团，改造建设一批农产品专业批发市场和现代农业物流中心，逐步形成联通全省、辐射全国的农产品连锁配送体系和电子商务网络。大力实施农产品品牌战略，培育若干国内外知名的农产品品牌，依法保护农产品地理标志产品和知名品牌。加快推行标准化生产和管理，加强农产品生产环境和质量检验检测，建立农产品质量安全可追溯体系。积极推进农业信息化，有效整合各种信息网络服务资源，为农民提供便捷有效的信息服务。

研发推广高效能的现代农业先进技术。按照建设创新型省份的要求，加快农业科技创新平台建设，引导涉农企业开展技术创新活动。按照建设资源节约型、环境友好型社会和农业功能多样化的要求，大力推进农作制度改革和生产模式创新，重点推广设施农业、循环农业、精准农业、休闲农业、有机农业等高效生态的生产模式。推进农业科技推广服务组织创新，围绕特色优势产业强县建设，组建由教育、科研、推广机构和行业协会等多方参与的区域性专业性科技服务组织，建立和完善首席专家、推广教授、科技特派员、责任农技员制度，构建农科教、产学研一体化的新型农技推广体系。

加强高标准的农业基础设施和生态环境建设。加快建设适应主导产业发展的高标准农田水利基础设施，促进标准农田建设。充分发挥农业综合开发在现代农业发展中的作用，加强山水田林路的综合治理和山区小流域农业生态工程建设，促进标准化的主导产业基地建设。进一步加强气象工作，提高对台风、暴雨等自然灾害预测预报预警的水平。加强林业特色产业基地的配套基础设施和标准渔港、标准渔塘建设。高度重视农业生态环境建设，加快农业面源污染治理，推广沼气等清洁能源，深入实施富民兴林和林业现代化示范工程，大力推进生态公益林、沿海防护林、高标准平原绿化工程建设，全面提高农业可持续发展能力。

建立以工促农、以城带乡的现代农业发展机制

发展高效生态农业，必须按照新型工业化、新型城镇化和新型农业现代化整体推进的思路，把工业与农业、城市与农村作为一个整体来谋划，进一步健全工业反哺农业、城市带动农村的体制机制，充分发挥工业化、城镇化、市场化对“三农”的带动作用和“三农”对“三化”的促进作用，让农民主动参与“三化”进程，成为“三化”的重要推动力量及其成果的共享者。

以新型工业化和新型城镇化促进农民分工、分业。加强县城和中心镇建设，大力发展县域经济和民营经济，创造农民进城创业和到二、三产业就业的条件和环境，推动形成百万农村能人创业带动千万农民转产转业的局面。深入实施“千万农村劳动力培训工程”，着力提高农民创业就业的能力。消除农民进城落户的限制，推进企业职工工伤、医疗、养老、失业等保险向农民工覆盖，促进农村人口和农业劳动力向城镇稳定转移。深化农村土地经营体制改革，积极推进农业适度规模经营。

建立健全政府对现代农业的支持和保护体系。建立以工促农、以城带乡的长效机制，切实提高政府运用财政手段支持农业发展的能力。巩固和完善支农惠农强农的政策，加大对农业基础设施建设、生态环境改善、农业科技研发、良种良法推广、农民培训教育等公共产品的供给力度。制定和完善农业产业导向、农业经营体制、农业资源保护、增加农业劳动者收入、保障农业劳动者权益等方面的政策和法规。积极引导工商资本和民间资金投资高效生态农业，引导多种投资主体参与发展农业信息、科技、保险、信贷等服务产业。充分发挥农村合作金融在现代农业发展中的作用，积极鼓励各级金融机构加大对农业的信贷支持力度，进一步完善政策性农业保险办法。支持发展农用工业和高效、实用、价廉的农业设施装备，加强先进适用农机具的示范推广，加快发展新型肥料、低毒高效农药等新型农业投入品，为高效生态的现代农业提供支撑和保障。

大事年表

时 间	大 事 纪 要	资料来源
夏	“夏禹到大越……审铨衡，平斗斛。”	《越绝书》，上海古籍出版社1985年版，第57页
	“禹，声为律，身为度，称以出。”	《宋本史记注释》（第一册），三秦出版社2011年版，第37页
春秋时代（前770—前476年）	越地（今绍兴地区）有量器使用。	《越地长歌》，中国摄影出版社2011年版，第96页
战国时代（前475—前221年）	越地（今绍兴地区）有铁权使用。	《东方博物》（第三十一辑），杭州大学出版社2009年版，第17页
秦始皇二十六年（前221年）	“一法度、衡、石、丈尺。车同轨，书同文字。”统一全国度量衡。	《宋本史记注释》（第一册），三秦出版社2011年版，第200页
东汉（25—220年）	会稽郡（今绍兴）有铜尺使用。	《中国科学技术史·度量衡卷》，科学出版社2001年版，第207页
唐（618—907年）	越州（今绍兴）设仓曹参军，掌度量衡。	《绍兴市志》（第三册），浙江人民出版社1996年版，第1618页
五代（907—960年）	“吴越国穆文王即武肃之第七子也，讳元，字文宝，杭州安国县人也……铜斗铁尺，俾列肆以均平。”	《全唐文》（第九册），中华书局1983年版，第9006页
北宋（960—1127年）	杭州书肆刻工毕昇利用标准件、互换性、分解组合和重复利用等标准化原理和方法，发明胶泥活字印刷术。	《浙江通史》第5卷《宋代卷》，浙江人民出版社2005年版，第82页
	沈括（钱塘县人，今杭州）受诏考校乐律，研究秦汉以来的度量斗升，并编著《梦溪笔谈》，其中涉及应用技术数学（含度量衡）12条。	《中国科学技术史·度量衡卷》，科学出版社2001年版，第377页

续表 1

时　间	大　事　纪　要	资料来源
南宋绍兴二年（1132 年）	户部“依临安府秤斗务造成省样升、斗、秤、尺、戥子，依条出卖”。	《宋会要辑稿》食货六九，世界书局 1977 年版，第 6334 页
南宋景定三年（1262 年）	杨辉（钱塘县人，今杭州）编写《日用算法》，并编制度量衡十六进位制转化为十进位制的“斤价化两价”歌诀。	《李俨钱宝琮科学史全集》第 5 卷，辽宁教育出版社 1998 年版，第 142 页
元至大三年（1310 年）	杭州路铸造铜权。	《元代杭州历史遗存》，杭州出版社 2014 年版，第 265 页
元延祐六年（1319 年）	温州路总管府铸造铜权。	温州博物馆馆藏
明正德元年（1506 年）	正德元年议准工部行宝源局，如法制造好铜砝子一样 32 副，每副大小 12 个，俱錾“正德元年宝源局造”字号，送部印封，发浙江等布政司及各运司并南直隶府州，各依式样支给官钱，一体改造，颁降用使。	《明会典》卷三七，中华书局 1989 年版，第 270 页
清光绪三十年（1904 年）	省农工商矿局成立，这是浙江第一个专门管理农工商矿实业的政府机构。	《浙江通史》第 10 卷《清代卷下》，浙江人民出版社 2005 年版，第 95 页
清光绪三十四年（1908 年）	省农工商矿局对浙江度量衡情况进行调查。	《浙江省科学技术志》，中华书局 1996 年版，第 141 页
清宣统元年（1909 年）	3 月，省农工商矿局改设劝业道。	《浙江通史》第 10 卷《清代卷下》，浙江人民出版社 2005 年版，第 467 页
	浙江在劝业道设省度量权衡局。	《浙江省科学技术志》，中华书局 1996 年版，第 139 页
清宣统二年（1910 年）	省度量权衡局汇银 3000 两向农工商部订购新制度量衡器具。	《浙江省科学技术志》，中华书局 1996 年版，第 141 页
民国 3 年（1914 年）	5 月，巡按使公署内设政务厅，下设有实业科，负责度量衡管理。	《重修浙江通志稿》第六十七册《行政略》，方志出版社 2010 年版，第 3 页

续表 2

时间	大事纪要	资料来源
民国 10 年 (1921 年)	杭州地区使用三元尺、庄尺、鲁班尺;金华地区、兰溪地区、严州地区、江山地区使用布尺、土尺,其尺度各不相同。	《1921 年浙江社会经济调查》,北京图书馆出版社 2008 年版,第 208 页
民国 14 年 (1925 年)	省实业厅推行甲、乙制,并设权度检定传习所,招考学员百余名进行训练。	《浙江省科学技术志》,中华书局 1996 年版,第 141 页
民国 16 年 (1927 年)	5 月 28 日,民国省政府公布《浙江最新纲要》,决定划一全省度量衡制。	《申报》第 19473 期,1927 年 5 月 29 日
	9 月,省建设厅及各市、县建设科(局)主管度量衡,并成立度政筹备委员会,筹划度量衡划一方案。	《浙江省科学技术志》,中华书局 1996 年版,第 141 页
	11 月,民国省政府颁布《浙江省棉花检验规则》《浙江省棉花检验规则施行细则》。	《民国浙江史料辑刊》第二辑第 7 册,国家图书馆出版社 2009 年版,第 112 页
民国 18 年 (1929 年)	1 月,省建设厅接办会稽道属出产棉花验水所,设省立棉花检验所。	《民国史料丛刊》第 598 册,大象出版社 2009 年版,第 26 页
民国 19 年 (1930 年)	4 月 2 日,民国省政府委员会第 302 次会议审议通过设立省度量衡检定所,并委任项竞兼任所长。	《民国浙江史料辑刊》第二辑第 13 册,国家图书出版社 2009 年版,第 216 页
	4 月 11 日,民国省政府颁布《浙江省度量衡检定所规程》。	《民国浙江史料辑刊》第二辑第 13 册,国家图书馆出版社 2009 年版,第 175 页
	4 月 16 日,省度量衡检定所成立,并在原浙江省国货陈列馆设办公处所。	《民国浙江史料辑刊》第二辑第 18 册,国家图书馆出版社 2009 年版,第 53 页
民国 20 年 (1931 年)	1 月,省建设厅委任吴象乾为省度量衡检定所所长。	《浙江省政府建设厅二十一年年刊》,1933 年版,第 23 页
	3 月,省建设厅对制造、修理、贩卖度量衡量器具为业者,实行核发许可执照制度。	《民国浙江史料辑刊》第二辑第 43 册,国家图书馆出版社 2009 年版,第 367 页

续表 3

时　间	大　事　纪　要	资料来源
民国 20 年（1931 年）	4 月 21—22 日，省建设厅举行首批三等检定员训练班入学测试，录取各县选送学生 71 名，另录取备选学生 7 名，共计 78 名。	《民国浙江史料辑刊》第二辑第 21 册，国家图书馆出版社 2009 年版，第 363 页
	7 月 4 日，民国省政府颁布《浙江省转发各市县机关团体厂所度量衡器运输办法》，明确“凡实业部颁发本省各市县机关、团体、厂所之各项度量衡器具，均由省建设厅发交办理转发度量衡器专员负责核收转发”。	《民国浙江史料辑刊》第一辑第 1 册，国家图书馆出版社 2008 年版，第 586 页
	12 月 26 日，省建设厅印发《浙江省度量衡器具检查执行规则》，规定“度量衡器具之检查，每年定期检查一次”。	《民国浙江史料辑刊》第一辑第 1 册，国家图书馆出版社 2008 年版，第 587 页
民国 22 年（1933 年）	11 月 16 日，民国省政府颁布《浙江省市县长推行度量衡新制奖惩暂行规程》。	《民国浙江史料辑刊》第一辑第 1 册，国家图书馆出版社 2008 年版，第 589 页
民国 23 年（1934 年）	9 月 19 日，省建设厅印发《浙江省建设厅较验电表暂行规则》。	《民国浙江史料辑刊》第一辑第 1 册，国家图书馆出版社 2008 年版，第 592 页
民国 25 年（1936 年）	6 月 20 日，省建设厅印发《浙江省各县度量衡检定分所人员考绩规则》。	《民国浙江史料辑刊》第一辑第 1 册，国家图书馆出版社 2008 年版，第 583 页
	年底，全省度量衡大体完成划一。	《民国浙江史料辑刊》第二辑第 43 册，国家图书馆出版社 2009 年版，第 376 页
民国 26 年（1937 年）	2 月 23 日，民国省政府委员会会议审议通过《浙江省度量衡检定所组织规程》。	《申报》第 22917 期，1937 年 2 月 24 日
	民国省政府决定省度量衡检定所兼管有关工业标准之调查及推行事宜。	《浙江省科学技术志》，中华书局 1996 年版，第 139 页

续表 4

时　间	大　　事　　纪　　要	资料来源
民国 27 年（1938 年）	1 月，省农业改进所成立，隶属省建设厅，进行茶叶、棉花、化肥产品的监督检验。	《浙江省科学技术志》，中华书局 1996 年版，第 139 页
民国 28 年（1939 年）	1 月，省建设厅设立省油茶棉丝管理处，负责管理经营植物油、茶叶、棉花、茧丝，开展茶叶等检验。	《浙江通史》第 11 卷《民国卷上》，浙江人民出版社 2005 年版，第 387 页
民国 30 年（1941 年）	3 月，省建设厅在原省手工业指导所的基础上设立省工业改进所，开展工业技术及标准的推行。	《民国浙江史料辑刊》第一辑第 7 册，国家图书馆出版社 2008 年版，第 340 页
民国 33 年（1944 年）	4 月，省建设厅第二科设标准股，掌“国家标准之推行及建议”“各种品质及尺寸标准之研究实施”“适合标准之产品及方法之审查标记”“度量衡标准之推行”“地方标准器及检定用器之复检颁发”“民用度量衡器具之检定检查及营业登记”“各县市度量衡人员之登记指导”“中外度量衡之折算与折合”“其他应遵守之标准事项”；设工业股，掌“工厂检查”“工业品之展览检验事项”等。第四科设蚕丝股、茶叶股，分掌“蚕丝业、茶业产制运销之监管检验规划”等。	《重修浙江通志稿》第六十七册《行政略》，方志出版社 2010 年版，第 5750 页
民国 35 年（1946 年）	8 月，民国省政府委员会会议通过《浙江省统一度政组织办法》，明确省度量衡检定所暂缓设置，其所属事务由省建设厅第二科度政股兼办，省会度量衡检定事宜交还杭州市政府自办。	浙江省档案馆档案，档案号 L029-005-412
1950 年	8 月 23 日，省政府批准设立省劳动局，负责锅炉安全管理等，隶属省财经委。	《浙江省劳动保障志》，中华书局 2004 年版，第 28 页
	省财经委决定继续沿用市制和公制，限制使用英制，废止一切杂制。	《浙江省科学技术志》，中华书局 1996 年版，第 139 页
1951 年	5 月 7 日，省政府主席办公会议研究确定，为便于掌握全省有关度量衡检定等问题，决定在未正式成立该项组织机构前，暂先在省商业厅行政室下设一个 3 人小组专司其事。	浙江省档案馆档案，档案号 J125-005-005
1957 年	8 月，省商业厅向省人委呈递《关于建立浙江省计量管理局的报告》，建议设立省级计量管理机构。	浙江省档案馆档案，档案号 J125-011-109

续表 5

时　间	大　事　纪　要	资料来源
1959 年	5 月，省科委、省商业厅成立浙江省棉麻实物标准仿制委员会，下设仿制工作组，具体负责全省棉麻实物标准仿制工作。	浙江省档案馆档案，档案号 J115-006-034
	7 月 7 日，省人委同意全省计量工作即日起划归省科委领导，设有计量检定所（站）的区和县（市），经专署和县（市）人委研究决定，亦应把计量工作划归科研系统领导。	浙江省档案馆档案，档案号 J115-006-043
	8 月 25 日，为贯彻执行国务院《关于统一我国计量单位的命令》，省科委向省人委呈递《关于实行市秤十六两制改十两制的报告》，对市制改革工作提出建议。	浙江省档案馆档案，档案号 J115-006-034
1960 年	1 月 19 日，省科委向省人委呈递《关于成立标准计量机构的请示报告》，建议成立省标准计量管理处，下设标准、长度、热工、力学、电学 5 个组（室）。同时，建议未成立计量机构的专区、市、县各成立 1 个标准计量检定机构。	浙江省档案馆档案，档案号 J101-011-021
	2 月 25 日，省人委批准成立省标准计量管理处，负责全省标准化、计量管理工作，由省科委领导。	浙江省档案馆档案，档案号 J101-011-021
1961 年	3 月 2 日，省标准计量管理处印发《为执行国家计量局“关于切实执行国务院关于统一我国计量制度的命令”的通知》，对统一计量单位等提出具体要求。	浙江省档案馆档案，档案号 J115-003-223
1962 年	3 月，省标准计量管理处、省机械厅联合召开全省计量工作会议。	浙江省档案馆档案，档案号 J115-009-052
	4 月，省标准计量管理处改建计量实验室，面积 480 平方米，并加盖 2 间恒温室，面积 16 平方米。	浙江省档案馆档案，档案号 J115-009-052
	6 月 25 日，省委整编精简委员会决定将杭州市计量检定所并入省标准计量管理处，杭州地区工业企业单位的标准计量检定工作，由省标准计量管理处直接负责；人员编制增加 10 名，为 24 人，列入行政经费开支。	浙江省档案馆档案，档案号 J115-009-023
	8 月，省标准计量管理处设立标准化组，并配备 2 名专职人员负责全省标准化工作。	浙江省档案馆档案，档案号 J184-001-016
	9 月，省科委、省粮食厅、省工商局、省手工业管理局印发《关于加强一般衡器管理的意见》，对衡器的改制、检定、修理报废管理等提出要求。	浙江省档案馆档案，档案号 J115-009-052

续表6

时　间	大　事　纪　要	资料来源
1963年	1月10日，省委整编精简委员会印发《关于将度量衡管理工作由省科委划归杭州市领导的批复》，将原属杭州市商业部门管理的度量衡检定工作从省标准计量管理处划归杭州市领导，杭州市的工业计量检定工作仍由省标准计量管理处负责；省标准计量管理处行政编制从原定24人减至20人。	浙江省档案馆档案，档案号J102-014-062
	6月19日，省人委转发省科委《关于进一步加强度量衡管理工作的报告》。	浙江省档案馆档案，档案号J125-013-139
	7月5日，省人委批转省劳动局《关于加强对制造蒸汽锅炉和受压容器的安全管理工作的报告》。	浙江省档案馆档案，档案号J102-014-026
1964年	6月11日，省人委印发《关于省计量标准管理机构编制问题的通知》，明确省标准计量管理处改为省计量标准管理局，仍属省科委领导，核定事业编制35人，原20名行政编制收回。	省人委委编字331号
1965年	10月20—24日，省计量标准管理局在舟山定海县召开全省衡器工作会议。	浙江省档案馆档案，档案号J184-001-081
	12月15日，省计量标准管理局对全省企业标准登记编号进行统一规定，明确全省性企业标准代号为“浙Q”。	浙江省档案馆档案，档案号J184-001-054
1966年	11月25日，省计量标准管理局印发《关于刻制一九六七年检定印的通知》，明确各地计量检定机构的检定印编号。	浙江省档案馆档案，档案号J184-001-010
1967年	1月，省计量标准管理局组织召开浙江省棉花实物标准仿制委员会扩大会议，对1966年度浙江省锯齿棉实物标准重修后的问题进行研究。	浙江省档案馆档案，档案号J184-001-040
	5月，省计量标准管理局召集农业、工业、商业部门共同商讨1967年度黄麻实物标准仿制工作。	浙江省档案馆档案，档案号J184-001-040
1970年	12月3—7日，省革委会生产指挥组科学技术局召开全省计量工作座谈会。	浙江省档案馆档案，档案号J115-017-018
1971年	6月2日，省革委会生产指挥组科学技术局同意省科技局计量所新建实验室及附属用房，建筑面积2600平方米。	浙江省档案馆档案，档案号J115-018-034
	12月20—25日，省科技局计量所在金华召开全省计量工作座谈会。	浙江省档案馆档案，档案号J115-019-010
	12月27日，省革委会生产指挥组重工业局、省革委会生产指挥组科学技术局转发省科技局计量所《关于化肥工业进一步开展计量工作几点意见的报告》。	浙江省档案馆档案，档案号J115-018-034

续表 7

时　间	大　事　纪　要	资料来源
1972 年	1 月 27 日，省革委会生产指挥组科学技术局批复同意建立省科技局计量所实验工厂。	浙江省档案馆档案，档案号 J115-019-010
	11 月 20 日，省革委会生产指挥组批转省科技局《关于加强计量工作的报告》。	浙江省档案馆档案，档案号 J115-019-035
1973 年	1 月 5—15 日，省科技局、省国防工办在杭州召开全省军民计量工作会议。	浙江省档案馆档案，档案号 J115-020-026
1974 年	9 月，省科技局计量所由杭州市外西湖 18 号迁入杭州市曙光路 38 号（现浙江图书馆址），总建筑面积 3600 平方米。	浙江省档案馆档案，档案号 J115-022-051
	9 月，省科技局计量所在宁波召开全省计量工作座谈会和计量工作群众运动现场经验交流会，传达全国标准计量为农业服务会议精神。	浙江省档案馆档案，档案号 J184-001-104
	12 月 30 日，省科技局计量所更名为省科技局标准计量所。	浙江省档案馆档案，档案号 J184-001-104
1975 年	4 月，省科技局标准计量所在江山召开全省标准计量为农业服务座谈会。	浙江省档案馆档案，档案号 J184-001-109
	9 月 20—25 日，省科技局标准计量所在绍兴召开全省标准计量为农业服务经验交流会。	浙江省档案馆档案，档案号 J184-001-109
1977 年	10 月 17 日，省委印发《中共浙江省委关于成立浙江省科学技术委员会的决定》，明确将省科技局标准计量所改为省标准计量管理局，作为省革委会的职能机构，由省科委、省计委负责管理。	浙江省档案馆档案，档案号 J115-026-014
1978 年	10 月，国家计量总局决定，在杭州计量学校筹建领导班子未建立、筹建人员未到位前，委托省标准计量管理局承担前期准备工作。	《中国计量学院志》，1999 年版，第 2 页
1979 年	7 月 2 日，省科委同意将原省科技局计量所的计量检定实验室部分改为省计量检定所，为省标准计量管理局直属的事业单位，从事量值传递和测试工作。由此，浙江省级计量机构结束了行政管理与技术保障两项职能合为一体的状态。	省质监局档案，档案号 J184-001-128-069
	9 月 15 日，省革委会印发《浙江省计量管理试行办法》（浙革〔1979〕118 号），规定“计量器具必须按国家规定的检定周期进行检定”。	省质监局档案，档案号 J184-001-127-088

续表 8

时　间	大　事　纪　要	资料来源
1980 年	3 月，中共浙江省标准计量管理局党组成立，柳占魁任省标准计量管理局党组副书记、副局长。	省质监局档案，档案号 J184-001-140-010
	3 月，省劳动局设立锅炉安全监察处。	《浙江省劳动保障志》，中华书局 2004 年版，第 681 页
	7 月 10 日，省经委、省标准计量管理局、省工商局印发《关于加强对计量产品检定管理的通知》，明确一切计量产品必须由计量管理部门或由其批准的企业执行国家检定。	省质监局档案，档案号 J184-001-155-037
	11 月 11 日，省科委党组决定省标准计量管理局副局长柳占魁兼任杭州计量学校筹建处主任。	《中国计量学院志》，1999 年版，第 250 页
1981 年	4 月 24 日，省科委党组批复同意省标准计量管理局成立省标准计量情报站。	省质监局档案，档案号 J184-001-141-006
1982 年	2 月 1 日，国家计量总局党组副书记孙德芳到杭州宣布成立杭州计量学校领导小组，省标准计量管理局副局长柳占魁任副组长。	《中国计量学院志》，1999 年版，第 4 页
	3—4 月，省标准计量管理局、省冶金工业局在杭州钢铁厂开展能源计量器具配备管理试点工作。	省质监局档案，档案号 J184-001-197-001
1983 年	3 月 11—15 日，省经委、省标准计量管理局召开全省标准化和质量工作会议，要求在获得国家质量奖和出口重点企业中首先开展采标工作。	省质监局档案，档案号 J184-001-203-001
	5 月，省标准计量管理局印发《浙江省国营工业企业计量整顿验收评分标准(草案)》，开展企业计量定(升)级工作。	省质监局档案，档案号 J184-001-204-014
	8 月 16 日，省政府批转省经委、省劳动局、省总工会、省卫生厅《关于加强安全生产和劳动安全监察工作的意见》。	《浙江政报》，1983 年第 10 期
	11 月 12 日，浙江省第六次“质量月”授奖大会在杭州举行，副省长吴敏达等为获省质量管理奖、省优质产品奖的企业颁发证书、奖牌。	《质量管理通讯》，1983 年第 11 期

续表 9

时 间	大 事 纪 要	资料来源
1984 年	2 月 10 日，省计经委、省科委转发省标准计量管理局《浙江省计量器具生产管理的若干规定》。	省质监局档案，档案号 J184-001-231-001
	6 月 5 日，浙江省企业整顿领导小组印发《关于整顿和健全企业管理基础工作的通知》，对整顿和健全企业标准化、计量等工作提出具体要求。	省质监局档案，档案号 J184-001-236-017
	6 月 21 日，省计经委党组任命周庆云为省标准计量管理局局长。	省质监局档案，档案号 J184-001-218-019
	7 月 12 日，省编委印发《关于省计经委直属机构的设置和编制的批复》，同意省标准计量管理局对外分别挂省标准管理局、省计量管理局牌子。	省质监局档案，档案号 J184-001-218-047
	7 月 13 日，省政府批转省标准计量管理局《关于贯彻执行〈国务院关于在全国统一实行法定计量单位的命令〉的报告》(浙政〔1984〕37 号)，要求在 1990 年底前，全省全面完成向法定计量单位的过渡。	《浙江政报》，1984 年第 8 期
	8 月 1 日，省计经委党组同意省标准计量管理局内设办公室、总工程师室、人事教育处、标准处、质量监督处、工业计量处、民生计量处、综合计划处(均为科级)。	省质监局档案，档案号 J184-001-218-005
	10 月 25 日，浙江省第七次“质量月”授奖大会在杭州举行，副省长李德葆等为获省质量管理奖、省优质产品奖的企业颁发证书、奖牌。	《质量管理通讯》，1984 年第 10 期
1985 年	3 月 29—30 日，省计经委召开全省创优工作会议。	《质量管理通讯》，1985 年第 3 期
	7 月 24 日，省政府办公厅印发《关于省级若干单位级别问题的通知》(浙政办发〔1985〕330 号)，确定省标准计量局为副厅级。	省质监局档案，档案号 J184-001-263-017
	9 月 19 日，省政府印发《浙江省衡器管理办法》(浙政〔1985〕78 号)。	《浙江政报》，1985 年第 11 期增刊
	9 月 24 日，省政府批转省标准计量局《关于加强我省标准计量工作的报告》(浙政〔1985〕82 号)。	《浙江政报》，1985 年第 11 期
1986 年	5 月 24 日，省政府批转省标准计量局《关于实施计量法有关问题的报告》(浙政〔1986〕33 号)。	《浙江政报》，1986 年第 12 期

续表 10

时　间	大　事　纪　要	资料来源
1986 年	6 月 25 日，浙江省暨杭州市实施《计量法》大会召开，副省长李德葆出席大会并讲话。	《浙江日报》，1986 年 6 月 26 日
	7 月 3 日，浙江省第六届人大常委会第二十次会议听取省标准计量管理局《关于我省标准计量工作情况的报告》，审议通过《关于贯彻实施〈计量法〉加强我省标准计量工作的决议》。	《浙江日报》，1986 年 7 月 4 日
	7 月 28 日，省标准计量管理局等部门印发《浙江省农业标准化管理办法（试行）》，首次提出地方标准的概念。	省质监局档案，档案号 J184-001-287-001
	10 月 3 日，省政府批转省计经委《关于贯彻国务院工业产品质量责任条例的意见》（浙政〔1986〕64 号），明确生产企业、经销企业和企业主管部门的质量责任。	《浙江政报》，1986 年第 23 期
	10 月 25 日，省计经委、省标准管理局印发《浙江省产品标准管理暂行办法》《浙江省采用国际标准验收确认办法（试行）》。	省质监局档案，档案号 J184-001-290-024
	11 月 1 日，省政府办公厅转发省标准计量局等 6 个部门《关于搞好市制计量单位改制工作意见》（浙政办〔1986〕52 号）。	《浙江政报》，1986 年第 22 期
1987 年	2 月 4 日，省委任命周庆云为省标准计量管理局党组书记（副厅级）。	省质监局档案，档案号 J184-001-326-040
	2 月 10 日，省政府印发《浙江省工业产品质量监督实施办法（试行）》（浙政〔1987〕9 号）。	《浙江政报》，1987 年第 4 期
	2 月 14 日，副省长沈祖伦、许行贯参加“组合售茧、缫丝计价”工作座谈会，决定在 3～4 个产茧比较集中的市县，建立首批茧质检定所。茧质检定所由地方政府（归口计委系统）和省标准计量管理局领导。	《丝绸》，1987 年第 4 期
	10 月 30 日，省政府批转省标准计量管理局《关于实施〈中华人民共和国强制检定的工作计量器具检定管理办法〉的意见》（浙政〔1987〕65 号），公布首批 23 项、44 种强制检定的工作计量器具目录。	《浙江政报》，1987 年第 23 期
	11 月 19 日，省政府印发《关于坚决查处制售假冒伪劣商品的通知》（浙政〔1987〕68 号）。	《浙江政报》，1988 年第 2 期

续表 11

时 间	大 事 纪 要	资料来源
1988 年	7 月 29 日，省编委同意设立省标准计量干部培训中心。	省质监局档案，档案号 J184-001-383-039
1989 年	9 月 7 日，省政府办公厅转发省标准计量管理局《关于严厉惩处经销伪劣商品责任者实施意见》(浙政办发〔1989〕125 号)。	《浙江政报》，1989 年第 19 期
1990 年	5 月 3 日，省政府办公厅转发省标准计量管理局、省政府法制局《关于进一步实施计量法有关问题意见》(浙政办〔1990〕8 号)。	《浙江政报》，1990 年第 11 期
	5 月 30 日，国务院办公厅转发国家技监局等部门《关于温州市乐清县柳市生产和销售无证、伪劣产品的调查情况及处理建议的通知》(国办发〔1990〕29 号)。	《浙江政报》，1990 年第 15 期
	6 月 25 日，省政府印发《关于进一步治理整顿乐清县低压电器市场坚决打击生产销售无证、假冒伪劣产品活动的通知》(浙政〔1990〕13 号)，组织开展以查处乐清柳市伪劣低压电器为重点的打击制售假冒伪劣商品活动。	《浙江政报》，1990 年第 15 期
	10 月 18 日，省计经委、省对外经济贸易厅、省标准计量管理局印发《关于我省出口商品使用条形码标志的通知》，明确由省标准计量管理局统一组织协调、管理全省商品条形码工作。	省质监局档案，档案号 J184-001-556-076
1991 年	1 月 22 日，省委、省政府印发《关于动员全社会加强产品质量工作的通知》(省委〔1991〕1 号)。	《浙江政报》，1991 年第 4 期
	2 月 1 日，省政府办公厅转发省计经委《关于开展“质量、品种、效益年”活动实施意见》(浙政办〔1991〕1 号)，要求各地牢固树立质量是企业生命的观念，坚持质量第一的方针，在经济工作的指导思想上实现由速度效益型向质量效益型转变。	《浙江政报》，1991 年第 4 期
	2 月 4 日，省政府办公厅转发省计经委等部门《关于加强酒类产销管理工作意见》(浙政办〔1991〕2 号)，对酒类产品生产实行准可证制度。	《浙江政报》，1991 年第 5 期
	2 月 7 日，省政府办公厅转发省标准计量管理局《关于推广“组合售茧、缫丝计价”实施意见》(浙政办发〔1991〕18 号)，在省标准计量管理局设立推广“组合售茧、缫丝计价”办公室。	《浙江政报》，1991 年第 6 期

续表 12

时 间	大 事 纪 要	资料来源
1991 年	2 月 22 日，省计经委印发《关于加强工业企业质量管理的若干规定》。	《浙江质量信息》，1991 年第 3 期
	3 月，省计经委首次举办不合格产品生产企业厂长学习班。	《浙江质量信息》，1991 年第 4 期
	4 月 11 日，省标准计量管理局印发《浙江省工业产品质量监督检查免检实施细则》，在省内实行产品质量免检制度。	《浙江质量信息》，1991 年第 5 期
	5 月，省政府决定成立浙江省质量工作与"质量、品种、效益年"活动领导小组。	《浙江质量信息》，1991 年第 6 期
	8 月，经省编委批准，省计经委设立质量处。	《浙江质量信息》，1991 第 9 期
1992 年	2 月 22 日，省政府印发《关于严厉打击制售假冒劣质商品违法活动的通知》（浙政〔1992〕2 号）。	《浙江政报》，1992 年第 6 期
	7 月 1—3 日，省计经委、省标准计量管理局联合召开全省质量工作会议，副省长柴松岳作了题为《进一步动员全社会加强质量工作力争浙江经济更快更好地上新台阶》的报告。	《质量管理信息》，1992 年第 7 期
	11 月 15 日，浙江省第七届人大常委会第三十一次会议审议通过《浙江省查处生产和经销假冒伪劣商品行为条例》。	《浙江日报》，1993 年 1 月 7 日
1993 年	3 月 11 日，省政府办公厅转发省计经委等部门《关于继续严厉打击制售假冒伪劣商品违法行为报告》（浙政办〔1993〕3 号），要求突出重点，综合治理，抓好大要案件的查处工作，同时加强产品质量监督管理和宣传舆论工作，形成全社会打假治劣扶优的声势。	《浙江政报》，1993 年第 9 期
	8 月 6—7 日，省计经委在杭州召开推荐首批"浙江名牌"产品新闻发布会暨浙江省名牌产品经验交流会，16 个省级部门联合推荐首批"浙江名牌"产品 65 种。	《质量管理信息》，1993 年第 9 期
	11 月，省政府成立省打假治劣协调小组，协调小组办公室设在省计经委质量处。	《浙江政报》，1993 年第 24 期
1994 年	5 月 10 日，省政府召开打假治劣电话会议，省人大常委会副主任杨彬、省政府副省长张启楣参加会议并讲话。	《质量管理信息》，1994 年第 7 期

续表 13

时 间	大 事 纪 要	资料来源
1994 年	12 月 12 日，由省委宣传部、省计经委、省知识产权保护工作领导小组、省打假治劣协调小组牵头组织，有关主管部门、执法部门和新闻单位参加的“1994 浙江质量行”活动启动。	《质量管理信息》，1994 年第 12 期
	12 月 19 日，省政府颁布《浙江省标准化管理实施办法》（省政府令第 54 号）。	《浙江政报》，1995 年第 3 期
1995 年	1 月 28 日，省政府办公厅转发省计经委、省标准计量管理局《关于加快我省条码技术推广应用工作意见的通知》（浙政办发〔1995〕17 号）。	《浙江政报》，1995 年第 7 期
	3 月 6 日，省政府办公厅转发省计经委《关于提高我省工业经济增长质量工作意见》（浙政办〔1995〕1 号）。	《浙江政报》，1995 年第 11 期
	4 月，省标准计量管理局改为浙江省技术监督局，由省计经委管理。	《浙江省政府志》，浙江人民出版社 2014 年版，第 1114 页
	10 月 20 日，省委批准同意建立中共浙江省技术监督局党组，戴备军任党组书记。	省质监局档案，档案号 J184-002-251-004
	11 月 13 日，省政府任命戴备军为省技监局局长。	省质监局档案，档案号 J184-002-251-005
	12 月 26 日，浙江省第八届人大常委会第二十五次会议审议通过《浙江省产品质量监督管理条例》。	《浙江政报》，1996 年第 5 期
	12 月 29 日，省政府办公厅转发省技监局《关于进一步加强计量监督管理工作的意见》（浙政办发〔1995〕274 号），要求切实加强以商品量计量为重点的市场计量监督管理。同时明确自 1996 年 1 月 1 日起，原则上不准使用已废除的土地面积计量单位（“亩”），采用“平方米”“公顷”“平方公里”为土地面积计量单位。	《浙江政报》，1996 年第 5 期
1996 年	1—2 月，全省技监部门开展“打假保节日”行动，共出动 4649 人次，检查 7185 家商店、212 家集贸市场的 32967 批次商品，查获假冒伪劣商品标值 205.8 万元，没收劣质计量器具 366 台（件），端掉制假窝点 8 个。	《质量时刊》，1996 年第 3 期
	5 月 16 日，省政府办公厅印发《浙江省技术监督局职能配置、内设机构和人员编制方案》（浙政办发〔1996〕110 号），明确省技监局为省计经委管理的机构（副厅级），承担全省技术监督和行政执法的职能。	《浙江政报》，1996 年第 18 期

续表 14

时间	大事纪要	资料来源
1996 年	6 月，省技监局组织开展“弘扬国产名牌”巡回宣传活动，副省长柴松岳等参加活动启动仪式。	《质量时刊》，1996 年第 7 期
	10 月 5 日，省政府印发《关于进一步实施名牌战略发展名牌产品的通知》（浙政发〔1996〕180 号），要求把实施名牌战略、发展名牌产品作为经济增长方式的一个重要手段。	《浙江政报》，1996 年第 33 期
	10 月 24 日，国家技监局局长李传卿到省技监局检查指导工作。	《质量时刊》，1996 年第 11 期
	10 月，省技监局组织开展“打假保安全”行动，并联合杭州市技监部门在临安、萧山、富阳、建德开展专项执法检查。	《质量时刊》，1996 年第 11 期
	11 月 6 日，省政府办公厅转发省技监局、省农业厅、省林业厅、省水产局《关于大力推行农业标准化的意见》（浙政办发〔1996〕265 号）。	《浙江政报》，1996 年第 34 期
1997 年	1 月 16 日，省计经委印发《浙江名牌产品认定和管理（暂行）办法》。	《质量管理信息》，1997 年第 2 期
	1 月 18 日，省编委同意设立省技术监督稽查队，核定事业编制 17 名，机构规格相当于县处级。	省质监局档案，档案号 J184-002-352-034
	3 月 12 日，省技监局在杭州武林广场举行“浙江省暨杭州市技术监督系统保护消费者权益日活动”，同时举办“浙江省质量振兴大型图片展”。	《质量时刊》，1997 年第 4 期
	3—5 月，全省技监部门开展打假保农业“绿色保护”行动，共出动 3600 人次，检查农资产品 12372 批次，查处不符合规定要求的农资产品总标值 6278.5 万元，端掉制售假冒伪劣农资产品窝点 15 个。	《质量时刊》，1997 年第 7 期
	5 月 6 日，省计经委印发《关于进一步加强企业质量管理工作意见的通知》，对企业贯彻实施 GB/T 19000-ISO9000《质量管理和质量保证》提出要求。	《质量管理信息》，1997 年第 6 期
	5 月 13 日，省政府颁布《浙江省贸易结算计量监督管理办法》（省政府令第 84 号）。	《浙江政报》，1997 年第 21 期
	6 月 5—6 日，省技监局、省农业厅、省林业厅、省水产局联合召开全省农业标准化工作会议，副省长刘锡荣到会讲话。	《质量时刊》，1997 年第 7 期

续表 15

时　间	大　事　纪　要	资料来源
1998 年	2 月 4 日，省政府颁布《浙江省组织机构代码管理办法》(省政府令第 93 号)。	《浙江政报》，1998 年第 9 期
	3 月，省技监局组织对永康电动工具、衡器，缙云螺纹钢、荧光灯管，桐乡濮院羊毛衫，温岭潜水泵，乐清低压电器等区域性质量问题进行专项整治。	《质量时刊》，1999 年第 8 期
	4 月 10 日，省政府印发《浙江省质量振兴实施计划(1998—2010 年)》(浙政发〔1998〕57 号)，确定全省宏观质量管理工作目标和名牌战略主要任务。	《浙江政报》，1998 年第 29 期
	5 月 25 日，中央电视台《焦点访谈》栏目播发省技术监督稽查队处理余姚牟山特种型钢厂违法生产钢材不力的报道，引起国务院总理和国家质监局党组的高度重视。省技监局随即在全省技监系统开展行风整顿工作。	《质量时刊》，1998 年第 7 期
	8 月 28 日，全省质量振兴电视电话会议在杭州召开，副省长叶荣宝参加会议并讲话。	《质量管理信息》，1998 年第 9 期
	9 月 3—7 日，省计经委、省技监局、省司法厅在浙江世贸中心举办“质量——永恒的主题”大型展览。省长柴松岳等参观展览。	《质量时刊》，1998 年第 9 期
	12 月，省政府印发《浙江省信息化建设规划纲要(1998—2010 年)》(浙政发〔1998〕251 号)，提出建设包括技术监督信息应用工程在内的 19 项信息化建设重点应用工程。	《浙江政报》，1999 年第 3 期
1999 年	3 月 15 日，全省技监系统“96316”产品质量投诉举报电话开通。	《质量时刊》，1999 年第 5 期
	5 月，省技监局组织对慈溪市减压阀、取暖器、电风扇区域性质量问题进行专项整治。	《质量时刊》，1999 年第 7 期
	8 月，省技监局建立全省技监系统打假保名优协作网，杭州娃哈哈集团有限公司等 51 家名优企业成为首批成员单位。	《质量时刊》，1999 年第 10 期
	9 月 24 日，省政府印发《关于我省省以下质量技术监督系统实行垂直管理体制的实施意见》(浙政发〔1999〕243 号)，决定省以下质量技术监督系统实行垂直管理体制，省质量技术监督行政机构名称为浙江省质量技术监督局，是省政府的工作部门。	《浙江政报》，2000 年第 5 期

续表 16

时　间	大　事　纪　要	资料来源
2000 年	3 月 17 日，省委、省政府印发《关于印发〈浙江省人民政府机构改革方案〉的通知》（浙委〔2000〕8 号），决定浙江省技术监督局更名为浙江省质量技术监督局，列入省政府直属机构序列。	《浙江政报》，2000 年第 14 期
	4 月 20 日，省委决定撤销中共浙江省技术监督局党组，建立中共浙江省质量技术监督局委员会。	省质监局档案，档案号 J184-002-316-078
	4 月 24 日，省政府任命戴备军为省质监局局长。	省质监局档案，档案号 J184-002-727-112
	5 月 12 日，国家质监局局长李传卿到省质监局检查指导工作。	《质量时刊》，2000 年第 6 期
	6 月 29 日，浙江省第九届人大常委会第二十一次会议审议通过《浙江省标准化管理条例》和《省人大常委会关于加强产品质量工作的决定》。	《浙江政报》，2000 年第 24 期
	7 月 3 日，省政府办公厅印发《浙江省质量技术监督局职能配置、内设机构和人员编制规定》（浙政办发〔2000〕101 号），明确省质监局为正厅级，增加锅炉压力容器安全监察和宏观质量管理相关职能。	《浙江政报》，2000 年第 35 期
	8 月 3 日，省政府办公厅转发省质监局《关于进一步发挥质量技术监督管理职能为经济发展服务若干意见》（浙政办发〔2000〕125 号）。	《浙江政报》，2000 年第 27 期
	10 月 8 日，省委书记张德江听取省质监局关于联合打假行动的汇报，要求重视并组织开展好打击假冒伪劣产品联合行动。	《质量时刊》，2000 年第 12 期
	10 月 20 日，省质监局印发《关于全省质量技术监督立即开展打击假冒伪劣产品联合行动的通知》。至 10 月 25 日，全省质监部门共立案查处质量违法案件 419 起，端掉制假窝点 48 个。	《质量时刊》，2000 年第 12 期
	11 月 7 日，省政府成立浙江省打击制售假冒伪劣商品违法犯罪活动领导小组，领导小组办公室设在省质监局。	《质量时刊》，2000 年第 12 期
2001 年	5 月 10 日，省委书记张德江到省质监局检查指导工作。	《关于印发〈全省系统 2001 年度大事记〉的通知》（浙质办发〔2002〕17 号）

续表 17

时　间	大　事　纪　要	资料来源
2001 年	6 月 25 日，省政府办公厅印发《浙江省企业产品标准备案管理办法》（浙政办发〔2001〕40 号）。	《浙江政报》，2001 年第 25 期
	9 月 1 日，经省质监局考核推荐，钱江集团有限公司等 5 家企业的 5 种产品获首批“中国名牌”产品称号。	《浙江年鉴》，浙江年鉴社 2003 年版，第 292 页
	9 月 12 日，省政府办公厅转发省质监局、省经贸委《关于开展锅炉压力容器压力管道及特种设备普查整顿工作实施意见》（浙政办发〔2001〕58 号）。	《浙江政报》，2001 年第 31 期
	9 月 17 日，省政府办公厅印发《浙江省棉花收购加工企业资格认定实施细则》（浙政办发〔2001〕60 号）。	《浙江政报》，2001 年第 31 期
	10 月 8 日，省政府颁布《浙江省商品条码管理办法》（省政府令第 134 号）。	《浙江政报》，2001 年第 34 期
	11 月 9 日，国家质检总局、省政府在杭州西湖国宾馆召开龙井茶实施原产地域产品保护新闻发布会。国家质检总局党组书记李传卿、省政府省长柴松岳等参加发布会。	《质量时刊》，2001 年第 12 期
	11 月 9 日，国家质检总局党组书记李传卿到省质监局检查指导工作。	《质量时刊》，2002 年第 1 期
2002 年	2 月 28 日，全国质检系统首家国有控股的股份制检测机构——浙江方圆检测股份有限公司挂牌仪式暨新闻发布会在杭州新世纪大酒店举行。	《质量时刊》，2002 年第 3 期
	3 月 21 日，省编委印发《关于工业产品生产许可证审核发放管理职责分工问题的通知》，明确工业产品生产许可证审核发放管理职责由省质监局统一承担。	省质监局档案，档案号 J184-2002-2-ST-00317
	4 月 26 日，省政府颁布《浙江省检验机构管理办法》（省政府令第 142 号）。	《浙江政报》，2002 年第 17 期
	7 月 15 日，省政府印发《关于加强农产品质量安全和标准化工作的通知》（浙政发〔2002〕16 号），要求在农业生产和农产品加工、流通等行业全面树立质量安全观念和品牌意识，培育一批农产品标准化生产基地、知名企业和品牌产品。	《浙江政报》，2002 年第 25 期

续表 18

时　间	大　事　纪　要	资料来源
2002 年	7 月 17 日，省政府印发《关于建设“信用浙江”的若干意见》(浙政发〔2002〕15 号)，要求“抓好企业质量信用建设，健全社会产品质量监督与管理，引导企业加强质量信用建设，努力提高我省企业和产品质量诚信度。构建产品质量预警机制，深入开展区域性、行业性产品质量问题整治及打假治劣工作。加大标准化工作力度特别是国际标准的推广和普及，积极推进企业质量认证和强制性产品认证”。	《浙江政报》，2002 年第 23 期
	8 月 6 日，省政府同意从 2005 年起，用质量指数替代质量稳定提高率，纳入全省工业经济效益考核指标体系。	《关于印发〈浙江省质量技术监督系统 2002 年度大事记〉的通知》(浙质办发〔2003〕26 号)
	8 月，全省质监部门对小麦粉、大米、食用植物油、酱油、食醋 5 类食品实行食品质量安全市场准入制度。	省质监局档案，档案号 J184-02-00144
	9 月，省编办批复同意省质监局标准化处增挂应对技术性贸易壁垒处牌子，开展技术性贸易壁垒的研究和应对工作。	《质量时刊》，2002 年第 12 期
	10 月 5 日，国家质检总局局长李长江到省质监局检查指导工作。	《质量时刊》，2002 年第 11 期
	11 月 22 日，全省锅炉压力容器压力管道及特种设备普查整顿工作通过国家质检总局的验收。	《浙江年鉴》，浙江年鉴社 2003 年版，第 294 页
2003 年	1 月 4 日，中央电视台《新闻联播》栏目披露温州苍南县部分企业和家庭作坊制售“黑心棉”问题后，省委书记习近平、省政府常务副省长吕祖善作出重要批示。中纤局、省质监局随即到苍南县监督指导当地政府开展“黑心棉”集中整治工作。	《质量时刊》，2003 年第 2 期
	4—7 月，全省质监系统全力抗击“非典”，共出动执法人员 7880 余人次，检查防治“非典”相关产品生产、经销企业 3600 余家，抽查体温计 11 万余只，查获“三无”消毒液、洗涤用品 18850 千克、28181 瓶，追回、封存劣质口罩 22 万只，查处质量违法案件 250 起。	《浙江年鉴》，浙江年鉴社 2004 年版，第 291 页
	6 月 8 日，国家质检总局局长李长江、国家认监委主任王凤清到省质监局检查指导工作。	《质量时刊》，2003 年第 7 期
	6 月 27 日，浙江省第十届人大常委会第四次会议审议通过《浙江省特种设备安全管理条例》。	《浙江政报》，2004 年第 12 期

续表 19

时　间	大　事　纪　要	资料来源
2003 年	8 月 29 日，省编委批复同意设立浙江省质量技术监督举报投诉中心，与省质监局监督稽查处合署办公。	《关于印发〈浙江省质量技术监督系统 2003 年度大事记〉的通知》（浙质办发〔2004〕40 号）
	9 月 23 日，省政府办公厅转发省质监局等部门《关于全省建材市场专项整治实施方案的通知》（浙政办发〔2003〕72 号），对建材市场专项整治的目标、内容、主要职责和工作分工等进行明确。	《浙江政报》，2003 年第 33 期
	9 月，全省质监部门开始对肉制品、乳制品、饮料、调味品（糖、味精）、方便面、饼干、罐头、冷冻饮品、速冻面米食品、膨化食品 10 类食品实施食品质量安全市场准入制度。	《浙江年鉴》，浙江年鉴社 2005 年版，第 291 页
	11 月 6 日，省长吕祖善到省质监局检查指导工作。	《质量时刊》，2003 年第 12 期
2004 年	2 月 26—27 日，国家质检总局在杭州召开全国质检系统纪检监察工作会议，省质监局在会上作典型经验介绍。	《质量时刊》，2004 年第 3 期
	2 月，国家质检总局党组书记李传卿、局长李长江到省质监局检查指导工作。	《质量时刊》，2004 年第 3 期
	7 月，安徽阜阳劣质奶粉事件发生后，省质监局组织调查组对苍南、泰顺、乐清和嵊州等地质监部门在奶粉生产企业监管中存在的问题开展调查，并对负有领导责任的温州市质量技术监督局 2 名分管副局长，苍南、泰顺、乐清县（市）质量技术监督局的 3 名局长、4 名分管副局长给予党纪政纪处分。	《关于印发〈浙江省质量技术监督系统 2004 年度大事记〉的通知》（浙质办发〔2005〕35 号）
	8 月 24 日，省政府办公厅转发省质监局《关于加强特种设备安全工作的意见》（浙政办发〔2004〕74 号）。	《浙江政报》，2004 年第 32 期
	10 月，省政府成立浙江省质量振兴工作领导小组，领导小组由 17 个省级部门组成，领导小组办公室设在省质监局。	《关于印发〈浙江省质量技术监督系统 2004 年度大事记〉的通知》（浙质办发〔2005〕35 号）
	11 月 10 日，省政府任命瞿素芬为省质监局局长。	《关于印发〈浙江省质量技术监督系统 2004 年度大事记〉的通知》（浙质办发〔2005〕35 号）

续表 20

时　间	大　事　纪　要	资料来源
2004年	12月2日，省政府印发《关于切实加强食品安全工作的实施意见》（浙政发〔2004〕50号）。	《浙江政报》，2005年第5期
2005年	1月14日，省编委印发《关于进一步明确食品安全监管部门职责分工有关问题的通知》，明确省质监局负责食品生产加工环节的监管。	省质监局档案，档案号J184-2005-2-RS-00173
	1月28日，省政府办公厅批转省质监局《浙江省重点产品质量预警实施方案》。	《质量时刊》，2005年第4期
	3月，机动车安全技术检验机构监督管理职能由公安部门移交至质监部门。	《关于印发〈全省系统2005年度大事记〉的通知》（浙质办发〔2006〕51号）
	4月9日，省质监局在奉化市召开全省基层质监工作网络建设现场会，要求各地充分发挥乡镇工办等机构及其人员的作用，在乡镇建立质量监管网络，将质量技术监督的触角延伸到基层。至年底，质监部门在全省1605个乡镇（街道）建立了一支由1977名乡镇（街道）工作人员组成的专职或兼职质监员队伍，在各主要行政村和相关企业建立了一支18488人的协管员、质管员队伍。	《关于印发〈全省系统2005年度大事记〉的通知》（浙质办发〔2006〕51号）
	4月25日，省政府办公厅转发省质监局《关于全省食品生产加工业整顿活动的实施方案》（浙政办发明电〔2005〕72号），决定在全省开展为期3年的食品生产加工业整治。	《浙江政报》，2005年第15期
	6月13日，省编委印发《关于调整省质量技术监督局内设机构和人员编制的批复》，同意省质监局设立食品安全监督管理处，核增局机关编制5名、处级领导职数2名。调整后，省质监局机关编制为73名（含后勤服务人员编制10名），处级领导职数为28名（含机关党委专职副书记1名）。	省质监档案，档案号J184-2005-3-RS-00224
	9月28—29日，全国食品质量安全监管工作现场工作会在东阳市召开，国家质检总局党组书记李传卿、省政府副省长金德水等出席会议并讲话，省质监局局长瞿素芬向大会介绍了全省质监系统在食品质量安全监管及开展食品生产加工业普查整治工作方面的做法和经验。	《质量时刊》，2005年第10期
	9月30日，浙江省第十届人大常委会第二十次会议审议通过《浙江省产品质量监督条例》。	《浙江政报》，2005年第32期

续表 21

时　间	大　事　纪　要	资料来源
2005 年	10 月 12 日，国家标准委授予省质监局“全国农业标准化组织推广先进单位”称号。	《关于印发〈全省系统 2005 年度大事记〉的通知》(浙质办发〔2006〕51 号)
	全省质监部门开始对茶叶、糖果制品、葡萄酒及果酒、啤酒、黄酒、酱腌菜、蜜饯、炒货食品、蛋制品、可可制品、焙炒咖啡、水产加工品、淀粉及淀粉制品等 13 类食品实施食品质量安全市场准入制度。	《质量时刊》，2005 年第 10 期
2006 年	3 月 20 日，省委书记习近平在全省自主创新大会上提出，“要坚持把自主创新和自主品牌战略结合起来，实施知识产权和标准化战略，推动品牌大省建设。”同时强调，“要切实抓好商标、质量、标准、管理等品牌基础工作”。	《浙江日报》，2006 年 3 月 22 日
	5 月，国家质检总局确定浙江省为全国食品加工小企业小作坊治理示范省份，并在全国推广浙江的小企业小作坊治理“五种模式”。	《关于印发〈全省质量技术监督系统 2006 年度大事记〉的通知》(浙质办发〔2007〕60 号)
	6 月，省委、省政府印发《关于推进“品牌大省”建设的若干意见》(浙委〔2006〕43 号)，明确全省“品牌建设”的指导思想、工作原则、总体目标和政策举措。	省质监局档案，档案号 J184-2006-3-SW-00361
	7 月 26 日，国家标准委将杭州高新技术产业开发区(滨江)确定为“国家高新技术产业标准化示范区”。	《质量时刊》，2006 年第 9 期
	7 月 31 日，省质监局召开全省推进实施名牌培育质量提升工程工作会议，省政府有关领导出席会议。	《浙江政报》，2006 年第 24 期
	9 月 27 日，省委书记习近平在省委政策研究室报送的《加强标准化工作实施标准化战略的调查与建议》上作出重要批示：“加强标准化工作，实施标准化战略，是一项重要和紧迫的任务，对经济社会发展具有长远的意义。要加强领导，提高认识，积极推进，取得实效。”	《浙江日报》，2015 年 9 月 25 日
	11 月 3 日，国家质检总局局长李长江到省质监局检查指导工作，并参观省质量技术监督检测研究院、省计量科学研究院、省纤维检验局等单位的实验室。	《质量时刊》，2006 年第 12 期
2007 年	4 月 20 日，省发改委、省质监局等部门印发《浙江省“十一五”农业标准化发展规划》。	省质监局档案，档案号 J184-2007-3-LH-00273

续表 22

时　间	大　事　纪　要	资料来源
2007 年	6 月 28 日，省质监局、省经贸委联合批准发布第一批 12 个主要工业耗能产品限额地方标准，涉及火电、热电、水泥、炼油、烧碱、合成氨、电石、电解铝、钢铁、啤酒、冶金等行业。	《质量时刊》，2008 年第 2 期
	8 月 8 日，省质监局、省发改委印发《浙江省实施技术标准战略"十一五"规划》。	《关于印发〈浙江省质量技术监督系统 2007 年大事记〉的通知》（浙质办发〔2008〕56 号）
	8 月 24 日，省政府第 103 次常务会议决定设立"省长质量奖"。	《关于印发〈浙江省质量技术监督系统 2007 年大事记〉的通知》（浙质办发〔2008〕56 号）
	8 月 27 日，省政府成立浙江省产品质量和食品安全工作领导小组，领导小组办公室设在省质监局。	《关于印发〈浙江省质量技术监督系统 2007 年大事记〉的通知》（浙质办发〔2008〕56 号）
	9 月 1 日，省政府印发《关于进一步加强产品质量和食品安全工作的通知》（浙政发〔2007〕51 号），对加强产品质量和食品安全监管工作提出明确要求。	省质监局档案，档案号 J184-2007-1-SF-00445
	9 月 20 日，省政府召开全省质量工作电视电话会议，省长吕祖善作了题为《科学发展以质取胜坚定不移地走质量强省之路》的报告，国家质检总局党组书记李传卿出席会议并讲话。	《关于印发〈浙江省质量技术监督系统 2007 年大事记〉的通知》（浙质办发〔2008〕56 号）
	9 月 26—27 日，全国产品质量和食品安全专项整治现场会在杭州召开，中共中央政治局委员、国务院副总理吴仪参加会议并讲话，省委书记赵洪祝到会致辞，省长吕祖善代表省政府作大会交流发言。	《浙江政报》，2007 年第 30 期
	9 月 28 日，浙江省第十届人大常委会第三十四次会议审议通过《浙江省检验机构管理条例》。	《浙江政报》，2007 年第 32 期
	10 月 8 日，省政府印发《关于加强标准化工作的若干意见》（浙政发〔2007〕58 号），进一步明确标准化工作在实施"两创"总战略、增强自主创新能力、建设"质量强省"和"品牌强省"中的基础性作用。	《关于印发〈浙江省质量技术监督系统 2007 年大事记〉的通知》（浙质办发〔2008〕56 号）
	11 月 6 日，省委十二届二次全会审议通过《关于认真贯彻党的十七大精神，扎实推进创业富民、创新强省的决定》，提出要联动推进技术跨越战略、知识产权战略、标准化战略和品牌战略。	《关于印发〈浙江省质量技术监督系统 2007 年大事记〉的通知》（浙质办发〔2008〕56 号）

续表 23

时　间	大　事　纪　要	资料来源
2007 年	12 月 23 日，全国产品质量和食品安全专项整治行动检查组第五组一行 12 人到浙江检查产品质量和食品安全专项整治工作。	《质量时刊》，2008 年第 1 期
2008 年	5 月 14 日，省政府办公厅印发《浙江省"十小"行业质量安全整治与规范实施意见》（浙政办发〔2008〕39 号）。	省质监局档案，档案号 J184-2008-1-SF-00782
	5 月 15 日，省政府召开电视电话会议，部署"十小"行业质量安全整治与规范工作。	《浙江日报》，2008 年 5 月 16 日
	5 月 17 日，省质监局组建由质量检测、计量和特种设备安全专家组成的抗震救灾技术服务队，赴四川地震灾区开展检测技术服务。	《质量时刊》，2008 年第 6 期
	6 月 5 日，省政府成立省"十小"行业质量安全整治和规范工作领导小组，领导小组办公室设在省质监局。	《浙江政报》，2008 年第 21 期
	7 月 14 日，省政府办公厅批转省质监局、省经贸委、省发改委等部门《关于推进锅炉等高耗能特种设备节能减排工作的意见》（浙政办发〔2008〕48 号）。	《浙江政报》，2008 年第 24 期
	7 月 21 日，省政府印发《自主创新能力提升行动计划》（浙政发〔2008〕46 号），明确了加快实施标准化战略和品牌战略的具体目标。	《浙江政报》，2008 年第 28 期
	7 月 23 日，国家质检总局局长李长江、省政府省长吕祖善代表双方在杭州签署《关于推进浙江"品牌强省"和港口经济建设促进浙江经济社会又好又快发展合作备忘录》。	《浙江政报》，2008 年第 24 期
	9 月 18 日，省政府召开全省"三鹿"牌婴幼儿奶粉安全事故应急处置工作电视电话会议，省长吕祖善出席会议并讲话。	《浙江政报》，2008 年第 30 期
	9 月 25 日，省政府印发《关于进一步加快发展服务业的实施意见》（浙政发〔2008〕55 号），明确由省质监局编制并实施《浙江省服务业标准化发展规划》。	《浙江政报》，2008 年第 34 期
2009 年	3 月 2 日，省质监局召开全省质量安全监管会议，部署质量安全县级区域监管工作，并决定在 13 个县（市、区）开展试点。	《关于印发〈2009 年度全省质监系统大事记〉的通知》（浙质办发〔2010〕30 号）

续表 24

时　间	大　事　纪　要	资料来源
2009 年	10 月 12 日，省政府办公厅印发《浙江省质量技术监督局主要职责内设机构和人员编制规定》（浙政办发〔2009〕124 号），明确省质监局是管理质量、标准化、计量、认证认可、特种设备安全监察工作并行使执法监督职能的省政府直属机构。	《浙江政报》，2009 年第 32 期
	10 月 19 日，省政府召开全省质量工作会议。会议要求从科学发展、转型升级的高度认识“质量强省”的新要求，从“大质量”“大民生”的高度认识“质量强省”的新内涵，从提升发展质量、提高生活品质的高度认识“质量强省”的新目标，进一步加快“质量强省”建设步伐。	《浙江政报》，2009 年第 33 期
	12 月 7 日，省政府办公厅印发《关于加快服务业品牌建设的实施意见》（浙政办发〔2009〕184 号），对服务业品牌建设的总体要求、重点领域、工作机制、保障措施等进行明确。	《浙江政报》，2010 年第 7 期
2010 年	4 月，省政府成立浙江省“质量强省”工作领导小组，明确省质监局、省建设厅、省发改委、省环保厅为产品、工程、服务、环境四大重点领域质量建设牵头部门。	《关于印发〈2010 年度全省质监系统大事记〉的通知》（浙质办发〔2011〕50 号）
	5 月 13 日，省政府办公厅印发《全省“十小”行业质量安全“百镇百街”示范创先活动意见》（浙政办发〔2010〕55 号），组织开展“十小”行业质量安全“百镇百街”示范创先活动。	《浙江政报》，2010 年第 18 期
	7 月 19 日，省政府颁布《浙江省地方标准管理办法》（省政府令第 273 号）。	《浙江政报》，2010 年第 25 期
	7 月 29 日，省政府召开全省“质量强省”工作电视电话会议，要求各地树立“全面质量观”“全程质量观”和“全民质量观”。	《质量时刊》，2010 年第 8 期
	9 月 26 日，省质监局组织开展以“构建检测平台、服务经济社会、建设质量强省”为主题的全省质监系统检验检测公共服务平台建设会暨“实验室开放月”集中展示活动。	《质量时刊》，2010 年第 10 期
	11 月 18 日，省政府召开“浙江省政府质量奖”颁奖大会，国家质检总局局长支树平、省长吕祖善向获得首届“浙江省政府质量奖”的企业颁发奖牌和证书。	《浙江年鉴》，浙江年鉴社 2011 年版，第 285 页

编后记

根据中共浙江省委、浙江省人民政府的统一部署和安排，浙江省质量技术监督局（以下简称省质监局）承编《浙江通志·质量技术监督志》（以下简称《质量技术监督志》）。《质量技术监督志》上溯远古时期度量衡、标准化的发端，下至2010年，内容涵盖计量管理、标准化管理、宏观质量管理、产品质量监督管理、特种设备安全监察、认证认可管理、食品生产加工质量监管、纤维质量监督管理、组织机构代码和商品条码管理等质量技术监督各领域，全面、客观、系统地记述了浙江质量技术监督的发展历程。

《质量技术监督志》编纂工作大致经历4个阶段：第一阶段（2012年3月至2013年6月）为篇目设计、论证阶段。2012年8月，省质监局成立《质量技术监督志》编纂委员会和编纂办公室、编辑部，并印发《〈浙江通志·经济管理卷（质监分卷）〉编纂工作方案》，篇目设计、论证和征求意见工作随即展开。其间，省质监局召开2次《质量技术监督志》篇目设计论证会，按照"明古详今""纵不断线、横不缺项"的原则，确定《质量技术监督志》篇目设计方案。2013年5月，浙江省人民政府地方志办公室（以下简称省方志办）批复同意《质量技术监督志》编纂工作转入资料搜集与考订阶段。第二阶段（2013年7月至2015年10月）为资料搜集、卡片制作、资料长编和初稿试写阶段。2013年7月，省质监局召开《质量技术监督志》编纂工作动员会，明确任务分工，落实编纂责任。同时邀请省方志办专家对编纂人员进行相关培训。动员会后，各编纂责任处室和单位开始资料搜集和资料卡片制作工作。其间，省质监局召开3次资料卡片制作经验交流会，并邀请省方志办专家对资料卡片制作质量进行检查指导。2014年11月，省质监局印发《关于扎实做好〈浙江通志·质量技术监督卷〉资料长编和初审稿编写工作的通知》，明确资料长编、初稿编纂的时间进度、质量要求和责任分工。《质量技术监督志》编纂工作随即进入资料长编阶段。其间，省质监局召开2次资料长编部署会，并搜集江苏、山东、上海、湖南等兄弟省、市质监部门编写的质量技术监督志书，供编纂人员参考借鉴。2015年3月，省质监局印发《关于做好〈浙江通志·质量技术监督卷〉初审稿验收评审工作的通知》，对资料长编及初稿的交稿时间、质量标准、验收程序提出要求。至6月30日，省质监局共制作资料卡片6729张，各类资料文字量达1044万字。10月19日，省质监局组织召开《质量技术监督志》（第六章）试写稿评审会。《浙江通志》副总编郑明治等对试写稿进行了点评。第三阶段（2015年11月至2016年12月）为初稿编写阶段。针对《质量技术监督志》（第六章）试写稿存在的问题，省质监局按照突出时代特征、地方特色和行业特点的总体要求，对档案资料进行再次搜集，并开始初稿编写工作。其间，省质监局召开6次编纂工作会议，对初稿编写进度、编写质量提出要求。2016年7月初，《质量技术监督志》（第八稿）完成。9月，

《质量技术监督志》(初审稿)上报省方志办。12月,《质量技术监督志》通过初审。第四阶段(2017年1—12月)为志稿修改、补充、完善阶段。根据初审会专家评审意见,省质监局对《质量技术监督志》(初审稿)进行4次比较系统的修改、补充和完善。至2017年4月底,形成复审稿(第四稿)。5月,征求意见。6月,完成复审稿(第五稿),并上报省方志办。9月,《质量技术监督志》通过复审。11月,完成复审稿修改、补充、完善工作。2018年4月,《质量技术监督志》通过省政府组织的终审。参与《质量技术监督志》篇目论证和初审、复审的专家(按姓氏笔画排序)有:王林、李志廷、朱唯伦、朱如英、宋宏玺、陈月生、郑明治、郭杰光、袁新国、阎乐民、葛旭鹏、董郁奎、韩锴。

《质量技术监督志》编纂工作顺利完成,得益于省质监局党委的重视和相关单位的支持。省质监局举全局之力,组建了一支由省质监局机关各处室、直属各事业单位、各挂靠学(协)会主要负责人和编纂员组成的编纂队伍,主要领导亲自挂帅,参加篇目设计论证会、编纂动员大会和初审会,并多次主持召开局长办公会议研究部署编纂工作,建立编纂工作考核机制,为编纂工作提供了坚强有力的组织保障和制度保障。全省11个市级质量技术监督部门和省质监局机关各处室、直属各事业单位、各挂靠学(协)会积极提供相关资料,并在初稿征求意见期间提出了许多宝贵意见和建议。姚守豪、朱唯伦、陈月生、朱如英、陈亚璋、宋宏玺等退休老同志也给予编纂工作大力支持。

《质量技术监督志》编纂工作顺利完成,得益于省方志办领导、专家的关心、支持和帮助。几年来,省方志办在业务培训、篇目设计、资料摘录、初稿试写、志稿审阅等方面,给予悉心指导。在《质量技术监督志》编纂过程中,《浙江通志》副总编郑明治等多次到省质监局调研,协调解决编纂中的有关问题。颜越虎、董郁奎两位研究员对志稿编纂质量进行了全面而系统的指导。责任编辑葛旭鹏认真负责,给予《质量技术监督志》编纂工作全过程指导和帮助。

在此,谨向参与《质量技术监督志》编纂和评审工作的各有关单位及各位领导、专家,表示诚挚的感谢。

《质量技术监督志》编纂工作顺利完成,得益于全体编纂人员辛勤工作、不懈努力和无私奉献。全体编纂人员本着对历史负责、对社会负责的态度,以高度的责任感和使命感,求真务实,认真做好编纂工作。在资料搜集过程中,编纂人员广收精选、深挖细考、去伪存真;在初稿编写过程中,编纂人员兢兢业业、认真严谨、一丝不苟、字斟句酌、精益求精;在志稿修改完善过程中,编纂人员举一反三、查缺补漏、增删补调、精雕细琢、反复研磨,努力打造一部内容全面、特色鲜明、记述准确、体例科学、文字精当、经得起历史检验的精品佳志。

《质量技术监督志》设计量、标准化、宏观质量管理、产品质量监督管理、食品生产监督管理、特种设备安全监察、法治建设、教育科技、机构人员、学会协会,共10章44节,并附专记、丛录、大事年表。按通志编纂规定,主要采用述、记、志、图、表、录等体裁,以志为主。志前设概述,各章节下设无题小序。概述部分初稿由朱唯伦、陈月生、朱如英、陈亚璋撰写,翁宏力统稿。各章节初稿由省质监局机关各处室、直属各事业单位、各挂靠学(协)会编纂人员撰写,翁宏力统稿。其中第一章由翁宏力、黄玮撰写,第二章由翁宏力、陈双斌、占里忠撰写,第三章由孙益华、柳佳撰写,第四章由翁宏力、陈骏彦、龚飚、施彦彦撰写,第五章由翁宏力撰写,第六章由旷菊良撰写，第七章由翁宏力撰写，第八章由胡敏、旷菊良、黄玮、贺丹、徐虹、马进良、柳佳撰写，第九章由张琦、龚飚、施彦彦、吕菡之、胡敏、占里忠、陈钢、王倩、陈前雪、罗鹏、徐虹、梁米加、孟晓霞、田卫东撰写，第十章由徐建文、黄玮、王瑾、夏鸿洁、郑琼霞、翁宏力、占里忠撰写。专记、丛录、大事年表由翁宏力、孔佳羚、叶彦新、余利军撰写或编辑。

《质量技术监督志》资料搜集人员（按姓氏笔画排序）有：马珏、王尚炜、尹莉莉、白兰芳、田蓓蓓、许青、何小青、陈红丽、陈红俊、陈参、张悦、吴晓煜、陈赛云、周宇、周丽、周凯、周玲艳、周福清、钟哲斐、段萍、侯爽、徐静资、黄圣、潘莉莉等。

省质监局分管《质量技术监督志》编纂工作的领导先后有阚江洲、王申东、吴一新。

《质量技术监督志》分管副总编为郑明治，分管副总纂为董郁奎，责任编辑为葛旭鹏。

《质量技术监督志》虽为尽心之作，但因度量衡历史源远流长，涉及人类活动的方方面面，受资料和水平所限，在编纂过程中难免有所遗漏和偏差，诚请各位专家和读者批评指正。

《浙江通志·质量技术监督志》编纂委员会办公室

2018 年 5 月